VICTORIA FORNER

VERBOTEN GESCHICHTE
*Die Rolle der jüdischen Agenten
in der Zeitgeschichte*

IV

DER HOLOCAUST, EIN NEUES
GLAUBENSDOGMA FÜR
DIE MENSCHHEIT

VICTORIA FORNER

VERBOTEN GESCHICHTE
*Die Rolle der jüdischen Agenten
in der Zeitgeschichte*
IV
DER HOLOCAUST, EIN NEUES GLAUBENSDOGMA FÜR DIE MENSCHHEIT

Illustration des Umschlags:
Denkmal für die ermordeten Juden in Berlin

HISTORIA PROSCRITA IV
La actuación de agentes judíos en la Hª Contemporánea
Holocausto judío, nuevo dogma de fe para la humanidad
Erstveröffentlichung durch Omnia Veritas im Jahr 2017

Aus dem Spanischen übersetzt und herausgegeben von
OMNIA VERITAS LTD

ΘMNIA VERITAS®
www.omnia-veritas.com

© Omnia Veritas Ltd - Victoria Forner - 2025

Alle Rechte vorbehalten. Kein Teil dieser Veröffentlichung darf ohne vorherige Genehmigung des Herausgebers in irgendeiner Form vervielfältigt werden. Das Gesetz zum Schutz des geistigen Eigentums verbietet Kopien oder Vervielfältigungen zur gemeinsamen Nutzung. Jede vollständige oder teilweise Wiedergabe oder Vervielfältigung ohne die Zustimmung des Herausgebers, des Autors oder ihrer Rechtsnachfolger ist rechtswidrig und stellt einen Verstoß dar, der nach den Artikeln des Gesetzbuchs für geistiges Eigentum geahndet wird.

CAPÍTULO XII 11

JÜDISCHER HOLOCAUST, NEUES GLAUBENSDOGMA FÜR DIE MENSCHHEIT 11
Teil 1 Verfolgung und Deportation der europäischen Juden 14
   Von der Auswanderung zur Abschiebung 15
   Die Deportation der ungarischen Juden 27
Teil 2 Über die Lager in Deutschland 45
   Buchenwald: die Zeugenaussagen von Paul Rassinier und Eugen Kogon 47
   Dachau 61
   Bergen-Belsen 67
Teil 3 Belzec, Treblinka und Sobibor, drei „Vernichtungslager" 75
   Belzec 76
   Ermordung durch Stromschlag in Belzec 78
   Andere Mittel der Vernichtung in Belzec 84
   Von Hochspannungsströmen bis zu Auspuffrohren 89
   Der „Gerstein-Bericht" über Belzec 92
   Wilhelm Pfannenstiel, Zeuge in Belzec 98
   Archäologische Untersuchungen in Belzec 100
   Belzec, Durchgangslager 107
   Treblinka 109
   Verwirrung über die Methode der Vernichtung in Treblinka 113
   Kohlenmonoxid ist auch ein Muss für Treblinka 117
   Treblinka, ein sagenumwobenes Lager, in dem alles möglich ist 119
   Der Prozess gegen John Demjanjuk in Jerusalem 125
   Treblinka-Untersuchung mit GPR (Ground Penetrating Radar) 127
   Sobibór 129
Teil 4 Auschwitz 137
   I. G. Farben 139
   Propaganda durch jüdische Organisationen in den Vereinigten Staaten 142
   Das War Refugee Board (WRB), der Ursprung der Auschwitz-Fabel 145
   Das Geständnis von Rudolf Höss, zweite Säule der Auschwitz-Fabel 148
   Über die Krematoriumsöfen in Auschwitz-Birkenau 157
   Die hohe Sterblichkeitsrate in Birkenau 160
   Der *Leuchter-Bericht* über Auschwitz-Birkenau und Majdanek 163
   Kurzer Überblick über den *Leuchter-Bericht* 165
   David Cole, ein jüdischer Revisionist, entlarvt die Auschwitz-Fabel 175
   Der *Rudolf-Bericht* und die forensische Untersuchung in Auschwitz 178
Teil 5 Die Verfolgung von Revisionisten wegen Gedankenverbrechen 184
1. die wichtigsten Opfer der Verfolgung in Verfolgung in Deutschland:.. 186
   Joseph Burg, ein von den Nazis und Zionisten verfolgter jüdischer Revisionist
   186
   Thies Christophersen wird wegen „Verunglimpfung des Staates" verurteilt 188
   Wilhem Stäglich, der Richter, der Gerechtigkeit für Deutschland forderte 191
   Ernst Zündel, „Revisionist Dynamo", Modell des Widerstands 193
   Germar Rudolf: Verfolgung und Vernichtung eines bedeutenden Wissenschaftlers
   210
   Horst Mahler, vom radikalen Linken zum Holocaust-Leugner 222
   Sylvia Stolz, die kompromisslose Anwältin 230
   Günter Deckert, ein beständiges Symbol für die Meinungsfreiheit 238
   Udo Walendy, inhaftiert wegen Veröffentlichung revisionistischer Texte 241

Ursula Haverbeck. Die unanständige Verurteilung einer ehrwürdigen alten Frau 243
Reinhold Elstner, der Revisionist, der sich bei lebendigem Leib verbrannte 248

2. die wichtigsten Opfer der Verfolgung in Frankreich Verfolgung in Frankreich: 252
François Duprat, ermordet von jüdischen Terroristen 252
Roger Garaudy, der Philosoph, der an den Pranger gestellt wurde, weil er Israel anprangerte 253
Robert Faurisson, die wesentliche Alma Mater des Revisionismus 261
Vincent Reynouard, „Die Herzen gehen hoch!" 273

3. die wichtigsten Opfer der Verfolgung in Verfolgung in Österreich: 276
Gerd Honsik, Opfer der Kapitulation der PSOE vor dem Zionismus 276
David Irving zu drei Jahren Haft in Wien verurteilt 281
Wolfgang Fröhlich, der „Kanarienvogel" singt noch im Käfig 285

4. Hauptopfer der Verfolgung in der Verfolgung in der Schweiz: 289
Jürgen Graf und Gerhard Förster für das Schreiben und Veröffentlichen von Büchern verurteilt 289
Gaston-Armand Amaudruz, ein Jahr Gefängnis für einen Achtzigjährigen 292

5. Hauptopfer der Verfolgung in Verfolgung in Belgien und den Niederlanden: 295
Siegfried Verbeke, hartnäckiger Kämpfer für das Recht auf freie Meinungsäußerung 295

6. Hauptopfer der Verfolgung in Verfolgung in Spanien 300
Pedro Varela, ein ehrlicher Buchhändler, der Opfer von Hass und sektiererischer Intoleranz wurde 300
Post Scriptum 317
Weitere in Katalonien verfolgte Buchhändler und Verleger 319

7. Hauptopfer der Verfolgung in Verfolgung in Schweden: 323
Ditlieb Felderer, der spöttische Jude mit ätzender Satire 323
Ahmed Rahmi, der Architekt von *Radio Islam* und führender muslimischer Revisionist 325

8. Hauptopfer der Verfolgung in Australien Verfolgung in Australien: ... 330
Frederick Töben, inhaftiert in Deutschland, England und Australien 330

9. Andere Opfer von Verfolgung wegen Gedankenverbrechen: 339
Alle gegen den katholischen Bischof Richard Williamson 339
Haviv Schieber, der Jude, der sich die Pulsadern aufschnitt, um der Abschiebung nach Israel zu entgehen 342
Hans Schmidt, der Amerikaner, der wegen vier Worten inhaftiert wurde 343
Arthur Topham, in Kanada wegen „Judenhasses" verurteilt 345

10. Anhang über die rücksichtslose Verfolgung von rücksichtslose Verfolgung von Nicht-Agearians 347
Laszlo Csatary 348
Samuel Kunz 349
Johan Breyer 349
Oskar Gröning 349
Reinhold Hanning 350
Siert Bruins 351
Eine 91-jährige Frau 351

KAPITEL XIII 352

DIE ERSTE GROßE LÜGE DES 21. JAHRHUNDERTS: DIE ANSCHLÄGE VOM 11. SEPTEMBER 2001 352
    Ein neues Pearl Harbour oder die Lüge, die nötig war, um den Krieg zu beginnen 353
    Relevante Ereignisse vor den Anschlägen 356
    Die Angriffe 361
    Bedeutende Ereignisse nach den Anschlägen 368
    Über Osama bin Laden, Al Qaida und die falsche arabisch-muslimische Spur . 372
    Die Wahrheit ist bekannt, aber alle schweigen und gehorchen. 375

LITERATURVERZEICHNIS 379
ANDERE BÜCHER 395

CAPÍTULO XII

JÜDISCHER HOLOCAUST, NEUES GLAUBENSDOGMA FÜR DIE MENSCHHEIT

Niemals in der Geschichte der Menschheit gab es einen Umstand wie den, mit dem wir uns in diesem Kapitel befassen werden: Eine historische Tatsache ist zu einem Glaubensdogma geworden und kann von Historikern, Wissenschaftlern oder Forschern aller Wissenszweige nicht in Frage gestellt werden. Zwei jüdische Historiker, Pierre Vidal-Naquet und Léon Poliakov, unterzeichneten das Glaubensbekenntnis, das heute allgemein anerkannt ist. Darin sagten sie: „Es ist nicht nötig zu fragen, wie ein solches Massensterben technisch möglich war. Er war möglich, weil er stattgefunden hat. Dies ist der obligatorische Ausgangspunkt jeder historischen Forschung zu diesem Thema. Das ist die Wahrheit, die wir uns einfach merken müssen. Die Existenz der Gaskammern ist unbestreitbar". Heute ist die Infragestellung sämtlicher Utensilien, die den Holocaust-Mythos umgeben, ein Gedankenverbrechen und in den Strafgesetzbüchern vieler Länder als Straftatbestand verankert. Revisionisten wurden strafrechtlich verfolgt und wegen Rassenhasses oder Antisemitismus zu langjährigen Haftstrafen verurteilt. Sie werden von den Medien gemieden und ihre Werke verdienen keine Aufmerksamkeit, da sie als uninteressant gelten und nicht verbreitet werden sollten.

Wenn es sich bei den Argumenten und Thesen des Revisionismus um Pamphlete handeln würde, denen es an der geringsten Strenge mangelt, könnte man natürlich das allgemeine Desinteresse an ihrem Ansatz akzeptieren; dies ist jedoch nicht der Fall, ganz im Gegenteil. Die vorgestellten Werke behandeln die verschiedenen Aspekte der angeblichen Vernichtung von sechs Millionen Juden und sind äußerst überzeugend. Jeder Leser, der an der historischen Wahrheit interessiert ist, findet in den Werken der Revisionisten alles, was von einem gewissenhaften Forscher verlangt werden kann. Trotzdem nimmt die Zahl der vermeintlich demokratischen westlichen Länder, die Gesetze erlassen, die die Gedanken- und Meinungsfreiheit im Zusammenhang mit dem Holocaust einschränken, von Jahr zu Jahr zu. Heute sind dies folgende Länder: Österreich, Belgien, Bosnien-Herzegowina, Kanada, die Tschechische Republik, Frankreich, Deutschland, die Niederlande, Ungarn, Liechtenstein, Luxemburg, Polen, Portugal, Rumänien, Spanien und die Schweiz.

Im Nürnberger Prozess beschuldigten die Sieger das besiegte Deutschland, insbesondere die Nazis, die physische Vernichtung der europäischen Juden geplant und angeordnet zu haben und Gaskammern als Massenvernichtungswaffen zur Durchführung dieser Vernichtung eingesetzt zu haben. Seitdem hat sich der Holocaust-Mythos durch massive

Medienpropaganda und die bedingungslose Kollaboration westlicher Politiker verfestigt. Am 26. November 1991 erklärte Ian J. Kagedan, Direktor für Regierungsbeziehungen der B'nai B'rith-Loge von Kanada, gegenüber dem *Toronto Star*: „Das Dogma vom jüdischen Holocaust ist der Eckpfeiler des Bogens der Neuen Weltordnung, der Grundgedanke der Religion des neuen Zeitalters."

Um dieses Ziel zu erreichen, haben die „Massenmedien" - Fernsehen, Agenturen, Zeitungen, Verlage und die Filmindustrie - die volle Kontrolle. Die Hollywood-Produktionsfirmen, die Kronjuwelen des allumfassenden jüdischen Propaganda-Imperiums, investieren jedes Jahr Milliarden in die ununterbrochene Produktion spektakulärer Holocaust-Propaganda- und Gehirnwäsche-Filme für Menschen in aller Welt: Allein zwischen 1989 und 2003 kamen 170 Holocaust-Filme auf den Weltmarkt. Mit all diesen Mitteln wird in den Köpfen der Zuschauer eine Fantasiewelt geschaffen, die es ermöglicht, die Geschichte zu verfälschen. Nicht nur die Holocaust-Doktrin wird propagiert, sondern jede Idee, die der Verwirklichung der jüdischen Utopie von der Beherrschung der Erde dienlich ist. Alle Nationen und alle Ethnien haben während des Zweiten Weltkriegs enorm gelitten, aber keine Ethnie oder Nation hat ihr Leiden so ausgenutzt wie die Juden, und nach Kriegsende gingen sie als triumphierende Minderheit hervor. Dies wurde am 11. April 1953 von Dr. Max Nussbaum anerkannt: „Die Stellung des jüdischen Volkes in der Welt ist heute", so erklärte er, „trotz unserer enormen Verluste zehnmal stärker als vor zwanzig Jahren".

Professor Robert Faurisson fasste 1980 die Schlussfolgerungen der revisionistischen Forschung in einem Satz zusammen: „Die angeblichen Gaskammern der Hitlerianer und der angebliche Völkermord an den Juden bilden eine einzige historische Lüge, die einen gigantischen politisch-finanziellen Schwindel ermöglicht hat, dessen Hauptnutznießer der Staat Israel und der Zionismus sind und dessen Hauptopfer das deutsche Volk - aber nicht seine Führer - und das palästinensische Volk insgesamt sind". Der Holocaust steht also im Mittelpunkt einer Strategie, die von internationalen jüdischen Organisationen ins Leben gerufen wurde; er ist jedoch vor allem eine zionistische Schimäre, denn er wurde von den Zionisten als List konzipiert, um ihre Ziele zu erreichen. Die Zionisten waren diejenigen, die am stärksten darauf drängten, die Juden aus Europa zu vertreiben, und sie hatten zahlreiche Organisationen, die sich dafür einsetzten, sie nach Palästina zu schicken. Faurisson, 1929 als Sohn eines französischen Vaters und einer schottischen Mutter geboren, Professor für Latein und Griechisch, Spezialist für die Analyse moderner und zeitgenössischer französischer literarischer Texte sowie für Text- und Dokumentenkritik, lehrte an der Sorbonne und der Universität Lyon, bis er wegen seiner revisionistischen Positionen mit einem Lehrverbot belegt wurde. Er wurde zehnmal von jüdischen Fanatikern tätlich angegriffen, erhielt Presse-, Rundfunk- und Fernsehverbot in Frankreich und wurde mehrmals von Gerichten verurteilt. Zuletzt erschien er am 11. Juli 2006 in Paris vor Gericht.

Die mehr als 250 Holocaust-Museen in aller Welt sind zu Tempeln einer neuen Religion geworden, die in den Schulen der westlichen Welt gelehrt wird, und zwar nicht als rudimentäre Lehre, sondern als unumstößliche historische Tatsache, die zu einem Glaubensdogma erhoben wurde. Keine Religion hat heute die Macht, Abtrünnige zu inhaftieren, die nicht an eines ihrer Dogmen glauben, doch die Ketzer der Religion des jüdischen Holocaust werden verfolgt, verhaftet, vor Gericht gestellt, verurteilt und ins Gefängnis geworfen. Warum darf nicht in Frage gestellt werden, was während des Zweiten Weltkriegs wirklich geschah? Wer sind die Revisionisten und was sind die wichtigsten Ergebnisse ihrer sorgfältigen Forschung? Warum werden angesehene Wissenschaftler aus verschiedenen Wissens- und Kulturbereichen als Kriminelle behandelt, weil sie die Ergebnisse ihrer Arbeit der internationalen Öffentlichkeit zugänglich machen? Warum kann man Gott, Christus, Mohammed leugnen, Christen und Muslime beleidigen, die Symbole aller Religionen verachten, während andererseits die Infragestellung des Holocaust als Antisemitismus gilt und strafrechtlich geahndet wird? Mit diesen und anderen Fragen werden wir uns auf den Seiten dieses zwölften Kapitels beschäftigen.

Teil 1
Verfolgung und Deportation der europäischen Juden

Die Tatsache, dass Juden die Briten während des Ersten Weltkriegs unterstützten und im Gegenzug für die *Balfour-Erklärung* anboten, den Eintritt der USA in den Konflikt zu erleichtern, wurde in Deutschland als Verrat angesehen. Die antijüdische Stimmung nahm in der Zeit der Weimarer Republik zu, einer Zeit, in der der Einfluss der Juden, obwohl sie nur 1 % der deutschen Bevölkerung ausmachten, in allen Bereichen gefestigt war: Sie waren nicht nur die Apostel des Kommunismus, sondern kontrollierten auch die Wirtschaft, die Kultur und waren in den juristischen und gerichtlichen Berufen, im Gesundheitswesen, im Showgeschäft usw. weit verbreitet. All dies führte dazu, dass die Nazis sie - zu Recht oder zu Unrecht - als ein perverses Element in der Gemeinschaft betrachteten, da sie ihre Werte als dekadent ansahen und sie als Faktor der Entartung des deutschen Kulturlebens betrachteten. Überzeugt von ihrem schädlichen Einfluss, versuchten sie, ihre vollständige Auswanderung aus Deutschland zu fördern. Wie wir gesehen haben, war die große Mehrheit der deutschen Juden bis 1939 bereits mit einem Großteil ihres Vermögens ausgewandert. In seiner Publikation *Einheit in der Zerstreuung* stellt der Jüdische Weltkongress fest, dass es der Mehrheit der deutschen Juden gelang, Deutschland vor dem Ausbruch der Feindseligkeiten zu verlassen, und räumt ein, dass etwa 400.000 Juden das Land vor September 1939 verlassen haben. Auch das Prager Jüdische Auswanderungsinstitut gab an, dass 260.000 Juden die ehemalige Tschechoslowakei verlassen haben. Hinzu kommen 220.000 der 280.000 österreichischen Juden, die ebenfalls vor Ausbruch des Krieges emigriert sind. Auf der Grundlage dieser Zahlen wird geschätzt, dass nur 360.000 Juden in den drei Ländern verblieben sind.

Als Einleitung und Ausgangspunkt lohnt es sich, einige Fakten in Erinnerung zu rufen, die bereits in den vorangegangenen Kapiteln skizziert wurden, um die Frage der Verfolgung der Juden einzuordnen, die vom internationalen Zionismus angestrebt wurde, um den Zustrom von Menschen nach Palästina zu fördern. Während der Wirtschaftsboykott und die Erklärung des „Heiligen Krieges" gegen Deutschland bekanntlich die antijüdische Stimmung in der deutschen Bevölkerung verstärkte, nutzte die ZVFD, die „Zionistische Vereinigung für Deutschland", diesen Umstand und beeilte sich, mit Hitler zu vereinbaren, dass die deutschen Juden unter den bestmöglichen Bedingungen nach Palästina geschickt würden. Die Nazis spielten naiv mit und begannen, mit dem Zionismus zu kollaborieren. Jüdische Autoren wie Lenni Brenner, Klaus Polkhen, Ralph Schönman und andere haben gezeigt, dass es an dieser Tatsache, die vom CV „Centralverein deutscher Staatsbürger Jüdischen Glaubens" angeprangert wurde, keinen Zweifel gibt. Diese Organisation, die für die Assimilation und Integration der Juden in die Gesellschaft, in der sie lebten, eintrat, erklärte, dass das Vorgehen des ZVFD, der genau das Gegenteil anstrebte, für sie „ein Dolchstoß" gewesen sei. Während die Zionisten also frei agierten und ungehindert die *Jüdische Rundschau* herausgaben, begann Hitler, gegen nicht-zionistische jüdische Organisationen vorzugehen. Erinnern wir uns auch daran, dass die B'nai B'rith-Loge erst mit Kriegsbeginn 1939 verboten wurde.

Wir verweisen den Leser auf Kapitel acht, in dem der Geheimpakt zwischen dem Dritten Reich und dem jüdischen Palästina im Detail erläutert wird. Auf dem 18. Zionistenkongress in Prag im August 1933 wurde eine Anti-Hitler-Resolution mit überwältigender Mehrheit abgelehnt, während eine Resolution verabschiedet wurde, die alle Formen des Anti-Nazi-Protests verbot. Wir wissen, dass das Haavara-Abkommen, der Eckpfeiler der Verständigung zwischen Nazis und Zionisten, vom ZVFD, dem deutschen Wirtschaftsministerium und der Anglo-Palästinensischen Bank, die ein Instrument der Jewish Agency war, unterzeichnet wurde. Im Jahr 1937 war die Zusammenarbeit intensiv, und die Zionisten, deren vorrangiges Ziel es war, die Araber zahlenmäßig zu übertreffen, baten die Nazis, ihren antisemitischen Druck aufrechtzuerhalten und die Auswanderung von Juden nach Palästina zu verstärken. Es sei daran erinnert, dass 1938 tausend Juden in Lagern in Deutschland und Österreich ausgebildet wurden, um sie auf die Arbeit in Palästina vorzubereiten.

Aus Angst, die aus Deutschland und Polen auswandernden Juden könnten sich sicher in Amerika oder anderen europäischen Ländern niederlassen, weigert sich die Zionistische Weltorganisation, an der Konferenz von Evian teilzunehmen, die in der zweiten Juliwoche 1938 in Frankreich stattfindet. Nichts widersprach den Interessen der Zionisten mehr als die Ansiedlung in den Aufnahmeländern: Ihr Ziel war es, die Verfolgung zu provozieren, die es ihnen ermöglichen würde, die Auswanderung der europäischen Juden nach Palästina zu steuern. Deutschland bot dem Internationalen Roten Kreuz oder dem Völkerbund 3 Milliarden Mark an, um das Geld zu verwalten und es an Länder zu verteilen, die bereit waren, Juden aufzunehmen, die die Nazis nicht auf ihrem Territorium haben wollten; aber die mangelnde Bereitschaft der meisten Länder, die Emigranten aufzunehmen, diente den Zielen des internationalen Zionismus. Die Konferenz von Evian war in jeder Hinsicht eine Schande und machte der Welt klar, dass es den Zionisten nur darum ging, so schnell wie möglich Millionen von Juden ins Heilige Land zu bringen, um in Palästina den Staat Israel auszurufen.

Von der Auswanderung zur Abschiebung

Um seine Position gegenüber den arabischen Ländern des Nahen Ostens zu wahren, begann Großbritannien, seine Haltung gegenüber der jüdischen Einwanderung in das Heilige Land mit zu verschärfen. Im Mai 1939 veröffentlichte London das Weißbuch, und die Einreise von Zionisten nach Palästina wurde auf ein Rinnsal reduziert. Deutschland hingegen setzte seine Politik der Auswanderung und Evakuierung fort, um die Juden endgültig loszuwerden, und erst 1941 wurden Pläne für die Deportation nach Osteuropa entworfen. Band 13 der Nürnberger Militärprozesse (NMT) enthält einen

Bericht der amerikanischen Staatsanwaltschaft. Es handelt sich um die Akte NG-2586, ein mehrteiliges Dokument, das die deutsche Politik zur Deportation der Juden zusammenfasst. Arthur Robert Butz gibt den Text in *The Hoax of the Twentieth Century* vollständig wieder, ein 1976 veröffentlichtes Werk, das für das Verständnis vieler Kriegsereignisse nach wie vor unerlässlich ist. Der Verfasser des auf den 21. August 1942 datierten Memorandums war Martin Luther, ein hoher Beamter des Außenministeriums. In ähnlicher Weise zitiert Roger Garaudy in *Les Mythes fondateurs de la politique israélienne* (1996) mehrere Texte, die sich mit dem von Arthur R. Butz vorgelegten umfangreichen Dokument decken.

Aus den von diesen und anderen Autoren aufgedeckten Dokumenten geht hervor, dass die Nationalsozialisten beschlossen, die jüdische Auswanderung aus ihrem Staatsgebiet mit allen Mitteln zu fördern. Marschall Göring, Bevollmächtigter für die Umsetzung des Vierjahresplans, gründete 1939 die Reichszentrale für jüdische Auswanderung und übertrug deren Leitung dem Chef der Sicherheitspolizei, SS-Generalleutnant Reinhard Heydrich. Das Auswärtige Amt wurde im Februar 1939 Mitglied des Ausschusses der Reichszentrale. Es ist interessant, sich daran zu erinnern, dass Chaim Weizmann, Präsident der Zionistischen Weltorganisation und der Jewish Agency, am 5. September 1939, nur wenige Tage nach dem Einmarsch in Polen, Deutschland im Namen aller Juden den Krieg erklärte. Am 8. September gab der *Jewish Chronicle* die Worte Weizmanns wieder: „Die Juden machen gemeinsame Sache mit Großbritannien und werden im Lager der Demokraten kämpfen.... Die Jewish Agency ist bereit, sofortige Schritte zu unternehmen, um die Arbeitskraft, die technischen Fähigkeiten und die Ressourcen der Juden zu nutzen."

In der von den Amerikanern in Nürnberg vorgelegten Akte NG-2586 heißt es: „Der gegenwärtige Krieg bietet Deutschland die Gelegenheit und auch die Verpflichtung, das jüdische Problem in Europa zu lösen". In diesem Dokument heißt es, dass nach dem überwältigenden Sieg über Frankreich im Juli 1940 „die Ausweisung aller Juden aus Europa und die Bitte an Frankreich um die Insel Madagaskar als Aufnahmegebiet für Juden" vorgeschlagen wurde. Der Philosoph Roger Garaudy, kommunistischer Abgeordneter und Mitglied des Zentralkomitees, Vizepräsident der Nationalversammlung von 1956-1958, stellt klar, dass Heydrich am 24. Juni 1940, nach der französischen Niederlage, einen Brief an Ribbentrop schickte, in dem er „eine territoriale Endlösung" vorschlug, die in der Deportation nach Madagaskar bestand. In diesem Schreiben teilte Heydrich Minister Ribbentrop mit, dass „das Problem der ca. 3.250.000 Juden in den von Deutschland kontrollierten Gebieten nicht mehr durch Auswanderung gelöst werden könne, so dass eine territoriale Endlösung notwendig sei".

Der Leiter der jüdischen Abteilung des Außenministeriums, Franz Räder, warnte im Juli 1940, dass es vier Jahre dauern würde, alle Juden auf die französische Insel umzusiedeln, und dass die Operation „erhebliche Mittel" erfordern würde. Mit anderen Worten: Inmitten der Euphorie über den fantastischen Erfolg des Blitzkriegs gegen Frankreich gingen die Nazis von der Auswanderung der Juden aus Deutschland zur Vertreibung aus den eroberten Ländern über. Zu diesem Zweck erklärte sich das Reichsaußenministerium bereit, die Vorarbeiten für diese Operation zu übernehmen. Das Reichssicherheitshauptamt (RSHA) übernahm die Durchführung der Evakuierung und die Überwachung des Madagaskar-Plans, eine groß angelegte Deportation, die nur von dieser staatlichen Einrichtung durchgeführt werden konnte. Der vom RSHA ausgearbeitete detaillierte Plan für die Evakuierung und Ansiedlung der Juden auf Madagaskar wurde im August 1940 vom Außenministerium genehmigt. Das Projekt, das mehrere Phasen umfasste, sollte von einer intereuropäischen Bank finanziert werden. Dr. Paul Schmidt, Hitlers Dolmetscher, schreibt in seinem Buch *Hitlers Dolmetscher. Die geheime Geschichte der deutschen Diplomatie 1935-1945* daran, dass Hitler Mussolini sagte, dass „ein Staat Israel in Madagaskar gegründet werden könnte".

In Frankreich, den Niederlanden und Belgien erhielten die deutschen Verwaltungsbehörden Anordnungen über die in diesen Ländern zu treffenden Maßnahmen. Mit Genehmigung der deutschen Botschaft in Paris erließ das Militärkommando in Frankreich als erstes am 27. September 1940 einen Erlass über die Behandlung der Juden im besetzten Frankreich, gefolgt von ähnlichen Texten in den Niederlanden und Belgien. Wie in den deutschen Gesetzen wurde auch in diesen Erlassen die Staatsangehörigkeit der Juden nicht berücksichtigt, was sofort zu Kritik aus dem Ausland führte. Die US-Botschaft legte eine Protestnote vor. Das NMT-Dokument NG-2586 enthält dazu folgenden Kommentar: „Der Reichsaußenminister hat im Falle der amerikanischen Proteste entschieden, dass er es nicht für klug hält, militärische Verordnungen zu erlassen, um eine Ausnahme für amerikanische Juden zu machen. Es wäre ein Fehler, die Einwände befreundeter Länder (Spanien und Ungarn) zurückzuweisen und andererseits gegenüber den Amerikanern Schwäche zu zeigen".

Die Überführung der europäischen Juden nach Madagaskar war nicht nur eine äußerst kostspielige und komplizierte logistische Operation, sondern erforderte auch den Einsatz von Zügen, Schiffen und anderen Transportmitteln, die für die Fortsetzung der Kriegsanstrengungen von vorrangiger Bedeutung waren. Mit dem Einmarsch in Russland im Juni 1941 nahmen die Dinge eine endgültige Wendung: Der Madagaskar-Plan wurde als undurchführbar erkannt, und es setzte sich die Idee durch, dass es einfacher sei, die Juden nach Osteuropa zu bringen, wo neue Gebiete für die Umsiedlung eröffnete. Am 31. Juli 1941 sandte Göring, wiederum unter dem Einfluss des Siegesrausches, der durch den schnellen Vormarsch in die UdSSR hervorgerufen wurde, den berühmten Brief an Heydrich, der von jüdischen Historikern wie Raoul Hilberg, Gerald Reitlinger und Leon Poliakov oft zitiert wird, um seine Vernichtungsthesen zu untermauern. Der folgende Text ist ein Auszug aus dem Brief, der von Arthur R. Butz in *The Hoax of the Twentieth Century (Der Schwindel des zwanzigsten Jahrhunderts)* wiedergegeben wurde, entnommen aus Band 13 der NMT (Nürnberger Militärgerichte):

> „In Ergänzung der Ihnen im Dekret vom 24. Januar 1939 übertragenen Aufgabe, die Judenfrage durch Auswanderung und Evakuierung zu lösen, was nach den gegenwärtigen Verhältnissen der günstigste Weg ist, beauftrage ich Sie nunmehr, alle organisatorischen, sachlichen und finanziellen Vorbereitungen für eine

vollständige Lösung der Judenfrage in den unter deutschem Einfluss stehenden Gebieten Europas zu treffen.
Wenn die Zuständigkeit anderer zentraler Organisationen in dieser Frage betroffen ist, sollten diese Organisationen einbezogen werden.
Ich bitte Sie ferner, mir so bald wie möglich einen Entwurf der bereits getroffenen organisatorischen, operativen und finanziellen Maßnahmen zur Durchführung der geplanten Endlösung der Judenfrage zu übermitteln".

Diejenigen, die behaupten, dieser Text sei der Beweis dafür, dass die „Endlösung" auf den Massenmord an den europäischen Juden hinauslief, unterschlagen in der Regel den Hinweis auf „Auswanderung und Evakuierung". Jüdische Historiker und nichtjüdische Befürworter behaupten, dass auf der Wannseekonferenz in der Nähe von Potsdam die Ausrottung des europäischen Judentums beschlossen wurde. Die Wannsee-Konferenz fand am 20. Januar 1942 statt. Heydrich berief gemäß den ihm erteilten Anweisungen alle mit der Evakuierung der Juden in den Osten befassten Stellen zusammen. Martin Luther, der Verfasser des Memorandums NG-2856, das von der amerikanischen Staatsanwaltschaft bei NMT eingereicht wurde, schreibt in diesem Dokument Folgendes:

„... SS-Generalleutnant Heydrich organisierte am 20. Januar 1942 eine Konferenz aller beteiligten Organisationen, an der auch Staatssekretäre anderer Ministerien und ich als Mitglied des Außenministeriums teilnahmen. Auf der Konferenz erklärte General Heydrich, dass Reichsmarschall Göring ihn auf Anweisung des Führers ernannt habe und dass der Führer nun die Evakuierung der Juden in den Osten statt der Auswanderung genehmigt habe....
Auf der Konferenz vom 20. Januar 1942 verlangte ich, dass in allen Fragen, die das Ausland betreffen, vorher die Zustimmung des Auswärtigen Amtes eingeholt werden sollte, eine Forderung, der Generalleutnant Heydrich zustimmte und die getreulich erfüllt wurde, ebenso wie das für jüdische Angelegenheiten zuständige Reichssicherheitshauptamt (RSHA), das von Anfang an alle Maßnahmen in reibungsloser Zusammenarbeit mit dem Auswärtigen Amt traf. Das RSHA ging in dieser Angelegenheit in einer fast übertrieben vorsichtigen Weise vor".

Viele deutsche Juden waren bereits ausgewandert, einige unter Ausnutzung des Haavara-Abkommens nach Palästina, andere in die Vereinigten Staaten oder andere europäische Länder. Nach der Wannsee-Konferenz begann die Evakuierung derjenigen, die noch nicht ausgewandert waren. Auch die Regierungen der Slowakei, Kroatiens und Rumäniens stimmten der Evakuierungspolitik zu und forderten nicht die Rückführung der Juden aus ihren Ländern, die sich auf deutschem Gebiet befanden, sondern akzeptierten ihre Deportation nach Osteuropa. Dank des Berichts von Martin Luther, Staatssekretär im Auswärtigen Amt, der in Wannsee anwesend war, wurde im NMT bekannt, dass die Slowaken gebeten wurden, die Deportation von 20.000 jungen Juden zu organisieren, da der Bedarf an Arbeitskräften nicht gedeckt werden konnte, wozu sich die slowakische Regierung bereit erklärte. Die Slowaken teilten dem Reichsaußenministerium mit, dass sie bereit seien, für jeden evakuierten Juden 500 Mark zu zahlen. Diese Entscheidung veranlasste den slowakischen Episkopat, seine Einwände gegen die Deportationen bei der slowakischen Regierung vorzubringen. In Luthers Memorandum gibt es einen sehr bedeutsamen Absatz über die Auswirkungen des Protestes der slowakischen Kirche:

> „... In der Zwischenzeit waren 52.000 Juden aus der Slowakei verschleppt worden. Durch den Einfluss der Kirche und die Korruption einiger Beamter hatten 35.000 Juden eine Sonderlegitimation erhalten. Ministerpräsident Tuka wollte jedoch die Evakuierung der Juden fortsetzen und bat daher um Hilfe durch den diplomatischen Einfluss des Reiches. Der Botschafter wurde ermächtigt, beim Staatsoberhaupt Dr. Tiso vorstellig zu werden, dem mitgeteilt wurde, dass der Ausschluss von 35.000 Juden in Deutschland überraschend kam, zumal die Zusammenarbeit der Slowakei in der Judenfrage bisher sehr geschätzt worden war. Diese Anweisungen waren vom Unterstaatssekretär der Politischen Abteilung und vom Staatssekretär weitergegeben worden."

Es gibt eine weitere Quelle jüdischen Ursprungs, die Martin Luthers Memorandum ergänzt, nämlich den *Bericht des Budapester Jüdischen Rettungskomitees*, ein 188-seitiges handgeschriebenes Dokument von Dr. Rudolf Israel Kastner (Rezsö Kasztner), das teilweise von dem jüdischen Kollegen Lenni Brenner in seinem Buch *51 Documents. Zionistische Kollaboration mit den Nazis* (2002). Laut Kastners Schrift kamen im März 1942 Wellen slowakischer Juden als Flüchtlinge nach Ungarn. Im selben Monat März setzten sich die Leiter des Jüdischen Rettungskomitees von Bratislava, Erwin Steiner, Gisi Fleischman und Rav Weissmandel, mit den Nazis in Verbindung, um die Deportation der slowakischen Juden gegen Lösegeld zu stoppen. Der Text von Kastner geht wie folgt weiter:

> „Der verantwortliche Deutsche, Hauptmann Wisliczeny, erklärte, dass er nach der Deportation von 55.000 Juden bereit sei, die Deportation der restlichen 25.000 Juden für 50.000 Dollar, zwei Dollar für jedes Leben, aufzugeben. Das Geld sollte aus dem Ausland kommen, aber es traf nicht oder nur sehr langsam ein. Wisliczeny wartete viele Wochen auf die vereinbarte Summe und schickte dann seine eigene Zahlungsaufforderung, indem er dreitausend Juden nach Polen überführte. Daraufhin traf das Geld ein und die Deportationen wurden eingestellt".

1948 veröffentlichte das Internationale Komitee vom Roten Kreuz (IKRK) in Genf einen dreibändigen Bericht, den *Report of the International Committee of the Red Cross on its Activities during the Second World War*, auf den wir uns von nun an beziehen werden, da Arthur R. Butz die Seiten 641 bis 657 des ersten Bandes wiedergibt, die zu Kapitel VI („Special Categories of Civilians") gehören und sich speziell auf die Situation der Juden in verschiedenen europäischen Ländern beziehen. Er bestätigt, dass Tausende von Juden gezwungen wurden, die Slowakei zu verlassen, fügt aber hinzu: „Ein großer Teil der jüdischen Minderheit durfte im Land bleiben, und zu bestimmten Zeiten galt die Slowakei sogar als sicherer Hafen für Juden, insbesondere für solche, die aus Polen kamen. Diejenigen, die in der Slowakei blieben, scheinen bis Ende August 1944 in Sicherheit gewesen zu sein, als es zu einem Aufstand gegen die deutschen Truppen kam". Zu den slowakischen Juden, die in Lagern interniert waren, heißt es in dem Bericht: „Es stimmt zwar, dass das Gesetz vom 15. Mai 1942 zur Internierung von mehreren Tausend Juden geführt hatte, aber sie wurden in Lager gebracht, in denen die Verpflegungs- und Unterbringungsbedingungen erträglich waren und die Insassen bezahlte Arbeit zu Bedingungen verrichten durften, die denen des freien Arbeitsmarktes ähnelten. Bis 1944 hatte die jüdische Gemeinschaft erreicht, dass die erzwungene Einwanderung in die von Deutschland kontrollierten Gebiete fast vollständig eingestellt wurde."

Andererseits sahen sich die Kroaten auch veranlasst, Juden aus Kroatien zu deportieren, obwohl die Evakuierung von etwa 4-5.000 Juden aus den italienisch besetzten Gebieten von Dubrovnik und Mostar nicht auf die Zustimmung Roms stieß. Von Mai 1943 bis Ende 1945, so der IKRK-Bericht, unterstützte die Rotkreuz-Delegation „die jüdische Gemeinde von Zagreb, die vom American Joint Distribution Committee in New York durchschnittlich 20.000 Schweizer Franken pro Monat erhielt". Der Bericht fügt hinzu, dass im Oktober 1944 „die deutschen Behörden in Übereinstimmung mit den in den Nachbarländern getroffenen Maßnahmen die Juden von Zagreb verhafteten und ihre Lebensmittelvorräte beschlagnahmten". Der Delegation des Roten Kreuzes gelang es jedoch, die kroatische Regierung zur Rückgabe dieser Vorräte zu bewegen.

Die Deportation ausländischer Juden auf französischem Gebiet stellt ebenfalls ein Problem dar. Otto Abetz, der deutsche Botschafter im besetzten Frankreich, betrachtet sie als Elemente, die unter keinen Umständen bevorzugt behandelt werden dürfen, da viele von ihnen nachweislich für Terror- und Sabotageakte verantwortlich sind. Auch hier stellen die italienischen Juden in Frankreich einen zusätzlichen Rückschlag dar. Die wirtschaftlichen Interessen Italiens spielten eine entscheidende Rolle, und die Deutschen waren der Meinung, dass sie, wenn sie schon nicht evakuiert werden konnten, zumindest von Mussolini repatriiert werden sollten. Mitglieder des Internationalen Komitees vom Roten Kreuz besuchten die Lager in Südfrankreich, wo sich im Lager Gurs sechstausend Juden aus der bayerischen Pfalz befanden, denen mit „geeigneten Maßnahmen" geholfen wurde. Darüber hinaus enthält der IKRK-Bericht Informationen über Juden aus Polen in Frankreich, die eine Genehmigung zur Einreise in die Vereinigten Staaten erhalten hatten. Nach Angaben des Roten Kreuzes „wurden sie von den deutschen Besatzern für amerikanische Staatsbürger gehalten, die sich bereit erklärten, die Gültigkeit von etwa dreitausend Pässen anzuerkennen, die den Juden von südamerikanischen Konsulaten ausgestellt worden waren". Aus dem Bericht geht hervor, dass „sie in Lagern ausschließlich für Amerikaner in Vittel untergebracht wurden".

Was die bulgarischen und rumänischen Juden betrifft, so bestätigen die Verhandlungen mit diesen Ländern einmal mehr, dass die so genannte „Endlösung" territorial ausgerichtet war und auf die Vertreibung der Juden aus dem deutschen Einflussbereich in Europa abzielte. Vor allem in Rumänien war die schlimmste Zeit für die Juden die Machtübernahme der „Eisernen Garde" im

September 1940, die von der Gestapo und der SS unterstützt wurde. Die Juden wurden verfolgt und deportiert, doch im September 1941 ergriff Marschall Antonescu die Macht und die Kollaboration begann. Der Delegierte des Roten Kreuzes in Bukarest erhielt einen Brief von Antonescu, in dem er erklärte: „Die rumänische Regierung lehnt jede praktische Lösung ab, die den zivilisierten Sitten widerspricht und dem christlichen Geist, der das Gewissen des rumänischen Volkes beherrscht, schadet. Das IKRK arbeitete eng mit dem Rumänischen Roten Kreuz zusammen. In dem von uns verwendeten Dokument heißt es, dass ab 1943 „die Aufgabe des Komitees in Rumänien dadurch erleichtert wurde, dass der Delegierte in der Lage war, bei der rumänischen Regierung Vertrauen zu schaffen". Im Dezember 1943, so bescheinigt der IKRK-Bericht, „traf sich Herr Mihan Antonescu mit diesem Delegierten, was die Tätigkeit des Komitees für die Juden erheblich erleichterte". Sehen wir uns den vollständigen Auszug an:

> „Diese Gespräche konzentrierten sich auf den Fall der über den Dnjestr in die Ukraine deportierten Juden, die aus Bessarabien und der Bukowina stammten. Diese Provinzen wurden nach dem Ersten Weltkrieg an Rumänien zurückgegeben, fielen aber aufgrund des deutsch-sowjetischen Vertrages zu Beginn des Zweiten Weltkrieges wieder unter sowjetische Herrschaft. Nach der Wende von 1941 besetzte Rumänien, das sich mit Deutschland gegen die UdSSR verbündet hatte, diese beiden Provinzen wieder. Die Juden, die sich nach rumänischer Auffassung schuldig gemacht hatten, weil sie die Rückkehr in den Schoß Russlands zu gut aufgenommen hatten, wurden deportiert. Der Plan der rumänischen Regierung, der im Einvernehmen mit Deutschland ausgearbeitet worden war, schien darin zu bestehen, diese Juden in Gebieten in der Region Asowsches Meer anzusiedeln. Dies konnte jedoch nur geschehen, wenn die UdSSR besiegt wurde. Angesichts der russischen Siege beschloss die rumänische Regierung Ende 1943, die Überlebenden dieser bedauerlichen Deportation, deren Zahl von 200.000 auf 78.000 gesunken war, zu repatriieren. Herr Mihan Antonescu unterstützte die Bemühungen des Delegierten in Bukarest, mit der Bereitstellung der Mittel für diese Repatriierung betraut zu werden, und ermächtigte ihn, durch Transnistrien zu reisen und Kleidung und Hilfsgüter an diese unglücklichen Menschen zu verteilen. Darüber hinaus gelang es dem Delegierten, die Juden von Czernowitz, die als einzige noch verpflichtet waren, den gelben Stern zu tragen, dazu zu bewegen, ihn nicht mehr zu tragen, da dieses Zeichen sie der Brutalität der deutschen Truppen aussetzte, denen sie begegneten".

Die Tatsache, dass 122.000 Deportierte nicht zurückkehrten, bedeutet weder, dass sie vernichtet wurden, noch, dass alle von ihnen ihr Leben verloren. Es ist möglich, dass viele von ihnen in der Sowjetunion bleiben wollten. In einem Bericht des Bukarester Roten Kreuzes vom Dezember 1944 heißt es: „Dank der Sendungen des Gemeinsamen Komitees von New York und der vor Ort durchgeführten Sammlungen war es möglich, 183.000 repatriierten Juden zu Hilfe zu kommen". Kurzum, die überlieferten deutschen Dokumente zeigen, dass die deutschen Pläne nichts mit der Massenvernichtung des europäischen Judentums zu tun hatten. Alle Berichte des Roten Kreuzes zeigen auch, dass die

Deutschen taten, was in den Dokumenten stand, und dies wurde von neutralen Behörden und manchmal sogar von feindlichen Quellen bestätigt.

Arthur R. Butz stellt in *The Hoax of the Twentieth Century* Texte aus den Protokollen der Wannseekonferenz zur Verfügung, die im Dokument NG-2586-G enthalten sind, das von den Amerikanern in Nürnberg (NMT) vorgelegt wurde. „Das Auswanderungsprogramm", heißt es dort unmissverständlich, „ist durch die Evakuierung der Juden nach dem Osten als eine vollständigere Möglichkeit ersetzt worden, in Übereinstimmung mit der vorherigen Genehmigung des Führers." Während diese Hinweise auf die Evakuierung in den Osten immer wieder wiederholt werden, wurde kein einziger Text gefunden, der beweist, dass es ein Programm zur Ausrottung der Juden gab. Das bestätigt auch der jüdische Professor Aryeh Leon Kubov vom Israel Center for Jewish Documentation in Tel Aviv, der unverblümt feststellt: „Es gibt kein von Hitler, Himmler oder Heydrich unterzeichnetes Dokument, in dem von der Ausrottung der Juden die Rede ist... und das Wort 'Ausrottung' kommt in Görings Brief an Heydrich im Zusammenhang mit der Endlösung der Judenfrage nicht vor". Auch in der alliierten Presse wurde während des Krieges wiederholt über das Umsiedlungsprogramm berichtet. Hier sind einige wichtige Absätze aus NG-2586-G, die erstaunlicherweise von Holocaust-Propagandisten benutzt werden, um zu beweisen, dass die „Endlösung" ein Vernichtungsprogramm war:

> „Passenderweise werden die Juden nun im Bereich der Endlösung in geeigneter Weise als Arbeitskräfte in den Osten gebracht. In großen Arbeitsgruppen, mit Trennung der Geschlechter, werden die arbeitsfähigen Juden in diese Gebiete gehen und im Straßenbau eingesetzt werden, wobei ein guter Teil zweifellos durch natürliche Auslese fallen wird. Der Rest, der schließlich überleben kann - und das sind zweifellos die Widerstandsfähigeren - muss angemessen behandelt werden, denn diese Menschen, die die natürliche Auslese repräsentieren, werden als Keimzelle einer neuen jüdischen Evolution angesehen, wenn ihnen die Freiheit gewährt wird (siehe die Erfahrung der Geschichte).
>
> Das Programm zur Durchführung der Endlösung sieht vor, dass Europa von Westen nach Osten durchkämmt wird. Das Reichsgebiet, einschließlich des Protektorats Böhmen-Mähren, muss allein aus Gründen der Unterbringung und anderer sozialpolitischer Erfordernisse vorsorglich bearbeitet werden. Die evakuierten Juden werden zunächst gruppenweise in sogenannte Transitghettos gebracht, um von dort aus später in den Osten transportiert zu werden.
>
> Eine wichtige Voraussetzung für die vollständige Durchführung der Evakuierung ist, wie SS-General Heydrich erklärte, die genaue Festlegung der einzubeziehenden Personengruppen. Es ist nicht vorgesehen, Juden über fünfundsechzig Jahre zu evakuieren, sondern sie in ein Altersghetto zu bringen - Theresienstadt wird gebaut. Neben diesen Gruppen älterer Menschen - von den vielleicht 280.000 Juden, die sich am 31.10.1941 im alten Reich und in Österreich aufhielten, sind vielleicht 30 % über fünfundsechzig Jahre alt - werden auch Juden mit schweren Kriegsverletzungen und Kriegsauszeichnungen (Eisernes Kreuz Erster Klasse) in die Altersghettos aufgenommen werden müssen....
>
> Im Zusammenhang mit dem Problem der Auswirkung der Evakuierung der Juden auf das Wirtschaftsleben berichtete Staatssekretär Neumann, dass die in der kriegswichtigen Industrie beschäftigten Juden vorerst nicht evakuiert werden könnten, da kein geeigneter Ersatz zur Verfügung stehen würde. General

Heydrich wies darauf hin, dass diese Juden gemäß der von ihm genehmigten Direktive für die Durchführung der gegenwärtigen Evakuierung nicht evakuiert würden."

Um die evakuierten Juden vollständig zu entwurzeln, wurden sie ihres Besitzes beraubt: Geld, Möbel, Schmuck, Geschäfte usw., so dass sie nichts hatten, was sie dazu bewegen konnte, eines Tages zurückzukehren. Das war genau das, was die Zionisten brauchten: Menschen, die nichts zu verlieren hatten und denen man Schutz und ein neues Leben im künftigen Staat Israel bieten wollte. Es ist daher unbestreitbar, dass Hunderttausende von Juden deportiert und ihr Eigentum beschlagnahmt wurden. Ihre Lage und die der anderen Gefangenen wurde, wie weiter unten gezeigt wird, immer schlechter, da sich die Bedingungen in den Lagern infolge der unausweichlichen Niederlage Deutschlands verschlechterten. Es ist nicht einfach, die Zahl der Deportierten zu ermitteln, da viele europäische Juden in die Vereinigten Staaten oder nach Palästina auswanderten oder auf sowjetischem Gebiet landeten, wie dies bei den polnischen Juden in den von der UdSSR besetzten Gebieten der Fall war. Darüber hinaus verließen etwa 300 000 Polen nach dem deutschen Einmarsch und zogen ebenfalls in die kommunistische Zone.

Andererseits macht die Tatsache, dass Juden, die aus Europa in die Vereinigten Staaten einwanderten, dies mit deutschen, österreichischen, niederländischen, polnischen usw. Pässen taten, es unmöglich, zuverlässige Zahlen zu erhalten. Es ist jedoch bekannt, dass die jüdische Einwanderung in die Vereinigten Staaten nach Kriegsende sehr groß war, obwohl die Zionisten in den Vertriebenenlagern ungehindert agierten und darauf hinarbeiteten, so viele wie möglich nach Palästina zu schicken. Diese Lager wurden von der UNRRA kontrolliert, einer UN-Agentur, die zunächst von Herbert Lehman und dann von Fiorello La Guardia geleitet wurde. Diese beiden Zionisten erlaubten britischen und amerikanischen Offizieren, die keine Uniform trugen, Tausende von Juden militärisch auszubilden und sie auf die Invasion Palästinas vorzubereiten. Im Jahr 1944 befanden sich bereits fast eine halbe Million Zionisten im Heiligen Land. Fünf Jahre später, 1949, gab die israelische Regierung die Zahl der Juden in Palästina mit 925.000 an. Bis 1957 waren fast eine Million Araber Flüchtlinge in den Nachbarländern, während sich die jüdische Bevölkerung auf 1.868.000 verdoppelt hatte.

Reitlinger und Hilberg, die sich auf deutsche Dokumente und Berichte des niederländischen Roten Kreuzes für niederländische Juden (etwa 100.000) stützen, geben sehr ähnliche Zahlen für die Gesamtzahl der Deportierten aus einem Dutzend westeuropäischer Länder an: Deutschland, Österreich, Tschechoslowakei, Dänemark, Frankreich, Belgien, Luxemburg, Norwegen, Niederlande, Italien, Jugoslawien und Griechenland. Laut Reitlinger waren es 816.000, während Hilberg die Zahl mit 870.000 angibt. Da beide Vernichtungstheoretiker sind, gehen sie davon aus, dass alle umgebracht wurden.

Im Gegensatz dazu beharren die Revisionisten darauf, dass Juden und Nichtjuden als Arbeitskräfte eingesetzt wurden, und argumentieren, dass es keinen Sinn machte, ein Umsiedlungsprogramm im Osten aufzulegen und mitten im Krieg eine komplizierte und kostspielige logistische Operation zu organisieren, nur um die Juden zu liquidieren. Die Fragen, die sie stellen, lauten: Wozu sollte man Geld, Tausende Tonnen Treibstoff, Personal und unzählige Züge für den Transport von Truppen und Munition verschwenden, wenn der Zweck darin bestand, Juden Tausende von Kilometern von ihren Herkunftsorten entfernt zu töten? Warum wurde der Bau der Lager in Angriff genommen, wenn sie nur als Vernichtungsstätten dienen sollten? Wäre es nicht einfacher gewesen, die Juden nach ihrer Verhaftung zu exekutieren, wenn dies tatsächlich beabsichtigt war?

Es ist besonders schwierig, mehr oder weniger genau zu wissen, was in Polen geschah. Eine jüdische Quelle, das *American Jewish Year Book 1948-1949*, schätzt die Zahl der in Polen lebenden Juden Ende 1945 auf 390.000. Andererseits veröffentlichte ein kanadisch-jüdischer Journalist, Raymond Arthur Davies, ein überzeugter Kommunist, der während des Krieges in der UdSSR lebte, 1946 in New York *eine Odyssee durch die Hölle*. Darin enthüllt er, dass Schachmo Epstein, der Leiter des Jüdischen Antifaschistischen Komitees, ihm gestand, dass die Sowjetunion durch Evakuierung und andere Maßnahmen mindestens 3.500.000 europäische Juden gerettet habe. Davies zufolge flohen 250 000 polnische Juden, die im von Deutschland besetzten Polen lebten, 1939 in die Sowjetunion. Er beschreibt ausführlich die herausragende Rolle der Juden in der UdSSR, wo Tausende von Fabriken und Kriegsbetrieben von Juden geleitet wurden. Eine sehr große Zahl von ihnen, so Davies, erreichte führende Positionen in der Armee und in der Verwaltung. Dies wird von einem anderen jüdischen Autor, Ralph Nunberg, in seinem ebenfalls in New York erschienenen Buch *The Fighting Jew* (1945) bestätigt, in dem Nunberg stolz darauf hinweist, dass nicht weniger als 313 sowjetische Generäle Juden waren. R. A. Davies berichtet seinerseits von seinen Kontakten mit jüdischen Offizieren in der Roten Armee,, die ihm gegenüber damit prahlten, dass sie deutsche Soldaten in Massenhinrichtungen beseitigt hätten. Dieser kanadische Journalist enthüllt, dass er glaubwürdige Informationen darüber hatte, dass nicht weniger als 35.000 europäische Juden an der Seite von Titos Partisanen kämpften.

Arthur R. Butz bezieht sich auf eine zwanzigseitige Studie von Meir Korzen, die von der israelischen Regierung veröffentlicht wurde (*Yad Vashem Studies*, Band 3). Korzen zufolge wurden Hunderttausende polnischer Juden im Rahmen eines Evakuierungsprogramms, das im Juni 1940 begann, in der UdSSR verstreut. Ab September 1941 erhielten viele dieser Flüchtlinge die sowjetische Staatsbürgerschaft, durften aber die UdSSR nicht verlassen. Wie wir gesehen haben, wählte Beria am Ende des Krieges die neuen Führer des polnischen kommunistischen Regimes aus diesen Juden aus. Korzen schreibt, dass „sie ihre Namen in polnisch klingende Namen änderten, um ihre jüdische Herkunft geheim zu halten". Das Joint Distribution Committee in New York unterhielt während des Krieges Kontakte zu jüdischen Flüchtlingen in der Sowjetunion und unterstützte sie bei ihrer Umsiedlung nach dem Krieg. In seiner Arbeit über die deportierten und in der Sowjetunion verstreuten polnischen Juden räumt Korzen, obwohl er bei seinen Recherchen von der zionistischen Regierung unterstützt wurde, ein, dass sein Bericht große Lücken in den Zahlen enthält. Was die bereits in der UdSSR lebenden Juden betrifft, so gibt eine Volkszählung von Anfang 1939 an, dass es mehr als drei Millionen waren. Von diesen blieben laut der ersten Nachkriegszählung etwa zweieinhalb Millionen im Land, trotz der Auswanderungswelle nach Palästina und in die Vereinigten Staaten und der Verluste, die sie während des Krieges zwangsläufig erlitten haben müssen.

Unter diesen Opfern gibt es eine Legende, die besagt, dass die „Einsatzgruppen" die russischen Juden durch mobile Gaskammern und Massenexekutionen vernichtet haben. Bei den Nürnberger Prozessen beschuldigte der sowjetische Vertreter der Staatsanwaltschaft, Roman Rudenko, die Einsatzgruppen, nicht weniger als eine Million Juden ermordet zu haben. Raul Hilberg beziffert in seinem Buch *Die Vernichtung der europäischen Juden* die Zahl auf 900.000. Tatsache ist, dass diese Einsatzgruppen, vier Spezialeinheiten, die sich aus Elementen der Geheimen Staatspolizei (Gestapo) und des Sicherheitsdienstes der SS (SD) zusammensetzten und insgesamt etwa dreitausend Mann umfassten, rücksichtslos Juden und Nichtjuden ausschalteten, die zu den Partisanen gehörten, die die Deutschen auf russischem Territorium ständig bedrängten. Da ihre Aktivitäten eine große Bedrohung für die Armee darstellten, erteilte Hitler Himmler einen Freibrief, um auf eigene Verantwortung zu handeln, wie er es für richtig hielt. So wurden als Vergeltung für die Angriffe auf die deutschen Truppen Partisanen, Kommissare und kommunistische Funktionäre unmittelbar nach ihrer Festnahme gehängt oder erschossen. Es sei darauf hingewiesen, dass die Partisanen nicht sparsam waren, wenn es darum ging, Soldaten zu liquidieren, die ihnen in die Hände fielen.

SS-Reichsführer Heinrich Himmler besuchte Mussolini am 11. Oktober 1942 in Rom und beschwerte sich beim Duce, dass Tausende von Juden in den besetzten Gebieten als Partisanen Sabotage und Spionage betrieben. Himmler räumte ein, dass Frauen und Kinder mit den Partisanen in der UdSSR kollaborierten, und gab zu, dass viele gefangene Juden von deutschen Einheiten kurzerhand hingerichtet worden waren. Mussolini nutzte das Gespräch offenbar, um Himmler daran zu erinnern, dass die katholische Kirche extreme Maßnahmen gegen die Juden ablehnte, und warnte ihn, dass eine Politik der Exzesse die Haltung von Pius XII. ändern könnte, der einen Sieg der Achsenmächte über die Sowjetunion befürwortete.

Es besteht also kein Zweifel daran, dass die Zahl der Juden, die die Reihen dieser im Hinterland operierenden Partisanengruppen verstärkten, beträchtlich war, so dass tatsächlich Zehntausende von ihnen, vielleicht etwa 80.000, darunter auch Frauen und Kinder, hingerichtet wurden. In Kriegszeiten sind solche Verbrechen in den Armeen gang und gäbe. Es sei daran erinnert, dass die Amerikaner in Vietnam zum Beispiel keine Skrupel hatten, die Zivilbevölkerung in Dörfern, die angeblich den Vietcong-Guerillas Deckung oder Unterschlupf boten, mit Napalm zu töten. Andererseits ist anzumerken, dass viele Morde, die den Einsatzgruppen zuschreibt, von ukrainischen Nationalisten begangen wurden, die seit dem Bürgerkrieg nach der Revolution von 1917 einen tiefen Hass auf Juden hegten. Außerdem ermordeten die Kommunisten zwischen dem 22. Juni und dem 2. Juli 1941 zahlreiche Ukrainer, bevor sie sich zurückzogen. In den Augen der Zivilbevölkerung wurden die sowjetischen

Juden für diese Morde verantwortlich gemacht, da sie als Komplizen der kommunistischen Verbrecher galten.

Aus Sicherheitsgründen wurden die polnischen Juden während des Krieges in Ghettos zusammengefasst, die sich in den größten Städten befanden. Verschiedene jüdische Autoren verweisen auf die großen Ghettos in Lodz, Warschau, Bialystok, Lwow und Grodno. In Litauen und Lettland gab es Ghettos in Wilna, Kowno und Riga. Wie immer in der Geschichte verwalteten sich die Juden in diesen Ghettos selbst durch den „Judenrat", einen jüdischen Rat mit eigener Polizei. Der Judenrat arbeitete zwangsläufig mit den deutschen Behörden zusammen, die ihn oft um Arbeitskräfte baten, die von den jüdischen Behörden selbst rekrutiert wurden. Infolgedessen gab es Organisationen, die sich gegen den „Judenrat" wandten und deren Mitglieder als Marionetten im Dienste der Deutschen angesehen wurden. Dank dieser Zusammenarbeit hoben die Deutschen jedoch das anfängliche Verbot der jüdischen Schulen auf, und die jüdischen Kinder wurden in Schulen unterrichtet, die dem Ghetto-Rat unterstellt waren oder privat geführt wurden. Im kulturellen Leben des Ghettos wurden Bücher produziert und Theater- und Musikaufführungen veranstaltet. Darüber hinaus versorgte die Jüdische Unterstützungsstelle (JUS) die Ghettos mit Lebensmitteln, Medikamenten und Kleidung, die sie von der deutschen Zivilverwaltung erhielt. Die JUS unterhielt auch Kontakte zum Deutschen Roten Kreuz und zu ausländischen Organisationen, die Geld und andere Güter zur Verfügung stellten. Bis Dezember 1941 kam der größte Teil dieser ausländischen Hilfe vom Joint Distribution Committee, doch mit dem Kriegseintritt der USA wurden diese Aktivitäten illegal.

Eugene M. Kulisher, eine anerkannte Autorität auf dem Gebiet der Demographie und der Migrationsbewegungen, untersucht das Problem der Vertreibung und Evakuierung der Juden in einem umfangreichen Abschnitt von *The Displacement of Population in Europe* (1943), einem Text, der im Internet online zugänglich ist. Dieses Buch, das als absolut zuverlässig gilt, weil der Autor bis zu zwei Dutzend europäische Institutionen als Quellen heranzieht, enthüllt, was die Gegner Deutschlands ungeachtet der irreführenden Propagandakampagne mit Sicherheit über die nationalsozialistische Politik gegenüber den Juden wussten. Was die Ghettos betrifft, so berichtet Kulisher, dass die ersten im Winter 1939-1940 in Lodz eingerichtet wurden. Das Warschauer Ghetto wurde im Herbst 1940 eingerichtet. Alle Juden, die sich außerhalb des Ghettos aufhielten, wurden aufgefordert, das Ghetto zu betreten, und die Polen, die sich innerhalb des Ghettos aufhielten, wurden aufgefordert, es zu verlassen. Am 18. Oktober 1941 berichtete *die New York Times*, dass die deutschen Behörden zahlreiche Krankenwagen nach Warschau schicken mussten, um das Ghetto zu desinfizieren, in dem etwa 400 000 Menschen auf einer Fläche von 6,4 km2 rund um das ehemalige mittelalterliche Ghetto lebten. Epidemien in den Ghettos waren bekanntlich häufig und wurden von den Deutschen auf die „mangelnde Disziplin" der Bewohner zurückgeführt. Viele Juden aus dem Ausland wurden in das Warschauer Ghetto transportiert, und im Frühjahr 1942 lebten dort etwa eine halbe Million Menschen.

Nach Angaben polnischer Kreise in London waren etwa 1.300.000 Juden in elf Ghettos in verschiedenen Teilen des Landes untergebracht. Im Frühsommer 1942 schätzte das Institute of Jewish Affairs die Zahl auf 1,5 Millionen. Am 28. Oktober und 10. November 1942 erließ der Staatssekretär für Sicherheit im polnischen Generalgouvernement Verordnungen über jüdische Ghettos in fünf Bezirken des Generalgouvernements: Warschau, Lublin, Krakau, Radom und Galizien. Wie Kulisher berichtet, waren im November 1942 alle Juden im Generalgouvernement in zwei Arten von Gebieten eingesperrt: Ghettos innerhalb der großen Städte und rein jüdisch bewohnte Städte, aus denen die nichtjüdische Bevölkerung evakuiert worden war. Insgesamt gab es im gesamten polnischen Generalgouvernement dreizehn Ghettos und zweiundvierzig jüdische Städte.

Nach dem Einmarsch in die UdSSR wurden Ghettos in der Westukraine, im westlichen Weißrussland, in den baltischen Staaten und auch im besetzten Russland errichtet. Hätte der Einmarsch in die UdSSR mit einer sowjetischen Niederlage geendet, wäre die Politik der Umsiedlung von Juden nach Osteuropa sicherlich wie geplant fortgesetzt worden, und die im polnischen Generalgouvernement versammelten Massen wären in diesen Ghettos in weiter östlich gelegenen Ländern gelandet. Hunderttausende von Juden durchliefen auf ihrem Weg nach Osten die Transitlager, die in der offiziellen Geschichtsschreibung als Vernichtungslager gelten. Wenn eine neue Umsiedlung angekündigt wurde, oblag es dem Judenrat des Ghettos, den deutschen Behörden Listen mit den umzusiedelnden Personen vorzulegen.

Der Aufstand des großen Warschauer Ghettos am 19. April 1943 führte zu einem beschleunigten Transport der Juden in den Osten. Nach heftigem Widerstand und einer Schlacht, über die weltweit berichtet wurde, wurde der Aufstand am 16. Mai niedergeschlagen und das Ghetto schließlich aufgelöst. Es gab schätzungsweise 12.000 Tote, und etwa 60.000 seiner Bewohner wurden weiter nach Osten deportiert. Treblinka wurde zum Durchgangslager für diese neue Umsiedlung. Drei Monate später wurde auch das Ghetto Bialystock geräumt. Einige Tage lang kam es zu Zusammenstößen, doch der Widerstand war gering. Nach Angaben der *Holocaust-Enzyklopädie* begannen am 18. August die Deportationen nach Treblinka, wo die Deportierten nach Ansicht der Vernichter vergast wurden, nach Majdanek, Poniatowa oder Auschwitz. Ein Zug mit 1.200 Kindern, der ursprünglich nach Palästina geschickt werden sollte, passierte Treblinka und wurde schließlich nach Theresienstadt, dem so genannten „Musterlager", geleitet, wo zahlreiche kulturelle und künstlerische Aktivitäten, insbesondere im Bereich der Musik, stattfanden.

Die Deportation der ungarischen Juden

Dank des *Berichts des Budapester jüdischen Rettungskomitees* (*The Report of the Budapest Jewish Rescue Committee*) haben wir sehr interessante Informationen über die Aktivitäten der Zionisten in Budapest während des Krieges. Rudolf Israel Kastner, auch bekannt als Reszö Kasztner, Vorsitzender des Komitees und Verfasser des handschriftlichen Berichts, reichte das

Dokument 1946 bei der WZO (World Zionist Organization) ein. Da Kastner am 15. März 1957 in Tel Aviv von Zeev Eckstein, einem ehemaligen israelischen Geheimdienstagenten, liquidiert wurde, ist es sinnvoll, kurz auf dieses Attentat einzugehen, bevor man sich mit der Kontroverse über das Schicksal der ungarischen Juden befasst.

Die Ermordung von Dr. Kastner im März 1957 war das erste politische Verbrechen in der Geschichte Israels. Jemand beschloss, dass Rudolf Kastner besser verschwinden sollte, offenbar weil er zu viel über die zionistische Zusammenarbeit mit den Nazis und über seine Verantwortung für bestimmte Ereignisse wusste. Der Verbrecher, Zeev Eckstein, zeigte zwar Reue, verriet aber nie die Leute, die ihn beauftragt hatten, Kastner zu beseitigen. Alles begann 1952, als ein Jerusalemer Hotelier namens Malquiel Grünwald Mitglieder der Labour-Regierung der Kollaboration mit den Nazis beschuldigte. Kastner, der 1952 Sprecher des Industrie- und Handelsministers Dov Yosef in der Regierung Ben Gurion war, geriet dabei besonders ins Visier. 1953 verklagte die Arbeitsregierung auf Drängen von Kastner Grünwald wegen Verleumdung. Während des Prozesses beschuldigte Grünwalds Anwalt Shmuel Tamir Kastner, in Nürnberg für SS-Oberst Kurt Becher ausgesagt zu haben, und legte einen Brief Kastners an Eleazer Kaplan, einen Beamten der Jewish Agency, der David Ben Gurion und Moshe Sharett vorstanden, vor, in dem er schrieb: „Kurt Becher war ein Oberst in der SS und diente als Verbindungsmann zwischen Himmler und mir für unsere Rettungsarbeiten. Er wurde von den alliierten Besatzungstruppen dank meiner persönlichen Intervention aus dem Gefängnis in Nürnberg entlassen". Richter Halevi wollte wissen, wer Kastner die Erlaubnis gegeben habe, sich im Namen der Jewish Agency und des Jüdischen Weltkongresses für Becher einzusetzen. Kastner spuckte daraufhin eine Liste von führenden Persönlichkeiten der Jewish Agency in Israel aus.

Die Dinge wurden so kompliziert, dass *die New York Times* am 29. Juni 1955 berichtete, dass die israelische Regierung, die zusammen mit Kastner angeklagt war, zum Rücktritt aufgefordert wurde. Der Prozess zog sich über drei Jahre hin. Joel Brand, ein enger Mitarbeiter Kastners, den viele gerne tot gesehen hätten, sagte vor Gericht aus, und es wurde festgestellt, dass auch David Ben Gurion, Moshe Sharett und Chaim Weizmann selbst in die angebliche Ausrottung der ungarischen Juden verwickelt waren: eine nicht existierende Ausrottung, die von der Propaganda bescheinigt worden war und nicht mehr geleugnet werden konnte. Letztendlich entschied Richter Hálevi unter Berücksichtigung aller Beweise zugunsten von Malquiel Grünwald, und die israelische Regierung legte beim Obersten Gerichtshof Berufung ein. Die Ermordung Kastners fand vor der Entscheidung des Obersten Gerichtshofs statt, der schließlich 1958 entschied, dass er sich nicht der Kollaboration schuldig gemacht habe, denn, wie einer der Richter schrieb, „es gibt kein Gesetz, das einem Führer in einer Notsituation Verpflichtungen gegenüber denjenigen auferlegen kann, die von seiner Führung abhängen und seinen Anweisungen folgen". Der Oberste Gerichtshof befand jedoch, dass er im Namen eines Nazis einen Meineid geleistet hatte.

Nachdem wir dies erläutert haben, können wir nun den Bericht betrachten, den Kastner 1946 dem WZO vorlegte, wobei wir berücksichtigen, dass sein Herausgeber, Lenni Brenner, in *51 Dokumente* nur von ihm selbst ausgewählte Auszüge veröffentlicht. *Zionistische Kollaboration mit den Nazis*. Kastner, einer der Leiter, wenn nicht sogar der Vorsitzende des „Vaadat Ezra Vö-Hazalah" (Jüdisches Hilfs- und Rettungskomitee) in Budapest, bestätigt, dass neben einer Horde von Juden aus der Slowakei im März 1942 Wellen von polnischen Juden als Flüchtlinge nach Ungarn kamen. Viele von ihnen wurden vom Komitee mit finanzieller Hilfe, Unterkünften und gefälschten legalen Dokumenten versorgt. Um der großen Zahl slowakischer und polnischer Flüchtlinge zu helfen, hätte man auf die Mittel des „Keren KaYemeth" (Jüdischer Nationalfonds) und des „Karen HeYesod" (Stiftungsfonds) zurückgreifen müssen, aber die zionistischen Führer, die sie kontrollierten, weigerten sich, sie zur Verfügung zu stellen, mit der Begründung, sie seien bereits für Palästina gesammelt worden. Im Herbst 1942 schickten jedoch die Hilfsorganisationen der Jewish Agency in Istanbul unter der Leitung von Chaim Barlas dem Budapester Komitee eine „bescheidene Summe", die für die Unterstützung der polnischen Juden verwendet werden sollte. Zusammen mit dem Geld schickten sie eine Botschaft des palästinensischen Judentums: „Helft den Flüchtlingen, helft den polnischen Juden!" Laut Kastner trug die Organisation zur Rettung der polnischen Juden den Codenamen „Tikhul" und wurde von Joel Brand geleitet, dessen Aussage bei Kastners Prozess in Tel Aviv für Aufsehen sorgte.

Alles verlief relativ reibungslos bis zum März 1944, als die Deutschen Ungarn besetzten, weil sie befürchteten, dass die Ungarn ihr Bündnis mit ihnen brechen würden. Die ersten, die von der bevorstehenden Besetzung erfuhren, waren die Leiter des Jüdischen Rettungskomitees, die am 14. März vertrauliche Informationen von Joseph Winniger, einem ihrer Mitarbeiter im Militärischen Nachrichtendienst, erhielten, die sie in Alarmbereitschaft versetzten. Sofort wurde eine Konferenz einberufen, an der Otto Komoly, Joseph Fischer, Ernest Marton, Hillel Danzig, Moshe Schweiger, Joel Brand und Rudolf Kastner teilnahmen. Das Budapester Jüdische Rettungskomitee beschloss, Istanbul sofort zu alarmieren. Außerdem nahm Kontakt mit dem Komitee in Bratislava auf, das gute Verbindungen zu SS-Beamten hatte, um herauszufinden, welche Absichten die Deutschen gegenüber dem ungarischen Judentum hatten. Auf der anderen Seite sollte die Haganah, das Instrument des jüdischen Schutzes, sofort aktiviert werden. Die Haganah weigerte sich in den ersten drei oder vier Monaten nach der Besetzung, sich bemerkbar zu machen, nicht zuletzt weil Moshe Schweiger, ihr Führer in Ungarn, von der SS verhaftet wurde.

In den ersten Tagen der Besetzung, die am 19. März begann, hielten Mitglieder der Vaadah (Jüdisches Rettungskomitee) und zionistische Führer mehrere Sitzungen ab, um die zu leistende Arbeit zu planen. Otto Kolmony wurde beauftragt, mit ungarischen Politikern und den christlichen Kirchen Kontakt aufzunehmen und diese um Unterstützung zu bitten. Moshe Krause wurde angewiesen, sich unter den Schutz der Schweizer Botschaft zu stellen und um die Vermittlung neutraler Diplomaten zu bitten. Dr. Kastner und Joel Brand wurden mit der Aufnahme von Beziehungen zu den Deutschen beauftragt. Dieter Wisliczeny, der Assistent von Adolf Eichmann und Leiter des „Judenkommandos" in Budapest, war der Kontakt, der es ihnen ermöglichte, Verhandlungen mit der SS aufzunehmen.

Am 5. April 1944 wurden Kastner und Brand von Wisliczeny empfangen, dem sie ihre Wünsche vortrugen, die laut Kastners Bericht an die WZO wie folgt lauteten: das Leben der ungarischen Juden zu schützen, sie nicht zu ghettoisieren, Deportationen zu verhindern und ungarischen Juden mit Visum die Auswanderung und Einreise in andere Länder zu ermöglichen. Kastner schrieb über die Antwort: „...Natürlich", so Wisliczeny, „bestehen wir darauf, dass der Einfluss der Juden in allen Bereichen radikal reduziert werden muss. Aber wir bestehen nicht darauf, sie in Ghettos zu stecken oder zu deportieren. Diese Möglichkeit wäre nur dann gegeben, wenn wir von unseren Vorgesetzten direkte Befehle aus Berlin erhielten." Sehen wir uns das Fragment der Antwort von Wisliczeny an, das sich auf die Einwanderung in andere Länder bezieht: „Was die Einwanderung betrifft, muss ich meine Vorgesetzten um Anweisungen bitten. Ich persönlich glaube nicht, dass unser Oberkommando an einer Einwanderung in begrenzter Zahl interessiert wäre. Aber wenn Sie bereit wären, einen Plan für die Einwanderung von mindestens hunderttausend Juden auszuarbeiten, würden wir versuchen, auf Berlin einzuwirken, um dies zu ermöglichen."

Kastners Bericht fügt hinzu, dass Wisliczeny zwei Millionen Dollar verlangte und als Zeichen des „guten Willens" und der Fähigkeit der Juden, das Geld aufzubringen, verlangte, dass zehn Prozent im Voraus gezahlt werden sollten, d.h. zweihunderttausend Dollar, die in Pengös, der damals gültigen ungarischen Währung, zu zahlen waren. Die Umrechnung belief sich auf sechseinhalb Millionen Pengös und sollte auf dem Schwarzmarkt erfolgen. Die Juden beschlossen, diesen Betrag zu zahlen, um die Verbindung offen zu halten und Zeit zu gewinnen. Es sei darauf hingewiesen, dass Budapest jahrelang eine Stadt war, die Flüchtlinge aus Mittel- und Osteuropa aufgenommen hatte und so zu einem Epizentrum der „Alijah" (jüdische Einwanderung nach Palästina) geworden war. Hauptmann Dieter Wisliczeny war später Leiter der Gestapo in der Slowakei und geriet in die Hände der tschechischen Kommunisten, die ihn im November 1946 im Gefängnis von Bratislava zu einem Schwächling folterten, bevor sie ihn hinrichteten. Poliakov und andere Vernichtungsgegner nutzen seine Aussagen, um die Vernichtung von sechs Millionen Juden zu unterstützen.

Adolf Eichmann[1], der Leiter der Judenpolitik im Reichssicherheitshauptamt (RSHA) der SS und Spezialist in allen jüdischen

---

[1] Der Fall Adolf Eichmann wurde zu einem Weltereignis, als er am 2. Mai 1960 in Argentinien von Mossad-Agenten gefangen genommen und nach Israel gebracht wurde, um einen Schauprozess zu veranstalten. Medien aus der ganzen Welt unterstützten die Travestie von Jerusalem. Am 28. November und 5. Dezember 1960 veröffentlichte die Zeitschrift *Life* die angeblichen Memoiren Eichmanns, um die internationale Öffentlichkeit vorzubereiten. Obwohl er nie beschuldigt worden war, an Hinrichtungen von Juden beteiligt gewesen zu sein, sagte er nach entsprechender Folter und

Angelegenheiten, hatte sich im Hintergrund gehalten, kam aber ins Spiel, sobald die Verhandlungen Gestalt annahmen. Joel Brand wurde am 25. April 1944 von Eichmann empfangen. Das Treffen fand im Hotel Majestic in Budapest statt. Kastner gibt in seinem Bericht wortwörtlich die Worte wieder, mit denen das Gespräch begann:

> „Ich habe mich erkundigt und festgestellt, dass der 'Joint' in der Lage ist, die Zahlungen zu leisten (nach den Erfahrungen in Österreich und der Tschechoslowakei war alles, was mit Juden und Geld zu tun hatte, ein Synonym für 'Joint'). Natürlich weiß ich von den Konferenzen zwischen Krumey und Ihnen, aber das ist nur eine Lappalie. Jetzt biete ich Ihnen die große Chance, eine Million ungarische Juden zu retten. Ich habe gehört, dass Roosevelt in einer Rundfunkansprache seine Angst um das Leben der ungarischen Juden zum Ausdruck gebracht hat. Jetzt gebe ich Ihnen die Möglichkeit, etwas für sie zu tun. Ich brauche kein Geld. Ich wüsste nicht, was ich damit anfangen sollte. Ich brauche Kriegsmaterial, vor allem Lastwagen. Deshalb habe ich beschlossen, Ihnen zu erlauben, nach Istanbul zu reisen, damit Sie dieses großzügige deutsche Angebot an Ihre Freunde dort weitergeben können. Ich werde alle ungarischen Juden nach Deutschland überführen, sie werden an einem bestimmten Ort abgeholt. Ich werde zwei Wochen auf eine Antwort aus Istanbul warten. Sie werden sofort aus Istanbul zurückkehren und mir die Antwort Ihrer Freunde überbringen. Wenn die Antwort positiv ausfällt, können Sie von mir aus alle Juden mitnehmen, aber wenn die Antwort negativ ausfällt, müssen Sie die Konsequenzen tragen."

Es ist anzumerken, dass die Klammer in dem Fragment wortwörtlich ist und somit eine Aussage von Kastner ist, der zugibt, dass die Deutschen sich der Macht des Joint Distribution Committee in New York sehr wohl bewusst waren, dessen Agenten in der UdSSR, wie wir gesehen haben, von Stalin heftig bekämpft wurden. Hermann Krumey, dessen Name im Text genannt wird, ist ein Kollaborateur von Eichmann. Kastner stellt in seinem Bericht fest, dass Eichmanns Sätze kurz und bissig waren und dass Brand versuchte, ihn davon zu überzeugen, dass es einfacher wäre, eine Einigung zu erzielen, wenn die Deutschen ihre Deportationspläne aufgeben würden. Joel Brand forderte Adolf Eichmann auf, diese Pläne auf Eis zu legen, weil „es einfacher wäre, diese Angelegenheit abzuschließen". Es erscheint logisch, dass Eichmanns Angebot nicht möglich gewesen wäre, wenn die Endlösung ein Plan zur Ausrottung der europäischen Juden gewesen wäre. Hätte es eine höhere Ordnung und einen Plan zu ihrer Ausrottung gegeben, wäre Eichmanns Vorschlag, sie gegen Lastwagen auszutauschen, nicht durchführbar gewesen.

Joel Brand flog mit einem deutschen Postflugzeug nach Istanbul. Vor der Reise, zwischen dem 8. und 17. Mai, verhandelte er in Budapest mit Eichmann.

Gehirnwäsche im Prozess aus, dass er für die Vernichtung von mehr als sechs Millionen Juden verantwortlich gewesen sei. Außerdem wurde er, obwohl er wusste, dass er hingerichtet werden würde, gezwungen, „authentische Geständnisse" zu verfassen, in denen er die Zahl der von ihm vernichteten Juden bestätigte und erhöhte. Leser, die mehr über die Affäre erfahren möchten, können Paul Rassiniers 1962 erschienenes Buch *The Truth About the Eichmann Trial* lesen.

Eichmann, der von dem starken Einfluss der Juden auf die Alliierten, insbesondere die Amerikaner, überzeugt ist, ist zuversichtlich, dass das Angebot von zehntausend Lastwagen für eine Million Juden, d.h. ein Lastwagen für das Leben von hundert Menschen, angenommen werden würde. „Ihr könnt euren Freunden versichern", versicherte er, „dass wir die Lastwagen nicht an der Front, sondern im Landesinneren einsetzen werden. Allenfalls könnten sie im Notfall im Ausland an der russischen Front eingesetzt werden." Sobald Joel Brand in die Türkei abreiste, wurden die Kontakte zu Eichmann von Kastner und Hansi Brand (Joels Frau) übernommen. Im Mai hatten die Deportationen bereits begonnen. Über das, was Eichmann ihnen darüber erzählte, schrieb Kastner in seinem Bericht: „Es gab absolut keine Chance, dass er die Deportationen aussetzen oder stoppen würde. Wir durften ihn nicht für so dumm halten, denn wenn er die Deportationen stoppte, würde niemand im Ausland mit ihm verhandeln. Wir müssten uns anstrengen, um in Istanbul effektiver zu sein. Er würde sich nicht für dumm verkaufen lassen, und seine Geduld hatte Grenzen". Nach dem Gespräch beeilten sie sich, ein Telegramm nach Istanbul zu schicken, um mitzuteilen, dass die Deportationen nicht aufhören würden und sie deshalb schnell handeln müssten, da die Zeit gegen sie lief.

Kastner berichtet von einem weiteren Treffen am 22. Mai, bei dem Eichmann seine Genehmigung zur Auswanderung von sechshundert ausgewählten Juden bestätigte; wegen Hitlers Verpflichtungen gegenüber dem Großmufti von Jerusalem erlaubte er ihnen jedoch nicht, über Istanbul nach Palästina zu reisen, sondern sie sollten nach Deutschland, dann weiter nach Frankreich und Spanien reisen, von wo aus sie nach Afrika weiterreisen konnten. In den folgenden Tagen gingen Telegramme aus Istanbul ein, in denen Brand mitteilte, dass er hoffnungsvolle Gespräche führe und dass mehrere britische und amerikanische Delegierte der Jewish Agency hinter ihm stünden; endete jedoch alles in einem großen Fiasko und Brand kehrte nie nach Budapest zurück. Wenn die Lieferung von zehntausend Lastwagen das Leben von Hunderttausenden von Juden hätte retten sollen, ist es unserer Meinung nach unverständlich, dass die Operation nicht genehmigt wurde. Wenn die Ausrottung des ungarischen Judentums tatsächlich stattgefunden hätte, wären die zionistischen Führer, die sie vereitelt haben, vor der Geschichte und vor ihrem Volk schuldig.

Im Folgenden finden Sie eine sehr kurze Zusammenfassung von Joel Brands Schicksalsschlägen. Im vierten Band von *The Collapse of the West: The Next Holocaust and Its Aftermath (Der nächste Holocaust und seine Folgen)* widmet Francisco Gil-White dem Kapitel XXI mit dem Titel „The 'Kastner Case'" eine ausführliche Darstellung der Ereignisse. Gil-White beruft sich auf Ben Hecht, der dem Prozess als Journalist beiwohnte und 1961 einen dokumentierten Bericht über den Prozess in *Perfidy* veröffentlichte, der Gil-Whites Hauptquelle ist. Die Informationen über den Tel Aviver Prozess gegen Kastner sind von großem Interesse, aber uns interessiert nun, wie Brand mit dem Fall umging, seit er mit Bandi Grosz in Istanbul angekommen war. Diesem amerikanischen Autor zufolge wartete niemand auf sie am Flughafen, und sie kamen in einem Hotel unter, wo sie von einem Vertreter der Jewish Agency besucht wurden, der sie zum Istanbuler Hilfs- und Rettungskomitee brachte.

Brand erklärte, dass er in zwei Wochen nach Budapest zurückkehren würde, um die ersten 100.000 Juden zu befreien. Es wurde jedoch beschlossen, dass die Anwesenheit eines hochrangigen Beamten der Jewish Agency Executive erforderlich war, und so wurde Venia Pomeranietz beauftragt, Moshe Sharett nach Istanbul zu bringen. Angesichts der britischen Weigerung, Sharett die Einreise in die Türkei zu gestatten, schlug Chaim Barlas, Leiter der Jewish Agency in Istanbul, Brand vor, nach Britisch-Syrien zu reisen, um ihn zu treffen. Brand befürchtete jedoch eine Verhaftung durch die Briten, und da Eichmann ihm gesagt hatte, dass seine Rückkehr und sein Wort ausreichen würden, bat er darum, mit einem Schreiben des Hilfs- und Rettungskomitees, in dem das Geschäft genehmigt wurde, nach Budapest zurückkehren zu dürfen. Nach einer erbitterten Diskussion zwang Barlas Brand, in Begleitung von Ehud Avriel von der Halutzin-Bewegung (Pioniere) nach Syrien zu reisen.

Als der Zug in Ankara anhielt, so Brand gegenüber Richter Halevi, stieg Avriel für ein paar Minuten aus dem Zug, und dann stiegen zwei Agenten, einer von Vladimirs Revisionistischer Partei Jabotinsky und einer von Agudat Israel, einer religiös-zionistischen Partei, ein, um ihn vor der Weiterreise zu warnen, da die Briten in Aleppo auf ihn warteten, um ihn zu verhaften. In seiner Aussage behauptete Brand, dass Avriel ihn beruhigte und ihn ermutigte, die Reise fortzusetzen. Als sie in Aleppo ankamen, stieg Ehud Avriel unter dem Vorwand, Vorkehrungen treffen zu wollen, aus dem Wagen, woraufhin britische Agenten Brand verhafteten. Sie brachten ihn in ihr Hauptquartier, wo er schließlich in ihrem Beisein von Moshe Sharett befragt wurde, dem Leiter der politischen Abteilung der Jewish Agency, der später Außenminister und Premierminister Israels werden sollte. Sharett, der ausgezeichnete Beziehungen zur Regierung in London unterhielt, teilte ihm mit, dass er nicht mehr nach Istanbul oder Budapest zurückkehren könne. „Ich war überrascht und widersprach bitterlich", sagte Brand dem Richter Hálevi, „aber er sagte mir, es gäbe keine Alternative."

Schließlich wurde Joel Brand über Palästina nach Kairo gebracht. Dort wurde er immer wieder von den Briten verhört und trat aus Protest in einen 17-tägigen Hungerstreik. Vier Monate später wurde er freigelassen, aber gezwungen, nach Palästina zu gehen. In einem naiven Brief an Chaim Weizmann, den Präsidenten der Zionistischen Weltorganisation (WZO), schilderte Brand die Geschehnisse, bat ihn, Eichmanns Angebot anzunehmen und erklärte, dass die Juden von ihren Führern in Palästina verraten würden. Weizmanns Antwort, datiert auf den 29. Dezember 1944 in Rehovot, wurde dem Gericht in Tel Aviv von Shmuel Tamir, dem Anwalt des Whistleblowers Grünwald, als Beweis vorgelegt. Hier ist der Text:

> „Sehr geehrter Herr Brand,
> Bitte verzeihen Sie mir, dass ich so lange gebraucht habe, um Ihren Brief zu beantworten. Wie Sie sicher der Presse entnommen haben, bin ich viel gereist und hatte seit meiner Ankunft hier im Allgemeinen keine freie Zeit. Ich habe Ihren Brief und das beiliegende Memorandum gelesen und würde mich freuen, Sie in der nächsten Woche - so um den 10. Januar - zu treffen.
> Frau Itin - meine Sekretärin - wird sich mit Ihnen in Verbindung setzen, um das Gespräch zu vereinbaren.

Ich sende Ihnen meine herzlichsten Grüße.
Mit freundlichen Grüßen, Chaim Weizmann".

Interessanterweise hielt Weizmann, nachdem er Brand schriftlich ein Interview angeboten hatte, sein Versprechen nicht ein und das Treffen fand nie statt. Joel Brand schloss seine Aussage vor Richter Halevi folgendermaßen ab: „Ob ich Unrecht hatte oder nicht, ob zum Guten oder zum Bösen, ich habe die offiziellen Führer der Juden seitdem verflucht. All diese Dinge werden mich bis zum Tag meines Todes plagen. Das ist viel mehr, als ein Mensch ertragen kann."

Die Deportation der ungarischen Juden im Frühjahr 1944 ist Gegenstand ständiger Diskussionen unter den revisionistischen Forschern, die sich untereinander absprechen, um möglichst genau herauszufinden, was tatsächlich geschehen ist. Die offizielle Version der Vernichtungstheoretiker akzeptiert die Schätzungen des Jüdischen Weltkongresses aus den Jahren 1945 und 1946, wonach etwa 600.000 Juden starben. Noch im Jahr 2000 debattierte Arthur R. Butz mit Jürgen Graf in einem ausführlichen Artikel mit dem Titel „On the 1944 Deportations of Hungarian Jews", der in der Zeitschrift *The Journal of Historical Review* veröffentlicht wurde. Graf, ein bekannter in der Schweiz geborener Schriftsteller und Aktivist, der 1992 das Buch *Der Holocaust auf dem Prüfstand* veröffentlichte, das in Argentinien erstmals auf Spanisch unter dem Titel *El Holocausto bajo la lupa* (1997) erschien, räumt ein, dass 438.000 Juden zwischen Mai und Juli 1944 nach Auschwitz deportiert wurden, bestreitet aber, dass sie vergast wurden.

Im Jahr 2001 schaltete sich Samuel Crowell, ein weiterer revisionistischer Autor, mit einem neuen Artikel „New Light on the Fate of Hungarian Jews" in die Debatte ein, der ebenfalls *im Journal of Historical Review* veröffentlicht wurde. Dieser amerikanische Forscher erinnert daran, dass Jean-Claude Pressac, der Autor, der die These vertritt, dass zwischen 600.000 und 700.000 Menschen in Auschwitz umgekommen sind, die Zahl der nach Auschwitz deportierten ungarischen Juden auf 160.000 bis 240.000 deutlich reduziert. Samuel Crowell bestreitet die Massendeportation nach Auschwitz und argumentiert, dass viele ungarische Juden in verschiedene Lager gebracht wurden, darunter Dora, Buchenwald, Bergen-Belsen, Groß Rosen, Mauthausen, Szeged, Strasshof..., und er liefert den Beweis, dass im Juni 1944 20.000 Juden nach Strasshof geschickt wurden.

Eine von Crowells Quellen ist der ungarische Historiker Szabolcs Szita[2], der fast 400 Lager und ihre Außenstellen auflistet, in denen ungarische Juden ankamen. Darüber hinaus fügt Szita die Namen von mehr als fünfhundert Orten hinzu, von denen viele nicht mit Konzentrationslagern verbunden waren und die aus Ungarn deportierte Juden aufnahmen. Unter anderem nennt er Unterlüß bei

---

[2] Szabolcs Szita wurde von der Regierung Viktor Orbáns zum Direktor des Holocaust-Gedenkzentrums in Budapest ernannt. Szitas Buch *Koexistenz-Verfolgung-Holocaust*, das 2001 veröffentlicht und vom Bildungsministerium der ersten Orbán-Regierung ausgezeichnet wurde, enthält wichtige Informationen über die Geschichte der ungarischen Juden. Da der Inhalt von Szitas Werk jüdischen Führern nicht gefiel, begann eine Kampagne der Kritik an seinen Ansichten.

Hannover oder Moerfelde-Walldorf. Es gibt Belege dafür, dass in Unterlüss eine große Zahl ungarischer Frauen arbeitete. Es ist auch bekannt, dass etwa 1 700 ungarische Frauen nach ihrer Verlegung aus Auschwitz im Mai in Mörfelde-Walldorf auf einer Landebahn für die Baufirma Züblin arbeiteten. Szabolcs Szita erwähnt auch Ungarinnen, die in verschiedenen Konzentrationslagern in der Nähe der baltischen Länder arbeiteten, wie Kovno, Klooga, Riga-Kaiserwald, Stuthoff und andere. Im Außenlager Dundaga arbeiteten zwischen 2.000 und 5.000 ungarische Frauen, die ab Mai aus Auschwitz kamen. Mit anderen Worten: Szita und andere Historiker bestätigen, dass es anstelle der beabsichtigten Vernichtung eine breite Verteilung von Juden aus Auschwitz auf verschiedene deutsch besetzte Gebiete gab, wo sie zur Arbeit gezwungen wurden.

Der IKRK-Bericht von 1948 bestätigt, dass die ungarischen Juden wie in der Slowakei eine gewisse Handlungsfreiheit genossen. Es gab zwar antijüdische Gesetze, aber es bestand keine Gefahr. Bis März 1944 konnten diejenigen, die ein Visum für Palästina erhielten, das Land frei verlassen. Dann besetzten deutsche Truppen das Land, um zu verhindern, dass Ungarn angesichts der erwarteten Niederlage Hitlers sein Bündnis mit Deutschland aufkündigt. Am 18. März rief der Führer den Regenten, Admiral Horthy, in sein Hauptquartier. Dem IKRK-Bericht zufolge brachte er „seine Empörung darüber zum Ausdruck, dass fast eine Million Juden in Ungarn uneingeschränkte Freiheit genossen". Nach der Besetzung setzte eine neue Regierung unter deutscher Aufsicht die jüdische Auswanderung aus, und die Verfolgungen begannen. Zwischen Mai und Juli fanden die größten Deportationen statt, um Juden als Arbeitskräfte zu beschäftigen.

Arthur R. Butz bestreitet nicht nur, dass ungarische Juden in Auschwitz vergast wurden, sondern hält es auch für undurchführbar, 438.000 von ihnen zu einem kritischen Zeitpunkt des Krieges, als die Transportmittel für die Bedürfnisse des Krieges benötigt wurden, in das berüchtigte Lager zu bringen. Dieser Autor zitiert einen Text vom 19. April 1944, in dem die deutschen Behörden auf die „größeren Schwierigkeiten" hinweisen, verfügbare Züge für die Verlegung der 10.000 Juden zu finden, die sie als Arbeitskräfte benötigten. Am 27. April bestätigt ein neuer Bericht, dass es schließlich möglich war, 4.000 Juden zu transportieren, die um den 1. Mai in Auschwitz eintrafen. Es gibt Belege für einen zweiten Transport von 4.000 Juden in das Arbeitslager, von denen 2.000 am 22. Mai und weitere 2.000 am 24. Mai registriert wurden. Der Mangel an Zügen verhinderte jedoch die Deportation der erforderlichen fünfzigtausend Personen. Am 6. Juni 1944, dem D-Day, begann die Landung in der Normandie, und die Deutschen befanden sich an beiden Fronten in einer verzweifelten Lage. Die Eisenbahnen waren für den Transport von Truppen und Material lebenswichtig, um einen Zusammenbruch zu verhindern. Es ist nicht nachvollziehbar, wie eine große Anzahl von Zügen für Massendeportationen zu Lasten der Prioritäten und der operativen Kapazitäten der Armee bereitgestellt werden konnte. Zur Verteidigung seiner These führt Arthur R. Butz an, dass die Zahl von 438.000 Juden, die angeblich in zwei Monaten deportiert wurden, zwei Dritteln der Deportationen aus Deutschland, Österreich und Westeuropa in drei Jahren (1941-1944) entspricht. Eine weitere unverständliche Tatsache, die die

Exterminationisten nicht erklären können, ist die Frage, warum die Deutschen Zeit und Ressourcen damit verschwendet haben, Hunderttausende von Menschen nach Auschwitz zu deportieren, um sie dort zu töten, wenn sie dies, falls dies tatsächlich das Ziel war, auch durch Erschießen in Ungarn oder in den slowakischen Bergen, durch die die Züge fuhren, hätten tun können.

Bevor wir fortfahren, muss klargestellt werden, dass die Zahl der ungarischen Juden Anfang 1944 etwa 750.000 betrug, wie die Deutschen selbst mitteilten. Es ist nicht klar, ob in dieser Zahl polnische und slowakische Flüchtlinge enthalten sind, die massenhaft die Grenze überquerten, weil Ungarn als sicherer Hafen galt. Da die Zionisten Ungarn als Sprungbrett für die Einwanderung nach Palästina nutzten, muss davon ausgegangen werden, dass es auch einen zusätzlichen Zustrom osteuropäischer Juden gab, die zu diesem Zweck ins Land kamen. Im Frühjahr 1944 lebten 300.000 von ihnen in Budapest. Wenn die Zahl der Deportierten in den Monaten Mai und Juni die von den Vernichtern angegebene Zahl ist, würde dies bedeuten, dass alle in der Provinz lebenden ungarischen Juden als verschwunden gelten, da die Juden in der Hauptstadt nicht evakuiert worden waren. Darüber hinaus ist anzumerken, dass im November 1944 100.000 Juden aus verschiedenen Teilen des Landes in Budapest eintrafen, was bedeutet, dass die Zahl der Deportierten niedriger war als die Zahl der im November 1944 deportierten Juden.

Die Tatsache, dass die Deutschen im März 1944 ihre Absicht bekannt gaben, die ungarischen Juden zu deportieren, wurde von jüdischen Propagandisten sofort genutzt, um eine Kampagne über die Geschichte der Ausrottung der ungarischen Juden zu starten, die alle möglichen Gräueltaten beinhaltete. Arthur R. Butz zitiert in *The Hoax of the Twentieth Century* etwa zwanzig Berichte, die zwischen Februar und August 1944 in *der New York Times*, dem Flaggschiff der jüdischen Printmedien in den Vereinigten Staaten, veröffentlicht wurden. Sehen wir uns nur einige von ihnen an. Am 10. Mai erschien ein Bericht von Joseph M. Levy, in dem es hieß, Ungarn bereite „die Vernichtung der ungarischen Juden mit den teuflischsten Mitteln" vor. Unverfroren und ohne den geringsten Beweis wurde behauptet, dass die Regierung Sztójay „im Begriff sei, mit der Ausrottung von etwa einer Million Menschen zu beginnen." Ganz unverfroren schrieb Joseph M. Levy: „Die ungarische Regierung hat in verschiedenen Teilen Ungarns die Einrichtung von 'Spezialbädern' für Juden angeordnet. Diese Bäder sind nichts anderes als riesige Gaskammern, die für den Massenmord bereitstehen, genau wie die, die 1941 in Polen eröffnet wurden". Eine Woche später, am 18. Mai, behauptete derselbe Artikel, dass achthunderttausend Juden aus den Karpatenprovinzen „in die Mordlager in Polen geschickt" worden seien.

Unter Berufung auf ungarische Quellen, die aus der Türkei berichteten, brachte *die New York Times* am 2. Juli auf Seite 12 die Meldung, dass „350.000 Juden für die Deportation in die polnischen Vernichtungslager bereit seien". Im selben Bericht hieß es, dass 400.000 bereits am 17. Juni deportiert worden waren, und fügte hinzu: „Es wird angenommen, dass die restlichen 350.000 bis zum 24. Juli hingerichtet werden". Am 6. Juli heißt es auf Seite 6: „Der Jüdische Weltkongress wurde vor mehr als zwei Wochen darüber informiert, dass hunderttausend Juden, die vor kurzem von Ungarn nach Polen deportiert wurden, im großen deutschen Konzentrationslager Oswiecim vergast wurden" (polnisches Toponym für Auschwitz). Am 4. August wurde ein polnischer Widerstandskurier als Quelle angegeben, der mitteilte, dass „alle vierundzwanzig Stunden zwölf Zugladungen ungarischer Juden nach Oswiecim geschickt werden". Um die amerikanische Öffentlichkeit noch mehr zu schockieren, fügte er hinzu, dass „die Deutschen in ihrer Eile begannen, kleine Kinder mit Knüppeln zu töten". Auch während des Ersten Weltkriegs starteten die Propagandisten bekanntlich eine Kampagne gegen Deutschland. Ihre Soldaten wurden beschuldigt, belgische Kinder zu essen und sie in die Luft zu werfen, um sie mit ihren Bajonetten aufzuspießen. Der Unterschied besteht darin, dass die Briten daraufhin zurückzogen und ihr Außenminister sich im Unterhaus bei Deutschland entschuldigte, wo er einräumte, dass es sich um Kriegspropaganda handelte; aber heute, im 21. Jahrhundert, nimmt die Propaganda über die Gräueltaten der Nazis an den Juden immer mehr zu.

Professor Butz reproduziert in seinem Werk bis zu fünfzig Dokumente, die bei den Nürnberger Prozessen vorgelegt wurden und die von den Vernichtern als Beweis dafür herangezogen werden, dass zwischen dem 15. Mai und Anfang Juli 1944 mehr als 400.000 Juden deportiert wurden. Ein Beispiel für die Unzuverlässigkeit einiger dieser Dokumente ist NG-2233, in dem absurderweise behauptet wird, dass das Vernichtungsprogramm Vorrang vor der militärischen Produktion hatte, was die Eisenbahn betrifft. Es besteht der begründete Verdacht, dass es sich bei vielen dieser Texte um Fälschungen handelt, die auf der Kollaboration von Nazis nach dem Krieg beruhen, denen Immunität gewährt wurde und die der Strafverfolgung entgingen. Bei den meisten handelt es sich um vervielfältigte Kopien von Telegrammen, die Edmund Veesenmayer, der Bevollmächtigte des Ministeriums in Ungarn, an das Außenministerium geschickt hatte. Veesenmayer war Angeklagter im Prozess in der Wilhelmstraße, dem 11. NMT-Verfahren, einem von zwölf Prozessen, die von den Amerikanern zwischen 1946 und 1949 organisiert wurden. Der jüdische Ankläger Robert Kempner, der die Abteilung „Politische Ministerien" übernahm, wandte die schmutzigsten Strategien an, um die gewünschten Aussagen zu erhalten. Laut der *Encyclopedia Judaica* war Kempner „Chefankläger"[3]. Veesenmayer sagte

---

[3] Über diesen Robert Kempner haben wir bereits in Kapitel 11 geschrieben, genauer gesagt im Abschnitt über die Nürnberger Versammlung. Wir fügen nun hinzu, dass dieser in Deutschland geborene Jude 1939 in die Vereinigten Staaten emigriert war und dass er während des Krieges zu den vielen Juden gehörte, die im OSS (dem Geheimdienst) arbeiteten, darunter - als kurioses Beispiel - Herbert Marcuse, der berühmte Philosoph der Frankfurter Schule und Autor des Buches *Der eindimensionale Mensch*. Wie bereits dargelegt wurde, war Zwang ein regelmäßiges Mittel Kempners bei seinen Nürnberger Verhören, bei denen er zahlreiche Originaldokumente stahl. Kempner verheimlichte das Schlegelberger-Dokument, aus dem hervorging, dass Hitler im März 1942 anordnete, die Lösung der Judenfrage bis zum Ende des Krieges aufzuschieben. David Irving veröffentlichte es 1977 in *Hitler's War*. 1951 war Kempner Vertreter Israels in Bonn und spielte eine führende Rolle bei den Verhandlungen über Entschädigungen von Deutschland an den zionistischen Staat und an die von der Naziverfolgung Betroffenen. 1952 erschien er erneut in den Vereinigten Staaten im Zusammenhang mit der

aus, dass er bis zu zwanzig Befehle pro Tag erhalten konnte, die sich teilweise widersprachen. Er gab an, dass seine Berichte von Assistenten erstellt wurden und dass er sie unterzeichnete, nachdem er sie kurz durchgesehen hatte. Er wurde schließlich zu zwanzig Jahren Gefängnis verurteilt, war aber Anfang 1952 wieder frei.

Unserer Meinung nach zeigen einige Dokumente die Ungereimtheiten und Unsicherheiten der Deutschen, insbesondere während Eichmann mit dem Jüdischen Rettungskomitee in Budapest verhandelte und auf die Demarche von Joel Brand in Istanbul wartete, wo die Zionisten zehntausend Lastwagen sicherstellen sollten, um alle Juden Ungarns vor der Deportation zu retten. Drei Dokumente, die zwischen dem 28. und 30. April 1944 datiert sind, NG-5595, NG-5596 und NG-5597, bestätigen die Verhaftung von 194.000 Juden im Rahmen von „Sonderaktionen". In dem Dokument NG-2059 vom 8. Mai 1944 stellt Veesenmayer fest: „Eine bestimmte Anzahl von Juden, die deportiert werden sollten, wurde für militärische Projekte in Ungarn eingesetzt". Besonders aufschlussreich ist ein maschinengeschriebener Bericht in Dokument NG-2980, in dem eingeräumt wird, dass der Sonderberater für jüdische Angelegenheiten an der deutschen Botschaft in Budapest, von Adamovic, „keine Ahnung hat, zu welchem Zweck oder auf welche Weise die antijüdischen Maßnahmen durchzuführen sind". Der Bericht bezieht sich auch auf Adamovics Besuch in Eichmanns Büro, wo er erfuhr, dass 116.000 Juden ins Reich deportiert worden waren und dass die Deportation von weiteren 200.000 unmittelbar bevorstand. In diesem Zusammenhang wird angegeben, dass die Konzentration von 250.000 Juden aus den Provinzen nördlich und nordwestlich von Budapest am 7. Juni beginnen sollte.

Dank Kastners Bericht wissen wir, dass Eichmann am 9. Juni 1944 immer noch darauf wartete, dass die Bemühungen von Joel Brand in Istanbul Früchte trugen, so dass die Mitglieder der „Vaadah" (des Jüdischen Rettungskomitees) den Schutz der Deutschen und Ungarn genossen, was es ihnen ermöglichte, den polnischen und slowakischen Flüchtlingen weiter zu helfen. Kastner räumt ein, dass zionistische Jugendleiter sie täglich besuchten und dass Botschafter Wesenmayer bei der ungarischen Regierung für sie eintrat, was ihnen Hoffnung gab. Wenn die Hoffnungen im Zusammenhang mit Istanbul nicht die Rettung des gesamten ungarischen Judentums ermöglichten", schrieb Kastner wörtlich, „so sollten wir wenigstens einige von ihnen vor den Gaskammern bewahren". Da der Bericht 1946 der WZO vorgelegt wurde, ist es logisch, dass Kastner die Gaskammern erwähnte, da die offizielle Version und die Propaganda bereits festgestellt hatten, dass Millionen von Juden vergast worden waren.

Lenni Brener, der Herausgeber von *The Report of the Budapest Jewish Rescue Committee*, wählt einen Auszug aus dem Bericht aus, der Kastners Verhandlungen mit Eichmann im Juni über den Transport von 1.300 Juden nach Palästina dokumentiert. Der Tag, an dem unsere 'Aliyah' beginnen sollte", schreibt Kastner, „rückte immer näher. Die Gruppe war noch nicht vollständig

---

Untersuchung des Repräsentantenhauses über das Massaker im Wald von Katyn, zu dem Kempner vor dem IMT zugunsten der Sowjets ausgesagt hatte, obwohl er wusste, dass es Beweise für die Schuld der UdSSR gab, was seine Unehrlichkeit aufdeckte.

zusammengestellt..... In der Zwischenzeit feilschten wir mit Eichmann über die Anzahl der Teilnehmer. Unter der Überschrift 'Einbeziehung der Klansenburger Gruppe' wurde eine Aufstockung um tausend Personen erreicht. In Anbetracht der großen Zahl wichtiger Personen aus den Provinzen gab er die Erlaubnis, die Zahl der Plätze um zweihundert zu erhöhen. Am Tag der Abreise belief sich die Zahl der Teilnehmer mit offizieller Genehmigung auf dreizehnhundert". Wenn man diese Worte liest, kann es keinen Zweifel daran geben, dass Eichmann im Juni 1944 mit den Zionisten zusammenarbeitete, um das Leben von „Prominenten" zu retten. Dies ist das englische Wort im Text. Natürlich war das Leben derjenigen, die nicht prominent waren, von geringerem Wert. Aus dem Englischen übersetzen wir den Auszug „A Noah's Ark: The composition of the transport for abroad".

> „Die Abreise der Gruppe war für den 30. Juni vorgesehen. Wieder einmal mussten wir eine 'erste' Liste zusammenstellen. Die 1.300 Plätze wurden gemäß der Vaadah auf die folgenden Kategorien verteilt.
> 1. orthodoxe (Flüchtlinge aus Budapest. Zusammengestellt von Philip Freudiger)
> 2. polnische, slowakische und jugoslawische Flüchtlinge (nach ihren eigenen Listen).
> 3. führende Neurologen (Samuels Liste Stern).
> 4. Zionisten, Zertifikatsinhaber (auf Empfehlung des Präsidiums der Abteilung Palästina)
> 5) Halutz, ungarische und Flüchtlingsjugend: Dror Habonin, Makkabi, Hazan, Hashomer, Hazair, Noar Hazioni, Mizrachi Akiba (nach ihrer eigenen Liste).
> 6. Revisionisten (auf Empfehlung des Revisionistenführers Gottesman).
> 7. Zahlende Personen, die mit ihren Beiträgen zur Deckung der gesamten Transportkosten beitragen.
> 8. Die aus den Provinzen Geretteten.
> 9. Prominente jüdische Persönlichkeiten aus dem religiösen, wissenschaftlichen und kulturellen Bereich.
> 10. Waisenkinder. Eine Gruppe von Waisenkindern aus dem Budapester Waisenhaus, plus 17 Waisenkinder aus Polen. Ihr Fall lag in den Händen von Dr. Georg Polgar, einem prominenten Leiter des jüdischen Gesundheitsbüros, der ebenfalls auf dem Transport war."

Einmal mehr wird deutlich, dass die meisten Opfer der Nazis die ärmsten Juden waren, die sich der Verfolgung und Deportation nicht entziehen konnten, weil sie weder über die Mittel zur Flucht noch über genügend Einfluss verfügten, um von den Organisationen berücksichtigt zu werden, die in den verschiedenen besetzten Ländern mit den deutschen Behörden verhandelten. Der Text hebt hervor, dass die geistige Elite des ungarischen Judentums zur Ausreise aufgefordert wurde, ebenso wie Persönlichkeiten aus allen Lebensbereichen. Der Bericht nennt als Beispiele die Namen eines Architekten, eines Augenarztes, eines Psychologen, eines Röntgenarztes, eines Internisten, eines Pianisten und sogar eines Opernsängers. In einem weiteren Absatz besteht Kastner darauf, prominente Personen zu erwähnen, die er und sein Team retten konnten:

> „Auch viele Persönlichkeiten des öffentlichen Lebens in Siebenbürgen, die aus Klausenberg geholt wurden, hätten durch diese Aktion gerettet werden können.

Einige von ihnen sollen hier genannt werden. Die Ärzte Theodor und Joseph Fischer, Joel Titelbaum, der weltbekannte chassidische Rabbiner, der ein überzeugter Gegner der zionistischen Bewegung war. Mit Ausnahme von Otto Kolmony und Dr. Rezsö Kasztner (selbst), die in Budapest blieben, um die Arbeit fortzusetzen, verließen folgende Persönlichkeiten mit dem Transport das Land: Die Führung der Ungarischen Zionistischen Organisation, die Mitarbeiter des Nationalfonds, auch einige Mitarbeiter und Mitglieder der Vaadah: Ernst Szilagy, Moshe Rosenberg, Joseph Weinberger, Ede Morton, Dr. Sarah Friedlander, Dr. Elisabeth Kurz. Weitere prominente orthodoxe Persönlichkeiten und Rabbiner vervollständigen das Bild."

Andere Projekte der Zusammenarbeit mit den Nazis erscheinen in Kastners Bericht, wo er als Erfolg des Budapester Jüdischen Komitees die Rettung von 17.000 Juden aus der Provinz vermerkt, die nach Österreich gebracht wurden. Er erwähnt auch, dass sie am 19. August 1944 um 15.30 Uhr mit einer Liste von 318 Juden in die Schweiz reisten, die sie aus dem Lager Bergen-Belsen befreien wollten, ein Ziel, das sie erneut erreichten: Am 21. August wurde die Gruppe von einem kleinen deutschen Grenzposten nach Basel gebracht. Lenni Brenner gibt in seinen *51 Dokumenten* auch einen Brief des Schweizer Vertreters des War Refugee Board, Roswell D. McClelland, wieder, den Kastner seinem Bericht an die WZO beilegte. Aus diesem Brief geht hervor, dass zwischen Herbst 1944 und Frühjahr 1945 die Verhandlungen zwischen der deutschen Führung und Saly Mayer, dem Schweizer Vertreter des Joint Distribution Committee, unter Vermittlung von Rudolf Kastner fortgesetzt wurden. Als Ergebnis dieser Gespräche wurden zwei Gruppen ungarischer Juden, die im Juni 1944 aus Budapest deportiert worden waren, insgesamt 1673 Personen, aus dem KZ Bergen-Belsen entlassen und kamen im Dezember 1944 in der Schweiz an. Soweit feststellbar, erklärten sich die angeblichen Vernichter immer wieder bereit, die Rettung von Judengruppen zu ermöglichen und verhandelten und arbeiteten, wie schon seit Beginn der nationalsozialistischen Machtergreifung, mit zionistischen Organisationen zusammen.

Der Bericht des Internationalen Komitees vom Roten Kreuz bestätigt auch, dass die ungarische Regierung bereit war, die verstärkte jüdische Auswanderung zu unterstützen, und so wandte sich das IKRK im August an die britische und die amerikanische Regierung und erhielt von ihnen eine gemeinsame Erklärung, in der sie ihre Bereitschaft zum Ausdruck brachten, die jüdische Auswanderung aus Ungarn in jeder möglichen Weise zu unterstützen. Das IKRK übermittelte die folgende Botschaft der amerikanischen Regierung nach Budapest:

> „Die Regierung der Vereinigten Staaten wurde vom IKRK darüber informiert, dass die ungarische Regierung bereit ist, bestimmten Gruppen von Flüchtlingen die Auswanderung aus Ungarn zu gestatten..... Unter Berücksichtigung der humanitären Erwägungen, die die ungarischen Juden betreffen, bringt die Regierung der Vereinigten Staaten erneut ihre Überzeugung zum Ausdruck, dass auf diese Weise im besten Interesse aller Juden verhandelt wird, denen es gestattet wird, Ungarn zu verlassen und alliiertes oder anderes neutrales Gebiet zu erreichen, und dass für sie vorübergehend sichere Zufluchtsorte gefunden werden,

in denen sie in Sicherheit leben können. Die Regierungen der neutralen Länder sind von diesen Absichten unterrichtet und gebeten worden, den ungarischen Juden, die ihre Grenzen erreichen, die Einreise in ihre Gebiete zu gestatten."

Ende August deutet der Kriegsverlauf eindeutig darauf hin, dass sich die Deutschen in Ungarn nicht mehr lange halten können, da die Rückschläge, die sie erleiden, bereits anhalten und sie sich sowohl an der Ost- als auch an der Westfront auf dem Rückzug befinden. Die Vaadah, die bis zuletzt mit Eichmann verhandelt hatte, begann mit den jüdischen Widerstandsgruppen zusammenzuarbeiten, denen sie Geld, Waffen und Munition zur Verfügung stellte. „Die noch in Budapest verbliebenen 'Haluzim'-Gruppen", heißt es in Kastners Bericht, „waren auf die Möglichkeit einer bewaffneten Konfrontation mit den Deutschen in den Straßen von Budapest vorbereitet." Am 8. Oktober 1944 verkündeten die ungarischen Behörden die Aussetzung der Deportationen und gaben bekannt, dass sie das Lager Kistarcea, in dem jüdische Intellektuelle, Ärzte und Ingenieure konzentriert und befreit wurden, aufgelöst hatten. Hier zeigt sich einmal mehr die Sonderbehandlung einer elitären Gruppe von Juden. Am 15. Oktober ersuchte Admiral Miklós Horthy, der seit dem 1. März 1920 Regent von Ungarn war, die alliierten Mächte um einen Waffenstillstand, was die Juden, die auf diesen Moment gewartet hatten, in Alarmbereitschaft versetzte. Der IKRK-Bericht stellt fest, dass die deutschen Truppen von Mitgliedern dieser Widerstandsgruppen aus Häusern beschossen wurden, aber Horthys Plan scheiterte und der Regent wurde verhaftet. Am 16. Oktober ergriff die Pfeilkreuzlerpartei von Ferenc Szálasi die Macht, und in Budapest wurde der Belagerungszustand ausgerufen. Von diesem Zeitpunkt an wurde die Politik gegenüber den Juden verschärft und die Repressionen begannen sich zu verstärken.

Die Juden wurden sofort aus Budapest vertrieben und ihr Eigentum wurde beschlagnahmt. Es sei darauf hingewiesen, dass sich die Hälfte der Immobilien der Stadt in den Händen jüdischer Eigentümer befand. In der Zwischenkriegszeit war die Macht dieser ethnischen Minderheit, die sechs Prozent der Bevölkerung ausmachte, im ganzen Land nur gewachsen, obwohl viele Ungarn sie aufgrund der Verbrechen der kommunistischen Diktatur, die von Bela Kun und anderen jüdischen Kommunisten 1919-1920 errichtet worden war, hassten. Zweifellos führte dieser Hass bei einigen Ungarn einige Tage lang zu Diebstählen und anderen Exzessen, woraufhin sich die Rotkreuz-Delegation sofort beim Innenministerium beschwerte, das am 20. Oktober eine Verordnung zum Verbot von Plünderungen erließ. Die Delegation wurde sofort den Mitgliedern des Judenrats oder des jüdischen Senats als Zufluchtsort angeboten, und der Delegierte veranlasste die ungarische Regierung, über den Rundfunk zu verkünden, dass die Gebäude des IKRK die gleiche Immunität wie Botschaften genießen würden.

Die pro-deutsche Regierung Szálasi schickte 6.000 arbeitsfähige Juden in Gruppen von 1.000 Personen von Budapest nach Deutschland. Der Marsch, der durch Wien führen sollte, wurde zu Fuß durchgeführt, was den Kommandanten von Auschwitz, den „großen Vernichter" Rudolf Höss, und Generaloberst Jüttner, der auf Einladung von Kurt Becher in Budapest eingetroffen war, dazu veranlasste, Mitleid mit den Juden zu haben und den Marsch zu stoppen. „Der Kommandant von Auschwitz, gegen den Marsch zu Fuß". Mit diesem Satz beginnt Kastner das Kapitel VI seines Berichts mit dem Titel „Die Machtergreifung des Pfeilkreuzes". Es folgen seine eigenen Worte:

> „Auf Bechers Einladung hin trafen am 16. November wichtige deutsche Besucher in Budapest ein, der Chef der Waffen-SS, Generaloberst Jüttner, und der Kommandant von Auschwitz, Oberstleutnant Höss. Auf der Straße zwischen Wien und Budapest erlebten sie den grausamen Marsch zu Fuß. Entlang der Straße aufgetürmte Leichen, erschöpfte Menschen, machten einen schmerzhaften Eindruck auf die deutschen Reiter.... Jüttner befahl dem Budapester Judenkommando, den Marsch sofort abzubrechen."

Logisch gesehen ist eine solche Inkohärenz nicht nachvollziehbar, und es ist nicht einzusehen, wie Höss, das Ungeheuer, das angeblich täglich Tausende von Juden ohne die geringsten Skrupel vergaste, humanitäre Gefühle empfinden und einen Stopp des Marsches anordnen konnte. Auf jeden Fall war die Unterbrechung nur von kurzer Dauer; am 21. November kehrte Eichmann nach vorübergehender Abwesenheit in die ungarische Hauptstadt zurück und befahl fünf Tage später die Wiederaufnahme des Marsches. Sowohl die Berichte des IKRK als auch des Jüdischen Rettungskomitees enthalten ausführliche Angaben zu den Mitteln, die sie zur Unterstützung der Marschierer mit Vorräten, Medikamenten und anderen Ressourcen mobilisierten. Das Schwedische Rote Kreuz, die Abteilung A des Internationalen Roten Kreuzes und die Schweizer Botschaft sind einige der von Kastner erwähnten Organisationen. Der IKRK-Bericht würdigt auch die großzügige Hilfe des Bischofs von Gyor, einer Stadt westlich von Budapest, auf halbem Weg zwischen der ungarischen Hauptstadt und Wien. Der Bischof stellte dem Delegierten des Roten Kreuzes die Abtei von Panonalma zur Verfügung, ein Benediktinerkloster, das 1.000 Waisenkinder „ohne Unterschied der Ethnie oder Religion" aufnahm. Was die Konvois von Juden betrifft, die auf ihrem Weg in die Arbeitslager in Deutschland täglich 25-30 Kilometer zurücklegten, so heißt es in dem Bericht, dass der Bischof eng mit dem Delegierten zusammenarbeitete:

> Er organisierte ein von ihm selbst finanziertes und von Vertretern des Komitees geleitetes Hilfszentrum „unterwegs". Es bot Tausenden von Juden während ihres schrecklichen Exodus zumindest für ein paar Stunden Schutz vor schlechtem Wetter. Die 'Transportgruppen' der Delegation versorgten sie unterwegs mit Lebensmitteln, bezahlten Bauern dafür, dass sie die Schwächsten, 15 oder 20 auf einmal, in ihren Wagen trugen, sorgten für medizinische Versorgung und verteilten Medikamente."

Die neue ungarische Regierung zwang Männer im Alter von sechzehn bis sechzig Jahren und Frauen unter vierzig Jahren zur Arbeit bei der Befestigung von Budapest. Der Rest der jüdischen Bevölkerung wurde auf vier Ghettos in der Nähe der Hauptstadt beschränkt. Dennoch gelang es Juden, die Pässe oder Visa für Palästina, die Schweiz, Schweden, Spanien oder Portugal besaßen, der Evakuierung zu entgehen. Im November wurden die in Budapest verbliebenen

Juden zusammen mit 100.000 Juden, die aus den Provinzen in die Hauptstadt gekommen waren, in ein Ghetto gepfercht. Trotz der ständigen Bombardierung der Stadt und des allgemeinen Mangels an Versorgungsgütern gelang es dem Roten Kreuz, Hilfs- und Versorgungsgüter in das Ghetto zu schicken. Unmittelbar nach der Befreiung Budapests", so der IKRK-Bericht, „richteten der Delegierte und die örtlichen jüdischen Organisationen mit Mitteln des Gemeinsamen Komitees in New York Vorräte an Lebensmitteln und dringend benötigten Medikamenten ein. Die russischen Behörden hatten allen Ausländern befohlen, Budapest zu verlassen...".

Es ist grausamer Sarkasmus, den Einzug der Kommunisten in die Stadt als Befreiung zu bezeichnen, vor allem wenn man bedenkt, was dann geschah. Der Befehl an Ausländer, Budapest zu verlassen, diente wahrscheinlich dazu, Zeugen für die Verbrechen zu unterdrücken, die auf die „Befreiung" folgten. Wie später in Deutschland wurden Hunderttausende ungarischer Frauen, vielleicht fast eine Million, von sowjetischen Soldaten vergewaltigt, dank der Duldsamkeit ihrer Offiziere, von denen viele, soweit wir wissen, Juden waren. Zusätzlich zu den 600.000 Kriegsgefangenen wurden 230.000 Zivilisten in den sowjetischen Gulag verschleppt, die wahren Todeslager, an die sich niemand erinnern will. Die konservativsten Schätzungen gehen davon aus, dass eine halbe Million Ungarn in den Internierungslagern ihr Leben verloren, auf der Straße erschossen oder in der Andrássy-út Nr. 60 ermordet wurden, in deren Zellen meist jüdische Schergen operierten.

Nach vierzig Jahren kommunistischer Diktatur wurde das Gebäude in der Budapester Andrássy-Allee im Jahr 2002 in ein Museum umgewandelt, das als „Terror Háza Múzeum" (Haus des Terrors) bekannt ist. Der ungarische nationalistische Schriftsteller Louis Marschalko, Autor des Buches *Die Welteroberer*, prangert an, dass das Bürgertum, die Intellektuellen und die nationalen Führer ermordet wurden und dass die sogenannten „Revolutionstribunale" von jüdischen Richtern geleitet wurden. Marschalho prangert an, dass in Westeuropa ein in Amerika geborener ungarischer Jude, Oberst Martin Himmler, den Rachefeldzug gegen 300.000 Ungarn anführte, die vor den Kommunisten geflohen waren. In zionistischen Publikationen wird Martin Himmler als „Rächer für das Vergießen von unschuldigem jüdischem Blut" bezeichnet.

Da die ungarische Kirche, wie wir am Beispiel des Bischofs von Gyor gesehen haben, gegen die Verfolgung der ungarischen Juden Stellung bezog und ihnen half, wollen wir abschließend den Fall des katholischen Kardinals Jozsef Mindszenty erwähnen, der während des Krieges Juden schützte und nach dem Krieg versuchte, dasselbe für die von den Kommunisten verfolgten Christen zu tun. Als Bischof von Veszprem im Jahr 1944 rettete Mindszenty Juden, die von den Deutschen deportiert werden sollten, indem er ihnen päpstliche Sicherheitspässe ausstellte. Nach der Machtübernahme durch die Regierung Szálasi wurde er verhaftet, da er als Feind der Deutschen und Beschützer der Juden galt. Nach dem Krieg sah es der Kardinal als seine Pflicht an, verfolgte Christen zu verteidigen und den Rachefeldzug der jüdischen Kommunisten anzuprangern, so wie er es mit den von den Nazis verfolgten Juden getan hatte. Wegen dieser Haltung wurde er als Antisemit angesehen.

Im Jahr 1948 wurde er verhaftet und 1949 vor Gericht gestellt. Louis Marschalko prangert die beiden wichtigsten jüdischen Kommunisten an, die sich gegen Mindszenty stellten: Mátyás Rákosi-Roth (Mátyás Rosenfeld), Generalsekretär der Arbeiterpartei, der 1952 Vorsitzender des Ministerrats wurde, und Jozsef Revai (Moses Kahana), der Bildungsminister, der die Kampagne gegen den katholischen Kardinal orchestrierte. Unter den Priestern, die ihn verrieten, nennt er Istvan Balogh (alias Izrael Bloch). Weitere Juden, die gegen ihn aussagten, waren: Ivan Boldizsar (Bettelheim), Leiter der Propagandaabteilung der kommunistischen Regierung; Yuli Reismann, Leiter der Abteilung für Öffentlichkeitsarbeit; Gera-Grünzweig, ebenfalls ein Propagandist der Regierung; Hanna F. Sulner, eine Schriftsachverständige, die die im Prozess vorgelegten Manuskripte des Kardinals fälschte, und ihr Mann Laszlo Sulner.

Die Sulners flohen am 6. Februar 1949 nach Österreich, wo sie den Prozess gegen Kardinal Mindszenty als Scheinprozess anprangerten und den Mikrofilm der gefälschten Dokumente, an denen sie gearbeitet hatten, ausstellten. Laszlo starb im Alter von dreißig Jahren in Paris, und Hanna, die davon überzeugt war, dass ihr Mann von kommunistischen Agenten vergiftet worden war, emigrierte 1950 in die Vereinigten Staaten, wo sie zu einer der führenden Autoritäten auf dem Gebiet der Manuskriptidentifizierung wurde.

Teil 2
Über die Lager in Deutschland

Inzwischen gibt es zahlreiche Werke, die zweifelsfrei belegen, dass es die Vernichtungslager als solche nicht gegeben hat. Diejenigen, die darauf bestehen, Geschichtsstudenten auf der ganzen Welt zu täuschen, indem sie diese von der Propaganda fabrizierte These als gegeben hinnehmen, sind entweder unwissend oder unehrliche Lehrer. In den folgenden Abschnitten des Kapitels werden wir versuchen, alle von revisionistischen Forschern aufgedeckten Beweise zu präsentieren, damit der Leser beurteilen kann, ob sie eine Berücksichtigung verdienen oder nicht. Wenn die Funktion der Lager die Massenvernichtung der Insassen war, wie ist es dann zu verstehen, dass Heinrich Himmler, der Reichsführer der SS, am 28. Dezember 1942 einen Befehl mit folgendem Wortlaut erließ: „Die Todesrate in den Konzentrationslagern muss um jeden Preis gesenkt werden". Am 20. Januar 1943 sandte SS-General Richard Glücks, der für die Inspektion der Konzentrationslager zuständig war, ein Rundschreiben an alle Lagerkommandanten, in dem er befahl: „Die Sterberate muss mit allen Mitteln gesenkt werden". Sind diese Befehle mit dem Ziel der Ausrottung vereinbar?

Die Maßnahmen zur Bekämpfung der Typhusepidemie, die sich im Sommer 1942 im Lager ausbreitete, werden in dem folgenden Abschnitt über Auschwitz ausführlich behandelt. Wir werden dann Gelegenheit haben, diese Befehle in den Kontext zu stellen, in dem sie erlassen wurden. Nach den Angaben, die SS-General Oswald Pohl, Leiter des Wirtschafts-Verwaltungshauptamtes (WVHA), Himmler vorlegte, befanden sich im August 1942 115.000 Häftlinge in den Konzentrationslagern, von denen 12.217 im selben Monat starben, was 12,21 % entspricht. Durch hygienische, ernährungstechnische und andere verfahrenstechnische Maßnahmen konnte die Sterblichkeitsrate bis Mai 1943 auf 2,80 % gesenkt werden. Von den 203.000 Häftlingen, die sich zu diesem Zeitpunkt in den Lagern befanden, starben 5.700. Dies wurde als Erfolg der Maßnahmen zur Durchführung der Befehle des SS-Reichsführers dargestellt. Es ist anzumerken, dass diese Gesamtzahlen der Häftlinge in den Lagern, wie sie von den deutschen Behörden gemeldet wurden, mit denen des Roten Kreuzes übereinstimmen, das in seinem Bericht von 1948 die Zahl der Häftlinge im August 1943 mit 224.000 angab. In demselben Bericht gibt das Rote Kreuz an, dass nur ein Jahr später, d.h. im August 1944, 524.000 Häftlinge im gesamten deutschen KZ-System waren.

Auf den folgenden Seiten wird gezeigt, dass die Lager infolge der Niederlage Deutschlands, dessen Zivilbevölkerung in den letzten Kriegsjahren der elementarsten Lebensgrundlagen beraubt und durch die Sättigungsbombardements der Großstädte massenhaft ermordet wurde, völlig zusammenbrachen. Vor diesem Zusammenbruch des Systems der Konzentrationslager waren die deutschen Lager gut konzipiert und bei weitem am besten ausgestattet. Erinnern wir uns daran, dass Eisenhowers Todeslager keine Unterkünfte für die Gefangenen hatten und dass die Lagerbedingungen im sowjetischen Gulag absolut deprimierend waren.

Margarete Buber, eine deutsche Frau jüdischer Herkunft, kehrte nach mehreren Jahren im Konzentrationslager in der UdSSR im August 1940 mit einem Kontingent von Deportierten nach Deutschland zurück. Leider wurde sie nicht befreit, sondern im Lager Ravensbrück interniert. Im Jahr 1950 veröffentlichte sie in London das Buch *Under Two Dictators*, in dem sie ihre Erfahrungen schildert. Sie fand das deutsche Lager makellos sauber, mit großen Rasenflächen und Blumen. Es gab regelmäßige Bäder, die Bettwäsche wurde wöchentlich gewechselt, was sie nach ihren früheren Erfahrungen als unvorstellbaren Luxus empfand. Zu den Mahlzeiten gab es Weißbrot, Wurst, Margarine und süßen Brei mit Nüssen. Margarete Buber aß am 3. August 1940 zum ersten Mal in Ravensbrück und fragte ihren Nachbarn, ob es sich um eine besondere Mahlzeit oder ein Fest handle. Der Mann war ausdruckslos, und sie bestand darauf, zu fragen, ob sie immer so aßen. Nachdem er dies bejaht hatte, zeigte sich der Häftling erstaunt, dass sich jemand so darüber freuen konnte. Für Frau Buber war die Baracke in Ravensbrück ein Palast im Vergleich zu dem überfüllten Schlamm des sowjetischen Lagers. Am ersten Sonntag aß sie Rindergulasch, Rotkohl und Kartoffeln, ein wahres Festmahl, wie sie sagte. Im Jahr 1943 kamen jedoch Häftlinge aus anderen Lagern und überfüllten die Einrichtung, und alles änderte sich. Anfang 1945 kamen die Häftlinge aus Auschwitz und anderen Lagern im Osten erschöpft und hungrig an, aber nicht nur sie, sondern auch Zehntausende von deutschen Flüchtlingen, die vor den Sowjets flohen.

Zunächst, zwischen 1933 und 1939, nutzten die Nazis die Lager, um Personen zu inhaftieren, die wegen ihrer regimefeindlichen Aktivitäten verhaftet worden waren: Liberale, Sozialdemokraten und vor allem Kommunisten. Der jüdische Historiker Gerald Reitlinger gibt zu, dass die Zahl der Lagerinsassen vor dem Krieg etwa 20.000 betrug, darunter weniger als dreitausend Juden, die nicht wegen ihrer jüdischen Herkunft, sondern wegen ihrer antinazistischen Aktivitäten inhaftiert waren. Verglichen mit den Millionen von sowjetischen Gefangenen, die in den Lagern der UdSSR wie Sklaven behandelt wurden, ist diese Zahl lächerlich. 1939 gab es in Deutschland sechs Hauptlager: Dachau, das 1933 eröffnet worden war; Sachsenhausen in der Stadt Oranienburg, das seit 1936 in Betrieb war und ab 1940 über das Außenlager Groß-Rosen verfügte; Buchenwald in der Nähe von Weimar, das im Sommer 1937 eingerichtet wurde; Flossenbürg (1938); Mauthausen in der Nähe von Linz (1938); und Ravensbrück, ein Frauenlager in Mecklenburg (1939).

Der jüdische Schriftsteller Lion Feuchtwanger beziffert die Zahl der 1936 in Dachau inhaftierten Juden auf einhundert, von denen sechzig bereits seit 1933 dort waren. Hans Beimler, ein weiterer deutsch-jüdischer Kommunist, der 1936 in Spanien ermordet wurde, verbrachte 1933 einen Monat in Dachau. Im selben Jahr erschien sein Buch *Vier Wochen in den Händen von Hitlers Höllenhunden. Das Nazi-Mordlager Dachau* (*Four Weeks in the Hands of Hitler's Hell-Hounds. Das Nazi-Mordlager Dachau.*) In diesem sensationslüsternen, pamphletartigen Werk versuchte er bereits, die Idee zu verbreiten, Dachau sei ein Vernichtungslager. [4]

Buchenwald: die Zeugenaussagen von Paul Rassinier und Eugen Kogon

Sieht man von Beimlers Pamphlet ab, stammen die ersten interessanten Werke über die Konzentrationslager von zwei Buchenwald-Häftlingen. Das erste, *Der SS-Staat. Das System der deutschen Konzentrationslager*, erschien 1946. Es wurde 1965 in Spanien unter dem Titel *Sociología de los campos de concentración (Soziologie der Konzentrationslager)* veröffentlicht. Sein Autor, Eugen Kogon, ein deutscher Jude, der sechs Jahre in Buchenwald verbracht hatte, zweifelte nie an der Existenz der Gaskammern, obwohl er sie nur aus der Propaganda und aus Berichten angeblicher Zeitzeugen kannte. Das zweite Werk, *Le Mensonge d'Ulysse* (*Die Lüge des Odysseus*), das 1961 erstmals auf Englisch veröffentlicht wurde, stammt von Paul Rassinier, der als erster revisionistischer Historiker gilt. Die Tatsache, dass Rassinier von der radikalen Linken kommt, macht sein Werk noch wertvoller, denn nur wenige linke Aktivisten sind ehrlich genug, um sich der historischen Wahrheit zu stellen. Ideologisch, intellektuell und gefühlsmäßig war niemand weniger geneigt als er, Hitler und den Nationalsozialismus zu verteidigen. Im Alter von 16 Jahren trat Rassinier 1922 in die Kommunistische Partei Frankreichs ein, wurde aber 1932 wegen seiner linksextremen Positionen von ausgeschlossen. Zusammen mit dem Juden Boris Souvarin beteiligte er sich an einer unabhängigen kommunistischen Organisation, bis er 1934 der französischen Sektion der Arbeiterinternationale beitrat. Am 30. Oktober 1943 wird Rassinier wegen seiner Aktivitäten in der französischen Résistance verhaftet und nach Buchenwald und von dort nach Dora-Mittelbau deportiert. Nach seiner Entlassung im Jahr 1945 kehrte er als Invalide nach Frankreich zurück. Seine politischen Ansichten brachten ihm bald

---

[4] Hans Beimler nahm am Spanischen Bürgerkrieg teil. Er war Mitglied des Thälmann-Bataillons, in dem er als Politkommissar tätig war. Offiziell starb er Ende November 1936 bei der Verteidigung von Madrid. Sein Begräbnis wurde von der politischen Propaganda ausgeschlachtet. Es wurde ein Trauerzug mit sechs oder sieben Wagen von Madrid nach Albacete organisiert. Sogar das Radio kündigte die Ankunft des internationalen Helden an, der von Santiago Carrillo, Fernando Claudín und anderen kommunistischen Führern begleitet wurde. Sein Leichnam wurde enthüllt und die Arbeiter von Albacete paradierten vor dem Sarg des Genossen. Sicher ist jedoch, dass Beimler vom NKWD in den Rücken geschossen wurde, was darauf schließen lässt, dass er ein Trotzkist war. Seine Freundin Antonia Stern beschuldigte Richard Steimer, General Hoffman, den Mord begangen zu haben. Heute weiß man, dass der Gerichtsmediziner und Arzt der Zivilverwaltung, José Carrilero, die Leiche nach der Beerdigung untersuchte, als Carrillo und seine Begleiter Albacete bereits verlassen hatten. Er machte Fotos vom Kopf und stellte fest, dass eine Einschusswunde hinter dem mittleren Teil des rechten Ohrs und ein Austritt durch das gegenüberliegende Schädelgewölbe vorhanden war. Doktor Carrilero stellte außerdem fest, dass die Kugeln aus einem Revolver oder einer Pistole und nicht aus einem Gewehr stammten.

viele Feinde ein, bis hin zu körperlichen Angriffen, Prozessen und gesellschaftlicher Ächtung. Einige hatten die Frechheit, ihn einen „Neonazi" zu nennen. Als er „*Die Lüge des Odysseus*" schrieb, wagte Rassinier trotz seiner Zweifel noch nicht, die Existenz der Kameras zu leugnen; doch als er seine Forschungen fortsetzte, kam er zu der Überzeugung, dass sie nicht existierten.[5]

Der kombinierte Inhalt der beiden Bücher vermittelt ein vollständiges Bild der Funktionsweise von Buchenwald, das zunächst ein Straflager war, dann zum Arbeitslager wurde und schließlich als Konzentrationslager (KZ) endete. Die beiden Autoren erläutern detailliert, welche Kategorien von Häftlingen es gab und wie sie zueinander in Beziehung standen, wer die Kontrolle ausübte und wie die Lagereinrichtungen aussahen. Die Tatsache, dass Rassiniers Arbeit vier Jahre später erschien, erlaubt es ihm, Kogons Buch in *Ulysses' Lie* zu kommentieren und dessen mangelnde Objektivität und Tendenz in vielen Fällen zu kritisieren. Einig sind sich die beiden Autoren beispielsweise darin, dass die Konzentrationslager ursprünglich dazu gedacht waren, Feinde des nationalsozialistischen Regimes zu inhaftieren. Sie sind sich auch einig, dass die Lagerleitung, die „Haftlingsführung", in den Händen der Häftlinge selbst lag. Die SS, die laut Rassinier mit der Leitung des Lagers Buchenwald etwa fünfzig Mann zählte, war bald überfordert und musste die Häftlinge organisieren und unter ihnen den ersten „Lagerältester" ernennen, einen für die Aufrechterhaltung der Disziplin zuständigen Häftlingsführer, der einem SS-Offizier, dem „Lagerführer", unterstellt war. Dem Lagerführer unterstellt war der

---

[5] Paul Rassinier, der bis 1943 am Lycée de Belfort Geschichte unterrichtete, verdient sicherlich mehr Aufmerksamkeit, aber der Umfang unserer Arbeit erlaubt es uns nicht, ihm den Platz zu widmen, den die Bedeutung seiner Person verdient. Mit dieser Notiz wollen wir ihn den Lesern, die ihn nicht kannten, kurz vorstellen und eine bescheidene Hommage an den Mut und die Ehrlichkeit dieses großen Intellektuellen, dem der Revisionismus so viel verdankt, aussprechen. Nach den in Buchenwald und Dora erlittenen Entbehrungen wären Ressentiments und die Suche nach ein wenig Seelenfrieden das Naheliegendste gewesen; doch trotz seiner prekären Gesundheit widmete Rassinier die gottgegebenen Jahre seines Lebens der Suche nach historischer Wahrheit und Gerechtigkeit für Deutschland. Nachdem es seinen kommunistischen Genossen im November 1946 gelungen war, ihn seines Abgeordnetensitzes in der Verfassungsgebenden Versammlung zu berauben, begann er mit der Erforschung der Geschehnisse, die zu elf Büchern führte. Sein letztes Werk, *Les Responsables de la Seconde Guerre Mondiale (*1967), haben wir bereits als Quelle verwendet. Von besonderer Bedeutung sind *L'opération Vicaire* (1965) und *Le véritable procès Eichmann ou les vainqueurs incorrigibles* (1962). Im Eichmann-Prozess haben sich mehrere Zeugen des Verbrechens der Falschaussage schuldig gemacht und ausgesagt, sie hätten Häftlinge beim Abtransport in die Gaskammern gesehen. Paul Rassinier lehnt die Lüge von der inneren Bösartigkeit der Deutschen ab und hält die Behauptung, sie hätten die europäischen Juden massenhaft vergast, für einen Schwindel. Nach der Lektüre der Werke verschiedener propagandistischer Fälscher bezeichnete Rassinier das Buch *Doktor in Auschwitz* von Miklos Nyizli, einem zynischen Lügner, der behauptet, dass in Auschwitz viereinhalb Jahre lang täglich 25.000 Menschen vergast wurden, also insgesamt mehr als vierzig Millionen, als schamlos. Auf der Suche nach einem Augenzeugen für die Vernichtungen in den Gaskammern reiste Paul Rassinier durch ganz Europa, fand aber keinen einzigen.

„Lagerschreiber", ein Häftling mit Verwaltungsaufgaben. In der Regel ernannte der Lagerführer auf Vorschlag des Lagerältesten Häftlingsblockführer, die „Blockältesten".

Auf diese Weise sicherte die SS nur die äußere Bewachung des Lagers, so dass sie im Inneren des Lagers in der Regel kaum zu sehen war. Wenn sie auftauchten, wurden sie, wie Rassinier schreibt, „von einer regelrechten Kompanie hervorragend ausgebildeter Hunde begleitet, die immer bereit waren, zuzubeißen und in der Lage waren, einige Dutzend Kilometer weit nach einem Häftling zu suchen, der möglicherweise entkommen war". Auch die Kommandos, die jeden Morgen das Lager verließen, um draußen zu arbeiten und fünf oder sechs Kilometer zu Fuß zurücklegten, wurden natürlich von zwei oder vier SS-Angehörigen bewacht, je nach Größe der Gruppe, die eine Waffe und einen Hund mit Maulkorb trugen. Diese Wache griff nur selten ein, denn es waren die Häftlinge, die als Arbeitspolizei des Lagers dienten, die berühmten Kapos (Konzentrationslager Arbeitspolizei), die dafür sorgten, dass alle arbeiteten. Tausende von Juden spielten die Rolle des Kapos und des „Oberkapos" (Leiter der Kapos). Letztere trugen eine Armbinde mit einem blauen Davidstern, auf dem in der Regel in Großbuchstaben die Aufschrift OBERKAPO zu lesen war.

Bei der Ernennung der Lagerältesten hatte die SS offenbar die Wahl zwischen einem Kriminellen, der mit einem grünen Dreieck gekennzeichnet war, und einem politischen Häftling, der ein rotes Dreieck trug, und entschied sich zunächst für die Kriminellen, die wiederum die Kapos und Blockältesten aus ihrer eigenen Welt ernannten. Die Kriminellen hatten also die Aufgabe, zur Aufrechterhaltung der Disziplin und Kontrolle beizutragen. Rassinier schreibt dazu Folgendes:

> „Erst als die Lager eine gewisse Entwicklung nahmen, als sie zu echten ethnographischen und industriellen Zentren wurden, war es wirklich notwendig, dass Männer mit einem gewissen moralischen und intellektuellen Niveau der SS-Führung wirksam halfen. Die SS-Führung war sich darüber im Klaren, dass die Kriminellen auch auf dem Lande den Abschaum der Bevölkerung darstellten und weit unter den von ihnen geforderten Anstrengungen lagen. Also wandte sich die SS an die Politiker. Eines Tages musste ein grüner Lagerältester durch einen roten Lagerältester ersetzt werden, der sofort begann, den grünen Lagerältester von allen Posten zu entfernen, zum Vorteil des roten Lagerältester. So entstand der Kampf zwischen den Grünen und den Roten, der schnell zum Dauerzustand wurde. Dies erklärt auch, warum die alten Lager, Buchenwald und Dachau, in den Händen der Politiker waren, als wir sie kannten, während die jungen Lager, die sich noch in der Straflager- oder Arbeitslagerperiode befanden, außer durch einen außergewöhnlichen Zufall in den Händen der Grünen blieben".

Was die farbliche Kennzeichnung der von den Häftlingen getragenen Dreiecke betrifft, so möchten wir dies am Rande erläutern. Wie bereits erwähnt, war Grün die Farbe der Verbrecher. Wenn der Verbrecher auch Jude war, wurde das grüne Dreieck über ein gelbes Dreieck gelegt, um den Davidstern zu bilden. Bei Politikern jüdischer Herkunft, die sich in Schutzhaft befanden, wurde dem gelben Dreieck ein rotes Dreieck überlagert. Darüber hinaus gaben die roten

Dreiecke die Herkunft des Gefangenen mit einem Buchstaben an: ein „F" stand für die französische Nationalität, ein „S" für die spanische Nationalität; das rote Dreieck ohne Buchstaben galt für deutsche politische Gefangene. Das schwarze Dreieck war für asoziale Gefangene reserviert. Schwarz auf Gelb bedeutet, dass es sich um einen jüdischen Asozialen handelt. Das braune Dreieck war für Zigeuner und das rosa Dreieck für Homosexuelle. Es gab noch einige andere Varianten, aber es ist müßig, auf diese Details einzugehen.

Über die Einrichtungen in Buchenwald geben sowohl Kogon als auch Rassinier reichlich Informationen, die mit verschiedenen Anekdoten gespickt sind. Eugen Kogon war ein Jahr lang Leiter der Kleiderkammer, bevor er Sekretär des Chefarztes des Lagers, Dr. Ding-Schuller, wurde. Beide Positionen zeigen, dass er eine privilegierte Stellung innehatte. In der Krankenstation hatte er Zugang zu Dokumenten von großem Interesse, von denen er einige in seinem Buch wiedergibt. So zum Beispiel der bereits erwähnte Befehl des SS-Reichsführers Heinrich Himmler über die dringende Notwendigkeit, die Sterblichkeit in den Lagern zu senken, der in Buchenwald unter der Nummer 66/42 in das geheime Korrespondenzbuch eingetragen wurde. Er trug die Unterschrift von General Kludre. Darin heißt es:

> „Die Lagerärzte müssen die Ernährung der Häftlinge stärker als bisher überwachen und in Absprache mit den Verwaltungen dem Lagerkommandanten ihre Verbesserungsvorschläge unterbreiten. Diese dürfen aber nicht toter Buchstabe bleiben, sondern müssen regelmäßig von den Lagerärzten überprüft werden..... Die Sterblichkeitsrate in jedem Lager muss erheblich gesenkt werden, denn die Zahl der Häftlinge muss auf das vom SS-Reichsführer geforderte Niveau gebracht werden. Die leitenden Lagerärzte müssen mit allen Mitteln darauf hinarbeiten..... Der beste Arzt in einem Konzentrationslager ist nicht derjenige, der meint, mit unwillkommener Härte auf sich aufmerksam machen zu müssen, sondern derjenige, der durch Wachsamkeit und durch den Wechsel von einer Arbeitsstation zur anderen die Arbeitsfähigkeit so hoch wie möglich hält".

Kogon berichtet ausführlich über die Forschungen in der „Sektion für Typhus- und Virusforschung", deren Hauptzweck darin bestand, mögliche Impfstoffe gegen Typhus zu testen. Leiter der Abteilung war der Chefarzt von Buchenwald, der bereits erwähnte Ding-Schuller. Die in den Blöcken 46 und 50 untergebrachte Forschungsabteilung war, so Kogon, „ein Muster an offensichtlicher Sauberkeit und war gut eingerichtet". Dort, so Kogon weiter, „wurden alle Typhuskranken isoliert, die auf natürliche Weise im Feld verseucht waren oder die bereits verseucht waren, als sie ihm übergeben wurden. Sie wurden dort so weit geheilt, dass sie dieser schrecklichen Krankheit widerstehen konnten". Der Leser mag denken, dass die Existenz von Krankenstationen in Buchenwald etwas Außergewöhnliches war, aber das ist nicht der Fall: Krankenstationen gab es in allen Lagern, auch in den so genannten Vernichtungslagern. Hunderte von jüdischen Kindern wurden in Auschwitz geboren, was nach den Grundsätzen der Logik eine „contradictio in terminis" darstellt. „Das Konzentrationslager Dachau", schreibt Kogon, „hatte schon sehr früh einen zahnärztlichen Dienst. In Buchenwald wurde eine solche im Juni 1939 eingerichtet, mit einer sehr modernen Einrichtung, aber ohne fachlich geschultes

Personal". Zweifellos ist der Zugang zu einer zahnärztlichen Versorgung ein Luxus, den sich viele Menschen in Europa heute nicht mehr leisten können; dennoch versucht Kogon in seinem Bericht, davon abzulenken. Hier ein Auszug:

> „.... Nach und nach wurden Häftlingszahnärzte in den zahnärztlichen Dienst aufgenommen; im Laufe der Zeit entwickelte sich eine Situation, in der die Häftlinge nicht als SS-Schergen behandelt wurden, sondern im Gegenteil die SS-Männer als Häftlinge behandelt wurden. Seit 1938 gab es in Buchenwald zwei zahnärztliche Dienste für die SS, einen für das Kommando und das Totenkopfbataillon, den anderen für die Truppe und deren Familien. Beide waren modern ausgestattet. Es gab einen großen Unterschied zwischen der Behandlung der Kommandeure und der der Soldaten. Während letzteren alle kranken Zähne gezogen wurden, wurde alles getan, um die Zähne der SS-Kommandeure zu retten. Alle Zahnprothesen für die SS-Kommandeure wurden mit Gold aus den Mündern von toten oder ermordeten Häftlingen hergestellt. Auch bei der Herstellung des Zahnersatzes wurde streng zwischen Soldaten und Kommandanten unterschieden. Brücken wurden nur für SS-Befehlshaber hergestellt.
> Das Personal, das sich aus Häftlingen zusammensetzte, versuchte von Anfang an, den Kameraden so gut wie möglich zu helfen. In allen Diensten wurde in kaum vorstellbarer Weise illegal und unter großem Risiko gearbeitet. Zahnersatz, Prothesen und Brücken wurden für Häftlinge angefertigt, deren Zähne von der SS abgebrochen worden waren oder die sie aufgrund der allgemeinen Situation im Lager verloren hatten....".

Illegale Arbeit wird nicht wirklich verstanden. Abgesehen davon, dass es absurd ist, jemandem die Zähne auszuschlagen und sie dann zu reparieren, muss man bedenken, dass die Misshandlungen in der Regel von Kapos und anderen Schergen begangen wurden, die aus den Reihen der Häftlinge ausgewählt wurden, um für Ordnung und Disziplin zu sorgen. Kogon widerspricht sich selbst, wenn er schreibt: „Einige Häftlinge, die ihre Kameraden misshandelten oder sogar zu Tode prügelten, wurden offensichtlich nie von der SS bestraft und mussten von der Häftlingsjustiz getötet werden." Paul Rassinier bestätigt, dass es richtig ist, dass die SS-Lagerleitung in der Regel nicht in Streitigkeiten zwischen Häftlingen eingriff, so dass keine Gerechtigkeit zu erwarten war. Laut Kogon wusste die SS „wirklich nicht, was sich hinter dem Stacheldraht abspielte". So berichtet Kogon selbst, dass er eines Morgens einen Häftling an einem Block hängend fand. Er war gestorben, „nachdem er furchtbar geschlagen und getreten worden war". Der Blockführer oder „Blockältester", ein Grüner namens Osterloh, hatte ihn erhängt, um einen Selbstmord vorzutäuschen und so den Täter zu schützen. Es ist nicht so zu verstehen, dass die SS keine Gewalt an den Häftlingen ausübte, sondern dass die Kapos und Blockführer sie in der Regel verschonten. Gelegentlich", schreibt Rassinier, „hebt sich ein SS-Mann durch seine Brutalität von den anderen ab, aber das kommt selten vor, und auf jeden Fall erweist er sich nie als unmenschlicher als die oben genannten".

Paul Rassinier widmet das Kapitel V seines Werkes, etwa vierzig Seiten, dem Kommentar zu Kogons Buch. Nach der Lektüre", schreibt er, „habe ich das Buch wieder geschlossen. Dann habe ich es wieder aufgeschlagen. Und unter den Titel des Deckblatts schrieb ich als Untertitel: „o plegaria pro domo" (Gebet zugunsten seiner Interessen). Rassinier ist der Ansicht, dass Kogon dem vorherrschenden kommunistischen Kern im Lager Zusicherungen gegeben hat, um den Posten in der Krankenstation zu bekommen. Kogon selbst gibt zu, dass er als Sekretär des Arztes Petitionen vorgeschlagen und verfasst hat, die er zur Unterschrift vorlegte. „Ich hatte Dr. Ding-Schuller in meinen Händen", gibt er offen zu. Hier ist ein wichtiger Absatz:

> „Während der letzten zwei Jahre, die ich als Sekretärin des Arztes verbrachte, schrieb ich mit Hilfe von Spezialisten aus Block 50 mindestens ein halbes Dutzend medizinischer Berichte über exanthematischen Typhus, die von Dr. Ding-Schuller unterzeichnet wurden.... Ich möchte nur am Rande erwähnen, dass ich auch für einen Teil seiner privaten Korrespondenz zuständig war, darunter Liebes- und Beileidsbriefe. Oft las er die Antworten gar nicht, sondern warf mir die Briefe nach dem Öffnen zu und sagte: „Schick das Kogon. Du weißt schon, was du zu antworten hast. Es ist eine Witwe, die Trost sucht...".

Rassinier kritisiert vor allem die Aussage von Eugen Kogon, in der er seine Unterwürfigkeit gegenüber der „klandestinen Lagerleitung" einräumt, womit er sich auf die Häftlingsführung bezieht, deren Handlungen im Übrigen nicht klandestin waren. Kogon deutet an, dass befürchtete, dass sein Buch bestimmte kommunistische oder sozialistische Politiker, die Buchenwald kontrollierten, kompromittieren könnte. Der Text verdient es, in vollem Umfang zitiert zu werden:

> „Um gewisse Befürchtungen zu zerstreuen und um zu zeigen, dass dieser Bericht nicht Gefahr lief, zu einer Anklage gegen bestimmte Häftlinge zu werden, die eine beherrschende Stellung im Lager eingenommen hatten, las ich ihn Anfang 1945, als er fast fertig war und nur noch die letzten beiden Kapitel von insgesamt zwölf fehlten, einer Gruppe von fünfzehn Personen vor, die der Lagerleitung im Untergrund angehörten oder bestimmte politische Gruppen von Häftlingen vertraten. Diese Personen waren von der Genauigkeit und Objektivität des Buches überzeugt. Sie nahmen an der Lesung teil:
> 1. Walter Bartel, Kommunist aus Berlin, Vorsitzender des Internationalen Lagerkomitees.
> 2. Heinz Baumeister, Sozialdemokrat aus Dortmund, seit Jahren Mitglied des Buchenwald-Sekretariats, stellvertretender Sekretär des Blocks 50.
> 3. Ernst Busse, Kommunist aus Solingen, Kapo des Häftlingskrankenbaus.
> 4. Boris Banilenko, Leiter der Kommunistischen Jugend in der Ukraine, Mitglied des russischen Komitees.
> 5. Heins Eiden, Kommunist aus Tèves, erster Lägeraltester.
> 6. Baptist Feilen, Kommunist aus Aachen, Kapo der Wäscherei.
> 7. Franz Hackel, Unabhängiger vom linken Flügel, aus Prag. Einer unserer Freunde ohne Rolle im Lager.
> 8. Stephan Heymann, Kommunist aus Mannerheim, vom Informationsbüro des Lagers.
> 9. Werner Hilpert, Zentrum Leipzig, Mitglied des internationalen Fachausschusses.
> 10. Otto Horn, Wiener Kommunist, Mitglied des österreichischen Komitees.
> 11. A. Kaltschin, russischer Kriegsgefangener, Mitglied des russischen Komitees.

12. Otto Kipp, Kommunist aus Dresden, zusätzlicher Kapo im Häftlingskrankenbau.
13. Ferdinand Römhild, Kommunist aus Frankfurt am Main, Sekretär des Häftlingskrankenbaus.
14. Ernst Thappe, Sozialdemokrat, Vorsitzender des deutschen Ausschusses.
15. Walter Wolf, Kommunist, Leiter des Lagerinformationsbüros".

Das heißt, die Objektivität und Richtigkeit dessen, was Kogon sagt, wird von seinen kommunistischen Kumpanen bestätigt, einem Kader der Spitzenleute in der Leitung von Buchenwald, die, wie eindeutig nachgewiesen wird, in den Händen der Roten war. 1945 gab es keinen einzigen Lagerleiter, der nicht Kommunist oder Sozialist war. Für Rassinier ist klar, dass Eugen Kogon jede Äußerung vermied, die als Anklage gegen die Häftlingsführung dienen konnte, und den größten Teil seiner Beschwerden an Angehörige der SS richtete: „Kein Historiker", schreibt Rassinier 1950 freimütig, „wird dies jemals akzeptieren. Im Gegenteil, man kann im Grunde glauben, dass er damit eine Dankesschuld gegenüber denjenigen im Lager beglichen hat, die ihm eine ruhige Arbeit gaben und mit denen er gemeinsame Interessen in der öffentlichen Meinung zu vertreten hat." Kogon selbst räumt in *Der SS-Staat. Das System der deutschen Konzentrationslager* (*Soziologie der Konzentrationslager*), dass die Häftlinge, die als Kapos dienten, die auch Vorarbeiter hatten, am gewalttätigsten gegenüber ihren Mitgefangenen waren, da die meisten von ihnen verkommene Menschen waren. In einigen Kommandos, vor allem in den Bau-, Graben- und Kanalisationskommandos sowie in den Bergwerken", schreibt Kogon, „gab es für den einfachen Häftling kein anderes Mittel, sein Leben zu erhalten, als die Bestechung, die unvorstellbare Grenzen erreichte und unvorstellbare Formen annahm.

Da Buchenwald ein Versuchslager für SS-Ärzte war und Kogon am richtigen Ort war, um zu wissen, was dort gemacht wurde, enthält sein Buch zahlreiche Informationen über die Operationen und Experimente, die dort durchgeführt wurden. Kogon nutzt jedoch die Gelegenheit, um das SS-Personal zu diskreditieren und der schlimmsten Praktiken zu bezichtigen. Ihm zufolge war „die bewusste Ermordung von Patienten im Krankenrevier für die SS alltäglicher als Experimente". In seinem Bestreben, die SS zu diffamieren, fügt er hinzu: „Es gab Konzentrationslager wie Auschwitz, wo dies systematisch durchgeführt wurde. Wenn die Zahl der Kranken eine bestimmte Anzahl überschritt, wurden sie 'besprüht'. Dies geschah, indem zwei Personen den Häftling festhielten und ihm eine Injektion von 10 cc Phenol direkt ins Herz spritzten". Logischerweise konnte Eugen Kogon 1944, dem Jahr, in dem das Buch bereits fertiggestellt war, nichts von diesen verbrecherischen Praktiken im Krankenbau von Auschwitz wissen. Das Einzige, was er mit diesen Behauptungen erreicht, ist, sich selbst zu blamieren und sein Buch zu diskreditieren, in dem andererseits interessante Fakten über den Sanitätsdienst stehen, wie die Information, dass es im Krankenhaus eine ambulante Behandlung, eine stabile Behandlung, einen zahnärztlichen Dienst und Rekonvaleszenz gab.

Die anderen Einrichtungen, die die Härte des Lebens in Buchenwald erträglicher machten, waren in den meisten Lagern vorhanden, so auch in

Auwschitz, dem theoretischen Vernichtungslager, das über einen Konzertsaal, Tanzsäle, ein Schwimmbad, eine Buchhandlung, eine konfessionslose Kirche, in der Hochzeiten abgehalten wurden, ein Postamt, Fußballplätze, einen Kino- und Theatersaal, ein Bordell für Arbeiterinnen, Kunstzentren, Kinderkrippen für Mütter und Babys und eine hochmoderne Küche verfügte. In Auschwitz, wie auch in Dachau, Westerbrook, Ravensbruck, Buchenwald und anderen Lagern, dienten Münzen oder Geld für den internen Gebrauch dazu, die Arbeit der Häftlinge zu fördern. Sehen wir uns an, was Kogon und Rassinier über das Funktionieren dieser Dienste und Einrichtungen in Buchenwald zu sagen haben.

Zum Postverkehr in Buchenwald erklärt Kogon, dass die Korrespondenz zwischen dem Häftling und seinen Angehörigen immer erlaubt war: Man konnte zweimal im Monat schreiben. Auch der Versand von Paketen mit Lebensmitteln, Kleidung, Tabak usw. war ab 1941 generell erlaubt. Der Empfang von Geld, das zum Kauf von Lebensmitteln in der Kantine verwendet wurde, war auf 30 Mark pro Monat und Häftling beschränkt. Kogon stellt fest, dass „ein Drittel der KZ-Insassen in der Lage war, Geld von ihren Angehörigen zu erhalten". Wir erteilen ihm das Wort:

> „Der Gefangene hatte nur zwei Möglichkeiten, das Geld zu verwenden: Kauf in der Kantine oder Bestechung. Manche Kapos hatten nicht Hunderte, sondern Tausende von Mark. Sie führten ein Leben, das dem Geld entsprach, das sie hatten. In dieser Hinsicht gab es irritierende Unterschiede. Die Kantinen in den Konzentrationslagern wurden bis 1943 zentral von der KZ-Verwaltung Dachau versorgt. In der Vorkriegszeit konnte man dort vieles kaufen, auch Kuchen und feine Konserven. Ich erinnere mich an einen Kapo, der, als die Kantine das noch anbieten konnte, zum Frühstück folgendes aß: einen halben Liter Milch mit Keksen und Kuchen, Sardinen und Fleischkonserven mit Brötchen und Erdbeermarmelade und Sahne".

Rassinier bezeichnet die „Bank" als Ausgabestelle für das spezielle Papiergeld, das nur innerhalb des Konzentrationslagers gültig war. Dieses Geld, das in Form von Leistungsprämien verteilt wurde, sei im Herbst 1943 in Buchenwald eingeführt worden, so Kogon, der hinzufügt, dass ab 1942 Rotkreuz-Pakete im Lager eintrafen „für diejenigen Ausländer, deren Namen und Häftlingsnummern dem Roten Kreuz in ihrem Heimatland oder dem Roten Kreuz in Genf bekannt waren". Nach Angaben des Internationalen Roten Kreuzes selbst wurden von Herbst 1943 bis Mai 1945 etwa 1.112.000 Pakete mit einem Gesamtgewicht von viereinhalbtausend Tonnen in die Konzentrationslager geschickt.

Zu den Sportarten, die in Buchenwald betrieben wurden, berichtet Kogon, dass die jüngeren Häftlinge von der SS die Erlaubnis erhielten, Fußball zu spielen. Es scheint", fügt er hinzu, „dass die SS dies als eine Art Propaganda für die Gesundheit und gute Laune der Häftlinge betrachtete". Wie dem auch sei, es wurden mehrere Mannschaften gebildet, bis zu zwölf, die trainieren und Turniere veranstalten konnten. Die Häftlinge traten „in tadelloser Sportkleidung" an, was unsere Quelle auf die „Geheimnisse der Korruption im Lager" zurückführt. Neben Fußball wurden auch Handball, Pelota und Baseball gespielt. Die Häftlinge haben es auch geschafft, Boxen einzuführen. Es ist absurd", meint Kogon, „aber wahr: Im Konzentrationslager gab es Sportler, die sogar ihre unerschütterliche Kraft und Geschicklichkeit unter Beweis stellten."

Ab 1938 gab es in Buchenwald eine rudimentäre Blaskapelle, die im Laufe der Jahre verbessert und verfeinert wurde. Im Jahr 1940 ordnete der Lagerkommandant Hermann Florstedt die Bildung einer regulären Blaskapelle an. Die Häftlinge der Kapelle wurden von nun an von der schweren körperlichen Arbeit befreit und erhielten freie Zeit zum Proben. Im Jahr 1941 erhielten die Musiker die Uniformen der jugoslawischen Königsgarde. „Von da an sahen die Mitglieder der Musikkapelle mit ihren Kostümen und all den anderen Gerätschaften wie Zirkusdirigenten aus", sagt Kogon, der auch berichtet, dass Streichquartette „einige bemerkenswerte Konzerte" gaben. An Feiertagen spielte die Kapelle für die Kameraden in den Blocks, und auch auf dem Place de Revue wurden Konzerte gegeben. Am Sonntagnachmittag spielte das Lagerradio die philharmonischen Konzerte der deutschen Sender. Wenn ich mich heute an diese Konzerte erinnere", sagt Kogon frei heraus, „möchte ich nicht an die Zehntausenden von Opfern denken, die zur gleichen Zeit in so vielen Lagern zu Tode gemartert oder in die Gaskammern gebracht wurden".

Kurz vor Ausbruch des Krieges gab es in Buchenwald eine Bibliothek mit rund 14.000 Bänden und etwa 2.000 ungebundenen Werken. Nach Kriegsausbruch, so Kogon, der einräumt, dass die Bibliotheken „sehr wertvolle Bücher" besaßen, wurde die Ausleihe von Büchern, die in den Sprachen der mit Deutschland im Krieg befindlichen Länder geschrieben waren, verboten, obwohl sie weiterhin in der Bibliothek eingesehen werden konnten. Ab 1941 gab es in Buchenwald Filmvorführungen, in denen regelmäßig Kultur- oder Unterhaltungsfilme gezeigt wurden. Paul Rassinier merkt an, dass bei jeder Filmvorführung alle Plätze für die Kapos und andere Häftlinge, die der Häftlingsführung angehörten, reserviert waren.

Im Sommer 1943 sah ein von Himmler unterzeichneter Erlass die Einrichtung von Bordellen in den Konzentrationslagern vor. Es gab Bordelle in Dachau, Mauthausen, Sachsenhausen und anderen. Buchenwald scheint das erste gewesen zu sein. Kogon erklärt, dass in jedem Bordell zwischen achtzehn und Mädchen aus dem Frauenlager Ravensbrück untergebracht waren, die sich „freiwillig gemeldet hatten, mit dem Versprechen, dass sie in sechs Monaten entlassen würden". Zum Zweck und zur Nutzung des Bordells, das unter dem Euphemismus „Sonderbau" bekannt war, erklärt Kogon, dass seine Hauptfunktion darin bestand, „Politiker zu korrumpieren". In diesem Zusammenhang schreibt er, dass die Häftlingsführung, die er absurderweise als „illegale Lagerleitung" bezeichnet, die Politiker aufforderte, das Bordell nicht zu besuchen. Die Politiker", so versichert Kogon, „befolgten die Anweisungen, so dass das Ziel der SS vereitelt wurde.

Rassinier widerspricht Kogons Äußerungen und Interpretationen und hält seine Auslegung für eine Demonstration puritanischer und heuchlerischer Prüderie und stellt klar, dass das Bordell ebenso wie das Kino „nur für Leute der Häftlingsführung zugänglich war". Um die Ungereimtheit aufzudecken, gibt Rassinier in *Die Lüge des Odysseus* diese Worte Kogons wieder: „Einige

Häftlinge ohne Moral, und unter ihnen eine große Anzahl von Politikern, haben schreckliche Beziehungen gehabt, zuerst durch Homosexualität, dann durch Päderastie nach der Ankunft der jungen Leute". Rassinier argumentiert, dass es keinen Sinn macht, Politiker zu loben, weil sie sich nicht vom Bordell korrumpieren ließen, wenn man dann zugibt, dass viele die Jugendlichen korrumpiert haben, und schließt mit den Worten: „Ich möchte noch hinzufügen, dass die SS das Bordell in allen Lagern gerade deshalb geplant hatte, um jede Entschuldigung und Rechtfertigung für diese Korruption von Minderjährigen zu beseitigen."

Das Buch von Eugen Kogon wurde 1947 in Frankreich unter dem Titel *L'Enfer organisé. Le système des camps de concentration*. In seinem Bestreben, die SS als Hauptorganisator der „organisierten Hölle" darzustellen, hat dieser Autor, der am 16. April 1947 als Zeuge bei den Buchenwald-Prozessen aussagte, keine Skrupel, der SS Verbrechen zuzuschreiben, von denen er 1945 nichts wissen konnte. Wir sollten uns daran erinnern, dass er sein Buch bereits in jenem Jahr vor seinen politischen Kollegen las. So schreibt er zum Beispiel: „Wenn die Schwangerschaft einer Frau in einem Außenkommando festgestellt wurde, wurde sie, wenn sie Jüdin war, nach Auschwitz geschickt, um vergast zu werden, und wenn sie keine Jüdin war, nach Ravensbrück, um vergast und abgetrieben zu werden". Später betont er: „Als die Vergasungen in Auschwitz gestoppt wurden, weil man bereits über eine Evakuierung nachdachte, wurden die schwangeren Jüdinnen und dann alle anderen in das 'Aufenthaltslager' Bergen-Belsen gebracht, um dort zu verhungern." Indem er den Ausdruck „Wohnlager" ironisch zitiert, erreicht Kogon unserer Meinung nach nichts anderes, als einen schändlichen Zynismus und eine Unverschämtheit zu zeigen. Mit diesen schamlosen Äußerungen stellt er sich schamlos als Propagandasprachrohr zur Verfügung, ohne jeden Beweis. Wenn es die Absicht war, die schwangeren Frauen verhungern zu lassen, warum musste man sie dann nach Bergen-Belsen bringen: Sie hätten direkt in Auschwitz hingerichtet oder einfach den Sowjets überlassen werden können. Sicher ist, dass viele jüdische Frauen in Auschwitz entbunden haben und dass am Ende des Krieges nicht nur in den Lagern, einschließlich des „Wohnlagers" Bergen-Belsen, sondern in ganz Deutschland eine Hungersnot herrschte.

Zum Abschluss des Vergleichs zwischen den Werken von Paul Rassinier und Eugen Kogon, der einem Vergleich zwischen einem ehrlichen Intellektuellen, der körperlich ruiniert aus Buchenwald hervorging, und einem skrupellosen Holocaust-Propagandisten gleichkommt, wollen wir sehen, was beide über die Bestrafung der Häftlinge zu sagen haben. Es sei noch einmal daran erinnert, dass es die Blockführer und Kapos, die ihre Vorarbeiter hatten, waren, die der SS unangemessenes Verhalten meldeten, wenn sie es nicht selbst mit Ohrfeigen, Tritten, Beleidigungen und anderen Demütigungen bestraften. Wenn die Lagerleitung wegen der Schwere des Vergehens eine körperliche Züchtigung anstrebte, musste sie eine Bestätigung aus Berlin anfordern und erhalten. Rassinier stellt fest, dass Spuren oder Beweise für Misshandlungen nicht nur vor ausländischen Besuchern, „sondern sogar vor den höchsten

Persönlichkeiten der SS und des Dritten Reiches „ verheimlicht wurden. Hier ist seine Argumentation:

> „Ich stelle mir vor, dass, wenn diese Persönlichkeiten in Dachau und Birkenau anwesend gewesen wären, sie ebenso sachdienliche Erklärungen über die Gaskammern erhalten hätten wie über die 'Folterbank' in Buchenwald. Und ich stelle die Frage: Wie kann man im Nachhinein behaupten, dass all die Schrecken, deren Schauplatz die Lager waren, Teil eines konzertierten Plans auf höchster Ebene waren? Sobald Berlin, trotz allem, was ihm verborgen blieb, etwas Ungewöhnliches in der Verwaltung der Lager entdeckte, wurden Aufrufe zur Ordnung an die SS-Führung geschickt".

Rassinier gibt dann den Text eines Befehls vom 4. April 1942 wieder, der auch von Kogon zitiert wird und in dem Folgendes festgelegt ist:

> Der Reichsführer SS und Chef der deutschen Polizei hat angeordnet, dass bei Hinzufügung des Wortes „verschärft" in seinen Erlassen über die Körperstrafen (sowohl für männliche Häftlinge in Schutz- und Untersuchungsgefängnissen als auch für weibliche Häftlinge) die Vollstreckung der Strafe auf das nackte Gesäß zu erfolgen hat. In allen anderen Fällen wird die bisherige Methode nach den bisherigen Weisungen des SS-Reichsführers angewandt.

Eugen Kogon bestätigt, dass die Lagerleitung sich vom Lagerarzt bescheinigen lassen sollte, dass der Häftling gesund war; er beeilt sich jedoch hinzuzufügen, dass „die Praxis ganz anders war", und bestätigt damit Rassiniers Einschätzung, dass die Exzesse unter Verletzung der Befehle durchgeführt wurden. Kogon, der die moralische Überlegenheit der Roten, der kommunistischen Gefangenen, gegenüber den anderen Gefangenen lobt und preist, bescheinigt: „Der Arzt war bei der Prozedur dabei. Es sind nur sehr wenige Fälle bekannt, in denen die Lagerärzte die Verabreichung der Schläge zum Wohle der Häftlinge beendet haben." Und dann fügt er hinzu:

> „Manchmal waren die Häftlinge gezwungen, ihre Kameraden selbst zu bestrafen. Einige hatten nicht den Mut, die Konsequenzen einer Verweigerung auf sich zu nehmen; gelegentlich gab es jemanden, der dazu bereit war. Politische Häftlinge weigerten sich rundheraus oder schlugen auf eine Weise, die der SS nicht gefiel. Dann wurden sie zur gleichen Strafe verurteilt oder auf andere Weise 'weichgeklopft'."

Der Beweis dafür, dass Rassinier Recht hat, dass Misshandlungen durch SS-Offiziere Verstöße gegen die Vorschriften darstellen, sind die Hinrichtungen von zwei Lagerkommandanten: Karl Otto Koch und Hermann Florstedt. Ersterer war Kommandant von Buchenwald, als er 1943 verhaftet und durch Hermann Pister ersetzt wurde. Seine Verhaftung erfolgte im Zusammenhang mit der Untersuchung eines Korruptionsnetzes in den Lagern, zu dem auch die Ermordung einiger Häftlinge gehörte, die zu viel wussten. Koch wurde 1945 von der SS hingerichtet. Florstedt, ein berüchtigter Kommandant in Majdanek, wurde nach einem Gerichtsverfahren und einer Verurteilung ebenfalls 1945 in

Anwesenheit der Häftlinge gehängt. Beide Fälle wurden von SS-Richter Dr. Konrad Morgen untersucht, der bis zu 800 Fälle von Grausamkeit und Korruption in den Konzentrationslagern untersuchte. Als Ergebnis seiner Ermittlungen wurden zweihundert SS-Männer, die für die Konzentrationslager verantwortlich waren, verurteilt.

Am 13. März 1944 wurde Paul Rassinier nach Dora-Mittelbau in der Nähe von Nordhausen geschickt, dem Arbeitslager, in dem in einer unterirdischen Fabrik, die eigentlich ein Tunnel war, die berühmten V1- und V2-Motoren sowie Flugzeugmotoren gebaut wurden. In den verschiedenen Fabriken des Tunnels wurden auch Zivilisten beschäftigt. Dort herrschten bei einem Zwölf-Stunden-Tag extrem harte Bedingungen, die für die Schwächsten unerträglich waren. Hinzu kamen Typhus und andere Krankheiten, und es ist verständlich, dass die Sterblichkeitsrate sehr hoch war. Der Leser kann sich anhand dieses Textes von Rassinier ein gutes Bild von der Situation machen:

> „31. März 1944. Seit acht Tagen sind die Kapos, der Lagerschutz und die Blockführer (alles Häftlinge) besonders gereizt. Mehrere Häftlinge sind unter den Schlägen gestorben: Läuse wurden nicht nur im Tunnel, sondern auch bei den Kommandos draußen gefunden. Die SS-Führung hat die Häftlingsführung für diese Zustände verantwortlich gemacht. Außerdem war das Wetter den ganzen Tag über entsetzlich: Die Kälte war strenger als sonst, und es regnete ununterbrochen eiskalt. Am Abend kamen wir frierend, durchnässt und hungrig auf dem Platz an - hoffen wir, dass das Training nicht zu lange dauert! Pech gehabt: Um zehn Uhr nachts stehen wir immer noch im Regen und warten auf den „Durchbruch", der uns befreien wird. Endlich kommt er, es ist vorbei, wir können schnell unsere heiße Suppe trinken und uns auf das Stroh fallen lassen. Wir kommen im Block an: Die Schuhe werden geputzt, dann hält uns der Blockwart, der am Rande der Tür steht, mit einem Schild vor die Tür und hält eine Rede. Er kündigt an, dass das ganze Lager desinfiziert werden soll, da Läuse gefunden wurden..... Heute Abend geht es los: Fünf Blöcke, darunter der 35., sind für die Desinfektion bestimmt worden. Deshalb werden wir die Suppe erst nach der Operation essen...".

Gegen Ende des Krieges verschlechterten sich die Dienstleistungen und Einrichtungen in allen Lagern zunehmend. Nachts, so Rassinier, kamen zwei Krankenwagen in den Blocks an: der eine („Äußere Ambulanz") versorgte sofort die verletzten Kranken, die nicht für eine Einweisung ins Krankenhaus in Frage kamen, der andere („Innere Ambulanz") nahm diejenigen auf, die nach einer Untersuchung ins Krankenhaus mussten. Im Sommer 1944 „eitert das ganze Lager", so Rassinier, der die ständige Verschlechterung des Gesundheitszustands der Häftlinge beschreibt: Furunkulose, Ödeme, Nierenentzündungen, Wunden an Händen und Füßen, abgeschnittene Finger, gebrochene Arme und Beine waren Gegenstand der Ambulanzversorgung. Im Dezember 1944 war Dora zu einem großen Lager geworden und nicht mehr von Buchenwald abhängig. Im Januar 1945 beherbergt das Lager, das für 15.000 Menschen ausgelegt ist, etwa 50.000 Menschen. Brot und Mehl waren nicht mehr erhältlich. Die Häftlinge müssen sich mit zwei oder drei kleinen Kartoffeln begnügen, und die Ration an Margarine, Suppe und Wurst wird halbiert.

Der fortschreitende Zusammenbruch in Dora wirkt sich auch auf Paul Rassinier aus, dessen Ausdauer bis an die Grenze des Erträglichen geht. Nachdem er mit geschwollenem Körper fieberhaft durch das Lager gekrochen war, gelang es Rassinier am 8. April 1944, zum ersten Mal die Krankenstation zu betreten, die er am 27. April wieder verließ. Am 5. Mai musste er zurückkehren und blieb vier Monate lang, bis zum 30. August, in Rekonvaleszenz. Sechsmal ging er in der Krankenstation ein und aus. Am 10. März 1945 wurde er zum letzten Mal eingeliefert. „Ich war krank, das versteht sich von selbst, sogar schwer krank, denn ich bin immer noch krank, aber...". Mit diesen aufschiebenden Worten beendet Paul Rassinier die einzige Klage über seinen schlechten Gesundheitszustand.

Andererseits gehen die Sabotageakte im Dora-Tunnel weiter. Die SS entdeckte schließlich, dass russische Häftlinge zahlreiche V1- und V2-Raketen außer Betrieb setzten, indem sie auf die Funkgeräte urinierten. Die Russen", erklärt Rassinier, „sind nicht nur Meister der Plünderung, sondern auch der Sabotage und der Hartnäckigkeit: nichts hält sie auf. Sie stellen auch das größte Kontingent an Gehängten. Sie liefern sie aus einem weiteren Grund: Sie glauben, dass es ihnen gelungen ist, eine Technik des Ausweichens zu entwickeln!" Rassinier bemerkt, dass es von März 1944 bis April 1945 keine Woche gab, in der nicht drei oder vier Personen wegen Sabotage gehängt wurden. Danach", fügt er hinzu, „wurden sie in Gruppen von zehn oder zwanzig Personen gehängt, und zwar vor den Augen der anderen. Die Operation wurde auf dem Platz in Anwesenheit aller durchgeführt". So verbringt Paul Rassinier, der Vater des Revisionismus, zwischen ständigen Zwischenfällen, Bombenangriffen, Sabotage, Erhängen und Verhungern seine letzten Tage im Lager. Am 7. April 1945 wurde er in einen Evakuierungstransport, einen Konvoi alter Waggons, aufgenommen, und seine Befreiung kam.

Was über Buchenwald zu sagen bleibt, ist der Ruhm, den es nach dem Krieg durch die angeblichen Aktivitäten des 1943 verhafteten und 1945 erschossenen Kommandanten Karl Koch und seiner Frau Ilse Koch erlangte. Diese Berühmtheit ist zu einem großen Teil dem Buch von Christopher Burney zu verdanken, einem ehemaligen Häftling, der 1945 das Buch *Solitary Confinement: The Dungeon Democracy* in London veröffentlichte, ein Pamphlet, für das manche Buchhändler es wagen, 135 Euro für die Erstausgabe zu verlangen, vielleicht in der Annahme, dass es sich um ein Werk persönlicher Erfahrungen handelt, das Zeugniswert hat. Nichts könnte weiter von der Wahrheit entfernt sein, denn als Burney Anfang 1944 in Buchenwald eintraf, war Koch bereits verhaftet worden und Hermann Pister, der Kommandant des Konzentrationslagers, war einer der sanftesten, die es je gab. Der opportunistische Autor beschreibt Karl Koch als das grausamste Wesen, das er je gekannt hat und das seine Zeit damit verbrachte, grausame Methoden zur Tötung von Gefangenen auszuhecken. Burney fügt hinzu, dass Ilse Koch mit Gefangenen rummachte, weil ihr Mann homosexuell war, und sie dann ins Krematorium schickte. Diejenigen mit kunstvoll tätowierter Haut wurden vorher gehäutet, um aus ihrer Haut kunstvolle Lampenschirme herzustellen.

Eugen Kogon verweist auf zwei Befehle des SS-Reichsführers Himmler, einen vom 23. September 1940 und einen vom 23. Dezember 1942, wonach Zahnärzte Goldzähne von toten Häftlingen und Gold von lebenden Häftlingen, „das nicht zur Reparatur geeignet war", entfernen sollten. Bezeichnenderweise wurde jedoch ein kleiner Geldbetrag auf ihr Konto eingezahlt. Das Gold aus den Zähnen der Toten", so Kogon weiter, „wurde mit genauem Herkunftsnachweis, Name und Nummer des Verstorbenen sowie Gewichtsnachweis an die Berliner Zentrale geschickt, wo es zu neuem Zahngold verarbeitet wurde. Laut den monatlichen Berichten wurden auf diese Weise zwischen 182 und 504 Gramm Gold pro Monat gesammelt. Kogon erklärt, dass Major Koch einen Goldanhänger für seine Uhrenkette anfertigen ließ, in den er die Geburtsdaten seiner Kinder eingravierte. Wie bei den Goldzähnen wurde alles Wertvolle aus den Körpern der Verstorbenen entnommen. Christopher Burney erklärt, dass die Lagerärzte nach dem Tod eines Häftlings die Leiche untersuchten und alles, was von Interesse war, bergen konnten. Arthur R. Butz erinnert daran, dass in Buchenwald medizinische Experimente durchgeführt wurden, und glaubt, ohne Burneys Geschichte über Ilse Koch auch nur im Geringsten zu glauben, dass die tätowierten Häute von dort stammen müssen.

Nachdem Ilse Koch vor einem amerikanischen Militärtribunal verurteilt worden war, überprüfte General Lucius Clay, der US-Militärgouverneur, den Fall und stellte fest, dass Frau Koch trotz der in ihrem Prozess vorgelegten Zeugenaussagen nicht mit den tätowierten Bildschirmen und anderen Gegenständen in Verbindung gebracht werden konnte, die 1945 in der Kommandantur von Buchenwald gefunden wurden, und zwar aus einem einfachen Grund: Sie hatte dort seit 1943 nicht mehr gelebt, da sie zusammen mit ihrem Mann verhaftet worden war. Als ihre Strafe umgewandelt wurde, protestierten der Rabbiner Stephen Samuel Wise und andere einflussreiche Personen vehement, aber General Clay änderte seine Position nicht und blieb standhaft. Als Ilse Koch im Oktober 1949 aus dem Gefangenenlager entlassen wurde, setzten die Amerikaner die deutschen Behörden unter Druck, gegen Frau Koch, „die Schlampe von Buchenwald", vorzugehen, die erneut verhaftet und wegen der Affäre um die tätowierten Häute und ihre Behandlung von Gefangenen angeklagt wurde. Obwohl die Verteidigung nachwies, dass die Aussagen in den beiden Prozessen widersprüchlich waren, wurde Ilse Koch für schuldig befunden und zu lebenslanger Haft verurteilt. Im Jahr 1967 beging sie Selbstmord, indem sie sich in ihrer Zelle erhängte.

Nach der Einnahme Buchenwalds durch US-Truppen wurden deutsche Bürger aus dem sechs Kilometer entfernten Weimar im Mai 1945 gezwungen, das Lager zu besuchen, und sie wurden in Massen vor Tischen vorgeführt, die im Freien aufgestellt waren. Die Idee war, ihnen die Gräueltaten der Nazis anhand von Gegenständen vor Augen zu führen, darunter tätowierte Hautstücke, ein Lampenschirm aus Menschenhaut und zwei auf Faustgröße reduzierte Köpfe. Es handelte sich um eine von der Abteilung für psychologische Kriegsführung konzipierte Aktion, an der der bekannte jüdische Hollywood-Regisseur Billy Wilder, der in Buchenwald Propagandafilme drehte, zu dieser Zeit mitarbeitete. Eugen Kogon arbeitete auch mit der Abteilung für psychologische Kriegsführung („Sykewar") zusammen, die für die Erstellung vieler der falschen Dokumente über Buchenwald verantwortlich war.

Die makabre Idee, die Schrumpfköpfe auszustellen, die aus der Sammlung eines Museums oder Anthropologen stammten, kam von einem anderen Juden, Albert G. Rosenberg, der wie Wilder zur Abteilung für psychologische Kriegsführung gehörte. Die Köpfe stammen mit ziemlicher Sicherheit aus Südamerika. Einige amazonische Stämme, wie die Jíbaros, schlugen die Köpfe ihrer Feinde in einem Ritual ab, um deren Geist im Kopf zu fangen und zu verhindern, dass er durch den Mund oder die Augen entweicht und ihnen in Zukunft Schaden zufügt. Am 13. Dezember 1945 wurde bei einem der Nürnberger Prozesse das Beweisstück USA-254 ausgestellt, das aus dem einbalsamierten und konservierten Schrumpfkopf eines angeblichen Juden bestand.

Zum Abschluss dieser Seiten über Buchenwald bleibt nur noch zu erwähnen, dass der gedrehte Propagandafilm weit verbreitet wurde. Neben den Weimarer Bürgern, die gezwungen waren, das Lager zu besuchen, wurden zahlreiche Statisten eingesetzt, um die notwendigen Reaktionen zu simulieren: Weinen, Entsetzen, Scham, Empörung. Ziel war es, den Deutschen Schuldgefühle und Gewissensbisse einzuflößen und diese dann der Welt zu zeigen. Ziel war es, die Entnazifizierung der deutschen Gesellschaft vorzubereiten. Die Verwendung von gefälschten Fotos und Filmen war eines der wiederkehrenden Instrumente der Propaganda. Der englische Revisionist Richard Harwood (Pseudonym von Richard Verrall), Autor des Buches *Did Six Million Really Die?*, beschreibt in diesem Werk einen aufschlussreichen Fall dieser Fälschungen, über den die britische Zeitschrift *Catholic Herald* am 29. Oktober 1948 berichtete. In Kassel wurden alle Deutschen gezwungen, sich einen Film über die „Gräueltaten" in Buchenwald anzusehen. Ein Arzt aus Göttingen, der an teilnahm, erkannte sich selbst auf der Leinwand wieder, obwohl er nie dort gewesen war. Er erkannte sofort, dass es sich bei den Bildern um die Opfer des Völkermords von Dresden handelte, denen er nach der verbrecherischen Bombardierung durch die Alliierten geholfen hatte. Wie wir uns erinnern werden, wurden die Leichen der Toten mehrere Wochen lang in Haufen von vier- bis fünfhundert Leichen verbrannt.

Dachau

Bevor wir uns im Detail mit den Lagern in Polen befassen, in denen nach Angaben der Vernichter sechs Millionen Juden ermordet wurden, ist es notwendig, etwas über zwei Konzentrationslager zu sagen, die von Holocaust-Sprechern häufig zitiert werden: Dachau und Bergen-Belsen. Bereits am 14. Juli 1959 veröffentlichte die katholische Wochenzeitschrift *Our Sunday Visitor*, eine Publikation aus Huntington (Indiana) mit einer Auflage von damals etwa einer Million Exemplaren, einen Brief des Rechtsanwalts Stephen S. Pinter, der etwa anderthalb Jahre in Dachau gewesen war, in dem er die Existenz von Gaskammern in dem Lager kategorisch ausschloss.

„Ich war nach dem Krieg siebzehn Monate lang als Staatsanwalt für das US-Kriegsministerium in Dachau, und ich kann bezeugen, dass es in Dachau keine Gaskammer gab. Was Besuchern und Schaulustigen gezeigt wurde und fälschlicherweise für eine Gaskammer gehalten wurde, war in Wirklichkeit ein Krematorium. Es gab weder dort noch in einem der anderen Konzentrationslager in Deutschland eine Gaskammer. Uns wurde gesagt, dass es in Auschwitz eine gab, aber da sie in der russischen Besatzungszone lag, durften wir sie nicht untersuchen, da die Russen dies nicht zuließen...".

Elf Jahre zuvor, im Jahr 1948, hatte eine Publikation der American Association for the Advancement of Science (AAAS) bereits einen Bericht vorgelegt, dem niemand viel Aufmerksamkeit schenkte. Darin wurden die Todesursachen der Leichen erläutert, die bei der Einnahme des Lagers durch US-Truppen gefunden wurden. Als die US-Armee tiefer nach Deutschland vordrang, so der Bericht, ahnten die medizinischen Dienste, was sie vorfinden würden:

„In den Monaten April und Mai sah Deutschland erstaunlich aus, ein Gemisch von Menschen, die auf allen Wegen unterwegs waren, obdachlos, hungrig und mit Typhus im Gepäck.... Je mehr Gebiete entdeckt wurden, desto mehr Fälle traten auf, denn in Westdeutschland, entlang der Linie des amerikanischen Vormarsches, verbreitete sich der Typhus gleichmäßig.... Schätzungsweise 35.000 bis 40.000 Häftlinge lebten in Dachau unter entsetzlichen Bedingungen.... In allen Gebäuden des Lagers herrschte extremer Schmutz, Läusebefall und Überbelegung. In den Hallen des an das Lager angrenzenden Bahnhofs wurden mehrere Waggons voller Leichen gefunden: Es handelte sich um die Überreste eines Transports von Häftlingen aus weiter nördlich gelegenen Lagern, die in den letzten Kriegstagen nach Dachau gebracht worden waren, um den vorrückenden amerikanischen Truppen zu entkommen. Die Zahl der Typhuskranken bei der Einnahme des Lagers wird nie bekannt werden.... Im Gefängniskrankenhaus befanden sich einige Hundert, aber es waren nur wenige im Vergleich zu denjenigen, die noch mit ihren Kameraden in den Baracken lebten, bettlägerig, verwahrlost, auf vierstöckigen Kojen liegend, mit zwei und manchmal drei Männern pro schmalem, regalartigem Boden; die Kranken und die Gesunden, zusammengepfercht, stinkend nach Schmutz und Verwahrlosung. Und überall der Geruch des Todes".

1947, ein Jahr vor Erscheinen dieses AAAS-Berichts, hatte das Internationale Rote Kreuz einen weiteren Bericht vorgelegt, in dem es schätzte, dass in den ersten Monaten des Jahres 1945 etwa 15.000 Dachauer Häftlinge an Typhus starben, die meisten von ihnen in den letzten beiden Kriegsmonaten. Paul Berben, Autor von *Dachau 1933-1945. The Official History* (1975), bestätigt, dass in den letzten vier Monaten des Bestehens des Lagers mehr Häftlinge starben als in allen Jahren zuvor. Auch nach der Ankunft der Amerikaner verhungerten etwa 2.000 Häftlinge. Viele Jahre lang war in Dachau eine Gedenktafel zu sehen, die an die 238.000 Toten erinnerte, und in den 1950er Jahren riskierte jeder in Deutschland, der die Existenz einer Gaskammer in Dachau leugnete, eine Gefängnisstrafe. Heute wird die Zahl der Todesopfer in diesem Lager mit 32.000 angegeben, und es ist eine anerkannte Tatsache, dass keine Häftlinge vergast wurden.

Heute geben selbst jüdische Historiker zu, dass es auf deutschem Gebiet keine Vernichtungslager gab. Am 19. April 1960 erklärte Martin Broszat, Direktor des Instituts für Zeitgeschichte in München, dass es keine Vergasungen auf Reichsgebiet gab und dass es nur einige wenige Lager in Polen gab. Im April 1975 veröffentlichte der bekannte Nazi-Jäger Simon Wiesenthal einen Brief in der britischen Zeitung *Books and Bookmen*, in dem er einräumte, dass „niemand in irgendeinem Lager auf deutschem Boden vergast wurde". Am 24. Januar 1993 bestätigte er dies in der Zeitung *The Stars and Stripes*, wo er sagte: „Es stimmt, dass es keine Vernichtungslager auf deutschem Boden gab und keine Massenvergasungen, wie sie in Auschwitz, Treblinka und anderen Lagern stattfanden. Eine Gaskammer war in Dachau im Bau, wurde aber nie fertiggestellt." Selbst eine Publikation des American Jewish Committee, *The changing shape of Holocaust Memory*, räumte 1995 ein, dass „es in Deutschland keine Vernichtungszentren 'per se' gab, und obwohl die Bedingungen in Dachau entsetzlich waren, wurde die Gaskammer nie benutzt." Wie Wiesenthal einräumt, ist es nicht so, dass sie nicht benutzt wurde, sondern dass sie nicht existierte.

Trotz alledem werden Menschen, die ihre Zeit mit dem Besuch des Dachau-Museums in der Nähe von München vergeuden, weiterhin in die Irre geführt und mit falschen Informationen manipuliert. Diesen naiven Touristen werden kleine Räume gezeigt und erzählt, dass sie als Gaskammern genutzt wurden. Was sie in Wirklichkeit sehen, sind Einrichtungen zur Desinfektion oder Krematorien für tote Häftlinge. Einer der Räume war eine Ausräucherungskammer, die zur Entlausung von Kleidung genutzt wurde. Gezeigt werden auch Fotos aus dem Jahr 1945, die die berühmte Tür mit dem Totenkopf und der Aufschrift „Vorsicht! Gas! Lebensgefahr! Nicht öffnen!" (Vorsicht! Gas! Lebensgefahr! Nicht öffnen!").

Es wurde bereits erwähnt, dass Dachau 1933 in Betrieb genommen wurde und somit das älteste Lager war. Dort waren österreichische politische Gefangene, gewöhnliche Kriminelle und Gefangene aller Art, einschließlich katholischer Priester, interniert. Mehr als 2.000 katholische Priester aus verschiedenen Ländern waren in den deutschen Lagern inhaftiert, die meisten von ihnen in Dachau. Die Gefangenen arbeiteten in der Regel in Fabriken außerhalb des Lagers. Am Ende des Krieges begann sich der Mythos zu bilden, Dachau sei ein Vernichtungslager gewesen. Wie im Fall von Buchenwald war es die amerikanische Propaganda, die von Eisenhower, dem Verantwortlichen für die Vernichtungslager, in denen fast eine Million Deutsche starben, angetrieben wurde, die für die Verdrehung der Tatsachen verantwortlich war, sobald amerikanische Truppen die Kontrolle über das Konzentrationslager übernahmen.

Über die Ankunft der Amerikaner in Dachau gibt es mehrere Versionen, die wir zusammenfassen wollen, ohne zu sehr ins Detail zu gehen. Das Rote Kreuz hatte dank internationaler Konventionen Zugang zu Kriegsgefangenen, den POWs (Prisoners of War), die somit internationalen Schutz genossen, aber KZ-Häftlinge waren nicht darunter. In den ersten Monaten des Jahres 1945 war die Lage in allen Lagern bereits so katastrophal, dass die deutsche Regierung am

29. März über SS-General Ernst Kaltenbrunner beschloss, in jedem Lager einen Delegierten des Internationalen Komitees vom Roten Kreuz zu stationieren, um Hilfsgüter zu verteilen. Es wurde zur Bedingung gemacht, dass die Delegierten bis zum Ende des Krieges in den Lagern bleiben sollten. Dank dieser Vereinbarung organisierte das IKRK den Transport von Hilfsgütern auf der Straße, da die Nutzung der Eisenbahn, die völlig zusammengebrochen war, den Bedürfnissen des Militärs vorbehalten war. Zu diesem Zeitpunkt des Krieges ist das Chaos immens, so dass der Befehl Kaltenbrunners bei einigen Lagerkommandanten nicht ankommt. Einige weigerten sich zunächst, das Rote Kreuz einzulassen.

Das Rote Kreuz gab ein Dokument mit einer verwässerten Version der Übergabe von Dachau heraus. Victor Maurer war der Delegierte, der die Erlaubnis hatte, in das Lager zu gehen, wo er am 27. April mit fünf LKW-Ladungen Lebensmittel für die Häftlinge eintraf. Das Lager war wegen der alliierten Bombenangriffe von der Außenwelt abgeschnitten. Am 28. April begann eine Reihe von Offizieren und Wachleuten zu fliehen. SS-Oberleutnant Heinrich Wicker, der an der Spitze der verbliebenen Wachen ebenfalls zu fliehen beabsichtigte, wurde die höchste Autorität in Dachau. Maurer überzeugte ihn, das Lager den Amerikanern zu überlassen. Mit einem weißen Handtuch, das an einem Besenstiel befestigt war, und in Begleitung von Leutnant Wicker verließ der Vertreter des Roten Kreuzes das Lager. Eine motorisierte Einheit entdeckte sie, und bald befanden sie sich in der Gegenwart eines Generals, dessen Name nicht genannt wird, obwohl andere Quellen behaupten, dass es sich um Brigadegeneral Henning Linden handelte, denn er war es, der am 2. Mai dem Hauptquartier seinen Bericht vorlegte, in dem er bestätigte, dass Victor Maurer, der Vertreter des Schweizerischen Roten Kreuzes, in der Nacht des 28. April mit einer weißen Fahne und in Begleitung von SS-Leutnant Wicker und seinem Assistenten eintraf.

General Linden gibt zu, dass ihm gesagt wurde, dass es etwa 42.000 „halbverrückte" Häftlinge gab, von denen viele mit Typhus infiziert waren. Ihm lagen Berichte vor, dass eine Zugladung mit Leichen aus dem Norden in Dachau eingetroffen war, wovon Victor Maurer nichts wusste. General Linden bat den Delegierten des Roten Kreuzes und den deutschen Offizier, ihn in das Lager zu begleiten. Seine Absicht war es, Fotos von den Leichenwagen für die Zeitungen zu machen. Als General Linden am 29. April gegen 15.00 Uhr im Lager eintraf, waren laut Bericht des Roten Kreuzes bereits andere amerikanische Soldaten vor Ort, die von Zivilisten und Journalisten auf dem Weg nach München über die Existenz des Konzentrationslagers informiert worden waren.

Neben dem Bericht des Roten Kreuzes wird in anderen Berichten über die Einnahme von Dachau berichtet, dass es diese Truppen waren, die bei der Annäherung an das Lager den Zug mit den Leichen von etwa fünfhundert bedrückend aussehenden Toten entdeckten. Dieser Zug, der am 26. oder 27. April eintraf, war mit ausgehungerten Häftlingen beladen, die am 7. April aus Buchenwald evakuiert worden waren, und hatte sich verzögert, weil alliierte Flugzeuge die Gleise bombardiert und den Konvoi beschossen hatten, wodurch die Häftlinge in den offenen Waggons getötet wurden. Trotz der Bemühungen des Delegierten Victor Maurer, die Deutschen zu einer geordneten Übergabe des Lagers zu bewegen, wie sie mit General Linden vereinbart worden war, kam es zu einem Massaker: Die Amerikaner erschossen fast alle Wachen und hinderten einige bewaffnete Häftlinge nicht daran, auch zahlreiche deutsche Soldaten zu liquidieren. Andere Häftlinge rissen die Drahtzäune nieder und entkamen, ohne dass die Amerikaner etwas anderes taten als in die Luft zu schießen.

Zu diesen Ereignissen berichtet Oberstleutnant Walter J. Fellenz, ein Offizier des 222. Regiments, wie seine Männer die SS-Wachen töteten, die sich noch in den Wachtürmen befanden: „Die SS versuchte, ihre Gewehre auf uns zu richten, aber wir töteten sie schnell, bevor sie auf uns schießen konnten. Wir töteten mindestens siebzehn SS. Dann warfen unsere Männer in einem Anfall von Wut die Leichen von den Türmen und entluden ihre Gewehre in die Brust der toten SS." Nichts davon steht im Bericht des Roten Kreuzes. Es wird auch nicht erwähnt, dass Oberleutnant Wicker, den Victor Maurer engagiert hatte, um das Leben der Soldaten zu schützen, nach der Übergabe des Lagers[6] getötet wurde.

Zwei Häftlinge schrieben über Dachau. Der eine war Pater Johann Maria Lenz, der im Auftrag des Vatikans ein Buch über Dachau, *Christus in Dachau* (1960), schrieb; der andere war Nerin Emrullah Gun, ein Journalist türkischer Herkunft, der 1944 in der Presseabteilung der türkischen Botschaft in Budapest gearbeitet hatte und im April 1945 von den Deutschen inhaftiert wurde, wahrscheinlich wegen des antideutschen Inhalts seiner Berichte. Im Jahr 1966 veröffentlichte Nerin E. Gun ein Buch mit dem Titel *Dachau*. Das Werk wurde in mehrere Sprachen übersetzt, darunter auch ins Spanische. In Spanien erschien es unter dem Titel *Dachau. Zeugnis eines Überlebenden* (1969). Laut Gun begnügten sich die Amerikaner bei ihrer Ankunft nicht mit der Tötung der SS-Wachen, sondern liquidierten auch die Hunde in ihren Zwingern. Pater Lenz seinerseits erklärt nicht nur, dass er sich Gott nie so nahe gefühlt habe wie in Dachau, sondern auch, dass der amerikanische General eine zweistündige Bombardierung der wehrlosen Stadt Dachau befohlen habe, um sich für die im Lager gefundenen Toten zu rächen; später stellt er jedoch klar, dass er schließlich davon abgebracht wurde und den Gegenbefehl gab. Das IKRK-Dokument enthält keine Aufzeichnungen über diese Ereignisse.

Erst vierzig Jahre später wurden das ganze Ausmaß und die Einzelheiten des amerikanischen Kriegsverbrechens in Dachau bekannt. Im Jahr 1986 veröffentlichte der Oberstarzt Howard Buechner in den Vereinigten Staaten das

---

[6] Oberleutnant Heinrich Wicker war ein sehr großer Mann, so dass seine Leiche, die mit eingeschlagenem Kopf auf dem Boden liegt, auf mehreren Fotos gut zu erkennen ist. Dieser SS-Oberleutnant hatte zwischen dem 28. März und dem 2. April 1945 die Evakuierung von Häftlingen aus Neckarelz, einem Außenlager von Natzweiler, in das Stammlager Dachau überwacht. Außerdem überwachte er zwischen dem 5. und 15. April die Evakuierung von etwa 1.700 Häftlingen aus Hessental, einem anderen Außenlager von Narzweiler, nach München-Allach. Seine Mutter und seine Schwester waren am 12. April in Dachau eingetroffen, um ihn zu besuchen. Auch seine Verlobte und ihr zweijähriger Sohn waren in Dachau. Diese Verwandten sahen ihn nie wieder und meldeten seinen Verlust später dem Suchdienst des Internationalen Roten Kreuzes.

Buch *Dachau. The Hour of the Avenger (Die Stunde des Rächers)*, in dem er neben seinen persönlichen Erfahrungen auch verschiedene Augenzeugenberichte wiedergibt, von denen einige behaupten, sich für das Geschehene zu schämen. Während General Eisenhower in seinem Kommuniqué zur Befreiung von Dachau lediglich feststellte, dass 32.000 Gefangene befreit und „300 SS-Soldaten neutralisiert" wurden, behauptet Oberst Buechner in seinem Buch, dass die tatsächliche Zahl der hingerichteten deutschen Soldaten 520 betrug, von denen 346 auf Befehl von Leutnant Jack Bushyhead mit Maschinengewehren erschossen wurden. Etwa ein halbes Hundert wurde von den Häftlingen selbst getötet, die sie nach Aussage mehrerer Zeugen mit Schaufeln und anderen Werkzeugen erschlugen. Auch einige Kapos wurden von den Häftlingen in Stücke gerissen. In einem anderen Buch über die Befreiung von Dachau, *Inside the Vicious Heart* (1985) von Robert H. Abzug, berichtet ein Augenzeuge, dass einige amerikanische Soldaten die Häftlinge den Deutschen zur Tötung übergaben. Obwohl das Töten bis zum 2. Mai nicht vollständig aufhörte, wurde am 30. April eine gewisse Ordnung hergestellt und Lebensmittel verteilt. Am 1. Mai betraten Mitglieder einer IKRK-Delegation das Lager und berichteten, dass sie Leichenberge und „auch die Hinrichtungskammer, die Gaskammer, die Krematoriumsöfen usw." sahen.

Da heute unter Forschern beider Richtungen ein allgemeiner Konsens darüber besteht, dass es in Dachau keine Gaskammern gab, müssen diese Aussagen im Bericht des Roten Kreuzes von 1947 so interpretiert werden, dass sie die amerikanische Propaganda widerspiegeln, die die Duschen, von denen die Propaganda ein Foto in Umlauf brachte, das mehrere US-Kongressabgeordnete bei der Untersuchung der Löcher in den Artischocken zeigt, als Gaskammern betrachtete. In den 1980er Jahren wurden dieselben Duschen den Touristen im Dachauer Museum gezeigt, und es wurde darauf bestanden, dass sie als Gaskammern gedacht waren, obwohl sie nie benutzt wurden. Auf einem Schild steht auf Deutsch und Englisch: „Gaskammer. Getarnt als Bad - nie als Gaskammer benutzt". Revisionisten wiesen darauf hin, dass es sich bei dieser Einrichtung nachweislich nicht um eine Gaskammer handelte, und die Museumsleitung ersetzte das Schild durch ein Schild mit der Aufschrift: „Gaskammer. Hier befand sich das Zentrum eines möglichen Massenmordes". Es wurde hinzugefügt, dass „bis zu 150 Menschen auf einmal vergast werden konnten". Das heißt, absurderweise sollten die Revisionisten mit den Begriffen „potentiell" und „könnte" zum Schweigen gebracht werden. Die Propaganda behauptete auch, dass die Desinfektions- oder Ausräucherungskammer, deren Aufschrift an der Tür oben zitiert wurde, auch eine Gaskammer für die Vernichtung von Gefangenen war. Unter dem von der US-Armee verbreiteten Foto, das einen Soldaten zeigt, steht folgender Text: „Gaskammern, die sich in unmittelbarer Nähe des Krematoriums befinden, werden von einem Soldaten der U.S. Seventh Army untersucht. Diese Kammern wurden von den Nazis zur Tötung von Gefangenen im berüchtigten Konzentrationslager Dachau benutzt". Es ist zu beachten, dass der Plural verwendet wird, was bedeutet, dass es mehrere gab.

Da es nun an der Zeit ist, über das katastrophale Lager Bergen-Belsen zu schreiben, muss noch einmal betont werden, dass Deutschland Anfang 1945 ein Strudel des Todes und des Elends war und dies noch lange bleiben sollte, wie in Kapitel 11 erläutert wurde, in dem über die Not von Millionen von Flüchtlingen berichtet wurde, die unter erbärmlichen Bedingungen vor den Sowjets flohen. Im Januar 1945 zum Beispiel wurden 800 deutsche Flüchtlinge erfroren in einem in Berlin ankommenden Zug aufgefunden. Das Eisenbahnnetz war in einem chaotischen Zustand, wie die Tatsache beweist, dass der Zug aus Dachau, in dem die fünfhundert Leichen gefunden wurden, zwanzig Tage gebraucht hatte, um aus Buchenwald zu kommen. In der letzten Notiz wurde erwähnt, dass Oberleutnant Heinrich Wicker die Verlegung von Häftlingen von einem Lager in ein anderes beaufsichtigt hatte. Es ist weder klar, wer diese Befehle gab, noch was der Zweck der Verlegung Tausender sterbender Häftlinge von einem Lager in ein anderes war. Vielleicht wollten die Kommandanten die Zahl der Opfer in ihren Lagern so gering wie möglich halten und die Verantwortung auf andere abwälzen.

Bergen-Belsen

Bergen-Belsen ist das Paradebeispiel für die Tragödie, die die Häftlinge der Konzentrationslager in den letzten Monaten erlebten. So sehr, dass es zum Meisterwerk der Holocaust-Propaganda wurde. Die Bilder der unbestatteten Leichen von Häftlingen, die an Typhus, Hunger und anderen Krankheiten gestorben waren, gingen um die Welt. Diesmal war es nicht notwendig, auf Fälschungen zurückzugreifen, denn die Bilder waren echt. Im Fernsehen werden regelmäßig Aufnahmen von der Beerdigung von Bergen von Leichen in Belsen gezeigt, um die Existenz von Lagern zu beweisen, in denen Juden vernichtet wurden. Es wurde jedoch bereits dargelegt, dass zwischen August und Dezember 1944, bevor die Nachschublinien durch Bombenangriffe unterbrochen wurden und das System der Konzentrationslager zusammenbrach, etwa zweitausend Juden aus Bergen-Belsen durch die gemeinsamen Bemühungen des Jüdischen Rettungskomitees von Budapest und des Joint Distribution Committee von New York befreit wurden.

Wir glauben, dass an dieser Stelle unserer Darstellung hinreichend bewiesen wurde, dass es keine vorsätzliche Politik der Tötung von Häftlingen gab, weder von Juden noch von Nichtjuden, und dass die Hekatomben in den Lagern das Ergebnis eines absoluten Kontrollverlustes waren. In verschiedenen Quellen wird immer wieder die Typhusepidemie, die in allen Lagern eine ständige Bedrohung darstellte, als Hauptursache für die hohe Zahl der Toten genannt. Bekanntlich wird der exanthematische Typhus durch Läuse übertragen. Daher versuchten die Deutschen, diese Krankheit so lange wie möglich wirksam zu bekämpfen, weshalb zahlreiche Hygienemaßnahmen ergriffen und diese unerwünschten Parasiten durch Desinfektion von Räumen, Kleidung und Menschen bekämpft wurden. Die Tatsache, dass eines dieser Insekten, Pediculus humanus, auf der Kopfhaut lebt, wo jede Laus bis zu zehn Nissen pro Tag ablegen kann, war der Grund dafür, dass die Häftlinge bei ihrer Ankunft in den

Lagern rasiert wurden. Da eine etwas größere Unterart, der pediculus humanus corporis, in den Nähten und Falten der Kleidung lebt, wurden Desinfektionskammern eingerichtet, in denen Blausäure, auch bekannt als Cyanwasserstoff und Blausäure, verwendet wurde. Das in den Lagern verwendete Markenzeichen war „Zyklon B", das von I G Farben hergestellt wurde. Das Ritual war in allen Lagern gleich: Sobald eine Gruppe von Häftlingen eintraf, wurden sie nackt ausgezogen, rasiert, geduscht und bekamen neue Kleidung, sofern die alten nicht bereits desinfiziert waren.

Bergen-Belsen war ursprünglich ein Wehrmachtslager für Kriegsgefangene und Verwundete gewesen, wurde aber Mitte 1943 von der SS übernommen und in ein Austauschlager umgewandelt, d. h. ein Durchgangslager, in dem jüdische Gefangene gegen deutsche Gefangene ausgetauscht wurden. Die ersten Juden, die dort ankamen, stammten offenbar aus Saloniki, und einige hatten spanische Pässe, so dass man hoffte, sie nach Spanien schicken zu können. Die größte Gruppe von Juden waren die Niederländer, von denen es etwa 5.000 gab. Viele von ihnen waren Experten im Diamantenschleifen und kamen aus Amsterdam. Die Juden wurden in eigens für sie errichteten Unterkünften untergebracht und bildeten das so genannte „Sternlager", das von den übrigen Lagern völlig getrennt war und daher von der Typhusepidemie der letzten Monate nicht stark betroffen war.

Es waren Briten und Kanadier, die am Nachmittag des 15. April 1945 in das etwa fünfzig Kilometer nördlich von Hannover gelegene Bergen-Belsen einmarschierten, dessen Übergabe zuvor vereinbart worden war. Die Existenz der Typhusepidemie war allgemein bekannt. Es gab sogar Schilder in der Nähe des Lagers, die warnten: „Gefahr. Typhus". Es bestand also die Gefahr, dass sich die Epidemie ausbreiten und die Truppen beider Seiten befallen könnte. Viele der Lagerwachen flohen vor dem Eintreffen der Briten, aber Josef Kramer, der Lagerkommandant, blieb mit achtzig seiner Männer, die freiwillig zurückblieben, im Lager. Kramer und seine Assistentin Irma Grese trafen am Tor den britischen Offizier Derrick Sington, dem sie ihre Bereitschaft zur Zusammenarbeit bei der Bewältigung der Situation erklärten. Noch am selben Tag wurde Kramer verhaftet und stand fünf Monate später als Kriegsverbrecher vor einem britischen Militärgericht.

1957 veröffentlichte Derrick Sington das Buch *The Offenders* in London, in dem er das Zeugnis eines politischen Häftlings wiedergibt, der den Ausbruch der Typhusepidemie schildert. Diesem Häftling zufolge wurde Ende Oktober 1944 zum ersten Mal ein Transport aufgenommen, ohne dass er desinfiziert wurde. Die Menschen, die im Lager ankamen, brachten Läuse mit, die sich nach und nach ausbreiteten. Im Januar 1945 brach die Krankheit aus, und Ende Februar war das gesamte Lager bereits von Typhus bedroht. In den letzten Monaten galt Belsen als „Krankenlager". Viele der Menschen, die im Lager arbeiteten, waren ebenfalls krank. Die Briten waren nicht in der Lage, die Situation sofort unter Kontrolle zu bringen, und ein Viertel der von der Epidemie Betroffenen starb innerhalb der ersten vier Wochen.

Angesichts des dantesken Anblicks von Tausenden von unbeerdigten Leichen, die über die Landschaft verstreut waren, begannen die Briten, große rechteckige Gruben auszuheben, in denen sie die Toten bestatteten. Zwei Tage nach dem Einmarsch der Truppen trafen die ersten Sanitätseinheiten ein und richteten ein Krankenhaus ein. Noch am selben Tag wurden alle SS-Angehörigen, fünfzig Männer und dreißig Frauen, die den Briten bei der Bewältigung der Katastrophe geholfen hatten, verhaftet. Am selben Tag, dem 17. April, beeilten sich die Juden, ein jüdisches Komitee im Lager zu gründen, das von Josef Rosensaft geleitet wurde. Am 18. April begann man mit der Beerdigung der Leichen. Die meisten der ausgemergelten Leichen waren bereits in den Gemeinschaftsgräbern aufgestapelt. Bulldozer luden sie auf Lastwagen oder schoben sie direkt in die Gräber. Die britischen Befreier zwangen die deutschen Frauen, ungeschützt und ohne Handschuhe zu arbeiten und setzten sie so Typhus und anderen Krankheiten aus. Auf einigen Bildern sind diese Frauen zu sehen, wie sie die schlaffen Toten in Fahrzeuge schleppen und tragen, bevor sie sie in die Gräber werfen. Diese Bilder sind in den berühmten Filmaufnahmen zu sehen, die Generationen von Zuschauern schockiert haben. Als sechs Abteilungen des Roten Kreuzes am 23. April eintrafen, um zu helfen, war die Epidemie immer noch außer Kontrolle, und täglich starben immer noch Hunderte von Menschen. Trotz der Behandlung durch das Rote Kreuz und die Sanitätseinheiten der britischen Armee starben in den ersten zwei Wochen nach der Befreiung des Lagers 9.000 Menschen, und weitere 4.000 starben im Laufe des Monats Mai.

Der Prozess gegen SS-Hauptmann Josef Kramer, der in der Propaganda den Spitznamen „Die Bestie von Belsen" erhielt, fand im August 1945 statt. Es handelte sich um den so genannten „Belsen-Prozess", der von einem britischen Militärtribunal außerhalb des IMT (Internationaler Militärgerichtshof in Nürnberg) durchgeführt wurde. Da er zuvor in Auschwitz-Birkenau Dienst getan hatte, wurde Kramer mit der Vernichtung von Juden durch Gaskammern in Verbindung gebracht. Vor dem Tribunal gab er zwei Erklärungen ab, die von Arthur R. Butz in einem Anhang zu *The Hoax of the Twentieth Century* vollständig wiedergegeben werden. In der ersten Aussage, die siebzehn Seiten lang ist, berichtete Kramer über seine Erfahrungen in den verschiedenen Bereichen, in denen er gearbeitet hatte. Aufgrund ihres Interesses werden im Folgenden einige Auszüge zitiert, von denen einige bereits berichtete Fakten bestätigen.

Kramer war von Mitte Mai 1944 bis zum 29. November 1944 in Auschwitz-Birkenau. Er war Kommandant von Birkenau, wohin Häftlinge geschickt wurden, deren Arbeitsfähigkeit aufgrund von Krankheit oder Alter nicht mehr ausreichte. Nach seinen Angaben starben pro Woche zwischen 350 und 500 Menschen eines natürlichen Todes. Er begründet diese hohe Sterblichkeitsrate damit, dass viele der Häftlinge, die aus Auschwitz nach Birkenau kamen, krank waren: „Die Sterblichkeitsrate", so argumentiert er, „war etwas höher als normal, weil ich ein Lager mit Kranken hatte, die aus anderen Teilen des Lagers kamen". Kramer bestätigt, dass alle verstorbenen Häftlinge verbrannt wurden und dass sie normalerweise nicht misshandelt wurden:

> „Keine Gefangenen wurden ausgepeitscht, es gab keine Hinrichtungen, Erschießungen oder Erhängungen. Ich führte in meinem Lager häufig

Inspektionen durch. Wenn ein Häftling starb, war es die alleinige Aufgabe des Arztes, die Todesursache festzustellen. Die Ärzte wechselten ständig. Einer dieser Ärzte war Hauptsturmführer Mengele.... Während meiner Inspektionen habe ich nie Häftlinge gesehen, die durch körperliche Gewalt gestorben sind. Wenn ein Häftling starb, musste ein Arzt den Zeitpunkt des Todes, die Ursache und die Einzelheiten des Todes bescheinigen. Ein Arzt unterschrieb eine Bescheinigung und schickte sie an die Lagerzentrale.

In Bezug auf die Arbeit der Ärzte bekräftigte Kramer, dass „diese Ärzte alles in ihrer Macht Stehende taten, um die Häftlinge am Leben zu erhalten". Seiner Aussage zufolge arbeiteten sie zwölf Stunden am Tag und waren täglich von acht Uhr morgens bis acht oder neun Uhr abends im Einsatz. Zu den Vorwürfen, am Massenmord beteiligt gewesen zu sein, sagte er:

> „Ich habe von ehemaligen Auschwitz-Häftlingen gehört, dass es dort eine Gaskammer gegeben haben soll, dass es Massenexekutionen und Auspeitschungen gegeben haben soll, dass die Wachen grausam gewesen sein sollen und dass dies alles in meiner Gegenwart oder mit meiner Zustimmung geschehen sei. Ich kann nur sagen, dass dies von Anfang bis Ende falsch ist.

Josef Kramer war vom 1. Dezember 1944 bis zum 15. April 1945 in Belsen stationiert. In seiner Aussage berichtet er, dass er am 29. November nach Berlin fuhr, um dem „Gruppenführer" Glücks Bericht zu erstatten, der unter dem Befehl des „Obergruppenführers" Oswald Pohl für die Organisation aller Konzentrationslager im Reich zuständig war. Kramer zitierte in seiner Aussage die Worte von Glücks während seines Interviews, die sich zum Teil mit dem Bericht von Rudolf Kastner decken und bestätigen, dass viele Juden aus anderen Lagern nach Belsen kamen, weil sie von dort ausgetauscht oder befreit wurden. Hier ist ein Auszug:

> „Kramer, Sie gehen als Kommandant nach Belsen. In Belsen befinden sich zur Zeit viele jüdische Häftlinge, die später ausgetauscht werden sollen". Erst später, als ich in Belsen war, erfuhr ich, dass diese jüdischen Häftlinge gegen deutsche Staatsbürger aus allen Ländern ausgetauscht wurden. Der erste Austausch fand zwischen dem 5. und 15. Dezember 1944 statt und wurde von einem Offizier persönlich überwacht, der eigens aus Berlin angereist war. Ich kann mich nicht an seinen Namen erinnern. Sein Rang war „Regierungsrat". Der erste Transport enthielt zwischen 1.300 und 1.400 Häftlinge. Glücks sagte mir in dem Berliner Gespräch: „Es ist geplant, Belsen in ein Lager für kranke Häftlinge umzuwandeln. In dieses Lager sollen alle kranken Häftlinge aus allen nord- und nordostdeutschen Konzentrationslagern aufgenommen werden und auch alle Kranken unter den Häftlingen, die in Betrieben oder Industrien arbeiten...'".

Einmal mehr zeigt sich, dass die Juden nicht nur nicht systematisch vernichtet wurden, wie es die Propaganda nach mehr als siebzig Jahren immer noch predigt, sondern dass ihnen besondere Aufmerksamkeit zuteil wurde, denn Gremien wie der Joint, der Jüdische Weltkongress, das Rote Kreuz und die in vielen Ländern tätigen Jüdischen Komitees und andere Organisationen standen in Kontakt mit den deutschen Behörden und führten häufig Verhandlungen. Zur

Entwicklung der Zahl der Häftlinge und der Toten in Belsen sagte Kramer Folgendes:

> „Als ich am 1. Dezember mein Amt antrat, befanden sich etwa 15.000 Menschen im Lager; etwa zweihundert starben im Dezember. Am 1. Januar waren etwa 17.000 Menschen im Lager; sechshundert starben im Januar; am 1. Februar waren 22.000 Gefangene im Lager. Ab dem 15. Februar konnte ich nicht mehr sagen, wie viele Häftlinge ich hatte, weil in den Büchern keine Aufzeichnungen mehr geführt wurden, weil es wegen der Flut von Transporten, die aus den schlesischen Lagern kamen, die evakuiert wurden, völlig unmöglich war, und, wie ich schon sagte, wurden die Aufzeichnungen, die ich geführt hatte, im März zerstört.
> Ich kenne die Zahl der Todesopfer in dieser Zeit nicht, aber die Bedingungen in Belsen verschlechterten sich von Mitte Februar bis Mitte April 1945, als die Alliierten eintrafen. Ich habe das Lager in dieser Zeit täglich inspiziert und war mir über die Zustände und die große Zahl der Sterbenden im Klaren. Die Sterblichkeitsrate stieg in den Monaten Februar, März und April stetig an, bis sie 400 bis 500 pro Tag erreichte....".

Viele Aspekte von Kramers Aussage sind erwähnenswert. Zum Beispiel die Unmöglichkeit, die Leichen weiter einzuäschern, weil die Kohle für das Krematorium ausgegangen war, oder die Maßnahmen, die er ergriff, als er einen Fall von Kannibalismus entdeckte. In Bezug auf die Hungersnot stellt der IKRK-Bericht von 1948 fest, dass die Versorgung der Lager durch Luftangriffe auf alle Kommunikationslinien unterbrochen wurde. Am 2. Oktober 1944 hatte das IKRK das Auswärtige Amt vor dem drohenden Zusammenbruch des Transportsystems gewarnt und vorausgesagt, dass dies zu einer Hungersnot für alle Menschen in Deutschland führen würde. In Bezug auf die Nahrungsmittelknappheit verweist Kramer auf die Brotknappheit:

> „Es war für mich absolut unmöglich, genügend Brot zu bekommen, um alle meine Gefangenen zu ernähren. Zunächst wurde uns das Brot von den Bäckereien in Belsen geliefert. Dann waren so viele Häftlinge im Lager, dass die örtlichen Bäckereien nicht mehr die erforderlichen Mengen liefern konnten, und ich schickte Lastwagen nach Hannover und anderswohin, um Brot zu holen, aber selbst dann war ich nicht in der Lage, die Hälfte des Brotes zu bekommen, das für die Ernährung der Häftlinge mit normalen Rationen erforderlich war. Abgesehen vom Brot wurden die Rationen nie gekürzt.

Was die Epidemie des „Ausschlagfiebers" betrifft, die sich im Februar 1945 im Lager ausbreitete, so erklärte Kramer, dass sie vom Bakteriologischen Institut in Hannover bestätigt wurde, so dass er das Lager schloss und einen Bericht nach Berlin schickte: „Die Antwort, die ich aus Berlin erhielt, war, dass ich das Lager offen halten sollte, um Konvois aus dem Osten zu empfangen, Fieber hin oder her." Anfang März schickte Kramer einen ausführlichen Bericht über die Zustände im Lager an seine Vorgesetzten. Am 20. März begab sich Oswald Pohl persönlich nach Belsen, um sich ein Bild von der Lage zu machen, und stimmte mit dem Lagerkommandanten überein, dass etwas unternommen werden müsse. Vor Gericht erläuterte Kramer dies:

"Die erste Maßnahme, die er vorschlug, war, das Lager zu schließen und keine weiteren Menschen mehr hineinzubringen. Ich schlug Pohl zwei Maßnahmen vor, um die Situation in den Griff zu bekommen: (a) die Ankunft weiterer Transporte zu stoppen und (b) den Austausch der Juden im Lager sofort durchzuführen. Das Ergebnis war, dass er von meinem Büro aus ein Schreiben nach Berlin schickte, in dem er erklärte, dass der Austausch der jüdischen Häftlinge sofort erfolgen müsse. Dieser Austausch fand schließlich in den letzten Märztagen statt. Ich weiß nicht, wo der Austausch stattfinden sollte, aber sie gingen von Belsen nach Theresienstadt. Zwischen 6.000 und 7.000 Menschen wurden zum Austausch geschickt (drei Zugladungen). Diese 6.000 bis 7.000 bildeten die Gesamtzahl der auszutauschenden Häftlinge. Sie wurden in drei Konvois transportiert, die jeweils 45 bis 50 Waggons hatten. Ich erhielt den Befehl, drei Sendungen an drei verschiedenen Tagen zu versenden. Jedes Mal wurden mir einige Wachen zugeteilt - ich weiß nicht mehr, wie viele - und für jeden Zug war ein Unteroffizier zuständig, wahrscheinlich ein Scharführer, aber ich weiß es nicht mehr. Ich weiß nicht, wem diese N.C.O.s auf der anderen Seite Bericht erstatten mussten. Ich weiß nur, dass er drei Züge abfertigen musste. Ich habe diese Unteroffiziere, die ich geschickt hatte, nie wieder gesehen."

Diese Information ist von großer Bedeutung, da sie beweist, dass sich unter den Tausenden von Leichen, die in Bergen-Belsen gefunden wurden, nur wenige Juden befanden, da die meisten in drei langen Zügen Ende März 1945 evakuiert worden waren. Kramer beendete seine lange Aussage vor dem britischen Gericht mit der Feststellung, dass er, als Belsen schließlich von den Alliierten eingenommen wurde, ganz zufrieden war, dass er „alles getan hatte, was unter den gegebenen Umständen möglich war, um die Zustände im Lager zu verbessern."

In einer zweiten Erklärung gab Kramer die Entschlossenheit auf, mit der er seine Handlungen verteidigt hatte, und widerrief, offensichtlich in dem Versuch, sein Leben zu retten, und auf Anraten seines Anwalts. Die Logik der Verteidigung bestand darin, eine Version anzubieten, mit der Kramer die Verantwortung für die angeblichen Massenmorde in Birkenau auf seine Vorgesetzten abwälzen konnte, denn die Behauptung, Auschwitz-Birkenau sei kein Vernichtungslager gewesen, hatte keine Chance, vom Gericht akzeptiert zu werden. Die zweite Erklärung, die ebenfalls vollständig in *The Hoax of the Twentieth Century* wiedergegeben ist, war wesentlich kürzer und bestand aus acht Punkten, die auf zwei Seiten passten. Darin sagte Kramer aus, dass es in Auschwitz eine Gaskammer gab, dass er dafür nicht verantwortlich war und dass die Vernichtungen in der Verantwortung der zentralen Lagerverwaltung in Auschwitz 1 lagen. Er behauptete vor allem, er habe Oswald Pohl sein Ehrenwort gegeben, dass er schweigen werde. Jedenfalls nützte es ihm nichts, Rudolf Höss, den Lagerkommandanten, und das RSHA der ihm vom Gericht vorgeworfenen Verbrechen zu beschuldigen, Josef Kramer und seine Assistentin Irma Grese wurden am 13. Dezember 1945 gehängt.

Wir wollen diese Seiten über Bergen-Belsen nicht beenden, ohne an das berühmteste Opfer des Lagers zu erinnern, die berühmte Anne Frank, das jüdische Mädchen, das angeblich dort starb und von der Propaganda zum Mythos gemacht wurde. Obwohl wir ausführlich über das bekannte *Tagebuch der Anne Frank* und den Kult, den es in der ganzen Welt genießt, schreiben könnten, wollen wir nur festhalten, dass das Tagebuch nachweislich eine Fälschung ist - nicht nur eine weitere Fälschung, sondern die in jeder Hinsicht fruchtbarste: Einerseits wurden und werden dank dieser verfälschten Darstellung Hunderte von Millionen von Kindern in der ganzen Welt getäuscht und manipuliert, denn durch ihre Identifikation mit den Gefühlen der Protagonistin haben sie den Virus der Antipathie gegen die Deutschen insgesamt ausgebrütet; andererseits hat der Betrug denjenigen, die die Fälschung fabriziert haben, ein fabelhaftes Geschäft beschert. 1947 erschien die erste Ausgabe in den Niederlanden und 1952 wurde das Buch in Paris veröffentlicht. Seitdem wurde es kontinuierlich in der ganzen Welt und in fast allen Sprachen veröffentlicht. In Deutschland wurde es als Pflichtlektüre in den Schulen eingeführt, und Lehrern, die an der Echtheit des Buches zweifelten, wurde mit dem Entzug ihrer Lehrbefugnis gedroht, „venia docendi". In Spanien schlagen auch heute noch Hunderte, wenn nicht Tausende von Spanisch und Katalanischlehrern *das Tagebuch der Anne Frank* als Pflichtlektüre in den weiterführenden Schulen vor. Natürlich hat Hollywood einen weltweit erfolgreichen Film produziert, und auch Theateradaptionen sind in mehreren Ländern entstanden. Kurzum, ein Multimillionen-Dollar-Geschäft, das seit siebzig Jahren erfolgreich läuft.

Da es notwendig ist, zu argumentieren, wie es sich als Fälschung erwiesen hat, werden wir nun die Geschehnisse skizzieren. Zunächst muss gesagt werden, dass Anne Frank im Alter von vierzehn Jahren starb und somit etwa zwölf Jahre alt gewesen wäre, als sie hypothetisch das Tagebuch schrieb, das heimlich in Schulheften verfasst worden sein soll. Mit anderen Worten: Aus ein paar Seiten in Schulheften wurde ein Buch von 250 bis 300 Seiten, je nach Ausgabe. Das Ganze wurde deutlich, als Otto Frank, Annes Vater, den alleinigen Anspruch auf die Gewinne aus dem „Geschäft" erhob. Zwischen 1956 und 1958 fand im County Court House in New York ein Prozess statt, um den Rechtsstreit zwischen dem jüdischen Schriftsteller Meyer Levin und Otto Frank beizulegen. Levin, der Kläger, hatte Herrn Frank verklagt, weil er das „Tagebuch" und die „Bühnendramatisierung" in Unkenntnis seines Urheberrechts verkauft hatte. Richter Samuel L. Coleman, der ebenfalls Jude war, entschied zugunsten von Meyer Levin und zwang Otto Frank zur Zahlung von 50.000 Dollar wegen „Betrugs, Vertragsbruchs und unrechtmäßiger Nutzung von Ideen". In der Urteilsbegründung erklärte Richter Coleman, dass Herr Frank Herrn Levin „für seine Arbeit an Anne Franks Tagebuch" bezahlen sollte. Aus der umfangreichen privaten Korrespondenz zwischen einem anderen Frank und Meyer Levin, die im Prozess von den Parteien als Beweismittel angeführt wurde, geht eindeutig hervor, dass Meyer Levin der Autor des „Tagebuchs" war. Zur Verteidigung seines Urheberrechts verklagte der Schriftsteller, der während des Bürgerkriegs als Korrespondent in Spanien tätig gewesen war, auch den Filmproduzenten Kermit Bloombarden.

Es gibt weitere Beweise dafür, dass das Kind Anne Frank nicht die Autorin des Tagebuchs war. Der britische Historiker David Irving entdeckte, dass das Originalmanuskript im Besitz von Otto Frank mit einem Kugelschreiber geschrieben wurde, einem Gerät, das 1949 erfunden und ab 1951 vermarktet wurde. Eine jüdische Handschriftenexpertin, Minna Becker, schloss dagegen aus, dass das Manuskript von der kleinen Anne geschrieben worden sein könnte, nachdem sie es mit authentischen Texten des Kindes verglichen hatte. Lesern, die an weiteren Informationen interessiert sind, wird empfohlen, das Werk des spanischen Revisionisten Pedro Varela mit dem Titel *Der Fall Anne Frank* zu lesen.

Teil 3
Belzec, Treblinka und Sobibor, drei „Vernichtungslager"

Am 7. Juni 1979 besuchte Johannes Paul II. Auschwitz, „den Ort der schrecklichen Verwüstung", wie er sagte, „der für vier Millionen Menschen aus verschiedenen Nationen den Tod bedeutete". Damit bestätigte der Papst, der der Welt mitteilte, dass er als Pilger dorthin gereist war, mit seinen Worten die Zahl der Todesopfer, die damals auf der Gedenktafel zu lesen war: „Vier Millionen Menschen litten und starben hier zwischen 1940 und 1945 durch die Hand der Nazi-Verbrecher". Siebenundzwanzig Jahre später, am 28. Mai 2006, pilgerte ein anderer Papst, Benedikt XVI., erneut zu dem Lager und bezeichnete es als „einen Ort des Grauens, eine Anhäufung von Verbrechen gegen Gott und gegen den Menschen, die in der Geschichte keine Parallele hat". Allerdings hatte sich etwas geändert: 1990 war die alte Gedenktafel durch eine neue ersetzt worden, auf der zweieinhalb Millionen Tote auf einen Schlag verschwunden waren. Die neue Legende lautete: „Möge dieser Ort für immer ein Schrei der Hilflosigkeit sein, eine Warnung an die Menschheit. Hier ermordeten die Nazis rund eineinhalb Millionen Männer, Frauen und Kinder, zumeist Juden aus verschiedenen Ländern Europas. Diese offizielle Berichtigung der Zahl der Todesopfer von Auschwitz änderte nichts an den Propagandazahlen - die von der neuen Gedenktafel als falsch anerkannt werden - deren kabbalistische Zahl von sechs Millionen unverändert bleibt.

In der offiziellen Geschichtsschreibung gibt es neben Auschwitz noch drei weitere große Vernichtungslager im besetzten Polen: Belzec, Treblinka und Sobibor, die alle von den Kommunisten erobert wurden, die bei der Berechnung der Opferzahlen keine Millionen scheuten. Im August 1944 gab eine sowjetische Untersuchungskommission einen Bericht heraus, wonach allein in Treblinka drei Millionen Menschen ums Leben kamen. Angesichts der Tatsache, dass allein in zwei Lagern bereits sieben Millionen Menschen umgekommen waren und behauptet wurde, die Juden seien in allen Lagern vernichtet worden, musste die Zahl der Toten in Treblinka auf 870.000 gesenkt werden, was offiziell als 870.000 festgestellt wurde. Ähnlich verhielt es sich mit den Zahlen für Belzec und Sobibor. Die Vernichter bescheinigten, dass in diesen drei Lagern 1.720.000 Menschen getötet wurden. Raul Hilberg, der renommierteste jüdische Holocaust-Forscher, reduzierte jedoch in seinem dreibändigen Werk *Die Vernichtung der europäischen Juden*, das als „Bibel des Holocaust" gilt, die Zahl der Opfer in den drei Lagern auf 1 500 000. Da sich der vierte Teil dieses Kapitels ausschließlich mit Auschwitz befassen wird, werden wir uns nun mit dem dritten Teil des Holocausts befassen.

Das „Committee for Open Debate on the Holocaust" (CODOH) hat ein bewundernswertes Werk mit dem Titel *„One Third of the Holocaust" (Ein Drittel des Holocaust)* herausgegeben, in dem 27 Videos die Unmöglichkeit aufzeigen, die kanonische Version des Dogmas über die Geschehnisse in diesen drei Lagern zu akzeptieren. Andererseits haben die revisionistischen Historiker

Carlo Mattogno und Jürgen Graf im Jahr 2002 mit *Treblinka: Exterminationslager oder Durchgangslager?* ein grundlegendes Werk über dieses Lager veröffentlicht. Im Jahr 2004 setzte der italienische Revisionist Carlo Mattogno seine Forschungen mit einem neuen Buch fort: *Belzec in Propaganda, Zeugnissen, archäologischer Forschung und Geschichte.* Diese und andere Werke, die wir im weiteren Verlauf besprechen werden, ermöglichen es uns, die Thesen und Daten von Vernichtungstheoretikern wie Raul Hilberg, Yitzhak Arad und anderen zu kontrastieren und zu widerlegen.

Belzec

Das besetzte Polen wurde von den Nazis reorganisiert, die das Generalgouvernement Polen einrichteten. Nachdem bewiesen und akzeptiert worden war, dass es auf deutschem Gebiet keine Vernichtungslager gab, wurde das Generalgouvernement, das nach dem Krieg in den Händen der Roten Armee blieb,, von den Holocaust-Aposteln mit allen Vernichtungslagern ausgestattet: Auschwitz, Belzec, Treblinka, Sobibor, Majdanek, Chelmno... Bereits in den letzten Kriegsjahren brachten Propagandisten eine ganze Reihe von Büchern über die Massenvernichtung der Juden in Belzec heraus, dem Lager, das der Grenze zur UdSSR am nächsten lag, wobei es sich in Wirklichkeit um Pamphlete handelte, die ohne den geringsten Skrupel geschrieben wurden. Auch über Treblinka gibt es zahlreiche Broschüren, wie wir später sehen werden.

Bevor es als Arbeitslager in Betrieb genommen wurde, hatte Belzec, das zwischen den Bezirken Lublin und Galizien liegt, im April 1940 Roma-Häftlinge beherbergt. Ab Sommer 1940 wurde es Teil des sogenannten „Otto-Programms", eines strategisch wichtigen Straßenbauprojekts zur Verbesserung der Verkehrsinfrastruktur im Generalgouvernement. Im September 1940 wurden 6.000 Juden aus Warschau nach Hrubieszów transportiert, einer Stadt in der Nähe des Flusses Burg, der natürlichen Grenze zwischen Polen und der UdSSR, um dort an einer Straße zu arbeiten. Diese Häftlinge wurden in einem Lager untergebracht, in dem ein Krankenhaus eingerichtet wurde und in dem ein jüdischer Arzt namens Abraham Silberschein arbeitete. 1943 verließ er Polen und war 1944 Mitglied des polnischen Parlaments und Delegierter des Jüdischen Weltkongresses. Schon damals veröffentlichte er in Genf *Die Hölle von Belzec* und mehrere schreckliche Propagandaschriften, in denen er behauptete, die Juden würden in Polen vernichtet. Silberschein behauptet, dass im August 1940 Juden aus der Stadt und dem Bezirk Lublin verhaftet und zur Arbeit nach Belzec geschickt wurden. Dem jüdischen Arzt zufolge „starben die meisten von ihnen an den Wunden der Schläge, die sie bei der Arbeit erhielten, andere an Typhus und anderen Krankheiten, wieder andere wurden einfach erschossen". Dennoch berichtet er, dass ihre Hauptaufgabe darin bestand, etwa zehn Kilometer von der sowjetischen Grenze entfernt Panzerabwehrgräben auszuheben. Ursprünglich war Belzec also das Zentrum von etwa zehn Zwangsarbeitslagern, in denen etwa 15.000 Juden beschäftigt waren, von denen 2.500 in Belzec untergebracht waren.

Im September 1940 fand in den Gruppenlagern von Belzec eine medizinische Inspektion statt. Der anschließende Bericht war äußerst negativ und beklagte, dass die Bedingungen für die Häftlinge in dem Lagernetz sehr hart waren, insbesondere in den nördlichsten Lagern. Carlo Mattogno gibt einen Teil des Textes wieder:

> „Die Räume sind für die Unterbringung so vieler Menschen völlig unzureichend. Sie sind dunkel und schmutzig. Der Läusebefall ist außer Kontrolle geraten. Etwa 30 % der Arbeiter haben keine Schuhe oder Hosen. Sie schlafen alle auf dem Boden, ohne Stroh. Die Decken sind überall beschädigt, es gibt kein Glas in den Fenstern.... Es mangelt an Seife und es ist sogar sehr schwierig, Wasser zu bekommen. Die Kranken sind bei den Gesunden und schlafen neben ihnen.... Alle natürlichen Bedürfnisse müssen vor Ort befriedigt werden. Es ist nicht verwunderlich, dass es unter diesen Bedingungen zu zahlreichen Krankheitsfällen kommt. Es ist äußerst schwierig, sich auch nur für einen Tag von der Arbeit freistellen zu lassen. Deshalb müssen auch die Kranken zur Arbeit gehen".

Es ist klar, dass diese Einrichtungen bei weitem nicht mit den oben beschriebenen in Deutschland vergleichbar waren. Eine solch tragische Situation war theoretisch nicht zulässig, und es scheint, dass die Auflösung der Lagergruppe in Belzec erwogen wurde. Dies geht zumindest aus dem Memorandum eines Beamten der Abteilung für Bevölkerung, Inneres und soziale Wohlfahrt der Generalgouvernementverwaltung hervor, das als Antwort auf „Ihre telefonische Anfrage bezüglich der Auflösung des Lagers Belzec und seiner derzeitigen Mängel" verfasst wurde. In diesem Bericht wird eingeräumt, dass aufgrund der mangelnden Kooperationsbereitschaft des SS-Brigadeführers (Generalmajor) Globocnik nicht klar war, ob das „Judenlager in Belzec" bereits aufgelöst worden war. Das Memorandum, dessen Text auch von Carlo Mattogno wiedergegeben wird, lautet:

> „Die Juden aus dem Lager Belzec sollen aufgelöst werden und im Otto-Programm arbeiten. Diejenigen aus Radom und Warschau sollen in ihre Heimat zurückkehren. Die Judenräte sind sogar bereit, sich auf die Suche nach ihren Rassekameraden zu machen. Bei der Durchführung dieser Aufgabe herrscht eine beunruhigende Unklarheit, und die richtige Zusammenarbeit der SS-Organe und des Polizeiführers kann in der Praxis nicht immer erreicht werden....."

Aus einem neuen Bericht geht hervor, dass im Oktober 1940 der Bedarf an Juden zur Zwangsarbeit anhielt, so dass sie in anderen Bezirken des Generalgouvernements benötigt wurden. „Aus dem jüdischen Lager in Belzec", heißt es, „wurden 4.331 entlassene Juden für den Bau von Straßen und Gebäuden für das Otto-Programm eingesetzt. Ihr Zustand war so, dass sie nicht als voll arbeitsfähig angesehen werden konnten".

Wir können nur wenig über Belzec bis 1942 hinzufügen, da wir keine anderen Texte haben, die nützlich sein könnten. Der nächste Text, den Carlo Mattogno in seiner Studie über Belzec zitiert, datiert vom 2. Februar 1942 und ist eine Anweisung des Befehlshabers der Ordnungspolizei im Bezirk Galizien über den „Arbeitseinsatz von Juden". Es sei daran erinnert, dass sich Deutschland bereits im Krieg mit der UdSSR befindet, was zum Verständnis des strengen Tons des Textes beiträgt:

„Unter Bezugnahme auf eine Reihe von Mitteilungen, die ich von deutschen Behörden und Stellen erhalten habe, muss ich folgendes mit Nachdruck betonen: In letzter Zeit häufen sich die Fälle, in denen jüdische Arbeitskräfte, die für dringende Arbeiten zu Kriegszwecken eingesetzt werden, von verschiedenen offiziellen Stellen zusammengetrieben und so der notwendigen Arbeit, für die sie bestimmt sind, entzogen werden. Juden, die für wichtige Kriegsprojekte der Wehrmacht sowie für Projekte des Vierjahresplans angeworben wurden, besitzen einen entsprechenden Ausweis mit dem Stempel der Stellen oder Behörden, denen sie zugewiesen wurden.

Ich bitte noch einmal darum, alle mir unterstellten Einheiten, insbesondere die ukrainische Hilfspolizei, zu informieren, damit die Juden, die für mich arbeiten sollen, nicht zusammengetrieben werden. Sollte gegen diesen Befehl verstoßen werden, werde ich die Schuldigen bestrafen.

Auch hier geht aus dem Text hervor, dass es Juden erster, zweiter und sogar dritter Klasse gab. Aus dem einen oder anderen Grund wurden viele der Juden, die für Arbeiten im Zusammenhang mit den Kriegsanstrengungen zur Verfügung standen, durch die Bemühungen oder den Druck verschiedener Stellen geschützt. Die Empörung veranlasste den Kommandanten, Sanktionen gegen diejenigen anzudrohen, die es ungerechtfertigterweise zuließen, dass Juden von ihren zugewiesenen Arbeitsplätzen entfernt wurden.

Ermordung durch Stromschlag in Belzec

Der offiziellen Geschichtsschreibung zufolge wurde Belzec ab Ende 1941 zum Vernichtungslager, was bedeutet, dass die dorthin deportierten Juden unmittelbar nach ihrer Ankunft ermordet wurden. Die Vernichtungswissenschaftler haben festgestellt, dass die Massentötungen am 17. März 1942 begannen und im Dezember desselben Jahres endeten. Was die Methoden der Vernichtung angeht, so ist für jeden etwas dabei. Um ein Bild von der extremen Entartung der Deutschen zu zeichnen, wurden die Verbrechen manchmal mit sadistischen Geschichten aufgepeppt, z. B. dass die Soldaten die Juden zwangen, einen Graben auszuheben, sie hineinwarfen und ihren Kameraden befahlen, auf sie zu koten, bis sie mit Fäkalien bedeckt waren. Am 10. Juli 1942 erhielt die polnische Exilregierung in London den ersten Bericht über die Ermordung durch Elektroschocks. Da diese Methode in der Phantasie der Vernichtungspropagandisten immer weiter perfektioniert wurde, lohnt es sich, ihr etwas Raum zu widmen, denn Carlo Mattogno liefert ausführliche Texte zu dieser raffinierten Technik des Massenmords.

In diesem Bericht vom 10. Juli heißt es, dass die Züge gleich nach ihrer Ankunft entladen wurden. Die Männer gingen in eine Baracke auf der rechten Seite und die Frauen in eine andere Baracke auf der linken Seite. Dort zogen sie sich aus, vermutlich um zu duschen. Anschließend wurden sie alle zusammen in einen dritten Schuppen mit einer elektrifizierten Metallplatte oder einem Blech gebracht, wo sie hingerichtet wurden. Diesem Bericht zufolge wurden die Leichen der Opfer mit Wagen in eine etwa dreißig Meter tiefe Grube gebracht, die von den ermordeten Juden außerhalb des Lagers ausgehoben worden war. Am 15. November 1942 bestätigte Dr. Ignacy Schwarzbart, ein prominenter Zionist, der einer der jüdischen Vertreter im polnischen Nationalrat war, die Fakten: „Den Opfern wird befohlen, sich zu entkleiden, offenbar um ein Bad zu nehmen, und dann werden sie in Baracken mit einer Metallplatte als Boden gebracht. Dann wird die Tür geschlossen, elektrischer Strom wird durch die Körper der Opfer geleitet und ihr Tod tritt sofort ein. Die Leichen werden in Waggons verladen und zu einem Massengrab in einiger Entfernung vom Lager gebracht. Vierzehn Tage später, am 1. Dezember, wurde der Bericht vom 10. Juli in einer polnischen Zeitschrift in englischer Sprache veröffentlicht. Die Überschrift lautete: „Außerordentlicher Bericht über das jüdische Vernichtungslager in Belzec". Das Mitteilungsblatt der „Jewish Telegraphic Agency" griff die Aussage von Dr. Schwarzbart sofort auf und veröffentlichte einen Artikel mit der Überschrift: „250.000 Warschauer Juden zur Massenexekution geführt: Elektrokution als neue Methode des Massenmords an Juden eingeführt". Die Propagandakampagne war bereits in vollem Gange, und Schwarzbart hielt eine Pressekonferenz in London ab, auf der er behauptete, dass bereits eine Million Juden ermordet worden seien. Am 20. Dezember 1942 war *die New York Times*, das allmächtige jüdische Medium, an der Reihe. In dem von der Zeitung veröffentlichten Artikel heißt es unter anderem: „Es gibt keine aktuellen Daten über das Schicksal der Deportierten, aber es gibt Nachrichten - unwiderlegbare Nachrichten - dass in Chelmno und Belzec Erschießungsstätten eingerichtet wurden, wo diejenigen, die die Erschießungen überleben, massenhaft durch Stromschläge und tödliches Gas getötet werden".

Im Laufe der Zeit kursierten neue Varianten, die die ausgeklügelte Geschichte der Tötungen durch elektrischen Strom „verschönerten". Am 12. Februar 1944 veröffentlichte *die New York Times* einen Bericht mit dem Titel: „Fugitive Tells of Mass Executions in Electrified Vats". Der Bericht, der auf den 11. Februar in Stockholm datiert war und von der Associated Press verbreitet wurde, zitierte als Quelle einen jungen polnischen Juden, dem die Flucht gelungen war. Seinem Bericht zufolge „wurden die Juden gezwungen, sich nackt auf eine Metallplattform zu stellen, die von einem hydraulischen Aufzug bedient wurde, der sie in ein riesiges Becken hinabließ, das bis zum Hals mit Wasser gefüllt war. Sie wurden durch Stromstöße im Wasser mit einem Stromschlag getötet. Der Aufzug hob die Leichen dann in ein darüber liegendes Krematorium.

Was die von Abraham Silberschein verbreiteten Pamphlete über die Judenvernichtung in Polen betrifft, können wir der Versuchung nicht widerstehen, wichtige Auszüge aus der 1944 in Genf veröffentlichten *„Hölle von Belzec"* wiederzugeben. Silberschein war Mitglied des Zionistischen Aktionskomitees und leitete von der Schweiz aus geheime Aktivitäten in Polen. Die folgenden Zitate stammen aus *Belzec in Propaganda, Zeugnissen, archäologischer Forschung und Geschichte*, dem Werk von Carlo Mattogno, das wir als unverzichtbare Quelle herangezogen haben, obwohl auch Jurgen Graff in *Der Holocaust auf dem Prüfstand* 1992), das in Spanien unter dem Titel *El Holocausto bajo la lupa* erschienen ist, einige dieser Schriften zitiert:

„Den nach Belzec deportierten Juden wurde befohlen, sich zu entkleiden, als ob sie auf die Toilette gehen wollten. Sie wurden in der Tat in einen Raum gebracht, der mehrere hundert Menschen aufnehmen konnte. Sie wurden jedoch massenweise durch elektrischen Strom hingerichtet. Ein junger Mann, der fliehen konnte", so Silberschein, „erzählte mir, was nach der Erschießung geschah. Den Leichen wurde das Fett entzogen, um daraus Seife zu machen. Die Reste der Leichen wurden in Panzergräben geworfen, die der Oberfeldwebel Major Dollf an der russischen Grenze ausgehoben hatte. Die Beerdigung der Opfer musste von den stärksten Juden durchgeführt werden, die unter den Verurteilten ausgewählt wurden. Es kam oft vor, dass sie ihre eigenen Verwandten begraben mussten.... Die in Belzec begrabenen Juden stammten hauptsächlich aus Lublin, Lemberg (Lvov) und anderen Städten in Ostgalizien. Etwa 300.000 Juden wurden dort begraben.

Da so viele Leichen in die Massengräber geworfen wurden, war es unmöglich, sie mit einer ausreichend dicken Erdschicht zu bedecken. Dies führte dazu, dass sich der Gestank von verrottendem Fleisch in der ganzen Gegend verbreitete. Dieser Gestank ist immer noch wahrnehmbar (d. h. im April, zum Zeitpunkt der Abfassung dieses Berichts durch den Zeugen). Die Reisenden auf der Strecke Zawada-Rawa Ruska schließen ihre Fenster, da der schreckliche Gestank in die Abteile dringt und sie zum Erbrechen bringt. Ich selbst musste mehrmals auf dieser Strecke reisen und konnte mich davon überzeugen. Am 10. April 1943 bin ich dort zum letzten Mal durchgefahren. Die christliche Bevölkerung von Belzec hat den Ort wegen dieses Gestanks verlassen".

In „*Hinrichtungs- und Vernichtungslager Belzec*", einer weiteren Verleumdung Silberscheins, führte er die Variante der Vernichtung durch die Hitze eines Elektroofens ein. In seinem Wahn erfand Silberschein noch weitere Vernichtungsmethoden in Belzec, das nach seinen Worten „zu einer Festung der Inquisition geworden war, wie es sie in der Geschichte der Menschheit noch nie gegeben hatte". Die Vorstellung, dass das Leiden der Juden in der Geschichte beispiellos war, ist eines der grundlegenden Elemente der Holocaust-Propaganda. Je mehr Grausamkeiten sie sich ausdenken konnten, desto besser konnte diese These untermauert werden. Als ob Stromschläge und die Hitze des Elektroofens nicht genug wären, schrieb Silberschein:

„Dort wurden spezielle Gebäude für Gasexperimente gebaut. Spezielle Fabriken für die Herstellung von Seife und Bitumen aus jüdischem Fett. Es wurden Krankenhäuser gebaut, in denen zunächst Bluttransfusionen von jüdischen Kindern durchgeführt wurden. Es wurden spezielle Hängevorrichtungen entwickelt. Selbst die Wehrmachtssoldaten konnten es nicht glauben, aber dennoch wurden diese Anlagen von zuverlässigen Zeugen gesehen."

Als ob die Schriften des zionistischen Führers Abraham Silberschein nicht schon genug wären, bedienten sich die Propagandaideologen eines neuen Ausrufers, um die öffentliche Meinung zu täuschen und zu manipulieren: Stefan Szende, ein weiterer skrupelloser Schwindler, ein jüdischer Journalist ungarischer Herkunft, der auf Deutsch und Schwedisch schrieb. Szende veröffentlichte 1944 in Stockholm das Buch *The Last Jew of Poland*, das im folgenden Jahr ins Englische und Deutsche übersetzt wurde. Im Jahr 1945 wurde das Buch auch in den Vereinigten Staaten veröffentlicht, wo es unter dem Titel *The Promise Hitler Kept* erschien. Dank der Jewish Virtual Library fanden wir heraus, dass Willy Brandt, Bundeskanzler der Bundesrepublik Deutschland von 1969 bis 1974, Szendes „lebenslanger Mitstreiter" war und das Vorwort zu seinen 1975 veröffentlichten Memoiren schrieb. Die Dreistigkeit und Skrupellosigkeit, mit der Stefan Szende in dem genannten Werk vorgeht, bricht alle Rekorde. Nachdem er Belzec in der Nähe der Grenze zur UdSSR lokalisiert und die umfangreichen Befestigungsarbeiten der Deutschen in diesem Gebiet bestätigt hat, schreibt er: „In diesen unvollendeten Befestigungsanlagen errichteten die Nazis ihr Schlachthaus, in dem Millionen von Juden vernichtet wurden. Zum ersten Mal geht es also von Hunderttausenden zu Millionen. Der Text ist nicht zu übersehen und verdient ein ausführliches Zitat und weitere Kommentare:

> „Die Vernichtung von fünf Millionen Menschen ist eine gewaltige Aufgabe, die selbst in unserem Zeitalter der technischen Perfektion viel Vorbereitung und Organisation erfordert, und es gibt viele Probleme, die für diejenigen zu lösen sind, die sie durchführen wollen. Zehntausende, ja Hunderttausende von Juden waren nach Pjaski gebracht worden. Zehntausende, ja Hunderttausende waren an Misshandlungen, Hunger und Krankheiten gestorben. Aber es waren noch Millionen übrig, und sie alle sollten auf Befehl des Führers vernichtet werden.
> Selbst die effektive Entfernung von Stirnbändern und Läusen in großem Umfang erfordert eine bestimmte Technik. Niemand kann jedoch bezweifeln, dass die Deutschen ein technisch sehr begabtes Volk sind. Unter ihnen befanden sich hochqualifizierte Todesschützen. Diese Männer hatten Anweisungen von der Gestapo erhalten und machten sich an die Arbeit, um die technischen Probleme zu lösen, die bei der Massenvernichtung von Millionen wehrloser Männer, Frauen und Kinder auftreten könnten. Sie lösten sie mit Bravour. Ihr Führer, Adolf Hitler, und Himmler, der Chef der Gestapo, können mit ihnen und ihrer Arbeit sehr zufrieden sein.
> Monatelange Planungen und Bauarbeiten waren notwendig, aber die Deutschen sind ein geduldiges Volk, und das Ziel war die Zeit wert, die es brauchte, um es zu erreichen. Die Vernichtung von Millionen von Juden mit den neuesten Mitteln der modernen Technik - was für ein verlockendes Ziel! Hunderttausende von Arbeitsstunden waren erforderlich. Zehntausende von Tonnen wertvoller Materialien wurden dabei verbraucht. Doch endlich, im Frühjahr 1942, war das wissenschaftliche Schlachthaus in Belzec fertig.
> Die Massenvernichtungsanlage in Belzec erstreckte sich über ein fast fünf Meilen breites Areal. Dieses Gebiet war mit Stacheldraht und allen möglichen modernen Vorrichtungen umgeben, um die Häftlinge drinnen und die anderen draußen zu halten. Niemand durfte sich dem Gelände nähern, außer befugten Personen oder solchen, die es nicht lebend verlassen konnten. Aber trotz all dieser Vorsichtsmaßnahmen gab es ein oder zwei Personen, die das Innere von Belzec sahen und denen es dennoch gelang, zu entkommen. Verzweiflung bringt manchmal Erfindungsreichtum hervor.
> Ausgewählte SS-Männer bewachten das Vernichtungslager Belzec. Männer ohne Nerven. In einem Schlachthaus gibt es viel zu tun, und das Befehlen über die Opfer bereitet den Sadisten große Freude. Zum Beispiel mussten die Kleider und Habseligkeiten von Millionen von Opfern gesammelt und sortiert werden. Zu diesem Zweck wählte die SS aus jedem ankommenden Konvoi ein paar Juden

aus. Natürlich wurden diese Juden nicht verschont. Ihre Hinrichtung wurde lediglich aufgeschoben. Zwei dieser Juden gelang es tatsächlich zu entkommen. Sie entkamen in das Ghetto, das damals noch in Rawa-Ruska existierte. In Rawa-Ruska berichteten sie über das technisch perfekte Massaker, das in Belzec stattfand.

Soweit ich weiß, ist es keinem Juden gelungen, aus Belzec zu entkommen und neutrales oder alliiertes Gebiet zu erreichen. Die beiden Juden, denen im Sommer 1942 die Flucht aus Belzec nach Rawa-Ruska gelang, wurden wahrscheinlich später bei der Liquidierung des Ghettos getötet, aber eine Gruppe von Menschen, die die Aussagen dieser beiden Belzec-Flüchtlinge gehört hatten, floh. Die folgende Beschreibung des Schlachthofs von Belzec stammt von ihnen.

Die mit Juden beladenen Züge, die in Belzec ankamen, wurden zu einem Tunnel in den unterirdischen Anlagen des Hinrichtungsgebäudes gebracht. Dort wurden die Juden ausgeladen und aufgefordert, sich aller ihrer Habseligkeiten zu entledigen. Die Juden, die 1942 nach Belzec fuhren, waren bekleidet und hatten alle möglichen Gegenstände bei sich. In Belzec trafen voll beladene Züge aus Deutschland, Österreich, der Tschechoslowakei, Belgien, Holland, Frankreich und den Balkanstaaten ein, und alle wurden auf die gleiche Weise behandelt. Diesen Juden wurde gesagt, sie sollten all ihre Habseligkeiten mitnehmen, da sie in den Osten umgesiedelt werden sollten. Auf diese Weise kamen Zehntausende von Juden mit allen möglichen Habseligkeiten, Schreibmaschinen, Nähmaschinen, Geschirr, Silberbesteck usw.

Alles wurde ihnen abgenommen. Die beschlagnahmten Waren wurden sorgfältig sortiert, nummeriert, etikettiert und anschließend von der Herrenrasse verwendet. Das Personal von Belzec musste von dieser gewaltigen Aufgabe verschont werden, die natürlich ihre eigentliche Arbeit behinderte, und so wurden die Juden anschließend nackt nach Belzec geschickt.

Als die Zugladungen nackter Juden ankamen, wurden sie wie eine Herde in eine große Halle getrieben, die mehrere tausend Menschen fassen konnte. Dieser Raum hatte keine Fenster und einen Metallboden. Sobald die Juden alle drinnen waren, wurde der Boden dieses Raumes wie ein Aufzug zu einer großen Wasserzisterne hinuntergelassen, bis die Juden hüfthoch im Wasser standen. Dann wurde ein starker elektrischer Strom durch den Metallboden geschickt, und innerhalb von Sekunden waren alle Juden, Tausende auf einmal, tot.

Dann hob sich der Metallboden wieder und das Wasser floss ab. Die Leichen der geschlachteten Juden waren nun auf dem Boden aufgestapelt. Dann wurde auf einen anderen Strom umgeschaltet und der Metallboden färbte sich glühend rot, so dass die Leichen wie in einem Krematorium verbrannt wurden und nur noch Asche übrig blieb. Der Boden wurde dann umgedreht und die Asche in vorbereitete Behälter geschoben. Der dabei entstehende Rauch wurde durch große Fabrikschornsteine abgeleitet.

Das war die ganze Prozedur. Sobald er fertig war, konnte er wieder von vorne anfangen. Ständig strömten neue Judentransporte in die Tunnel. Jeder der Züge brachte zwischen dreitausend und fünftausend Juden auf einmal, und es gab Tage, an denen zwanzig bis dreißig dieser Züge in Belzec eintrafen.

Die moderne Industrie und die technische Entwicklung in den Händen der Nazis überwanden alle Schwierigkeiten. Das Problem der schnellen und effektiven Ausrottung von Millionen von Menschen wurde gelöst.

Aus dem unterirdischen Schlachthaus drang ein schrecklicher Gestank in die ganze Umgebung, und manchmal waren ganze Stadtteile mit dem übel riechenden Rauch verbrannter menschlicher Körper bedeckt.

Diese Propaganda-Agenten, die keine finanziellen Probleme hatten, ihre Werke in verschiedene Länder zu übersetzen und zu veröffentlichen, befruchteten sich gegenseitig, und jeder nutzte einige der witzigen Bemerkungen des anderen und wiederholte sie. Das Thema des Gestanks oder des Gestankes von Leichen, der sich ausbreitet, war beispielsweise schon von Abraham Silberschein erzählt worden. Das wirklich Ungeheuerliche an den Barbareien von Willy Brandts Kollegen Stefan Szende ist, dass er sich nicht einmal die Mühe macht, die Lügen plausibel zu machen. Er ist so dreist, dass er von der Dummheit der Leser ausgeht und weiß, dass sie sich nicht einmal die Mühe machen werden, seine unsinnigen Geschichten zu rationalisieren. Wenn wir den Text Absatz für Absatz analysieren, ist es leicht zu erkennen, dass Szende nach Strich und Faden lügt.

Er beginnt mit der Feststellung, dass „die Ausrottung von fünf Millionen Menschen eine gewaltige Aufgabe ist". Sie ist nicht nur gewaltig, sondern auch unmöglich, wenn man die demografischen Gegebenheiten berücksichtigt. Fünf Millionen Juden nach Belzec zu bringen, ist eine unglaubliche Barbarei. Wir wissen, dass es in Ungarn, wo es bis zum Frühjahr 1944 keine Verfolgung gab, mehr als eine halbe Million Juden gab, und es gab auch Flüchtlingsströme aus Polen und der Slowakei. Belzec, so die Vernichter, habe Ende 1942 aufgehört zu funktionieren. Es wird auch behauptet, dass bereits vor dem Krieg die Auswanderung europäischer Juden in die Vereinigten Staaten und nach Palästina massiv war. Andererseits ist es eine anerkannte Tatsache, dass die Sowjets mehr als eine Million Juden aus dem von der Roten Armee besetzten Polen in das Innere der UdSSR evakuiert haben. Weitere 300.000 Juden aus anderen Teilen Europas kamen laut dem jüdischen Historiker Gerald Reitlinger zwischen 1939 und 1941 in die Sowjetunion. Auf der Grundlage dieser und anderer verfügbarer Daten zur Auswanderungsstatistik kann es im von Deutschland besetzten Europa nicht mehr als drei Millionen Juden gegeben haben. Weitaus überraschender sind die Zahlen aus *The World Almanac and book of facts*, dem angesehenen jährlichen internationalen Nachschlagewerk, demzufolge es 1940 weltweit 15,3 Millionen Juden gab. Überraschenderweise war ihre Zahl bis 1947 auf 15,6 gestiegen, d. h. die jüdische Bevölkerung hatte nicht nur nicht um sechs Millionen abgenommen, sondern war sogar gewachsen.

Szende, dessen Fähigkeit zu lügen pathologisch sein muss, behauptet, dass es „Hunderttausende von Arbeitsstunden" und „Zehntausende von Tonnen wertvoller Materialien" brauchte, um den technologisch fortschrittlichen Komplex zu bauen. Wir wissen, dass medizinische Inspektoren im September 1940 Belzec besuchten und berichteten, dass es ein berüchtigtes Lager war, dem es an den grundlegendsten Einrichtungen fehlte: kein Wasser, beschädigte Dächer, zerbrochene Fenster, keine Latrinen. Szende behauptet jedoch, dass ein gutes Jahr später dank Hunderttausender von Arbeitsstunden in ein hochentwickeltes Zentrum mit einer Breite von fünf Meilen und einer Länge von mehr als acht Kilometern umgewandelt wurde, in dem Züge in unterirdischen Tunneln fuhren. Yitzhak Arad, Autor von *Belzec, Sobibor, Treblinka* und Direktor des Holocaust-Museums in Israel,, legt seinem Buch Pläne der drei Lager bei, die jedoch nicht maßstabsgetreu sind. Das Problem wird gelöst, wenn man sich die im Museum ausgestellten Briefe ansieht, aus denen hervorgeht, dass jede Seite des Lagers etwa 270 Meter lang war. Auch hier liegt Szende falsch. Außerdem zeigen die Luftaufnahmen der Luftwaffe, dass Belzec die Form eines unregelmäßigen Rechtecks von etwa 250 x 300 Metern hatte.

Wie üblich handelt es sich bei den Informationsquellen um Personen, die erzählen, was andere gesehen haben. In diesem Fall spielt Szende auf zwei entkommene Juden an, die 1942 im Ghetto Rawa-Ruska auftauchten und deren Existenz inmitten einer so gnadenlosen Ausrottung geradezu erstaunlich ist. Er stellt bald klar, dass beide tot sein müssen und dass seine Schilderung des „technisch perfekten Massakers" von Menschen stammt, die gehört haben, was die verstorbenen Zeugen gesagt haben.

Oberhalb des riesigen, fensterlosen Raums mit einem Metallboden, der mehrere Tausend Menschen fassen kann und als riesiger Aufzug fungiert, der in ein Becken oder einen Tank hinabfährt, in dem die Opfer einen Elektroschock erhalten, der sie alle auf grausame Weise tötet, wäre ein Kommentar überflüssig, wenn Szende seine Halluzinationen nicht fortsetzt und hinzufügt, dass die phantastische Vorrichtung wieder nach oben fuhr, sich entleerte und sich in eine gigantische Verbrennungskammer verwandelte, die in der Lage war, die aufgestapelten Leichen von Tausenden von Juden in Reliquien zu verwandeln. Die phantastischen Mechanismen der wunderbaren Metallplatte ermöglichten es ihr außerdem, sich um hundertachtzig Grad zu drehen und die Asche in große, „ad hoc" aufgestellte Behälter zu entleeren. Und so weiter und so fort, denn sofort kamen weitere Züge und der ganze Vorgang wiederholte sich. Da Szende angibt, dass an manchen Tagen zwischen zwanzig und dreißig Konvois mit drei- bis fünftausend Juden ankamen, kann man bei weiterer Multiplikation davon ausgehen, dass täglich mehr als hunderttausend Juden vernichtet wurden. Mit anderen Worten: In einer Woche konnte eine Bevölkerung, die der der gesamten Insel Mallorca entsprach, sauber und problemlos ausgelöscht werden - eine gewaltige Aufgabe!

Und doch entstanden aus den Ideen von Szende neue Varianten. In einem Text vom 7. Oktober 1944 legte eine sowjetische Untersuchungskommission einen Auszug aus der Aussage einer Frau namens Rozalja Schelevna Schier vor, die behauptete, dass ihr Mann in Belzec arbeitete und ihr erzählte, dass täglich zwei Züge mit fünfzig oder sechzig Waggons mit Juden ankamen, die in Bäder geleitet wurden, die mit Gas und elektrischem Hochspannungsstrom betrieben wurden. Innerhalb von fünf Minuten", sagte sie, „waren alle Menschen in den Bädern tot. Im Inneren der Halle klappte der Boden automatisch hoch und die Leichen fielen in einen vorbereiteten Graben, wo die Opfer mit einer brennbaren Flüssigkeit übergossen und verbrannt wurden.

Andere Mittel der Vernichtung in Belzec

Ein weiterer berühmter Agent der Vernichtungspropaganda in Belzec war Jan Karski (Jan Kozielevski), der sich als christlicher Jude und praktizierender Katholik ausgab. Heute gilt er als Held in Israel, in den Vereinigten Staaten und in Polen. In mehreren amerikanischen und polnischen Städten sind

Bronzestatuen von ihm aufgestellt worden. Auch in Tel Aviv gibt es eine Statue von Karski, der 1982 von Yad Vashem zum „Gerechten unter den Völkern" ernannt wurde. Im selben Jahr wurde in Jerualen an der Allee der Gerechten unter den Völkern ein Baum mit seinem Namen gepflanzt. Im Jahr 1994 wurde er zum Ehrenbürger Israels ernannt. Seiner persönlichen Mythologie zufolge operierte Karski, der sich ein halbes Dutzend Künstlernamen zulegte, in den Jahren 1940-41 im Warschauer Untergrund und wurde Kurier für die polnische Exilregierung in London. Dieser Propagandist behauptet, dass er im Oktober 1942 durch Bestechung eines estnischen Soldaten als Wachmann verkleidet nach Belzec geschmuggelt wurde. Dies ist unwahrscheinlich oder scheint zumindest nicht glaubwürdig, denn als er das Lager 1944 beschrieb, unterlief ihm ein grober Fehler: Er platzierte es „auf einer großen flachen Ebene", während es sich in Wirklichkeit am Rande eines Hügels befand. Außerdem gab es in Belzec nie estnische Wachen. Karski hat sich nicht einmal die Mühe gemacht, Belzec richtig zu lokalisieren: Es liegt 160 Kilometer von Warschau entfernt, während Belzec in Wirklichkeit 300 Kilometer südöstlich der Hauptstadt liegt.

Im November 1942 begann er, einen Teil seiner Geschichte zu erfinden, wonach „Todeszüge" Juden aus dem Warschauer Ghetto nach Belzec, Treblinka und Sobibor transportierten, um sie dort zu töten. Da die Erfindung der elektrifizierten Metallplatte bereits in dem Bericht an die polnische Regierung vom 10. Juli 1942 auftauchte, der anschließend von I. Schwarzbart, einem der vielen Zionisten, die sich um die Exilregierung scharten, gezeichnet wurde, griff auch Karski die Idee auf und übernahm sie für seine Berichte. Am 25. November 1942 traf er in London ein und übergab der polnischen Regierung ein neues Dokument, das unter dem Titel „Die polnische Regierung in London erhält Nachricht über die Liquidierung des jüdischen Ghettos in Warschau" niedergeschrieben wurde. In seinem Bericht behauptete Karski, dass sich die deutsche Besatzung Polens seit März 1942 verschärft habe, „als Himmler anordnete", so hieß es, „dass die Ausrottung von 50 % der polnischen Bevölkerung im Generalgouvernement bis Ende 1942 abgeschlossen sein sollte." Wie Karski von der Existenz eines Befehls von Himmler, nur die Hälfte der Juden zu vernichten, wissen konnte, wird nicht erklärt. Der Text fügt jedoch sofort hinzu, dass Himmler, obwohl die „deutschen Mörder" ihre Arbeit „mit außerordentlichem Eifer" begonnen hatten, nicht zufrieden war und bei seinem Besuch im Generalgouvernement im Juli 1942 persönlich „die vollständige Vernichtung des polnischen Judentums" anordnete. Karski schildert in seinem Bericht grausame Gestapo- und SS-Szenen, die denen in Hollywood-Filmen ähneln: „Die Verfolgungsjagd in Warschau", so berichtet er, „ begann am 21. Juli, als plötzlich deutsche Polizeiautos in den Ghettos auftauchten. Die Soldaten stürmten in die Häuser und erschossen die Bewohner sofort und ohne Erklärung. Die ersten Opfer stammten hauptsächlich aus den gebildeten Schichten".

Carlo Mattogno gibt den Bericht in seiner Gesamtheit wieder. Wir werden nur einige Auszüge zitieren. Karski berichtet, dass die SS als „völlig rücksichtslos, grausam und unmenschlich" charakterisiert wurde. An einer Stelle wird berichtet, dass die Juden auf einen Platz geführt wurden, wo die Alten und

Krüppel ausgesondert, auf den Friedhof gebracht und erschossen wurden. Die übrigen wurden in Waggons mit einem Fassungsvermögen von vierzig Personen verladen, in die er hundertfünfzig hineinzwängte. Der Text geht wie folgt weiter:

> „Der Boden der Waggons ist mit einer dicken Schicht aus Kalk und Chlor bedeckt, die mit Wasser besprüht wird. Die Türen der Waggons sind geschlossen. Manchmal fahren die Züge ab, sobald sie beladen sind, manchmal bleiben sie ein oder zwei Tage oder noch länger auf dem Abstellgleis. Die Menschen sind so dicht gedrängt, dass diejenigen, die ersticken, zwischen denen, die noch leben, und denen, die langsam an den Kalk- und Chlordämpfen, dem Mangel an Luft, Wasser und Nahrung sterben, zusammengepfercht sind. Wo immer die Züge ankommen, ist die Hälfte der Menschen tot. Die Überlebenden werden in spezielle Lager in Treblinka, Belzec und Sobibor gebracht. Dort werden sie massenhaft ermordet.
> Nur junge und kräftige Menschen bleiben am Leben, denn sie sind wertvolle Sklavenarbeiter für die Deutschen. Ihr Anteil ist jedoch sehr gering, denn von den insgesamt 250.000 „Umgesiedelten" wurden nur 4.000 zu Hilfsarbeiten an die Kriegsfronten geschickt.... Unter dem Deckmantel der Umsiedlung in den Osten wird also die Abschlachtung der jüdischen Bevölkerung durchgeführt. Sie begann am 22. Juni 1942 und dauert seither an. Bis Ende September 1942 wurden 250.000 Juden vernichtet. Das Ausmaß dieser Operation lässt sich an einigen Zahlen ablesen: Im Warschauer Ghetto lebten im März 1942 laut offizieller deutscher Statistik etwa 433.000 Menschen. Trotz der hohen Sterblichkeit, die durch hygienische Bedingungen, Epidemien, Hunger, Hinrichtungen usw. verursacht wurde, blieb die Zahl der Juden im Ghetto mehr oder weniger konstant, denn als Ersatz für die Toten wurden Juden aus anderen Teilen Europas, aus Deutschland, Österreich und Holland, nach Warschau geschickt. Nach durchgesickerten Informationen des Arbeitsministeriums sollen nur 40.000 Menschen im Ghetto verbleiben, um in der deutschen Kriegsindustrie eingesetzt zu werden....
> Gleichzeitig mit der Vernichtung der Juden im Warschauer Ghetto werden die Ghettos in der Provinz, in Falenica, Rembertow, Nowy Dwor, Kaluszyn und Minsk Mazowiecki liquidiert. Im Bezirk Wilno gibt es nur noch eine einzige jüdische Gemeinde in derselben Stadt, die nur noch aus 12.000 Menschen besteht. Nach Nachrichten, die kürzlich London erreichten, haben die Deutschen 60.000 Juden in Wilno, 14.000 in Kowno und 50 % der jüdischen Bevölkerung von Lemberg ermordet; ähnliche Nachrichten erreichen uns aus Städten in Ostpolen, wie Stanislawo, Tarnopol, Stryj,.
> Die bei dieser Massenvernichtung angewandten Methoden sind neben den Erschießungskommandos auch Elektroschocks und Gaskammern".

Es folgt die Schilderung der Ankunft der Züge und der unmittelbaren Stromschläge, mit nur wenigen Abweichungen, weshalb wir Ihnen die Schilderung der Zugankünfte und der unmittelbaren Stromschläge ersparen. Neu ist, abgesehen von den Zügen mit Kalk und Chlor zur Erstickung der Deportierten, dass der Einsatz von Gaskammern als Mittel der Massenvernichtung bereits angekündigt ist, wenn auch noch keine Einzelheiten genannt werden.

Ende November 1942 sind Ignacy Schwarzbart und Jan Karski in England sehr aktiv, und sie haben Verbündete. Richard Law, der britische

Unterstaatssekretär für auswärtige Angelegenheiten, teilte am 26. November mit, dass er eine Bitte um eine Audienz bei Herrn Silverman und Herrn Easterman, zwei englischen Juden, erhalten habe. Samuel Sidney Silverman, Präsident der britischen Sektion des Jüdischen Weltkongresses, und Alexander L. Easterman, politischer Sekretär, wollten „über die Ausrottung der Juden in Europa" sprechen. Easterman übergab dem Unterstaatssekretär die Dokumente, d.h. die Pamphlete, die ihm von einem Mitglied des polnischen Nationalrats übergeben wurden. Zu diesem Thema lieferte David Irving in einem Vortrag in Madrid 1989 sehr interessante Informationen. Der britische Historiker sagte, dass die Political Warfare Executive und das Außenministerium bereits im August 1942 wussten, dass die Juden eine Propagandakampagne starteten, die auf Unwahrheiten beruhte. Irving behauptete, im Besitz von Dokumenten aus den britischen Archiven zu sein, und verlas einen Text vom August 1943, den der Leiter der Propagandaabteilung an Churchill geschickt hatte und in dem er sagte: „Ich weiß nicht, wie lange wir noch behaupten können, dass die Deutschen Juden in Gaskammern töten. Es ist eine groteske Lüge, wie die Lüge, dass die Deutschen im Ersten Weltkrieg Butter aus den Leichen ihrer Feinde herstellten, und sie hat unsere Propaganda unglaubwürdig gemacht.

Im Dezember 1942 war Karski wieder in Polen. Ihm wird ein Besuch in einem fünfzig Kilometer von Belzec entfernten Sammellager zugeschrieben, das er als polnischer Polizist getarnt betreten haben soll. Im März 1943 veröffentlichte die Zeitung *Voice of the Unconquered* den angeblichen Bericht Karskis unter dem Titel „Jüngster Augenzeugenbericht eines Geheimkuriers aus Polen", der wiederum ein danteskes Bild zeichnete: „Als ich dort war", sagt er, „befanden sich etwa 5.000 Männer und Frauen im Lager. Doch alle paar Stunden kamen neue Judentransporte an, Männer und Frauen, junge und alte, die sich auf den letzten Weg in den Tod machten." In der Geschichte fehlt es an nichts: lebende Skelette, ein sterbendes Kind, das an die Decke starrt, Wachen, die wahllos in die Menge schießen, überall verstreute Leichen, entmenschlichte, ausdruckslose, kalte Wachen, die Leichen aufheben und am Zaun aufstapeln, usw., usw., usw.. Die Geschichte endet mit einem Zug, der mit Tausenden von Männern, Frauen und Kindern beladen ist und tagelang auf einem Abstellgleis steht:

> „Die Türen öffnen sich nie. Die Insassen erleiden unmenschliche Qualen. Sie müssen ihre natürlichen Bedürfnisse auf den Köpfen der anderen verrichten. Viele Waggons sind mit Kalk gestrichen, der durch die Feuchtigkeit des Urins zu brennen beginnt und die Qualen der Barfüßigen und Nackten noch verstärkt. Da nicht genügend Waggons zur Verfügung stehen, um die Juden auf diese relativ billige Weise zu töten, werden viele in das nahe gelegene Belzec gebracht, wo sie mit Giftgas und unter Anwendung von elektrischem Strom getötet werden. Die Leichen werden in der Nähe von Belzec verbrannt. So brennen auf einer Fläche von fünfzig Kilometern Tag und Nacht riesige Scheiterhaufen mit den Leichen der Juden."

Im Jahr 1944 veröffentlichte Karski schließlich seine Memoiren mit dem Titel *Geschichte eines geheimen Staates.* Darin enthüllt er, dass er im Oktober

1942 in das Warschauer Ghetto eindrang, wo er Kontakt zu den jüdischen Sozialisten des „Bund" aufnahm, deren Anführer ihn über die Deportation von etwa 300.000 Juden in die Vernichtungslager informierte und ihm erzählte, dass er Informationen über Belzec erhalten habe, weil viele der estnischen, lettischen und ukrainischen Hilfskräfte, die im Lager für die Gestapo arbeiteten, gegen Geld in den Dienst jüdischer Organisationen traten. Karski erklärt, dass er dank dieses Bund-Führers die Uniform und die Papiere eines der Esten erhielt und so nach Belzec gelangte. In seinem Buch schildert er das Abenteuer des Eintritts in das Lager, gefolgt von den Episoden, die er sich ausgedacht hat. In der amerikanischen Ausgabe des Buches wird hinzugefügt, dass er als estnischer Wachmann verkleidet neben Belzec auch andere Vernichtungslager besuchte. Heute scheinen Karskis Geschichten selbst bei offiziellen Historikern in Verruf geraten zu sein. Dennoch genoss er bis zu seinem Tod im Juli 2000 und sogar noch post mortem internationale Anerkennung: 2012 ehrte ihn der polnische Senat posthum als Held für seine Enthüllungen über den nationalsozialistischen Völkermord in Polen; in den Vereinigten Staaten verlieh ihm Präsident Obama posthum die Presidential Medal of Freedom, die höchste zivile Auszeichnung des Landes.

Vor dem Ende des Zweiten Weltkriegs wurde auch die Geschichte der Seifenfabrik aus dem Fett der Juden von Belzec aufgegriffen, die zuvor von A. Silberschein lanciert worden war. In der Nachkriegszeit hatte sich die Idee durchgesetzt und wurde in mehreren propagandistischen Werken wieder aufgegriffen. Eines dieser Werke ist das berühmte *Schwarzbuch*, dessen Hauptautoren Wassili Grossman und Ilja Ehrenburg waren, beide Propagandisten der Roten Armee. *Das Schwarzbuch* war wohl die Idee des berühmten Jüdischen Antifaschistischen Komitees, das später von Stalin gesäubert wurde, obwohl die Jüdische Gemeinde Amerikas eng mit ihren sowjetischen Kollegen zusammenarbeitete. Anderswo, auch in Belzec", schreiben Ehrenburg und Grossman, „gab es eine Seifenfabrik. Die Deutschen wählten die fettesten aus und töteten sie, um Seife herzustellen. Arthur Israelevitch Rosenstrauch, ein Bankangestellter aus Lemberg, dem wir diese Information verdanken, bekam ein Stück 'jüdische Seife' in die Hände. Die Gestapo-Banditen haben die Existenz der Fabrik nicht geleugnet. Wenn sie einen Juden erschrecken wollten, sagten sie: „Wir werden Seife aus dir machen.

1946 veröffentlichte Simon Wiesenthal in der in Wien erscheinenden jüdischen Zeitschrift *Der Neue Weg* einen Artikel mit dem Titel „RIF". Darin schrieb er, dass in Folticeni, einer kleinen rumänischen Stadt, Ende März 1946 zwanzig Seifenkisten auf dem jüdischen Friedhof der Stadt feierlich vergraben worden seien. In dem Artikel hieß es, dass die Schachteln „vor kurzem in einem deutschen Armeedepot gefunden worden waren". Auf den Kisten stand die Abkürzung RIF, die laut Wiesenthal für „Rein jüdisches Fett" stand. Die Kisten waren für die Waffen-SS bestimmt, und „auf den Verpackungen", schrieb der berüchtigte Nazi-Jäger, „stand mit zynischer und totaler Objektivität, dass die Seife aus jüdischen Körpern hergestellt wurde. Die wahre Bedeutung des Akronyms war „Reichsstelle für industrielle Fettversorgung",. Am 9. Januar 1991 bestätigte der jüdische Historiker Yehuda Bauer schließlich in einem Brief, dass das Akronym RIF nichts mit jüdischem Fett zu tun hatte. Im Jahr 1946 hat Wiesenthal die Fabel jedoch mit diesen Worten neu erfunden:

„Ende 1942 hörte man zum ersten Mal den schrecklichen Ausdruck 'Seifentransport'. Es war im Generalgouvernement, und die Fabrik befand sich in Galizien, in Belzec. In dieser Fabrik wurden von April 1942 bis Mai 1943 900.000 Juden als Rohmaterial verwendet.... Einige feste Teile der Leichen wurden abgetrennt und nach Norddeutschland geschickt, wo ein spezielles Öl für U-Boot-Motoren hergestellt wurde. Die menschlichen Knochen kamen in eine Knochenmühle in Lemberg, wo sie zu Dünger verarbeitet wurden.... Was übrig blieb, das Restfett, wurde für die Herstellung von Seife benötigt.... Für die zivilisierte Welt ist es vielleicht unverständlich, wie die Nazis und ihre Ehefrauen diese Seife im Generalgouvernement betrachteten. In jedem Stück Seife sahen sie einen Juden, den sie verhext hätten und damit verhindert hätten, dass ein zweiter Freud oder Einstein heranwächst. Die Beerdigung der Seife in einer kleinen rumänischen Stadt wird übernatürlich erscheinen. Der verhexte Schmerz, der in diesem kleinen Alltagsgegenstand eingeschlossen ist, zerreißt das ohnehin schon gefühllose menschliche Herz dieses Jahrhunderts. In diesem Atomzeitalter erscheint die Rückkehr zu den dunkelsten Zaubereien des Mittelalters wie ein Gespenst! Und doch ist es wahr!"

Von Hochspannungsströmen bis zu Auspuffrohren

So unglaublich es auch erscheinen mag, aber nachdem während des Krieges verbreitet worden war, dass die Juden massenhaft durch moderne Stromschlagtechniken vernichtet wurden, begann man in der Nachkriegszeit eine andere Version zu konstruieren. Noch vor Beginn des Nürnberger Prozesses hatten die polnischen und sowjetischen Behörden die Geschichte mit den elektrischen Strömen offiziell übernommen. In einem Bericht über die deutschen Vernichtungslager in Polen, der 1945 für die Nürnberger Prozesse erstellt wurde, betonte Dr. Jerzy Litawski, der zuständige Beamte des polnischen Kriegsverbrecherbüros, dass ab dem Frühjahr 1942 „spezielle elektrische Anlagen im Lager für eine schnelle Massenvernichtung der Juden verwendet wurden. Unter dem Vorwand des Badens wurden völlig nackte Juden in ein spezielles Gebäude geführt, das 'Bad' genannt wurde und dessen Boden aus Platten bestand, durch die elektrischer Hochspannungsstrom floss." Die sowjetischen Kommunisten, ohne deren Mitwirkung die Erfindung des Mythos von den sechs Millionen nicht möglich gewesen wäre, erstellten das Dokument USSR-93 für den Nürnberger Prozess, das von der polnischen Regierung übernommen und vorgelegt wurde. Darin wurde die Version von den elektrischen Strömen durch den Boden erneut akzeptiert. Noch in der Sitzung vom 19. Februar 1946 wurde das Dokument USSR-93 vom sowjetischen Ankläger, Oberst L. N. Smirnow, zitiert, der daran erinnerte, dass das Lager zwar 1940 gegründet wurde, aber erst 1942 „spezielle elektrische Geräte für die Massenvernichtung" installiert wurden.

Widersprüche ergaben sich Anfang 1946 aus den Ermittlungen des Lubliner Richters Czeslaw Godzieszewksi und des Staatsanwalts von Zamosc, Jan Grzybowsky, die nach der Befragung Dutzender indirekter Zeugen

Verwirrung über die Art der Vernichtung stifteten. Einige sprachen von Gas, andere von elektrischem Strom, wieder andere behaupteten, sie seien in einem Raum getötet worden, aus dem die Luft abgesaugt und der Erstickungstod herbeigeführt worden sei. Noch im März 1946 beharrte ein polnischer Zeuge darauf, dass ukrainische Wachleute, die im Lager Dienst taten, ihm gesagt hätten, dass mehrere hundert Juden in einen Raum gestopft und mit Hilfe von elektrischem Strom getötet worden seien. Am 11. April 1946 gab Staatsanwalt Grzybowsky einen quälenden Bericht heraus, in dem er die Existenz von Gaskammern einräumte, aber zugab, dass „es unmöglich gewesen sei, festzustellen, wie die Menschen in ihnen getötet wurden". In dieser Erklärung wurde auch der Name von Rudolf Reder genannt, der am 29. Dezember 1945 als Zeuge vor Richter Jan Sehn, einem Mitglied der Kommission zur Untersuchung von NS-Kriegsverbrechen, ausgesagt hatte.

Rudolf Reder sollte als einer der beiden Juden in die Geschichte eingehen, die als einzige Überlebende von Belzec gelten. Der andere, Chaim Hirzsman, kollaborierte mit Beria und seinen Schergen bei der Unterdrückung des Widerstands gegen den Kommunismus in Polen. Hirzsman war an der Folterung, den summarischen Hinrichtungen und der Deportation von 50.000 politisch „Unerwünschten" nach Sibirien beteiligt, wofür er im März 1946 im Zuge eines antikommunistischen Aufstandes gegen die Schreckensherrschaft im Lande getötet wurde. Zur Abwechslung bezeichneten viele Historiker die Aufständischen als Antisemiten. So wurde Reder, der nach eigenen Angaben bereits 61 Jahre alt war, als am 16. August 1942 in Lemberg verhaftet wurde, bis zu seinem Tod 1968 zu einem Museumsstück, zu einer Art rara avis, der die Vernichtung von Belzec überlebt hatte. Dank seiner Aussagen begann die These Gestalt anzunehmen, dass es in Belzec ein rechteckiges Gebäude mit sechs Gaskammern gab, drei auf jeder Seite eines zentralen Korridors, der längs durch die Anlage führte. Diese Kammern waren mit Aufzugstüren ausgestattet, die sich öffnen ließen und den Abtransport der Leichen über Rampen ermöglichten, die sich außen an den Seiten des Gebäudes befanden. In *Belzec, Sobibor, Treblinka: The Operation Reinhardt Death Camps* (1987) stellt Yitzhak Arad fest, dass diese Anlage 24 x 10 Meter groß war. Nach der Aussage von Reder wurden, sobald sein Zug in Belzec ankam, fünftausend Menschen in dieses Gebäude gebracht und in diesen Gaskammern ermordet. In seiner Beschreibung des Vorgangs behauptete er, dass von einem Schuppen aus, der an die angeblichen Gaskammern angeschlossen war, ein Rohr mit einem Durchmesser von 2,4 cm eingeführt wurde, aber er konnte den chemischen Prozess, der den Tod verursachte, nicht näher beschreiben.

1946 veröffentlichte Reder schließlich *Belzec*, eine etwa siebzigseitige Broschüre, die in Krakau herausgegeben und in polnischer Sprache verfasst wurde. Diese Broschüre ist nach Ansicht einiger Vernichtungsgegner der beste und wichtigste Bericht über die Geschehnisse in Belzec. Im Jahr 2000 veröffentlichte der polnische Historiker M. M. Rubel seine englische Übersetzung in Band 13 der Zeitschrift *Polin: Studies in Polish Jewry*. Diese Übersetzung, die eine der zuverlässigsten und zugänglichsten ist, wird von Thomas Kues, einem revisionistischen Wissenschaftler über Belzec, Treblinka und Sobibor, die Lager der so genannten Aktion Reinhardt, in einem ausführlichen Artikel kommentiert, der am 26. April 2008 auf der Website des CODOH (Committee for Open Debate on the Holocaust) veröffentlicht wurde. Kues weist darauf hin, dass Rubel in seiner Einleitung enthüllt, dass Rudolf Reder vor seiner Aussage vor Richter Jan Sehn am 29. Dezember 1945 bereits zweimal vor der Jüdischen Historischen Kommission ausgesagt hat. Kues betont auch, dass Reder das Buch nicht allein geschrieben hat, sondern in Zusammenarbeit mit einer Frau namens Nella Rost, die das Vorwort verfasste. Professor Rubel ist der Meinung, dass Rost nicht nur das Vorwort zu *Belzec* geschrieben hat, sondern auch die eigentliche Autorin des Pamphlets war. Mit vollem Namen hieß sie Nella Rost Hollander und war die Tochter eines zionistischen Rabbiners namens Abraham Ozjasz Thon, einem der Vorreiter des jüdischen Nationalismus[7]. Nella Rost war mit dem Jüdischen Weltkongress in Uruguay verbunden. So sehr, dass 1963 das Stephen Wise Institute und der Jüdische Weltkongress ihr Werk *Belzec. Gas Chamber. Grabstätte von 600.000 jüdischen Märtyrern*. All dies legt den Verdacht nahe, dass Rudolf Reder in Polen von der Jüdischen Historischen Kommission für deren Propagandazwecke ausgewählt wurde.

Da sich schließlich die offizielle Version durchsetzte, dass die Juden in Belzec, Treblinka und Sobibor mit Kohlenmonoxid aus den Auspuffrohren von Dieselmotoren ermordet wurden, ist es interessant zu erfahren, was Reder darüber in *Belzec* sagt. In Anlehnung an die Übersetzung von Professor Rubel in der Zeitschrift *Polin* beschreibt Reder den tödlichen Stoff wie folgt:

> „Die Maschine war groß, etwa einen Meter mal anderthalb Meter. Sie bestand aus einem Motor und Rädern. Der Motor surrte in Intervallen und arbeitete so schnell, dass man nicht sehen konnte, wie sich die Speichen der Räder drehten. Er lief zwanzig Minuten lang. Dann wurde er abgeschaltet. Die Türen der Kammern, die

---

[7] Abraham Ozjasz (Osias) Thon, ein Zionist der ersten Generation, arbeitete zusammen mit Theodor Herzl an den Vorbereitungen für den Ersten Zionistenkongress in Basel 1897, dem Jahr, in dem er das Rabbinat von Krakau übernahm, ein Amt, das er bis zu seinem Tod 1936 innehatte. Auf der Friedenskonferenz von Versailles vertrat er den Jüdischen Nationalrat von Galizien. In seinem Buch *Diaspora Nationalism and Jewish Identity in Habsburg Galicia* stellt Joshua Shanes Thon in eine Reihe mit zwei anderen jüdischen Nationalisten, nämlich Mordechai Ehrenpreis, der zwischen 1900 und 1914 Oberrabbiner von Bulgarien in Sofia und später auch Organisator des Basler Kongresses war, und Markus Braude, der Natalia Buber, die Schwester des berühmten Philosophen, heiratete und ebenfalls Delegierter des Ersten Zionistischen Kongresses war. In seinem Buch zitiert Shanes die Worte von Nella Rost Hollander über ihren Vater, der in Berlin bei Ehrenpreis und Braude studierte: „In Berlin war das Schicksal der drei Freunde das gleiche. Alle drei verfolgten dasselbe Ziel, das sie auf dieselbe Weise ausdrückten: 'Wir drei werden die ersten sein, die einen neuen Typus von Rabbiner schaffen, und wir werden die Fürsten einer geistigen Aristokratie sein..... Mein Vater war der Meinung, dass man sich zuerst eine allgemeine Wissenschaft und jüdisches Wissen aneignen müsse, als erstklassige Waffen gegen alle Angriffe und alle Argumente über nationale Ideen." Nella Rost bestätigt, dass ihr Vater nicht nur ein geistiger Führer, sondern auch ein politischer Führer sein wollte, der von der Kanzel aus „die Revolution der heutigen Generation" predigen würde.

zu einer Rampe führten, öffneten sich. Die Leichen wurden in einem meterhohen Haufen auf den Boden geschleudert. Diejenigen, die die Türen öffneten, trafen keine Vorsichtsmaßnahmen. Wir haben keinen besonderen Gestank gerochen; ich habe keine mit Gas gefüllten Ballons oder Pulver gesehen, die hinausgeworfen wurden. Was ich sah, waren Benzinkanister.... Aber einmal, als der Motor ausfiel, wurde ich gerufen, um ihn zu reparieren. Im Lager nannten sie mich 'Ofenkünstler'. Deshalb wurde ich ausgewählt. Ich schaute mich um und sah Glasröhren, die mit Metallrohren verbunden waren, die zu den Gaskammern führten. Wir dachten, dass der Motor gut funktionierte, einen hohen Druck erzeugte oder Luft ansaugte, oder dass das Benzin Abgase erzeugte, die die Menschen erstickten. Die Hilferufe, Schreie und das schreckliche Stöhnen der Eingeschlossenen, die langsam erstickten, dauerten zwischen zehn und fünfzehn Minuten.

Sicherlich ist es schwer zu glauben, dass die Nazis, wenn sie wirklich Hunderttausende von Menschen beseitigen wollten, sich für solch rudimentäre und schäbige Mechanismen entscheiden würden. Es ist auch nicht verständlich, dass die Vernichter, nachdem sie den Deutschen die Erfindung hochentwickelter Mittel zur Massenelektrifizierung zugeschrieben hatten, nachdem sie zugegeben hatten, dass sie die Hochtechnologie beherrschten, beschlossen, eine rudimentäre Technik, einen unmöglichen Schrott, als ihre offizielle Version zu übernehmen. Vielleicht war unsere englische Übersetzung unglücklich, so dass es angebracht ist, unter auf die Version von Yitzhak Arad in seinem Buch von 1987 zu verweisen, die besagt, dass es sich um Dieselmotoren mit 200 PS und acht Zylindern handelte, die aus von den Sowjets erbeuteten Panzern stammten. Arad zufolge setzten diese Dieselmotoren ein Gemisch aus Kohlenmonoxid und Kohlendioxid frei, das durch Rohre, die in angrenzenden Räumen installiert waren, in die Gaskammern geleitet wurde. Es ist jedoch zu beachten, dass ein Dieselmotor kein Kohlenmonoxid, sondern schwarzen, sauerstoffhaltigen Ruß ausstößt. Im Jahr 1984 veröffentlichte der amerikanische Ingenieur Fritz Berg eine technische Studie mit dem Titel *Dieselgaskammern: Mythos im Mythos*. Darin behauptete er, dass die von einem Dieselmotor erzeugten Kohlenmonoxidmengen nicht ausreichen, um unter den vorgesehenen Bedingungen zu töten. Bergs Arbeit erschütterte die Grundfesten der offiziellen Version, und eine Übersetzung erschien 1994 in Deutschland unter dem Titel *Dieselgaskammern: Ideal zum Foltern, absurd zum Töten*.

Der „Gerstein-Bericht" über Belzec

Nella Rost Hollander argumentiert in *Belzec. Gaskammer. Grab von 600.000 jüdischen Märtyrern*, dass der Bericht von Rudolf Reder mit dem von Kurt Gerstein übereinstimmt, dem anderen Hauptzeugen, der ausgesagt hat, dass Juden in Belzec massenhaft vernichtet wurden. Nella Rost ist der Ansicht, dass die Tatsache, dass die beiden Aussagen identisch sind, deren Wahrheitsgehalt bestätigt. Der „Gerstein-Bericht" ist zusammen mit der Aussage von Rudolf Höss über Auschwitz eines der Hauptdokumente, die von den Historikern der Vernichtungsbewegung als Beweis für die Existenz des Holocausts herangezogen werden. Es ist daher angebracht, sich mit ihm und den Umständen seiner Erlangung zu befassen. Da es handschriftliche Teile enthält, räumen die revisionistischen Historiker als erstes ein, dass die Handschrift tatsächlich von Gersteins Hand stammt. Sie stellen daher die Glaubwürdigkeit und den Wahrheitsgehalt seiner Aussagen in Frage.

Kurt Gerstein, der als SS mit Herz galt, war offenbar das historische Vorbild, nach dem Rolf Hochhuth die Figur des *Vikars* (1963) konzipierte, des berühmten Theaterstücks, in dem Papst Pius XII. zu Unrecht beschuldigt wird, nichts zur Verhinderung des Holocausts getan zu haben, was eine verleumderische und eklatante Unwahrheit ist. Dieses berühmte Theaterstück, das in mehr als zwanzig Sprachen übersetzt und mehrfach für das Kino adaptiert wurde, war ein wichtiges Mittel, um die katholische Kirche anzugreifen, und man hat Hochhuth vorgeworfen, bestenfalls ein Papanatas zu sein. Es gibt Kritiker, die behaupten, Hochhuth sei kein Narr gewesen, sondern habe im Dienste obskurer Interessen gearbeitet. Aber das kann jetzt nicht unser Thema sein, denn wir befassen uns hier mit der Aussage von Gerstein, einem SS-Offizier, der Leiter des technischen Desinfektionsdienstes des Sanitätskorps war und als solcher die Lieferung von Desinfektionsmaterial in die Lager überwachte. Um einige Lager der polnischen Regierung mit Zyklon B zu versorgen, soll Gerstein im August 1942 in Belzec gewesen sein, wo er mit Entsetzen die Vernichtung von Juden in den Gaskammern beobachtet haben soll.

Es gibt nicht weniger als sechs Erklärungen, meist maschinengeschrieben, aber auch einige teilweise handschriftliche, die Kurt Gerstein zugeschrieben werden. Die Hauptversion, die als „Gerstein-Bericht" gilt, wurde dem IMT in Nürnberg am 30. Januar 1946 unter der Nummer PS-1553 vorgelegt und ist größtenteils auf Französisch getippt. Was mit Gerstein am Ende des Krieges geschah, ist unklar. Nach einer Version geriet er zunächst in die Hände amerikanischer Vernehmungsbeamter in Rottweil, nahe dem Schwarzwald, denen er ein siebenseitiges getipptes Dokument übergeben haben soll. Darin gab Gerstein an, eine verantwortliche Position in der NSDAP bekleidet zu haben, obwohl er in Wirklichkeit als Agent des evangelischen Anti-Nazi-Pfarrers Martin Niemöller tätig gewesen war. Er gestand, in Gaskammern gearbeitet zu haben, und war bereit, als Zeuge vor Gericht auszusagen. Nach einer anderen Version saß Kurt Gerstein drei Monate später im Militärgefängnis Cherche Midi in Paris, wo er handschriftlich ein Dokument in französischer Sprache verfasste, dem Rechnungen für Zyklon beigefügt waren. Der offiziellen Version zufolge wurde Gerstein am 25. Juli 1945 erhängt in seiner Zelle aufgefunden. Tatsächlich kann man aber sagen, dass er auf mysteriöse Weise verschwand, nachdem er seine Berichte abgegeben hatte, denn seine Leiche wurde nie gefunden.

In seinem Bericht schildert Gerstein zunächst biografische Aspekte, die auf seine christliche Erziehung zurückgehen. Nachdem er drei Jahre lang Mitglied der Nazipartei gewesen war, wurde er 1936 wegen Kritik an seinen religiösen Überzeugungen aus der Partei ausgeschlossen. Im Jahr 1938 wurde er von der Gestapo verhaftet und verbrachte sechs Wochen im Konzentrationslager Welzheim. Gerstein versuchte daraufhin, die Mitgliedschaft in der NSDAP wiederzuerlangen, um sie zu unterwandern, was jedoch abgelehnt wurde. Am 10. März 1941 beantragte er die Aufnahme in die Waffen-SS und wurde trotz seiner Vorstrafen am 15. März überraschend aufgenommen. Bereits im Januar 1942 wurde er zum Leiter der technischen Desinfektionsdienste ernannt. Kurt Gersteins Hagiographen haben sich seiner autobiographischen Erzählung bedient, um diesen religiösen Holocaust-Heiligen auf die Altäre zu heben. Die ganze Geschichte riecht faulig, aber der Teil über seine Erfahrungen in Belzec ist absolut unglaublich. Die Tatsache, dass Historiker wie Raul Hilberg und Gerald Reitlinger sie als zuverlässige Quelle akzeptieren, diskreditiert sie nur.

In der überarbeiteten Ausgabe von *The Hoax of the Twentieth Century* (2003) gibt Arthur R. Butz in einem Anhang den Grundtext von Gersteins Erklärung sowie zusätzliche Berichte vollständig wieder. Er entnimmt sie dem Buch *The Confessions of Kurt Gerstein* von Henri Roques, das von der IHR veröffentlicht wurde. Roques, der auch unter den Pseudonymen Henri Jalin und André Chelain bekannt ist, wurde durch seine Dissertation weltberühmt, die er am 15. Juni 1985 an der Universität von Nantes unter dem Titel *Die Bekenntnisse von Kurt Gerstein. Eine vergleichende Studie der verschiedenen Versionen*. Die Dissertation war eine vernichtende Widerlegung des so genannten „Gerstein-Berichts" und wurde von einer universitären Expertenkommission mit „sehr gut" bewertet. In einer ausführlichen Dissertation kam Roques überzeugend zu dem Schluss, dass die von Gerstein erhobenen Anschuldigungen der Massenvergasungen unbegründet und die angebliche Vertuschung des Massakers durch die katholische Kirche falsch sind. Die französische jüdische Lobby, die von linken Organisationen unterstützt wurde, begann eine Kampagne der Belästigung und Zerstörung und forderte von den Universitätsbehörden einen Rückzug. 1986 entzog die Universität Roques zum ersten Mal in der acht Jahrhunderte alten Universitätsgeschichte Frankreichs den rechtmäßig erworbenen Doktorgrad. Dies geschah auf Anweisung der französischen Regierung, deren Einmischung in die Affäre einen Skandal auslöste.

Carlo Mattogno erläutert, wie Kurt Gersteins Erklärung zur offiziellen Version wurde. Am 30. Januar 1946 legte Charles Dubost, stellvertretender Generalstaatsanwalt Frankreichs, dem Nürnberger Tribunal eine Reihe von Dokumenten vor, die als PS-1553 klassifiziert wurden und einen Bericht in französischer Sprache enthielten, der auf den 26. April 1945 datiert und von Kurt Gerstein unterzeichnet war. In diesem Dokument berichtet Gerstein über einen seiner angeblichen Besuche im Lager Belzec. Mattogno weist darauf hin, dass ein halbes Jahr vor der Vorlage von PS-1553 in Nürnberg, am 4. Juli 1945, *France Soir* den Artikel „Ein Nazi-Lagerhenker gesteht: 'Ich habe 11 000 Menschen pro Tag vernichtet'" veröffentlicht hatte, dessen Autor, Geo Gelber, die Geschichte der motorbetriebenen Gaskammern bekannt machte. Am 16. Januar 1947 wurde eine deutsche Übersetzung des Dokuments PS-1553 als Beweismittel vor dem IMT im „Ärzteprozess" vorgelegt. Demnach waren sich Reder und Gerstein zwar nicht ganz einig: Gerstein sprach von einem Dieselmotor und Reder von einem Benzinmotor, aber die von Kurt Gerstein berichtete Vernichtungsmethode wurde von der westlichen Rechtsprechung offiziell anerkannt. Der „Gerstein-Bericht" zog sofort nach seiner

Veröffentlichung die Aufmerksamkeit der Historiker auf sich und wurde zum Eckpfeiler des Beweises, dass die Vernichtung in Belzec eine historische Tatsache war. Im Jahr 1948 bestätigte die polnische Regierung, die Jahre zuvor bestätigt hatte, dass die Vernichtung in Belzec durch Stromschlag erfolgte, die These der Erstickung durch Kohlenmonoxid aus dem Auspuff eines Motors:

> „Mit den Opfern in den Gaskammern begann die letzte Phase des Liquidationsprozesses. Die Türen wurden hinter den Opfern, die sich in den Kammern drängten, geschlossen. Der Motor wurde angelassen und Kohlenmonoxid wurde durch spezielle Auspuffrohre in die Kammern gepumpt. Innerhalb weniger Minuten verstummten die Schreie der erstickenden Menschen und nach 10-15 Minuten öffnete ein spezielles Team von Juden die Außentüren der Kammern."

Da Gersteins Texte verfügbar sind, ist es am besten, sie für eine Bewertung heranzuziehen. Wir beginnen mit dem Bericht vom 26. April 1945 in Rottweil, in dessen zentralem und ausführlichstem Teil er seinen Besuch in Belzec beschreibt. Vor dem Besuch des Lagers reiste er in Begleitung von Wilhelm Pfannenstiel nach Lublin, wo sie am 17. August 1942 vom SS-Gruppenführer Globocnik empfangen wurden, der ihnen mitteilte, dass sie im Begriff seien, die größten Geheimnisse zu erfahren, dass jeder, der sie verrate, sofort erschossen werde und dass er am Tag zuvor bereits „zwei Schwätzer" hingerichtet habe. Hier ist ein Zitat aus diesem Gespräch:

> „... Ihre andere Aufgabe wird es sein, die Methode unserer Gaskammern (die jetzt mit den Abgasen eines alten Dieselmotors betrieben werden) zu ändern, indem Sie ein giftigeres Material verwenden, das eine schnellere Wirkung erzeugt, Blausäure. Aber der Führer und Himmler, die am 15. August - also vorgestern - hier waren, ordneten an, dass ich alle, die der Anlagen zu sehen bekamen, persönlich begleiten sollte. Professor Pfannenstiel fragte dann: „Was hat der Führer gesagt? Globocnik, jetzt Polizei- und SS-Chef für die adriatische Riviera und Triest, antwortete: „Schneller, schneller, führt das ganze Programm durch", sagte er. Daraufhin sagte Dr. Herbert Lindner, Leiter des Innenministeriums: „Aber wäre es nicht besser, die Leichen zu verbrennen, anstatt sie zu begraben? Eine künftige Generation wird vielleicht anders über diese Dinge denken!" Daraufhin antwortete Globocnik: „Aber, meine Herren, wenn nach uns jemals eine so verkommene und feige Generation kommen sollte, die die Güte und Notwendigkeit unserer Arbeit nicht versteht, dann, meine Herren, wäre der ganze Nationalsozialismus umsonst gewesen. Im Gegenteil, man sollte Bronzetafeln begraben mit der Inschrift, dass wir es waren, die den Mut hatten, diese gigantische Aufgabe zu erfüllen". Und Hitler sagte: 'Ja, mein guter Globocnik, genau, das ist auch meine Meinung'".

Abgesehen davon, dass Hitler nie nach Lublin gereist ist und daher die ihm aus Globocniks Mund zugeschriebenen Worte reine Erfindung sind, ist es bezeichnend, dass es Historiker gibt, die diesem kindischen Propagandapamphlet für Leichtgläubige Glaubwürdigkeit zubilligen können. Das Getöse Globocniks, dessen Anspruch, für die Nachwelt die Verantwortung für die Judenvernichtung zu beanspruchen, von Hitler mit den Worten „ja mein guter Globocneck" gebilligt wird, soll vielleicht das absolut Böse, das in Deutschlands Führer schlummert, veranschaulichen. Der Bericht fährt mit der Fahrt von Lublin nach Belzec fort, die am folgenden Tag stattfand. Im Lager angekommen, schildert der Bericht die Ankunft des ersten Zuges kurz vor 7 Uhr morgens am 19. August 1942: ein Konvoi von fünfundvierzig Waggons mit 6.700 Menschen, von denen 1.450 tot ankamen. Nachdem den Juden befohlen worden war, sich zu entkleiden und ihre Wertsachen und ihr Geld an einem dafür vorgesehenen Ort zu deponieren, wurden die Frauen und Mädchen zum Friseur geschickt, um sich die Haare mit einer oder zwei Scheren abschneiden zu lassen, die dann in Säcken zu Matratzen usw. verarbeitet wurden. Dann beginnt der Marsch zu den Gaskammern:

> „Ich bin mit Wirth, dem Polizeihauptmann, gleich rechts neben den Gaskammern. Völlig nackte Männer, Frauen, Kinder, Säuglinge, sogar Einbeinige kommen heran. In einer Ecke sagt ein stämmiger SS-Soldat mit lauter, tiefer Stimme zu den armen Teufeln: „Euch wird nichts geschehen. Ihr müsst nur tief einatmen, das stärkt die Lungen; dieses Einatmen ist eine notwendige Maßnahme gegen ansteckende Krankheiten, es ist ein gutes Desinfektionsmittel!"... Mütter, Ayas, mit Säuglingen an der Brust, nackt, viele Kinder jeden Alters, ebenfalls nackt; sie zögern, gehen aber in die Gaskammern, die meisten von ihnen, ohne ein Wort zu sagen, gedrängt von denen, die ihnen folgen, gepresst von den Peitschen der SS-Männer. Eine jüdische Frau in den Vierzigern, mit Augen wie Fackeln, wirft das Blut ihrer Kinder in das Gesicht ihrer Mörder. Fünf Peitschenhiebe auf das Gesicht, von Hauptmann Wirth persönlich verabreicht, treiben sie in die Kammer.... Hauptmann Wirth befiehlt: „Füllt sie gut ab". Nackt stehen sich die Männer gegenseitig auf den Füßen. 700-800 zusammengepfercht auf 25 Quadratmetern, auf 45 Kubikmetern! Die Türen schließen sich. Währenddessen wartet der Rest der Transportierten, splitternackt..."

Jeder, der ein paar Sekunden nachdenkt, kann verstehen, dass es absolut unmöglich ist, sieben- oder achthundert Menschen in einen Raum von 25 Quadratmetern und zwei Metern Höhe zu quetschen, da auf jedem Quadratmeter etwa dreißig Leichen liegen würden. Nur mit Hilfe einer Schrottpresse könnte man so viele Menschen auf so engem Raum zusammenpressen, wobei der Einsatz von Gas überflüssig wäre, da die Menschen vorher zu Tode gequetscht worden wären. Die Geschichte wird mit weiteren szenischen Effekten fortgesetzt, um zum x-ten Mal die grenzenlose Grausamkeit der Nazis zu verdeutlichen. So heißt es im Gerstein-Bericht beim Entleeren und Wiederaufladen der Kammer: „Die Leichen werden herausgeworfen, blau, nass von Schweiß und Urin, die Beine mit Exkrementen und Menstruationsblut bedeckt. Überall, unter den anderen, die Körper von Kindern und Säuglingen...". Was den Hauptmann Christian Wirth betrifft, so wird er nach den fünf Peitschenhieben auf eine Frau und dem Befehl, die Gaskammer bis zum Rand zu füllen, in einer weiteren Szene, die den besten Hollywood-Pamphleten würdig ist, als skrupelloses, nach Reichtum gierendes Tier dargestellt, das natürlich die deutsche Nation als Ganzes symbolisiert. Dies ist das bekannte rhetorische Mittel, um den Teil (Wirth) für das Ganze (die Deutschen) darzustellen:

„... Zwei Dutzend Arbeiter sind damit beschäftigt, die Münder zu inspizieren, indem sie sie mit eisernen Haken öffnen: 'Gold auf der linken Seite, ohne Gold auf der rechten Seite!'. Andere untersuchen den Anus und die Geschlechtsorgane auf Geld, Diamanten, Gold usw. Zahnärzte ziehen mit Zangen Goldzähne, Brücken oder Kappen heraus. Im Zentrum des Geschehens steht Hauptmann Wirth. Er bewegt sich hier wie ein Fisch im Wasser. Er reicht mir ein großes Glas mit Zähnen und sagt: 'Rechnen Sie selbst das Gewicht des Goldes aus, das ist nur von gestern und vorgestern! Sie glauben nicht, was wir jeden Tag finden! Dollars, Diamanten, Gold! Aber sehen Sie selbst!' Dann führt er mich zu einem Juwelier, der mit all diesen Werten handelt...".

Dann folgt die Geschichte des Vergrabens der Leichen in großen Gräben, die laut Gerstein 100 x 20 x 12 Meter maßen und sich in der Nähe der Gaskammern befanden. Gerstein erklärt, dass die Leichen nach einigen Tagen anschwellen, so dass der Inhalt der Gräben um zwei bis drei Meter nach oben gedrückt wird. Wie auch immer:

„Nach ein paar weiteren Tagen wird die Schwellung aufhören und die Leichen können zerbröckeln. Am nächsten Tag wurden die Gräben wieder aufgefüllt und mit zehn Zentimetern Sand bedeckt. Ich hörte, dass sie wenig später Gitter aus Eisenbahnschienen bauten und die Leichen darauf mit Dieselöl und Benzin verbrannten, um sie verschwinden zu lassen. In Belzec und Treblinka hat sich niemand die Mühe gemacht, die ungefähre Zahl der Ermordeten zu erfassen. Die von der BBC verkündeten Zahlen sind ungenau. In Wirklichkeit wurden etwa 25.000.000.000 Millionen Menschen umgebracht, nicht nur Juden, sondern vor allem Polen und Tschechoslowaken, die nach Ansicht der Nazis von schlechter Abstammung waren".

Die Zahl 25.000.000 war natürlich unhaltbar, da es, wie bereits erwähnt, nur etwa drei Millionen Juden im von den Deutschen besetzten Europa gab. Selbst die Einbeziehung der Tschechoslowaken und Polen in diese Zahl konnte nicht glaubwürdig sein, vor allem, wenn man bedenkt, dass von den vermeintlichen Opfern keine Spuren hinterlassen wurden, wie wir sehen werden. In dem Bewusstsein, dass die Zahl der Todesopfer ein inakzeptabler Unsinn war, wurde die Bemerkung über die BBC und die 25.000.000 Opfer in den Gaskammern aus dem Text gestrichen, der in den Bänden der NMT (Nürnberger Militärtribunale) abgedruckt wurde. Gersteins Vernehmungsbeamte sollen ihn dazu gebracht haben, in Rottweil einen zweiten Bericht zu schreiben, der auf den 4. Mai 1945 datiert ist. Wahrscheinlicher ist jedoch, dass er ein Jahr nach seinem Tod verfasst wurde. Seine Ehefrau trug zur Klärung der Angelegenheit bei, indem sie erklärte, sie habe das Dokument 1946 unter den Habseligkeiten ihres Mannes im Hotel Mohren in Rottweil entdeckt. Laut Frau Gerstein hatte ihr verstorbener Mann es dort deponiert, ohne dass sie bis dahin davon wusste. Es ist davon auszugehen, dass es sich bei diesem Bericht um die deutsche Übersetzung des Dokuments PS-1553 handelt, das der ITM am 16. Januar 1947 vorgelegt wurde, maschinengeschrieben und nicht unterzeichnet. Arthur R. Butz merkt ironisch an, dass „die Entdeckung eines solchen Dokuments in den dunklen Tagen des Jahres 1946 natürlich ihren Status als die Frau von St.

Gerstein und nicht die Frau eines gewöhnlichen SS-Offiziers untermauerte." Die in diesem zweiten Memo genannte Zahl der Todesopfer würde bereits mit der offiziellen Zahl von sechs Millionen übereinstimmen.

Wilhelm Pfannenstiel, Zeuge in Belzec

Carlo Mattogno widmet zehn Seiten in *Belzec in Propaganda, Zeugnissen, archäologischer Forschung und Geschichte* der Untersuchung der Aussagen und der Haltung von Wilhelm Pfannenstiel, einem Arzt und SS-Offizier, dessen Name in den verschiedenen Versionen der Aussage von Kurt Gerstein auftaucht. Bekanntlich behauptet Gerstein, er sei mit ihm nach Lublin gereist und dort hätten sie beide den SS-Gruppenführer Odilo Globocnik getroffen, den Pfannenstiel nach Hitlers Meinung gefragt habe. Im Folgenden werden daher die Angaben von Mattogno, dessen Autorität zu diesem Thema unbestritten ist, überprüft.

Nach dem Krieg von den Alliierten verhaftet, wurde Pfannenstiel als einer der Angeklagten im IG-Farben-Prozess zwischen August 1947 und Juni 1948 verhört. Dabei wurde er über seine Beziehungen zu Gerstein befragt. Um seine eigene Haut zu retten, versuchte er, ein Schlupfloch zu finden und bestätigte, dass er Zeuge von Vergasungen durch den Auspuff eines Dieselmotors gewesen sei. Obwohl er leugnete, in Belzec oder Treblinka gewesen zu sein, gab er zu, dass er gehört hatte, dass in Belzec Vergasungen stattfanden. Obwohl er der Staatsanwältin von Halle antwortete, dass er nicht in Belzec gewesen sei, zögerte er nicht, Folgendes zu sagen:

> „Antwort: Es gab - ich glaube - sechs Kammern in einem leicht erhöhten Gebäude.
> Frage: Waren die Menschen darin nackt und zusammengepfercht?
> Antwort: Ja, die Kammern wurden Stück für Stück gefüllt.
> Frage: Gab es Kinder?
> Antwort: Ja.
> Frage: Wie wurde das Dieselabgasrohr eingeführt?
> Antwort: Von einem 1.100-PS-Motor. Die Auspuffrohre wurden in die Kammern eingesetzt".

Mattogno hält es für offensichtlich, dass Staatsanwalt von Halle den Gerstein-Bericht kannte, der auch Pfannenstiel bekannt war. Darüber hinaus geht er davon aus, dass der Staatsanwalt wusste, dass Pfannenstiel davon wusste, als er ihn verhörte, weshalb das Verhör voller Bedingungen war. Auf diese Weise wurde Pfannenstiel ab 1950 zum Garanten für den Wahrheitsgehalt des Gerstein-Berichts, was von der Holocaust-Historiographie ausgenutzt wurde. Infolge seiner Mitarbeit wurde Dr. Wilhelm Pfannenstiel in den drei Prozessen, an denen er beteiligt war, schließlich aus Mangel an Beweisen freigesprochen. Aus der ersten offiziellen Veröffentlichung des Gerstein-Berichts vom 4. Mai 1945 in Deutschland, die 1953 von dem Historiker Hans Rothfels erstellt wurde, wurden alle Passagen auf gestrichen, in denen Pfannenstiel verwickelt war. Richard Harwood berichtet, dass diese Fassung 1955 von der Bundesregierung in Bonn unter dem Titel „*Dokumentation zur Massenvergasung*" zur Verteilung in deutschen Schulen herausgegeben wurde.

Damit übernahm er die Rolle des Garanten für den Gerstein-Bericht. In all seinen Auftritten vor Gericht bestätigte Dr. Pfannenstiel weiterhin die offiziellen Lügen und historiographischen Dogmen, auch wenn seine Äußerungen zunehmend gemäßigter wurden und er die unkontrollierten Exzesse Gersteins abschwächte. Am 9. November 1959 zeigte er zum Beispiel, dass er alle von den Historikern der Vernichtung veröffentlichten Werke kannte und zitierte sogar Gerald Reitlingers *Die Endlösung*. Obwohl er elf Jahre zuvor geleugnet hatte, in Belzec gewesen zu sein, gab er bei diesem Verhör 1959 an, mit Gerstein von Lublin nach Belzec gefahren zu sein, wo er die Ankunft eines Transports mit etwa fünfhundert Juden miterlebt hatte, von denen einige unterwegs wegen Überfüllung der Waggons gestorben waren. Vier Jahre später, am 8. November 1963, behauptete er bei einer weiteren Anhörung im so genannten Belzec-Prozess, er habe die Ankunft eines zwölfteiligen Zuges mit drei- bis fünfhundert Menschen gesehen, aus dem „gelegentlich" Frauen und Kinder ausgestiegen seien. Wenn diese Anzahl von Menschen in zwölf Waggons reiste, kann man davon ausgehen, dass sich in jedem Waggon zwischen 25 und 42 Häftlinge befanden. Gerstein hatte von Konvois mit 6.700 Deportierten gesprochen, von denen 1.450 tot angekommen waren. Was Pfannenstiel jedoch genau wiederfand, war seine Erinnerung an Daten. Am 30. Oktober 1947 gab er keine an; in seiner Aussage vom 6. Juni 1950 sprach er vom „Sommer 1942'"; am 9. November 1959 bestätigte er jedoch, dass er am 17. August 1942 mit Gerstein nach Lublin und am 18. oder 19. nach Belzec gefahren war. Am 25. April 1960 schließlich gab er das genaue Datum der angeblichen Vergasung an: „Wenn Sie mich nach Hinrichtungen von Juden fragen", sagte er, „muss ich bestätigen, dass ich am 19. August 1942 Zeuge der Hinrichtung von Juden im Vernichtungslager Belzec war".

Schließlich war Professor Pfannenstiel einer der vierzehn Zeugen, die im Januar 1965 im Belzec-Prozess gegen Josef Oberhauser in München[8] aussagten. Laut Yitzhak Arad war Oberhauser für den Aufbau des Lagers verantwortlich und wurde in der zweiten Dezemberhälfte 1941 Assistent von Hauptmann (SS-Hauptsturmführer) Christian Wirth, der zum Kommandanten von Belzec ernannt wurde. In seiner Arbeit versucht Arad, ihn zum Sündenbock für die angebliche Vergasung von 80.000 Juden zu machen. Josef Oberhauser leugnete jede Verantwortung und behauptete, er habe immer auf Anweisung von Vorgesetzten gehandelt. Um sich selbst zu retten, gestand er im Prozess Lügen und gab zu, dass in Belzec Juden vergast worden waren. Die Strafkammer des Münchner Gerichts verurteilte ihn zu vier Jahren und sechs Monaten Zwangsarbeit wegen

---

[8] Josef Oberhauser war von den Sowjets gefangen genommen, vor Gericht gestellt und verurteilt worden, die ihn 1956 freiließen. Als 1963 der Belzec-Prozess begann, war er einer von acht Angeklagten, denen Verbrechen im Lager vorgeworfen wurden. Am 30. Januar 1964 brach der Prozess zusammen und alle wurden freigesprochen. Kurze Zeit später wurden sie jedoch erneut verhaftet. Oberhauser legte Berufung ein, und 1965 war er der einzige Angeklagte im Prozess, der vom 18. bis 21. Januar stattfand.

Beihilfe zu 300.000 Fällen von Mord ersten Grades. Am Ende verbüßte er nur die Hälfte der Strafe.

Archäologische Untersuchungen in Belzec

Von der hochmodernen Technologie der Elektroschocks und der Massenverbrennung ging man in einem Zug zu dem kruden System der Auspuffrohre über. Seither wird behauptet, dass Hunderttausende, wenn nicht Millionen von Juden in Belzec mit dieser rudimentären Methode ermordet wurden. Am 22. September 1944 sagte Rudolf Reder vor dem Staatsanwalt in Lemberg aus, dass in Belzec drei Millionen Menschen vernichtet worden seien. Am 11. April 1946 fasste T. Chrosciewicz, der polnische Staatsanwalt in Zamosc, die Ergebnisse seiner Untersuchung in einem Bericht zusammen und reduzierte die Zahl der Opfer auf 1.800.000. Die Zentralkommission für die Untersuchung der deutschen Verbrechen in Polen bezifferte die Zahl der Todesopfer im Lager Belzec schließlich 1947 auf 600.000, eine Zahl, die von der offiziellen Geschichtsschreibung akzeptiert und nur von revisionistischen Forschern in Frage gestellt wurde.

So wird behauptet, dass zwischen März und Dezember 1942 in Belzec 600.000 Menschen mit Hilfe eines absurden, fast hausgemachten Systems ermordet wurden. In Kapitel 16 von *Belzec, Sobibor, Treblinka* mit dem Titel „Verbesserung der Vernichtungsanlagen und -techniken" schreibt Yitzhak Arad: „Die neuen Gaskammern, die im Juni/Juli 1942 in Belzec gebaut wurden, dienten in den beiden anderen Lagern als Modell". Arad besteht darauf, dass in Belzec, Treblinka und Sobibor dieselbe Vernichtungstechnik angewandt wurde. Dem jüdischen Historiker zufolge wurde mit dem Bau neuer Gaskammern die Kapazität für Hinrichtungen erweitert und verbessert, aber das System der Dieselmotor-Auspuffrohre als Vernichtungstechnik blieb nicht nur unverändert, sondern diente als Modell für die anderen Lager. Yitzhak Arad selbst schreibt über die Beerdigung und Verbrennung der angeblich 600.000 Opfer in Belzec Folgendes:

> „In Belzec waren die 600.000 Opfer bereits begraben, als die Einäscherung begann. Über einen Zeitraum von vier oder fünf Monaten mussten sie ausgegraben und verbrannt werden. Nur deshalb konnte das Lager bis zum Frühjahr 1943 mit vollem Personalbestand weiterbestehen, obwohl die Judentransporte bereits im November 1942 angekommen und liquidiert worden waren. Die Tatsache, dass während der Einäscherungsaktion keine weiteren Konvois eintrafen, erleichterte den Behörden die Erfüllung ihrer Aufgabe."

Das heißt, in Belzec endeten die Vernichtungsaktionen im November/Dezember 1942; aber obwohl keine Züge mehr ankamen, wurde das Lager nicht geschlossen, weil das gesamte Personal drei oder vier Monate damit verbrachte, die Toten für die Einäscherung auszugraben, angeblich um die Spuren des Völkermords zu verwischen. Es scheint, dass die Nazis, die früher als Meister der Technik und vorbildlich in der Anwendung revolutionärer Technologien beschrieben wurden, plötzlich zu Modellen der Improvisation und

Desorganisation wurden, zu unscheinbaren Stümpern, die unfähig waren, elementare Aufgaben zu planen. Es wurde bereits erwähnt, dass der Raum in Belzec etwa 250 Meter breit und 300 Meter lang war. Es ist schwer zu begreifen, wie auf so kleinem Raum, abzüglich des Platzes für die verschiedenen Lagereinrichtungen, in nur wenigen Monaten 600.000 Leichen verscharrt, ausgegraben, verbrannt und wieder begraben werden konnten - so viele wie die gesamte Bevölkerung von Málaga, der sechstgrößten Stadt Spaniens, gemessen an der Einwohnerzahl.

Carlo Mattogno widmet Kapitel IV seines Werks über Belzec mit dem Titel „Belzec in der polnischen archäologischen Forschung" der Arbeit einer Gruppe von Archäologen, die zwischen 1997 und 1999 unter der Leitung von Professor Andrzej Kola auf dem Gelände des ehemaligen Lagers Belzec gearbeitet haben. Die Ausgrabungen wurden gemeinsam von der „Rada Ochrony Pamieci Walk i Meczenstwa" (Rat für die Bewahrung der Erinnerung an den Kampf und das Martyrium) und dem „Holocaust Memorial Museum" in Washington beschlossen. Während der zwei Jahre dauernden Ausgrabungen wurden 33 Gräber in zwei getrennten Bereichen des Lagers gefunden, die eine Gesamtfläche von 5 919 Quadratmetern und ein Volumen von 21 310 Kubikmetern einnahmen. Das kleinere war 5 x 5 Meter groß, d. h. 25 Quadratmeter, und 1,70 Meter tief. Der größte hatte ein Volumen von 2.100 Kubikmetern, maß 24 x 18 und war zwischen 4,25 und 5,20 Meter tief.

Die beiden Hauptzeugen der angeblichen Vernichtung, Kurt Gerstein und Rudolf Reder, gaben detaillierte Beschreibungen der Massengräber. Reder berichtete 1945 in einer Erklärung vor der Jüdischen Historischen Kommission: „Eine Grube war 100 Meter lang und 25 Meter breit. Eine einzige Grube enthielt 100.000 Menschen. Im November 1942 gab es dreißig Gräber, d.h. drei Millionen Leichen". In einer weiteren Aussage vor dem Richter Jan Sehn am 29. Dezember 1945 präzisierte der Zeuge Reder die Ausmaße der riesigen Gräber: „Die Gräber hatten alle die gleichen Abmessungen und waren 100 Meter lang, 25 Meter breit und 15 Meter tief". Dreißig Gräber mit diesen Maßen entsprächen einem Großgrab von drei Kilometern Länge und 750 Metern Breite, also 225 Hektar. Nachdem er jedoch erklärt hatte, dass alle dreißig Gräber gleich waren, erklärte Reder, dass die Fläche, die er gesehen hatte, etwa 7,5 Hektar groß war. Kurt Gerstein seinerseits stellte in seinem berühmten Bericht vom 26. April 1945 fest: „Die nackten Leichen wurden dann in große Gräben von etwa 100 x 20 x 12 Metern in der Nähe der Todeskammern geworfen. In seinem Bericht vom 6. Mai 1945 heißt es: „Die nackten Leichen wurden auf hölzerne Karren geladen und dann in Gruben geworfen, die sich in geringer Entfernung befanden und 100 x 20 x 12 Meter groß waren". Zu allem Überfluss schrieb der Staatsanwalt von Zamosc in seinem Bericht vom 11. April 1946:

> „Alle Massengräber hatten die gleichen Abmessungen: 100 Meter lang, 25 Meter breit und 15 Meter tief. Die in die Gräber geworfenen Leichen wurden mit Kalk bedeckt. Anschließend bedeckten die Häftlinge die Leichenhaufen mit Sand. Es kann gut sein, dass es dreißig, vierzig oder noch mehr solcher Gruben im Lager gab."

Obwohl die Leichen laut Arad ausgegraben und verbrannt worden waren, fanden Archäologen in zwei der größeren Gräber Leichen, die weder exhumiert noch eingeäschert worden waren. Robin O'Neil, ein britischer Holocaust-Forscher, behauptet in seinem Buch *Belzec: The 'Forgotten' Death Camp*, das in der Vierteljahreszeitschrift *East European Jewish Affairs* veröffentlicht wurde, dass es sich um „viele Tausende" handelte, macht aber keine genauen Angaben über die Zahl. Michael Tregenza, ein einzigartiger Vernichtungstheoretiker, der die Zeugenaussagen von Reder und Gerstein für unzuverlässig erklärt, weil sie voller peinlicher Lügen und Absurditäten sind, wagt es, die Zahl der in diesen Gräbern gefundenen Leichen auf 15.000 zu schätzen. Das Kuriose an Tregenza ist, dass er trotz seiner Verachtung für die Aussagen von Reder und Gerstein anderen Zeugen Glaubwürdigkeit zubilligt und in dem Artikel „Belzec Das vergessene Lager des Holocaust" (1999) schreibt, dass, obwohl die Anlage in Belzec nur 133 Tage in Betrieb war, „mehrere hunderttausend Juden in Belzec vernichtet wurden. Heute spricht man offiziell von mindestens 600.000 ermordeten Menschen. Allerdings", so fügt er hinzu, „muss im Lichte neuer Forschungen und Ausgrabungen von einer wesentlich höheren Zahl von Opfern, möglicherweise nahe einer Million, ausgegangen werden".

Tregenza, obwohl die Leichen in den beiden großen Gräbern nicht ausgegraben wurden, schätzt die Zahl der dort gefundenen Leichen auf 15.000. Es ist schwer zu verstehen, warum die polnischen Behörden nicht taten, was die Deutschen taten, als sie die Leichen der von Berias NKWD ermordeten polnischen Offiziere in den Gräbern von Katyn entdeckten. Mitten im Krieg wurden dann die Gräber geöffnet, die Leichen exhumiert, Autopsien durchgeführt und versucht, die Opfer zu identifizieren. „Warum", fragt Carlo Matogno, „wurden die Leichen aus den Massengräbern in Belzec nicht exhumiert?" Die Antwort lautet, dass Professor Andrzej Kola von den ersten 236 entnommenen Proben zunächst nur die Ergebnisse von 137 Proben veröffentlichte, die er offensichtlich für die wichtigsten hielt. Allerdings trugen nur zwei von ihnen die ausdrückliche Bezeichnung „menschliche Körper". In den von Kola veröffentlichten Analysen finden sich menschliche Überreste in drei der sieben Proben aus Grab Nr. 10, dem größten Grab, und in zwei weiteren der zehn Proben aus zwei anderen Gräbern, Nr. 3 und Nr. 20. Dies lässt den Schluss zu, dass in den oben genannten Gräbern nur selten verstreute Leichen gefunden wurden.

Natürlich kann die Anwesenheit von Leichen in anderen Schichten der Gräber nicht ausgeschlossen werden. Es ist sehr wahrscheinlich, dass sich in demselben Grab Nr. 10 noch weitere menschliche Leichen befanden, da die Untersuchung der Proben auf das Vorhandensein von Leichen im Zustand der Verseifung hinweist. Während der zwei Jahre dauernden Arbeiten wurden weiterhin Proben aus den 33 Gräbern entnommen, und es wurden neue menschliche Überreste gefunden. Bereits 1998, ein Jahr vor Abschluss der archäologischen Untersuchung, verkündete Robin O'Neil, dass die gefundenen Leichen zu Opfern der Gaskammern gehörten, die nicht exhumiert und verbrannt worden waren. Da die offiziellen Interpreten das Vorhandensein von Leichen als

Beweis dafür ansehen, dass in Belzec eine Massenvernichtung stattgefunden hat, schreibt Carlo Matogno mit Nachdruck diese Worte der Antwort:

> „Die Behauptung dieser Kommentatoren, die Zahl der in Belzec gefundenen Leichen widerlege die revisionistische These, ist nicht nur falsch, sondern grotesk. Natürlich würde es sich kein revisionistischer Historiker erlauben, zu behaupten, dass es in Belzec nie Tote gegeben hat. Wie wir im nächsten Kapitel sehen werden, gab es unter den Häftlingen Todesfälle durch Seuchen, Schwerstarbeit und Elend..... Wenn jemand diese Thesen wirklich widerlegen will, sollte er beweisen, dass es im Lager Grabstätten mit Hunderttausenden von Opfern gibt."

Carlo Mattogno kommt zu dem Schluss, dass die Ergebnisse der Ausgrabungen nicht mit der These der Vernichtungstheoretiker vereinbar sind und dass die wahrscheinlichste Interpretation, die aus den archäologischen Forschungen von Professor Kola gezogen werden kann, darin besteht, „dass die Gruben höchstens einige hundert Leichen enthielten". Kola veröffentlichte die Ergebnisse seiner Ausgrabungen in einem Buch mit 37 Farbfotografien. Sie zeigen alle möglichen unbedeutenden Gegenstände: Hufeisen, Schlüssel, Vorhängeschlösser, Reste von Töpfen und Pfannen, rostige Scheren, Glas- und Porzellanscherben, Kämme, Flaschen, Münzen usw.; aber kein einziges Foto zeigt einen Körper oder einen Teil eines Körpers. Auf jeden Fall starben in Belzec Tausende von Menschen, wahrscheinlich Zehntausende. Viele von ihnen starben wahrscheinlich im Jahr 1940, als die Bedingungen im Lager, wie bereits erwähnt, extrem unmenschlich waren.

Es kann argumentiert werden, dass nur wenige Leichen gefunden wurden, weil sie verbrannt wurden. Yitzhak Arad behauptet, dass Himmler im Frühjahr 1942 Treblinka einen Besuch abstattete, bei dem er beschloss, dass alle Leichen verbrannt werden sollten; es gibt jedoch keine Aufzeichnungen über einen solchen Besuch und alles deutet darauf hin, dass er nie stattgefunden hat. Arad selbst gibt in seinem Buch über die Operation Reinhardt an, dass die Exhumierung und Einäscherung in Belzec im Dezember 1942 begann. In Wahrheit ist über diese gigantische Operation fast nichts bekannt. In seinem bereits erwähnten Bericht vom 11. April 1946 schrieb der Staatsanwalt von Zamosc Folgendes:

> „Im Dezember 1942 wurden die Judentransporte nach Belzec eingestellt. Die Deutschen begannen daraufhin, die Spuren ihrer Verbrechen systematisch zu verwischen. Die Leichen wurden mit speziellen Baggern ausgegraben und auf Holzstapeln verbrannt, die mit brennbarem Material getränkt waren. Später wurde der Verbrennungsprozess verbessert, indem Eisenbahnschienen als Gerüst verwendet wurden, auf dem die Leichen abwechselnd mit Holzschichten abgelegt wurden, die wie zuvor mit einer leicht entzündlichen Flüssigkeit getränkt waren. Um eventuelle Wertgegenstände aus den Leichen herauszufiltern, wurde die Asche der eingeäscherten Leichen durch einen Kornabscheider gefiltert und anschließend wieder vergraben. Die Einäscherung der Leichen endete im März 1943. Danach wurden alle Lagergebäude, Zäune und Wachtürme abgebaut, das Gelände geräumt, eingeebnet und mit jungen Kiefern neu bepflanzt."

Wir sehen, dass die Idee, die Nazis als unersättliche Diebe darzustellen, immer wieder vorgebracht wird: Nachdem man darauf bestanden hat, dass vor dem Begraben der Opfer deren Münder und sogar deren Anus und Genitalien inspiziert wurden, heißt es nun, dass wieder Zeit damit verschwendet wurde, in der Asche nach etwas Wertvollem zu suchen, als ob es nicht schwierig genug wäre, 600.000 verwesende Leichen in drei Monaten zu verbrennen. Ein Zeuge namens Kozak sagte vor dem Staatsanwalt in Zamosc aus: „Zwei oder drei Scheiterhaufen brannten gleichzeitig. In der Zwischenzeit hing ein schrecklicher Gestank von verwesenden Leichen und verbrannten Knochen und Leichen über Belzec. Dieser Gestank war im Umkreis von fünfzehn Kilometern zu riechen. Die Einäscherung ging drei Monate lang ohne Unterbrechung weiter."

Zu den Witterungsbedingungen, unter denen die Einäscherung stattgefunden haben soll, ist anzumerken, dass die Durchschnittstemperaturen in der Gegend von Belzec im Winter im Schnitt 3 bis 4 Grad unter Null liegen und kaum jemals über Null steigen. In jedem Monat des Jahres gibt es durchschnittlich mindestens 12 Regentage, was darauf schließen lässt, dass Regen, Schnee und Wind während der drei Wintermonate eine Konstante gewesen sein müssen.

In seinem Referenzwerk legt Carlo Mattogno eine ungefähre Berechnung der Holzmenge vor, die benötigt wurde, um die gigantische Aufgabe der Verbrennung von 600.000 Leichen drei Monate lang ohne Unterbrechung zu bewältigen. Seinen Schätzungen zufolge wären 96.000 Tonnen Holz erforderlich gewesen, was der Abholzung von 192 Hektar fünfzigjähriger Fichtenwälder entspricht. Luftaufnahmen der Wälder bei Belzec zeigen, dass sie 1944 noch genauso aussahen wie 1940. „Woher kam diese riesige Menge an Holz?", fragt Mattogno. Um es ins Lager zu transportieren, wären fünfundneunzig Züge mit je vierzig Waggons nötig gewesen. Keiner der Bewohner der Gegend konnte jedoch bezeugen, dass er die Ankunft der mit Brennholz beladenen Züge oder Lastwagen gesehen hatte. Die Einäscherung von 600.000 Leichen in drei Monaten würde einer Rate von 6.650 pro Tag entsprechen, wofür 1.042 Tonnen Holz pro Tag benötigt würden.

Was die Einäscherung selbst betrifft, so muss man sich nur vor Augen führen, wie viel Asche acht oder neun mittelgroße Holzscheite täglich in einem Küchenschornstein hinterlassen. Carlo Mattogno stellt erneut eine sorgfältige Berechnung der Aschemenge an, die die Leichen erzeugen würden, und des Holzes, das für ihre Verbrennung benötigt würde. Die Ergebnisse sind wie folgt: Die 600.000 Leichen würden 1.350 Tonnen Asche mit einem Volumen von 2.700 Kubikmetern hinterlassen; das Holz würde 7.680 Tonnen Asche produzieren, was 22.600 Kubikmetern entspricht. Insgesamt also 9.030 Tonnen oder 25.300 Kubikmeter. Wie bereits erwähnt, hatten die 33 von Professor Kola zwischen 1997 und 1999 ausgehobenen Gruben ein Gesamtvolumen von 21.310 Kubikmetern. Darüber hinaus zeigen die von Kola vorgelegten Analysen, dass die Asche mit Sandschichten vermischt war und dass sich unter den menschlichen Überresten auch tierische Überreste befanden.

Offiziell wurden die Einäscherungsaktionen im März 1943 beendet, aber eine kleine Garnison von SS-Männern blieb bis September im Lager. Es ist daher unklar, warum eine Reihe von Leichen nicht verbrannt wurden. Laut O'Neil wurden die Leichen nicht ausgegraben und verbrannt, weil vielleicht „Panik ausbrach, weil die Zeit nicht ausreichte, um alle Beweise zu vernichten". Diese These ist unplausibel, wenn man bedenkt, dass die Soldaten noch ein halbes Jahr länger im Lager waren. Außerdem waren die Gräber mit den verseiften Leichen über das ganze Lager verstreut, was den Verdacht nahelegt, so Carlo Mattogno, „dass diese Gräber zur vorherigen Lagerverwaltung gehörten und somit aus dem Jahr 1940 stammen, als Belzec als Zigeunerlager genutzt wurde, bis es später in das 'Otto-Programm' integriert wurde. In beiden Perioden wurden viele Opfer im Lager begraben. Zu dieser Zeit war die Struktur des Lagers ganz anders als später und es gab mehr Platz. Dies würde die Lage dieser Massengräber erklären." Es gibt Belege dafür, dass im Frühjahr 1940 Tausende von Häftlingen an Epidemien starben, unter anderem an Typhus, und auch aufgrund der extrem harten Arbeits- und Lebensbedingungen im Lager.

Aber auch in Belzec starben 1942 Tausende. Am 28. April 1943 schickte der Beauftragte für die Umsiedlung der Juden im Gebiet Lublin, SS-Major Höfle (Sturmbannführer), einen Bericht an Oberstleutnant Heim, in dem er die Zahl von 434.508 Personen angab, die bis zum 31. Dezember 1942 nach Belzec gebracht worden waren. Dieses Dokument, das von den britischen Geheimdiensten entschlüsselt wurde, ist erst kürzlich bekannt geworden. In einigen Zügen waren die Bedingungen für die Deportierten beklagenswert. Es gibt einen weiteren Bericht vom 14. September 1942 mit dem Titel „Umsiedlung von Kolomea nach Belzec". Sein Verfasser, Josef Jäcklein, ein Bahnwärter der Schutzpolizei, berichtet über den verhängnisvollen Transport von Kolomea nach Belzec, der am 10. September um 20.50 Uhr mit 8.205 Juden an Bord abfuhr. Kolomea, ein Bezirk in der Ukraine, war von den Deutschen auf ihrem Vormarsch in die UdSSR besetzt worden. Jäcklein erklärt, dass die Juden Hämmer und Zangen bei sich hatten. Später sagten sie aus, dass man ihnen gesagt habe, diese Werkzeuge würden ihnen an ihrem neuen Bestimmungsort nützlich sein. Das erste, was die Häftlinge offenbar taten, war, mit diesen Werkzeugen Löcher in die Waggondächer zu schlagen, um zu entkommen. Der Zug musste an jedem Bahnhof anhalten, um die Schäden zu beheben. Jäcklein bestätigt, dass der Zugbegleitung die Munition ausging und sie sogar Bajonette und Steine einsetzte, um wiederholte Fluchtversuche zu verhindern. Als der Zug am nächsten Tag um 18:45 Uhr in Belzec eintraf, befanden sich zweitausend Tote darin. Mattogno berichtet auch von einem zweiten Bericht über diesen Transport aus Kolomea, ebenfalls vom 14. September 1942. Er trägt die Unterschrift eines Leutnants namens Wassermann, ebenfalls von der Schutzpolizei. Darin heißt es, dass in jedem Waggon 180 bis 200 Personen unterwegs waren. Im ersten Teil dieses Berichts bezieht sich Wassermann auf Aktionen, die am 7., 8., 9. und 10. September 1942 in der Gegend von Kolomea durchgeführt wurden, und bestätigt die Hinrichtung von 300 Juden am 7. September 1942. Die Ermordung wurde damit begründet, dass sie „alt, infiziert, schwach oder nicht transportfähig" seien. Grundsätzlich beweisen diese

Erschießungen, dass die Juden nicht nach Belzec geschickt wurden, um vergast zu werden. Es kann jedoch nicht geleugnet werden, dass Tausende, wenn nicht Zehntausende von Juden in Belzec starben.

Die Ausgrabungen der polnischen Ermittler dienten jedoch nicht nur dazu, menschliche Überreste zu finden, sondern auch die von den Zeugen beschriebenen Gebäude zu identifizieren. Eine der Prioritäten war natürlich, das berühmte Gebäude zu finden, das so oft beschrieben wurde und in dem sich die sechs Gaskammern befanden. Yitzhak Arad und Raul Hilberg, die renommiertesten jüdischen Historiker, berichten über die Erweiterung der drei Lager und den Bau dieser Gaskammern. Beide nehmen die Beschreibung von Rudolf Reder über die neuen Gaskammern in Belzec, die theoretisch im Juni/Juli 1942 gebaut wurden, für bare Münze. In *Die Vernichtung der europäischen Juden* schreibt Hilberg: „Massive Strukturen, aus Stein in Belzec und aus Ziegelstein in Treblinka, die mindestens sechs Gaskammern enthielten, ersetzten die alten Anlagen. In den neuen Gebäuden waren die Kammern auf beiden Seiten des Korridors aufgereiht, und in Treblinka befand sich der Maschinenraum am Ende". Dementsprechend wurde ein steinernes Gebäude gesucht, das laut Arad 24 Meter lang und 10 Meter breit war.

Es wurde gehofft, dass die Ausgrabungen die ursprünglichen Strukturen der Anlage freilegen würden. Während Kola und sein Team darauf verzichteten, die menschlichen Überreste in den Massengräbern auszugraben und gründlich zu untersuchen, gingen sie dazu über, alle Strukturen auszugraben und sorgfältig zu untersuchen, die zur Entdeckung der in der zweiten Phase des Lagers errichteten Gaskammern führen könnten. Nach der Beschreibung von sechs irrelevanten Funden konzentrierte sich Andrzej Kola auf das „Gebäude G", eine teilweise im Boden vergrabene Holzkonstruktion, deren rechteckige Grundfläche in einer Tiefe von 80 Zentimetern etwa 3,5 x 15 Meter maß. Seine Beschreibung lautet wie folgt:

> „Das Holzgebäude diente wahrscheinlich in der zweiten Phase des Lagerbetriebs, im Herbst und Winter 1942, als Gaskammer. Diese Interpretation könnte durch seine Lage auf dem Lagerplan bestätigt werden. Bei Sondierungsbohrungen im nordöstlichen und östlichen Teil des Gebäudes wurden nur Massengräber ausgehoben. Die Lage der Gaskammer in der Nähe der Begräbnisstätten in der zweiten Phase des Bestehens des Lagers wurde durch einige Zeugenberichte bestätigt."

Carlo Mattogno, aus dessen Buch das Zitat wiederum stammt, ist empört über die Leichtfertigkeit der Argumentation von Professor Kola, da er allein aufgrund der Lage des Gebäudes behauptet, ohne irgendeinen archäologischen Beweis zu erbringen, dass das betreffende Gebäude die angeblichen Mordgaskammern beherbergt haben muss. Was seine Behauptung betrifft, dass die Gaskammern in einer Holzkonstruktion untergebracht waren, so beruft sich der polnische Archäologe in seinem Bericht auf Rudolf Reder und sagt: „Ihm (Reder) zufolge war die Kammer jedoch aus Beton gefertigt. Die in der Gegend durchgeführten Ausgrabungen beweisen nicht die Existenz von Ziegeln oder Beton in den Gebäuden, was diesen Bericht unzuverlässig macht". Mattogno, ohne aus seiner Verwunderung herauszukommen, lässt zwischen den Zeilen durchblicken, dass Andrzej Kola nicht einmal in Erwägung zieht, dass die Holzstruktur zur Anfangsphase des Lagers gehört haben könnte. Das Problem ist, dass, wenn man die Aussage von Rudolf Reder für unglaubwürdig hält, es auch die anderen sind, denn sie stimmen alle darin überein, dass die Gaskammern der zweiten Phase des Lagers in einer Backsteinstruktur gebaut wurden. Im Urteil vom Januar 1965 im Belzec-Prozess in München wird dies ausdrücklich erwähnt: „ein massiver Steinbau mit insgesamt sechs Kammern von 4 x 5 Metern". Auch in der *Enzyklopädie des Holocaust* liest man unter dem Eintrag „Belzec", dass die bestehenden Gaskammern in der ersten Phase abgerissen wurden „und an ihrer Stelle ein neues Gebäude aus Beton und Ziegeln errichtet wurde, das sechs Kammern von 4 x 5 Metern enthielt". Es erscheint unglaublich, dass Professor Kola es sich erlaubt, die Zeugen mit solch mangelhafter Sachkenntnis zu diskreditieren. Außerdem stimmen die Maße seiner Holzkonstruktion, 3,5 x 15 Meter, nicht mit den offiziell akzeptierten 24 x 10 Metern überein. Wenn es schon unmöglich war, Hunderte von Menschen in Kammern von 4 x 5 Metern, also 20 Quadratmetern, unterzubringen, was ist dann mit den hypothetischen Kammern in der von Kola erdachten Konstruktion?

Belzec, Durchgangslager

Wir sind der Meinung, dass die Argumente der Revisionisten stark genug sind, um die These zu widerlegen, dass Belzec ein Vernichtungslager war: Propagandaprofis wie Jan Karski wurden entlarvt; die Zeugen lügen und einige ihrer Schilderungen sind Science Fiction; die von der offiziellen Geschichtsschreibung behauptete Vernichtungsmethode ist nicht glaubwürdig; die materiellen Möglichkeiten der Einäscherung sind unmöglich; die archäologische Forschung hat die Theorien der Vernichter widerlegt. Kurz gesagt, die Hypothese, dass 600.000 Menschen in Belzec in Gaskammern massakriert wurden, ist unannehmbar, wenn man sie auch nur mit der geringsten Strenge betrachtet. Revisionisten behaupten daher, Belzec sei wie Treblinka und Sobibor ein Durchgangslager für den Transport von Juden in den Osten gewesen.

Briefe und Postkarten von Deportierten aus dem Warschauer Ghetto, die 1942 nach Treblinka deportiert wurden, trafen aus den besetzten sowjetischen Gebieten in der polnischen Hauptstadt ein und gaben an, dass sie nach dem Transit durch Treblinka dorthin umgesiedelt worden waren. Einige dieser Nachrichten kamen aus Lagern in Belarus und der Ukraine. Mark Weber und Andrew Allen berichten über diese Texte in einem Aufsatz, der im Sommer 1992 in *The Journal of Historical Review* veröffentlicht wurde. Diesen Autoren zufolge kamen einige dieser Briefe und Postkarten auf dem Postweg an, andere wurden heimlich verschickt. Die Absender schrieben, dass sie hart arbeiteten, bestätigten aber, dass sie und in einigen Fällen auch ihre Kinder ernährt wurden.

Mehrere Dokumente bestätigen, dass es sich bei Belzec nicht um ein Vernichtungslager, sondern um ein Durchgangslager handelte. Eines davon, datiert vom 17. März 1942, stammt aus der Abteilung für Bevölkerung und Sozialhilfe des Generalgouverneurs des Distrikts Lublin. Es handelt sich um einen Text von Fritz Reuter, einem Beamten dieser Abteilung, in dem er über ein Gespräch berichtet, das er am Vortag mit SS-Major Hermann Höfle, dem Beauftragten für die Umsiedlung der Juden im Gebiet Lublin, geführt hat. Der Text ist dem Werk von Mattogno entnommen:

> „... Im Verlauf des Gesprächs erklärte Hauptsturmführer Höfle folgendes: Es wäre wünschenswert, die im Distrikt Lublin ankommenden Transporte bereits am Herkunftsbahnhof in taugliche und untaugliche Juden zu unterteilen. Wenn es nicht möglich ist, diese Trennung auf dem Herkunftsbahnhof vorzunehmen, muss diese Trennung in Lublin vorgenommen werden. Alle arbeitsunfähigen Juden müssen nach Belzec, dem der Grenze am nächsten gelegenen Bahnhof im Bezirk Zamosz, gebracht werden.
> Hstuf. Höfle denkt an die Errichtung eines großen Lagers, in dem arbeitsfähige Juden nach ihren Berufen in einer Kartei erfasst werden können, um von dort angefordert zu werden.
> Piaski wird judenfrei und wird zur Sammelstelle für Juden, die das Reich verlassen.
> Trawniki ist derzeit nicht von Juden bewohnt.
> H. fragte, wo auf der Strecke Deblin-Trawniki 60.000 Juden ausgeladen werden könnten. H. wurde über die Judentransporte informiert, die derzeit von hier abfahren, und erklärte, dass von den 500 in Susiec ankommenden Juden diejenigen, die als arbeitsunfähig eingestuft wurden, aussortiert und nach Belzec geschickt werden könnten....
> Abschließend berichtete er, dass er täglich 4-5 Transporte mit 1.000 Juden zum Endbahnhof Belzec akzeptieren könne. Diese Juden würden die Grenze überqueren und niemals zum Generalgouvernement zurückkehren".

Wir stimmen mit Mattogno überein, was die Bedeutung dieses Dokuments betrifft. In seiner Paraphrase des Textes erklärt dieser revisionistische Forscher, dass Hermann Höfle der Stabschef von Odilo Globocnik war, dem SS-Kommandanten, der als erste Polizeibehörde im Distrikt Lublin fungierte. Die offizielle Geschichtsschreibung erkennt an, dass H. Höfle „den Bau des Vernichtungslagers Belzec und die Deportationen aus dem Distrikt Lublin dorthin" koordinierte. Außerdem geht die offizielle Version davon aus, dass am 17. März 1942, also dem in Reuters Bericht angegebenen Datum, die mörderischen Aktivitäten bereits begonnen hatten. Einmal mehr spiegelt der Text jedoch die Notwendigkeit wider, die arbeitsfähigen Juden als Arbeitskräfte einzusetzen. Der Gedanke, „ein Archiv nach Berufen" anzulegen, ist ein weiterer Beweis dafür, dass es keine Pläne zur Ausrottung gab. Es wäre absurd gewesen, Zeit mit diesen Formalitäten zu verschwenden, wenn man die Absicht gehabt hätte, alle Juden sofort nach ihrer Ankunft im Lager auszulöschen, wie die Propagandisten des Holocaust-Mythos behaupten. Schließlich geht aus dem Text hervor, dass Belzec als Stützpunkt für den Transfer von Juden über die Grenze dienen sollte, die nicht mehr zum Generalgouvernement zurückkehren wollten, was bedeutet, dass sie in die Ukraine, die Sowjetunion oder anderswo im Osten umgesiedelt werden sollten. Die Idee von Belzec als Durchgangslager wird also in diesem Dokument bekräftigt.

Ein zweiter Text vom 7. April 1942, der ebenfalls von Mattogno zitiert wird, bestätigt das oben Gesagte. Sein Verfasser ist Richard Türk, Leiter der

Abteilung für Bevölkerung und Sozialfürsorge des Landratsamtes Lublin. Der Bericht, der sich auf den Monat März bezieht, enthält einen Abschnitt mit dem Titel „Jüdische Umsiedlungsaktion des Polizeipräsidenten und der SS". Darin berichtet Türk über Treffen mit Höfle:

> „Unterbringungsmöglichkeiten, die sich auf Standorte entlang der Bahnlinie Deblin-Rejowiec-Belzec beschränken, wurden und werden mit dem Vertreter des Polizeipräsidenten und der SS erörtert. Es wurden alternative Möglichkeiten untersucht.
> Aus meinem Vorschlag ergibt sich eine grundsätzliche Übereinstimmung, dass, da die aus dem Westen kommenden Juden hier angesiedelt werden, die einheimischen Juden, wenn möglich, in ähnlicher Zahl evakuiert werden sollten. Der gegenwärtige Stand des Ansiedlungsprozesses ist, dass ca. 6.000 Juden aus dem Reich hier angesiedelt wurden, ca. 7.500 aus dem Landkreis und 18.000 aus der Stadt Lublin evakuiert wurden."

Der Bericht fährt mit einer Chronologie der Daten des Monats März fort, in der die durchgeführten Transporte, die Evakuierungsstädte, die Anzahl der Deportierten und die Ansiedlungsorte in den verschiedenen Bezirken aufgeführt sind. Diese und andere Anweisungen zur Umsiedlung von Juden aus dem Distrikt Lublin widersprechen der These, dass Belzec, Treblinka und Sobibor Lager waren, in denen die Juden sofort nach ihrer Ankunft vernichtet wurden. Was die Evakuierung von Juden aus Westeuropa betrifft, so zeigen Dokumente, dass zwischen dem 5. Mai und dem 28. November 1942 etwa 35.000 Menschen direkt in osteuropäische Gebiete deportiert wurden, ohne Transitlager zu durchlaufen, darunter Minsk, Maly Trostinec, südöstlich der weißrussischen Hauptstadt Riga, und Raasiki, eine estnische Stadt östlich von Tallinn.

In Bezug auf die Schließung des Durchgangslagers Belzec hat Carlo Mattogno ein Dokument mit dem Titel „Polizeiverordnung über die Einrichtung von Quartieren für Juden in den Bezirken Warschau und Lublin" vom 28. Oktober 1942 ans Licht gebracht. Ihr Verfasser war SS-General (Obergruppenführer) Friedrich Wilhelm Krüger, SS-Oberbefehlshaber, Chef der Polizei im Generalgouvernement und Staatssekretär für Sicherheitsdienste. Mit dieser Verordnung wurden zwölf Wohngebiete für Juden eingerichtet. Am 10. November 1942 richtete Krüger vier weitere Gebiete im Bezirk Radom, fünf im Bezirk Krakau, zweiunddreißig im Bezirk Galizien und zwei weitere in der Gemeinde Rawa Ruska ein. Kurz darauf trafen keine Züge mehr in Belzec ein, das laut der Holocaust-Geschichtsschreibung eigens als Vernichtungslager errichtet worden war.

Treblinka

Bevor wir uns den Ereignissen in Treblinka zuwenden, lohnt es sich, noch einmal darüber nachzudenken. Im ersten Teil des Kapitels XII, das sich mit der Verfolgung und Deportation der Juden befasst, haben wir gesehen, dass die Nazis zunächst entschlossen waren, die Auswanderung der Juden aus Deutschland mit allen Mitteln zu fördern: das Haavara-Abkommen, das

Ergebnis der Zusammenarbeit mit dem Zionismus, und die Konferenz von Evian sind gute Beispiele dafür. An die Stelle der Auswanderungspolitik traten Evakuierungs- und Vertreibungspläne, von denen der berühmteste, der Madagaskar-Plan, aufgegeben und durch Deportationen in den Osten ersetzt werden musste. Nach dem Einmarsch in die UdSSR im Juni 1941, ein halbes Jahr vor der Wannsee-Konferenz, begannen die Nazi-Hierarchen in der Überzeugung, dass der Blitzkrieg ihnen einen schnellen Sieg bescheren würde, wie es in Frankreich geschehen war, über die Deportation von Juden in die eroberten Gebiete der Sowjetunion nachzudenken.

Martin Broszat, in *Hitler und die Genesis der „Endlösung". Aus Anlaß der Thesen von David Irving* (*Hitler und die Genese der „Endlösung". Aus Anlass der Thesen von David Irving*), zitiert er einen Eintrag aus Goebels' Tagebuch vom 25. September 1941, in dem ein Gespräch mit Heydrich vermerkt ist. Darin heißt es: „Am Ende sollen sie alle in die von den Bolschewiken errichteten Lager transportiert werden". Carlo Mattogno und Jürgen Graf verweisen in *Treblinka: Vernichtungslager oder Durchgangslager* auf einen anderen Text vom 7. Oktober 1941, in dem dieselbe Idee wiederholt wird. Sein Verfasser, Werner Koeppen, einer der Verbindungsmänner Rosenbergs, verweist auf Hitlers eigene Worte: „Alle Juden müssen aus dem Protektorat (Böhmen und Mähren) evakuiert werden, und zwar nicht nur in das Generalgouvernement, sondern weiter nach Osten". Sechs Tage später, am 13. Oktober 1941, griffen Alfred Rosenberg und Hans Frank, Generalgouverneur der besetzten polnischen Gebiete, das Thema der Deportation der Juden aus dem Generalgouvernement auf. Das folgende Zitat ist ebenfalls dem Werk von Mattogno und Graf entnommen:

> „Der Generalgouverneur sprach dann über die Möglichkeiten der Deportation der jüdischen Bevölkerung des Generalgouvernements in die besetzten Gebiete im Osten. Reichsminister Rosenberg stellte fest, dass ihn bereits ähnliche Anfragen von der Militärverwaltung in Paris erreichten. Vorläufig sehe er jedoch noch keine Möglichkeit, solche Umsiedlungen durchzuführen. Er kündigte aber an, dass er selbst bereit sei, in Zukunft die Evakuierung von Juden in den Osten zu fördern...".

Mit anderen Worten, die Deportation der Juden des Protektorats und auch derjenigen, die in den Gebieten des Generalgouvernements lebten, nach Osten wurde bereits im Oktober 1941 ins Auge gefasst. Wie wir wissen, wurde auf der Wannseekonferenz am 20. Januar 1942 die „territoriale Endlösung" offiziell verkündet, d.h. der entschlossene Wille, die Juden aus allen Lebensbereichen des deutschen Volkes und seinen Gebieten zu vertreiben, wozu ihre Deportation nach Osteuropa angeordnet wurde. Da Chaim Wezmann, der Führer des internationalen Zionismus, Deutschland am 5. September 1939 im Namen des gesamten Judentums den Krieg erklärt hatte und ankündigte, dass sie im Lager der Demokratien kämpfen würden, verbot die Wannseekonferenz endgültig die jüdische Auswanderung, da sie als Gefahr in Kriegszeiten angesehen wurde. Die Politik der Auswanderung oder Vertreibung wurde somit durch die Deportation ersetzt, und der Madagaskar-Plan wurde am 10. Februar 1942 offiziell aufgegeben. Die Evakuierung der Juden in die Ostgebiete wird beschleunigt. Die Konzentration der aus verschiedenen Teilen Europas deportierten Juden im Generalgouvernement Polen, wo sie mit einheimischen Juden zusammengeführt wurden, war als vorübergehende Maßnahme gedacht, mit dem Ziel, sie alle, sobald es technisch möglich war, in weiter östlich gelegene Gebiete zu transportieren. Die Unmöglichkeit, den Krieg zu gewinnen, machte alle Pläne schnell zunichte.

Folglich bestreitet niemand, dass die Juden ihrer Bewegungsfreiheit beraubt und in Städten und Ghettos konzentriert wurden. Diejenigen, die arbeiten konnten, wurden je nach Bedarf zur Zwangsarbeit eingezogen. Diese Arbeit konnte außerhalb des Ghettos und manchmal auch innerhalb des Ghettos verrichtet werden. Die Tatsache, dass die Nazis die Juden als Architekten des Kommunismus ansahen, veranlasste einige Generäle, eine eiserne Faust zu empfehlen. Der Kampf gegen den Bolschewismus", so Feldmarschall Wilhelm Keitel in einer Direktive, „erfordert Härte und energische Maßnahmen, insbesondere gegen die Juden, die Hauptförderer des Bolschewismus. Die Politik der Deportation der Juden in den Osten wurde von Hitler im September 1941 beschlossen und begann im Oktober desselben Jahres. Dies geht aus einem Brief Himmlers an Arthur Greiser, den ehemaligen Vorsitzenden des Danziger Senats und Gauleiter von Posen, hervor. In diesem Schreiben vom 18. September 1941, das im Bundesarchiv in Koblenz aufbewahrt wird und aus dem Mattogno und Graf zitieren, schreibt Himmler:

> „Der Führer wünscht, dass Deutschland (Altreich) und das Protektorat so schnell wie möglich von Juden geräumt werden, und zwar von Westen nach Osten. Es ist daher meine Absicht, möglichst noch in diesem Jahr die Juden aus dem Altreich und dem Protektorat in einem ersten Schritt in die vor zwei Jahren ins Reich eingegliederten Ostgebiete zu transportieren, um sie im nächsten Frühjahr noch weiter nach Osten zu deportieren."

Dies ist ein weiteres Dokument, ein weiteres, das die wahren Absichten der Nazis zeigt. Der Deportationsbefehl wurde am 24. Oktober 1941 erlassen, und das endgültige Ziel der Deportierten sollten die Ostgebiete sein. Bei diesen Gebieten handelte es sich um das „Reichskommissariat Ostland", das in die vier Generalbezirke Estland, Lettland, Litauen und Weißrussland unterteilt war und dessen Zivilverwalter Heinrich Lohse war, sowie um das „Reichskommissariat Ukraine", das von Erich Koch verwaltet wurde. Beide unterstanden Alfred Rosenberg, dem Reichsminister für die besetzten Gebiete im Osten. Diese Gebiete hatten jedoch im Gegensatz zu den seit 1939 besetzten Gebieten des Generalgouvernements Polen gerade die katastrophalen Folgen des Krieges erlitten und waren noch nicht bereit, Hunderttausende von Juden aufzunehmen. Dies geht aus verschiedenen Mitteilungen und Telegrammen deutscher Beamter vor Ort hervor. Heinrich Lohse, „Reichskommissar" in Ostland, der über die Deportation von 50.000 Juden aus dem Protektorat und Deutschland nach Minsk und Riga informiert war, bat Rosenberg am 9. November, die Deportierten weiter nach Osten zu bringen.

Im Januar 1942 wendet sich der Stadtkommissar von Minsk, Wilhelm Janetzke, ohne Rücksprache mit Lohse, der ihn dafür rügt, und unter Umgehung des Dienstweges direkt an Rosenberg, um sich gegen die Deportationen auszusprechen und ihm mitzuteilen, dass sie eine Katastrophe bedeuten würden. In der Stadt, die in Trümmern lag, lebten etwa 100 000 Menschen. Unter diesen Bedingungen, bei klirrender Kälte und gefrorenem Boden, so Janetzke, „gab es keine Möglichkeit, die Bevölkerung oder die Juden zu ernähren", so dass es nicht möglich war, die Deportierten dort unterzubringen. Dies ist der Kontext, in dem die offizielle Geschichtsschreibung ihre These aufstellt, dass Treblinka, Belzec und Sobibor Lager waren, die einzig und allein der Ausrottung der europäischen Juden dienten.

Treblinka gilt nach Auschwitz als das zweitgrößte Vernichtungszentrum. Im Gegensatz zu Auschwitz und Majdanek, die offiziellen Historikern zufolge zu Tötungszentren wurden, nachdem sie als Konzentrationslager fungiert hatten, wurde Treblinka, wie auch Belzec, Sobibor und Chelmno (Kulmhof), theoretisch nur zum Zweck der Vernichtung von Juden betrieben. Wie sich zeigen wird, stützen sich die wichtigsten Beweise, die von Holocaust-Händlern zur Rechtfertigung einer solchen Behauptung vorgelegt werden, ausschließlich auf Zeugenaussagen; mit anderen Worten, die Geschichte von Belzec wird wiederholt.

Treblinka bestand aus zwei Lagern: Treblinka I und Treblinka II. Das erste, dessen Bauauftrag am 16. Dezember 1941 im *Amtsblatt der Generalregierung für den Distrikt Warschau* veröffentlicht wurde, lag zwei Kilometer vom zweiten entfernt und diente als Arbeitslager: Seine Häftlinge produzierten Kies in einem nahe gelegenen Steinbruch. Mit dem Bau von Treblinka II wurde Berichten zufolge im März 1942 begonnen. Es befand sich vier Kilometer von einem kleinen Dorf gleichen Namens und weniger als zwei Kilometer von der Burg entfernt und sollte das Zentrum der Massenvernichtung werden. Tatsächlich verkündet heute eine Steininschrift am Eingang des Lagers in mehreren Sprachen, dass dort zwischen Juli 1942 und August 1943 „mehr als 800.000 Juden" ermordet wurden.

Die These der Revisionisten über Treblinka ist die gleiche wie die, die sie für Belzec vertreten. Sie weisen darauf hin, dass Treblinka in erster Linie ein Durchgangslager war, das die Bevölkerung des Warschauer Bezirks aufnehmen sollte. Nach Angaben des Warschauer Judenrats wurden vom 22. Juli bis 9. Dezember 1942 263.243 Juden aus dem Warschauer Ghetto evakuiert, von denen 251.545 nach Treblinka deportiert und dort ermordet worden sein sollen. Weitere 11.315 angeblich arbeitsfähige Juden sollen in das Ghetto Treblinka I gebracht worden sein. Eugen Kulisher, ein Experte für Demografie und Migration, bestätigt, dass der Judenrat in Warschau am 22. Juli 1942 angewiesen wurde, täglich sechstausend Menschen auf die Evakuierung vorzubereiten. Interessanterweise räumt der Judenrat selbst ein, dass es seine eigenen, handverlesenen Ärzte waren, die entschieden, ob die am Tag der Evakuierung in die jüdischen Krankenhäuser eingelieferten Menschen entlassen werden konnten. Dass Treblinka ein Durchgangslager war, zeigt die Tatsache, dass alle Juden, die 1942 aus dem Warschauer Ghetto evakuiert wurden, drei Kilo Brot und ein Kilo Marmelade erhielten. Eine ziemliche Verschwendung in Zeiten des Krieges und der Knappheit, wenn die eigentliche Absicht darin bestand, sie bei ihrer Ankunft im Lager zu vernichten.

In den folgenden Monaten trafen im Warschauer Ghetto paradoxerweise Briefe und Postkarten von Deportierten ein, die an ihre Angehörigen schrieben. Einige kamen aus weißrussischen Städten wie Minsk, Brest Litovsk, Pinsk, Brzezc oder Babruisk, andere aus weiter östlich gelegenen polnischen Städten wie Bialystock, etwa sechzig Kilometer von der weißrussischen Grenze entfernt. Da die Verfasser der Briefe angeblich in Treblinka ermordet wurden, verbreiteten die Widerstandsorganisationen im Ghetto, die bereits mit den Gaskammergeschichten hausieren gingen, das Gerücht, dass diese von den Deutschen erfunden wurden, um die Juden zu täuschen. Der Widerstand bezeichnete diejenigen, die berichteten, Briefe erhalten zu haben, als Gestapo-Agenten. Die offizielle Geschichtsschreibung stützte später die These, dass die Postkarten und Briefe in Treblinka unter Zwang geschrieben wurden.

Verwirrung über die Methode der Vernichtung in Treblinka

Die Propaganda über Treblinka als Vernichtungslager begann im August 1942 zu entstehen. Zunächst wurde die Funktionsweise der Gaskammern nicht näher erläutert, und es war die Rede von giftigen Flüssigkeiten, die mit Gasen aus Auspuffrohren vermischt waren. Die ersten Berichte über den Massenmord in Treblinka erreichten London und wurden von der polnischen Exilregierung aufgegriffen. Es wurde bereits erwähnt, dass britisch-jüdische Agenten bald Druck auf das Außenministerium ausübten, das bereits im August über Informationen der Political Warfare Executive verfügte und wusste, dass sie alle falsch waren. Eines der von jüdischen Historikern am häufigsten zitierten Dokumente, das den Holocaust verkündet, wurde am 15. November 1942 von der Widerstandsbewegung im Warschauer Ghetto erstellt. Der betreffende Artikel mit dem Titel „Liquidation der Warschauer Juden", der ursprünglich auf Polnisch verfasst wurde, umfasst sechs Seiten in *Treblinka: Vernichtungslager oder Durchgangslager*, wo er vollständig wiedergegeben wird. Der Bericht ging am 6. Januar 1943 bei der polnischen Regierung in London ein und wurde, nachdem er ins Englische übersetzt worden war, weit verbreitet. Obwohl es sich um ein Referenzdokument handelt, weist es einen grundlegenden Fehler auf: Es besagt, dass die Juden in Dampfkammern getötet wurden. Yitzhak Arad, der als Experte für Treblinka gilt, verwendet und verändert es in seinem Buch über die Operation Reinhardt-Lager nach eigenem Gutdünken und hat kein Problem damit, die Dampfkammern in Gaskammern umzuwandeln. Im Folgenden werden wir den Text kommentieren und einige Auszüge zitieren.

Der Bericht beginnt mit einer Beschreibung des Ortes. Die beiden Lager werden als Treblinka A und Treblinka B bezeichnet. Fälschlicherweise wird behauptet, das erste Lager sei 1940 in Betrieb genommen worden. Laut diesem Dokument soll Treblinka B zwischen März und April 1942 von polnischen Gefangenen aus Treblinka A und Juden aus den umliegenden Dörfern errichtet worden sein. Ein weiterer großer Fehler betrifft die Größe von Treblinka B: Es wird angegeben, dass es 5.000 Hektar groß war, während es in Wirklichkeit nur etwas mehr als 13 Hektar groß war. Eine Nebenbahn verband das Lager mit der Haupteisenbahnlinie. Die Treblinka-Wachen, der „Lagerschutz", waren meist Ukrainer, die mit Maschinengewehren bewaffnet waren. Die Verfasser des Berichts stellen fest, dass es nur wenige Aufseher oder Exekutivbeamte gab und dass das „Schlachthaus" von einem SS-Major namens Sauer befehligt wurde, der einmal mehr als ein Monster dargestellt wird, das sogar seine eigenen Männer fürchteten. Alles in allem", so wird er zitiert, „sind es zehn Deutsche und dreißig Ukrainer". Was die Funktionsweise des „Schlachthofs" betrifft, so halten wir uns am besten an das Zitat:

> „... Ein großes Gebäude von ungewöhnlicher Form: es handelt sich um einen unvollendeten einstöckigen Ziegelbau, über 40 Meter lang und 15 Meter breit (als wir den Bericht über Treblinka B in der ersten Septemberhälfte erhielten, stand dieses Gebäude kurz vor der Fertigstellung). Die Deutschen begannen mit dem Bau des Gebäudes nach Beginn der Aktion, wahrscheinlich Mitte August, mit Hilfe von jüdischen Handwerkern, die unter den zur Ermordung nach Treblinka gebrachten Juden gesammelt wurden.... Einem Augenzeugenbericht zufolge sieht das Innere des Gebäudes wie folgt aus: In der Mitte verläuft ein drei Meter breiter Korridor. Auf jeder Seite gibt es fünf Kammern, jede Kammer ist etwa zwei Meter hoch und hat eine Fläche von 35 Quadratmetern. Die Hinrichtungskammern haben keine Fenster, aber Türen, die sich zum Korridor hin öffnen, und eine Art Aufzugstür an den Außenwänden.... In den Wänden wurden Rohre verlegt, aus denen Wasserdampf in die Kammern geleitet werden soll".

Im Folgenden wird ein zweites Gebäude beschrieben, das aus kleineren Blöcken als das vorherige besteht und drei Kammern aufweist, in die der Dampf durch Rohre aus einer Dampfkammer mit einem großen Tank eingeleitet wurde, in dem er erzeugt wurde. Der Boden der Kammern war mit einer Terrakotta-Beschichtung versehen, die ihn sehr rutschig machte, wenn Wasser darüber gegossen wurde. Der einzige Brunnen des Lagers befand sich im Freien, neben der Dampfkammer. Die Entleerung der Kammern und die Beerdigung der Leichen wurde von jüdischen Hilfskräften durchgeführt, die den Häftlingen, die als Kapos dienten, gehorchten. Was die Grausamkeit des SS-Chefs Sauer betrifft, so heißt es, dass er persönlich die Schwachen, die nicht arbeitsfähig waren, eliminierte:

> „Die Hinrichtungen fanden an einem besonderen Ort statt. Das Opfer stand über einer Grube und der Häuptling schoss ihm in den Hinterkopf. Das nächste Opfer musste in der Nähe stehen und den Körper des Toten in den Graben werfen, und wenig später teilte er das Schicksal seines Vorgängers. Diese jungen Juden sind so überwältigt, dass ihr Widerstandswille verschwunden ist, und andererseits ist der Terror der Deutschen so grausam, dass sie sich sogar den Tod wünschen, um die unmenschlichen Qualen nicht mehr ertragen zu müssen. An einem der ersten Septembertage ermordete der Leiter von Treblinka auf diese Weise 500 junge Juden, indem er einen nach dem anderen mit seiner Pistole erschoss; das Erstaunliche ist, dass kein einziger aus dieser Gruppe von Hunderten von

Männern versuchte, sich dem Tod zu widersetzen. Die Hinrichtung dauerte von 7:30 Uhr morgens bis 15:00 Uhr nachmittags."

Die Szenen der Einweisung der Opfer in die Kammern und der Hinrichtung sind denen von Belzec sehr ähnlich: Peitschenhiebe, Schläge und Stöße sind an der Tagesordnung, bis die Figur des unmenschlichen Monsters, das das Lager befehligte, wieder auftaucht:

> „Das Schluchzen und Wehklagen der Frauen zusammen mit den Schreien und Beschimpfungen der Deutschen stören die Stille des Waldes. Am Eingang zum Schlachthaus Nr. 1 steht der Häuptling selbst mit einer Peitsche in der Hand und schlägt sie kaltblütig. Er führt die Frauen in die Kammern. Die Böden sind glitschig. Die Opfer rutschen aus und fallen hin, sie können nicht mehr aufstehen, weil neue Opfer hereingebracht werden und auf sie drauffallen. Der Häuptling wirft kleine Kinder über die Köpfe der Frauen in die Kammern. Wenn die Hinrichtungskammern voll sind, werden die Türen fest verschlossen und der langsame Erstickungstod der Menschen beginnt, getragen vom Dampf, der aus den zahlreichen Schächten der Rohre aufsteigt. Zuerst hört man von draußen erstickte Schreie, die nach und nach verstummen, und fünfzehn Minuten später ist die Hinrichtung beendet".

Auch das Schauspiel, das im Zusammenhang mit der Räumung der Kammern und den Beerdigungsarbeiten beschrieben wird, unterscheidet sich kaum von dem in Belzec. Hier heißt es, dass die Leichen durch den Schweiß der Opfer zu einer homogenen Masse geworden sind: „In ihrem Todeskampf sind Arme, Beine und Rüssel zu einem gigantischen, makabren Knäuel verschlungen". Um ein solches Gewirr von Leichen zu trennen, um sie begraben zu können, muss kaltes Wasser über das Gewirr von menschlichen Körpern gegossen werden.

Schließlich wird in dem Bericht behauptet, das neue Schlachthaus ermögliche die Liquidierung von 8.000 bis 10.000 Menschen pro Tag: „Zwei Millionen Juden oder der größte Teil des polnischen Judentums, das bereits im Gebiet von Treblinka begraben ist, wurden ermordet". So wurde behauptet, dass in weniger als einem halben Jahr zehn Deutsche und dreißig Ukrainer mit Hilfe von Juden, die im Akkord arbeiteten, bevor sie ebenfalls ermordet wurden, zwei Millionen Menschen vernichtet hätten. Die gleiche Zahl wurde am 8. August 1943 von *der New York Times* verkündet, *die* unter Berufung auf einen Artikel in einer Londoner Zeitung die Nachricht mit folgender Schlagzeile meldete: „2.000.000 Murders Attributed to Nazis. Polnische Zeitung in London sagt, Juden werden im Schlachthaus Treblinka vernichtet". In der Unterzeile hieß es dazu: „Dem Bericht zufolge werden Männer, Frauen und Kinder an einem Ort im Wald mit Dampf getötet." Die polnische Zeitung in London war die *Polish Labor Fights*, die am 7. August 1943 den Bericht vom 15. November 1942 veröffentlicht hatte, über den wir gesprochen haben.

Dieser Bericht war die Mutter aller Berichte, denn die meisten der folgenden Berichte stützten sich auf ihn. Mit dem Einmarsch der Sowjets in Treblinka im August 1944 wurde auf dem Lagergelände eine forensische Militäruntersuchung durchgeführt, und es meldeten sich Zeugen und

Überlebende. Bald darauf wurde eine polnisch-sowjetische Untersuchungskommission gebildet, die bereits am 15. September 1944 einen Bericht über die Ergebnisse ihrer Untersuchungen vorlegte, dessen Kommentierung wir Ihnen ersparen wollen, um nicht noch mehr Zeit zu verlieren. Wir werden nur einige Zeugen erwähnen, da zwei von ihnen, Jankiel Wiernik und Samuel Rajzman, zu wichtigen Quellen für Raul Hilberg und Yitzhak Arad, die beiden etablierten Historiker des Holocaust, wurden.

Ende 1945 leitete der Richter Zdzislaw Lukaszkiewicz die Verhöre der Untersuchungskommission über die deutschen Verbrechen in Polen. Zu dieser Zeit herrschte noch ein großes Durcheinander: Dampf, Luftabsaugung, Chemikalien, Abgasleitungen... 1946 schrieb Lukaszkiewicz einen langen Artikel in polnischer Sprache mit dem Titel *Das Vernichtungslager Treblinka*, in dem er alle Beweise auf die Aussagen von dreizehn Juden stützte. Darunter befanden sich die Namen von Samuel Rajzman und dem unbeschreiblichen Jankiel Wiernik, dem Autor des berühmten Buches *Ein Jahr in Treblinka*. Wiernik wird in Nürnberg auch als Jakob Wernik zitiert.

Im Januar 1946 veröffentlichte Rachel Auerbach, ein Mitglied der Jüdischen Historischen Kommission, die nicht in Treblinka gewesen war, auf Jiddisch ein Buch, das auf Häftlingsberichten beruhte und aus dem nicht klar hervorging, was die Methode der Vernichtung war. 1979 veröffentlichte Alexander Donat, ein weiterer jüdischer KZ-Überlebender und Gründer von Holocaust Library Publications in New York, Auerbachs Werk auf Englisch unter dem Titel *In the Fields of Treblinka*. In ihrem Buch kritisierte Rachel Auerbach Vassili Grossman, der 1945 *The Hell of Treblinka (Die Hölle von Treblinka)* veröffentlicht hatte, ein Beispiel für propagandistischen Unfug, in dem die Zahl der Toten im Lager mit 3.000.000 angegeben wurde. Nach Ansicht von Auerbach gibt es keinen Grund zur Übertreibung, da die Zahl der Opfer nur 1.047.000 betrug.

Samuel Rajzman war 1946 immer noch nicht in der Lage, die Funktionsweise der angeblichen Gaskammern zu beschreiben. Am 27. Februar 1946 erschien er als Zeuge in Nürnberg und verwies auf die Gaskammern, konnte aber weder deren Aufbau noch die Art des Gases, das den Tod verursachte, genau beschreiben. Im selben Jahr verfasste Rajzman einen achtseitigen Bericht in polnischer Sprache mit dem Titel „Mein Aufenthalt in Treblinka", in dem er, ohne die Methode zu erläutern, angab, dass in Treblinka täglich 25.000 Menschen getötet wurden. Die Opfer, so Rajzman, seien wie eine Herde Schafe gemalt worden, die übereinander liefen, um ins Schlachthaus zu gelangen: „Als sie nackt zu den Gaskammern liefen, schlugen die Deutschen sie sehr hart; viele starben allein durch die Schläge. Alle drängten sich, um schnell in die Gaskammer zu kommen, denn die Ukrainer und die Deutschen schlugen extrem hart zu. Alle stürmten vorwärts. Der Raum war komplett mit Blut bedeckt.

Kohlenmonoxid ist auch ein Muss für Treblinka

Wie in Belzec, wo zunächst die halluzinatorische Geschichte von elektrischen Strömen verbreitet wurde, sich aber schließlich die Kohlenmonoxid-These durchsetzte, so hat sich auch in Treblinka diese Version durchgesetzt. Einige Historiker geben zu, dass die Methode der Dieselmotorabgase als Mittel zur Vernichtung von mehr als 1,5 Millionen Juden kaum glaubwürdig ist, aber sie weigern sich, den Revisionisten zuzustimmen und verachten die Berichte zweifelhafter Zeugen im Dienste der Propaganda.

Die Idee der in die Kammern eingeführten Auspuffrohre ohne Angabe des Motortyps, der das Gas erzeugte, wurde von Jankiel Wiernik aufgegriffen, der angab, vom 23. August 1942 bis zum 2. August 1943, dem Tag des Häftlingsaufstandes, in Treblinka gewesen zu sein. Im Mai 1944 veröffentlichte er auf der Grundlage des ursprünglichen Textes vom November 1942 einen Bericht über Treblinka in polnischer Sprache, der nach London geschickt wurde, wo er ins Englische übersetzt wurde, bevor er in die Vereinigten Staaten weiterreiste, wo er im selben Jahr veröffentlicht wurde. Im Dezember 1944 wurde er auch in Palästina gedruckt. Nachdem er bestätigt hat, dass zu den ursprünglichen drei Kammern zehn weitere hinzugekommen sind, gibt Wiernik unter einige Einzelheiten über die neuen Einrichtungen bekannt. Es folgt ein wichtiger Auszug aus *Treblinka: Exterminationslager oder Durchgangslager*:

> „Die neuen Bauarbeiten zwischen dem Lager Nr. 1 und dem Lager Nr. 2, an denen ich arbeitete, waren in sehr kurzer Zeit abgeschlossen. Es stellte sich heraus, dass wir zehn zusätzliche Kammern bauten, die geräumiger waren als die alten, 7 mal 7 Meter oder etwa 50 Quadratmeter. In einer Gaskammer konnten zwischen 1.000 und 1.200 Menschen eingepfercht werden. Das Gebäude war nach dem Korridorsystem konzipiert, mit fünf Kammern auf jeder Seite. Jede Kammer hatte zwei Türen, von denen eine zum Korridor führte und durch die die Opfer hineingingen; die andere führte nach draußen und diente zur Evakuierung der Leichen.... Auf der Vorderseite der Fassade befand sich ein Davidstern zur Landschaft hin, so dass das Gebäude wie eine alte Synagoge aussah...
> Der Motor, der das Gas in den Kammern erzeugte, war defekt, so dass die hilflosen Opfer stundenlang leiden mussten, bevor sie starben.... Wenn die Kammern geöffnet wurden, waren viele Opfer nur halb tot und mussten mit Gewehrkolben, Kugeln oder Tritten getötet werden.

Der wichtigste Unterschied zum Bericht vom 15. November 1942 besteht darin, dass Wiernik die Dampfkammern durch Gaskammern ersetzt. Die Tatsache, dass der Text von Wiernik in dem von der polnischen Regierung an das Nürnberger Tribunal übermittelten offiziellen Bericht über die deutschen Verbrechen, dem von den Sowjets vorgelegten Dokument UdSSR-93, enthalten war, veranlasste den sowjetischen Ankläger, Oberst L. N. Smirnow, ihn am 25. Februar 1946 zu zitieren. In dem Bericht der polnischen Regierung wurde jedoch nicht behauptet, dass es sich bei der Vernichtungsmethode um Abgase aus einem Motorauspuff handelte, wie Wiernik behauptet hatte. Tatsächlich verlas Smirnow in der Sitzung vom 19. Februar 1946 die Passage aus dem Text der polnischen Regierung, in der es noch hieß, dass die Vernichtungsmethode in

Belzec der Stromschlag war: „Unter dem Vorwand, die Menschen zum Bad zu bringen, wurden die Verurteilten entkleidet und in ein Gebäude gebracht, in dem der Boden auf besondere Weise elektrifiziert war; dort wurden sie getötet.

Richter Lukaszkiewicz, der die Verhöre leitete, war einer der ersten, der erkannte, dass die Methode des Massenmords durch Einleiten von Dampf in die Kammern völlig unglaubwürdig war. Bereits in seinem Bericht vom 29. Dezember 1945 verwarf er die lächerlichsten Methoden, die von den Zeugen berichtet wurden, und behielt nur diejenige bei, die er für am ehesten durchführbar hielt, d.h. die von einem Motor erzeugten Gase. Nach dem Erscheinen des Gerstein-Berichts, in dem von einem Dieselmotor die Rede war, hielten die Historiker an dieser Vernichtungsmethode fest, die sich schließlich auch in Treblinka durchsetzte. Gerald Reitlinger, Autor des Buches *Die Endlösung* aus dem Jahr 1956, räumte ein, dass „es schwer zu verstehen ist, wie Menschen mit Dampf vernichtet werden können". Wie in den Abschnitten über Belzec erörtert, widerlegte der Gerstein-Bericht den Bericht der polnischen Regierung, in dem von elektrischen Strömen für Belzec und Dampfkammern für Treblinka die Rede war, und wurde zum endgültigen Beweis für die offizielle Geschichtsschreibung, die die Version von Dieselmotorabgasen als Vernichtungsmethode für alle drei Lager übernahm.

Am 24. Dezember 1947 schrieb Eliyahu Rosenberg, der sich teilweise auf Gersteins Aussagen stützte, den „Tatsachenbericht. Das Todeslager Treblinka", in dem die Version von Dieselabgasen als Vernichtungsmethode wiedergegeben wird. Carlo Mattogno weist darauf hin, dass dieser Rosenberg-Text jedoch in den Archiven blieb, bis er 1987 im Demjanjuk-Prozess verwendet wurde. Mattogno fügt hinzu, dass sich Leon Poliakov 1951 auf den Gerstein-Bericht stützte, um in *Harvest of Hate* zu schreiben: „Dieser Beschreibung, die sowohl für Treblinka und Sobibor als auch für Belzec gilt, ist wenig hinzuzufügen. Die Einrichtungen wurden auf die gleiche Weise gebaut und verwendeten Kohlenmonoxiddämpfe aus Dieselmotoren als Todesursache. Einige Jahre später wies auch Reitlinger auf diese Methode der Vernichtung in allen drei Lagern hin. Als Raul Hilberg und Yitzhak Arad später ihre Werke schrieben, hatte die Kohlenmonoxid-Version also bereits den Status einer sicheren historischen Tatsache erlangt.

Wir müssen einige Zeilen Friedrich Paul Bergs *The Diesel Gas Chambers: Ideal for Torture - Absurd for Murder (Die Diesel-Gaskammern: Ideal für Folter - Absurd für Mord)* widmen, einer ausgezeichneten fünfunddreißigseitigen Studie, die ein Kapitel in *Dissecting the Holocaust*, Germar Rudolfs Kompendium der besten revisionistischen Forschungen, einnimmt[9]. Fritz Berg, ein Automobilingenieur, entlarvt in seinem Werk den irrationalen und inkohärenten Unsinn der Wahl von Kohlenmonoxid als Methode der Massenexekution. Da die Nazis nicht dumm waren - und ihre Gegner sind die ersten, die das zugeben -, hätten sie niemals eine so verrückte

---

[9] Leser, die den vollständigen Artikel lesen möchten, können ihn über das *Journal of Historical Review* abrufen, das ihn als PDF-Datei veröffentlicht hat. In *Treblinka: Extermination Camp or Transit Camp* widmen Jürgen Graf und Carlo Mattogno der tadellosen Arbeit von Fritz Berg ebenfalls einige Seiten zur Kommentierung.

Methode gewählt, um ihre Feinde zu liquidieren. Wenn es stimmt, wie die offizielle Geschichtsschreibung behauptet, dass die Vernichtung der Juden eines der grundlegenden Ziele des Dritten Reiches war, ist es logisch zu denken, dass sie gründlich geplant und ein sicheres und wirksames Mittel gefunden worden wäre. Die Studie von Fritz Berg zeigt, dass die gewählte Methode so absurd ist wie der Versuch, Fliegen mit Steinschleudern zu fangen.

Berg argumentiert, dass die Deutschen, wenn sie wirklich die Auspuffrohre eines Motors für die Massenvergasung hätten verwenden wollen, mit Sicherheit einen Benzinmotor verwendet hätten, da dieser mehr Kohlenmonoxid und viel weniger Sauerstoff produziert. Der Ingenieur konzentrierte sich bei seiner Arbeit auf die beiden damals existierenden Typen von Dieselmotoren und wählte, natürlich denjenigen, dessen Abgase den höchsten Anteil an Kohlenmonoxid (CO) enthielten. Bei Leerlaufdrehzahl produzierte dieser Motor etwa 0,03 % CO, während er bei hohen Drehzahlen seine Emissionen auf 0,4 % erhöhte. Nach den Gesetzen der Toxikologie würde ein Mensch, der dieser Kohlenmonoxidkonzentration ausgesetzt ist, nach fast sechzig Minuten sterben, vorausgesetzt, der Dieselmotor kann eine Stunde lang mit Vollgas betrieben werden. Außerdem erzeugt ein Dieselmotor eine große Menge an überschüssiger Luft, nämlich 18 % Sauerstoff bei Leerlaufdrehzahl (die Luft, die wir atmen, enthält 21 % Sauerstoff und 78 % Stickstoff). Im Gegensatz dazu enthalten die Abgase eines Benzinmotors 7 % Kohlenmonoxid und 1 % Sauerstoff. Fritz Berg weist darauf hin, dass der CO-Gehalt eines Benzinmotors durch eine entsprechende Veränderung des Vergasers um bis zu 12 % erhöht werden kann.

In seiner Paraphrase der Studie von Fritz Berg weist Carlo Mattogno darauf hin, dass während des Krieges die Benzinknappheit eines der Hauptprobleme der Deutschen war. Um dieses Problem zu lindern, wurden alle Dieselfahrzeuge per Gesetz mit Generatoren ausgestattet, die Gas aus Kohle oder Holz erzeugten. Dieses erzeugte Gas enthielt bis zu 35 % CO. Berg weist darauf hin, dass Hunderttausende dieser wirklich giftigen Generatoren in Deutschland und den besetzten Gebieten in Betrieb waren und dass diese Technologie, die effizienter gewesen wäre, den deutschen Politikern damals sehr wohl bekannt war. „Es ist absurd zu glauben", schreibt Berg, „dass jemand mit einem Minimum an technischem Wissen versuchen würde, die Abgase eines Dieselmotors zum Töten zu verwenden, wenn der Gasgenerator selbst tausendmal tödlicher war!"

Treblinka, ein sagenumwobenes Lager, in dem alles möglich ist

Als die Sowjets in Treblinka eintrafen, führten sie zwischen dem 15. und 23. August 1944 in Treblinka I und Treblinka II gerichtsmedizinische Untersuchungen und Untersuchungen durch. Nach der Exhumierung von mehreren hundert Leichen wurde ein Bericht erstellt, der zu dem Schluss kam, dass in dem Lager drei Millionen Menschen ermordet worden waren. Samuel Rajzman, dessen Aussage vom 27. Februar 1946 vor dem Nürnberger Tribunal es wert wäre, wiedergegeben zu werden, wenn wir den Platz dafür hätten, konnte der Untersuchungskommission bereits im September 1944 die genaue Zahl und Nationalität der Opfer nennen. Diesem Zeugen zufolge, der ebenso dreist wie Jankiel Wiernik war, gab es geheime Gruppen, die eine gründliche Durchsuchung der Kontingente von Juden, die aus verschiedenen Ländern Europas im Lager ankamen, durchführten. Die Milchmädchenrechnung von Rajzman lautet: 120.000 Juden kamen aus Deutschland, davon 40.000 Österreicher; aus Polen 1.500.000; aus der Tschechoslowakei 100.000; aus Russland 1.000.000; aus Bulgarien und Griechenland 15.000.... Wir werden uns daher nicht damit aufhalten, diese unmöglichen Zahlen zu kommentieren oder zu widerlegen.

Es lohnt sich, darüber nachzudenken, dass die Deutschen nicht nur die unzulänglichste und unwirksamste Methode gewählt haben, um dieses gigantische Gemetzel durchzuführen, sondern auch nicht daran gedacht haben, Krematorien zu bauen, um Hunderttausende oder Millionen von Leichen zu entsorgen. Kann jemand glauben, dass die Deutschen ein Vernichtungslager gebaut haben, ohne sich dieser zwingenden Notwendigkeit bewusst zu sein? Wie ist es möglich, dass es in Konzentrationslagern wie Mauthausen, Dachau, Buchenwald, Sachsenhausen, Rabensbrück und so vielen anderen Krematorien gab, aber nicht in Treblinka, das angeblich ein „reines Vernichtungslager" war? Laut Arad erkannte nur der scharfsinnige Himmler den Planungsfehler im Jahr 1943:

> „Bei seinem Besuch des Lagers Ende Februar oder Anfang März 1943 war Himmler überrascht, dass in Treblinka die Leichen von etwa 700.000 ermordeten Juden noch nicht verbrannt worden waren. Die Tatsache, dass unmittelbar nach diesem Besuch mit der Einäscherung begonnen wurde, lässt darauf schließen, dass Himmler, dem die Beseitigung der von Nazi-Deutschland begangenen Verbrechen sehr am Herzen lag, persönlich die Einäscherung der Leichen anordnete. Zu diesem Zweck wurde im Vernichtungsbereich des Lagers ein Platz eingerichtet.

Yitzhak Arad selbst berichtet, wie die Leichen nach dem Ablegen in den Gräben platziert wurden:

> „Die Leichen wurden zur Bestattung in Reihen aufgestellt. Um Platz zu sparen, wurden sie mit den Füßen auf die Köpfe gestellt. Jeder Kopf lag zwischen den Füßen von zwei anderen Leichen und jedes Fußpaar zwischen zwei Köpfen. Zwischen den Schichten von Leichen wurde Sand oder Bleichmittel gestreut. Etwa die Hälfte des Bestattungsteams arbeitete im Inneren der Gruben und legte die Leichen hinein, während die andere Hälfte die Leichenschichten mit Sand bedeckte. Wenn der Graben voll war, wurde er mit Erde bedeckt und eine weitere Grube geöffnet.

Obwohl Hilberg die Zahl der Opfer auf 750.000 und andere Vernichtungsforscher auf 800.000 beziffern, bestehen die *Enzyklopädie des Holocaust* und ein Großteil der offiziellen Geschichtsschreibung darauf, dass zwischen 860.000 und 870.000 Leichen in Treblinka vergraben wurden, bevor sie verbrannt wurden. Wenn das stimmt, wurden also in vier oder fünf Monaten, zwischen März und Juli 1943, diese sagenhaften Mengen an verrottenden, verwesenden Leichen ausgegraben, auf großen Grills geröstet, die Knochen zermahlen und die Asche wieder vergraben. Über die gigantische Aufgabe, Zehnmillionen von Knochen zu pulverisieren, schreibt Raul Hilberg in seinem monumentalen Werk *Die Vernichtung der europäischen Juden*, das eintausend dreihundert Seiten in drei Bänden umfasst, kaum einen Absatz. Yitzhak Arad hingegen gibt sich ein wenig mehr Mühe, die Vorgänge zu beschreiben. Lesen wir seine Version:

> „Die Verbrennung der Leichen fand Tag und Nacht statt. Die Leichen wurden tagsüber getragen und auf die großen Roste gelegt, und wenn es Nacht wurde, wurden sie angezündet und die ganze Nacht verbrannt. Als das Feuer gelöscht war, lagen nur noch Skelette oder Knochen auf den Gittern verstreut und darunter ein Haufen Asche. Eine andere Gruppe von Häftlingen, die so genannte „Aschkolonne", hatte die Aufgabe, die Asche aufzusammeln und die Reste der verkohlten Knochen von den Gittern zu entfernen und sie auf Aluminiumbleche zu legen. Mit runden Holzstöcken wurden die Knochen in kleine Fragmente zerschlagen. Diese wurden dann durch ein Drahtgitter gefiltert. Knochenfragmente, die nicht durchkamen, wurden zur erneuten Zerkleinerung aussortiert. Die unzureichend verbrannten Knochen, die nicht zersplitterten, wurden wieder ins Feuer geworfen und zusammen mit neuen Leichenstapeln erneut verbrannt."

In den siebenundzwanzig von CODOH (Committee for Open Debate on the Holocaust) produzierten *One Third of the Holocaust-Videos* sind zwei davon, Nr. 23 mit einer Länge von etwa sechs Minuten und Nr. 24 mit einer Länge von mehr als sieben Minuten, der Untersuchung der tatsächlichen Möglichkeiten der Einäscherung der Leichen und der Zerkleinerung der Skelette gewidmet. Dabei werden die Angaben der Zeugen, wie sie in der offiziellen Geschichtsschreibung festgehalten sind, genauestens befolgt. Arad beschreibt, dass die Eisenbahnschienen auf 70 Zentimeter hohen Betonsockeln standen. Die CODOH-Ermittler legen also eine große Lammkeule auf einen Grill, der sich in dieser Höhe über dem Boden befindet, füllen den Raum mit Holzscheiten bis zur Höhe des Grills, etwa 21 Kilo Brennholz, bespritzen das Fleisch und die Scheite mit Benzin und zünden es an. Nach dreißig Minuten ist der Holzstapel geschrumpft und es ist ein Zwischenraum zwischen dem Grill und dem Feuer entstanden, das das Fleisch nicht mehr vollständig erreicht und nur noch am Boden verbrennt. Nach einer Stunde Brenndauer ist das Holz fast aufgebraucht und nur noch die Glut brennt einen halben Meter vom Fleisch entfernt. Der untere Teil der Lammkeule ist geschwärzt, aber wenn man den oberen Teil mit einem Messer anschneidet, ist er roh. Da die Bedingungen nicht optimal waren: Es war windig und die Flammen hatten keine gute Wirkung auf den Grill, so dass man beschloss zu warten, bis es weiß war, was in der Nacht geschah. Der Betrieb wurde dann ohne Wind und mit zweiundvierzig Kilo Holz fortgesetzt, also der doppelten Menge, die nicht nur unter dem Grill, sondern auch an den Seiten platziert wurde. Darüber hinaus wird das Feuer mit weiteren zwanzig Kilo Holzscheiten gespeist, so dass das Feuer die Keule permanent umhüllt. Hundertzwanzig Minuten später, also insgesamt drei Stunden, ist das Fleisch schließlich verkohlt. In Indien, wo die Einäscherung von Leichen üblich ist, werden die Körper direkt auf das Holz gelegt, so dass sie beim Verbrennen des Holzes abgesenkt werden und immer in Kontakt mit dem Feuer und der Glut sind.

Das folgende Video wurde am nächsten Tag gedreht. Das kalte, verkohlte Bein wird auf ein Metallblech gelegt und mit Holzhämmern zerschlagen, ähnlich denen, die Arad beschrieben hat. Die Knochen brechen leicht, bis der innerste Teil des Beins ein gutes Stück Fleisch aufweist, das sich nicht in Asche verwandeln kann und sich durch die Schläge des Hammers abflacht. Die Autoren des Videos laden uns dann ein, über die Bedingungen nachzudenken, unter denen die Einäscherungen in Treblinka angeblich durchgeführt wurden, wo die Flammen aufgrund von Luftmangel nicht durch die Leichen dringen konnten, die zu riesigen Haufen von mehr als dreitausend Leichen aufgeschichtet waren.

Andererseits, wie lange würde es dauern, 860.000 Skelette von Hand zu pulverisieren? In dem fabelhaften Lager Treblinka konnten dreißig Ukrainer und zehn Deutsche die jüdischen Häftlinge anleiten und kontrollieren, die in etwas mehr als vier Monaten und vor ihrer Ermordung nicht nur die Knochen der Opfer zerkleinerten, sondern auch genug Zeit hatten, um alle oben beschriebenen kolossalen Operationen mit großer Kompetenz durchzuführen. Zwischen Oktober 1964 und September 1965 fand in Düsseldorf der Treblinka-Prozess statt. Dort muss man erkannt haben, dass die Version von den dreißig Ukrainern und zehn Deutschen nicht glaubwürdig war, und so wurde im Urteil festgestellt, dass die Deutschen vierzig und die Ukrainer hundertzwanzig waren.

Die meisten der Unwahrscheinlichkeiten, die im Fall Belzec betrachtet wurden, tauchen in Treblinka wieder auf. Die Fragen sind dieselben: Wie viele Gruben wurden benötigt, um so viele Leichen zu begraben, und wie groß mussten sie sein; wo befanden sie sich im Lager; wie viele Grills gab es; wie viele Leichen wurden darin verbrannt und wie wurden sie platziert; woher kam das Holz, wie kam es ins Lager und wie viel wurde benötigt; wie viel Asche hätte die Verbrennung ergeben, usw.... All diese Fragen werden von Jürgen Graf und Carlo Mattogno sowie von Arnulf Neumaier behandelt, dem diese beiden Autoren ihr unverzichtbares Buch über Treblinka widmen. Neumaiers *Der Holocaust von Treblinka* gilt als Meilenstein der wissenschaftlichen Erforschung des berüchtigten „Vernichtungslagers", weshalb Germar Rudolf es in *Dissecting the Holocaust* vollständig veröffentlicht. Interessierten Lesern stehen diese Monographien über Treblinka zur Verfügung. Wir werden diese Fragen nur kurz anreißen, da das Ziel unserer Arbeit allgemeiner ist und wir es uns nicht leisten können, anders vorzugehen.

1965 musste das Kassationsgericht in Düsseldorf in seinem Urteil zugeben, dass die Anzahl und Größe der Gräber nicht festgestellt werden konnte, da die Versionen voneinander abwichen. Es kam jedoch zu dem Schluss, dass man davon ausgehen kann, dass sich in jedem Grab etwa 80.000 Leichen befanden. Eliyahu Rosenberg machte jedenfalls genaue Angaben und sagte, die Gräber seien 120 Meter lang, 15 Meter breit und 6 Meter tief. Nach den Berechnungen der Forscher würde jedes dieser gigantischen Gräber 79.200 Leichen aufnehmen, bevor sie eingeäschert werden, was elf Massengräber dieser

Größe mit einer Fläche von 19.200 Quadratmetern erfordern würde. Die Gesamtfläche von Treblinka II betrug 14.000 Quadratmeter. Da die Forscher in ihrer oben erwähnten Arbeit nichts unversucht gelassen haben, sei am Rande erwähnt, dass die Aushebung von elf Gräbern dieser Größe 118.800 Kubikmeter Erde ergeben hätte, genug, um die gesamte Fläche des Lagers mit einer ein Meter hohen Schicht zu bedecken.

Über die enorm komplexen Probleme der Einäscherung von 860.000 Leichen auf Grills ist schon viel geschrieben worden, aber wir können nicht umhin, einige dieser Unsinnigkeiten zu kommentieren. Konnilyn G. Feig, eine in den USA geborene jüdische Historikerin, behauptet, dass die Organisatoren des Massakers beschlossen, einen „Experten" namens Herbert Floss ins Lager zu holen, der die geniale Idee hatte, vier 76 Zentimeter hohe Betonpfeiler zu errichten, um „ein 19 Meter langes und 1 Meter breites Rechteck" zu bilden, das von den Häftlingen als „Rotisserie" bezeichnet wurde, so Feig, die hinzufügt, dass ein Zeuge aussagte, dass die primitiven Grills 2.600 Leichen aufnehmen konnten. Feig erklärt, dass Floss herausgefunden hat, dass „alte Körper besser brannten als neue, dicke besser als dünne, Frauen besser als Männer und Kinder nicht so gut wie Frauen, aber besser als Männer". Auf der Grundlage dieser anthologischen Entdeckung ordnete Floss daher an, dass die Leichen dicker Frauen am Fuß des Rostes aufgereiht werden sollten, und die Leichen wurden weiterhin nach diesen Kriterien platziert. In Anbetracht der Tatsache, dass die Leichen zuvor ausgegraben worden waren und der Gestank der Verwesung unerträglich gewesen sein muss, ist es schwer zu verstehen, wie man Zeit mit einem solchen Unsinn vergeuden konnte. Carlo Mattogno kommentiert: „Die Idee, dass Himmler, der über die besten Ingenieure und Techniker auf dem Gebiet der Kremation verfügte - wie die der Firmen J. A. Topf & Söhne (Erfurt), Hans Bori (Berlin) und Didier Werke (Berlin), die Krematorien für alle deutschen Konzentrationslager geliefert hatten -, einen Niemand namens Herbert Floss nach Treblinka schickte, ist unverständlich".

Laut Jankiel Wiernik, dessen Zeugenaussage vom Düsseldorfer Gericht ausführlich gewürdigt wurde, gab es zwei Gitter, auf deren Betonpfeilern fünf oder sechs Schienen von 25 bis 30 Metern Länge verlegt waren. Die offizielle Version, die sich durchgesetzt hat, besagt, dass die beiden Gitter 30 Meter lang und 3 Meter breit waren. Die Einäscherung soll von Anfang April bis Ende Juli 1943 stattgefunden haben, so dass in 122 Tagen theoretisch 860.000 Leichen verbrannt wurden, was einer täglichen Verbrennung von 7.000 Leichen zwischen den beiden Gittern entspricht. In *Ein Jahr in Treblinka* würzt Wiernik das Spektakel mit einer Vorstellung von der inneren Bosheit der Henker, die er als ein Heer betrunkener darstellt: „Die Deutschen", schreibt er, „standen mit satanischem Lächeln herum, voller Genugtuung über ihre verrückten Taten, stießen mit erlesenen Getränken an, aßen und vergnügten sich in der Hitze des Feuers."

Am 27. November 1986 wurde *in der Schenectady Gazette* in New York ein Artikel von Arnulf Neumaier veröffentlicht, wonach in Indien täglich 6.433 Tonnen Holz für die Einäscherung von 21.000 Leichen benötigt werden, was 306 Kilo pro Leiche entspricht. Es sei darauf hingewiesen, dass bei indischen

Beerdigungszeremonien die Leichen, wie oben erwähnt, einzeln auf dem Holz liegen, damit die Belüftung und andere Bedingungen für die Einäscherung angemessen sind. In *Treblinka: Vernichtungslager oder Durchgangslager* stellt Carlo Mattogno das Ergebnis seiner Berechnungen vor. Er beschließt, die Schätzung auf der Grundlage einer 45 kg schweren Leiche vorzunehmen, für die etwa 160 kg Holz benötigt werden. Für die Verbrennung von 3.500 Leichen, also der Hälfte der hypothetisch täglich verbrannten 7.000 Leichen, wären also 560.000 Kilo Holz erforderlich. Aufgrund der räumlichen Gegebenheiten unter dem Grill passen jedoch nur 30.780 Kilogramm Holz hinein, was 8,8 Kilogramm pro Leiche entspricht. Das heißt, anstatt zu essen, zu trinken und die Wärme des Feuers zu genießen, müsste man ständig damit beschäftigt sein, das Feuer zu füttern, was eine Annäherung an ein gigantisches Lagerfeuer erfordern würde: Nach Zeugenaussagen erreichte der Haufen von Leichen, die schichtweise auf den Grills aufgeschichtet waren, eine Höhe von mehr als acht Metern, obwohl einer von ihnen, Szyja Warszawski, angibt, dass er eine Höhe von sechzehn Metern erreichte. Er erklärt natürlich nicht, wie es ihnen gelungen ist, die Leichen oben auf den Haufen zu legen. Kurz gesagt: Um 860.000 Leichen mit einem Gewicht von 45 Kilogramm zu verbrennen, wären 139.200.000 Kilo Holz erforderlich. Die angehäufte Asche würde 13.000 Tonnen betragen, die ein Volumen von 36.500 Kubikmetern einnehmen würden.

Wie im Fall von Belzec zeigen Luftaufnahmen, die zwischen Mai und November 1944 in der Umgebung von Treblinka gemacht wurden, dass es keine Abholzung gab: Im Norden und Osten erschien ein dichter Wald von 100 Hektar, von dem ein Hektar auf das Lager selbst entfiel. Heute ist die Umgebung von Treblinka von Fichtenwäldern umgeben. Es stellt sich die gleiche Frage wie in Belzec: Woher hatte die Lagerverwaltung die 139.200 Tonnen Holz, die für die Verbrennung der Leichen benötigt wurden? Zeugenaussagen zufolge gab es ein „Holzfällerkommando", das die Wälder fällte, um das für die Einäscherungen benötigte Holz zu beschaffen, doch um die erforderlichen Tonnen zu erhalten, hätten 278 Hektar Wald abgeholzt werden müssen. Nach der offiziellen Geschichtsschreibung wurde erst bei Himmlers angeblichem Besuch in Treblinka im März 1943 beschlossen, dass die Leichen ausgegraben und verbrannt werden sollten. Es ist daher davon auszugehen, dass die Holzversorgung erst danach zu einer Notwendigkeit wurde. Richard Glazar gibt in *Trap with a Green Fence* (1995) an, dass das „Holzfällerkommando" aus fünfundzwanzig Männern bestand. Wenn das stimmt, hätten zwei Dutzend Männer mehr als tausend Tonnen Holz pro Tag schlagen und ins Feld transportieren müssen. Wir sehen also, dass auf eine Unmöglichkeit eine weitere Unmöglichkeit folgt.

Leider haben sich die Gerichte trotz aller technischen und wissenschaftlichen Beweise wie die offizielle Geschichtsschreibung verhalten, da alle ihre Urteile auf den Aussagen von Überlebenden beruhten. In den zahlreichen Prozessen gegen „Nazi-Verbrecher" in Deutschland wurde trotz des Fehlens von Dokumenten und materiellen Beweisen davon ausgegangen, dass Millionen von Menschen vergast wurden, weil Zeugen und Angeklagte dies bezeugten. Von den Zeugenaussagen derjenigen, die sich schuldig bekannten, haben wir bereits die des berühmten Kurt Gerstein kommentiert, und später werden wir Gelegenheit haben, auf Rudolf Höss einzugehen. Vor dem Düsseldorfer Tribunal über Treblinka, wie auch bei den Nürnberger Prozessen, bestand die Dynamik der Anwälte darin, ihren Angeklagten zu raten, die von den Zeugen geschilderten Tatsachen anzuerkennen und sich auf die Befehle ihrer Vorgesetzten zu berufen, denen sie die Verantwortung übertragen mussten. Im Abschnitt über Belzec haben wir den Fall von Josef Oberhauser gesehen, der, obwohl er der Beihilfe zum Massenmord an 300.000 Menschen für schuldig befunden wurde, wegen seiner kooperativen Haltung nur zu viereinhalb Jahren Gefängnis verurteilt wurde. In den Lagerprozessen folgten die Angeklagten im Allgemeinen den Anweisungen der Anwälte und gaben ausnahmslos ihre Beteiligung an der Ermordung jüdischer Männer, Frauen und Kinder in industriellem Ausmaß zu. Sie wussten, dass sie, wenn sie dies nicht taten, wenn sie hartnäckig leugneten, was man von ihnen verlangte, nur härtere Strafen bis hin zur Todesstrafe erwarten konnten.

Der Prozess gegen John Demjanjuk in Jerusalem

Ein Beispiel für die Unzuverlässigkeit von Zeugen ist der Prozess in Jerusalem zwischen 1987 und 1988 gegen John Demjanjuk, den mehrere Überlebende als „Iwan den Schrecklichen" identifizierten. Dem zionistischen Staat war es im Februar 1986 gelungen, die Vereinigten Staaten dazu zu bringen, ihm die amerikanische Staatsbürgerschaft zu entziehen und ihn an Israel auszuliefern. Während der vierzehnmonatigen Dauer des Prozesses rückte Treblinka in den Mittelpunkt des Weltinteresses. Das israelische Gericht, das sich aus den Richtern Dov Levin, Zvi A. Tal und Dalia Dorner zusammensetzte, akzeptierte die Zeugenaussagen als Beweismittel und stellte fest, dass Demjanjuk die Gaskammern, in denen zwischen Juli 1942 und August 1943 mehr als 850.000 Juden ermordet wurden, betrieben hat, und verurteilte ihn im April 1988 zum Tode.

Dank des Beitrags von Dr. Miroslav Dragan hatten Jürgen Graf und Carlo Mattogno Zugang zum Urteilsdokument des „Strafverfahrens 373/86, Staat Israel gegen Ivan (John) Demjanjuk". Zeugen schilderten ihn als ein brutales Wesen, das gerne Opfer folterte. Einer von ihnen, Pinchas Epstein, erkannte ihn als den Mann, der die Maschine bediente. Laut Epstein erschien Demjanjuk, wenn die Gaskammern geleert wurden, und verhielt sich folgendermaßen:

> „Manchmal tauchte er mit einem Dolch auf, manchmal mit einem Bajonett und schlug Schädel ein, schnitt Ohren ab, misshandelte Gefangene, es ist absolut unglaublich, unfassbar. Er stand neben den Leichen und sah sie an. Ich meine, verehrtes Gericht, es war schrecklich, die Leichen zu sehen, als sie aus den Kammern geholt wurden. Menschen mit zertrümmerten Gesichtern, Menschen mit Messerwunden, schwangere Frauen mit Wunden im Bauch, Frauen mit hängenden Föten, junge Mädchen mit Stichwunden in der Brust, mit ausgestochenen Augen.... Er stand da und betrachtete das Ergebnis seiner Tat.... Er stand da und genoss die Szene.... Er war immer in meiner Nähe, nur ein paar Meter entfernt... Er war immer in meiner Nähe, nur ein paar Meter entfernt... Er

hat die Gefangenen geködert, er hat eine Nase abgeschnitten, er hat jemanden am Kopf verwundet... Fast eine Million Menschen, Seelen, wurden abgeschlachtet, Kinder, alte Menschen, Babys... Weil sie Juden waren. Dieser Iwan war ein Ungeheuer von einem anderen Planeten."

Eliyahu Rosenberg identifizierte Demjanjuk ebenfalls als den Satan von Treblinka. Seine Aussage ist ebenfalls in dem Urteil des Jerusalemer Gerichts enthalten. Rosenberg sagte, er habe ihn jeden Tag gesehen, wenn er auf der Rampe arbeitete und neue Judentransporte zur Vernichtung eintrafen. Wie Pinchas Epstein schrieb auch dieser Zeuge Demjanjuk bestialische Handlungen zu, fügte aber hinzu, dass er sie auch beim Betreten der Gaskammern beging: „...ich sah auch, dass er ein Messer hatte, ich sah ihn mit diesen zerstörerischen Instrumenten und wie er die Opfer am Eingang zu den Gaskammern schlug, bestrafte, schnitt". In seinem Bestreben, den angeblichen Iwan den Schrecklichen so weit wie möglich zu verunglimpfen, erzählte Rosenberg dem Gericht Folgendes:

„Ich war auf der Rampe, wir hatten die Leichen aus den Gaskammern geholt. Ivan kam aus seiner Kabine. Er sah, dass ich da war, der Platz war voller Leichen, er sagte zu mir:.... Zieh deine Hose runter... leg dich mit ihr hin... Ich verstand sofort... Lefler (einer der SS-Männer) stand dort. Er stand da und sah zu. Ich rannte zu ihm und sagte auf Deutsch: 'Iwan will, dass ich mit einer toten Frau Sex habe'. Dann drehte er sich zu ihm um und wies ihn zurecht. Iwan sagte nur zu mir (auf Russisch): 'Ich gebe sie dir zurück'. Er gab sie mir zurück und fand die Gelegenheit."

Carlo Mattogno und Jürgen Graf geben noch die Aussage eines dritten Zeugen, Yehiel Reichmann, wieder, der dem Urteil zufolge vor dem Gericht in Jerusalem die folgende Aussage gemacht hat

„Ich möchte erzählen, was mit meinem Freund Finkelstein in der Nähe des Brunnens geschah. Während ich noch mit ihm, mit Finkelstein, Zähne putzte, kam dieser Ashmadai (Teufel) Ivan mit einer Bohrmaschine, um Löcher zu graben. Er drehte den Bohrer auf Finkelsteins Gesäß und sagte zu ihm: „Wenn du schreist, werde ich dich töten..... Er verwundete Finkelstein, er blutete und hatte große Schmerzen, starke Schmerzen, aber er durfte nicht schreien, denn Iwan hatte ihm befohlen: 'wenn du schreist, bringe ich dich um'.... Ivan war ein Teufel, der Super-Annihilator von Treblinka".

Fünfundvierzig Jahre nach den Ereignissen wollten die zionistischen Behörden den Demjanjuk-Prozess im Hollywood-Stil nachstellen, um die Welt im Allgemeinen und die israelische Bevölkerung im Besonderen zu beeindrucken. Zunächst war geplant, den Prozess in einem Fußballstadion abzuhalten. Als man feststellte, dass der Show-Prozess-Aspekt zu offensichtlich gewesen wäre, wurde ein Theater als Veranstaltungsort gewählt. Das Ganze endete jedoch in einem monumentalen Fiasko, einem völligen Misserfolg für den zionistischen Staat Israel.

Nach der Verhängung des Todesurteils gelang es der Familie von John Demjanjuk, einem gebürtigen Ukrainer, der die US-Staatsbürgerschaft angenommen hatte, von den Sowjets unterdrückte Beweise zu finden. Dank der neuen Beweise wurde klar, dass der angebliche „Iwan der Schreckliche" in Wirklichkeit ein anderer Ukrainer namens Iwan Marchenko (oder Marczenko) war. Damit wurde die Aussage der fünf Überlebenden, die Demjanjuk zweifelsfrei als den sadistischen Massenverbrecher von Treblinka identifiziert hatten, diskreditiert. Yoram Sheftel, einer der Anwälte, legte Berufung ein, und das Gericht hatte keine andere Wahl, als zuzugeben, dass John Demjanjuk nicht das Monster war, das die Meineidigen beschrieben hatten. Ende 1988 wurde Sheftel von einem Kriminellen angegriffen, der ihm mit einer Sprühflasche Säure ins Gesicht spritzte. Wenige Tage nach diesem Angriff kam ein weiterer Demjanjuk-Anwalt, Dov Eitan, bei einem Sturz von einem Hochhaus ums Leben. Dennoch gelang es Demjanjuk im September 1993, in die Vereinigten Staaten zurückzukehren. Er erhielt nie einen einzigen Dollar als Entschädigung für das unsägliche Unrecht, das ihm widerfahren war. Im Gegensatz dazu wurde der 82-jährige Demjanjuk im Jahr 2002 wegen seines Einsatzes in Sobibor, Majdanek und Flossenbürg erneut verfolgt. Vielleicht ergibt sich später die Gelegenheit, darüber ein paar Zeilen zu schreiben.

Treblinka-Untersuchung mit GPR (Ground Penetrating Radar)

Im Oktober 1999 führte ein australisches Team unter der Leitung des Elektronikingenieurs Richard Krege sechs Tage lang Untersuchungen an der Stätte von Treblinka durch. Die Forscher arbeiteten unter der Schirmherrschaft des Adelaide Institute, einer revisionistischen Denkfabrik unter dem Vorsitz von Dr. Frederick Töben, der 1999 für sieben Monate in Deutschland inhaftiert wurde, weil er den Holocaust in Frage gestellt hatte. Die Forscher verwendeten ein 80.000 Dollar teures Bodenradargerät (GPR), das sichtbare Signale an einen Computermonitor sendet. Das Gerät, das von Geologen, Archäologen und der Polizei auf der ganzen Welt eingesetzt wird, spürt großflächige Störungen in der Erdstruktur in einer Tiefe von vier bis fünf Metern auf und kann manchmal bis zu zehn Meter tief reichen. Kreges Team hat außerdem mit einem Erdbohrer Löcher gebohrt, um Bodenproben zu nehmen.

Treblinka II wurde untersucht: die Stellen, an denen die Vernichter die Massengräber angelegt hatten, und auch die Umgebung des Geländes. Es wurden keine nennenswerten Störungen gefunden, die darauf hindeuten, dass dort Hunderttausende von Leichen begraben waren, oder Anzeichen dafür, dass die Erde aufgewühlt worden war. Außerdem fand das Team von Krege keine Hinweise auf Knochenreste, menschliche Asche oder Holz. Mit diesen Scans", so Krege, „waren wir in der Lage, eindeutig ungestörte horizontale Schichten, besser bekannt als Horizonte, im Boden unter dem Feld zu identifizieren". Krege wies darauf hin, dass es bei früheren Scans in Gruben und an anderen Stellen, an denen es Bodenstörungen gab, wie Steinbrüche oder Ausgrabungen, durchaus möglich war, zu erkennen, ob natürliche Bodenschichten fehlten oder massiv gestört worden waren. Geologische Prozesse laufen normalerweise sehr langsam ab, so dass Störungen der Bodenstruktur auch nach sechzig Jahren noch erkennbar gewesen wären. Die Arbeit des australischen Teams legt daher nahe, dass es in Treblinka nie große Massengräber gegeben hat. Ich persönlich", so Krege, „glaube nicht, dass es hier überhaupt ein Vernichtungslager gegeben hat.

Im Januar 2000 hielt Krege einen Vortrag in Melbourne und stellte die Ergebnisse seiner Forschungen vor. Der Ingenieur beantragte, dass eine von den Vereinten Nationen unterstützte Kommission mit einem GPR nach Treblinka reist und eine wissenschaftliche Untersuchung einleitet, um mögliche Lücken in seinen Ergebnissen zu entdecken, aber es gab keine Reaktion. Richard Krege räumte jedoch gegenüber Jürgen Graf ein, dass die Daten unvollständig seien, und schlug vor, weitere Untersuchungen vorzunehmen. Auf diese Weise schlug Graf, ein Polyglott, der fünfzehn Sprachen spricht und 1998 von einem Gericht in seinem Heimatland Schweiz zu 15 Monaten Gefängnis verurteilt worden war, Krege vor, dass sie zusammenarbeiten sollten.

Da das teure GPR nur für zwei Wochen gemietet worden war, konnte Graf bei Freunden und Sponsoren das nötige Geld für den Unterhalt des Flugzeugs aufbringen. Am 21. August 2000 trafen sich Graf, Mattogno und Krege in Krakau. Letzterer musste aus familiären Gründen nach Italien zurückkehren, so dass nur Krege und Graf zu den angeblichen Vernichtungslagern reisten. Jürgen Graf selbst berichtet in einem 2004 erschienenen Artikel über diese Reise. Krege wollte seine Forschungen über Treblinka mit der Untersuchung eines Ortes vergleichen, an dem Massengräber ausgehoben worden waren. Deshalb reisten er und Graf nach Auschwitz-Birkenau, wo im Sommer 1942 etwa 20.000 Menschen an einer schrecklichen Typhusepidemie gestorben waren.. Diese riesige Zahl von Toten zwang das Lager zur Schließung und führte zum Bau weiterer Krematorien in Auschwitz. Da die vorhandenen Krematorien völlig unzureichend waren, wurden die meisten Leichen in Massengräbern verscharrt, die auf den von den Alliierten angefertigten Luftaufnahmen deutlich zu erkennen waren. Die beiden Forscher hatten keine Schwierigkeiten, eines der Gräber mit dem GPR zu lokalisieren, und Krege und sein Team arbeiteten zwei Tage lang. Die zweite Station war Belzec, wo Krege tagelang unter idealen Bedingungen arbeiten konnte, ohne gestört zu werden, da es dort kein Museum gibt und nur wenige Menschen die Stätte besuchen. Die nächste Station war Sobibor, wo es ein Museum am Eingang des Lagers gibt. Dort verlangten die Mitarbeiter eine Genehmigung, die sie in Warschau einholen mussten, also gaben sie auf und setzten ihre Reise nach Treblinka fort. Sie übernachteten in einer Hütte in der Nähe der kleinen Stadt Ostrow in der Nähe von Treblinka. Mehrere Tage lang arbeitete Krege unermüdlich daran, jeden Quadratmeter des Gebiets der angeblichen Massengräber zu kontrollieren. Da ständig Busse mit (oft israelischen) Holocaust-Touristen ankamen", sagt Graf, „war ich ständig in Aufregung. Zum Glück erregte die emsige Tätigkeit meines Begleiters keinen Verdacht bei den Holocaust-Pilgern und wir verließen Treblinka ohne Zwischenfälle".

Nachdem die Ziele erreicht waren, kehrte Krege über Deutschland nach Hause zurück, während Graf nach Lemberg in der Ukraine reiste, wo er einige Tage im Stadtarchiv arbeitete und dann nach Moskau weiterreiste, wo er heute im Exil lebt. Richard Krege präsentierte die ersten Ergebnisse seiner Forschungen auf Dias auf zwei Konferenzen: die erste im Juni 2001 in Washington und die zweite im Januar 2002 in Moskau. Während die Scans von Auschwitz-Birkenau massive Erdaufschüttungen erkennen ließen, die auf ein ehemaliges Massengrab schließen lassen, fanden sich weder in Belzec noch in Treblinka Hinweise auf nennenswerte Störungen. Wie üblich lieferte kein einziges großes Medienunternehmen auch nur die geringsten Informationen über die Beiträge der revisionistischen Forscher.

Sobibór

Jürgen Graf, Thomas Kues und Carlo Mattogno veröffentlichten 2010 *Sobibór: Holocaust Propaganda and Reality*, ein über 400 Seiten umfassendes Standardwerk über dieses dritte Lager des so genannten „Einsatz Reinhard" (Operation oder Aktion Reinhard). Englischsprachige Leser, die mehr erfahren möchten, können sich an dieses Werk wenden, das online im PDF-Format verfügbar ist, da es die Hauptquelle für die folgenden Seiten ist, die wiederum knapp ausfallen müssen. Vieles von dem, was wir über Belzec und Treblinka geschrieben haben, gilt auch für dieses Lager, ein weiteres Beispiel für die gegen alle Widerstände aufrechterhaltene Verfälschung der Realität.

Der Holocaust-Enzyklopädie zufolge befand sich das Vernichtungslager in der Nähe des Bahnhofs im Dorf Sobibór, im östlichen Teil des Distrikts Lublin. Es wurde im März 1942 errichtet, hatte die Form eines Rechtecks von 400 x 600 Metern und wurde wie üblich von etwa 20 deutschen SS-Angehörigen und etwa 100 Ukrainern kontrolliert. Dieser Quelle zufolge bestand das Lager aus drei Bereichen: Verwaltung (Lager I), Aufnahme (Lager II) und Vernichtung (Lager III). In diesem dritten Teil befanden sich die Gaskammern, Massengräber und Baracken für die jüdischen Häftlinge, die dort arbeiteten. Diese Kammern, die in einem Backsteingebäude untergebracht waren, waren quadratisch und maßen 4 x 4, d. h. 16 Quadratmeter, in denen zwischen 160 und 180 Menschen untergebracht waren. Das Kohlenmonoxid wurde von einem 200-PS-Motor in einem nahe gelegenen Schuppen erzeugt, dessen Abgasrohr in die Gaskammern geleitet wurde.

Die Holocaust-Enzyklopädie berichtet, dass die Opfer getäuscht wurden: Ihnen wurde gesagt, sie seien in einem Durchgangslager angekommen, von dem aus sie nach der Desinfektion ihrer Körper und ihrer Kleidung in Arbeitslager weitergehen würden. Die Männer wurden von den Frauen und Kindern getrennt. Nachdem sie aufgefordert worden waren, sich zu entkleiden und ihre Habseligkeiten abzugeben, wurden sie zu den Gaskammern geführt, die wie Duschen aussahen. Nach Angaben dieser Quelle betraten etwa 500 Menschen die Kammern und wurden wie üblich geschlagen, bedroht und angeschrien.... Nach dreißig Minuten waren sie alle tot. Dann geschah das Gleiche wie in den beiden anderen Lagern: Die Kammern wurden geleert, die Goldzähne entfernt usw. und die Leichen begraben. All dies geschah innerhalb von zwei oder drei Stunden, während die Züge mit zwanzig Waggons, nachdem sie gereinigt worden waren, auf der Suche nach weiteren Juden das Lager verließen und bereits wieder mit einer neuen Ladung von Opfern zur Vernichtung einfuhren.

Holocaust-Prediger sprechen von zwei Phasen der Vernichtung in Sobibór. In der ersten, von Anfang Mai bis Ende Juli 1942, sollen etwa 100.000 Juden ermordet worden sein. Im August und September wurden die Gaskammern vergrößert, um mehr und besser töten zu können. Die zweite Phase dauerte von Oktober 1942 bis Juni 1943, und weitere 150.000 Juden wurden vergast. Auch hier wurden die Leichen aus der ersten Phase ausgegraben, und die Verbrennung begann Ende September 1942. Am 14. Oktober 1943 kam es zu einem Aufstand, bei dem etwa 400 Häftlinge fliehen konnten. Ende 1943 wurde das Lager gehoben und das Gelände gepflügt und kultiviert. 1987 wurde in Hollywood der Propagandafilm *Scape from Sobibor* unter der Regie von Jack Gold gedreht. Der Held, Alexander Aronovitch Pechersky, „Sasha", wurde vom Golden Globe-Gewinner Rutger Hauer gespielt.

Dies ist die kurze Zusammenfassung der offiziellen Version, formuliert aus Zeugenaussagen und Gerichtsurteilen, die die Aussagen als unwiderlegbare Beweise akzeptiert haben. Es gibt jedoch ein offizielles Dokument, eine geheime Weisung des Reichsführers-SS Heinrich Himmler vom 5. Juli 1943, in der es heißt: „Das Durchgangslager Sobibór im Distrikt Lublin wird in ein Arbeitslager umgewandelt. Im Konzentrationslager wird eine Abteilung für die Demontage der vom Feind erbeuteten Rüstungsgüter eingerichtet". Mattogno, Kues und Graf, aus deren Werk das Zitat stammt, warnen davor, dass in der Holocaust-Literatur der Inhalt dieser Anweisung regelmäßig verfälscht wird und nennen als Beispiel die *Holocaust-Enzyklopädie*, in der es heißt: „Am 5. Juli 1943 ordnete Himmler die Schließung des Vernichtungslagers Sobibór und seine Umwandlung in ein Konzentrationslager an". Es ist also klar, dass die offiziellen Holocaust-Historiker Kenntnis von Himmlers Dokument hatten und es absichtlich manipuliert haben, um die Realität zu verfälschen. Es ist eine unbestreitbare Tatsache, dass Himmler in der Geheimanweisung das Substantiv „Durchgangslager" verwendet. Wozu brauchte er es, wenn er sich ausschließlich an seine Untergebenen wandte, die er nicht täuschen konnte und wollte? Der vollständige Text Himmlers, der an das SS-Wirtschafts-Verwaltungshauptamt (SS-WVHA) und an sieben Abteilungen der SS gerichtet war, kann in den Arbeiten der revisionistischen Autoren nachgelesen werden:

> „Das Durchgangslager Sobibór im Distrikt Lublin wird in ein Arbeitslager umgewandelt. Im Lager wird eine Einheit für die Demontage der vom Feind erbeuteten Rüstungsgüter eingerichtet.
> (2) Alle höheren Polizei- und SS-Kommandeure müssen dort die Munition des Feindes abliefern, soweit sie nicht für die vom Feind erbeutete Artillerie benötigt wird.
> (3) Alle Metalle, insbesondere aber das Strahlpulver, müssen auf umsichtige Weise recycelt werden.
> 4. Gleichzeitig wird eine Produktionsstätte für unsere Mehrfachraketen und/oder für andere Munition gebaut.

Die Umwandlung in ein Konzentrationslager fand schließlich nicht statt. Am 15. Juli 1943 riet Oswald Pohl, Leiter der SS-Wirtschaftsverwaltung, Himmler, von der Idee ab, das Durchgangslager Sobibór in ein Konzentrationslager umzuwandeln, da die Demontage der vom Feind erbeuteten Waffen ohne eine solche Maßnahme durchgeführt werden könne. Daher bezeichnete Pohl Sobibór auch als Durchgangslager:

> „Reichsführer!
> Nach seinen früheren Weisungen soll das Durchgangslager Sobibór im Distrikt Lublin in ein Konzentrationslager umgewandelt werden.
> Ich habe dies mit SS-Gruppenführer Globocnik besprochen. Wir schlagen beide vor, auf diesen Umbau zu verzichten, da der beabsichtigte Zweck, nämlich in Sobibór eine Anlage zur Deaktivierung feindlicher Munition einzurichten, auch ohne diesen Umbau erreicht werden kann...".

Es ist dokumentiert, dass Himmler Sobibór zweimal besuchte, am 19. Juli 1942 und im März 1943. Ein Brief von Odilo Globocnick, SS- und Polizeichef im Distrikt Lublin, an SS-Gruppenführer Maximilian von Herff dokumentiert den Besuch im März, bei dem Himmler Sobibór inspizierte und die Beförderung einiger Offiziere genehmigte. Orthodoxe Historiker behaupten, wie immer auf der Grundlage von Zeugenaussagen, dass Himmler bei diesem zweiten Besuch persönlich der Vergasung von 300 bis 500 jüdischen Mädchen beiwohnte, die zu diesem Anlass aus Lublin gebracht und zu seinen Ehren ermordet wurden.

Die ersten Informationen über Sobibór als Vernichtungslager wurden im Juli 1942 erfunden. Am 23. Dezember desselben Jahres gab es einen offiziellen Bericht der polnischen Exilregierung, in dem von der Vernichtung der Juden durch Vergasung die Rede war, ohne jedoch die Methode zu nennen. In den ersten Monaten des Jahres 1943 veröffentlichte die polnische Untergrundpresse weiterhin Nachrichten über Sobibór. So bezeichnete die Tageszeitung *Informacja Biezaca* am 1. April 1943 Sobibór als „Todeslager", in das Judentransporte aus Frankreich und Holland eintrafen, die, wie es hieß, „davon überzeugt waren, dass sie in den Fabriken der Kriegsindustrie arbeiten würden. Am 14. März", so fügen die Informanten hinzu, „wurden die holländischen Juden in Sobibór von einem Orchester empfangen; am nächsten Tag war kein einziger von ihnen mehr am Leben". Die Behauptung, die Deutschen hätten sich den Luxus gegönnt, die Deportierten mit einem Orchester zu empfangen, bevor sie sie liquidierten, ist natürlich eine lächerliche Konstruktion. Es ist jedoch bemerkenswert, wie gerne die Propagandisten solche absurden Details in ihre Geschichten einbauen.

Da die Lügen und Ungereimtheiten, die in den Abschnitten über Belzec und Treblinka erzählt werden, mit wenigen Variationen wiederholt werden, ist es sinnlos, sie noch einmal zu wiederholen. Im Wesentlichen sagten die Zeugen, dass die Desinfektionsanlagen die Gaskammern waren. Pechersky, der Held von *„Flucht aus Sobibor"*, erklärte, dass die Kammern wie Bäder aussahen: „Auf den ersten Blick sah alles so aus, wie ein Bad aussehen sollte, Wasserhähne für heißes und kaltes Wasser, Duschen zum Waschen". Mikhail A. Razgonayev sagte 1948 aus, dass „jeder ein Stück Seife bekam". Einem anderen Zeugen namens Feldhendler zufolge „war das Bad so eingerichtet, als ob es wirklich ein Ort zum Waschen wäre (Wasserhähne in den Duschen, eine angenehme Atmosphäre)". Mit anderen Worten: Als die deutsche Bevölkerung 1943 unter allen möglichen Entbehrungen litt, es ihr an lebenswichtigen Konsumgütern fehlte und sie verzweifelt ums Überleben kämpfte, verschwendeten die Nazis Zeit und Ressourcen: Soldaten, Züge, Treibstoff usw., um die Juden in den Osten zu schicken, um sie zu töten Tausende von Kilometern entfernt. Dort, im polnischen Generalgouvernement, inszenierten die Deutschen eine groteske Vorstellung: Sie leisteten sich den Luxus, sie mit einem Orchester zu empfangen, ihnen Seifenstücke zu überreichen und sie in schöne Duschen mit Warmwasserhähnen zu stecken, die sich als Gaskammern entpuppten. All dies, um sie schließlich mit der ineffizientesten und unsichersten aller ihnen zur Verfügung stehenden Methoden auszurotten.

Trotz unserer ursprünglichen Absicht, uns nicht zu lange mit Sobibór aufzuhalten, können wir der Versuchung nicht widerstehen, einen Auszug aus dem Buch von Jules Shelvis zu zitieren, in dem die Ansprache wiedergegeben wird, die die Deportierten bei ihrer Ankunft in Sobibór hörten, denn alles deutet darauf hin, dass dies genau das war, was geschehen sollte, auch wenn er sich weigert, dies zuzugeben. Die erste Ausgabe von Shelvis' Buch erschien 1993 auf Niederländisch unter dem Titel *Vernietiginskamp Sobibór* (*Vernichtungslager Sobibór*). Es wurde 1998 ins Deutsche übersetzt und 2007 erschien eine englische Ausgabe. Als einer von 3.006 niederländischen Juden wurden Shelvis, seine Frau Rachel und andere Verwandte am 1. Juni 1943 in das Lager deportiert. Das Verdienst seines Buches besteht darin, dass es gut dokumentiert ist und sich auf offizielle Quellen und eine umfangreiche Bibliographie stützt. In allen Ausgaben hatte Jules Shelvis die offizielle Zahl von 250.000 vergasten Juden akzeptiert; 2008 erschien jedoch eine neue niederländische Ausgabe, in der er einräumt, dass nur 170.000 Juden nach Sobibór deportiert wurden, wodurch sich die Zahl der angeblichen Opfer um 80.000 verringert. Während Autoren wie die Zionistin Miriam Novitch die üblichen Lügen aufzählen: Die Deutschen urinierten in die Münder der Gefangenen, hackten die Körper von Babys in Stücke und andere derartige Barbareien, berichtet Shelvis lediglich von den Schlägen der SS auf die Juden, wenn diese nicht gut arbeiteten. In dem Kapitel mit dem Titel „Ankunft und Selektion", das von Mattogno, Kues und Graf, aus deren Werk wir es entnommen haben, wiedergegeben wurde, schreibt Shelvis den folgenden Text:

> „Der Ablauf nach der Ankunft der Transporte im Lager wurde bald zur Routine. [...] Nach dem Verlassen der Sortierbaracken wurden die Männer von den Frauen getrennt und in den Entkleidungsraum des Lagers 2 geführt, die Frauen in einen anderen Teil des Lagers. Wenn dies nicht schon auf dem Bahnsteig geschehen war, hielt ein SS-Mann eine kurze Ansprache. In der Regel - bis zu seiner Verlegung nach Treblinka - war dies Oberscharführer Hermann Michel. Von den Arbeitshäftlingen wegen seines weißen Kittels 'der Doktor' genannt, hielt er seine Rede in schnellem Deutsch [...] Michel sprach nach folgendem Muster: 'Im Krieg müssen wir alle arbeiten. Ihr werdet an einen Ort gebracht, an dem es euch gut geht. Kinder und alte Menschen müssen nicht arbeiten, aber sie werden trotzdem gut ernährt werden. Ihr müsst euch sauber halten. Aufgrund der Bedingungen,

unter denen ihr gereist seid, mit so vielen von euch in jedem Waggon, ist es angebracht, dass wir vorsorglich hygienische Maßnahmen ergreifen. Deshalb werden Sie sich bald entkleiden und duschen müssen. Ihre Kleidung und Ihr Gepäck werden weggeräumt. Sie müssen Ihre Kleidung in einen ordentlichen Stapel legen und Ihre Schuhe zusammenbinden. Sie müssen sie vor sich hinstellen. Wertgegenstände wie Gold, Geld und Uhren geben Sie dort am Schalter ab. Merken Sie sich die Nummer, die Ihnen der Mann hinter dem Schalter gibt, damit Sie Ihr Eigentum später leichter wiederfinden können. Wenn nach dem Duschen Wertsachen bei Ihnen gefunden werden, werden Sie bestraft. Sie brauchen kein Handtuch und keine Seife mitzubringen, alles wird Ihnen zur Verfügung gestellt. Für je zwei Personen gibt es ein Handtuch. [...]

Michel war bei seinen Reden so überzeugt, obwohl er die Opfer täuschte, dass die Arbeitshäflinge ihm auch den Spitznamen „der Prediger" gaben. Manchmal gaukelte er ihnen vor, dass das Lager ein Durchgangslager sei, dass die Reise in die Ukraine nur noch eine Frage der Zeit sei und dass die Juden dort sogar Autonomie erhalten würden. Ein anderes Mal sagte er ihnen, dass sie alle nach Riga gehen würden.

Laut Shelvis marschierten die Menschen bald darauf leichtgläubig zu den Gaskammern. Mit anderen Worten: Dieses Spiel würde einmal mehr beweisen, dass die Deutschen die Kunst der Darstellung beherrschen und ihre Inszenierung bis ins kleinste Detail durchdachten, um ihren Opfern zu verbergen, dass sie sie vernichten wollten: Begrüßungsorchester, aufmunternde Worte, Seifen, Handtücher, heiße Duschen und schließlich Kohlenmonoxid. Auch in Sobibór musste man sich in letzter Instanz auf die Version des Gerstein-Berichts verlassen, da die Zeugen, wie üblich, über die Methode der Vernichtung durch Vergasung nicht übereinstimmten. Der Bericht über Treblinka vom 15. November 1942, der im Januar 1943 bei der polnischen Regierung in London einging, sprach von drei Dampfkammern. In diesem Dokument heißt es: „Der Dampf wurde in einem großen Bottich erzeugt. Der heiße Dampf wurde durch dort installierte Rohre in die Kammern geleitet, von denen jede eine ordentliche Anzahl von Kanälen hatte". Diese Beschreibung passt eindeutig auf eine Dampfdesinfektionsanlage. Selbst ein Holocaust-Verteidiger wie Jean-Claude Pressac räumt ein, dass es sowohl in Belzec als auch in Treblinka und Sobibór Entlausungsanlagen gab, die der vorbeugenden Hygiene und der Bekämpfung des Typhus dienten. Diese Einrichtungen wurden von den Propagandisten offenbar als Gaskammern bezeichnet, aber da es unplausibel war, dass der Dampf einer Art Sauna Hunderttausende von Juden vernichten konnte, setzte sich die Version von Gerstein und den Dieselmotoren durch.

Graf, Kues und Mattogno widmen einen großen Teil ihrer Arbeit über Sobibór, etwa siebzig Seiten, der Analyse der vor Ort durchgeführten forensischen Untersuchungen. Ein Team unter der Leitung von Andrzej Kola, demselben polnischen Professor, der zuvor die Ausgrabungen in Belzec durchgeführt hatte, unternahm im Jahr 2000 archäologische Forschungen mit dem Ziel, Massengräber im Lager III zu lokalisieren und einen angemessenen Bericht zum Gedenken an die Opfer zu erstellen. Ziel war es auch, Artefakte zu finden, die später in dem in Sobibór eingerichteten Museum ausgestellt werden sollten. Natürlich war auch der Standort der viel diskutierten Gaskammern eines der Ziele. Die Ausgrabungen wurden im Jahr 2001 fortgesetzt.

Laut der *Enzyklopädie des Holocaust* wurden die 100.000 Juden, die in der ersten Phase der Vernichtung eliminiert worden waren, exhumiert, und Ende September 1942 begannen die Arbeiten zur Verbrennung ihrer Leichen. In den sieben Massengräbern, die Kola entdeckte und in seinen Berichten beschrieb, fanden sich jedoch neben den Überresten der verbrannten Leichen auch verseifte Körper, die nicht verbrannt worden waren. Kola stellte auch fest, dass das Lager in einem Sumpfgebiet lag. Am westlichen Rand entdeckte er einen alten Abwassergraben, in dessen Nähe sich ein Sumpf bildete. Bei der Untersuchung des Lagers III entdeckten die Archäologen unweit der mit Sand gefüllten Gruben einen Brunnen. Bei den Ausgrabungen stießen sie in 3,60 Metern Tiefe auf Grundwasser, und als sie eine Tiefe von fünf Metern erreichten, mussten sie wegen des ständigen Wasserzuflusses aufhören. Eine Karte von Sobibór zeigt, dass sich das Lager an einem Ort befand, an dem es neben mehreren Sumpfgebieten ein halbes Dutzend Seen in einem Umkreis von weniger als drei Kilometern gab. Der einen Kilometer westlich gelegene Spilno-See hatte eine Höhe von 164 Metern. Der Fluss Bug hingegen lag 2,5 Kilometer weiter östlich. Die Bahnlinie von Sobibór selbst lag auf einer Höhe von 167 Metern, und die Gleise führten durch ein Sumpfgebiet. Das Gericht in Hagen, wo der Sobibór-Prozess zwischen 1965 und 1966 stattfand, stellte in seinem Urteil fest, dass im Sommer 1942,

> „... Infolge der Hitze wurden die Leichen in den bereits gefüllten Gräbern nach oben geschoben, und die Leichenflüssigkeiten zogen Maden an, was einen fürchterlichen Gestank auf dem Lagergelände verursachte. Außerdem befürchtete der Lagerkommandant, dass das Trinkwasser, das aus den Brunnen des Lagers stammte, verunreinigt werden würde."

Die Gefahr einer Verunreinigung des Grundwassers durch die Zersetzung der Leichen war genau der Grund, warum die Lagerleitung beschloss, die Leichen zu exhumieren und einzuäschern. Da die Deutschen das Gebiet um Sobibór mehrmals besuchten, bevor sie mit dem Bau des Lagers begannen, besteht kein Zweifel daran, dass sie mit den geologischen Eigenschaften des Gebiets vertraut waren. Es ist daher logisch zu argumentieren, dass sie, wenn sie es als Vernichtungslager geplant hätten, es nicht ohne Krematorien gebaut hätten, da sie wussten, dass das Gelände keine Massenbestattungen zuließ. Wenn sie die Einäscherung der Toten nicht in Betracht zogen, dann wohl deshalb, weil sie nicht vorhersahen, dass die Sterblichkeitsrate dort höher als üblich sein würde.

Kues, Graf und Mattogno untersuchen die Ergebnisse der Ausgrabungen von Professor Kola, die die Behauptungen der offiziellen Historiker nicht bestätigen können, mit Hilfe strenger und für den Leser erschöpfender Berechnungen, die alle möglichen Parameter berücksichtigen. Die drei Revisionisten lehnen es strikt ab, aus der Arbeit von Professor Kola den Schluss zu ziehen, dass Sobibór ein Vernichtungslager war. Da jedoch ein neues Archäologenteam unter der Leitung von Isaac Gilead und Yoram Haimi von der

Ben-Gurion-Universität und Wojciech Mazurek vom Polnischen Archäologischen Untergrund im Oktober 2007 mit neuen Forschungen begonnen hat, nehmen die drei Revisionisten in *Sobibor Holocaust Propaganda and Reality* auch zu diesen neuesten archäologischen Studien Stellung.

Im Jahr 2009 veröffentlichte die amerikanische zeitgeschichtliche Zeitschrift *Present Pasts* einen dreißigseitigen Artikel von Gilead und Mazurek, von denen weniger als zwölf Seiten Sobibór gewidmet sind. In dem Artikel wird eingeräumt, dass auch sie nicht in der Lage waren, die angebliche Gaskammer zu finden, die das Team von Kola nicht hatte ausfindig machen können. Anstatt wissenschaftliche Beweise zu liefern, zitieren Gilead und Mazurek Hilberg und Arad und schreiben beschämend: „Zusätzlich zu diesen Quellen bestehen die Beweise auch aus mündlichen Berichten der Überlebenden und SS-Verbrecher, die in den Tötungszentren arbeiteten und die Morde begingen.... Die Vernichtung der Juden im Allgemeinen und die Vernichtung der Juden in Sobibór und anderen Zentren ist also eine feststehende historische Wahrheit, die nicht durch archäologische Ausgrabungen bewiesen werden muss". Unseres Erachtens erübrigt sich dieser Kommentar, da eine solche Argumentation diese „Wissenschaftler" völlig diskreditiert.

Wie viele Menschen starben in Sobibór und wurden dort begraben? Das ist die Frage, die Mattogno, Kues und Graf aufwerfen. Die Schwierigkeit, die forensischen Beweise zu quantifizieren, und das Fehlen von Unterlagen über die Zahl der Deportierten verhindern eine genaue Antwort. In den Jahren 2000-2001 und 2007-2008 haben die Archäologen weder die Gräber gründlich ausgegraben noch eine Schätzung der Anzahl der menschlichen Überreste vorgenommen, was von Bedeutung ist. Dennoch legen die Revisionisten auf der Suche nach einer Antwort drei Kategorien von Toten fest, nachdem sie die Ergebnisse von Professor Kola aus den Sobibór-Gräbern geprüft haben. In die erste Kategorie gehören diejenigen, die an verschiedenen Krankheiten oder Epidemien wie Typhus starben, sowie Häftlinge, die wegen Fluchtversuchen und anderen Verstößen gegen die Lagerordnung hingerichtet wurden. Dazu gehören auch die fast 400 Personen, die nach der Massenflucht im Oktober 1943 erschossen wurden, nachdem sie wieder eingefangen worden waren. Insgesamt also etwa 1.000 Personen. In die zweite Kategorie fallen die Deportierten, die auf dem Transport starben, denn die Reisebedingungen für die etwa 38.000 Juden aus Frankreich und den Niederlanden waren sehr schlecht, wenn nicht sogar unmenschlich. Von den insgesamt 170.000 Deportierten sind schätzungsweise 3 % in den Zügen an Krankheiten, Dehydrierung und anderen Ursachen gestorben. Die Berechnung ergibt also weitere 5.000 Opfer. Darüber hinaus räumen Mattogno, Kues und Graf ein, dass etwa 3.500 Menschen in Sobibor euthanasiert wurden: Sterbende, Geisteskranke, schwerkranke Häftlinge und andere, die an ansteckenden Krankheiten litten. Dazu kommen, wenn man die von polnischen Historikern errechnete Zahl akzeptiert, weitere 1.000 nicht-jüdische Patienten aus den Lubliner Irrenanstalten, die ebenfalls euthanasiert worden sein sollen. Die Gesamtzahl der Toten in den drei Kategorien beläuft sich auf etwa 10.500 Personen.

Da *es sich bei Outlawed History* um ein Handbuch handelt, das rund zweihundertfünfzig Jahre Zeitgeschichte abdeckt, ist es obligatorisch, diese Seiten abzuschließen, die den Lagern der so genannten Reinhard-Aktion gewidmet sind, benannt nach Reinhard Heydrich, der am 4. Juni 1942 ermordet wurde. Heydrich war bekanntlich Vorsitzender der Wannseekonferenz im Januar 1942 und Chef der Gestapo und des Reichssicherheitshauptamtes. Die offizielle Geschichtsschreibung hat entschieden, dass „Einsatz Reinhard" ein Deckname war, der den Massenmord an den Juden in den drei von uns untersuchten Lagern verschleiern sollte. Dennoch beharren alle Holocaust-Historiker darauf, dass das Hauptvernichtungslager Auschwitz war.

Teil 4
Auschwitz

Auschwitz in Oberschlesien, in der Nähe von Krakau, hatte 1939 eine Bevölkerung von etwa 13.000.000 Menschen. Im Mai 1940 wurde dort das Konzentrationslager gegründet, das als die größte Tötungsanstalt Nazi-Deutschlands in die Geschichte eingehen sollte. Auschwitz war ideal gelegen, da es über gute Verkehrsanbindungen verfügte und drei Flüsse, die Weichsel, die Premsza und die Sola, in der Nähe verliefen. Außerdem lag es südlich der schlesischen Kohlereviere im Kattowitzer Bergbaugebiet. Zum Kommandanten wurde der berüchtigte Rudolf Höss ernannt. Höss, der zwischen 1923 und 1928 wegen seiner Beteiligung an der Ermordung eines Kommunisten inhaftiert war, hatte die Härte des Gefängnislebens kennengelernt und war daher sensibel für die Bedürfnisse der Häftlinge in Bezug auf Unterbringung und Verpflegung.

Am 20. Mai 1940 wurde das Lager auf der Grundlage von Backsteinkasernen der polnischen Armee eröffnet. Die ersten Häftlinge waren etwa 700 polnische Kriminelle aus Tarnów. In den ersten zwei Jahren wurden in Auschwitz vor allem Polen interniert, aber auch deutsche Häftlinge waren dort untergebracht. Im Jahr 1941 wurde mit dem Bau von Birkenau (Auschwitz II) begonnen, das sich westlich der Stadt, etwa drei Kilometer vom Hauptlager entfernt, befand. Im Herbst 1941 kamen sowjetische Kriegsgefangene an, die aufgrund der langen Märsche in einem beklagenswerten Zustand waren. Sie wurden beim Bau von Birkenau eingesetzt, der im April 1942 abgeschlossen werden sollte. Am 16. November 1941 wurde der Bau von Monowitz (Auschwitz III) knapp fünf Kilometer östlich der Stadt beschlossen. Auch für den Bau dieser dritten Enklave wurden sowjetische Häftlinge eingesetzt. Sie wurde im Mai 1942 in Betrieb genommen und entwickelte sich zu einem riesigen Industriekomplex, der das größte aller Arbeitslager war. Von nun an wurde Auschwitz I zum Verwaltungszentrum eines Komplexes, dessen Hauptlager Birkenau und Monowitz waren, obwohl es in einem Umkreis von vierzig Kilometern noch eine große Zahl kleinerer Lager gab, die ebenfalls von Auschwitz I aus verwaltet wurden. Mitte 1942 wurden die Juden, die nach Osten deportiert wurden, zum Hauptbestandteil dieser Lager.

Als ehrliche Zeugen feststellten, dass es in Dachau und Bergen-Belsen keine Gaskammern gegeben hatte, richtete sich die öffentliche Aufmerksamkeit auf die Lager im Osten: Belzec, Treblinka, Sobibór und vor allem Auschwitz. Da diese Lager im kommunistischen Europa verblieben, gab es keine Möglichkeit, den Wahrheitsgehalt der Behauptungen derjenigen zu überprüfen, die die Nachrichten über die Gaskammern verbreiteten. Es dauerte ein Jahrzehnt, bis die Sowjets endlich Besuche in dem angeblichen Vernichtungslager Auschwitz zuließen. In diesen zehn Jahren blieb genügend Zeit, um das Erscheinungsbild des Lagers so zu verändern, dass die Behauptung, dort seien vier Millionen Menschen ermordet worden, glaubwürdig wurde. Dies war die sensationelle Zahl, die von den Sowjets nach der Kontrolle des Lagers verkündet wurde. Damals, inmitten der Nürnberger Prozesse, versuchte man, das Massaker von Katyn den Deutschen in die Schuhe zu schieben.

Wie im vorangegangenen Abschnitt erörtert, wurden nach dem Krieg von offiziellen polnischen Untersuchungskommissionen und von der Zentralen Jüdischen Historischen Kommission Polens Zeugenaussagen über die Vernichtungslager in Polen gesammelt. Der angebliche Massenmord an Millionen von Juden fand in Auschwitz-Birkenau zwischen Mai 1942 und Oktober 1944 statt. Wenn man die Zahl von 4.000.000 berücksichtigt, die auf der Gedenktafel beim Besuch von Johannes Paul II. im Juni 1979 genannt wurde, müssen die Deutschen jeden Monat mehr als 130.000 Menschen ermordet haben, was etwa 4.400 pro Tag entspricht. Wenn man die Zahl von 1.500.000, die Benedikt XVI. im Mai 2006 begegnete, als richtig ansieht, hätten jeden Monat 50.000 Häftlinge liquidiert werden müssen. Im Übrigen räumt Gerald Reitlinger in *Die SS: Alibi einer Nation* selbst ein, dass es zwischen Mai 1940 und Februar 1945 nur 363.000 registrierte Häftlinge in Auschwitz gab. Trotzdem behauptet Reitlinger, dass das Lager für die tägliche Vernichtung von 6.000 Menschen ausgerüstet war. Es gab sogar noch groteskere und krassere Übertreibungen, wie die der ungarischen Jüdin Olga Lengyel, die in ihrem Buch *Fünf Schornsteine* (1959) behauptet, sie sei in Auschwitz inhaftiert gewesen und es seien nicht weniger als 729 Leichen pro Stunde verbrannt worden. Sie fügt hinzu, dass jeden Tag 8.000 Menschen in den „Todesgruben" verbrannt wurden.

In Anbetracht der Tatsache, dass in Auschwitz ein äußerst wichtiger Industriekomplex angesiedelt war, der alle Arten von Materialien für die Kriegsindustrie herstellte, ist es unverständlich, dass die Häftlinge, die als Arbeitskräfte für die Aufrechterhaltung der notwendigen Produktionstätigkeit unentbehrlich waren, monatlich ermordet wurden. In Auschwitz gab es Fabriken für synthetischen Kautschuk und Kohleprodukte, die von der I.G. Farben im Lager angesiedelt waren. Auch die Firma Krupp unterhielt dort eine Waffenfabrik. Darüber hinaus gab es eine landwirtschaftliche Forschungsstation mit Laboratorien, Gärtnereien und Viehzucht. Zahlreiche Firmen hatten Niederlassungen im Lager, und die SS selbst unterhielt dort ihre eigenen Fabriken. Im März 1941 besuchte Himmler in Begleitung der Direktoren der I.G. Farben Auschwitz, um die industriellen Kapazitäten des Lagers zu überprüfen. Damals ordnete er an, die Anlagen zu erweitern, um 100.000 neue Häftlinge unterzubringen, die als Arbeiter für die I.G. Farben arbeiten sollten. Dies ist natürlich unvereinbar mit der Behauptung, in Auschwitz sei eine systematische Vernichtungspolitik betrieben worden. Es ist auch zu bedenken, dass in der Gegend freie Arbeiter lebten:. Der Anteil der Häftlinge, die für die I.G. Farben arbeiteten, betrug weniger als dreißig Prozent. Etwa fünfzig Prozent der Belegschaft waren Ausländer, die sich freiwillig gemeldet hatten. Zwanzig Prozent der Gesamtbelegschaft waren deutsche Stammbelegschaft.

Alle Verwaltungsfunktionen der SS in Auszchwitz wurden im Hauptlager (Auschwitz I) zentralisiert. Zu diesen Aufgaben gehörten Bewachung, Verpflegung, Kleidung, Unterbringung, Disziplinierung der Häftlinge, medizinische Versorgung und Freizeitgestaltung: Konzerte, Kabarettisten, Filme, Sportwettkämpfe, Bordell.... Für die Aufrechterhaltung dieser umfangreichen Dienstleistungen vermieteten die Unternehmen, die die Arbeitskraft der Häftlinge nutzten, diese an die SS. Wie in allen anderen deutschen Konzentrationslagern betrug der Arbeitstag in Auschwitz elf Stunden an sechs Tagen in der Woche, wobei in Notfällen auch am Sonntagmorgen gearbeitet werden konnte.

I. G. Farben

Antony C. Sutton stellt in *Wall Street and the Rise of Hitler* fest, dass der deutsche Chemiekonzern I. G. Farben am Vorabend des Zweiten Weltkriegs das größte Chemieunternehmen der Welt war. Mit erheblicher finanzieller Unterstützung der Wall Street fusionierten 1925 sechs große deutsche Chemieunternehmen - Badische Anilin, Bayer, Agfa, Hoechst, Weiler-Ter-Meer und Griesheim-Elektron. So entstand das Kartell „Internationale Gesellschaft Farbenindustrie Aktiengesellschaft", besser bekannt als I. G. Farben. Das Organisationsgenie war Hermann Schmitz, der zwanzig Jahre später in Nürnberg vor Gericht stand und zu vier Jahren Gefängnis verurteilt wurde. Im Gegensatz dazu wurden die Mitglieder der nordamerikanischen Tochtergesellschaften überhaupt nicht beunruhigt.

In der Darstellung von Hitlers Aufstieg zur Macht wurde bereits erwähnt, dass es jüdische Wall-Street-Kapitalisten waren, die den Nationalsozialismus finanzierten. In Kapitel 8 haben wir etwa fünfzehn Seiten der Aufdeckung der Kontakte des künftigen deutschen Führers zu James Paul Warburg (Sidney Warburg) gewidmet, dem Sohn von Paul Warburg, der grauen Eminenz, die 1913 das Bankenkartell plante und organisierte, das das Federal Reserve System bildete. Die kriminelle Unterdrückung, die dem deutschen Volk durch die finanzielle Last der Schulden auferlegt wurde, wurde von den Bankern der Wall Street ausgenutzt, um dem deutschen Großkapital profitable Kredite zu gewähren. Im Jahr 1924 entwickelten diese internationalen Finanziers den von J. P. Morgan ausgearbeiteten Dawes-Plan, der von der US-Regierung gebilligt und gefördert wurde. Dank dieser Kredite wurden die I. G. Farben und die Vereinigung Vereinigung gegründet und konsolidiert. G. Farben und Vereinigte Stahlwerke, ein zweites Konglomerat von Eisen-, Stahl- und Kohleunternehmen.

1928 wurde der Dawes-Plan durch den Young-Plan ersetzt, ein perfekter Trick der internationalen Bankiers zur Invasion Deutschlands durch Finanzkapital aus den Vereinigten Staaten. Es sei darauf hingewiesen, dass deutsche Unternehmen mit amerikanischen Tochtergesellschaften die Bedingungen des Young-Plans durch das Manöver des vorläufigen ausländischen Eigentums umgingen. So wurde z. B. die A. E. G. (Allgemeine Elektricitäts Gesellschaft), die mit General Electric in den Vereinigten Staaten verbunden war, an ein französisch-belgisches Unternehmen verkauft und umging so die Bedingungen des Young-Plans. Übrigens war Owen Young der größte Geldgeber von Franklin D. Roosevelt. Nach der Umsetzung des Young-Plans gehörte zu den deutschen Bankiers im Aufsichtsrat der Farben auch Max Warburg, der jüdische Bankier aus Hamburg, der Bruder von Paul Warburg, der wiederum nicht zufällig auch im Aufsichtsrat der I.G. Farben in den USA saß, der amerikanischen Tochtergesellschaft der Farben im Besitz amerikanischer Kapitalisten. Zwischen 1928 und dem Ausbruch des Zweiten Weltkriegs verdoppelte sich die Größe der I.G. Farben, eine Expansion, die zu einem großen Teil durch amerikanische technische Hilfe und Anleiheemissionen von Banken wie der National City Bank ermöglicht wurde.

Carrol Quigley erklärt in *Tragedy and Hope*, dass all diese Operationen Teil eines ehrgeizigen Plans der internationalen Zusammenarbeit und der Bündnisse für die globale Vorherrschaft waren. Quigley zufolge bestand das Ziel darin, „ein weltweites Finanzkontrollsystem in privater Hand zu schaffen, das in der Lage ist, das politische System eines jeden Landes und die Wirtschaft der Welt als Ganzes zu beherrschen". Die „Spitze des Systems", so Quigley, sei die „Bank für Internationalen Zahlungsausgleich" mit Sitz in Basel. Diese Bank für Internationalen Zahlungsausgleich, schreibt Sutton, „war während des Zweiten Weltkriegs das Mittel, mit dem die Bankiers - die sich offensichtlich nicht im Krieg befanden - weiterhin vom gegenseitigen Austausch von Ideen, Informationen und Plänen für die Nachkriegswelt profitierten."

Die Bedeutung der I. G. Farben während des Krieges stand im Zusammenhang mit der Herstellung von synthetischem Kraftstoff und synthetischem Kautschuk aus Kohle, die die Deutschen bereits im Ersten Weltkrieg erlebt hatten. Damals war der durch die britische Blockade verursachte Mangel an Kautschuk und anderen Ressourcen ein entscheidender Faktor für die Kapitulation Deutschlands. In Europa verfügte nur Rumänien über nennenswerte Erdölvorkommen, aber auf dem Alten Kontinent gab es nirgendwo Naturkautschuk. Im Gegensatz dazu war Kohle in Deutschland und anderen europäischen Ländern reichlich vorhanden. Um der extremen Anfälligkeit Deutschlands für Rohstoffengpässe vorzubeugen, förderten die Nationalsozialisten die wissenschaftliche und technologische Forschung auf diesem Gebiet, und Deutschland war auf diesem Gebiet führend in allen Ländern. Durch ein Verfahren zur Behandlung von Kohle, die so genannte Hydrierung, gelang es ihnen, Öl zu gewinnen, aus dem eine breite Palette von Chemikalien wie Sprengstoffe, Farbstoffe, Arzneimittel usw. hergestellt werden konnten. In einem anderen Stadium oder Verfahren der Hydrierung wurde Benzin hergestellt. Problematischer war die Herstellung von synthetischem Kautschuk, der für die Bereifung von Fahrzeugen aller Art benötigt wurde; vor Ausbruch des Krieges gelang es jedoch, die technischen Schwierigkeiten zu überwinden. Das so gewonnene Produkt, das sich besonders für die Reifenherstellung eignete, wurde „Buna-S"-Kautschuk genannt.

Nach der Annexion eines großen Teils Polens im Jahr 1939 infolge der Teilung des Landes mit der UdSSR konnte Deutschland auf die Kohlebergwerke in Oberschlesien zurückgreifen. Natürlich beschloss man, diese sofort zu nutzen, und so entstand die Idee, in Auschwitz ein Hydrier- und Bunaproduktionswerk zu errichten. Die Flüsse, die in dieses Gebiet fließen, sorgten für Wasser im Überfluss, und die Bergbaulager waren nicht weit entfernt. 1941 errichtete die I. G. Farben im Industriekomplex von Auschwitz eine Buna-Produktionsanlage, in der monatlich 3.000 Tonnen Buna hergestellt wurden. I. Die I. G. Farben verfügte über drei weitere Buna-S-Produktionsanlagen in Deutschland: Die erste mit einer Kapazität von 6.000 Tonnen pro Monat wurde in Schkopau errichtet; die zweite befand sich in Hüls und produzierte 4.000 Tonnen; eine dritte produzierte 2.500 Tonnen pro Monat und befand sich in Ludwigshafen, wo sich das Forschungszentrum und die Zentrale befanden. Im Werk Auschwitz wurden jedoch die modernsten und fortschrittlichsten Techniken für die Herstellung von synthetischem Kautschuk entwickelt.

Als die Vereinigten Staaten im Dezember 1941 in den Krieg eintraten, übernahm Japan die Kontrolle über den Naturkautschuk aus Ostindien und der Region Malaya, aus der die Amerikaner fast zu 100 % beliefert worden waren. Dank einer Reihe von Abkommen über technische Zusammenarbeit mit der I.G. Farben, die bis zum Kriegsausbruch mit Zustimmung der deutschen Regierung aufrechterhalten wurden, verfügte die Standard Oil von John D. Rockefeller, die Muttergesellschaft der amerikanischen Ölgesellschaften, über grundlegende Kenntnisse des Herstellungsverfahrens für Buna-Kautschuk. Die amerikanische Seite war der große Nutznießer dieser Zugeständnisse, da der Gewinn für die Deutschen unerheblich war. Das plötzliche Versiegen der Kautschukquellen löste 1942 in den Vereinigten Staaten eine politische Krise aus. Die Regierung reagierte sofort auf die Notlage, indem sie drei Tage nach dem Angriff auf Pearl Harbour den Verkauf neuer Reifen für zivile Zwecke verbot und eine Rationierung von Kautschuk anordnete. Von diesem Zeitpunkt an bestand die dringende Notwendigkeit, die industriellen Kapazitäten zur Herstellung von synthetischem Kautschuk zu schaffen. Am 6. August 1942 setzte Präsident Roosevelt einen Ausschuss ein, der das Problem untersuchen und Empfehlungen abgeben sollte. Ein alter Bekannter, der allgegenwärtige Bernard Baruch, der während des Ersten Weltkriegs die Leitung des War Industries Board innegehabt hatte, führte den Vorsitz des Ausschusses, der daher auch als Baruch-Ausschuss bekannt wurde. Nach einem Treffen mit Vertretern von Standard Oil veröffentlichte der Baruch-Ausschuss am 10. September seinen Abschlussbericht, in dem er auf die Beschleunigung des Programms zur Herstellung von synthetischem Kautschuk drängte und empfahl, aus den Erfahrungen anderer zu lernen. Zu dieser Zeit war Auschwitz der technisch fortschrittlichste Standort für die Entwicklung von Buna.

All dies wird von Arthur R. Butz in *The Hoax of the Twentieth Century* ausführlich erläutert und ist insofern relevant, als Auschwitz, das angebliche Zentrum der systematischen Judenvernichtung, zu jeder Zeit unter dem Vergrößerungsglas des US-Geheimdienstes stand, der zwangsläufig wusste, was 1942 in dem Industriekomplex vor sich ging. Darüber hinaus wusste der militärische Geheimdienst der Alliierten während des gesamten Krieges viel über die Vorgänge in Deutschland, da Wilhelm Canaris, der Leiter des militärischen Nachrichtendienstes, selbst ein Verräter war, ein Spion, der stets Informationen an den britischen Geheimdienst weitergab. Wäre 1942 im größten deutschen Lager ein großes kriminelles Programm gestartet worden, so wäre es zweifellos entdeckt worden, denn die Amerikaner maßen den Synthesekautschukbetrieben der I.G. Farben im Industriekomplex von Auschwitz strategische Bedeutung bei. Der US-Geheimdienst hatte zahlreiche Luftaufnahmen des Lagers und der Produktionsanlagen gemacht, hatte die

Grundlagen der Tätigkeit des deutschen Chemieunternehmens ermittelt und verfolgte mit größtem Interesse die Hydrierung und andere chemische Prozesse bei der Herstellung von Benzin und Kautschuk.

Als der Baruch-Ausschuss im August 1942 Informationen sammelte, fielen den Kommissaren sicherlich Fotos von Auschwitz und den I. G. Farben-Fabriken in die Hände. Da das Buna-Werk am 1. August geschlossen worden war, muss der Mangel an Aktivität und das gespenstische Aussehen der Anlagen in den Vereinigten Staaten eine Überraschung gewesen sein. Wahrscheinlich erfuhren sie bald, dass die Schließung durch eine schreckliche Typhusepidemie begründet war. Innerhalb von zwei Monaten starben Tausende von Menschen, einige Quellen sprechen von bis zu 20.000, und die Produktion konnte erst Ende September wieder aufgenommen werden. In diesem Zusammenhang stellten die deutschen Behörden fest, dass die Krematorien des Lagers nicht ausreichten, um die Leichen schnell zu verbrennen und eine Ansteckung zu verhindern. Daher wurden viele der Opfer sofort unter freiem Himmel verbrannt, obwohl viele wahrscheinlich vorübergehend begraben werden mussten. In Auschwitz-Birkenau wurden fünfzehn neue Krematorien gebaut, die jedoch erst im März 1943 in Betrieb genommen wurden.

Die Öfen von Birkenau befanden sich in Gebäuden, die Keller, Räume und andere Räume enthielten, die von den Vernichtern als Gaskammern angesehen wurden. Die ersten Behauptungen über die Judenvernichtung in Auschwitz stammten nicht von alliierten Geheimdienstinformationen, sondern von propagandistischen Falschdarstellungen des Rabbiners Stephen S. Wise, des Präsidenten des Jüdischen Weltkongresses und des Amerikanisch-Jüdischen Kongresses, die von Finanzminister Henry Morgenthau unterstützt wurden. Das Außenministerium hingegen zögerte, die Fabel ohne angemessene Gegenprüfung zu akzeptieren. In Kapitel 10, insbesondere bei der Betrachtung des Morgenthau-Plans für Deutschland, wurde deutlich, dass die Divergenzen und Meinungsverschiedenheiten zwischen dem Finanzministerium und dem Außenministerium in den letzten Kriegsjahren zunahmen.

Propaganda durch jüdische Organisationen in den Vereinigten Staaten

Auf den Seiten über die Transitlager, die durch Propaganda in Vernichtungslager umgewandelt wurden, wurde gezeigt, dass das Zionistische Aktionskomitee, der Jüdische Weltkongress und andere jüdische Organisationen in der Schweiz gut etabliert waren, wo Werke und Broschüren veröffentlicht wurden. Von hier aus wurde ein Großteil der gegen Europa und die Vereinigten Staaten gerichteten Propagandakampagne organisiert. Die erste Behauptung über die Vernichtung der Juden kam jedoch aus London, wo die Zweigstelle des Jüdischen Weltkongresses (WJC) im Juni 1942 behauptete, dass eine Million Juden in einem „großen Schlachthaus für Juden" irgendwo in Osteuropa ermordet worden seien, das nicht identifiziert und nicht lokalisiert wurde. Der einzige Beweis waren Informationen, die die polnische Exilregierung in der englischen Hauptstadt erhalten hatte. Dennoch griff *die New York Times* diese

Informationen auf und veröffentlichte sie in den Vereinigten Staaten. Wie bereits erwähnt, wussten im August 1942 sowohl das Auswärtige Amt als auch die Abteilung für psychologische Kriegsführung, dass es sich bei der ganzen Sache um einen Propagandaschwindel handelte, und ließen dies Premierminister Churchill wissen.

Am 8. August 1942 benutzten Gerhart Moritz Riegner und Paul Guggenheim, zwei Vertreter des WJC, den amerikanischen Botschafter in Bern, Leland Harrison, und den Konsul in Genf, Paul C. Squire, um den Vereinigten Staaten Berichte über angebliche Morde an Juden in Osteuropa zukommen zu lassen. Auschwitz wurde vorerst nicht mit den Todeslagern in Verbindung gebracht. Riegner, der später zwischen 1965 und 1983 Generalsekretär des WJC werden sollte, schickte Rabbi Stephen Wise auf diplomatischem Wege das so genannte „Riegner-Telegramm", das als erste offizielle Information über die angebliche Planung des Holocaust gilt. Das Außenministerium, das den Text über die Botschaft in Bern erhielt, war zunächst nicht damit einverstanden, die Botschaft zu veröffentlichen, und Unterstaatssekretär Summer Welles teilte Rabbi Wise mit, dass er beabsichtige, sie sofort zu veröffentlichen. Welles argumentierte, dass andere Botschafter und Konsuln in Europa die Fakten überprüfen müssten. In Wirklichkeit schenkte das Außenministerium, ebenso wie das Foreign Office, den Anschuldigungen keinen Glauben.

Wise musste zustimmen, da die Veröffentlichung des Telegramms ohne Genehmigung des State Department den Interessen des WJC zuwidergelaufen wäre. Stephen Wise erklärte später, dass er als Vorsitzender des WJC in den Vereinigten Staaten in der Lage war, über das Kommunikationsnetz des Außenministeriums den Kontakt zu allen europäischen Vertretungen zu halten. Zohar Zegev schreibt in seinem Buch *Der Jüdische Weltkongress während des Holocaust*, dass „die unerlaubte Veröffentlichung des Riegner-Telegramms, das über die Botschaft in Bern verschickt wurde, bedeutet hätte, dass es das letzte Telegramm gewesen wäre, das auf diese Weise verschickt wurde, und dass damit die Tätigkeit des WJC in Europa beendet worden wäre". Diese Aussage ist angesichts der enormen Macht der Zionisten in der Roosevelt-Administration eindeutig übertrieben, aber sie gibt einen Eindruck von den Überlegungen von Rabbi Wise. Auf jeden Fall erhielt das Auswärtige Amt zwei Tage später, am 10. August 1942, aus Bern die gleichen Informationen von S. S. Silverman, dem Vorsitzenden der britischen Sektion des WJC, und von Gerhart Riegner, dem Sekretär des WJC in Genf. Der Text des Riegner-Telegramms, das sich in den britischen Nationalarchiven befindet, lautet wie folgt:

> „Erhielt die alarmierende Meldung, dass im Führerhauptquartier ein Plan erörtert und in Erwägung gezogen wird, wonach alle Juden in den von Deutschland besetzten und kontrollierten Ländern, zwischen 3,5 und 4 Millionen, nach der Deportation und Konzentration im Osten sofort vernichtet werden sollen, um die Judenfrage in Europa ein für alle Mal zu lösen. Die Aktion ist Berichten zufolge für den Herbst geplant. Über die Hinrichtungsmethoden wird noch diskutiert, auch über den Einsatz von Blausäure. Wir geben diese Information mit dem nötigen Vorbehalt weiter, da wir die Richtigkeit nicht bestätigen können. Unsere Quelle hat enge Verbindungen zu den höchsten deutschen Behörden und ihre

Berichte sind im Allgemeinen zuverlässig. Bitte informieren Sie uns und halten Sie Rücksprache mit New York."

Gerhart Riegner spielte später darauf an, dass seinem Telegramm keine Glaubwürdigkeit beigemessen wurde, und erklärte: „Ich habe noch nie so tief das Gefühl der Verlassenheit, der Hilflosigkeit und der Einsamkeit empfunden, wie als ich der freien Welt Botschaften des Unheils und des Grauens schickte und mir niemand glaubte. Nach diesem ersten offiziellen Dokument wurde die in den Seiten über die Lager des so genannten „Einsatzes Reinhard" beschriebene Kampagne entfesselt, die solchen Unsinn beinhaltete wie: Leichen als Dünger, Seife aus reinem jüdischem Fett, Leim und Schmiermittel aus jüdischen Leichen usw.

In den Vereinigten Staaten leitete J. Breckinridge Long, der stellvertretende stellvertretende Außenminister, der als einer der Schurken in die Geschichte eingehen sollte, die den Propagandaschwindeln keinen Glauben schenkten, die Gruppe des Außenministeriums, die dem Druck von Rabbi Wise, Morgenthau, Dexter White und ihren Günstlingen aus dem Finanzministerium widerstand. Im Herbst 1942 startete Stephen Wise eine Kampagne, um die Alliierten aufzufordern, öffentlich Stellung zu beziehen und die angebliche Vernichtung der Juden in Europa zu verurteilen. Am 10. Oktober 1942 teilte der Vatikan den US-Vertretern jedoch mit, dass er die angeblichen Massaker nicht bestätigen konnte. Schließlich reiste Wise am 8. Dezember 1942 mit einer Delegation ins Weiße Haus, um Präsident Roosevelt ein zwanzigseitiges Dokument mit dem Titel *Blueprint for Extermination* zu überreichen. Der Druck machte sich bezahlt, und am 17. Dezember gaben die Alliierten unter der Führung Washingtons eine Erklärung ab, in der die Massaker verurteilt wurden. Zwei Tage später wies eine zweite, ähnliche Erklärung aus Washington auf Belzec und Chelmno hin; Auschwitz blieb jedoch unerwähnt. Trotz dieser öffentlichen Erklärungen weigerte sich Breckinridge Long nicht nur, die Propagandabehauptungen zu akzeptieren, sondern versuchte, sich dagegen zu wehren. Am 21. Januar 1943 brachte er Summer Welles, den Unterstaatssekretär, dazu, Anweisungen an den Botschafter in Bern, Leland Harrison, zu unterzeichnen, die von ihm selbst oder einem seiner Mitarbeiter verfasst worden waren:

> „In Zukunft werden Berichte, die Ihnen zur Übermittlung an Privatpersonen in den Vereinigten Staaten übergeben werden, nicht mehr angenommen, es sei denn, außergewöhnliche Umstände machen dies ratsam. Wir glauben, dass wir durch die Übermittlung dieser privaten Nachrichten, die die Zensur der neutralen Länder umgehen, riskieren, dass diese neutralen Länder es für notwendig erachten könnten, Maßnahmen zu ergreifen, um unsere geheimen offiziellen Kommunikationsmittel einzuschränken oder abzuschaffen."

Morgenthaus Finanzministerium mischte sich wie üblich in Bereiche der Politik des Außenministeriums ein, die nicht in seine Zuständigkeit fielen, und protestierte umgehend gegen die Weiterleitung dieser Anweisungen an den Botschafter in der Schweiz. Im darauffolgenden Monat, Februar 1943, eskalierte der Streit zwischen den beiden Ministerien, als das Außenministerium erfuhr, dass Zionisten die rumänische Regierung überredet hatten, 70.000 Juden auf rumänischen Schiffen mit vatikanischer Flagge nach Palästina zu bringen. In der Erwägung, dass diese massive illegale Migration einen arabischen Aufstand auslösen könnte, der auf dem Höhepunkt des Krieges katastrophale Folgen gehabt hätte, warnte das britische Außenministerium die Vereinigten Staaten, dass, wenn so viele Juden aus Europa gebracht würden, in Nordafrika Lager eingerichtet werden müssten, um sie unterzubringen. Dies führte zu einer neuen Uneinigkeit zwischen Morgenthaus Männern, überzeugten Zionisten, und dem Außenministerium.

Darüber hinaus wurde die rumänische Regierung mit dem Versprechen bestochen, ihm 170.000 Dollar zu zahlen. Ende Juli 1943 schlugen sowohl das Finanzministerium als auch der WJC vor, dass diese Summe von rumänischen Geschäftsleuten jüdischer Herkunft übernommen werden sollte. Brekinridge Long und seine Kollegen im Außenministerium lehnten die Aktion ab und waren umso mehr davon überzeugt, dass es sich bei den Vernichtungsbehauptungen um Kriegspropaganda handelte, als sie immer wieder von Vorschlägen hörten, Menschen aus Europa abzuschieben, die angeblich vernichtet worden waren: Im Spätsommer wurde bekannt, dass sechstausend jüdische Kinder aus Frankreich evakuiert werden könnten.

Brekinnridge Long begann, von allen Seiten verprügelt zu werden, und wurde offen beschuldigt, zum Mord an den Juden beigetragen zu haben. Infolgedessen wurde er innerhalb der Regierung in Frage gestellt. Im Moment", so erklärte er bitter, „befinde ich mich im Zentrum der Zielscheibe". Einer von Morgenthaus Stellvertretern, Josiah DuBois, verfasste den berühmten „Bericht an den Minister über die Duldung der Ermordung der Juden durch diese Regierung", mit dem Roosevelt von der Notwendigkeit der Einrichtung des War Refugee Board (WRB) überzeugt werden sollte. Ende 1943 trug die Kampagne von Wise und Morgenthau schließlich Früchte und sie setzten sich durch. Im Dezember wurden die Vereinbarungen mit der rumänischen Regierung über die Evakuierung der rumänischen Juden abgeschlossen. Das Geld wurde auf ein Konto in der Schweiz eingezahlt, das von Riegner und Morgenthau selbst kontrolliert wurde. Darüber hinaus testete Rumänien im Dezember 1943 auch den Boden für einen Frieden, der unter der Bedingung angeboten wurde, dass die Juden gut behandelt würden. Im Jahr 1940 waren die rumänischen Juden in die Region Asowsches Meer deportiert worden, und die rumänische Regierung beschloss im Dezember 1943, sie in Zusammenarbeit mit dem Internationalen Roten Kreuz, wie oben erläutert, zurückzubringen.

Das War Refugee Board (WRB), der Ursprung der Auschwitz-Fabel

Der Sieg des Finanzministeriums über das Außenministerium veranlasste Präsident Roosevelt im Januar 1944, seinen engen Freund Henry Morgenthau, den jüdischen Potentaten, der seit 1934 im Finanzministerium saß, zu ermächtigen, den Kriegsflüchtlingsausschuss (War Refugee Board, WRB) zu gründen, dem neben Morgenthau auch Außenminister Cordell Hull und Kriegsminister Henry L. Stimson angehörten. Der geschäftsführende Direktor des WRB war John W. Pehle und der Generalberater der bereits erwähnte Josiah DuBois, zwei von Morgenthaus Mitarbeitern im Finanzministerium[10]. In Wirklichkeit war das WRB das Gremium von Morgenthau, dessen Hauptanliegen die Evakuierung der Juden aus Europa war, so dass es ein Instrument des WJC und anderer zionistischer Organisationen wurde. Da Harry Dexter White im Finanzministerium für die auswärtigen Beziehungen zuständig war, wurden die Operationen des WRB bald von diesem in Litauen geborenen Juden beherrscht und kontrolliert, dem erstaunlichen kommunistischen Spion, der die rechte Hand Morgenthaus war, in Wirklichkeit ein Internationalist/Globalist im Dienste der internationalen Bankiers. Da wir über beide bereits ausführlich im zehnten Kapitel geschrieben haben, und zwar im fünften Teil, der sich mit dem Morgenthau-Plan für Deutschland befasst, erübrigt sich ein weiterer Kommentar.

Rabbi Wise, Zionisten und andere Propagandaagenten nutzten das WRB, um ihre Kampagne in den Vereinigten Staaten zu intensivieren. Im November 1944 gab das War Refugee Board schließlich einen Bericht heraus, eine Broschüre mit dem Titel *German Extermination Camps: Auschwitz and Birkenau*, die als der größte Erfolg des WRB bei der Verbreitung der Auschwitz-Lüge angesehen werden kann. Diese Broschüre ist das Dokument, mit dem die offizielle These von der Vernichtung in Auschwitz durch Gaskammern formell begründet wurde. Es enthält bereits die wesentlichen Bestandteile der Fabel, so dass die Anklagen in Nürnberg auf diesem WRB-Text beruhen. Breckinridge Long und andere Mitarbeiter des Außenministeriums vermuteten, dass der Bericht aus Bern nach Washington übermittelt worden war. Jedenfalls nützte es ihnen nichts mehr, weiterhin zu denken und privat zu kommentieren, dass es sich um eine Kampagne von Morgenthau und seinen jüdischen Helfern handelte. Natürlich prangerten auch die deutschen Zeitungen vergeblich an, dass eine abscheuliche Propagandakampagne („Greuelpropaganda") auf der Grundlage von Lügen fabriziert wurde.

Am 26. November 1944 wurde das WRB-Pamphlet, das am 6. August 1944 in der Schweiz eingegangen war, auf der Titelseite *der New York Times* veröffentlicht, die mehrere Zusammenfassungen veröffentlichte. Es bestand aus

---

[10] Josiah DuBois war bei den Nürnberger Militärgerichten als Chefankläger im I.G.-Farben-Prozess tätig. 1952 veröffentlichte er das Buch *The Devil's Chemists*, in dem er seine Version des Prozesses gegen die, wie er es nennt, „24 Verschwörer des internationalen Farben-Kartells" wiedergibt. Darin stellt er fest, dass er bereits im November 1942 von einem Auschwitz-Häftling, der im Buna-Werk arbeitete, die Information erhielt, dass die Erschießung von Häftlingen ein ständiges Ereignis war. DuBois schreibt, dass in zwei von Riegner im Januar und April 1943 aus der Schweiz übermittelten Nachrichten die Kollegen im Außenministerium gewarnt wurden, dass in Auschwitz täglich 6.000 Juden ermordet würden. Er prangert damit einmal mehr die angebliche Obstruktionspolitik des Außenministeriums an, mit der die massenhafte Ausstellung von Visa für europäische Juden, die in die Vereinigten Staaten einreisen wollten, verhindert werden sollte.

zwei Berichten, der erste von zwei slowakischen Juden, die am 7. April entkommen waren, der zweite von einem polnischen Offizier. Alle gaben an, vom Frühjahr 1942 bis zum Frühjahr 1944 in Auschwitz gewesen zu sein. Der Bericht enthielt auch einen kurzen Zusatz, der zwei anderen Juden zugeschrieben wurde, die am 27. Mai geflohen waren. Die Anonymität aller wurde im Interesse der Sicherheit gewahrt: „Ihre Namen werden im Interesse ihrer eigenen Sicherheit vorläufig nicht bekannt gegeben, heißt es. Alles legt den Verdacht nahe, dass der Text neben dem fabrizierten Teil auch nachrichtendienstlich erlangte Informationen enthält, da offizielle Angaben gemacht werden, wie z.B.: Anzahl der Häftlinge im April 1942, Beschreibung des Häftlingsregistrierungssystems, Gründe für die Internierung, Nationalitäten, eine detaillierte Karte des Geländes, Abmessungen von Auschwitz I, Sterbeurkunden aufgrund natürlicher Ursachen, eine detaillierte Aufschlüsselung der Anzahl und Klassifizierung der Häftlinge in Birkenau im April 1944, ein neues Registrierungssystem, das im Mai 1944 in Betrieb genommen wurde...

In dem Bericht, der dem polnischen Soldaten zugeschrieben wird, heißt es, dass die Juden im Sommer 1942 in speziellen geschlossenen Gebäuden vergast wurden, die wie Duschen aussahen und sich in einem Birkenwald in der Nähe von Birkenau befanden. Da der Bau der Krematorien noch nicht abgeschlossen war, wurden die Leichen in Massengräbern verscharrt und verrotteten. Als die Öfen in Birkenau im Herbst 1942 fertig waren, wurden viele Leichen exhumiert und verbrannt. Zu den Öfen in Birkenau heißt es in dem Bericht, dass im Frühjahr 1944 vier Gebäude die Krematorien I, II, III und IV beherbergten. Jedes Gebäude bestand aus einem Raum für die Ofenkessel, einem großen Saal oder Foyer und einer Gaskammer. In den ersten beiden Gebäuden befanden sich jeweils 36 Öfen (Mündungen oder Türen), in den beiden anderen 18. Dem Bericht zufolge konnte jeder Ofen jeweils nur drei Leichen aufnehmen, deren Verbrennung eineinhalb Stunden dauerte, so dass pro Tag 6.000 Leichen verbrannt werden konnten. Schließlich tauchte das berühmte Zyklon B auf, dessen Verpackung die Aufschrift trug: „zur Verwendung gegen Schädlinge", als das spezifische Produkt, das für den Massenmord in den Gaskammern verwendet wurde. In diesem Abschnitt des Pamphlets wird hinzugefügt, dass bei der Eröffnung des ersten Krematoriums im März 1943 prominente Persönlichkeiten in Berlin anwesend waren. Das „Programm" bestand aus der Vergasung und Einäscherung von 8.000 Juden aus Krakau. Die Namen der zu diesem Spektakel Eingeladenen werden nicht genannt, aber es wird vermerkt, dass sie mit dem Ergebnis äußerst zufrieden waren.

Der Bericht enthält eine Tabelle, in der die Zahl der zwischen April 1942 und April 1944 in Birkenau vergasten Juden akribisch nach Nationalität aufgeführt ist. Sie ist in Dokument 022-L im öffentlichen Protokoll der IMT-Prozesse enthalten, dessen Überschrift lautet: „Summary of a Report of the War Refugee Board, Washington, D. C., November 1944, on the German extermination camps - Auschwitz and Birkenau - giving an estimate of the number of Jews gassed at Birkenau between April 1942 and April 1944". Arthur R. Butz fügt sie dem Anhang seines Nachschlagewerks bei. Dank dessen können wir uns zu einigen Zahlen äußern. Demnach wurden in diesen zwei Jahren in Birkenau 900.000 polnische Juden vergast, von denen 600.000 mit dem Zug und 300.000 mit dem LKW ankamen. Die Zahl der ermordeten französischen Juden belief sich auf 145.000, die der niederländischen auf 100.000, die der deutschen auf 60.000 usw., so dass sich die Zahl von 1.765.000 ermordeten Juden ergibt. Die ungarischen Juden, über die wir oben geschrieben haben, tauchen im Dokument 022-L nicht auf, da ihre Deportation, wie wir wissen, im Mai 1944 begann. In der WRB-Broschüre heißt es jedoch, dass ab dem 15. Mai täglich etwa 15.000 Juden in Birkenau ankamen, von denen neunzig Prozent sofort eliminiert wurden. Es heißt, dass die Kapazität der Krematorien von mit der Ankunft so vieler ungarischer Juden überfordert war, weshalb sie in Gräben verbrannt wurden.

Über den Betrieb des Krankenhauses Auschwitz I wird berichtet, dass im Herbst 1942 die Sterblichkeitsrate so hoch war, dass Berlin Erklärungen verlangte. Wir wissen, dass die Typhusepidemie die Schließung des Buna-Werks der I. G. Farben in den Monaten August und September erzwang. In dem Bericht heißt es jedoch, dass der Lagerarzt Schwachen und Kranken, einigen Häftlingen in der Todeszelle und einigen Jugendlichen, die als Waisen galten, tödliche Injektionen verabreicht hat.

Es dauerte sechzehn Jahre, bis die Namen der angeblichen Verfasser des WRB-Berichts bekannt wurden. In der ersten Auflage von *Die Endlösung* berief sich Gerald Reitliger weiterhin auf die Anonymität der Verfasser, was der Glaubwürdigkeit des Dokuments eindeutig nicht zuträglich war und auch so verstanden worden sein muss, da es Reitlinger selbst war, der 1960 einen gewissen Rudolf Vrba ausfindig machte, den er in der 1968 erschienenen überarbeiteten Auflage seines Werkes als Verfasser des wichtigsten Teils des Berichts ansieht. Beim Eichmann-Prozess 1961 in Jerusalem kamen schließlich die Namen der beiden slowakischen Juden, Rudolf Vrba und Alfred Wetzler, ans Licht. Die Staatsanwaltschaft legte daraufhin eine eidesstattliche Erklärung von Vrba vor, die das Gericht mit der Begründung ablehnte, dass es für die Staatsanwaltschaft keine Entschuldigung dafür gebe, ihn nicht als Zeuge vor Gericht zu laden. 1963 veröffentlichte Rudolf Vrba das Buch *Ich kann nicht verzeihen*, in dem er nicht erklärt, warum es sechzehn Jahre dauerte, bis er ein Lebenszeichen von sich gab. 1964 erschienen er und Wetzler schließlich in Frankfurt, um im Auschwitz-Prozess als Zeugen auszusagen. Natürlich ist das WRB-Pamphlet gefälscht, und das Auftauchen dieser beiden Personen beweist nicht seine angebliche Echtheit.

Das Geständnis von Rudolf Höss, zweite Säule der Auschwitz-Fabel

Die Holocaust-Geschichtsschreibung hat in Rudolf Höss ihren hellsten Stern im Universum der Zeugen und Angeklagten, auf dem die Auschwitz-Fabel aufgebaut wurde. Wenn der WRB-Bericht die erste Säule war, auf der der Mythos von Auschwitz als Vernichtungslager aufgebaut wurde, so bildet das unter schwerer Folter erlangte Geständnis von Höss die zweite Säule und das Grundgerüst der Geschichte. Höss wurde am 15. April 1946 als Zeuge vor das

Internationale Militärtribunal (IMT) geladen. Seine Aussage war ein unerwarteter Paukenschlag, der alle Angeklagten und die internationalen Journalisten, die an den Sitzungen des IMT teilnahmen, in Erstaunen versetzte. Er erklärte unmissverständlich, dass Himmler ihm die Vernichtung der Juden befohlen hatte, und behauptete, dass etwa 3.000.000 Menschen in Auschwitz ermordet worden waren, 2.500.000 davon in Gaskammern. Da Höss seit dem 1. Dezember 1943 nicht mehr Lagerkommandant war, wird angenommen, dass sich diese Zahlen nur auf dieses Datum beziehen. Im Winter 1986/87 veröffentlichte *The Journal of Historical Review* (Vol. 7, No. 4) einen Artikel von Professor Faurisson mit dem Titel „How the British Obtained the Confessions of Rudolf Höss". Darin wird beschrieben, wie die unterzeichnete Aussage von Höss erlangt wurde.

Am Ende des Krieges geriet Rudolf Höss in britische Gefangenschaft. Seine Entführer wussten nicht, wie wichtig die Beute in ihren Händen war, und da er ein erfahrener Agrarwissenschaftler war, vermittelte ihm ein Arbeitsamt eine Stelle auf einem Bauernhof in Flensburg nahe der dänischen Grenze und ließ ihn frei. Er wurde von der Militärpolizei gesucht, und seine Familie, mit der er Kontakt aufnehmen konnte, wurde streng bewacht. Dennoch hielt sich Höss etwa acht Monate lang auf dem Bauernhof versteckt, bis er am Abend des 11. März 1945 um 23.00 Uhr erneut verhaftet wurde. Die Bestätigung, dass Höss gefoltert wurde, eine Tatsache, die Revisionisten als sicher ansahen, kam 1983, als das Buch *Legions of Death* des Anti-Nazi Rupert Butler erschien. Butler rühmt sich seiner Nachforschungen in verschiedenen britischen Institutionen und dankt Bernard Clarke, einem britischen Juden, der Feldwebel in der 92. Butler zitiert Auszüge aus den schriftlichen oder aufgezeichneten Berichten von Clarke, der, anstatt Reue zu zeigen, stolz darauf ist, einen Nazi gefoltert zu haben. Rupert Butler selbst ist der Ansicht, dass es nichts zu kritisieren gibt, und erklärt, dass es drei Tage der Folter bedurfte, um „einen kohärenten Bericht" zu erstellen.

Nach Butlers Darstellung betraten am 11. März 1946 ein Captain namens Cross, Sergeant Bernard Clarke und vier weitere Geheimdienstspezialisten in britischen Uniformen in bedrohlicher Haltung die Wohnung von Frau Höss, Hannah Höss, die mit ihren Kindern in einem Wohnblock in der schleswig-holsteinischen Stadt Heide lebte. Die sechs Männer, so betont Butler, „waren Experten für ausgeklügelte Techniken langwieriger und rücksichtsloser Ermittlungen". Clarke schrie die Frau an: „Wenn Sie uns nicht sagen, wo Ihr Mann ist, werden wir Sie an die Russen ausliefern und vor ein Erschießungskommando stellen. Ihre Kinder werden nach Sibirien gehen." Clarke erklärt, dass die entsprechenden Drohungen gegenüber Sohn und Tochter die gewünschte Wirkung zeigten: Frau Höss brach in Tränen aus, verriet den Standort des Bauernhofs, auf dem sich ihr Mann versteckt hielt, und gab auch den falschen Namen preis, den er angenommen hatte: Franz Lang. Hauptmann Cross, der jüdische Feldwebel und die anderen Spezialisten für „Verhöre dritten

Grades"[11] suchten um Mitternacht nach Höss und fanden ihn unter in einem Raum des Viehschlachthofs. „Wie ist Ihr Name?", rief Clarke. Jedes Mal, wenn er „Franz Lang" antwortete, erhielt er einen Schlag ins Gesicht. Nach dem vierten Schlag gab Höss seine wahre Identität zu. In dem Buch erzählt Butler, dass die Eltern der jüdischen Unteroffiziere, die zu dem Verhaftungstrupp gehörten, auf einen von Höss unterzeichneten Befehl hin in Auschwitz gestorben waren. Daraufhin wurde er nackt ausgezogen und im Schlachthof auf eine Planke gelegt, wo er bis auf den letzten Zentimeter niedergeknüppelt wurde. Der Sanitätsoffizier drängte den Hauptmann: „Sagen Sie ihnen, sie sollen aufhören, es sei denn, sie wollen einen Leichnam mitnehmen. Dann legten sie eine Decke über Höss' geschwollenen Körper und verfrachteten ihn in Clarkes Auto, wo Clarke ihm, nachdem er ihm einen kräftigen Schluck Whisky zu trinken gegeben hatte, mit seinem Dienststock auf die Augenlider stieß und ihm auf Deutsch befahl: „Halt deine Schweineaugen offen, du Schwein!" Die Gruppe erreichte Heide gegen drei Uhr morgens. Der Wind wirbelte Schnee auf und Höss war gezwungen, nackt über den Gefängnishof zu seiner Zelle zu laufen.

Ein Gefreiter namens Ken Jones, der in Heide bei der 5. Abteilung der Royal Horse Artillery stationiert war, bestätigte in einem Artikel, der am 17. Oktober 1986 *im Wrexham Leader* veröffentlicht wurde, dass es drei Tage dauerte, bis er einen zusammenhängenden Bericht aus Hoss herausbekam. Jones erinnert sich, dass er und zwei andere Soldaten ihn auf das Verhör vorbereiteten: „Wir saßen mit ihm in seiner Zelle", schreibt Jones, „Tag und Nacht, bewaffnet mit Stöcken. Unsere Aufgabe war es, ihn jedes Mal zu stoßen, wenn er einschlief, um seinen Widerstand zu brechen." Jones erklärt, dass Höss nur mit einem dünnen Baumwoll-T-Shirt bekleidet war, als er zum Training nach draußen in die Kälte gebracht wurde. Nach drei Tagen und drei Nächten ohne Schlaf kam das Geständnis. Laut Clarke, der die Briefe, die Rudolf Höss an seine Frau und seine Kinder schickte, persönlich zensierte, war der Gefangene, sobald er zu reden begann, nicht mehr zu bremsen.

Rudolf Höss wurde am 25. Mai 1946 an Polen ausgeliefert. Dort wurde ihm ein neuer Prozess wegen Kriegsverbrechen gemacht. Der Prozess fand am 2. April 1947 in Krakau statt, wo Höss die Zahl von 3.000.000, die er in Nürnberg genannt hatte, auf 1.135.000 reduzierte. Zwei Wochen später, am 16. April, wurde er in Auschwitz gehängt. Paradoxerweise erlaubten ihm die Kommunisten aus verschiedenen Gründen, die wir Ihnen ersparen wollen, seine Geschichte in einem Memoirenband zu erzählen, den er im Gefängnis von Krakau mit Bleistift geschrieben hat. Martin Broszat, Mitglied des Instituts für Zeitgeschichte in München, der am 10. August 1960 in der *„Zeit"* zugab, dass niemand in Dachau, Bergen-Belsen oder Buchenwald vergast worden war, veröffentlichte sie nach einer Überarbeitung im Jahr 1958 unter dem Titel *„Kommandant in Auschwitz"*. Darin bestätigt Höss, dass er bei seinem ersten Verhör geschlagen wurde, um seine Aussage zu bekommen: „Ich weiß nicht, was in dem Dokument steht, obwohl ich es unterschrieben habe. Der Alkohol

---

[11] „Third Degree Interrogation" ist ein Euphemismus im Englischen, um das Wort Folter zu vermeiden. Bei diesen Verhören werden der verhörten Person körperliche und/oder seelische Schmerzen zugefügt, um ein Geständnis oder einen Bericht zu erhalten.

und die Peitsche waren zu viel für mich. Die Peitsche gehörte mir, die sie zufällig aus den Koffern meiner Frau geholt hatten. Ich hatte kaum mein Pferd berührt, geschweige denn die Gefangenen. Einer meiner Vernehmungsbeamten war jedoch überzeugt, dass ich die Peitsche ständig zum Auspeitschen der Gefangenen benutzt hatte." In seinen Erinnerungen berichtet Höss, dass die Briten ihm erst nach drei Wochen die Handschellen abnahmen, die er seit seiner Verhaftung trug, ihm die Haare schnitten, ihn waschen ließen und ihn rasierten. In „*Kommandant in Auschwitz*" lesen wir das Folgende:

> „Ich war in Nürnberg, weil der Anwalt von Kaltennbrunner mich gebeten hatte, als Zeuge für seine Verteidigung auszusagen. Ich habe nie verstehen können, und es ist mir bis heute nicht klar, wie ausgerechnet ich zum Freispruch Kaltenbrunners beitragen konnte. Obwohl die Bedingungen im Gefängnis in jeder Hinsicht gut waren - es gab eine gut ausgestattete Bibliothek und ich las, wann immer ich Zeit hatte -, waren die Verhöre äußerst unangenehm, nicht so sehr physisch, sondern viel mehr wegen ihrer starken psychologischen Wirkung. Ich kann den Vernehmungsbeamten keine Vorwürfe machen - sie waren alle Juden. Psychisch war ich am Boden zerstört. Sie wollten alles über alles wissen, und das wurde auch von Juden gemacht. Sie ließen mich nicht im Unklaren über das Schicksal, das sie mit mir vorhatten".

Die Aussagen von Höss sind der Grundstein für die Behauptung der Historiker, dass die Vernichtung von Millionen von Juden in den Gaskammern von Auschwitz eine historische Realität ist. Robert Faurisson erklärt in dem in der *Zeitschrift The Journal of Historical Review* veröffentlichten Artikel, dass Höss tatsächlich vier Aussagen gemacht hat, weshalb man streng genommen von den Geständnissen von Rudolf Höss sprechen kann. Die erste ist ein maschinengeschriebener Text von acht Seiten, das Dokument NO-1210. Es enthält keine Ortsangabe, ist auf den 14. März 1946 datiert und wurde um 2.30 Uhr nachts, möglicherweise schon am 15. März, unterschrieben. Nach seiner Prüfung stellt Professor Faurisson, ein Spezialist für Textanalyse und Dokumentenkritik, fest, dass es unter normalen Umständen von keinem Gericht in einer Demokratie berücksichtigt worden wäre.

Die zweite eidesstattliche Erklärung, Dokument PS-3868, wurde 22 Tage später, am 5. April 1946, unterzeichnet. Es ist ein zwanzigseitiger Text in englischer Sprache. Auf der letzten Seite steht dieser Text: „Ich verstehe den englischen Text. Die obigen Aussagen sind wahr: Ich habe diese Erklärung freiwillig und ohne Zwang abgegeben; nachdem ich die Erklärung gelesen habe, habe ich sie in Nürnberg, Deutschland, am fünften April 1946 unterzeichnet und formalisiert". Faurisson, dessen formale Kritik an dem Dokument verheerend ist, hält den Text für unansehnlich und weniger akzeptabel als den ersten: Es gibt Zeilen, die in Großbuchstaben hinzugefügt wurden, Zeilen, die mit Kugelschreiber durchgestrichen wurden, und keine Randbemerkungen, die die Korrekturen rechtfertigen oder erklären. Um zu rechtfertigen, dass Höss eine eidesstattliche Erklärung in einer Sprache unterschrieben hat, die nicht seine eigene ist, und um die Streichungen und Hinzufügungen verschwinden zu lassen, wurde der Text in Nürnberg umstrukturiert und als Übersetzung aus dem Deutschen ins Englische vorgelegt.

Das dritte Geständnis ist die spektakuläre mündliche Aussage vor dem IMT am 15. April 1946, zehn Tage nach der Unterzeichnung des Dokuments PS-3868. Absurderweise erschien Höss vor Gericht auf Antrag von Kurt Kauffmann, Kaltenbrunners Anwalt, den er zu verteidigen versuchte, indem er Himmler die gesamte Verantwortung zuschrieb. Das vierte Geständnis schließlich sind die Texte in dem Buch „Kommandant in Auschwitz", das er unter den wachsamen Augen seiner kommunistischen Gefängniswärter in Erwartung des Prozesses geschrieben hat. Es liegt auf der Hand, dass diese letzte Version von Höss mit allen möglichen Vorbehalten betrachtet werden muss, da sie nichts an dem ändern konnte, was er vor dem IMT erklärt hatte, und in Bezug auf die angebliche Ausrottung und die eingesetzten Mittel erneut mit Lügen gespickt ist.

Bevor wir uns zu den Unmöglichkeiten der Aussage von Höss äußern, sei daran erinnert, dass in Auschwitz nur etwa 400.000 Personen aller Nationalitäten registriert wurden. Als die Rote Armee im April 1945 die Akten von Oranienburg, einer Stadt 35 Kilometer nördlich von Berlin, beschlagnahmte, stellte sie fest, dass die Gesamtzahl der Toten in allen Arbeitslagern über zehn Jahre 403.713 betrug. Die Sowjets hielten diese Dokumente fünfundvierzig Jahre lang geheim. Andererseits gab es in Auschwitz ein sechsundvierzigbändiges Register der Toten. Das Problem ist, dass die Gesamtzahl der registrierten Todesfälle nicht genau bestimmt werden kann, da die Bücher für 1940, 1941, den größten Teil des Jahres 1944 und den Januar 1945 fehlen. Mit anderen Worten: In den sechsundvierzig Büchern sind nur die Todesfälle von 1942, 1943 und unvollständig von 1944 verzeichnet. Dennoch haben mehrere revisionistische Autoren versucht, die Zahl der Todesfälle im Lager auf der Grundlage der bekannten Daten und der Gesamtzahl der in Auschwitz registrierten Häftlinge zu berechnen.

Arthur R. Butz extrapoliert und gibt eine Zahl von 125.000 Toten an, von denen viele, wenn nicht die meisten, katholische Christen waren. 1992 drehte der jüdische revisionistische Forscher David Cole, über den wir später berichten werden, einen berühmten Dokumentarfilm über Auschwitz, in dem er Dr. Franciszek Piper, Direktor und Kurator der Archive des Staatlichen Museums Auschwitz, interviewte. Dr. Piper bestätigte vor der Kamera, dass 197.820 Häftlinge überlebt hatten. Franciszek Piper hingegen schrieb, dass „die sowjetischen Soldaten bei der Befreiung des Lagers im Januar 1945 Dokumente vorfanden, die nur 100.000 Tote bestätigten." Im Jahr 1999 veröffentlichte Vivian Bird *Auschwitz: The Final Count*. Die englische Autorin beharrt darauf, dass die Statistiken in den Büchern vollständig und authentisch sind, räumt aber auch den Nachteil ein, dass sie nicht über die vollständigen Aufzeichnungen verfügen. Bird kommt zu dem Schluss, dass 73.137 Häftlinge den harten Arbeitsbedingungen in Auschwitz zum Opfer fielen, von denen nur 38.031 Juden waren.

Angesichts dieser Zahlen ist es klar, dass wir den „eidesstattlichen Erklärungen" von Rudolf Höss, die nach seiner Gefangennahme auf durch Verhöre dritten Grades erlangt wurden, keinerlei Glaubwürdigkeit schenken können. Sogar der Exterministen-Autor Gerald Reitlinger glaubt ihnen nicht und bezeichnet die Aussage von Höss in Nürnberg als „unwiederbringlich widerlegbar". Reitlinger räumt ein, dass Höss' Aussage eine Aufzählung irrsinniger Übertreibungen war, wie z. B. die Behauptung, dass jeden Tag 16.000 Menschen getötet wurden. Leider behaupten er und andere Holocaust-Historiker, anstatt den wahren Charakter von Auschwitz und die große Bedeutung seiner industriellen Aktivitäten für die Deutschen anzuerkennen, dass Höss' wahnhafte Aussagen durch eine Art „Berufsstolz" motiviert waren.

In den Protokollen aller Zeugen, die vor dem IMT ausgesagt haben, ist nur ein einziger Hinweis auf den industriellen Charakter von Auschwitz erhalten geblieben. Es handelt sich um die Aussage einer politischen Gefangenen namens Marie Claude Vaillant-Couturier, die beiläufig eine Munitionsfabrik, das Krupp-Werk, und eine große Fabrik in Buna erwähnt, über die sie nichts sagen kann, weil sie dort nicht gearbeitet hat. Andere Anspielungen wurden, wenn überhaupt, gestrichen. Die Tatsache, dass der Lagerkommandant in seiner Zeugenaussage kaum auf das erstklassige Interesse der Fabriken im Lager eingeht, ist sehr bezeichnend. Im Gegensatz dazu sind die in Höss' Geständnis erfundenen Grausamkeiten so absurd, dass sie kaum zu widerlegen wären. Schauen wir mal:

> „Ich war bis Dezember 1943 Kommandant von Auschwitz und schätze, dass mindestens 2.500.000 Opfer dort hingerichtet und vernichtet, vergast und verbrannt wurden und dass mindestens eine weitere halbe Million dem Hungertod und Krankheiten erlegen ist, insgesamt also etwa 3.000.000. Diese Zahl entspricht 70 bis 80 Prozent der Gesamtzahl der Menschen, die als Häftlinge nach Auschwitz geschickt wurden. Die restlichen Prozent wurden für den Einsatz als Sklavenarbeiter in der KZ-Industrie ausgewählt. Unter den Hingerichteten und Verbrannten befanden sich etwa 20.000 russische Kriegsgefangene (die zuvor von der Gestapo aus den Kriegsgefangenenzellen ausgesondert worden waren), die in Wehrmachtstransporten, die von regulären Wehrmachtssoldaten und -offizieren geführt wurden, nach Auschwitz gebracht wurden. Die Gesamtzahl der Opfer umfasste etwa 100.000 deutsche Juden und eine große Anzahl von Bürgern, hauptsächlich Juden aus Holland, Frankreich, Belgien, Polen, Ungarn, der Tschechoslowakei, Griechenland und anderen Ländern. Allein im Sommer 1944 haben wir etwa 400.000 ungarische Juden hingerichtet."

Besonders bemerkenswert ist die Erwähnung der 400.000 ungarischen Juden, an denen man offenbar ein besonderes Interesse hatte, die kabbalistische Zahl von 6.000.000 zu erhöhen. Da wir dem, was mit den ungarischen Juden tatsächlich geschah, bereits Raum gewidmet haben, wollen wir dies nicht weiter ausführen, obwohl darauf hingewiesen werden sollte, dass Rudolf Höss im Sommer 1944 nicht mehr in Auschwitz war. Da er jedoch im Dezember 1943 zur Inspektion von der Konzentrationslager in Oranienburg befördert wurde, ist es glaubhaft, dass er von den angeblichen Hinrichtungen gewusst haben könnte. Es scheint jedoch klar zu sein, dass die Einbeziehung der ungarischen Juden eine weitere Zumutung durch die Verfasser der Erklärung war, die ihm zur Unterschrift vorgelegt wurde. Die Gesamtzahl der Opfer belief sich somit auf 3 400 000, was sehr nahe an der von den Sowjets angegebenen Zahl von 4 000 000 liegt, die auf der ersten im Lager für Touristen angebrachten Gedenktafel steht. Wenn die Zahl von 3.000.000 nur siebzig oder achtzig Prozent der Gesamtzahl der nach Auschwitz geschickten Menschen ausmacht, muss man daraus ableiten, dass es etwa 4.000.000 Lagerhäftlinge gab, also das Zehnfache der angegebenen Zahl.

In einem weiteren Absatz der Erklärung wird festgehalten, dass er, obwohl sein Kommando in Auschwitz am 1. Dezember 1943 endete, aufgrund seiner Position in der Lagerinspektion über die Vorgänge in den Konzentrationslagern informiert war:

> „Die Gasexekutionen begannen im Sommer 1941 und dauerten bis zum Herbst 1944. Ich habe die Exekutionen in Auschwitz bis Dezember 1943 persönlich beaufsichtigt, und ich weiß aus meiner fortgesetzten Tätigkeit in der KZ-Inspektion des WVHA, dass die Massenexekutionen wie oben beschrieben fortgesetzt wurden. Alle Exekutionen durch Vergasungen fanden unter direkter Anweisung, Aufsicht und Verantwortung des RSHA statt. Ich erhielt alle Befehle zur Durchführung der Massenexekutionen direkt vom RSHA."

Wir wissen, dass das Reichssicherheitshauptamt ( ), abgekürzt RSHA, von Heinrich Himmler am 27. September 1939 eingerichtet wurde, und Höss impliziert damit, dass er den Vernichtungsbefehl von Himmler selbst erhalten hat. In *The Hoax of the Twentieth Century* kommentiert Arthur R. Butz, dass Höss in seiner Zeugenaussage, die in Band 11 der ITM erscheint, sagte, dass er im Sommer 1941 vorgeladen wurde, um direkt dem Reichsführer SS Bericht zu erstatten, und dass Himmler ihm während seines Gesprächs mit ihm den Befehl zur Vernichtung der Juden gab, ihm aber sagte, dass er „strengste Geheimhaltung" wahren und seinem unmittelbaren Vorgesetzten Glücks nicht erlauben solle, zu erfahren, was er tat. Richard Glücks war zu dieser Zeit Inspekteur der Konzentrationslager und unterstand Reichsführer Himmler. Es versteht sich von selbst, dass die Behauptung, Himmler habe ohne den Leiter des SS-Wirtschafts- und Verwaltungsamtes (SS-WVHA), Oswald Pohl, zu informieren, Major Höss angewiesen, heimlich Millionen von Juden zu vernichten und die Tötung vor Glücks, seinem Vorgesetzten, der gleichzeitig Himmlers Befehl unterstand, zu verheimlichen, völlig absurd ist. Kann man sich einen größeren Unsinn vorstellen? Lassen Sie uns mehr sehen:

> „Die 'Endlösung' der Judenfrage bedeutete die vollständige Ausrottung aller Juden Europas. Im Juni 1941 erhielt ich den Befehl, die Vernichtungsanlagen in Auschwitz einzurichten. Zu diesem Zeitpunkt gab es bereits drei andere Vernichtungslager im Generalgouvernement, Belzec, Treblinka und Wolzek. Diese Lager waren dem Einsatzkommando der Sicherheitspolizei und des SD unterstellt. Ich besuchte Treblinka, um herauszufinden, wie sie ihre Tötungen durchführten. Der Lagerkommandant von Treblinka erzählte mir, dass er in einem halben Jahr 80.000 Menschen liquidiert habe. Er war vor allem an der Liquidierung der Juden im Warschauer Ghetto interessiert. Er verwendete gasförmiges Monoxid, und ich hielt seine Methoden nicht für sehr effektiv. Als ich also das Vernichtungsgebäude in Auschwitz baute, verwendete ich Zyklon B, eine kristallisierte Blausäure, die wir durch eine kleine Öffnung in die Gaskammer warfen. Es dauerte zwischen drei und fünfzehn Minuten, um die Menschen in der Kammer zu töten, je nach den Wetterbedingungen. Wir wussten, wann sie tot waren, weil ihre Schreie aufhörten. Normalerweise warteten wir eine

halbe Stunde, bevor wir die Türen öffneten und die Leichen herausnahmen. Nachdem wir sie herausgeholt hatten, nahmen unsere Spezialkommandos ihre Ringe ab und holten das Gold aus ihren Zähnen.
Eine weitere Verbesserung gegenüber Treblinka bestand darin, dass wir unsere Gaskammern so gebaut haben, dass sie jeweils 2.000 Menschen aufnehmen konnten, während die zehn Gaskammern in Treblinka jeweils nur 200 Menschen fassten. Bei der Auswahl unserer Opfer gingen wir folgendermaßen vor: Wir hatten zwei SS-Ärzte in Auschwitz, die die Häftlinge, die mit den Transporten ankamen, untersuchten. Diejenigen, die arbeitsfähig waren, wurden in das Lager geschickt. Andere wurden sofort in die Vernichtungsanlagen geschickt. Kinder im Alter von wenigen Jahren wurden ausnahmslos vernichtet, da sie aufgrund ihres Zustands nicht für die Arbeit geeignet waren. Eine weitere Verbesserung gegenüber Treblinka bestand darin, dass die Opfer in Treblinka fast immer wussten, dass sie vernichtet werden würden, während wir in Auschwitz alles daran setzten, sie glauben zu lassen, dass sie entlaust werden würden. Natürlich erkannten sie oft unsere wahren Absichten, und manchmal gab es deshalb Unruhen und Schwierigkeiten. Oft versteckten die Frauen ihre Kinder unter ihren Kleidern, aber als wir sie entdeckten, schickten wir die Kinder natürlich in die Vernichtung. Wir wurden gebeten, diese Vernichtungen im Geheimen durchzuführen, aber natürlich durchdrang der üble Geruch, der von den ständigen Leichenverbrennungen ausging, die ganze Gegend, und alle Menschen in den umliegenden Dörfern wussten, dass in Auschwitz Vernichtungen durchgeführt wurden."

Wie wir sehen können, besteht die Erklärung darauf, dass der Vernichtungsbefehl im Sommer 1941, also ein halbes Jahr vor der Wannseekonferenz, stattfand. Es scheint klar zu sein, dass historische Strenge den Intellekt derjenigen, die Höss das Geständnis zur Unterschrift vorlegten, nicht schmückte. Gerald Reitlinger hingegen erkannte schnell, dass derartige Ungereimtheiten die Glaubwürdigkeit des Geständnisses beeinträchtigten und beeilte sich, das Datum zu korrigieren. Reitlinger zufolge meinte Höss den Sommer 1942, nicht 1941. Außerdem datiert Reitlinger selbst den ersten großen Transport von zweitausend Juden nach Birkenau auf den März 1942. „Zu diesem Zeitpunkt", so heißt es in der Erklärung, „gab es bereits drei andere Vernichtungslager in der Zentralregierung, Belzec, Treblinka und Wolzec." Dies ist ein weiterer großer Irrtum, denn selbst 1941 gab es noch kein Treblinka II, mit dessen Bau im März 1942 begonnen wurde. Es wird berichtet, dass eine Inschrift auf einem Stein darauf hinweist, dass dort zwischen Juli 1942 und August 1943 800.000 Juden ermordet worden sind. Und so weiter und so fort, denn die Widersprüche und Ungereimtheiten sind die logische Folge der glatten Lügen, aus denen die „eidesstattliche Erklärung" besteht. Robert Faurisson bemerkt, dass die Briten Höss in NO-1210, dem Text der ersten eidesstattlichen Erklärung, unterschreiben ließen, dass das Vernichtungslager Wolzec „in der Nähe von Lublin" liegt. In Wirklichkeit gibt es Wolzec nicht und hat es nicht gegeben. Es scheint unwahrscheinlich, dass sie Belzec meinten, da es nicht in der Nähe von Lublin liegt, sondern mehr als hundertdreißig Kilometer entfernt, und es wird zusammen mit Wolzek erwähnt, einem mysteriösen Ortsnamen, der auf keiner Karte Polens zu finden ist.

Arthur R. Butz äußert sich ausführlich zu den Hinweisen auf Zyklon B in Höss' Geständnis. Er bestätigt, dass es tatsächlich kein tödlicheres Gas gab und dass es sich um ein bekanntes und weit verbreitetes Insektizid handelte, das vor dem Krieg weltweit vermarktet wurde. Die „Deutsche Gesellschaft für Schädlingsbekämpfung" (DEGESCH) lieferte es während des Krieges an die Bundeswehr und das gesamte Lagersystem. Wie bereits erwähnt, musste die Arbeit in Auschwitz in den Monaten August und September 1942 wegen einer schrecklichen Typhusepidemie eingestellt werden. Wir wissen, dass die Einstellung der Desinfektionsmaßnahmen im Lager Bergen-Belsen bei Kriegsende verheerende Auswirkungen hatte. Die dortigen Todesopfer lieferten die schockierenden Bilder, die das Referenzmaterial für die Holocaust-Propagandisten darstellen. Zyklon B, das in grünen zylindrischen Dosen abgefüllt war, war in den Lagern als Desinfektionsmittel unerlässlich, um das Leben der Häftlinge zu erhalten, aber nicht, um sie zu töten. Die Räume und Baracken wurden versiegelt, bevor das Gas, das Läuse und andere Schadinsekten tötet, entleert wurde. Anschließend wurden sie ordnungsgemäß gelüftet. In den „Tötungskammern" wurden auch Kleidungsstücke entlaust. Die US-Armee verwendete in ihren Konzentrationslagern auch ein starkes Insektizid, DDT, das vielseitiger und fortschrittlicher war als Zyklon und daher für Menschen weniger tödlich. Gerade weil Zyklon so giftig war, ist es völlig unmöglich, dass man nur eine halbe Stunde nach der Freisetzung des Gases in die Kammern ging, um die Leichen zu bergen und zu entkleiden, wie es in der Aussage von Höss heißt.

Es ist außerdem ein unglaublicher Unsinn zu behaupten, dass die Nazi-Hierarchie einem Lagerkommandanten die Wahl des Materials und der Hinrichtungsmethode für die systematische Ausrottung von Millionen von Juden übertrug. Nach Höss' wahnhafter Behauptung war er es, der nach einem Besuch in Treblinka, bei dem er sah, dass sein Kommandant ein schlampiges Vernichtungsverfahren anwandte, beschloss, nach einer wirksameren Methode zu suchen, um dem Judenproblem ein Ende zu bereiten. Reitlinger, der von einem solchen inakzeptablen Eingeständnis überwältigt ist, sagt am Ende grundlos, dass es „ohne Zweifel" Hitler war, der schließlich die Entscheidung traf. Diese Ernsthaftigkeit und historische Strenge sind beeindruckend. Auf die Behauptung, dass zweitausend Menschen auf einmal in eine Gaskammer gesteckt wurden, wollen wir jetzt nicht eingehen, da wir bei der Vorstellung des *Leuchter-Berichts* noch Zeit haben werden, darüber zu diskutieren. Zu den Frauen, die ihre Kinder unter der Kleidung versteckten, und den Kindern, die systematisch vernichtet wurden, weil sie für die Arbeit unbrauchbar waren, brauchen wir nichts zu sagen, denn auf den Seiten über Belzec, Treblinka und Sobibor wurde bereits gesagt, dass die Darstellung der Deutschen als unbarmherzige Bestien ein Propagandatrick war. Erinnern wir uns daran, dass es schon im Ersten Weltkrieg nur noch darum ging zu sagen, dass sie Kinder mit Pommes frites aßen, nachdem sie sie mit ihren Bajonetten aufgespießt hatten.

In den letzten Zeilen des Zitats heißt es, dass das Gebiet von der Pest befallen war, die durch die „ständige Verbrennung von Leichen" verursacht wurde. Laut Höss und anderen Vernichtungsforschern wurden vor dem Bau moderner Öfen die Einäscherungen in Gräben oder auf Scheiterhaufen durchgeführt. Es wurde bereits festgestellt, dass der Gestank der verbrannten Leichen ein immer wiederkehrendes Thema der Propagandisten in den Lagern der sogenannten Operation Reinhard war. Im Fall von Auschwitz wird der Gestank jedoch bestätigt, und es gibt eine Erklärung, die nicht außer Acht gelassen werden sollte: In dem Lager gab es zahlreiche Industrien, die mit hochgradig umweltschädlichen Materialien arbeiteten. Die Hydrierung und andere chemische Prozesse, die in den Fabriken stattfanden, waren durch den Gestank gekennzeichnet, den sie erzeugten. Die von den Deutschen verwendete Kohle war schmutziger als Rohöl. Es ist daher naheliegend, dass der Gestank in der Gegend von der I.G. Farben Buna-Fabrik und den verschiedenen industriellen Aktivitäten der anderen Fabrikkomplexe stammen muss.

Über die Krematoriumsöfen in Auschwitz-Birkenau

Da Arthur R. Butz umfangreiche Informationen über den Bau der vier Gebäude, in denen sich die Krematorien befanden, zur Verfügung stellt, werden wir uns erneut dieser zuverlässigen und strengen Quelle zuwenden, um den berühmten Bericht des War Refugee Board zu widerlegen, der besagt, dass es im Frühjahr 1944 vier Krematorien in Birkenau gab (I, II, II und IV). In Wirklichkeit waren die vier Gebäude in Birkenau, in denen sich die Krematorien befanden, II, III, IV und V. Das Gebäude I befand sich in Auschwitz I und wäre ein inaktives Krematorium mit vier Öffnungen gewesen. Butz zeigt auf, dass die Pläne für den Bau der vier Gebäude mit den Krematorien auf den 28. Januar 1942 datiert sind. Am 27. Februar desselben Jahres besuchte ein Oberst der SS-Ingenieure, Hans Kammler, Leiter der Bauabteilung des WVHA, Auschwitz und hielt eine Besprechung ab, bei der man sich darauf einigte, fünf Krematorien anstelle der ursprünglich geplanten zwei zu errichten. Es wurde daher beschlossen, fünf Öfen mit jeweils fünfzehn Krematorien in jedem der vier Krematorien zu bauen, was insgesamt sechzig Krematorien in den vier Krematorien ergeben würde. Während es jedoch Dokumente gibt, aus denen hervorgeht, dass die Arbeiten in den Gebäuden II und III abgeschlossen wurden, gibt es für die Krematorien IV und V keine Belege, die dies bestätigen, obwohl es Belege dafür gibt, dass die Öfen in diesen Gebäuden in Betrieb waren. Die Arbeiten wurden am 3. August 1942 bei der Firma Topf und Söhne aus Erfurt in Auftrag gegeben. Jeder Ofen war wie alle normalen Krematorien für die Einäscherung einer Leiche ausgelegt, und es gibt keine Belege dafür, dass unkonventionelle Öfen, die mehr als eine Leiche auf einmal aufnehmen konnten, installiert wurden.

Im WRB-Bericht heißt es, dass es in zwei Krematorien jeweils 36 Öfen gab und in den beiden anderen Gebäuden jeweils 18 Öfen. Wenn wir die Angaben im vorigen Absatz als gültig akzeptieren, müssen wir davon ausgehen, dass sie sich auf 36 Öffnungen oder Türen beziehen. Wenn wir also davon ausgehen, dass jeder Ofen drei Öffnungen hatte, gäbe es in zwei Gebäuden 12 Öfen mit je drei Öffnungen und in den beiden anderen Gebäuden 6 Öfen mit je drei Öffnungen. Daraus ergibt sich eine Gesamtzahl von 108 Öffnungen, was in Wirklichkeit die Anzahl der Öffnungen ist, die notwendig ist, um 6.000 Leichen pro Tag zu verbrennen, indem drei Leichen in jeden Ofen eingeführt werden, vorausgesetzt, dass, wie der Bericht versichert, die drei Leichen in nur einer halben Stunde verbrannt werden und die Öfen vierundzwanzig Stunden am Tag ununterbrochen in Betrieb sind, was technisch unmöglich ist. Großzügig kann man annehmen, dass mit der Technologie von 1943 jeder Ofen eine Leiche in einer Stunde zu Asche machen konnte. Wenn, wie im WRB-Bericht behauptet, drei Leichen auf einmal eingeführt wurden, würde sich die Verbrennungszeit zwangsläufig verlängern. Andererseits waren Ausfallzeiten unvermeidlich, da verschiedene Wartungs- und Reinigungsarbeiten erforderlich waren.

Vor der Berechnung der Höchstzahl der Leichen, die in den Krematorien von Auschwitz-Birkenau verbrannt werden konnten, ist es von Interesse, die von Arthur R. Butz in seinem meisterhaften Werk zur Verfügung gestellten Informationen und Dokumente näher zu untersuchen. Aus den Plänen der vier Gebäude, in denen sich die Krematorien befanden, geht hervor, dass es in jedem Gebäude einen großen Raum oder Saal, den „Leichenkeller", gab, der im Falle der Krematorien II und III unter dem Erdboden lag und in den Krematorien IV und V ebenerdig. Die ersten fünf Öfen mit jeweils drei Öffnungen wurden im Gebäude II installiert. Die Bauarbeiten dauerten bis Januar 1943. Butz gibt den Text des Dokuments NO-4473 aus Band 5 der Nürnberger Militärtribunale (NMT) wieder, in dem der Abschluss der Bauarbeiten bestätigt wird:

„29. Januar 1943
An den Kommandeur der Amtsgruppe C, SS-Brigadeführer und Brigadegeneral der Waffen-SS, Dr. Ing.
Thema. Krematorium II, Bauzustand.
Das Krematorium II ist - abgesehen von einigen kleineren Arbeiten - unter Einsatz aller verfügbaren Kräfte trotz großer Schwierigkeiten und großer Kälte in 24-Stunden-Schichten fertiggestellt worden. Die Ofenfeuer wurden in Anwesenheit des Oberingenieurs Prüfer, Vertreter der ausführenden Firma Topf und Söhne, Erfurt, entzündet und arbeiten zur vollen Zufriedenheit. Die Bohlen der Betondecke im Leichenkeller sind wegen des Eises noch nicht entfernt worden. Dies ist jedoch nicht weiter von Bedeutung, da die Gaskammer für diesen Zweck genutzt werden kann.
Topf und Söhne konnte die von der Zentralbauabteilung angeforderten Lüftungs- und Belüftungsanlagen wegen der Beschränkungen für den Eisenbahnverkehr nicht rechtzeitig liefern. Sobald sie eintreffen, wird mit dem Einbau begonnen, so dass hoffentlich bis zum 20. Februar 1943 alles einsatzbereit sein wird. Beigefügt ist ein Bericht des Prüfingenieurs der Firma Topf und Söhne, Erfurt.
Leiter der Generalbaudirektion, Waffen-SS und Auschwitz-Polizei, SS-Hauptsturmführer.
Verteilt auf: 1 -SS Ustuf. Janisch u. Kirschnek; 1 Amtsarchiv (Krematoriumsarchiv), Echtheitszertifikat der Kopie (Unterschrift unleserlich) SS Ustuf. (F)".

Es ist daher sicher, dass alle 15 der fünf Öfen in den Krematorien von Gebäude II bis Ende Januar 1943 genutzt werden konnten. Es dauerte jedoch mehrere Monate, bis die anderen Krematorien in Betrieb genommen werden konnten. Am 12. Februar 1943 bestätigte Topf und Söhne in einem Schreiben an Auschwitz den Erhalt des Auftrags für den Bau von fünf Einheiten von Drei-

Schacht-Öfen für die Krematorien in Gebäude III, die, wenn keine Hindernisse auftreten, bis zum 10. April fertiggestellt werden sollten. Arthur R. Butz weist darauf hin, dass er jedoch keine verlässlichen Dokumente finden konnte, die belegen, dass der Bau der Öfen in den Krematorien IV und V abgeschlossen wurde, obwohl er ein Schreiben eines SS-Leutnants in Auschwitz vom 21. August 1942 erwähnt, in dem er einen Vorschlag von Topf a Söhne vermerkt, jeweils zwei Einheiten von Dreilochöfen zu installieren. Auf jeden Fall gibt es Belege dafür, dass auch in den Krematorien IV und V Öfen gebaut wurden und dass diese das ganze Jahr 1944 über in Betrieb waren. Butz selbst räumt ein, dass es zumindest einen Bericht über ein funktionierendes „Kommando" gibt, das am 11. Mai 1944 den Krematorien in den Gebäuden IV und V zugeteilt war. Im *Leuchter-Bericht*, auf den wir weiter unten eingehen werden, wird definitiv festgestellt, dass es in den Krematorien IV und V zwei Öfen mit je vier Buchten gab („Retorten" ist der von Leuchter verwendete Fachbegriff). Reitlinger geht davon aus, dass es in den vier Gebäuden zwanzig Öfen mit insgesamt sechzig Öffnungen gab; in Wirklichkeit waren es aber nur vierzehn Öfen mit 46 Öffnungen.

Anhand dieser Erkenntnisse lässt sich feststellen, dass es von Ende Januar bis April 1943 in Auschwitz-Birkenau nur fünf Öfen mit je drei Brennern gab. Wenn die Öfen in Krematorien III tatsächlich am 10. April 1943 in Betrieb genommen werden konnten, gab es während acht Monaten des Jahres 1943 zehn Öfen mit dreißig Buchten. Da die angeblichen Vernichtungen im Herbst 1944 abgeschlossen wurden, wären in nur zehn oder elf Monaten alle zwanzig Öfen mit ihren sechzig Stellplätzen in Betrieb gewesen, vorausgesetzt, die zehn Öfen der Krematorien IV und V waren seit Januar 1944 in Betrieb, wie Reitlinger annimmt. Arthur R. Butz geht in seiner Schätzung davon aus, dass 1944 täglich bis zu 46 Brenner mit voller Leistung in Betrieb waren und nur für eine Stunde unterbrochen wurden, und rechnet vor, dass auf diese Weise etwa 1.000 Leichen pro Tag verbrannt werden konnten, was 360.000 Leichen in einem Jahr entspräche. Wenn wir den *Leuchter-Report* studieren, werden wir sehen, dass die Zahlen von Professor Butz weit von der Realität entfernt sind.

Für den Betrieb der Krematoriumsöfen wurde ein Gasofen verwendet, der ein Gemisch aus Luft und vergastem Brennstoff erzeugte, das in den Ofen eingeführt wurde, um die Zündung zu starten, zu steuern und zu beenden. Diese Krematorien werden als gasbefeuerte Öfen bezeichnet, weil sie Gas als Brennstoff verwenden, das unter Druck eingeblasen wird. Das deutsche Wort für das fragliche Konzept lautet „Gaskammer", aber in dem Dokument NO-4473 taucht das Wort „Vergasungskeller" auf, das Reitlinger fälschlicherweise mit „gassing cellar" ins Englische übersetzt hat. Arthur R. Butz erklärt, dass das Wort „Vergasung" in einem technischen Kontext die Bedeutung von Vergasung, Karburierung oder Verdampfung hat, d. h., er weist darauf hin, „etwas in ein Gas zu verwandeln und nicht, etwas einem Gas auszusetzen". Ein „Vergaser" ist ein Vergaser. Die Öfen in Birkenau", so Butz weiter, „scheinen mit Koks oder Kohle befeuert worden zu sein.

Es gibt zwei Verfahren zur Erzeugung gasförmiger Brennstoffe aus Koks oder Kohle: Beim ersten Verfahren wird Luft durch eine Schicht brennenden

Koks geleitet, um „Koksofengas" zu erzeugen; beim zweiten Verfahren wird Dampf durch den Koks geleitet, um „Wassergas" zu erzeugen. Der deutsche Begriff für diese Verfahren lautet „Vergasung". Auf jeden Fall, schreibt Butz, „ist es offensichtlich, dass die Krematorien in Auschwitz 'Vergasung'-Anlagen benötigten, um das Luft-Gas-Gemisch in die Öfen einzuleiten, und dass die Übersetzung in NO-4473 möglicherweise durch 'Gaserzeugungskeller' ersetzt werden sollte. Ich habe diese Interpretation von 'Vergasunskeller' mit technisch zuverlässigen Quellen in Deutschland bestätigt."

Kurz gesagt, Arthur R. Butz behauptet, dass das Dokument NO-4473, wie so viele andere auch, bei richtiger Auslegung dazu tendiert, den Behauptungen der Staatsanwaltschaft zu widersprechen. Butz besteht darauf, dass Krematorium II mindestens zwei Keller hatte: einen „Leichenkeller" und einen „Vergasungskeller", von denen keiner eine „Gaskammer" war. NO-4473, das in den NMT-Bänden in einer Auswahl von anklagenden Beweisen aus dem Prozess gegen die KZ-Verwaltung (Fall 4) enthalten ist, ist, wie Professor Butz beklagt, der einzige dokumentarische Beweis, den die Vernichter vorlegen konnten, um die Existenz von Gaskammern in den Birkenauer Krematorien zu beweisen. Zur Interpretation von Raul Hilberg schreibt er: „Unerklärlicherweise überspringt er NO-4473, ohne auf das Problem einzugehen, das es aufwirft. Er zitiert das Dokument, aber nicht den Satz, der das Wort 'Vergasungskeller' enthält. Er sagt einfach, dass die „Leichenkeller" in den Krematorien II und III und die „Badenanstalten" in den Krematorien IV und V in Wirklichkeit Gaskammern waren. Hierfür legt er keinerlei Beweise vor. In den Dokumenten, die Hilberg zu diesem Thema zitiert, ist von Gaskammern nicht die Rede". Daraus folgert Butz: „Es gibt keinen Grund, die Behauptung zu akzeptieren, dass es sich bei diesen Anlagen um Gaskammern handelt, und viele Gründe, sie zurückzuweisen."

Die hohe Sterblichkeitsrate in Birkenau

Die Tatsache, dass es keine Massenexekutionen oder Gaskammern gab, entbindet Birkenau jedoch nicht davon, das Lager mit der höchsten Todesrate im gesamten deutschen KZ-System zu sein. In der Zeit von 1942-44 hatte der Tod dort eine seiner bevorzugten Domänen, so dass es in diesem Sinne als „Todeslager" bezeichnet werden kann. Wenn man jedoch bedenkt, dass in Dresden in wenigen Stunden mehr Zivilisten starben als in Birkenau in zwei Jahren, und dass in Hiroshima und Nagasaki in wenigen Sekunden mehr als 150.000 Unschuldige massakriert wurden, dann war Birkenau nur eines von vielen bevorzugten Lehen des Todes, des unerbittlichen Feindes der Menschheit, der während des Zweiten Weltkriegs den Planeten mit einem beispiellosen Gemetzel heimsuchte, dem mehr als sechzig Millionen Menschen zum Opfer fielen.

Wir wissen, dass Birkenau (Auschwitz II) und Monowitz (Auschwitz III) als Außenstellen von Auschwitz I gebaut wurden, wo sich das Verwaltungszentrum des gesamten Lagersystems in diesem Gebiet befand. Zu der Aussage von Josef Kramer, Kommandant von Birkenau von Mai bis November 1944, vor dem IMT wurde gesagt, dass Kramer in seiner Aussage zugab, dass wöchentlich zwischen 350 und 500 Menschen in Birkenau starben. „Ich hatte ein Lager mit kranken Menschen", sagte er, „die aus anderen Teilen des Lagers kamen." In seiner ersten Aussage bestand Kramer darauf, dass die Ärzte, die zwölf Stunden am Tag arbeiteten, verpflichtet waren, die Todesursachen der Häftlinge zu bescheinigen, die in der Regel nicht misshandelt wurden und nach ihrem Tod verbrannt wurden. Mit der Behauptung, dass Menschen aus den anderen Lagern, die nicht mehr arbeiten konnten, „Kranke", nach Birkenau kamen, versuchte Kramer, die hohe Sterblichkeitsrate zu rechtfertigen. Mit anderen Worten: Birkenau war dazu bestimmt, kranke Häftlinge, alte Menschen, Kinder, Sterbende und Arbeitsunfähige aufzunehmen. Alle kranken und arbeitsunfähigen Häftlinge aus Monowitz wurden nach Birkenau geschickt. Auch Häftlinge auf der Durchreise wurden in Birkenau untergebracht. Es gab sogar einen Bereich des Lagers, der ausschließlich für Zigeuner bestimmt war, und einen weiteren Bereich, in dem die Familien der aus Theresienstadt kommenden Juden untergebracht waren. Birkenau, das wie Auschwitz I ursprünglich dazu bestimmt war, Arbeitskräfte für die Krupp-Werke, die Siemens-Elektrofabrik oder die I.G. Farben und ihre Zulieferer zu liefern, wurde zu einem größeren Lager als Auschwitz I, das von der SS für verschiedene Zwecke genutzt wurde.

Reitlinger zufolge arbeitete zwischen dem Sommer 1942 und dem Sommer 1944 nur ein Bruchteil der Bevölkerung von Birkenau. Im April 1944, als der Krieg für Deutschland in seine kritischste Phase eintrat, wurde von den 36.000 Häftlingen in Birkenau fast die Hälfte als arbeitsunfähig eingestuft; im Gegensatz dazu wurden in Auschwitz I von 31.000 Häftlingen nur zehn Prozent als arbeitsunfähig eingestuft. Wie wir gesehen haben, wurden in Birkenau die größten Anlagen für die Beseitigung von Leichen durch Verbrennung in Krematorien gebaut. Aus den NMT-Dokumenten geht hervor, dass sich im Mai 1944 18.000 männliche Häftlinge in Birkenau befanden, von denen zwei Drittel als „gelähmt", „unbrauchbar" und „nicht zuordnenbar" eingestuft und daher in Krankenblocks unter Quarantäne gestellt wurden, was zeigt, dass krank zu sein nicht gleichbedeutend mit einer Hinrichtung war. Einige Vernichtungstheoretiker scheinen die Tatsache, dass die Kleidung der nach Birkenau überführten Häftlinge nach Monowitz zurückgebracht wurde, als Beweis für ihre Eliminierung angesehen zu haben. Professor Butz weist diese Behauptung zurück und argumentiert, dass die Rückgabe darauf zurückzuführen sei, dass die Kleidung aus dem Haushalt der I.G. Farben in den der SS überführt worden sei. Gegen Ende des Jahres 1944 wurde die deutsche Niederlage unumkehrbar, und die Lage in Birkenau wurde immer katastrophaler, da das Lager mit Häftlingen aus anderen Lagern belegt wurde und die Bevölkerung auf 100.000 anstieg. Wie Josef Kramer andeutete, konnten in einem Monat bis zu 2.000 Menschen sterben.

Es ist nicht einfach, die Zahl der Todesopfer in Auschwitz-Birkenau zu bestimmen. Es gibt Schätzungen des niederländischen Roten Kreuzes über die Todesrate während der Typhusepidemie, die im August und September 1942 die Schließung des I.G. Farben Buna-Werks erzwang. Dieser Quelle zufolge lag die durchschnittliche Sterblichkeitsrate in Birkenau zwischen dem 16. Juli und dem

19. August bei 186 Toten pro Tag allein bei den Männern. Das Niederländische Rote Kreuz gibt die Zahl der Todesfälle zwischen dem 28. September und dem 2. Oktober 1942 an. Allein in diesen sechs Tagen starben 1.500 Menschen. Derselbe Bericht enthält Daten für zwei weitere Zeiträume: Zwischen dem 30. Oktober 1942 und dem 25. Februar 1943 lag die durchschnittliche Sterblichkeitsrate bei 360 Personen pro Woche, während für den Zeitraum vom 26. Februar bis zum 1. Juli 1943 die Zahl 185 Tote pro Woche angibt. Unter diesen Umständen ist es verständlich, dass man sich für den sofortigen Bau von Krematorien entschied, um die Leichen sauber zu entsorgen und die Ausbreitung von Epidemien zu verhindern.

Im zweiten Teil des Kapitels, der sich mit den Lagern in Deutschland befasst, wurde bereits berichtet, dass die hohe Todesrate alle Alarmglocken schrillen ließ. Der Befehl Himmlers vom 28. Dezember 1942, in dem er forderte, die Zahl der Todesfälle in den Lagern „um jeden Preis" zu verringern, wurde diskutiert. Es wurde auch festgestellt, dass Richard Glücks, der für die Lagerinspektion zuständige SS-General, am 20. Januar 1943 in einem Rundschreiben anordnete, „alle Mittel einzusetzen, um die Sterberate zu verringern". Oswald Pohl legte Himmler offizielle Daten der Hauptabteilung der Wirtschaftsverwaltung vor, wonach allein im August 1942 12.217 Häftlinge von insgesamt 115.000 KZ-Häftlingen starben. Da die Arbeitskräfte für die Aufrechterhaltung der Kriegsanstrengungen auf dem Höhepunkt unentbehrlich waren, waren diese Zahlen unerträglich. Es ist lächerlich, so zu tun, als seien diese unverblümten Befehle über die Notwendigkeit, die Häftlinge am Leben zu erhalten, Strategien zur Verschleierung der geplanten Massenvernichtung.

Am 15. März 1943 beschwerte sich Pohl sogar bei Himmler darüber, dass die vom Justizministerium aus den Gefängnissen eingelieferten Häftlinge an „körperlicher Schwäche" litten und viele von ihnen „an Tuberkulose erkrankt" seien. Am 10. April 1943 bat Oswald Pohl Himmler, einen Briefentwurf an den Reichsjustizminister zu genehmigen, in dem er beklagte, dass von 12.658 in die Konzentrationslager eingelieferten Häftlingen bis zum 1. April 5.935 gestorben waren. Arthur R. Butz gibt einen Auszug aus dem Brief wieder, in dem sich Pohl folgendermaßen beklagt: „Die überraschend hohe Zahl der Todesfälle ist darauf zurückzuführen, dass die Gefängnisse Häftlinge in schlechtester körperlicher Verfassung überstellen". Professor Butz ist der Meinung, dass es eine Rivalität oder einen Interessenkonflikt zwischen den Abteilungen gab. Ihm zufolge „hatten die Gefängnisse in Deutschland zweifellos ihre eigenen wirtschaftlich-produktiven Interessen und waren nicht nur nicht bereit, ihre gesündesten Gefangenen aufzugeben, sondern waren sogar erpicht darauf, die schwächsten oder kränksten Gefangenen aufzugeben."

Arthur R. Butz gibt zusammenfassend zu, dass die Hälfte aller Todesfälle in deutschen Konzentrationslagern zwischen 1942 und 1944 in Auschwitz-Birkenau stattfanden, eine Tatsache, die von jüdischen Propagandisten genutzt wurde, um die Behauptung aufzustellen, dass es sich um ein Vernichtungslager handelte. Dies geschah durch die Lüge, dass das Gas, das als Desinfektionsmittel verwendet wurde, zum Mittel für die Ermordung von Millionen von Juden wurde. In Wirklichkeit lebten jüdische Familien mit Kindern in Birkenau monatelang in Baracken, die zuvor mit Zyklon-B desinfiziert worden waren.

Der *Leuchter-Bericht* über Auschwitz-Birkenau und Majdanek

1985 fand in Toronto der erste Prozess gegen Ernst Zündel statt, einen bekannten deutschen revisionistischen Kämpfer, über den wir später unbedingt mehr schreiben müssen, wenn wir der Verfolgung von Revisionisten den ihr gebührenden Raum widmen. Er wurde von einer jüdischen Organisation namens „Holocaust Remembrance Association" denunziert und unter dem Vorwurf der „Veröffentlichung falscher Nachrichten" vor Gericht gestellt. Man berief sich auf ein englisches Gesetz aus dem Jahr 1275, das nur selten in Kraft gesetzt wurde und das es dem gemeinen Volk verbot, sich in satirischen Versen über Ritter lustig zu machen. Zündel hatte Richard Harwoods Buch *„Did Six Million Really Die?"* über „Samisdat Publishers" veröffentlicht, einen kleinen Verlag, den er 1978 gegründet hatte und der schließlich zu einem Produzenten von Videos, Radiointerviews, Fernsehsendungen und anderen historischen Dokumenten von großem Wert für die revisionistische Bewegung wurde.

Der Prozess dauerte sieben Wochen, in denen Raul Hilberg und Rudolf Vrba auf Antrag der kanadischen Judenlobby aussagten. Der Anwalt Douglas Christie, fast so legendär wie Zündel selbst, drängte Hilberg in die Enge, der kein einziges Dokument vorlegen konnte, das die Existenz des Vernichtungsplans bewies. Ebenso wenig konnte er ein technisches Gutachten über die Gaskammern oder einen Autopsiebericht vorlegen, der den Tod eines Häftlings durch Zyklongas beweist. Die Erwartungen der Staatsanwaltschaft ruhten nun auf den Zeugen Arnold Friedman und Rudolf Vrba. Ersterer verlor unter dem geschickten Kreuzverhör von Anwalt Christie schließlich die Nerven und musste zugeben, dass er nichts gesehen hatte und dass er das, was er wusste, „von glaubwürdigen Leuten gehört hatte". Vrba, die theoretische Quelle des WRB-Berichts, machte zahlreiche Widersprüche, Fehler und Ungenauigkeiten, die ihn entlarvten. Um dem abzuhelfen, argumentierte er, dass er in seinem Buch *Ich kann nicht verzeihen* zu poetischen Mitteln gegriffen habe, was sogar Staatsanwalt Griffiths irritierte. Dennoch wurde Zündel zu 15 Monaten Gefängnis verurteilt. Die westdeutsche Regierung beschlagnahmte seinen Reisepass und forderte seine Auslieferung. Im Januar 1987 hob das Berufungsgericht von Ontario das Verfahren jedoch auf, weil der Richter Hugh Locke den Geschworenen Anweisungen gegeben und der Verteidigung Beweise vorenthalten hatte. Eine Neuverhandlung wurde angeordnet, die am 18. Januar 1988 begann.

Dieser zweite Prozess, der vier Monate dauerte, sollte einen Wendepunkt markieren: Die Veröffentlichung eines technisch-wissenschaftlichen Gutachtens, des *Leuchter-Reports*, während des Prozesses, stellte die Behauptungen der Vernichter über Auschwitz-Birkenau und Majdanek endgültig in Frage. Nach dem zweiten Prozess gegen Ernst Zündel gewann der Revisionismus an Schwung und begann international zu wachsen. Heute ist er ein gefährliches und aufregendes intellektuelles Unternehmen ersten Ranges, da Historiker und Forscher, die die historische Wahrheit einfordern, als Kriminelle verfolgt und wegen Gedankenverbrechen verurteilt werden, aber auf ihren Thesen bestehen. Es war Professor Robert Faurisson, der zu Beginn des Prozesses die brillante Idee hatte, sich an Alfred Leuchter zu wenden, der damals als unbestrittener Experte für Hinrichtungen galt, da er verschiedene Geräte für US-Gefängnisse entwarf und herstellte: Gaskammern, elektrischer Stuhl und tödliche Injektion. Daher auch sein Spitzname „Mr. Death".

Alfred Leuchter selbst erklärt, wie alles begann: „Im Februar 1988 nahm Dr. Robert Faurisson über Herrn Ernst Zündel Kontakt zu mir auf und bat mich, eine Kommission zu erwägen, die die von den Nazis in Polen betriebenen angeblichen Hinrichtungsgaskammern untersuchen und gleichzeitig ein technisches Gutachten über deren Funktionsfähigkeit und Effizienz erstellen sollte. Außerdem wurde ich gebeten, eine forensische Bewertung der bestehenden Krematorien vorzunehmen". Leuchter traf sich mit Zündel, Rechtsanwalt Christie und anderen Mitgliedern des Teams, die ihm erklärten, dass sie beabsichtigten, sein Gutachten in dem Fall „The Queen v. Zündel" zu verwenden, der vor dem Bezirksgericht Toronto verhandelt wurde. Nachdem Fred Leuchter den Auftrag angenommen hatte, wurde beschlossen, dass die Untersuchung alle Krematorien und angeblichen Gaskammern in Auschwitz, Birkenau und Majdanek (Lublin) umfassen sollte.

Am 25. Februar 1988 trat Leuchter mit seiner Frau Carolyn, dem technischen Zeichner Howard Miller, dem Kameramann Jürgen Neumann und dem Dolmetscher Theodor Rudolf seine historische Reise nach Polen an. Vor Ort wurden alle notwendigen Einrichtungen besichtigt, Messungen vorgenommen, forensische Proben genommen, Handbücher über die Konstruktion und den Betrieb der DEGESCH-Desinfektionskammern, über Zyklon-B-Gas sowie Materialien über die Hinrichtungsprozesse gesichtet. Nach Abschluss der Arbeiten kehrten Leuchter und sein Team am 3. März 1988 zurück. Am 20. und 21. April nahm Fred Leuchter als Zeuge am Prozess gegen Zündel teil.

Bevor ich mich dem *Leuchter-Bericht* zuwende, möchte ich die Leser darauf hinweisen, dass es einen wunderbaren Film mit dem Titel *Mr. Death: The Rise and Fall of Fred A. Leuchter, Jr.* gibt, der 1999 erschienen ist. Sein Autor, Errol M. Morris, ein New Yorker Filmemacher jüdischer Herkunft, ist für die Qualität seiner Dokumentarfilme bekannt. Nachdem Morris aus der Presse erfahren hatte, dass Fred Leuchter wegen seines Berichts über die Gaskammern öffentlich zerfetzt wurde, beschloss er, einen Dokumentarfilm zu drehen, für den er sechs Jahre benötigte. Darin kommen Vernichter wie Shelly Shapiro, die die Zuschauer davor warnt, sich von dem „rassistischen" und „antisemitischen" Leuchter täuschen zu lassen, oder der Chemiker James Roth zu Wort, der während des Prozesses aussagte, er habe in den getesteten Proben keine Spuren von Zyklon-B gefunden, und im Film beschämend sagt: „Wenn ich gewusst hätte, dass die Proben von diesen Orten stammen, wären meine Testergebnisse anders ausgefallen". Neben Leuchter treten in dem Dokumentarfilm der englische Historiker David Irving und Ernst Zündel auf. Zündel, der 2005 nach

Deutschland ausgeliefert wurde, wo er formell wegen „Volksverhetzung" angeklagt und zu fünf Jahren Gefängnis verurteilt wurde, brauchte einige Zeit, um sich zur Teilnahme an dem Film zu entschließen, da er an der Objektivität von Errol Morris zweifelte. Es war Morris selbst, der ihn persönlich davon überzeugte, dass er nicht Teil der zionistischen Finanz- und Journalistenlobby sei und dass er ehrlich und objektiv zu handeln gedenke. Zündel erklärte sich daraufhin bereit, dem jüdischen Dokumentarfilmer zu helfen und bot ihm Material aller Art an. Morris hat nicht gelogen und konnte einen tadellosen Film fertig stellen, der im September 1999 auf dem Toronto International Film Festival gezeigt wurde. Der Film zeigt am Ende einen von der Holocaust-Lobby zerstörten Fred Leuchter, arbeitslos und ohne Familie, der bei einem Spaziergang auf einer Autobahn verschwindet. Trotz alledem vermittelt er das Bild eines integren Mannes, der an der Wahrheit festhält und an der Gültigkeit seiner Arbeit festhält.

Kurzer Überblick über den *Leuchter-Bericht*

Der Hauptzweck der Untersuchung bestand darin, zu überprüfen, ob die Gaskammern und Krematorien so funktioniert hatten, wie die Vernichter behaupteten. Zu diesem Zweck wurden die Anlagen physisch inspiziert, ihr Aufbau untersucht und eine Beschreibung des Verfahrens erstellt, um die Menge des verwendeten Gases, die erforderlichen Ausführungs- und Belüftungszeiten, den Raum und das Fassungsvermögen der Kammern sowie die Zeit für die Handhabung und Verbrennung der Leichen zu ermitteln. Ziel war es, den Wahrheitsgehalt und die Glaubwürdigkeit der Schilderungen zu überprüfen, aus denen sich die offizielle Geschichte zusammensetzt. Nach den Worten von Fred Leuchter bestand das Ziel darin, „wissenschaftliche Beweise und Informationen von den tatsächlichen Schauplätzen zu liefern und eine Stellungnahme auf der Grundlage der verfügbaren wissenschaftlichen, quantitativen und technischen Daten abzugeben".

Methodisch sind wir mit absoluter Strenge vorgegangen. Als erstes wurde eine allgemeine Studie über den Hintergrund der Materialien durchgeführt. Cyanwasserstoffgas oder Blausäure, das bereits vor dem Ersten Weltkrieg als Begasungsmittel eingesetzt wurde, wurde auch mit Luftdampf und Heißluft verwendet. Die Alliierten setzten es während des Zweiten Weltkriegs zusammen mit DDT ein. Das Gas, so Leuchter, „wird durch eine Reaktion von Natriumcyanid mit verdünnter Schwefelsäure gewonnen. Das Produkt der chemischen Reaktion, HCN, das zur Schädlings- und Insektenbekämpfung in Schiffen, Gebäuden, Kammern oder anderen zu diesem Zweck errichteten Bauwerken verwendet wird, wird zusammen mit einem Rest Blausäure (Blausäure) in die Luft geschleudert". In seinem Überblick über die Hintergründe dieses gefährlichen chemischen Begasungsmittels. Leuchter erinnert an die Zusammenhänge und Orte in der Welt, an denen HCN zur Seuchenbekämpfung eingesetzt wurde.

Nachdem er die Verpackungsbedingungen des Produkts, das als Zyklon-B in Tabletten- und Pelletform vermarktet wird, die Art der Ausbringung, die erforderliche Lufttemperatur (25,7 °C), die Mindestdauer der Begasung (24 bis 48 Stunden) und andere technische Spezifikationen wie Dampfdichte, Schmelzpunkt, Dampfdruck, Aussehen, Farbe und Geruch ausführlich erläutert hat, schreibt Leuchter in seinem Bericht Folgendes:

> „Nach der Begasung muss der Raum mindestens zehn Stunden gelüftet werden, was von den Räumlichkeiten (und dem Volumen) abhängt und länger dauert, wenn das Gebäude keine Fenster oder Oberlichter hat. Der ausgeräucherte Bereich muss dann vor dem Betreten chemisch auf das Vorhandensein von Gas getestet werden. Manchmal werden Gasmasken verwendet, die jedoch nicht sicher sind und nicht länger als zehn Minuten getragen werden sollten. Um Hautvergiftungen zu vermeiden, sollte ein vollständiger Chemikalienschutzanzug getragen werden. Je wärmer die Temperatur und je trockener die Umgebung, desto sicherer und schneller ist die Handhabung.

Wenn man all diese Vorsichtsmaßnahmen kennt, die getroffen werden müssen, um die Sicherheit derjenigen zu gewährleisten, die mit Blausäure in Berührung kommen, wird klar, dass sich die Dinge unmöglich so zugetragen haben können, wie die Holocaust-Mythologen berichten. Ihnen zufolge wurden die Leichen der toten Juden kurz nach dem Einleiten des Giftgases durch vorgetäuschte Duschen oder spezielle Schächte im Dach der Kammern sofort abtransportiert und draußen aufgestapelt. Um die Leistung der „Vernichtungsanlagen" zu maximieren, füllten sich die Kammern schon bald mit neuen Opferchargen, die darauf warteten, an der Reihe zu sein, ermordet zu werden. Der unglückliche Rudolf Höss, der zum Star von Nürnberg wurde, erzählte in seinem Geständnis, dass deutsche Soldaten Zigaretten rauchten (Blausäure ist hochentzündlich und explosiv) und aßen, während sie die Leichen nur Minuten nach der Vergasung aus den Kammern entfernten. Da Blausäure ein schnell wirkendes Gift ist, das tödlich sein kann, wenn es eingeatmet oder über die Haut aufgenommen wird, wäre es äußerst gefährlich gewesen, die Leichen ohne Schutzanzüge und Gasmasken aus den Kammern zu holen.

Niemand kannte die Details des Vergasungsprozesses und die Probleme mit Lecks besser als Alfred Leuchter, der die Gaskammer für das Missouri State Penitentiary in Jefferson City entworfen hatte. In seinem 192-seitigen Bericht mit Anhängen erläutert er detailliert, wie eine Begasungsanlage und insbesondere eine Gaskammer für Hinrichtungen konstruiert sein sollte, die eine geschweißte druckfeste Hülle haben sollte. Er beschreibt u.a. die Abdichtung, die Beheizung, die Bedeutung der Zirkulation und der Abluftkapazität, weist auf die Notwendigkeit eines mindestens zwölf Meter hohen Schornsteins oder eines Verbrennungsofens für die Abluft hin und betont, dass die Anlage über eine gleichmäßige Verteilung des Gases verfügen muss. Alles in allem machen die Ausführungen von Fred Leuchter deutlich, dass eine Gaskammer eine sehr komplexe Anlage ist, die umfassenden Anforderungen genügen muss. Nehmen wir einen Auszug als Beispiel:

> „Gasdetektoren werden zur Sicherheit eingesetzt. Erstens in der Kammer, wo ein elektronisches Verriegelungssystem verhindert, dass sich die Tür öffnet, bevor die Kammer sicher ist. Zweitens außerhalb der Kammer, in den Zeugen- und

Personalbereichen, wo ein akustischer Alarm ausgelöst wird, und im Be- und Entlüftungssystem zum Schutz der Zeugen sowie zur Beendigung der Hinrichtung und zur Evakuierung der Kammer. Das Sicherheitssystem umfasst auch Alarmglocken, Hupen und Lichtsignale. Darüber hinaus gibt es auf dem Gelände der Kammer Atemschutzgeräte für den Notfall (Lufttanks), Erste-Hilfe-Kästen für HCN, medizinische Notfallausrüstung für HCN und ein Wiederbelebungsgerät für das medizinische Personal auf dem angrenzenden Gelände. Bei der Konstruktion einer Gaskammer müssen viele komplizierte Probleme berücksichtigt werden. Ein Fehler an irgendeiner Stelle könnte und wird wahrscheinlich zum Tod oder zu Verletzungen von Umstehenden und Technikern führen".

Nach einem Hinweis auf die ersten Gaskammern in den Vereinigten Staaten und einer Beschreibung ihrer Merkmale und Funktionsweise gibt Fred Leuchter eine kurze Geschichte der angeblichen deutschen Gaskammern, einschließlich des Geständnisses von Rudolf Höss, dass „die Hinrichtungen durch Gas im Sommer 1941 begannen". Leuchter bezieht sich auf offizielle Texte aus den staatlichen Museen in Auschwitz und Majdanek, wo die ersten Vergasungen in zwei später umgebauten Bauernhäusern stattgefunden haben sollen. Da sich sein Auftrag nicht auf die angeblichen Kohlenmonoxidvergasungen in Belzec, Treblinka und Sobibor erstreckte, hat er diese Orte nicht besucht. Er stellt jedoch wie alle Experten fest, dass CO als Gas für Hinrichtungen ungeeignet ist. Was die Orte betrifft, die im Mittelpunkt seiner Arbeit standen, so fand er 1988 die angeblichen Hinrichtungsstätten in Auschwitz I (Krematorium I) und Majdanek in ihrer ursprünglichen Form vor. In Birkenau hingegen waren die Krematorien II, III, IV und V eingestürzt und dem Erdboden gleichgemacht. In Majdanek wurde das erste Krematorium mit dem Brennstoffbrenner zerstört und das Krematorium mit der angeblichen Gaskammer rekonstruiert, wobei nur die ursprünglichen Öfen erhalten blieben. Nachdem er daran erinnert hat, dass nach Angaben des Auschwitz-Museums das Krematorium I in Auschwitz, die Krematorien II, III, IV und V in Birkenau und das bestehende Krematorium in Majdanek kombinierte Krematorien und Gaskammern waren, schreibt Leuchter: „Das erste Krematorium in Auschwitz, die Krematorien II, III, IV und V in Birkenau und das bestehende Krematorium in Majdanek waren kombinierte Krematorien und Gaskammern. Leuchter schreibt wie folgt:

> „Bei der Inspektion dieser Strukturen vor Ort wurde eine äußerst schlechte und gefährliche Konstruktion für Einrichtungen festgestellt, die als Gaskammern für Hinrichtungen dienen sollten. Es gibt keine Dichtungen an den Türen, Fenstern und Entlüftungsöffnungen von; die Struktur ist nicht mit Teer oder einem anderen Dichtungsmittel bedeckt, um das Austreten oder die Absorption von Gas zu verhindern. Benachbarte Krematorien stellen eine potenzielle Explosionsgefahr dar. Freiliegende, poröse Ziegel und Putz würden HCN ansammeln und diese Einrichtungen für mehrere Jahre zu einer Gefahr für Menschen machen. Das Krematorium I befindet sich neben dem SS-Krankenhaus in Auschwitz und verfügt über Bodenabläufe, die mit dem Hauptabwasserkanal verbunden sind, wodurch das Gas in alle Gebäude des Komplexes gelangen könnte. Es gab keine Absaugsysteme, um das Gas nach dem Gebrauch abzulassen, und es gab keine

Heizgeräte oder Mechanismen zur Verteilung des Zyklon-B-Gases oder zu seiner Einleitung oder Verdampfung. Das Zyklon-B wurde angeblich durch Dachluken und Fenster abgelassen, was eine Verteilung des Gases oder der Pellets nicht zulässt. Die Einrichtungen sind stets feucht und ungeheizt. Wie bereits erwähnt, sind Feuchtigkeit und Zyklon-B unverträglich. Die Kammern sind zu eng, um den vorgesehenen Insassen Platz zu bieten, und alle Türen lassen sich nach innen öffnen, was den Abtransport der Leichen verhindern würde. Wenn die Kammern bis zum Rand mit Insassen gefüllt wären, gäbe es keine Zirkulation von HCN innerhalb des Raumes. Hätte das Gas die Kammer tatsächlich über einen längeren Zeitraum gefüllt, wären die Personen, die das Zyklon-B durch die Deckenöffnungen ausgossen und den Tod der Insassen feststellten, selbst gestorben, da sie dem HCN ausgesetzt waren. Keine der angeblichen Gaskammern wurde nach dem Entwurf für Desinfektionskammern gebaut, die offenbar jahrelang sicher funktionierten. Keine dieser Kammern wurde nach den bekannten und genehmigten Entwürfen der damaligen Betriebsanlagen in den Vereinigten Staaten gebaut. Es erscheint nicht logisch, dass die angeblichen Konstrukteure dieser so genannten Gaskammern jemals die Technologie der Vereinigten Staaten konsultiert oder in Betracht gezogen haben, die zu dieser Zeit das einzige Land waren, das Gefangene mit Gas hinrichtete."

Das ist, wie man sieht, eine Unmöglichkeit auf einer weiteren Unmöglichkeit. Die Desinfektionskammern erfüllten jedoch die geforderten Sicherheitsanforderungen perfekt; daher, so Leuchter, „funktionierten sie jahrelang sicher". Wie später zu sehen sein wird, enthalten die dort entnommenen Proben die unverkennbaren Spuren von Zyklon. Die Wände dieser Desinfektionsanlagen weisen die typische bläuliche Färbung der Blausäure auf, die auch die Wände der angeblichen Gaskammern gehabt hätten, wenn sie darin verwendet worden wäre. Auch ein halbes Jahrhundert später ist die blaue Farbe von HCN an den Außenwänden der Desinfektionskammern deutlich sichtbar. Germar Rudolf, der Diplom-Chemiker und Verfasser des *Rudolf-Berichts*, auf den weiter unten eingegangen wird, hat sich selbst innerhalb und außerhalb einer Desinfektionskammer fotografiert, um die unverkennbaren Zeichen der blausauren Farbe zu zeigen.

Leuchters akribische Beschreibung der Anlagen in Majdanek bestätigt, dass sie nicht in der Lage waren, die ihnen zugeschriebenen Zwecke zu erfüllen, aber wir werden die gleichen Unvereinbarkeiten nicht wiederholen, denn wir müssen jetzt über die Krematorien sprechen. In einem historischen Überblick stellt Leuchter fest, dass die Einäscherung von Leichen seit Jahrhunderten in vielen Kulturen praktiziert wird. Er erinnert auch daran, dass sie im orthodoxen Judentum verboten und in der katholischen Kirche verpönt war, bis sie Ende des 18. Nachdem er erklärt hat, dass die ersten Krematorien in Europa aus Öfen bestanden, die mit Kohle oder Koks beheizt wurden, geht er auf deren Beschreibung und Funktionsweise ein. Der Ofen, in dem die Leichen verbrannt wurden, wird „Retorte" genannt. Angesichts der Behauptung der Vernichter, dass in Belzec, Treblinka und Sobibor 1.800.000 Leichen unter freiem Himmel verbrannt wurden, ist es von Interesse, aus Leuchters Text zu zitieren, der klarstellt, dass „die alten Retorten lediglich Öfen waren, die der Leiche durch Kochen die gesamte Flüssigkeit entzogen und sie zu Asche verbrannten.

Knochen", fügt er hinzu, „können nicht verbrannt werden und müssen bis heute zu Pulver verarbeitet werden. Heutzutage sind die alten Mörser durch Zerkleinerungsmaschinen ersetzt worden". Wenn man diese Zeilen liest, muss man unweigerlich an die märchenhaften Bilder von jüdischen Häftlingen denken, die in den eisigen Nächten des strengen polnischen Winters die Knochen der verbrannten Leichen auf großen Scheiterhaufen mit Vorschlaghämmern und Hämmern zermahlen. Hier ist ein Auszug aus dem *Leuchter-Bericht* über die Retorten:

> „Die alten Retorten waren einfache Backsteinöfen zum Trocknen oder Kochen, in denen nur menschliche Überreste getrocknet wurden. Moderne Retorten aus Stahl, die mit feuerfestem Material ausgekleidet sind, werfen das Feuer durch Rohre direkt auf die Leichen und zünden sie an, was eine schnelle Verbrennung und Verbrennung bewirkt. Moderne Retorten haben auch einen zweiten Brenner oder Nachbrenner, um alle verunreinigenden Partikel des verbrannten gasförmigen Materials wieder zu verbrennen... Diese modernen Retorten oder Krematorien brennen mit einer Temperatur von über 2.000° F (etwa 1.100° Celsius). Mit dem zweiten Brenner beträgt die Temperatur 1.600° F. Diese hohe Temperatur führt dazu, dass der Körper selbst verbrennt und abfällt, wodurch der Brenner geschlossen werden kann... Bei 2.000° F oder höher verbrennen moderne Retorten einen Körper in 1:25 Stunde. Theoretisch ergibt dies 19,2 Körper in einem Zeitraum von 24 Stunden. Die Werksempfehlungen für den normalen Betrieb und die fortgesetzte Nutzung sehen drei oder weniger Einäscherungen pro Tag vor.
> Die in den deutschen Anlagen verwendeten Krematorien waren vom alten Typ. Sie waren aus Ziegeln und Zementmörtel gebaut und mit feuerfesten Steinen ausgekleidet. Alle Öfen verfügten über mehrere Retorten (wie wir sie oben genannt haben), einige mit Luftinsufflatoren (obwohl keiner eine direkte Verbrennung hatte), keiner hatte Nachbrenner, und alle waren Koksöfen, mit Ausnahme einer Anlage, die nicht mehr existiert, in Majdanek. Keine der Retorten, die an allen besuchten Standorten von inspiziert wurden, war für die Mehrfachverbrennung von Leichen ausgelegt. Es ist anzumerken, dass Retorten das in ihnen befindliche Material nicht verbrauchen, es sei denn, sie sind speziell für eine höhere Hitzestufe ausgelegt, die die Überreste zu Knochen reduziert.

Eine der acht Tabellen im *Leuchter-Bericht* enthält eine Studie über die theoretische und tatsächliche Leistung von sieben Krematorien: die vier in Birkenau, die zwei in Majdanek und das eine in Auschwitz I mit insgesamt 73 Retorten. Nach Leuchters Berechnungen würde die theoretische Leistung dieser Krematorien bei 469,2 Leichen liegen, die in 24 Stunden verbrannt wurden, während die tatsächliche Leistung bei 207 Leichen lag. Mit anderen Worten: Wären diese Öfen tausend Tage hintereinander in Betrieb gewesen, wären insgesamt 207.000 Leichen verbrannt worden. Erinnern wir uns daran, dass Professor Butz in einem Anflug von Freiwilligkeit geschätzt hatte, dass die 46 Retorten der vier Birkenauer Krematorien, die nur eine Stunde lang in Betrieb waren, in der Lage gewesen wären, tausend Leichen pro Tag einzuäschern.

Wenn Cyanid nicht mit anderen Chemikalien in Berührung kommt, die eine Reaktion hervorrufen, bleibt es lange Zeit in Zementmörtel, Ziegeln und Beton. Fred Leuchter entnahm gezielt einunddreißig Proben aus den angeblichen

Gaskammern der Krematorien I, II, III, IV und V von Auschwitz-Birkenau. Eine Kontrollprobe wurde aus der Entlausungskammer entnommen, in der das Gas bekanntermaßen eingesetzt wurde. Cyanid verbindet sich in Ziegeln und Zementmörtel mit Eisen und wird in Ferrocyanid umgewandelt, einen sehr stabilen Komplex aus Eisen und Cyanid, der auch als preußischblaues Pigment bezeichnet wird. Die chemische Untersuchung dieser Probe aus der Desinfektionskammer Nr. 32 ergab tatsächlich eine sehr hohe Cyanidkonzentration. Im Gegensatz dazu zeigten fast alle Proben aus den angeblichen Gaskammern der Krematorien negative Ergebnisse. Nur einige wenige wiesen sehr niedrige, kaum signifikante Werte auf. Laut Leuchter würden „die geringen Mengen, die nachgewiesen wurden, darauf hindeuten, dass diese Einrichtungen zu einem bestimmten Zeitpunkt mit Zyklon-B desinfiziert wurden, ebenso wie alle Gebäude und Konstruktionen in diesen Einrichtungen". Der Bericht kommt daher zu dem Schluss, dass es sich bei diesen Anlagen nicht um Gasexekutionskammern handelte.

Die detaillierte Untersuchung des Krematoriums I in Auschwitz I zeigt, dass die angebliche Gaskammer in Wirklichkeit eine Leichenhalle und später ein Luftschutzbunker war. Leuchter konnte die Pläne von der Museumsleitung erhalten und analysierte sie eingehend. Er beschloss, seinem Bericht eine von ihm selbst am 23. März 1988 angefertigte maßstabsgetreue Zeichnung beizufügen, die in Anhang V zusammen mit den ebenfalls von Leuchter angefertigten Zeichnungen der anderen Krematorien und der Desinfektionskammern in Majdanek enthalten ist. Auf diesen Zeichnungen sind die Orte der Probenentnahme angegeben. Das Krematorium I soll laut offiziell für den Zeitraum vom 25. September 1941 bis zum 21. September 1944 rekonstruiert worden sein, und im offiziellen Museumsführer von Auschwitz heißt es, dass sich das Gebäude physisch in demselben Zustand befindet, wie es am 27. Januar 1945 vorgefunden wurde. Leuchter beschreibt dieses Krematorium genau: die Größe der Räume, die Öffnungen in der Decke, den Schornstein im Bereich der Leichenhalle, die Türen, Tore und sogar die Rahmen, die keine Tür hatten, das Beleuchtungssystem, das nicht explosionssicher war, usw. Zu der Behauptung, die Leichenhalle sei als Gaskammer benutzt worden, schrieb er Folgendes:

> „Die angebliche Gaskammer ist, wie bereits erwähnt, nicht für eine derartige Nutzung ausgelegt. Es gibt keinen Hinweis oder Beweis für das Vorhandensein eines Abluftsystems oder eines Ventilators in diesem Gebäude. Das Belüftungssystem für die angeblichen Gaskammern bestand lediglich aus vier quadratischen Öffnungen im Dach, durch die die Gase bis auf einen Abstand von drei Metern zum Dach abgeleitet wurden. Durch diese Art der Entlüftung würde das HCl-Gas unweigerlich in die Nähe des SS-Krankenhauses auf der anderen Straßenseite gelangen und Patienten und medizinisches Personal töten. Da das Gebäude nicht abgedichtet wurde, um ein Austreten des Gases zu verhindern, da die Türen keine Dichtungen haben, um zu verhindern, dass das Gas in das Krematorium gelangt, und da es Abflüsse gibt, durch die das Gas in alle Gebäude des Lagers gelangt, und da es kein Heizungssystem und kein Zirkulationssystem gibt, kein Belüftungssystem oder Schornsteine und kein Gasverteilungssystem, dazu eine konstante Luftfeuchtigkeit und keine Zirkulation aufgrund der Anzahl

der Menschen in den Gaskammern und keine Möglichkeit, das Zyklon-B-Material einzuführen, wäre es Selbstmord, zu versuchen, diese Leichenhalle als Vergasungskammer zu benutzen. Die Folge wäre eine Explosion oder ein Gasaustritt, der das gesamte Lager in Mitleidenschaft ziehen würde."

Was die vier Gebäude in Birkenau betrifft, II und III waren identische Einrichtungen mit drei Leichenhallen im Untergeschoss und einem Krematorium mit fünf Öfen und fünfzehn Retorten, das sich im ersten Stock befand. Der Transport der Leichen von den Leichenhallen zu den Krematorien erfolgte mit Aufzügen: Die drei Leichenhallen, die keine Türen hatten, führten zu einem Raum, von dem aus der Lastenaufzug bis in die Nähe der Öfen fuhr. Wir haben die Bereiche untersucht, in denen die offizielle Geschichtsschreibung die angeblichen Gaskammern ansiedelt, die in den von Leuchter gezeichneten und auf den Originalplänen basierenden Skizzen der Leichenhalle Nr. 1 entsprechen. Alles, was im vorangegangenen Zitat erwähnt wurde, wiederholt sich: keine Belüftung, kein Heizungs- oder Zirkulationssystem, keine Hinweise auf Türen oder Rahmen? Da Teile des Gebäudes von Krematorium III verschwunden sind, räumt Leuchter ein, dass er dies nicht feststellen konnte. Er weist jedoch darauf hin, dass beide Gebäude Stahlbetondecken haben, die keine erkennbaren Öffnungen aufweisen. Die Behauptung, die Säulen seien hohl gewesen, um Gase zu leiten, wie es in einigen Berichten heißt, ist völlig ausgeschlossen. Leuchter stellt fest, dass sie alle aus massivem Stahlbeton bestehen, genau wie es die von den Deutschen erbeuteten Pläne zeigen. Der Bericht kommt erneut zu folgendem Schluss: „Solche Anlagen wären extrem gefährlich, wenn sie als Gaskammern verwendet würden, und eine solche Verwendung würde wahrscheinlich zum Tod der Person, die sie benutzt, und zu einer Explosion führen, wenn das Gas das Krematorium erreicht."

Tabelle V des *Berichts* enthält eine Schätzung der hypothetischen Hinrichtungen und des Anteils der Nutzung der Krematorien II und III. Die Leichenhalle Nr. 1, die angebliche Gaskammer in den Krematorien II und III, hatte eine Fläche von 232,25 Quadratmetern. Nach strengen Berechnungen kommt Leuchter zu dem Schluss, dass sie bis zu 278 Personen aufnehmen konnte. Um diesen Raum von 566,40 Kubikmetern (Höhe 2,5 Meter) mit HCN-Gas zu füllen, wären 2,26 Kilo Zyklon-B erforderlich. Die Belüftungszeit nach einer solchen Hinrichtung würde, wenn man sehr optimistisch ist, mindestens sieben Tage betragen. Nach diesen Schätzungen hätten in einer Woche 556 Menschen in den beiden Krematorien vergast werden können, was 2.224 pro Monat und 26.688 pro Jahr entspricht. Auf der Grundlage dieses Gutachtens kann man leicht erkennen, dass es einer großen Offenheit bedarf, um der Aussage von Rudolf Höss Glaubwürdigkeit zu verleihen, der sagte: „Eine weitere Verbesserung gegenüber Treblinka war, dass wir unsere Gaskammern für 2.000 Menschen auf einmal gebaut haben. Was die Nutzung der Krematorien betrifft, so schätzt Leuchter für jedes von ihnen ein hypothetisches Verhältnis von 714 Personen pro Woche und 315 in der realen Zeit.

Die Krematorien IV und V waren identisch. Sie verfügten jeweils über zwei Öfen mit vier Retorten, obwohl dies vor Ort nicht verifiziert werden konnte. Leuchter wagt es nicht, ihr genaues Aussehen anzugeben, da die Gebäude dem

Erdboden gleichgemacht wurden. Offenbar handelte es sich um ein Gebäude aus rotem Backstein und Putz mit einem Betonboden und ohne Keller. Wenn die Pläne der Gebäude korrekt sind, so der Bericht, gab es in diesen Anlagen jedenfalls keine Gaskammern, und zwar aus denselben Gründen, die für die früheren Krematorien angeführt wurden.

Was die Anlage in Majdanek betrifft, so wollen wir uns eine weitere Erörterung ersparen, um die gleichen oder ähnliche Überlegungen nicht unnötig zu wiederholen. Leuchter fügt Tabelle VII („Hypothetical proportions of executions at Majdanek") bei, in der er die Zahl der Personen, die pro Woche in den Kammern Nr. 1 und Nr. 2 hätten hingerichtet werden können, auf 54 bzw. 24 festlegt. Er kommt zu dem Schluss: „Mein technisches Gutachten besagt, dass die Kammern Nr. 1 und Nr. 2 niemals als Gaskammern für Exekutionen benutzt wurden und auch niemals hätten benutzt werden können. Keine der beiden Einrichtungen in Majdanek ist dafür geeignet, und sie wurden nicht zu Hinrichtungszwecken benutzt". Der *Leuchter-Bericht* endet mit einem Absatz, in dem in wenigen Zeilen die folgenden allgemeinen Schlussfolgerungen gezogen werden:

> „Nach Durchsicht des gesamten Materials und Besichtigung aller Stätten in Auschwitz, Birkenau und Majdanek findet der Autor die Beweise überwältigend. An keiner dieser Stätten gab es Gaskammern für Hinrichtungen. Dieser Autor ist der Meinung, dass die angeblichen Gaskammern an den untersuchten Orten weder damals noch heute benutzt worden sein können. Auch Meinungen, dass sie als Gaskammern für Hinrichtungen dienten, sollten nicht ernst genommen werden.
> Geschehen am 5. April 1988 in Malden, Massachusetts
> Fred Leuchter Associates.
> Unterzeichnet
> Fred A. Leuchter, Jr.
> Chefingenieur".

Kurz gesagt, die angeblichen Gaskammern waren keine: Sie wären ständig undicht gewesen, weil sie nicht abgedichtet waren, sie hatten keine Gasverteiler oder Heizvorrichtungen, und die Belüftung war unzureichend. Außerdem wären die Deutschen niemals so dumm gewesen, sie neben den Krematorien zu bauen, wie die offizielle Geschichtsschreibung behauptet, denn das wäre selbstmörderisch gewesen. Das Zyklon-B hätte sich mindestens eine Woche lang in den Kammern gehalten, und nur mit speziellen Anzügen und Masken wäre es möglich gewesen, für kurze Zeit in ihnen zu arbeiten. In Wirklichkeit handelte es sich um Leichenhallen. Was die Krematorien betrifft, so hätte ihre Verbrennungskapazität nur einen Bruchteil der von den Holocaust-Propagandisten behaupteten Millionen von Menschen vernichten können. Die aus den „Gaskammern" und den Desinfektionskammern entnommenen Proben zeigen, dass die Zyanidspuren in den Gaskammern sehr gering waren, während sie in den Desinfektionskammern sehr hohe Dosen enthielten. Wie bereits erwähnt, wurde die Zyanidanalyse nicht von Leuchter selbst durchgeführt, sondern von einem amerikanischen Chemiker namens James Roth, der nicht wusste, woher die Proben stammten.

Natürlich schenkten die Medien dem *Leuchter-Bericht* nicht die geringste Aufmerksamkeit. Allerdings gab es zwei Widerlegungsversuche: 1989 veröffentlichte der Franzose Jean-Claude Pressac das Buch *Auschwitz: Technique and Operation of the Gas Chambers* in New York, das trotz seines Titels nicht über den Betrieb der Gaskammern berichtet; und 1990 versuchte der Deutsche Werner Wegner in *Die Schatten der Vergangenheit* ebenfalls, Fred Leuchters technische Expertise zu widerlegen. Beide Einwände wurden von Udo Walendy in Heft 50 der *Historischen Tatsachen* Punkt für Punkt aufgeschlüsselt. Alfred Leuchter selbst hat 1991 einen Bericht veröffentlicht (siehe unten), in dem er Pressacs Argumentation in aller Deutlichkeit zurückweist und diskreditiert. Auch Professor Faurisson hat in der Ausgabe 3 der *Revue d'Histoire Révisionniste* nachgewiesen, dass Pressac unwissentlich revisionistische Ansichten bestärkt: Jean-Claude Pressac geht in seinem Buch so weit zuzugeben, dass 95% des Zyklon-B von den Deutschen in den Desinfektionskammern und nur 5% für mörderische Zwecke verwendet wurden.

Am 12. März 1992 wurde Walter Lüftl, Präsident der österreichischen Bundesingenieurkammer und vereidigter Sachverständiger, zum Rücktritt als Präsident der österreichischen Bundesingenieurkammer gezwungen. Lüftl hatte es gewagt, im so genannten „Lüftl-Gutachten" zu sagen, dass die angeblichen Massenvergasungen in Auschwitz technisch unmöglich seien[12]. Schließlich veröffentlichte der deutsche Chemiker Germar Rudolf 1993 den *Rudolf-Bericht*, in dem er zu den gleichen Schlussfolgerungen wie Leuchter kommt, den er in einigen Punkten kritisiert. In seinem ausgezeichneten Werk, das von Fachleuten aus aller Welt gelobt wird, stützt sich Rudolf auf unwiderlegbare Dokumente, um das Buch von Pressac in durchschlagender Weise zu widerlegen. Wir werden Germar Rudolf in Kürze Zeit und Raum widmen.

Dieser Abschnitt über den *Leuchter-Bericht* kann nicht abgeschlossen werden, ohne ganz kurz auf die anderen drei Leuchter-Berichte über die Gaskammern einzugehen. Im Mai 1988 wurde Ernst Zündel dennoch zu neun Monaten Gefängnis verurteilt. Gegen das Urteil wurde Berufung eingelegt, und am 27. August 1992 wurde es aufgehoben, da der Gerichtshof das Gesetz über die „Veröffentlichung von Falschnachrichten" für veraltet und verfassungswidrig erklärte, weil es gegen die Grundrechte verstoße. In der Zwischenzeit hatte Zündel, ermutigt durch die Ergebnisse der Auschwitz-Birkenau- und Majdanek-Gutachten, im März 1989 erneut Kontakt mit Fred Leuchter aufgenommen und ihn gebeten, drei weitere angebliche Hinrichtungsstätten mit Gaskammern zu untersuchen: Dachau in Deutschland sowie Mauthausen und Schloss Hartheim in Österreich. Die Aufgabe bestand darin, einen technischen Bericht und eine forensische Studie über diese Anlagen zu erstellen. Das Ergebnis dieser Arbeit war der zweite Leuchter-Bericht.

---

[12] Was mit Walter Lüftl geschah, war ein schändlicher Skandal. Die österreichischen Freimaurer-Institutionen forderten besonders kämpferisch den Rücktritt von Walter Lüftl als Präsident der Ingenieurkammer. Unter dem Pseudonym Werner Rademacher erklärte Lüftl selbst ausführlich, was geschehen war, in *Der Fall Lüftl*, einer 1944 in Tübingen veröffentlichten Broschüre, die von Germar Rudolf in *Dissecting The Holocaust* aufgenommen wurde.

Am 9. April 1989 besichtigte ein Team unter der Leitung von Fred Leuchter, dem Dr. Faurisson, Mark Weber und fünf weitere Mitglieder angehörten, Dachau. Am nächsten Tag reisten sie nach Österreich und arbeiteten in den beiden anderen Lagern bei Linz. Bei der Schilderung der Ereignisse in Dachau wurde bereits gesagt, dass selbst Holocaust-Propagandisten anerkennen, dass es in Deutschland keine Vernichtungslager gab und dass in Dachau niemand vergast wurde. Dies wurde durch den zweiten Leuchter-Report vom 15. Juni 1989 in Massachusetts bestätigt. Für die beiden österreichischen Lager wurde ebenfalls festgestellt, dass es an beiden Orten keine Vergasungskammern gab. Die Schlussfolgerungen enden mit der unverblümten Feststellung: „Es ist die volle Überzeugung dieses Untersuchers als Ingenieur, dass die angeblichen Gaskammern an den inspizierten Orten weder damals noch heute als Gasexekutionskammern benutzt oder ernsthaft in Erwägung gezogen werden konnten".

Der dritte Leuchter-Bericht geht auf ein weiteres Ersuchen von Ernst Zündel zurück, der den Ingenieur im Oktober 1989 beauftragte, eine in Betrieb befindliche Gaskammer in den Vereinigten Staaten zu inspizieren. Die Aufgabe bestand darin, ein Dokument mit begleitenden Fotos und einem Video zu erstellen. Bei der untersuchten Anlage handelte es sich um die Gaskammer des Mississippi State Penitentiary, in der Blausäuregas (Zyklon-B) zur Hinrichtung verwendet wurde. Ziel war es, die Konstruktions- und Herstellungsanforderungen einer Hinrichtungsgaskammer, das Betriebsprotokoll und die Sicherheitsbedingungen für das Personal beim Umgang mit Blausäure zu demonstrieren. Damit sollten die im ursprünglichen *Leuchter-Bericht* vom 5. April 1988 festgelegten Kriterien untermauert und bestätigt werden. Das Dokument wurde am 6. Dezember 1989 vorgelegt. Wir können aus offensichtlichen Gründen nicht auf die technischen Details eingehen, die den Kern des Textes ausmachen, der, wie beabsichtigt, dazu diente, zu zeigen, dass die Deutschen die beschriebenen Richtlinien bei der Konstruktion und dem Bau der Zyklon-B-Entlausungskammern berücksichtigt und in den Kammern, in denen die Massenvergasung stattfinden sollte, ignoriert hatten. Je größer die Kammer", so Leuchter, „und je größer die Zahl der zu exekutierenden Personen, desto zwingender ist es, die Grundprinzipien bei ihrer Konstruktion anzuwenden.

Am 17. Oktober 1991 legte Alfred Leuchter einen vierten und letzten Bericht vor: „*A Technical Evaluation of Jean-Claude Pressac's Book*" (*Eine technische Bewertung des Buches von Jean-Claude Pressac*), der eine deutliche Widerlegung des Buches „*Auschwitz: Technique and Operation of the Gas Chambers*" (*Auschwitz: Technik und Funktionsweise der Gaskammern*) darstellt, das Leuchter als „einen unverhohlenen Versuch, Vernichtungspropaganda zu betreiben", bezeichnet. Wiederum war es Ernst Zündel, der Leuchter um eine wissenschaftlich-technische Beurteilung von Pressacs Text bat. Nach Ansicht Leuchters war Pressacs Unfähigkeit, die Existenz von Gaskammererschießungen mit seinen technischen Unterlagen zu beweisen, offensichtlich. Nachdem er die zweiundzwanzig Kapitel, in die Pressac die fünf Teile seines Werkes unterteilt hat, kommentiert und widerlegt hat, bedauert Leuchter, dass „ein Autor, der sich vermutlich als Wissenschaftler ausgibt, versucht, die Realität mit seinen vorgefassten Thesen in Übereinstimmung zu bringen".

David Cole, ein jüdischer Revisionist, entlarvt die Auschwitz-Fabel

Im September 1992 reiste David Cole, ein 23-jähriger amerikanischer Jude, von den Vereinigten Staaten nach Europa mit der Idee, mehrere Konzentrationslager persönlich zu untersuchen. Nach der Veröffentlichung des *Leuchter-Berichts* erlebte der Revisionismus einen internationalen Aufschwung und Cole, der in den USA in revisionistischen Kreisen verkehrte, beschloss, seinen Beitrag zu leisten. Mit der Idee, einen Dokumentarfilm zu drehen, besuchte er Auschwitz und trug dabei seine Kipa (Judenmütze) auf dem Kopf und wurde von einem Kameramann begleitet. Seine Filmaufnahmen machten ihn berühmt, und obwohl er später gezwungen war, sie zurückzuziehen, sind der Wert des Dokumentarfilms und sein Beitrag zur revisionistischen Bewegung bis heute erhalten geblieben. Im Folgenden finden Sie eine Zusammenfassung dieses Dokuments, das der interessierte Leser jedoch in seiner Gesamtheit auf You Tube und in englischer Sprache ansehen kann.

David Cole tritt in dem Video zunächst nicht in Erscheinung: Er ist der Erzähler, und seine markante Stimme ist zu hören, während er auf eine Karte des Lagers zeigt, auf der die Baracken in einem viereckigen Bereich zu sehen sind, der einst von Stacheldraht umgeben war. Draußen, auf der rechten Seite, zeigt er die SS-Gebäude und das Krankenhaus, daneben das Krematorium und die „Gaskammer". Dann gibt es Bilder des Lagers. Cole erklärt, dass die Führung die Besucher in das ehemalige Gefängnis führt, das als „Todesblock" bezeichnet wird. Der junge Revisionist erzählt, dass die Touristen auch eine „Todeswand" und eine Reihe von Schautafeln zu sehen bekommen, die die Legenden über die Gräueltaten bestätigen und Auschwitz „als Todesmaschine darstellen, als Ort, an dem die Inhaftierung gleichbedeutend mit der Vernichtung war". Was auf der Besichtigungstour nicht gezeigt wird, ist ein Gebäude außerhalb des von Stacheldraht umgebenen Geländes, das nach Coles Worten „durchaus als Lebensblock bezeichnet werden könnte, ein Massendesinfektionskomplex, in dem Zyklon-B-Gas eingesetzt wurde, um Läuse und die von ihnen übertragenen Krankheiten zu bekämpfen." Das Theatergebäude, in dem die Karmeliterinnen, die dort für alle in Auschwitz Verstorbenen beteten, untergebracht waren, wird ebenfalls nicht gezeigt. Im April 1993 forderte Johannes Paul II. die Nonnen auf, an einen anderen Ort umzuziehen, nachdem eine jüdische Gruppe 1989 in das Kloster eingedrungen war und ihre Räumung gefordert hatte. Der Rundgang gipfelt in der Gaskammer. David Cole zitiert: „Zu diesem Zeitpunkt ist die Gruppe emotional darauf konditioniert, alles zu glauben. Die Gaskammer ist wie der unterste Gang nach einer zweistündigen Aufwärmphase. Im wahrsten Sinne des Wortes ist die Gaskammer der objektive Beweis dafür, dass alles, was sie während der Führung gehört haben, wahr ist, der Beweis für den Holocaust. Aber ist es das?"

In diesem Moment sieht man den jungen Cole zum ersten Mal in seiner Kippa, mit einem Mikrofon in der Hand und einer persönlichen Führerin namens Alicia, für die er eine Prämie bezahlt hat, damit sie ihm exklusiv zur Verfügung steht. Cole erklärt, dass er die Kippa aufgesetzt hat, um nicht als Revisionist wahrgenommen zu werden, sondern als „tugendhafter Jude, der die Wahrheit wissen und denen entgegentreten will, die behaupten, der Holocaust habe nie stattgefunden". Sie erzählt ihm lediglich, was sie auch anderen Gläubigen erzählt, die alljährlich zum Schrein von Auschwitz I pilgern, der ausschließlich von der Propaganda des Holocaust-Dogmas vereinnahmt wird. Alicia zeigt ihm Beweise, die nichts beweisen und die allen Touristen als materielle Beweise für die Ausrottung präsentiert werden. Sie beginnt mit den Haarsträhnen. „Aber was beweist das?", fragt Cole und fügt hinzu:

> „Es ist anerkannt, dass jeder Insasse wegen Läusen rasiert wurde, das wird nicht bestritten, warum sollte es also keine Haufen von Menschenhaaren geben? Das wird nicht bestritten, warum sollte es also keine Haufen menschlicher Haare geben? Und was ist mit den Haufen von Schuhen und Kleidern? Sind sie ein Beweismittel? Es ist eine Tatsache, dass die Häftlinge bei ihrer Ankunft eine Uniform erhielten, zu der auch Schuhe gehörten. Warum sollte es also keine Haufen von Schuhen und Kleidung der Häftlinge geben? Das beweist nicht, dass jemand getötet wurde. Und das gibt Polen und Sowjets den Vorteil des Zweifels, dass diese Kleidung und Haare wirklich aus dem Lager stammen. Und was ist mit den Gaskanistern? Niemand bestreitet, dass Zyklon-B zur Desinfektion von Kleidung und Gebäuden verwendet wurde? Und welche anderen Beweise werden angeboten? Nun, es gibt die überlieferten Fotos von kranken Häftlingen, die die erschütternde These belegen, dass die Menschen im Lager krank wurden. Niemand leugnet die Typhusepidemie, die viele Todesopfer gefordert hat...".

Schließlich erscheint Cole vor dem Gebäude, das als Gaskammer dient. Er erklärt, dass die Vernichter behaupten, die ehemalige Leichenhalle sei als Gaskammer genutzt worden, obwohl sie zugeben, dass es sich später um einen Luftschutzbunker handelte. Nach dem Kameramann betritt Cole den großen Raum ohne den Führer und weist auf Löcher im Boden hin, die zeigen, dass es dort eine Toilette gab. Er zeigt auch die Spuren der alten Mauern, die den Raum der großen Halle unterteilten, und erklärt schließlich, dass es einst fünf Zimmer und ein Badezimmer gab. Er fügt hinzu, dass es keine blauen Zyklon-B-Flecken an den Wänden wie in den Desinfektionsräumen gibt. Dann zeigt er eine Nahaufnahme der rudimentären Holztür mit Glasaufsatz. Darunter sind vier quadratische Öffnungen in der Decke zu sehen. Dabei handelt es sich um die berühmten Löcher, durch die das Gas angeblich geworfen wurde, wenn die Kammer voll mit Menschen war. David Cole stellt klar: „Revisionisten argumentieren, dass die Löcher nach der Befreiung des Lagers hinzugefügt wurden und dass zu diesem Zeitpunkt die Wände abgerissen und die Toilette entfernt wurde, um den Raum wie eine große Gaskammer aussehen zu lassen".

Draußen fragt er die Fremdenführerin, ob etwas umgebaut worden sei. Alicia antwortet, dass alles in seinem ursprünglichen Zustand ist. Er geht mit ihr zurück in den Raum, fragt sie nach den vier Löchern und weist sie auf die offensichtlichen Anzeichen dafür hin, dass die Wände eingerissen wurden. Die

Fremdenführerin beharrt darauf, dass die Löcher original sind, dass Zyklon-B durch sie hindurchgeworfen wurde und dass keine Wände eingerissen wurden. Als Alice merkt, dass ihre Erklärungen den jungen Juden nicht überzeugen, schlägt sie ihm vor, mit dem Leiter des Staatlichen Museums Auschwitz zu sprechen, der ihm schließlich vorschlägt, ein Gespräch mit Dr. Piper, dem leitenden Archivar und Oberkommissar von Auschwitz, zu suchen. Bevor er sich verabschiedet, entlockt Cole dem Aufseher jedoch ein Geständnis, dass die Löcher in der Decke nicht original sind, sondern nach dem Krieg rekonstruiert wurden.

Franciszek Piper, Autor des Buches *Auschwitz. How many perished*, in dem er die sowjetische Zahl von 4.000.000 als falsch anerkennt und die Zahl der Opfer mit 1.100.000 angibt, erscheint vor der Kamera in seinem Büro im Auschwitz-Museum. Er ist misstrauisch und schlägt vor, das Interview nicht zu filmen, willigt aber schließlich ein, in dem Dokumentarfilm aufzutreten. Coles erste Frage bezieht sich auf die Veränderungen, die an der theoretischen Gaskammer vorgenommen wurden. Piper antwortet, dass es sich bei dem Raum um eine Gaskammer handelte, die später in einen Luftschutzbunker umgewandelt wurde, in dem innere Trennwände errichtet, die Löcher in der Decke abgedeckt und eine Tür auf einer Seite geöffnet wurden. Er stellt fest, dass nach der Befreiung des Lagers die Wände eingerissen und die Löcher wieder geöffnet wurden, aber die Tür blieb bestehen. Cole fragt, warum den Touristen nicht die Wahrheit gesagt wird. Die Filmaufnahmen des Interviews werden unterbrochen. Cole weist darauf hin, dass die Löcher in der Decke auf keiner der von ihm untersuchten Luftaufnahmen zu sehen sind. Dann bietet er die beiden schwarz hinterlegten Versionen an. Offizielle Version: „Die Sowjets und die Polen schufen die Gaskammer in einem Luftschutzbunker, der zuvor eine Gaskammer war". Revisionistische Version: „Die Sowjets und die Polen schufen die Gaskammer in einem Luftschutzbunker, der vorher ein Luftschutzbunker war".

Das Interview wird fortgesetzt. Zweite Frage: „Warum gibt es so wenige Spuren von Zyklon-B in den Mordgaskammern im Vergleich zu den großen Mengen an Rückständen in den Desinfektionskammern?" Die Antwort ist überraschend: „Zyklon-B wurde nur sehr kurz verwendet, etwa zwanzig oder dreißig Minuten in vierundzwanzig Stunden, während es in den Desinfektionskammern Tag und Nacht verwendet wurde." Das heißt, im Gegensatz zu den Aussagen von Zeugen und Historikern, denen zufolge die Vergasung ununterbrochen stattfand, versichert uns Piper, dass es nur eine Vergasung pro Tag gab. Cole nutzt dann die Gelegenheit, ihn zu fragen, ob er weiß, wie viele Gruppen in den Krematorien II und III in Birkenau vergast wurden. Piper widerspricht schmerzhaft seinen früheren Aussagen: „Es ist schwer zu sagen, denn es gab Zeiten, in denen die Gaskammern Tag für Tag stundenlang benutzt wurden. Solche Aktionen wiederholten sich: vergasen, einäschern, vergasen, einäschern, einäschern". Auf eine Anfrage zu der Zahl von vier Millionen sagt Piper: „Sie wurde von der sowjetischen Kommission zur Untersuchung der Nazi-Verbrechen in Auschwitz geschätzt, da die Nazis die Lagerdokumentation vernichtet haben." Dies ist eine weitere Lüge, denn sie wurde nicht vernichtet. Das Interview wird unterbrochen, und auf schwarzem Hintergrund erscheint dieser Text, der vom Sprecher laut vorgelesen wird: „In Wirklichkeit wurden die Aufzeichnungen über die im Lager Verstorbenen von den Sowjets beschlagnahmt, die sie erst 1989 veröffentlichten". Der Dokumentarfilm endet mit einem Hinweis auf das Massaker von Katyn und andere sowjetische Lügen, die von den Alliierten in Nürnberg übernommen wurden.

Aufgrund seines Beitrags zum Revisionismus wurde David Cole als Verräter angesehen und begann, von der JDL (Jewish Defence League) verfolgt zu werden, die seine Daten im Internet veröffentlichte. Er und seine Familie erhielten anonyme Morddrohungen, und er musste sich drei Jahre lang verstecken. Die JDL veröffentlichte einen Text mit dem Titel „David Cole, monströser Verräter", der mit den Worten endete: „Die JDL möchte den Aufenthaltsort des Holocaust-Leugners David Cole erfahren. Jeder, der uns seine korrekte Adresse mitteilt, erhält eine finanzielle Belohnung". Verängstigt wandte er sich an die JDL und bat darum, seine Daten aus dem Internet zu entfernen, da seine Familie ständig vom Tod bedroht sei. Der Präsident der JDL, Irv Rubin[13], erhielt im Januar 1998 einen notariell beglaubigten Brief des jungen Revisionisten, in dem er seine Aussage zurückzog. Der Text wurde am 8. Februar 1998 veröffentlicht. Darin erklärte Cole: „Die Nazis haben versucht, alle Juden Europas zu töten, und die Gesamtzahl dieses versuchten Völkermords beträgt sechs Millionen".

Nach einem langen Schweigen von achtzehn Jahren trat David Cole, der unter dem Namen David Stein eine neue Identität angenommen hatte, am 22. Februar 2014 bei einer Veranstaltung des IHR (Institute for Historica Review) in Kalifornien wieder an die Öffentlichkeit. Mark Weber, der Direktor des Instituts, stellte ihn einem Publikum vor, das ihn mit zahlreichen Fragen löcherte. Nachdem er sich daran erinnert hatte, dass er bei einer Veranstaltung an der University of California in Los Angeles von JDL-Schlägern körperlich angegriffen und zum Widerruf gezwungen worden war. Cole erklärte, er stehe zu dem, was er in den 1990er Jahren über Auschwitz und den Holocaust gesagt habe.

Der *Rudolf-Bericht* und die forensische Untersuchung in Auschwitz

Germar Rudolf, ein brillanter Absolvent der Universität Bonn im Fach Chemie, erhielt ein staatliches Stipendium, das es ihm ermöglichte, am renommierten Max-Planck-Institut in Stuttgart zu promovieren. Er arbeitete gerade an seiner Doktorarbeit, als er sich 1991 bereit erklärte, eine forensische Studie für die Verteidigung von Otto Ernst Remer zu erstellen, der in einem Prozess wegen „Holocaust-Leugnung" angeklagt war. Er wurde gebeten,

---

[13] Irv Rubin, von 1985 bis 2002 Präsident der JDL, wurde schließlich vom FBI wegen Mordes und Terrorismus angeklagt. Er beging Selbstmord in seiner Gefängniszelle, während er auf seinen Prozess wartete. Seine Familie beschloss, rechtliche Schritte gegen die Regierung einzuleiten.

verschiedene Dokumente zu untersuchen, Proben zu nehmen, sie zu analysieren und einen Bericht zu erstellen. Germar Rudolf untersuchte einige Gebäude in Auschwitz auf Rückstände von Blausäure, d. h. auf chemische Spuren des berüchtigten Zyklon-B. Das Ergebnis seiner Untersuchungen wurde in einem Bericht festgehalten. Das Ergebnis seiner Untersuchungen wurde in einem Gutachten mit dem Titel *Technisches Gutachten über die Bildung und Nachweisbarkeit von Cyanidverbindungen in den „Gaskammern von Auschwitz"* festgehalten, das von Remers Verteidigung als Beweismittel verwendet wurde. Jahre später schrieb Rudolf in *Resistance is Obligatory*, dass das Gutachten dazu dienen sollte, die Auslassungen und Mängel des *Leuchter-Gutachtens* zu korrigieren. Zwischen 1992 und 1994 wurde dieses Gutachten in sieben oder acht Strafprozessen in Deutschland als Beweismittel vorgelegt. In allen Fällen wurde es nicht zugelassen, weil nach der deutschen Rechtsprechung die Tatsachen, die sich während des Dritten Reiches im Lager Auschwitz abgespielt haben, als offenkundig gelten und daher nicht bewiesen oder nachgewiesen werden müssen. Seit 1996 ist es eine Straftat, das Gegenteil zu behaupten. Daher wurden die technischen Analysen, so unerhört es auch erscheinen mag, rundweg abgelehnt.

Otto Ernst Remer, einer der Angeklagten, zu dessen Gunsten der Bericht erstellt worden war, veröffentlichte im Juli 1993 die Ergebnisse der Forschungen von Germar Rudolf. Das etwa 120 Seiten umfassende Pamphlet wurde als *Rudolf-Bericht* bekannt, eine chemische Studie über die Bildung und den Nachweis von Blausäure in den angeblichen Gaskammern von Auschwitz, eine ideale Ergänzung zum *Leuchter-Bericht*, da beide Dokumente darin übereinstimmten, dass in den Lagern des Auschwitz-Komplexes niemals Blausäuremorde stattgefunden haben. Dies führte zur Anklageerhebung gegen Germar Rudolf. Die deutsche Presse, die stets die Entscheidungen der Gerichte unterstützte, reagierte verärgert und brachte den jungen Chemiker mit dem Angeklagten Remer in Verbindung.

Der Ausgang der ganzen Affäre war für Germar Rudolf katastrophal, denn 1993 wurde ihm vom Max-Planck-Institut die Einreichung seiner Dissertation zur abschließenden Doktorprüfung verweigert. Im Jahr 1995 wurde er zu vierzehn Monaten Gefängnis verurteilt und außerdem wegen der Fortsetzung seiner forensischen Forschungstätigkeit zu neuen Straftaten angeklagt. Die Exemplare der *„Grundlagen zur Zeitgeschichte"*, in denen Rudolf unter dem Pseudonym Ernst Gauß eine aktuelle Sammlung von Forschungsarbeiten zur Holocaust-Problematik veröffentlicht hatte, wurden beschlagnahmt und per Gerichtsbeschluss vernichtet. Germar Rudolf gelang 1996 die Flucht nach England, wo er einige Jahre untertauchte, bevor er in den Vereinigten Staaten politisches Asyl beantragte. Jahre später, in der Ausgabe März/April 2001 der *Zeitschrift The Journal of Historical Review*, veröffentlichte Rudolf selbst einen ausführlichen Artikel, in dem er in brillanter Weise alle in Auschwitz durchgeführten forensischen Untersuchungen Revue passieren ließ und gleichzeitig die inakzeptable Haltung derjenigen kritisierte, die nicht nur die Ergebnisse der wissenschaftlichen Forschung ablehnen, sondern auch die Techniker und Experten kriminalisieren.

Der erste Vorwurf ging an das Max-Planck-Institut, das im späten Frühjahr 1993 das Memorandum über die Ausweisung von Germar Rudolf wegen der in Auschwitz durchgeführten Forschungen veröffentlichte. Das Institut, das die forensische Untersuchung als moralische Verpflichtung bei jeder strafrechtlichen Untersuchung verachtete, argumentierte, dass es verwerflich sei, die spezifische Art und Weise zu diskutieren, in der die Nazis Juden ermordet haben. Zur Verteidigung seiner Forschung schrieb Rudolf in seinem Artikel eine Definition der forensischen Untersuchungen: „Die forensische Wissenschaft wird im Allgemeinen als Hilfswissenschaft der Kriminologie gesehen. Ihr Ziel ist es, physische Beweise für ein Verbrechen zu sammeln und zu identifizieren und daraus Rückschlüsse auf die Opfer, die Täter, die Waffen, die Zeit und den Ort des Verbrechens sowie die Art und Weise, wie das Verbrechen verübt wurde, zu ziehen, falls es überhaupt verübt wurde. Diese Wissenschaft ist relativ neu und fand erst 1902 Eingang in die Rechtsprechung, als ein englisches Gericht erstmals Fingerabdrücke als Beweismittel akzeptierte." Die Forderung der Revisionisten nach materiellen Beweisen stehe daher „absolut im Einklang", betonte Germar Rudolf, „mit der üblichen Praxis und der modernen Rechtsanwendung. Es ist allgemein anerkannt, dass forensische Beweise entscheidender sind als Zeugenaussagen oder Urkundenbeweise." Ausgehend von diesen Grundsätzen untersuchte Rudolf in seinem umfangreichen Artikel die in Auschwitz durchgeführten forensischen Untersuchungen.

1945 erstellte das Forensische Forschungsinstitut in Krakau einen forensischen Bericht über Auschwitz, der 1946 im Auschwitz-Prozess in Krakau als Beweis vorgelegt wurde. Wenn man bedenkt, dass das polnische kommunistische Regime den sowjetischen Schwindel über die Katyn-Gräber bereitwillig akzeptierte, muss man die Strenge der polnischen Gerichtsverfahren zumindest anzweifeln. Die polnischen Gerichtsmediziner führten qualitative, nicht quantitative Analysen durch und entnahmen Haare, die theoretisch von den Häftlingen stammten, sowie Haarschmuck, den die Sowjets in Koffern gefunden hatten. In beiden Fällen wurden Zyanidrückstände gefunden. Ein verchromter Deckel mit Zink wurde ebenfalls untersucht und positiv getestet. Das Krakauer Institut behauptete, dieser Metalldeckel habe den Abluftschacht einer angeblichen Gaskammer in Birkenau abgedeckt. Diese Analysen beweisen nicht, ob in Auschwitz Blausäurevergasungen stattgefunden haben, u. a. weil nicht überprüft werden kann, woher die Haare, Haarnadeln und der andere Kopfschmuck stammen. Außerdem ist bekannt, dass die Haare aus hygienischen Gründen abgeschnitten wurden und dass längere Haare vor der Verwertung entlaust werden mussten. Was den Ursprung oder die Herkunft der Metallkappe anbelangt, so scheint dies kein ausreichender Beweis zu sein, um etwas zu beweisen.

Zwischen 1964 und 1966 fand in Frankfurt ein weiterer Auschwitz-Prozess statt, bei dem jedoch keine forensische Analyse vorgelegt wurde. Zu den bekanntesten Berichten gehörte der vom Institut für Zeitgeschichte in München vorgelegte. Obwohl es sich um einen Mammutprozess handelte, sahen weder das Gericht noch die Staatsanwaltschaft oder die Verteidigung die Notwendigkeit, materielle Beweise für die angeblichen Verbrechen vorzulegen. Außerdem wurde das Fehlen von Beweismaterial als irrelevant angesehen. Wie üblich wurde fast alles durch Zeugenaussagen und Aussagen von Personen bewiesen, denen die Verantwortung für die begangenen Verbrechen zugeschrieben wurde. Diese Zeugenaussagen wurden als ausreichend angesehen, um die Existenz eines Programms zur Vernichtung der Juden in Auschwitz zweifelsfrei zu belegen. Ebenfalls 1966 beauftragte das Staatliche Museum Auschwitz die polnische Firma Hydrokop mit der Durchführung einer Ausgrabung in Auschwitz-Birkenau zur Analyse von Bodenproben. Rudolf weist auf die Möglichkeit hin, dass die Untersuchungen im Zusammenhang mit dem Frankfurter Prozess durchgeführt wurden. Da die Ergebnisse nicht weitergegeben wurden und in den Archiven des Museums verschwanden, ist davon auszugehen, dass sie keine signifikanten Ergebnisse lieferten.

Der erste aussagekräftige Bericht über Auschwitz entstand während des Prozesses, der vom 18. Januar bis 10. März 1972 in Wien stattfand. Angeklagt waren damals Walter Dejaco und Fritz Ertl, zwei Architekten, die für die Planung und den Bau der Krematorien in Auschwitz-Birkenau verantwortlich waren. Dem Gericht wurde der Bericht eines Sachverständigen vorgelegt, der die Pläne für die angeblichen Gaskammern in Auschwitz und Birkenau interpretierte. Dieses technische Gutachten kam zu dem Schluss, dass es sich bei den fraglichen Räumen weder um Gaskammern handeln konnte, noch dass sie zu Gaskammern umgebaut wurden. Dank dieses methodisch fundierten Gutachtens wurden Dejaco und Ertl freigesprochen.

Von dem Zeitpunkt an, als Robert Faurisson begann, die Existenz der Gaskammern anzuzweifeln, bis zum *Leuchter-Bericht* dauerte es ein Jahrzehnt. Nach einem kritischen Studium von Zeugenaussagen und einer intensiven Prüfung von Dokumenten formulierte Professor Faurisson 1978 die These, dass „es unter Hitlers Regime keine einzige Gaskammer gegeben hat". Ende 1978 erlaubte *Le Monde* Faurisson, seine Überlegungen in einem Artikel darzustellen. Zehn Jahre später war, wie bereits erwähnt, der Prozess gegen Ernst Zündel im Jahr 1988 ein Meilenstein in der Geschichte der revisionistischen Bewegung. Fred Leuchters Pionierarbeit gab den Anstoß zu einer Reihe von Publikationen, deren Forschungsumfang sich allmählich auf interdisziplinäre Studien des materiellen und dokumentarischen Beweismaterials ausweitete. Die wichtigste Arbeit war die von Germar Rudolf, der Fred Leuchter voll und ganz bestätigte.

Germar Rudolf begann Anfang 1991 mit seinen Forschungen, um die Behauptungen des *Leuchter-Berichts* zu verifizieren. Ihm ging es vor allem darum, zu überprüfen, ob Zyanidrückstände lange Zeit stabil blieben und deshalb in den Mordgaskammern gefunden werden konnten, wenn dort Zyklon-B verwendet worden war. Ursprünglich", schreibt Rudolf, „ging es mir nur darum, herauszufinden, ob das entstehende Gemisch, Ferrocyanid oder Preußischblau, stabil genug ist, um fünfundvierzig Jahre unter rauen Umweltbedingungen zu überleben. Nachdem ich dies bestätigt hatte, schickte ich die Ergebnisse an etwa zwanzig Personen, die daran interessiert sein könnten. Darunter befanden sich Ingenieure und Juristen. Erstere konnten ihm bei seiner forensischen Untersuchung helfen, letztere brauchten die Beweise, um Otto Ernst Remer zu verteidigen. Germar Rudolf reiste zweimal nach Auschwitz und arbeitete achtzehn Monate lang mit dem Ziel, die Ergebnisse seiner Untersuchung in einem zweiundsiebzig Seiten umfassenden Bericht zusammenzufassen, der im Januar 1992 fertiggestellt wurde. Der so genannte *Rudolf-Bericht*, der an Meinungsführer in Deutschland verteilt wurde, bestätigte, wie Fred Leuchter behauptet hatte, dass die von Zeugen bezeugten Massenvergasungen aus verschiedenen technischen und chemischen Gründen nicht stattgefunden haben konnten. Der verbesserte und aktualisierte *Rudolf-Bericht* wurde schließlich im Juli 1993 veröffentlicht. Eine niederländische und eine französische Fassung erschienen 1995 und 1996, die englische Version musste jedoch bis 2003 warten.

In seinem Eifer, seine Forschungsarbeit zu konfrontieren, wandte sich Germar Rudolf an das Institut für Gerichtsmedizin in Krakau, das 1990 im Auftrag des Staatlichen Museums Auschwitz eigene gerichtsmedizinische Untersuchungen durchgeführt hatte, um die Forschungen von Fred Leuchter zu widerlegen. Das Team des forensischen Instituts unter der Leitung von Jan Markiewicz, Wojciech Gubala und Jerzy Labedz entnahm Proben aus den „Gaskammern", aber die polnischen Chemiker, die sie analysierten, fanden noch geringere Zyanidspuren als die von Dr. Roth gefundenen. Die polnischen Chemiker, die die Proben analysierten, fanden jedoch noch geringere Spuren von Zyanid als die von Dr. Roth. Daraufhin entschlossen sie sich, Proben aus den Desinfektionskammern zu nehmen, und obwohl die Wände gebleicht worden waren, enthielten sie viel höhere Zyanidspuren, die sie jedoch nicht erkennen wollten oder konnten. Markiewicz und Co. behaupteten, sie verstünden nicht, wie die Wände der Desinfektionskammern, die der Blausäure ausgesetzt waren, mit der preußischblauen Farbe imprägniert werden konnten, und gingen sogar so weit, zu behaupten, dass sie aus einer anderen Quelle stammte: „Es ist schwer vorstellbar", sagten sie, „welche chemischen Reaktionen und physikalisch-chemischen Prozesse zur Bildung von Preußischblau an diesem Ort geführt haben könnten. Sie äußerten sogar den Unsinn, dass die Wände der Desinfektionskammern preußischblau gestrichen worden seien.

Im Jahr 1994 legten die polnischen Forscher einen Bericht über ihre Ergebnisse vor. Rudolf kam nach aufmerksamer Lektüre zu dem Schluss, dass sie nichts unternommen hatten, um herauszufinden, ob sich Blausäurefarbe an Wänden bilden kann, die Blausäuregas ausgesetzt waren. Er setzte sich mit ihnen in Verbindung, um eine wissenschaftliche Erklärung ihrer Analysemethoden zu erhalten, und lieferte ihnen den unwiderlegbaren Beweis, dass sich Blausäure an Wänden, die Blausäuregas ausgesetzt waren, tatsächlich bildet. Schließlich erhielt Rudolf einen Brief von den Krakauer Forschern, in dem sie klar zugaben, dass es ihnen nicht um die wissenschaftliche Wahrheit ging, sondern darum, die „Holocaust-Leugner" zu widerlegen und zu verhindern, dass Hitler und der Nationalsozialismus in den Schmutz gezogen werden. Wir wollen erfahren, wie Germar Rudolf den Vorgang wissenschaftlich erklärt:

> „... Wenn sich Blausäure und bestimmte Eisenverbindungen vermischen, bilden sie Preußischblau. Das ist genau das Phänomen, das man beobachten kann, wenn man die Zyklon-B-Entlausungsanlagen betritt, die während des Dritten Reiches in Europa betrieben wurden. Einige von ihnen, zum Beispiel in den Konzentrationslagern Auschwitz, Birkenau, Majdanek und Stuthoff, sind heute

noch intakt. Alle diese Einrichtungen haben eines gemeinsam: Ihre Wände sind mit Preußischblau imprägniert. Nicht nur die Innenflächen, sondern auch der Mörtel zwischen den Ziegelsteinen und sogar die Außenwände dieser Entlausungskammern sind mit Ferrocyanid gefüllt und weisen eine unregelmäßige Blaufärbung auf. In den angeblichen Gaskammern von Auschwitz und Birkenau lässt sich nichts Vergleichbares feststellen. Die zur Bildung von Preußischblau notwendigen Eisenverbindungen sind in allen Baustoffen enthalten: Ziegel, Sandstein und Zement enthalten immer einen Anteil an Oxid (Eisenoxid, meist zwischen 1 und 4 Prozent). Das ist es, was den Ziegeln und den meisten Sanden ihre rote oder ockerfarbene Farbe verleiht.

Mit anderen Worten: Markiewicz und seine Kollegen beschlossen aus politischen Gründen, das abzulehnen, was sie nicht wollten. Als Wissenschaftler hätten sie nachweisen müssen, dass sich die blausäureblaue Farbe nicht an Wänden bilden kann, die Blausäure ausgesetzt sind. Dazu hätten sie nachweisen müssen, ob es stimmt oder nicht, dass die in Ziegeln und Zement enthaltenen Eisenverbindungen bei Kontakt mit dem Gas das Ferrocyanid bilden. Anstatt dies zu akzeptieren, zogen sie es vor, die These zu verteidigen, dass Desinfektionskammern und mörderische „Gaskammern" ähnliche Mengen an Zyanidrückständen aufwiesen.

Germar Rudolf behauptet stets, dass die wissenschaftliche Methode der beste Weg ist, um zu unwiderlegbaren Schlussfolgerungen zu gelangen. Er ist der Meinung, dass die forensische Wissenschaft schon immer zur Entschlüsselung historischer Verbrechen, wie z.B. Katyn, eingesetzt wurde. Rudolf bedauert bitter, dass keine einflussreiche Gruppe es wagt, eine forensische Untersuchung von Auschwitz-Birkenau zu fordern und dass die Machthaber kein Interesse an der Wahrheitsfindung über Auschwitz und den Holocaust zeigen. Stattdessen schreibt er:

> „Behörden auf der ganzen Welt verfolgen und verfolgen diejenigen, die eine solche Forschung vorschlagen oder versuchen. Das mag uns verlangsamen, aber es wird uns nicht aufhalten. Wenn revisionistische Forscher einen plötzlichen Durchbruch durch forensische Forschung erzielen, wird ihnen nicht nur mit Diffamierung und Verfolgung begegnet, sondern auch mit akademischer Fälschung und professoraler Täuschung, wofür der forensische Bericht von Krakau ein eklatantes Beispiel ist. Wie verzweifelt müssen die Bewahrer der Flamme der Holocaust-Legende sein, um zu solchen Methoden zu greifen? Indem sie die angeblichen Gräber und die Ruinen der 'Gaskammer' von Auschwitz vor wissenschaftlichen Untersuchungen schützen, riskieren sie die Beerdigung ihres eigenen Rufs und den Untergang des Auschwitz-Mythos."

Teil 5
Die Verfolgung von Revisionisten wegen Gedankenverbrechen

Als Tribut an die vielen ehrlichen Menschen, die ihre Karriere und ihr Leben riskiert haben, um die Meinungsfreiheit und die Forschung auf der Suche nach der historischen Wahrheit zu verteidigen, beenden wir Kapitel XII dieser *Geächteten Geschichte* mit einem umfassenden Überblick über die wesentliche Arbeit dieser unbesungenen Helden des Revisionismus, die der breiten Öffentlichkeit unbekannt sind. Viele von ihnen sind im Laufe unserer Arbeit bereits erwähnt worden, aber wir werden sie nun ausführlicher vorstellen und so den Wert und die Tragweite ihrer Beiträge umreißen. Die Verfolgung von Revisionisten wegen Gedankenverbrechen ist eines der beschämendsten Dinge, die in selbsternannten freien und demokratischen Gesellschaften geschehen können. Es ist empörend, unerträglich und unanständig, dass Intellektuelle aus allen Wissensgebieten inhaftiert werden, weil sie von ihrem Recht Gebrauch machen, historische Fakten zu studieren und zu erforschen. Diese ungerechtfertigte Tatsache sollte ausreichen, um uns klar zu machen, dass die Realität und die Geschichte verfälscht wurden und dass die Lüge um jeden Preis aufrechterhalten wird.

Die Opfer der Gedankenpolizei sind in Europa zahlreich, insbesondere in Deutschland, wo das deutsche Volk seit dem Ende des Zweiten Weltkriegs mit Duldung seiner Führer allen möglichen Demütigungen ausgesetzt ist. Auch in Frankreich und Österreich gibt es viele Fälle, in denen Menschen verfolgt, verfolgt und inhaftiert werden, weil sie ihr Recht auf freie Meinungsäußerung wahrgenommen haben. Um die Darstellung zu erleichtern und die wichtigsten uns bekannten Fälle auf diesen Seiten zusammenzufassen, werden wir sie nach Ländern aufschlüsseln und auch versuchen, eine chronologische Reihenfolge einzuhalten, um den Prozess aus einer historischen Perspektive zu verfolgen. Wir beginnen in Deutschland, wo die ideologische Kontrolle, die seit 1945 ausgeübt wird, von der Mehrheit der Bevölkerung nicht in ihrem ganzen Ausmaß wahrgenommen wird, deren Gehirnwäsche, die in der Kindheit beginnt, ein noch nie dagewesenes Ausmaß erreicht hat.

Wir werden im Folgenden sehen, wie weit die Verschlechterung der Bürgerrechte in Deutschland fortgeschritten ist, einem Land, das die Zensur seiner Nationalhymne akzeptiert hat, die verstümmelt und mit verbotenen Strophen versehen ist, die niemand in der Öffentlichkeit zu singen wagt. Die Idee der politischen Korrektheit ist das Werkzeug derer, die die deutsche Gesellschaft um jeden Preis lähmen wollen. Alles, was nicht mit der offiziellen Version der Ereignisse übereinstimmt, gilt als politisch inakzeptabel. Dieser Zustand der Lähmung wird durch die unersetzliche Unterstützung der so genannten antifaschistischen Bewegung aufrechterhalten, die diejenigen, die versuchen, die Geschichte zu revidieren, insbesondere die des Dritten Reiches, bösartig angreift und disqualifiziert. Im Gegensatz zu antikapitalistischen oder antikommunistischen Bewegungen, die Ausdruck persönlicher Überzeugungen sind, ist der Antifaschismus in Deutschland auf allen Ebenen der Gesellschaft institutionalisiert, verwurzelt und strukturiert, so dass diejenigen, die keine antifaschistische Gesinnung zum Ausdruck bringen, moralisch disqualifiziert werden.

Es sei daran erinnert, dass Deutschland erst 1955 die Teilsouveränität erhalten hat. Bis dahin gab es weder Pressefreiheit noch akademische Freiheit. Um zu verhindern, dass es zu politischen Veränderungen kommt, wurde die Abteilung für Verfassungsschutz eingerichtet. Diese Abteilung bekämpfte nicht nur die kommunistischen Parteien, sondern setzte auch alles daran, nationale Parteien und Medien, die als rechtsorientiert galten, rechtlich auszuschalten. Infolgedessen gibt es in Deutschland weder Universitäten noch politische Parteien, noch nennenswerte rechte Zeitungen oder Medien. Dennoch gingen 1968 Tausende von Studenten, angestachelt durch die Lehren linker, sozialistischer und sogar kommunistischer Professoren, die von den Alliierten während der Besatzung an den Universitäten eingesetzt worden waren, mit prokommunistischen Parolen auf die Straße. Infolge der Studentenrevolte von 1968 begann der progressive Einzug dieser Linken in die Institutionen des Landes.

Ende des letzten Jahrhunderts erreichte diese Generation mit ihren Ideen, die vom Sozialismus bis zum Kommunismus reichen, den Höhepunkt ihrer Macht und ihres Einflusses auf die deutsche Gesellschaft. Ihre Vertreter waren auf allen Ebenen gut platziert und bildeten eine mächtige politische Elite. Auf diese Weise können sie weitreichenden Einfluss und Kontrolle über die öffentliche Meinung ausüben und diejenigen, die es wagen, politisch unkorrekt zu sein, sofort mit dem Vorwurf des „Faschismus" zum Schweigen bringen. Ihre Methoden sind breit gefächert und reichen von Pressekampagnen bis hin zu Einschüchterung, wenn es sein muss. Der wichtigste Mechanismus dieser linken Kreise, in denen es viele deutsche Juden gibt, besteht darin, die Gefühle der Kollektivschuld, der Kollektivscham oder der kollektiven Verantwortung aufrechtzuerhalten, die das deutsche Volk seit mehr als siebzig Jahren betäubt haben.

Bevor ich beginne, die Opfer der Gedankenpolizei in Deutschland und anderen Ländern vorzustellen, ist es interessant zu wissen, dass die deutsche Regierung jedes Jahr die Zahlen ihrer Verfolgung friedlicher Dissidenten vorlegt, die sie zusammen mit Gewaltverbrechern als „Verfassungsfeinde" (Grundgesetz, das am 23. Mai 1949 in Kraft trat) zusammenfasst. So gab der *Verfassungsschutzbericht* 2011 an, dass von den 13.865 strafrechtlichen Ermittlungsverfahren 11.401 Fälle auf „Propagandadelikte" entfielen. Davon betrafen 2.464 Fälle Personen, die etwas gesagt oder geschrieben hatten, das geeignet war, „die öffentliche Ordnung zu stören". Die meisten dieser Übertretungen werden „Rechtsextremisten" zugeschrieben. Straftaten, die von Linksradikalen oder Ausländern begangen werden, werden nicht unter in der Kategorie „Linksextremisten" zusammengefasst. Gedankenverbrechen in Deutschland können nur Nationalisten oder Patrioten zugeschrieben werden, die als „Nazis", „Rechte", „Faschisten" bezeichnet werden, Etiketten, die gleichbedeutend mit „böse" sind.

1. DIE WICHTIGSTEN OPFER DER VERFOLGUNG IN VERFOLGUNG IN DEUTSCHLAND:

Joseph Burg, ein von den Nazis und Zionisten verfolgter jüdischer Revisionist

Es ist nur fair, diese Seiten über die Verfolgung der Revisionisten mit einer bewundernswerten Persönlichkeit zu beginnen: Joseph Ginsburg, besser bekannt als Joseph Burg, ein deutscher Jude von Integrität und Ehrlichkeit wie nur wenige andere, der schließlich von extremistischen Schlägern der Jewish Defence League verfolgt und mehrmals angegriffen wurde. Die Verachtung und der Hass seiner Glaubensgenossen gingen so weit, dass sie ihm das Recht verweigerten, auf dem jüdischen Friedhof in München beerdigt zu werden. Joseph Ginsburg wurde 1908 in Deutschland geboren und wurde in den 1930er Jahren vom nationalsozialistischen Regime verfolgt. Bei Kriegsausbruch im September 1939 lebte er in Lemberg, Polen, von wo er mit seiner Familie nach Czernowitz in der rumänischen Provinz Bukowina floh, die im Juni 1940 von der Roten Armee besetzt wurde. Als Deutschland ein Jahr später die UdSSR angriff, flohen rote Soldaten aus der Region und ukrainische Banden begannen mit Pogromen gegen Juden. Deutsche und rumänische Truppen stoppten diese Aktionen und verhinderten weitere Gewalt. Ginsburg und seine Familie wurden nach Osten in die Region Transnistrien deportiert, wo sie wenigstens leben konnten. Die deutsch-rumänische Front brach 1944 zusammen, und Ginsburg und seine Familie kehrten nach Czernowitz zurück, wo der rote Terror herrschte und alles von Chaos und Hunger geprägt war.

Nach Kriegsende ging Ginsburg 1946 mit seiner Gruppe nach Breslau und von dort in ein UNRRA-Vertriebenenlager bei München, das von einem amerikanischen Juden geleitet wurde, dem er als Faktotum diente. In *Schuld un Schiksal, Europas Jugend zwischen Henkern und Heuchlern*, einem 1962 erschienenen Buch, erinnert sich Joseph Burg an seine Erlebnisse im Lager und erzählt, wie er die Polizei, das Gefängnis, die Zeitung und kulturelle Aktivitäten organisierte. 1949 lebte er in München, entschied sich aber für die Auswanderung nach Israel. Dort lehnte er das Sektierertum und den Rassismus der Zionisten sofort ab, so dass er im August 1950 beschloss, nach München zurückzukehren, wo er als Buchbinder arbeitete.

Es war also in Deutschland, wo er seinen Kampf um die historische Wahrheit begann. Seine Zeugenaussage 1988 im Zündel-Prozess ist eine wertvolle Informationsquelle. Ernst Zündel, mit dem Burg eng zusammenarbeitete, hat zugegeben, dass die Lektüre des Buches „*Schuld und Sühne*" sein Leben entscheidend geprägt hat, denn sie veranlasste ihn, den Kampf gegen die falschen Anschuldigungen gegen das deutsche Volk aufzunehmen, und machte ihn zu einem Revisionisten. Der Mut und die Größe von Joseph Burg wurden deutlich, als er es wagte, den Mossad für den Brandanschlag auf ein jüdisches Altersheim in München in der Nacht des 13. Februar 1970 verantwortlich zu machen, eine terroristische Aktion, die sieben

Menschen, fünf Männer und zwei Frauen, das Leben kostete. Ebenfalls in den 1970er Jahren kam es in Österreich zu der so genannten „Kreisky-Wiesenthal-Affäre". Bruno Kreisky, ein von der Gestapo verfolgter Jude, war von 1970 bis 1983 Bundeskanzler von Österreich. Simon Wiesenthal warf ihm 1975 vor, fünf Minister mit nationalsozialistischem Hintergrund ernannt zu haben. Kreisky reagierte entrüstet und beschuldigte Wiesenthal, ein „Rassist" zu sein, der mit der Gestapo kollaboriert und den Antisemitismus in Österreich gefördert habe. Joseph Burg stellte sich auf die Seite des Bundeskanzlers und bekräftigte die Anschuldigungen gegen den berüchtigten „Nazi-Jäger". Burg erklärte öffentlich, dass Wiesenthal ein Informant der Gestapo gewesen sei.

1979 veröffentlichte Joseph Burg sein zweites Werk *Majdanek in aller Ewigkeit?*, in dem er über seine Besuche im Lager Majdanek Ende 1944 und im Herbst 1945 berichtete. Bei dieser zweiten Gelegenheit fuhr er auch nach Auschwitz. Darin kritisierte er in aller Deutlichkeit die Verlogenheit des Holocausts und prangerte den Betrug der finanziellen Wiedergutmachung durch die Bundesrepublik Deutschland an. Das Buch wurde sofort verboten und alle Exemplare auf Anordnung der deutschen Justiz, die sich auf Artikel 130 des Strafgesetzbuches berief, vernichtet. Die Anklage gegen Joseph Burg lautete: „Hasstiraden gegen den Zionismus und Versuche, die Verbrecher der Vernichtungslager zu rehabilitieren". Burg wurde beschuldigt, psychische Probleme zu haben, und er wurde gezwungen, sich einer psychiatrischen Behandlung zu unterziehen. Als er am Grab seiner Frau auf dem jüdischen Friedhof in München Zuflucht suchte, wurde er wegen seiner Aussage von einem zionistischen Kommando tätlich angegriffen.

Die Freundschaft zwischen Ernst Zündel und Joseph Burg entwickelte sich im Laufe der Jahre. Burg schrieb weiterhin Bücher, in denen er die Situation in Deutschland anprangerte. So veröffentlichte er 1980 *„Zionnazi Zensur in der BRD"*. Zündel besuchte ihn nicht nur, sondern korrespondierte auch ständig mit ihm. Im Jahr 1982 schrieb Zündel zweimal an ihn und bat ihn um Rat und Hilfe, da er Probleme mit den Zionisten in Toronto hatte. Als der zweite Prozess gegen Ernst Zündel wegen „Veröffentlichung falscher Nachrichten" begann, reiste Burg deshalb nach Kanada, um als Zeuge der Verteidigung auszusagen. Seine Aussage fand am Dienstag, den 29. März und Mittwoch, den 30. März 1988 statt.

Unter anderem erklärte Burg, dass er mit Hunderten von Menschen gesprochen habe, die in den Krematorien gearbeitet hätten, aber niemanden finden konnte, der in den Gaskammern gearbeitet habe. Zu den Krematorien in Auschwitz und Majdanek erklärte er, dass sie in drei Schichten pro Tag von Häftlingen betrieben wurden, die diese Arbeit freiwillig verrichteten. Das Ersuchen um Freiwillige erfolgte durch den Judenrat oder die jüdische Polizei, die mit der deutschen SS zusammenarbeitete. In Bezug auf die Auswanderung von Juden aus Nazi-Deutschland warf er den Zionisten vor, dass sie es Juden, die nicht nach Palästina gingen, schwer machten, in andere Länder auszuwandern, da ihr einziges Interesse darin bestehe, Palästina um jeden Preis zu besiedeln. Burg will herausgefunden haben, dass es deutsche Zionistenführer waren, die bereits 1933 die Nazis aufforderten, Juden zum Tragen des gelben Sterns zu zwingen. Die Zionisten betrachteten dies nicht als Beleidigung, sondern als heroische Geste, so wie die SS das Tragen des Hakenkreuzes als heroische Geste betrachtete. Im Jahr 1938, so Burg, veranlassten die zionistischen Führer des Dritten Reiches Juden, den gelben Stern gegen den Willen von Göring und Göbbels zu tragen. In seiner Erklärung kritisierte Burg insbesondere den Staat Israel und die zionistischen Führer, denen er vorwarf, den Holocaust zu erfinden, um Deutschland um exorbitante Entschädigungen zu bringen, die von Dr. Adenauer akzeptiert wurden.

Als produktiver Schriftsteller und praktizierender Jude war Joseph Burg der Autor von mehr als einem Dutzend Werken, die heute nur noch sehr schwer auffindbar sind, da mehr als die Hälfte von ihnen auf gerichtliche Anordnung beschlagnahmt wurde. In *Sündenböcke, Großangriffe des Zionismus auf Papst Pius XII. und die deutschen Regierungen* prangerte er die Verleumdungen des Zionismus gegen Pius XII. und die Angriffe auf Deutschland an. Im Jahr 1990, zwei Jahre nach seiner Aussage im Toronto-Prozess, starb Burg in München. Da er als Verräter galt, wurde ihm ein Begräbnis auf dem jüdischen Friedhof verweigert, wie er es sich gewünscht hätte. Otto Ernst Remer und Ernst Zündel kamen in die bayerische Stadt, um diesem aufopferungsvollen Revisionisten, dem die Geschichte niemals gerecht werden wird, die letzte Ehre zu erweisen und von ihm Abschied zu nehmen.

Thies Christophersen wird wegen „Verunglimpfung des Staates" verurteilt.

Nur wenige Deutsche wagten es, während der harten Jahre der nationalsozialistischen Säuberung und Unterdrückung ihre Stimme zu erheben. Einer von denen, die sich gegen das aufgezwungene Schweigen auflehnten, war Thies Christophersen, ein Bauer, der von Januar bis Dezember 1944 in Auschwitz war. Zu Beginn des Krieges verwundet, war er kampfunfähig. Im Auftrag des Kaiser-Wilhelm-Instituts kam er als Oberbefehlshaber der Wehrmacht mit dem Auftrag nach Auschwitz, pflanzlichen Kautschuk zu züchten. Da es im Arbeitslager viele Arbeitskräfte gab, wurde das Pflanzenbauinstitut von Berlin-Müncheberg nach Auschwitz verlegt. Dort wurde die Forschung in den Laboratorien des Bunawerks durchgeführt. Christophersen war im Lager Raisko untergebracht, und zweihundert weibliche Häftlinge des Lagers arbeiteten mit ihm in seinem Versuchsbetrieb. Außerdem trafen täglich 100 Männer aus Birkenau ein, aber auch Zivilisten, hauptsächlich Russen, wurden eingesetzt. Die Häftlinge analysierten im Labor unter anderem den Kautschukanteil der Pflanzen, um die Pflanzen mit dem höchsten Kautschukgehalt für die Vermehrung auszuwählen. Nach Angaben von Christophersen arbeiteten die Häftlinge dort acht Stunden am Tag, mit einer Stunde Pause am Mittag.

Nach dem Krieg nahm Christophersen seine landwirtschaftliche Tätigkeit wieder auf. In seinem Bemühen, die Interessen der deutschen Landwirte zu vertreten, gab er die vierteljährlich erscheinende Zeitschrift „*Die Bauernschaft*" heraus. 1973 wagte es Thies Christophersen, in deutscher Sprache das Buch *Die Auschwitzlüge* zu veröffentlichen, eine Broschüre, die in einer Auflage von

100.000 Exemplaren gedruckt wurde und in der er bestreitet, dass Deutschland während des Zweiten Weltkriegs sechs Millionen Juden ermordet hat. Am Ende schließt er mit folgenden Worten: „Ich habe meine Memoiren so geschrieben, wie ich sie erlebt habe und wie ich mich erinnere. Ich habe die Wahrheit gesagt, so wahr mir Gott helfe. Wenn ich dazu beitragen kann, dass unsere Jugend wieder ein wenig mehr Respekt vor ihren Vätern bekommt, die als Soldaten für Deutschland gekämpft haben und keine Verbrecher waren, dann wäre ich sehr glücklich". Das Buch erregte Aufsehen und wurde bald wegen „Volksverhetzung" verboten. Christophersen, der neben dem Buch auch andere Schriften veröffentlicht hatte, in denen er die Lügen gegen Deutschland anprangerte, wurde schließlich angeklagt und wegen „Staatsverleumdung" und „Beleidigung des Totengedenkens" zu anderthalb Jahren Gefängnis verurteilt.

Er wurde politisch verfolgt und erhielt zahlreiche Briefe mit Beleidigungen und Drohungen, die ihn ins Exil zwangen. Nachdem er Belgien durchquert hatte, ließ er sich in Dänemark nieder, wo er gesetzlich geschützt war, was ihn jedoch nicht davor bewahrte, Opfer „antifaschistischer" Schläger zu werden: Hunderte von ihnen griffen sein bescheidenes Haus in der kleinen Stadt Kollund an, die gleich hinter der Grenze in Deutschland liegt. Die Kriminellen steinigten das Haus, beschmierten es mit beleidigenden Graffiti, setzten den Lagerraum in Brand, in dem er seine Bücher aufbewahrte, und zertrümmerten mit ätzender Säure sein Auto und seine Fotokopiergeräte. Die deutschen Behörden forderten die Regierung in Kopenhagen auf, gegen ihn vorzugehen, und schlugen den Dänen sogar vor, ihre Rassismusgesetze zu überprüfen, um gegen Thies Christophersen vorgehen zu können. Glücklicherweise wurden Sprach- und Gedankenverbrechen in Dänemark nicht strafrechtlich verfolgt, und ein dänisches Gericht lehnte ein Auslieferungsersuchen der Bundesrepublik ab. Da die dänische Polizei nicht in der Lage war, die ständigen Schikanen und Misshandlungen, denen er ausgesetzt war, zu verhindern, war er schließlich gezwungen, Dänemark 1995 zu verlassen. Schwer an Krebs erkrankt, ließ er sich in der Schweiz behandeln, wurde aber im Dezember 1995 ebenfalls gezwungen, das Land zu verlassen. Schließlich fand er vorübergehend Zuflucht in Spanien. In der Zwischenzeit wurde die Druckerei der Zeitschrift *„Bauernschaft"* in Deutschland zu einer Geldstrafe von 50.000 DM verurteilt.

Trotz aller Widrigkeiten gelang es Christophersen, 1988 nach Kanada zu reisen, um in Toronto als Zeuge im Zündel-Prozess auszusagen. Sein Erscheinen vor Gericht erfolgte vor Joseph Burg. Das Kreuzverhör von Doug Christie, dem Anwalt von Zündel, fand am 8. März 1988 statt. Thies Christophersen selbst hat es Monate später in der Juni-Ausgabe seiner Zeitschrift *Die Bauernschaft* wortwörtlich wiedergegeben. Rechtsanwalt Christie stellte zahlreiche Fragen zu den Häftlingen, die wie die Soldaten in Kasernen untergebracht waren. Christophersen erklärte, dass es Etagenbetten, Schränke und Bäder mit warmem und kaltem Wasser gab. Laken, Handtücher und Kleidung wurden regelmäßig gewechselt. Das Verhör ging so weiter:

-Haben die Gefangenen Briefe erhalten?

- Die Post wurde regelmäßig zugestellt, und Pakete wurden geöffnet, wenn der Inhalt im Beisein der Gefangenen nicht ganz klar war. Einige Dinge wurden nicht zugestellt.
- Welche Dinge wurden nicht geliefert?
- Geld, Drogen, Chemikalien, Propagandamaterial...
- Wurden die Gefangenen misshandelt?
- Misshandlungen waren nicht erlaubt, und wenn sie doch vorkamen, wurden die Täter streng bestraft.
- Hatten die Gefangenen die Möglichkeit, sich zu beschweren?
- Ja, zu jeder Zeit. Selbst der Lagerkommandant Nöss und sein Nachfolger, Hauptmann Lieberhenschel, hatten den Häftlingen erlaubt, mit ihnen zu sprechen, wann immer sie wollten.
- Haben Sie die Beschwerden und Klagen der Häftlinge gehört?
- Um die Wahrheit zu sagen, waren das keine Beschwerden, sondern eher Bitten. Die größte Freude, die ich den Gefangenen bereiten konnte, war, wenn ich ihnen erlaubte, Pilze und Brombeeren zu sammeln oder in der Sula zu baden. Manchmal beschlagnahmte ich auch die privaten Briefe eines Gefangenen, wenn der Inhalt nicht ganz klar war.

Christophersen gab bei seiner Vernehmung zu, dass er die Kapazität der Krematorien in Birkenau nicht kannte und sie nicht in Betrieb gesehen hat, obwohl er oft im Lager war, wo er Material vom Flugzeugschrottplatz holte und Arbeitskräfte für die Gummiplantagen auswählte. Bezüglich der Leichenverbrennung behauptete er, dass kranken Häftlingen medizinische Hilfe geleistet und versucht wurde, ihr Leben zu retten, da es im Militärkrankenhaus Krankenwagen und Krankenstationen gab. Wie üblich spielte Christophersen auf die vielen Todesfälle durch Typhus an und erwähnte, dass die Frau seines Vorgesetzten, Dr. Cäsar, selbst an Typhus gestorben sei. Auf die Frage nach den Gaskammern behauptete er wiederholt, er habe erst nach dem Krieg davon gehört und nie welche gesehen oder jemanden getroffen, der sie gesehen habe.

In den letzten Monaten seines Lebens war Thies Christophersen bereit, nach Hause zurückzukehren, um sich vor Gericht zu verantworten, wenn es ihm gestattet würde, Sachverständige und Zeugen seiner Wahl zu präsentieren, aber die deutschen Gerichte behandelten ihn als Staatsfeind und lehnten ihn ab. Sein Bankkonto wurde gesperrt. Anfang 1996 beantragte er die Rückkehr nach Deutschland, um an der Beerdigung eines seiner Söhne teilzunehmen, der bei einem Autounfall ums Leben gekommen war, doch ein Gericht lehnte diesen Antrag ab. Trotz der Tatsache, dass Christophersen an Krebs erkrankt war, kündigten die deutschen Behörden seinen Versicherungsschutz und stellten die Zahlung seiner bescheidenen Altersrente, die er seit 45 Jahren erhalten hatte, sowie seiner Armeepension ein. Schwer und unheilbar krank, riskierte er die Rückkehr, um die letzten Tage seines Lebens mit seiner Familie zu verbringen, wurde aber zum letzten Mal verhaftet. Ein deutscher Richter befand, dass er zu krank sei, um ins Gefängnis zu gehen, und so durfte er unter der Vormundschaft eines Sohnes bleiben. Am 13. Februar 1997 starb er im norddeutschen Landkreis Molfsee, wo ihm das Recht auf ein Begräbnis verweigert wurde.

Wilhem Stäglich, der Richter, der Gerechtigkeit für Deutschland forderte

In den Monaten Juli bis September 1944 war Wilhelm Stäglich als Flugabwehroffizier einem Kommando in der Nähe von Auschwitz zugeteilt. Von der Stadt Osiek aus, etwa neun Kilometer südlich des Lagers, hielt er Kontakt zum SS-Kommando und hatte Zugang zu den wichtigsten Einrichtungen des Lagers. Nach dem Krieg promovierte er 1951 in Rechtswissenschaften an der Universität Göttingen. Jahrelang arbeitete er als Finanzrichter in Hamburg und schrieb zahlreiche Artikel zu juristischen und historischen Themen. Nach Jahren des Schweigens, empört und emotional verstört über die der Öffentlichkeit aufgedrängten Geschichten über Auschwitz, die mit seinen eigenen Erfahrungen kollidierten, beschloss der deutsche Richter und Historiker, eine Untersuchung durchzuführen. Als er begann, öffentlich zu sagen, was er über Auschwitz wusste, wurde er aufgrund seiner Artikel mit mehreren Gerichtsverfahren konfrontiert. Schließlich wurde 1974 ein Disziplinarverfahren gegen Richter Stäglich eingeleitet, und 1975 wurde er gezwungen, sich aus dem Justizdienst zurückzuziehen. Die Zwangspensionierung ging mit einer Kürzung seines Ruhegehalts für einen Zeitraum von fünf Jahren einher. Es folgten eine Reihe von Ermittlungen und Razzien in seiner Wohnung, um seine Herkunft zu ermitteln.

Statt sich zurückzuziehen, arbeitete Stäglich weiter an dem Thema und veröffentlichte 1979 ein für den deutschen Revisionismus wegweisendes Buch: *Der Auschwitz-Mythos: Legende oder Wirklichkeit*, ein gründliches und detailliertes Werk, in dem er Dokumente, Zeugenaussagen, Geständnisse und Berichte, die Auschwitz als Tötungszentrum beschreiben, kritisch und systematisch untersuchte. Stäglich bestritt die Existenz der Gaskammern und bezeichnete die Dokumente, die den Holocaust verkündeten, als Fälschungen. Im Jahr 1980 wurde das Buch auf Anordnung eines Stuttgarter Gerichts bundesweit verboten und beschlagnahmt. Am 11. März 1982 wurde es in der Verfügung Nr. 3176 der Bundesprüfstelle für jugendgefährdende Schriften als schädliches Material eingestuft, das nicht an junge Leser weitergegeben werden sollte. Im Jahr 1983 beschlagnahmte die deutsche Polizei auf Anordnung des Bundesgerichtshofs alle unverkauften Exemplare von. Am 24. März 1983 entzog der Dekanatsrat der Universität Göttingen Wilhelm Stäglich nach einem langwierigen Verfahren den Doktortitel, den er ihm 1951 verliehen hatte, und berief sich dabei ironischerweise auf ein Gesetz aus der Hitlerzeit von 1939. Ein gerichtlich-administrativer Einspruch wurde ebenso abgelehnt wie seine schriftlichen Einsprüche vor Gericht, die vom Bundesverfassungsgericht zurückgewiesen wurden.

Am 23. November 1988 richtete Richter Stäglich mit lobenswerter Tapferkeit und Souveränität einen vorwurfsvollen Brief an Richard von Weizsäcker, Bundespräsident der Bundesrepublik Deutschland von 1984 bis 1994, und fügte den *Leuchter-Bericht* bei, der für die revisionistische Bewegung die unumstößliche Bestätigung ihrer Thesen darstellt. Wir halten es für sinnvoll, dieses Dokument abzudrucken. *Die Bauernschaft*, die Zeitschrift von Thies

Christophersen, hat den Text zuerst veröffentlicht, der im Herbst 1990 auch in der *Zeitschrift The Journal of Historical Review* abgedruckt wurde, der wir ihn entnommen und übersetzt haben:

„23. November 1988
Der Präsident der Bundesrepublik Deutschland
Richard von Weizsäcker
5300 Bonn

Herr Präsident!
Sie haben sich wiederholt öffentlich zu Fragen der deutschen Geschichte in diesem Jahrhundert geäußert (das erste Mal anlässlich Ihrer Rede vom 8. Mai 1945 vor dem westdeutschen Parlament). Inhalt und Stil seiner Äußerungen zeigen, dass ihnen eine zumindest einseitige Sichtweise zugrunde liegt, nämlich die der Sieger der beiden Weltkriege. Der Publizist Emil Maier-Dorn hat dies in seiner Ihnen sicherlich bekannten Broschüre „*Zu Weizsäckers Rede vom 8. Mai 1945*" (J. Reiss Verlag, 8934 Grossaitingen, 1985) mit vielen Beispielen für die tendenziöse Einseitigkeit überzeugend nachgewiesen. Offensichtlich unbeeindruckt davon haben Sie in den Folgejahren weiter, wenn möglich noch schärfer, das deutsche Volk bei jeder Gelegenheit beschuldigt. Schließlich sahen Sie sich sogar veranlasst, die Historiker zu unterstützen, indem Sie an der 37. Historikertagung in Bamberg teilnahmen, zu deren Leitlinien sozusagen die Behandlung der Auschwitz-Problematik gehörte, die seit mindestens einem Jahrzehnt Gegenstand der wissenschaftlichen Diskussion ist. Ist Ihnen möglicherweise Artikel 5 Absatz 3 des Grundgesetzes, der die Freiheit der Wissenschaft und die Freiheit der Forschung garantiert, unbekannt? Der Beifall für Ihre völlig parteiischen und vorbehaltlosen Äußerungen von unseren Gegnern in den Weltkriegen und von den westdeutschen Medien, die offenbar immer noch Ihren Anweisungen folgen, hätte Sie an eine Maxime Bismarcks erinnern müssen, der einmal bemerkte, wenn seine Feinde ihn lobten, habe er sich zweifellos geirrt. Leider musste Maier-Dorn in seiner Broschüre auf eine Kommentierung seiner Aussagen zum Thema Judenvernichtung verzichten, da die offizielle Version dieses Themas nach seinen Worten in Westdeutschland rechtlich geschützt ist. Obwohl dies nicht ganz richtig ist, trifft Maier-Dorns Einschätzung insofern den Nagel auf den Kopf, als eine politisch unter Druck gesetzte und daher nicht unabhängige Justiz die Fakten und das Recht manipuliert, um diejenigen zu verfolgen und, wenn nicht, zu schikanieren, die die Vernichtung der Juden in den angeblichen „Gaskammern" in den so genannten „Vernichtungs"-Lagern anzweifeln oder sogar bestreiten. Dieses Phänomen ist zweifelsohne einzigartig in der Geschichte der Justiz.
Nun aber hat ein Ereignis, das sich vor etwa sechs Monaten ereignete, ein Umdenken in der offiziellen Darstellung erzwungen. Die Verteidigung im Prozess gegen den Deutsch-Kanadier Ernst Zündel in Toronto präsentierte die Aussage des amerikanischen Gaskammer-Experten Fred A. Leuchter (bekanntlich werden in einigen Bundesstaaten der USA immer noch Gaskammer-Exekutionen durchgeführt), demzufolge jene Orte in Auschwitz, Birkenau und Majdanek, die von angeblichen Zeugen als Gaskammern identifiziert wurden, nicht als solche funktioniert haben können. Diese inzwischen weltberühmte technische Expertise kann in Zukunft von keinem seriösen Historiker mit Anspruch auf objektive Wissenschaftlichkeit ignoriert werden. Neben der Technik der Gaskammern befasst sich der Leuchter-Report auch mit der

Zusammensetzung und Wirkungsweise des angeblich zur Tötung der Juden eingesetzten Pestizids Zyklon-B sowie mit der Technik in den Krematorien. Bereits 1979 habe ich auf Seite 336 meines Werkes *Der Auschwitz-Mythos*, das auf richterliche Anordnung hin in erheblichem Umfang beschlagnahmt wurde, auf die dringende Notwendigkeit der Klärung dieser Fragen zum Umgang mit dem Problem der Vernichtung hingewiesen. Weder Richter noch Historiker haben sich um diesen Zustand gekümmert, ganz zu schweigen von Politikern, Sie eingeschlossen.

Leider wird der Leuchter-Bericht, wie alles andere, was unsere Nation historisch entlasten könnte, offiziell mit einem tödlichen Schweigen ignoriert. Deshalb erlaube ich mir, Ihnen, Herr Präsident, dieses wichtige Dokument im englischen Original zu übermitteln, damit Sie sich ein klares Bild von den Dingen machen können. Dieser Text unterscheidet sich vom Originalbericht nur durch das Weglassen der chemischen Analysen des amerikanischen Chemikers Professor Roth, den Leuchter in die Analyse der Proben einbezogen hatte, die er bei seinen persönlichen Untersuchungen an den offiziell als „Gaskammern" bezeichneten Orten in Auschwitz und Birkenau gesammelt hatte, zusätzlich zu den Proben, die zu Vergleichszwecken in den ehemaligen Desinfektionskammern genommen worden waren. Diese Analysen sind nur in zusammengefasster Form (auf Seite 16) in dem für die Öffentlichkeit bestimmten Text des Leuchter-Berichts enthalten. Herr Präsident, Sie können sich nun mit den aktuellsten und maßgeblichen Forschungsergebnissen zu diesem für unser Land so wichtigen Thema vertraut machen.

Ich wage zu behaupten, dass Sie von nun an, auch wenn Sie Ihre früheren Anschuldigungen nicht berichtigen, zumindest davon absehen werden, unserem Volk ungerechtfertigte Schuld aufzuerlegen. Das hohe Amt, das Sie bekleiden, verlangt, dass Sie gemäß dem Versprechen, das Sie bei der Übernahme dieses Amtes gegeben haben, als Beschützer des deutschen Volkes auftreten, anstatt ihm den letzten Rest an politischem Selbstbewusstsein zu nehmen. Sie haben in Ihren Reden immer wieder „Mut zur Wahrheit" gefordert, obwohl die von Ihnen verkündete „Wahrheit" schon zweifelhaft war, weil sie so einseitig war. Jetzt ist es an der Zeit, dass Sie selbst Mut zur ganzen Wahrheit zeigen, und nichts als die Wahrheit, Herr Präsident! Sonst müssen Sie sich später zu Recht den Vorwurf der Heuchelei gefallen lassen.

Mit Grüßen von einem Bürger,
Wilhelm Stäglich".

Wilhem Stäglich starb 2006 im Alter von neunzig Jahren. Im Februar 2015 veröffentlichte Germar Rudolf eine korrigierte und leicht überarbeitete Ausgabe seines Buches im von ihm gegründeten Verlag Castle Hill Publishers unter dem Titel *Auschwitz: A Judge Looks at the Evidence*. Diese Veröffentlichung beweist den bleibenden Wert von Stäglichs Werk. Robert Faurisson, der die Ehrlichkeit des Richters bewunderte, schrieb diese Worte des Respekts und der Anerkennung: „Dr. Wilhelm Stäglich, deutscher Richter und Historiker, hat die Ehre der deutschen Richter und Historiker gerettet. Er hat alles verloren, aber nicht seine Ehre".

Ernst Zündel, „Revisionist Dynamo", Modell des Widerstands

Es ist nun an der Zeit, Ernst Zündel, dem unverzichtbaren Mann, dem Revisionisten von Rang, der den Mut und die Kraft hatte, sein ganzes Leben lang unerschrocken gegen die mächtigen Tyrannen zu kämpfen, die der Welt die Verfälschung der Geschichte aufzwingen, unsere bescheidene Anerkennung zu zollen. Vielleicht lautet deshalb einer der Spitznamen, die man ihm zu Recht für seine herausragende Rolle gegeben hat, „revisionistischer Dynamo". Eine Skizze seines Lebens und der Meilensteine seines ungleichen Kampfes um die Wiedergutmachung Deutschlands vor der Welt wird dem nicht eingeweihten Leser helfen, die Bedeutung dieser unersetzlichen Figur in der Geschichte des Geschichtsrevisionismus zu verstehen und zu schätzen.

Geboren 1939 in Deutschland, kam er 1958 nach Kanada und heiratete eine Kanadierin namens Janick Larouche. Im Jahr 1961 verließ er Toronto und ließ sich mit seiner Familie in Montreal nieder, wo er ein erfolgreiches Grafikgeschäft aufbaute. Zündel betrachtete den Kommunismus als „eine Bedrohung für unsere Zivilisation", und in der kanadischen Politik engagierte er sich in antikommunistischen Aktivitäten und Kampagnen. Eine der Persönlichkeiten, die ihn in diesen Jahren am meisten beeinflussten, war Adrien Arkand, ein französisch-kanadischer Nationalist, der acht Sprachen sprach und während des Krieges sechs Jahre lang inhaftiert war. Arkand lieferte Bücher, Artikel und andere Texte, die dem jungen Zündel bei seiner intellektuellen Entwicklung halfen. Wie bereits erwähnt, war Joseph Ginsburg, der unter dem Pseudonym J.C. Burg veröffentlichte, eine weitere wichtige Person, die ihn in den 1960er Jahren tiefgreifend beeinflusste. Burg ging nach Kanada, um mit Zündel Aufnahmen zu machen, und verbrachte einen Monat als Gast in seinem Haus. Ihre Liebe zu Wahrheit und Gerechtigkeit führte zu gegenseitiger Bewunderung. Burg nannte Zündel „einen Kämpfer für die Wahrheit für sein Volk". Doch Burg war nur einer der bedeutenden jüdischen Intellektuellen, die Zündel zur Mitarbeit aufforderte. Er nahm auch Kontakt zu Benjamin Freedman auf, dem zum Katholizismus konvertierten jüdischen Milliardär[14], und zu Rabbi Elmer Berger, dem Präsidenten des American Council for Judaism. Zündel reiste 1967 nach New York, um sich mit Berger zu treffen, der ihn mit neuen Erkenntnissen und Informationen über den Zionismus versorgte. Später, in einem der Prozesse, erklärte Zündel seine Beziehung zu Rabbi Berger folgendermaßen:

---

[14] In Kapitel I wurde bereits Benjamin H. Freedman vorgestellt und sein berühmter Brief an David Goldstein besprochen, der unter dem Titel *Fakten sind Fakten* veröffentlicht wurde und in dem er die chasarische Herkunft der aschkenasischen Juden aufdeckte. Freedman hatte persönliche Beziehungen zu Bernard Baruch, Woodrow Wilson, Franklin D. Roosevelt, Samuel Untermayer und anderen jüdisch-zionistischen Führern, so dass er sehr gut wusste, wer hinter dem steckt, was er in einer Broschüre mit dem Titel *The Hidden Tyranny (Die versteckte Tyrannei)* nannte. 1961 hielt Benjamin Freedman im Willard Hotel in Washington die berühmte Rede zur Warnung Amerikas, die später als „A Jewish Defector Warns America" bekannt wurde. Darin wies er nachdrücklich darauf hin, dass die Zionisten und ihre Glaubensgenossen Amerika beherrschten, als seien sie die absoluten Herren des Landes, und warnte Amerikas Patrioten vor der zwingenden Notwendigkeit zu reagieren.

„... Ich ging nach New York und interviewte Rabbi Berger, mit dem ich seither in Kontakt stehe. Er war derjenige, der mir zum ersten Mal die Unterschiede zwischen Zionismus und Judentum deutlich gemacht hat. Seine besondere Lebensphilosophie und die des Volkes, das er vertritt, besteht darin, dass sie in erster Linie Amerikaner und Juden der Religion nach sind, während die Zionisten in erster Linie Juden sind, zumindest verstehe ich das so, was sie in der Praxis zum Ausschluss von allem anderen führt. Sie leben in verschiedenen Ländern, aber ihre einzige Loyalität gilt den Prinzipien des Zionismus, den Zielen des Zionismus, der Politik des Zionismus. Er hielt dies für eine gefährliche Ideologie, weil sie in den Augen der öffentlichen Meinung die Loyalität der in Amerika oder Kanada lebenden Juden in Frage stellt."

Im Jahr 1968 wurde Zündel die Staatsbürgerschaft ohne Begründung verweigert. Am 27. August 1968 erhielt er ein Schreiben der kanadischen Behörden, in dem es hieß: „Die Informationen, auf deren Grundlage die Entscheidung getroffen wurde, sind vertraulich und es wäre nicht im Interesse der Allgemeinheit, sie zu veröffentlichen". 1969 kehrte Zündel mit seiner Familie nach Toronto zurück, wo er sein Grafikunternehmen wieder aufbaute, das in der Folgezeit Bücher mit hoher Auflage und Verbreitung herausgab, die ihm erhebliche Gewinne einbrachten. Dies erleichterte die Veröffentlichung von Texten und Interviews, die er mit revisionistischen Schriftstellern und Historikern wie Robert Faurisson und dem bereits erwähnten Rabbiner geführt hatte. Berger und Burg waren nicht die einzigen Juden, die mit Zündel in seinem titanischen Kampf zur Entlarvung der Geschichtsfälscher zusammenarbeiteten. Roger-Guy Dommergue Polacco de Menasce, ein französischer Professor jüdischer Herkunft, Philosoph, Essayist und Doktor der Psychologie, war ein weiterer ehrlicher Intellektueller, der Ernst Zündel beeinflusste und mit dem er jahrelang korrespondierte. Zündel, der von Roger-Guy Dommergue Texte erhielt, in denen er unmissverständlich erklärte, dass der Holocaust eine historische Lüge sei, reiste schließlich nach Frankreich, um ein langes Interview im Haus von Professor Dommergue aufzunehmen.

Ernst Zündel und seine Frau trennten sich 1975, da Zündel sich weigerte, seine „politischen Aktivitäten" aufzugeben, wie sie selbst erklärte, was in der Familie Unbehagen und Ängste auslöste. Die Freundschaft und der Kontakt zwischen den beiden und ihren Kindern riss jedoch nicht ab. In diesen Jahren, genauer gesagt 1978, gründete Zündel einen kleinen Verlag namens Samisdat Publishers Ltd, der eine Reihe interessanter Filme produzierte, um die Ideen des Revisionismus durch verschiedene Zeugenaussagen zu verbreiten. Diese und andere von Ernst Zündel unternommene Widerstandsaktivitäten provozierten prominente Kolumnisten wie Mark Bonokoski von der *Toronto Sun* und andere Kolumnisten im Bunde mit jüdischen Führern wie Ben Kayfetz, dem Präsidenten des Canadian Jewish Congress, eine Verleumdungskampagne zu starten, um Ernst Zündel als „neonazistischen Fanatiker" darzustellen.

Zu den Angriffen der deutschen Regierung gesellten sich von nun an die Angriffe jüdischer Organisationen, die Zündel in Kanada und Deutschland zum Schweigen bringen wollten. Anschuldigungen wegen „Aufstachelung zum Hass" und „Verbreitung von Falschnachrichten" waren an der Tagesordnung.

Verschiedene jüdische Lobbygruppen übten Druck auf Regierungen aus und nutzten die Medien, um die öffentliche Empörung zu schüren. In diesem Zusammenhang traten die JDL (Jewish Defence League), die berüchtigte Terrororganisation des FBI, und die Anti-Racist Action auf den Plan und verstärkten ihre Schikanen gegen Zundel mit Demonstrationen vor seinem Haus. Diese Terroristen belagerten ihn, indem sie mit Hunden in der Umgebung patrouillierten und darüber hinaus an die Wände des Hauses klopften, nachts mit Scheinwerfern auf die Fenster leuchteten und ihn mit ständigen Anrufen bedrohten.

Am 22. November 1979 berichtete die *Toronto Sun*, dass der Generalstaatsanwalt von Ontario gegen die Samisdat Publishing Ltd. Anklage wegen Volksverhetzung erheben würde. Als Reaktion auf diese Drohung verschickte Zündel Tausende von Exemplaren von Richard Harwoods *Did Six Million Really Die?* an kanadische Anwälte, Politiker, Journalisten, Professoren und Priester über. Er bat sie, die im Buch enthaltenen Informationen zu bewerten. Er bat sie, die in dem Buch enthaltenen Informationen zu bewerten. Im Begleittext betonte er, dass ihn nur die Suche nach der Wahrheit antreibe und dass Zionisten und ihre Sympathisanten Worte wie „Rassismus" und „Hass" benutzten, um zu versuchen, seine Freiheit zu unterdrücken.

Der nächste große Rückschlag für die Rechte von Ernst Zündel kam aus Deutschland. Im Januar 1981 beschlagnahmte die bundesdeutsche Regierung sein Postbankkonto in Stuttgart, über das Zündel zahlreiche Spenden erhielt und Zahlungen für Bücher und Kassetten abwickelte. Am 23. und 24. März 1981 ordnete das Bundesinnenministerium eine der größten Razzien in der deutschen Geschichte an: Rund zweihundert Privatwohnungen wurden durchsucht, um als „Nazi-Literatur" gekennzeichnete Bücher und Tonträger zu beschlagnahmen. Etwa zehntausend Polizeibeamte und dreihundert Richter und Staatsanwälte wurden für diese Aktion mobilisiert. Zündel sagte dazu aus: „Die Polizei besorgte sich die Adressen von Leuten, die mich finanziell unterstützt hatten, indem sie gegen deutsche Bankgesetze verstieß, die Adressen der Spendenquittungen an sich nahm und die Wohnungen dieser Leute durchsuchte". Zündel wurde daraufhin wegen „Volksverhetzung" angeklagt, eine Straftat in Deutschland.

In Kanada wurde in der Presse über die vom deutschen Innenministerium angeordneten Razzien berichtet, und Ernst Zündel wurde öffentlich beschuldigt, von Kanada aus „Nazi-Propaganda" in Westdeutschland zu verbreiten. Am 31. Mai 1981 fand eine Massendemonstration jüdischer Gruppen in der Nähe von Zündels Haus in Toronto statt. Die Demonstration war in jüdischen Medien mit folgender Erklärung angekündigt worden: „Neonazismus in Kanada: Warum ist Kanada das Exportzentrum für Nazi-Propaganda? Warum verbreiten Hassprediger ungehindert die Lüge, es habe keinen Holocaust gegeben? Warum kommen Kriegsverbrecher ungestraft davon? Demonstration gegen Rassismus und Hassreden". Die Organisatoren waren die B'nai Brith Lodge of Canada und der Jewish Congress of Canada. Die Jewish Defence League gehörte nicht zu den Veranstaltern, aber ihre Extremisten waren in der Mehrheit und hetzten eine Menge von fünfzehnhundert Menschen auf, die mit Rufen wie „Verbrennt ihn!

Tötet ihn!" versuchten, das Haus von Zündel zu stürmen. Natürlich unternahmen die Organisatoren keinen Versuch, sie zurückzuhalten. Nur der Einsatz von etwa 50 Polizeibeamten, die das Haus verbarrikadierten, verhinderte weitere Zwischenfälle. Zündel, der vor und nach der Demonstration Bomben- und Morddrohungen erhielt, nahm alles auf, was geschah, und produzierte ein Tonband mit dem Titel *C-120 Zionistischer Aufstand! auf dem* die Rufe zu hören sind, die die Erstürmung und Verbrennung des Hauses und die Tötung von Zündel und allen Bewohnern fordern.

In einem ungleichen Kampf widersetzte sich Zündel weiterhin allen Angriffen. Der nächste Skandal war das Verbot für, Post zu empfangen. Im Juli 1981, zwei Monate nach der Massendemonstration vor seinem Haus, beschwerte sich Sabina Citron, eine zionistische Aktivistin der Holocaust Remembrance Association (Vereinigung zur Erinnerung an den Holocaust), bei der Post, dass Zündel antisemitische Literatur verbreite, und beantragte, ihm die Postprivilegien zu entziehen. Am 17. August 1981 besuchte der Postinspektor Gordon Holmes Zündel. Er zeigte ihm einige Flugblätter, die er verschickt hatte, und Zündel seinerseits legte ihm Fotos, Texte und Aufzeichnungen der Mai-Demonstration vor seinem Haus vor und erklärte, dass er eine Postkampagne durchführe, um seine Ansichten über den Postdienst zu verbreiten. Holmes' Bericht an seine Vorgesetzten bestätigte, dass Zündel durchweg kooperativ gewesen sei und ihm Bücher und Schriften zur Verfügung gestellt habe. Schließlich wurde am 13. November 1981 eine einstweilige Verbotsverfügung gegen den Samisdat-Verlag erlassen. Es wurde argumentiert, dass Zündels Unternehmen den Postdienst zur Aufstachelung zum Hass nutzte.

Zündel beantragte, dass die einstweilige Verbotsverfügung von einer Bewertungskommission daraufhin untersucht wird, ob sie gegen den Canada Post Corporation Act verstößt. Während der Anhörung, die am 22., 23. und 24. Februar sowie am 11. und 12. März 1982 stattfand, trat der Anwalt Ian Scott aus Toronto, der die Canadian Civil Liberties Association vertrat, für Zündel ein und argumentierte erfolgreich, dass die in der Menschenrechtscharta verankerte Meinungsfreiheit verletzt wurde. In seiner Erklärung zeigte Zündel ein Tonband mit dem Titel *Deutsch-jüdischer Dialog*, das Benjamin Freedman ihm zum Verkauf freigegeben hatte. Zündel rühmte sich seiner Freundschaft mit dem jüdischen Milliardär, den er seit fünfzehn Jahren kenne und mit dem er bei vielen Gelegenheiten gesprochen habe. Als Beweis dafür, dass er keine Juden hasse, nannte Zündel die Namen jüdischer Intellektueller, die er interviewt hatte und die ihm die Erlaubnis zum Verkauf der Bänder gegeben hatten. Er nannte unter anderem Haviv Schieber, den ehemaligen Bürgermeister von Beerscheba in Israel, Roger-Guy Domergue Polacco de Menasce, den jüdischen Professor an der Sorbonne, Rabbi Elmer Berger und Professor Israel Shahak, den Vorsitzenden einer Menschenrechtskommission in Israel.

In Erwartung der endgültigen Stellungnahme der Bewertungskommission in Kanada wurde Zündel trotz einer hysterischen Kampagne in Deutschland und Kanada über die Bedeutung des beschlagnahmten Materials des Samisdat-Verlags am 26. August 1982 in Deutschland von einem Landgericht in Stuttgart freigesprochen, das feststellte, dass die fraglichen Texte keine Hassliteratur waren. Außerdem verurteilte das Gericht die Bundesregierung zur Übernahme der Verfahrenskosten und zur Rückzahlung der beschlagnahmten Gelder nebst Zinsen an Zündel. Die kanadische Presse schwieg natürlich und bezeichnete Zündel weiterhin als „Neonazi", der „Nazi-Propaganda" nach Deutschland geschickt habe. Die deutsche Regierung reagierte auf das Stuttgarter Gerichtsurteil, indem sie sich weigerte, seinen Reisepass zu verlängern. Sarkastisch wurde ein von Hitler erlassenes Gesetz gegen jüdische Flüchtlinge, die im Exil antinazistisches Material veröffentlichten, für verwendet.

In Kanada schließlich empfahl die Evaluierungskommission am 18. Oktober 1982 in ihrem Bericht an die kanadische Regierung die Aufhebung der Verfügung, mit der Ernst Zündel die Postrechte entzogen wurden. Im Einklang mit dieser gut begründeten Empfehlung unterzeichnete Regierungsminister André Ouellet am 15. November 1982 die Aufhebung der Anordnung, und Zündel erhielt seine Rechte zurück, so dass die Canada Post Corporation ihm zahlreiche Postsäcke zurückgeben musste. Alle Schecks waren verfallen, so dass Zündels Unternehmen fast ruinöse Verluste erlitt. Der Jüdische Kongress Kanadas ließ durch Ben Kayfetz verkünden, dass er über diese Entscheidung entsetzt sei. Dennoch nahmen jüdische Organisationen ihre Schikanen sofort wieder auf und starteten 1983 eine Kampagne zur Strafverfolgung von Zündel. Die Holocaust Remembrance Association und Sabina Citron schrieben an den Generalstaatsanwalt von Ontario, Roy McMurtry, und forderten ihn auf, Zündel wegen Aufstachelung zum Hass gemäß dem Strafgesetzbuch zu verfolgen. Am 13. Oktober 1983 berichtete der *Toronto Star*, dass B'nai Brith forderte, Zündel wegen Rassenhasses zu belangen.

Zündels Anwalt in Deutschland hatte in der Zwischenzeit gegen die Entscheidung der Behörden, den Reisepass seines Mandanten nicht zu verlängern, Berufung eingelegt. Während des Berufungsverfahrens im Jahr 1985 durfte der Anwalt im Beisein eines Gerichtspolizisten im Staatsarchiv verschiedene Dokumente, die im Verfahren gegen Zündel verwendet wurden, einsehen, aber nicht kopieren. Auf diese Weise erfuhren sie, dass das Innenministerium, das für Passangelegenheiten nicht zuständig war, seit 1980 unablässig beim Außenministerium darauf hingewirkt hatte, dass Ernst Zündel der Pass entzogen wurde. Aus den Dokumenten ging hervor, dass hohe Beamte des deutschen Bundesnachrichtendienstes nach Ottawa gereist waren, um die kanadische Regierung dazu zu bewegen, Zündel ein Postverbot zu erteilen. Aus den deutschen Akten geht auch hervor, dass Ben Kayfetz vom Jüdischen Kongress Kanadas den deutschen Generalkonsul in Toronto schriftlich um Kopien von Zündel-Materialien gebeten hatte, die er zu prüfen wünschte, was Konsul Koch jedoch zunächst ablehnte. Die deutschen Behörden kamen offenbar auf die Idee, dass die Kanadier Zündel ausweisen würden, wenn es ihnen gelänge, ihm den Pass zu entziehen. Im November 1982 war Konsul Koch bereit, den Pass zu verlängern, doch wie aus den von Zündels Anwalt geprüften Akten hervorgeht, übte das Innenministerium Druck auf das Außenministerium aus, um den Konsul in Toronto anzuweisen, das Gegenteil zu tun, was dieser auch tat. Zündel legte gegen die Entscheidung des Konsuls, seinen Reisepass nicht zu verlängern, Berufung ein. Am 9. Mai 1984 entschied das Verwaltungsgericht Köln, dass die Bundesrepublik Deutschland nicht zur Verlängerung des Passes verpflichtet sei. Daraufhin wurde eine weitere Beschwerde beim Oberverwaltungsgericht Nordrhein-Westfalen eingelegt. Im Rahmen dieses Berufungsverfahrens erhielt der Anwalt von Zündel Zugang zu den staatlichen Archiven, wodurch nachgewiesen werden konnte, dass die deutschen Behörden seit 1980 die Abschiebung von Zündel vehement betrieben hatten.

Wenden wir uns nun dem Druck jüdischer Organisationen auf die kanadischen Behörden zu, ein Verfahren gegen Ernst Zündel einzuleiten, das schließlich zu dem Prozess von 1985 führen sollte. Da die Anklage wegen Volksverhetzung keine Aussicht auf Erfolg zu haben schien, erhob Sabina Citron von der Holocaust Remembrance Association am 18. November 1983 Anklage wegen „Verbreitung von Falschnachrichten" in Veröffentlichungen wie *Did Six Million Really Die?* und *The West, War and Islam*. Die Anklage von Sabina Citron wurde von der Krone zugelassen, was bedeutete, dass der Staat alle Kosten der Strafverfolgung im Namen der Zionisten trug. So begann Zündels neunjähriger juristischer Kampf zur Verteidigung seiner Bürgerrechte.

Am 9. September 1984, einige Monate vor Beginn des Prozesses, explodierte eine Bombe hinter dem Haus von Zündel und beschädigte die Garage und zwei Autos. Granatsplitter flogen heraus und Splitter wurden in die Schlafzimmerwand von zwei jüdischen Nachbarn eingebettet. Am 10. September berichtete die Torontoer Zeitung *The Globe & Mail*: „Ein Mann rief gestern Abend im Namen einer Gruppe an, die er die Jewish Defence League (JDL) People's Liberation Movement nannte, und bekannte sich zu dem Bombenanschlag." Es kam zu keinen Verhaftungen, und Zündel gab eine Pressemitteilung heraus, in der er die Eskalation der Gewalt durch die JDL und ihr nahestehende Gruppen gegen ihn anprangerte, die von einigen Medien unterstützt wurde. Er forderte eine polizeiliche Reaktion gegen den Terrorismus dieser zionistischen Organisation, denn, so argumentierte er, „die Polizei, die Politiker und die Medien wussten sehr wohl, dass die JDL für Brandstiftungen, Bombenanschläge, Schießereien, Angriffe und Attentate bekannt ist".

Jedes Erscheinen von Ernst Zündel im Zusammenhang mit einer gerichtlichen Vorladung wurde von Mitgliedern der JDL, die vor den Toren des Gerichts auf ihn warteten, dazu genutzt, seine Begleiter zu bedrohen, zu beleidigen und anzugreifen. Daraufhin traten sie mit Bauhelmen auf, um sich zu schützen. Sowohl Zündel als auch seine Anwältin Lauren Marshall erhielten Anrufe, in denen sie Morddrohungen erhielten. Die *Toronto Sun* zitierte Marshall mit den Worten: „Mit zittriger Stimme sagte sie, dass sie und ihr Mandant und deren Familien täglich belästigt würden und Todesdrohungen erhielten. Später erzählte sie Reportern, dass ihrer siebenjährigen Tochter in einem Telefonat gesagt wurde: 'Wenn deine Mama vor Gericht geht, werden wir sie umbringen. Zündel wandte sich in einem offenen Brief an die Mitglieder des Parlaments und die Medien und warnte, dass die Rechtspflege in Kanada in Gefahr sei, wenn sie Einschüchterungen und Angriffe durch jüdische Mobs zulasse.

Der Prozess begann im Januar 1985 und dauerte neununddreißig Tage. Die Staatsanwaltschaft versuchte, den Holocaust mit Hilfe von Experten wie Raul Hilberg und ehemaligen Häftlingen, die als Zeugen aussagten, zu beweisen. Da wir Hilbergs Aussage im Kreuzverhör durch Rechtsanwalt Doug Christie bereits in dem dem *Leuchter-Bericht* gewidmeten Abschnitt besprochen haben, fügen wir nun hinzu, dass zu den von Zündels Verteidigung aufgerufenen Zeugen neben den bereits bekannten Faurisson und Christophersen unter anderem Dr. William Lindsey, ein Chemiker, der Forschungsleiter bei der amerikanischen Chemiefirma Dupont gewesen war, und Dr. Russell Barton, der als junger Mann ein ehemaliger Forscher bei der amerikanischen Chemiefirma Dupont war, ein ehemaliger Forscher bei der amerikanischen Chemiefirma Dupont war. Russell Barton, der als junger Arzt der Befreiung von Bergen-Belsen beiwohnte; Frank Walus, ein Amerikaner polnischer Herkunft, der fälschlicherweise beschuldigt wurde, ein Nazi-Verbrecher zu sein; Pierre Zündel, Sohn von Ernst Zündel; und ein bisher nicht erwähnter, in Schweden geborener österreichischer Forscher Ditlieb Felderer, der in revisionistischen Kreisen sehr bekannt ist, dessen Aktivitäten Anerkennung verdienen und dem daher ein eigener Abschnitt unter[15] gewidmet ist.

Am 28. Februar 1985 wurde Zündel von einem Geschworenengericht verurteilt und am 25. März zu einer fünfzehnmonatigen Haftstrafe verurteilt, aber gegen strenge Auflagen auf Kaution freigelassen, die ihm verbieten, zu schreiben, zu veröffentlichen oder öffentlich zu sprechen. Zwischen diesen beiden Daten organisierten B'nai Brith, der Jewish Congress of Canada, die Holocaust Remembrance Association und die JDL eine öffentliche und private Kampagne für die kanadische Regierung, um Zündel nach Deutschland abzuschieben. Das wichtigste Ereignis war eine Demonstration mit Tausenden von Menschen, die in einer Kundgebung gipfelte. Am 11. März 1985 berichtete der *Toronto Star* über die massive Demonstration gegen Zündel, die ihren Höhepunkt im O'Keefe Centre in Toronto fand. Dort forderten alle Redner unter den Rufen und dem unaufhörlichen Jubel der Menge ihre Abschiebung. Aber

---

[15] Ditlieb Felderer hat in beiden Prozessen gegen Zündel ausgesagt. Er war 1988 der erste Zeuge, der von der Verteidigung aufgerufen wurde, und seine Zusammenarbeit mit dem Team von Zündel war hervorragend. Felderer war ein auffälliger Zeuge Jehovas, bis er ausgestoßen wurde, als er entdeckte, dass die Ausrottung der Mitglieder der Sekte eine Lüge war. Er recherchierte in der Zentrale der Zeugen Jehovas in New York, in den Archiven in Toronto, in der Schweiz und in Skandinavien. Er erreichte, dass die Zahl von 60.000 von den Nazis ermordeten Zeugen Jehovas als falsch anerkannt wurde, da nur 203 von ihnen in Konzentrationslagern umgekommen waren. Obwohl die New Yorker Leitung Mitgliedern der Organisation verbot, mit Felderer zu sprechen, wurde in einem später von den Zeugen Jehovas selbst herausgegebenen Jahrbuch anerkannt, dass Felderers Zahl richtig war. Ditlieb Felderer gehörte zu den ersten, die das Tagebuch der Anne Frank als Fälschung anprangerten. In seinem berühmten Buch *Anne Frank's Diary, a Hoax* (1979) deckte er den Betrug auf, der später von anderen Forschern bestätigt wurde. Felderer, der von den Schergen der jüdischen Lobby unerbittlich verfolgt wurde, saß in Schweden mehrmals im Gefängnis. Kürzlich hat er Johan Hirschfeldt, einen jüdischen Richter in Schweden, öffentlich beschuldigt, für Terrorakte gegen ihn und seine philippinische Frau verantwortlich zu sein.

nicht alle Kanadier nahmen das Spektakel gleichgültig hin. Am 21. März, vier Tage vor der Urteilsverkündung, veröffentlichte die *Toronto Sun* einen Leserbrief, in dem J. Thomas die Exzesse der Demonstranten kritisierte, deren Hassdemonstration er für offensichtlich hielt: „Das Spektakel von 4.Das Spektakel von 4.000 Juden, sehr gut organisiert", schrieb Thomas, „die vom Rathaus zum O'Keefe Centre marschierten, und die lautstarken Erklärungen zahlreicher Intervenienten, die alle symbolisch 'Barabbas, Barabbas, gebt uns Barabbas' riefen, war eine erschreckende Zurschaustellung von Pöbelherrschaft.... Die lautstarke und anhaltende Forderung, Zündel zu deportieren, überschreitet bei weitem die Grenzen der Gerechtigkeit und offenbart sich als Hass auf jeden, der es wagt, die Macht einer kleinen Minderheit von Kanadiern in Frage zu stellen."

Die *Toronto Sun* selbst berichtete am 27. März 1985, dass die Einwanderungsministerin Flora MacDonald im Anschluss an eine Regierungssitzung die Beamten ihres Ministeriums angewiesen hatte, ein Verfahren zur Abschiebung Zündels einzuleiten, sobald sie einen Bericht über seine Verurteilung erhielten. Am 29. April 1985 wurde die Abschiebung Ernst Zündels angeordnet, ohne dass seine Rechtsmittel berücksichtigt wurden. Am 30. April berichtete der *Toronto Star* über den Jubel von B'nai Brith: „Wir sind sehr erfreut, dass die Regierung schnell gehandelt hat. Wir denken, dass es das richtige Verfahren und die richtige Entscheidung ist". Ernst Zündel, ein erfahrener Kämpfer, legte jedoch sofort Berufung ein, und das Ausweisungsverfahren wurde von Rechts wegen gestoppt.

1987 errang Zündel zwei sehr wichtige Siege, die seinen Willen zum Widerstand um jeden Preis bekräftigten. Am 23. Januar 1987 ordnete das Berufungsgericht von Ontario, das der Berufung gegen seine Verurteilung stattgegeben hatte, eine Wiederaufnahme des Verfahrens mit der Begründung an, der Richter Hugh Locke habe voreingenommen und unangemessen gehandelt. Unter anderem hatte er verschiedene von der Verteidigung vorgelegte Beweise zurückgewiesen und den Geschworenen Filme über Nazi-Konzentrationslager gezeigt, um ihre Entscheidung zu beeinflussen. Ein halbes Jahr später errang Zündel seinen zweiten Erfolg: Am 7. Juli 1987 wurde die Ausweisungsverfügung mit der Begründung für ungültig erklärt, sie sei im Widerspruch zum kanadischen Recht erlassen worden.

Und es gab noch einen dritten Sieg für Zündel 1987 gegen Sabina Citron und die üblichen jüdischen Organisationen. In einer CBC-Radiosendung erklärte Zündel dem zionistischen Führer öffentlich, dass „die Deutschen am Vorwurf des Völkermordes an den Juden unschuldig sind". An den Moderator David Shatsky gewandt, erinnerte er daran, dass Sabina Citron bei der Verhandlung im Januar kein einziges Dokument vorlegen konnte, das beweist, dass es einen Vernichtungsbefehl gab, „weil es keinen gab". Citron sagte gegenüber der Presse, sie sei über Zündels Auftritt in der Sendung fassungslos gewesen. Kurz darauf verklagten sie CBC Radio auf Schadenersatz. Am 25. August 1987 verklagte Citron Zündel erneut wegen der Verbreitung von „falschen Nachrichten" in der Radiosendung. Die Klage wurde von der Corona am 18. September 1987 mit der Begründung abgewiesen, dass „Zündels Äußerungen in der Sendung eine Meinung darstellten, die nicht unter den Paragrafen 'Falschnachrichten' des Strafgesetzbuches fielen". Der zweite Prozess gegen Zündel wegen „Verbreitung von Falschnachrichten" begann schließlich am 18. Januar 1988. Er dauerte einundsechzig Tage und ist wegen der überragenden Bedeutung der Enthüllung *des Leuchter-Berichts* in die Geschichte der Revisionisten eingegangen. Raul Hilberg lehnte es ab, nach Kanada zurückzukehren, um als Zeuge auszusagen, zweifellos um nicht erneut dem Kreuzverhör durch Anwalt Christie ausgesetzt zu sein, der ihn im ersten Prozess in die Enge getrieben hatte. Die Staatsanwaltschaft präsentierte sieben Zeugen. Die Verteidigung rief 23 auf, um zu beweisen, dass das Buch *Did Six Million Realy Die?* keine „Fake News" enthielt, sondern dass sein Inhalt wahr war. Die auffälligste Aussage der von Zündel präsentierten Zeugen war natürlich die von Fred Leuchter, der vom vorsitzenden Richter als Experte für die Funktionsweise der Gaskammern anerkannt wurde. Leuchter erläuterte seine Inspektionsarbeit in Auschwitz, Birkenau und Majdanek und behauptete, dass die angeblichen Gaskammern niemals die ihnen zugeschriebene mörderische Funktion erfüllt haben können. Der *Leuchter-Bericht*, der dem Gericht in Form einer bebilderten Darstellung vorgelegt wurde, wurde in der Folge in zahlreiche Sprachen übersetzt und in der ganzen Welt verbreitet. Zu den Zeugen der Verteidigung gehörte David Irving, ein britischer Historiker jüdischer Herkunft, der davon überzeugt war, dass die Folgen des Berichts für die Geschichtsschreibung über den Holocaust verheerend sein würden. Bezeichnenderweise war die Medienberichterstattung über den Prozess im Vergleich zum ersten Prozess fast nicht vorhanden.

Trotz aller vorgelegten Beweise wurde Zündel am Ende des Prozesses erneut zu einer neunmonatigen Haftstrafe verurteilt. Erneut forderten jüdische Organisationen seine Abschiebung nach Deutschland. Zündel, der 1988 erneut nach den Gründen für die Ablehnung seines Staatsbürgerschaftsantrags fragte, ohne eine Antwort zu erhalten, legte erneut Berufung gegen das Urteil beim Berufungsgericht von Ontario ein. Bevor das Ergebnis seiner Berufung bekannt war, schrieb der Generalkonsul der Bundesrepublik Deutschland, Dr. Henning von Hassell, mehrere Briefe an das Gericht von Ontario, in denen er Zündel fälschlicherweise beschuldigte, Flugblätter an die Besatzung eines deutschen Schiffes im Hafen von Toronto verteilt zu haben. Dem Konsul zufolge hatte der Text der Flugblätter als Hauptthema die Leugnung des Holocaust, was einen Verstoß gegen die Bedingungen seiner Kaution darstellte.

Am 5. Februar 1990 wies das Berufungsgericht die Berufung ab, so dass Ernst Zündel die Zulassung der Berufung bei einem höheren Gericht, dem Obersten Gerichtshof von Kanada, beantragen musste, was er am 15. November 1990 tat. Zu diesem Zeitpunkt hatte der juristische Kampf eines einzelnen Mannes gegen riesige Feinde bereits epische Ausmaße angenommen. Es dauerte fast zwei Jahre, bis die Entscheidung des Obersten Gerichtshofs erging, der das Gesetz strikt anwandte und Zündel am 27. August 1992 freisprach. Das Gericht stellte fest, dass das durch die kanadische Charta der Rechte und Freiheiten geschützte Recht auf freie Meinungsäußerung verletzt worden war. Trotz der jahrelangen Medienkampagne gegen Zündel erkannten einige Redakteure schließlich die Bedeutung der Entscheidung des Obersten Gerichtshofs, da das Recht auf freie Meinungsäußerung aller Kanadier unter dem Vorwand des „Fake News"-Gesetzes bedroht war.

Wie üblich ging das organisierte Judentum in Kanada auf die Barrikaden und akzeptierte das Urteil des Obersten Gerichtshofs über Zündels Recht, seine Ansichten über den „unbestreitbaren" Holocaust friedlich zu äußern, nicht. Mit der üblichen Unverfrorenheit maßte sich diese Minderheit in der kanadischen Gesellschaft das Recht an, Richter und das Rechtssystem zu belehren und zu kritisieren. Mitte September 1992 bildeten jüdische Organisationen eine große Koalition, der auch einige nichtjüdische Gruppen angehörten, und begannen eine neue Kampagne, die auch Plakate und Anzeigen umfasste. In der September-Ausgabe *des Covenant,* der Monatszeitschrift von B'nai Brith, erschien auf der Titelseite ein ganzseitiges Foto von Zündel mit der Aufschrift: „Verhaftet diesen Mann, sagt B'nai Brith: Koalition wirbt für neue Anklage gegen Zündel". In dem begleitenden Artikel hieß es, man wolle die Straßen mit Tausenden von Plakaten der Menschenrechtsliga füllen, um Druck auf den Generalstaatsanwalt von Ontario, Howard Hampton, auszuüben. Die Holocaust Remembrance Association (Vereinigung zur Erinnerung an den Holocaust) schaltete Anzeigen mit der Aufschrift: „Zündel darf der Justiz nicht entkommen! Dringende Demonstration". Offensichtlich war damit nicht die Justiz in Kanada gemeint, sondern seine eigene. Die Kundgebung fand am 4. Oktober 1992 statt, bei der Sabina Citron zu einer „Kriegserklärung" an das kanadische Rechtssystem aufrief. In ihrer Ausgabe vom 15. Oktober 1992 gaben die *Canadian Jewish News* Sabina Citrons Worte wörtlich wieder, in denen sie alle aufforderte, „das Leben der Politiker ständig zu belästigen". Zündel muss angeklagt und deportiert werden. Wir haben genug und wir werden nicht noch mehr dulden".

Inmitten dieses rasenden Strudels der Anti-Zündel-Hysterie kam ihm ein junger jüdischer Bekannter, David Cole, zu Hilfe. Cole, der mit dem oben erwähnten Filmmaterial aus Auschwitz zurückgekehrt war, veröffentlichte im *Kanada Kurier,* einer deutschstämmigen Zeitung in Kanada, einen Brief an Generalstaatsanwalt Howard Hampton. Er wird hier in vollem Umfang wiedergegeben, in Auszügen aus *The Zündelsite*:

„Lieber Mr. Hampton,

Ich schreibe Ihnen in Bezug auf den Fall Ernst Zündel und Ihre bevorstehende Entscheidung, ob Sie eine neue Anklage gegen ihn erheben werden. Ich bin Jude, und ich bin auch Holocaust-Revisionist. Ich bin kein Spinner, der aus der Versenkung auftaucht, um Hass und Antisemitismus zu verbreiten, ganz im Gegenteil. Ich erkläre den Menschen seit Jahren rational, dass es zwei Seiten der Holocaust-Geschichte gibt und dass die revisionistische Seite aufgrund der vorliegenden Beweise einfach glaubwürdiger ist. Revisionismus hat nichts mit Hass und Böswilligkeit zu tun, sondern mit Objektivität und dem Versuch, Wahrheit von Unwahrheit zu unterscheiden. Wenn ich versuchen würde, Juden zu schaden, würde das bedeuten, dass ich versuchen würde, meiner ganzen Familie zu schaden. Das wäre eine schwere Anschuldigung gegen mich.

Ich war in einer Fernsehsendung in den Vereinigten Staaten zu sehen (in der von Dan Rather moderierten Nachrichtensendung „48 Hours" zur Hauptsendezeit)

und habe in einer landesweiten Talkshow (der Montel-Williams-Show, die an lokale Wiederholungsprogramme verkauft wird) mit Überlebenden und „Experten" über das Thema diskutiert. Ich wurde nie beschuldigt, ein Rassist, ein Nazi oder ein Judenhasser zu sein (ich bin nichts von alledem).
Mit diesem Schreiben möchte ich Sie bitten, die rechtliche Verfolgung von Herrn Zündel einzustellen. Ich bin mir bewusst, dass es Interessengruppen gibt, die versuchen, Sie davon zu überzeugen, etwas anderes zu tun, und ich weiß auch, dass es für diese Leute schwierig sein muss, ihre Emotionen von dem zu trennen, was für die geistige Freiheit in Kanada am besten ist. Es wäre daher Ihre Aufgabe als Vertreter des Volkes und des Rechts, die Dinge objektiv zu betrachten und das zu tun, was sowohl für das Volk als auch für die Größe des Rechts am besten ist. Wie hat die fortgesetzte Verfolgung von Herrn Zündel dem kanadischen Volk genützt, außer als Beispiel für die Verschwendung von Steuergeldern, und wie hat die grobe Doppelmoral in Bezug auf die Rechte der Deutschen im Vergleich zu den Rechten anderer ethnischer Gruppen der Integrität des Gesetzes genützt? Bitte denken Sie daran, dass das Thema Holocaust nicht nur die Juden betrifft; die Deutschen waren auch dabei und haben als Teil ihrer Geschichte genauso das Recht, sich damit zu beschäftigen wie die Juden. In zukünftigen Jahren, vielleicht in vielen Jahren, vielleicht in wenigen, wenn die Vernunft gesiegt hat und der Holocaust objektiv aufgearbeitet werden kann und wir sehen, dass die Welt, wie wir sie kennen, dadurch nicht verschwindet, wird die heuchlerische und erbärmliche Verfolgung von Ernst Zündel im Nachhinein ziemlich sinnlos erscheinen und die Geschichte wird nicht wohlwollend auf diejenigen schauen, die daran beteiligt waren.

Mit freundlichen Grüßen
David Cole"

Monatelang wurden die Medien genutzt, um Druck auf die Behörden auszuüben und die Schlinge um Zündel enger zu ziehen, der, unbeirrt in seinem Widerstandswillen, sogar Briefe an Londoner Zeitungen schickte, die das Gegenteil des Gewünschten bewirkten und wütende und irrationale Reaktionen der jüdischen Gemeinden hervorriefen. Am 5. März 1993 scheiterten die jüdischen Organisationen jedoch zum x-ten Mal mit ihrem Versuch, den hartnäckigen Widerstand des „revisionistischen Dynamos" zu brechen. Die an den Ermittlungen beteiligten Polizeibehörden waren sich nicht darüber im Klaren, dass er unter angeklagt werden könnte. Die Abteilung für Hassliteratur der Provinzpolizei von Ontario teilte mit, dass keine Anklage nach dem Gesetz über Hasspropaganda erhoben werden könne, da Zündels Äußerungen nicht den Tatbestand der Hassrede erfüllten. Zündel gab eine Presseerklärung heraus, in der er seinen Standpunkt bekräftigte:

„Die Fakten sind: Mein Material, meine Ideen, meine Auftritte in Radio und Fernsehen führen nicht zu antisemitischen Vorfällen, weil sie nicht antisemitisch sind. Mein Material versucht, antideutschen Hassreden in den Medien, in Filmen und in Schulbüchern entgegenzuwirken. Es gibt eine einfache Lösung für das Problem: Hören Sie auf, Unwahrheiten, Halbwahrheiten und glatte Lügen über die Deutschen und ihre Rolle in der Geschichte zu erzählen, und ich muss nicht mit unbequemen und unpopulären Wahrheiten kontern. Ganz einfach! Denken

Sie daran: Eine Lüge wird nicht zur Wahrheit, nur weil sie millionenfach wiederholt wurde."

Ernst Zündels juristische Erfolge und sein hartnäckiger Kampfgeist konnten seine Feinde nur noch mehr aufstacheln, die sahen, wie ein Einzelner sich ihnen entgegenstellte, ohne dass sie ihn wie üblich fertig machen konnten. Sabina Citron und ihre Kumpane verstärkten ihre Kampagne mit allerlei Druck, der bis in die höchsten Ebenen der politischen Macht reichte. Citron drohte erneut: „Er muss angeklagt werden, sonst verlieren wir den Respekt vor dem Gesetz in Kanada". Unter den Universitätsstudenten wurde eine Unterschriftenkampagne gestartet: Alle Studentenvereinigungen wurden aufgefordert, gegen Zündel Stellung zu beziehen, auch die afrikanische Studentenvereinigung. Jüdische Agitatoren erschienen auf dem Universitätsgelände und hielten den jungen Leuten wütende Reden. Darüber hinaus wurde der Aufruf auf die schwule, lesbische und bisexuelle Gemeinschaft, Frauenzentren und andere soziale Organisationen ausgeweitet. In verschiedenen Städten wurde zu weiteren Demonstrationen aufgerufen, und im Mai 1993 organisierte das Jewish Student Network ein Sit-in vor dem Gebäude des Generalstaatsanwalts von Ontario.

B'nai Brith und der Kanadische Jüdische Kongress dehnten ihre Tentakel aus und beschlossen, sich linker und anarchistischer Gruppen zu bedienen. Ziel war es, alle Teile der kanadischen Gesellschaft zu mobilisieren, um dem „größten internationalen Anbieter von Holocaust-Leugnungsmaterial" ein für alle Mal das Handwerk zu legen. Im Sommer 1993 startete Zündel ein internationales Kurzwellenprogramm über Radio und Satellitenfernsehen. Seine Sendungen mit dem Titel „The Voice of Freedom" befassten sich mit revisionistischen Themen und allgemeinem historischen Interesse. Diese Programme wurden ausgeweitet und erhielten Zugang zum öffentlichen Fernsehen in den Vereinigten Staaten, wo Zündels Anhänger und Sympathisanten das Programm in verschiedenen amerikanischen Gemeinden unterstützten.

Am 24. Oktober 1993 beschloss Zündel, zum zweiten Mal die kanadische Staatsbürgerschaft zu beantragen. Wäre ihm die Staatsbürgerschaft zu dem Zeitpunkt gewährt worden, als die Kampagne gegen ihn auf dem Höhepunkt war, wäre dies logischerweise eine demütigende Niederlage für seine Verfolger gewesen. Das Ministerium für Staatsbürgerschaft und Einwanderung machte ihn darauf aufmerksam, dass seine Aktivitäten eine Gefahr für die Sicherheit Kanadas darstellten. Der Canadian Jewish Congress (CJC) und B'nai Brith übten Druck auf die Regierung aus. Die jüdische Freimaurerloge veröffentlichte am 28. Juli 1994 in der *Montreal Gazette* eine Erklärung, in der sie seine Auslieferung an Deutschland statt der Staatsbürgerschaft forderte: „Dieser Mann verdient nicht das Privileg der kanadischen Staatsbürgerschaft. Es wäre nicht nur ein Affront gegen Kanadas Minderheiten, sondern käme auch einer Botschaft an diejenigen gleich, die in der ganzen Welt Hass verbreiten, dass Kanada ein Hort des Rassismus ist."

Eine detaillierte Darstellung der Angriffe auf Zündel würde zu viel Platz in Anspruch nehmen. Da das bisher Geschriebene ein vollständiges Bild seines titanischen Kampfes vermittelt, werden wir nur die brutalsten auflisten. Am 24. November 1993 versammelte sich eine Gruppe namens ARA (Antirassistische Aktion), nachdem sie ihre Anhänger mit Hunderten von Plakaten aufgerufen hatte, vor dem Haus von Zündel, um es mit Eiern zu bewerfen und zu bemalen. Da Zündels Haus unter Polizeischutz stand, hatte dieselbe Gruppe Monate zuvor das ungeschützte Haus eines Freundes namens Gary Schipper in Brand gesetzt. Am 7. Mai 1995 wurde jedoch auch Zündels Haus niedergebrannt. Ein Brandstifter hatte eine brennbare Flüssigkeit auf die Veranda geworfen: Das Feuer zerstörte die Fassade des Gebäudes und verbrannte den dritten Stock vollständig. Ein JDL-Scherge namens Kahane Chai erklärte sich dafür verantwortlich. Zwei Wochen später erhielt Zündel ein Paket, das ihm verdächtig vorkam. Er brachte es zur Polizei, die feststellte, dass es sich um eine Bombe mit Schrapnellen und Nägeln handelte. Nach der Explosion hinterließ die Bombe einen Krater von einem halben Meter Tiefe. Die Polizei bestätigte, dass jeder, der das Paket geöffnet hätte, getötet worden wäre und dass jeder im Umkreis von neunzig Metern von der Explosion verletzt, wenn nicht gar getötet worden wäre.

Interessanter ist das Erscheinen von *The Zündelsite* im Internet, ebenfalls 1995. Interessierte Leser können auf dieser Website weitere Informationen finden. Dieser Durchbruch in den Cyberspace kam dank der Zusammenarbeit mit seinen Freunden von „American Free Speech" zustande. Im September 1995 schickte Jamie McCarthy, Co-Webmaster von *The Nizkor Project*, einem Projekt von Websites, die den Holocaust propagieren und revisionistische Argumente entlarven, eine E-Mail an Zündel, in der er ihn aufforderte, die beiden Websites miteinander zu verbinden oder zu verlinken, damit die Benutzer feststellen könnten, wer die Wahrheit sagt. McCarthy schrieb: „Da Sie immer wieder behaupten, dass 'Wahrheit keinen Zwang braucht', vertraue ich darauf, dass Sie die Intelligenz Ihrer Leser nicht beleidigen, indem Sie ihnen eine alternative Sichtweise vorenthalten." Wider Erwarten nahm Zündel das Angebot dankend an: „Ich danke Ihnen von ganzem Herzen für Ihren Vorschlag, zu einem offenen Forum zu machen, in dem wir auf vernünftige und zivilisierte Weise über das diskutieren können, was für uns alle so wichtig ist." Nachdem er erklärt hatte, dass er der jüdischen Gemeinde Kanadas bereits seit den frühen 1980er Jahren eine öffentliche Debatte angeboten hatte, sagte er, er „würde sich freuen, wenn das Angebot echt wäre und von den Menschen, die *das Nizkor-Projekt* unterstützen, geteilt würde, denn es war genau das, worauf ich seit langem gewartet hatte. Es dauerte nicht lange, bis die beiden Seiten miteinander verbunden (verlinkt) wurden.

Am 5. Januar 1996 forderte Zündel das Simon-Wiesenthal-Zentrum auf, seine Website mit *der Zündelsite* zu verlinken, erhielt jedoch keine Antwort. Zwei Tage später, am 7. Januar, kündigte Zündel auf seiner Website eine weltweite elektronische Debatte über den Holocaust an. In Vorbereitung darauf begann der Webmaster *der Zündelsite*, alle Texte und Dokumente, einschließlich des *Leuchter-Berichts* und *Did Six Million Really Die?* auf das File Transfer Protocol (FTP) hochzuladen. Fast sofort wurden die Dateien, auch die gesperrten, von einem Unbekannten heruntergeladen, was Zündel zu der

Annahme veranlasste, dass seine Website und seine Aktivitäten ständig überwacht wurden. In einem Leitartikel auf der Website fragte er später: „Wer hat das Geld, die Fähigkeit, die Ausrüstung und das Personal, um das zu tun? Zwei Tage später schickte das Simon-Wiesenthal-Zentrum Hunderte von Seiten an Internet-Provider und Universitätspräsidenten mit der Aufforderung, die Übertragung von Nachrichten zu verweigern, die „Rassismus, Antisemitismus, Chaos und Gewalt" fördern. *Die Zündelsite* wurde angegriffen, ihre Post gestohlen, manipuliert oder zerstört. E-Mail-"Bomben" kamen sogar aus Russland. Gefälschte Nachrichten von Zündel begannen im Netz zu kursieren, um seinen Ruf zu schädigen. Am 25. Januar 1996 berichteten die Medien, dass die deutsche Staatsanwaltschaft eine Anklage wegen Volksverhetzung gegen diejenigen Internet-Provider in Deutschland vorbereitete, die bei der Verbreitung von Ernst Zündels Website geholfen hatten. Zündel richtete einen verzweifelten Hilferuf an die Öffentlichkeit: „Wenn es irgendwo patriotische Internet-Experten gibt, die uns mit technischen oder juristischen Mitteln helfen können, rufen Sie bitte an. Wir können Ihre Hilfe sicher gebrauchen!"

Ob Patrioten oder nicht, die Befürworter der Meinungsfreiheit, unabhängig davon, ob sie an den Holocaust glaubten oder nicht, wehrten sich gegen jeden Versuch, das Internet zu zensieren. An den Universitäten in den Vereinigten Staaten begannen die Befürworter der Meinungsfreiheit in dem Bewusstsein, dass die Freiheit für alle auf dem Spiel stand, auf eigene Initiative elektronische Klone (so genannte „Spiegelseiten") einzurichten. Diese elektronischen Zufluchtsorte wurden u. a. an den Universitäten von Stanford, Pennsylvania und Massachusetts eingerichtet. Dean McCullagh, Doktorand an der Carnegie Mellon University (CMU), schrieb: „Wenn die deutsche Regierung die Deutsche Telekom zwingt, den Zugang zu den Webservern der CMU, des MIT (Massachusetts Institute of Technology) und der Standford University zu sperren, schneidet sie die Kommunikation mit drei der angesehensten Universitäten der Vereinigten Staaten ab". Eine der Spiegelseiten enthielt diese Erklärung des Webmasters: „Dies ist eine Spiegeldatei des größten Teils von Zündels revisionistischer Seite. Meine Gründe für diese Spiegelung sind nicht meine Übereinstimmung mit Zündels politischen Ideen. Ich stimme nicht zu..., aber ich denke, dass die Infragestellung jedes Glaubensbekenntnisses einen Platz verdient. Deshalb denke ich, dass Zündels Projekt gut für unsere Gesellschaft ist". Zum Kampf um die Aufrechterhaltung *der Zündelsite* bleibt noch hinzuzufügen, dass die Webmasterin der Site Ingrid Rimland war, die er im Januar 1995 kennenlernte. Die in der Ukraine geborene und eingebürgerte US-Bürgerin Rimland, eine Frau von großem intellektuellem Format, ist seither eine unersetzliche Stütze für Zündel gewesen.

Nach mehr als vier Jahrzehnten in Kanada, wo zwei Anträge auf Staatsbürgerschaft abgelehnt wurden, beschloss Ernst Zündel, sich in den Vereinigten Staaten niederzulassen, wo Ingrid Rimland seine Website verwaltete. Im Januar 2000 heirateten die beiden in Tennessee, womit Ingrid, die auch schon vorher verheiratet war, Zündels zweite Ehefrau wurde. Da er mit einer amerikanischen Staatsbürgerin verheiratet war, hätte man meinen können, dass er endlich ohne ständige Belästigungen leben könnte, und so war es zunächst auch. Zwei Jahre lang lebte er friedlich in einer Bergregion im Osten Tennessees, doch am 5. Februar 2003 wurde er in seinem Haus im Beisein seiner Frau verhaftet. Drei Beamte der Einwanderungs- und Einbürgerungsbehörde und zwei örtliche Beamte legten ihm Handschellen an und brachten ihn weg. Damit begann eine Tortur, die sieben Jahre später, genauer gesagt am 1. März 2010, in Deutschland enden sollte.

Ingrid bat die Freunde und Unterstützer ihres Mannes um Hilfe, um seine Verhaftung öffentlich anzuprangern, da er nur einen geringfügigen Verstoß gegen die Einwanderungsgesetze begangen hatte: Er hatte angeblich eine Verfahrensanhörung nicht bestanden und war daher technisch gesehen illegal in den USA. Am 10. Februar 2003 erläuterte Ingrid in einer Radiosendung ihre Bemühungen um die Freilassung ihres Mannes und brachte ihre Befürchtung zum Ausdruck, dass Ernst im Falle einer Abschiebung nach Deutschland jahrelang inhaftiert werden könnte, da dort Holocaust-feindliche Ansichten ein Verbrechen seien. Mark Weber, Direktor des Institute for Historical Review, nahm auf Ingrids Bitte hin ebenfalls an der Sendung teil. Weber fühlte sich geehrt, mit Zündel befreundet zu sein, den er als einen Bürgerrechtler beschrieb, der in Kanada kostspielige und endlose Kämpfe für die Grundfreiheiten geführt hatte. Tage später, am 14. Februar, war in den Zeitungen zu lesen, dass die US-Behörden planten, Zündel in den kommenden Wochen abzuschieben, wobei unklar war, ob er nach Deutschland oder nach Kanada geschickt werden würde. Nach zwei Wochen hinter Gittern wurde Ernst Zündel schließlich am 19. Februar 2003 nach Kanada abgeschoben.

Zündel beantragte die Zuerkennung der Flüchtlingseigenschaft, doch am 24. Februar 2003 teilte das kanadische Ministerium für Staatsbürgerschaft und Einwanderung der Abteilung für Flüchtlingsschutz mit, dass es die Prüfung des Antrags aussetze, da es prüfe, ob Ernst Zündel eine Gefahr für die nationale Sicherheit darstelle. Am 1. Mai 2003 stellten die kanadischen Behörden schließlich eine Bescheinigung aus, wonach Zündel aus Gründen der nationalen Sicherheit nicht in Kanada bleiben konnte. Am 6. Mai reichte Zündels Anwältin Barbara Kulaszka eine Verfassungsklage vor dem kanadischen Bundesgerichtshof ein und focht anschließend seine Inhaftierung vor dem Ontario Superior Court of Justice an. Alles ohne Erfolg: Am 21. Januar 2004 ordnete ein Richter die weitere Inhaftierung von Zündel mit der Begründung an, dass er eine Gefahr für die nationale Sicherheit darstelle. Am 1. März 2005 wurde Ernst Zündel nach Deutschland abgeschoben, wo er wegen der öffentlichen Leugnung des Holocausts verhaftet worden war. Ein lebenslanger patriotischer Kampf zur Verteidigung der Ehre seines Landes und zur Forderung nach Gerechtigkeit für Deutschland endete auf höchst deprimierende Weise. Das Simon-Wiesenthal-Zentrum, der Kanadische Jüdische Kongress, die Holocaust-Gedenkvereinigung und die Menschenrechtsliga (das Äquivalent zur JDL in Kanada) hatten schließlich gewonnen: Ernst Zündel war dem Justizterrorismus seines Heimatlandes ausgeliefert.

Im Mannheimer Gefängnis sollte Zündel, der bereits mehr als zwei Jahre in Kanada inhaftiert gewesen war, die bittersten Jahre seines heldenhaften Lebens erleben. Aufgrund der langen Einzelhaft, ohne die Möglichkeit, mit anderen Gefangenen zu sprechen, litt Zündel bereits bei seiner Einlieferung in das deutsche Gefängnis an Depressionen. Wie Barbara Kulaszka in einer Eingabe an den UN-Menschenrechtsausschuss beklagte, wurden während der kanadischen Haftzeit die elementarsten Menschenrechte verletzt: Sie durfte keinen Stuhl in ihrer Zelle haben, deren Licht rund um die Uhr brannte und nachts nur leicht gedimmt wurde; sie durfte ihre natürlichen Heilkräuter gegen Arthritis und Bluthochdruck nicht einnehmen; ihre Bitte, einen Zahnarzt aufzusuchen, wurde abgelehnt; sie durfte sich nicht körperlich betätigen; sie hatte keinen Zugang zu einem Zahnarzt; sie hatte keinen Zugang zu einem Arzt; sie hatte keinen Zugang zu einem Arzt; sie hatte keinen Zugang zu einem Arzt; sie hatte keinen Zugang zu einem Arzt; und sie hatte keinen Zugang zu einem Arzt; er konnte sich nicht körperlich betätigen oder gar gehen; die Kälte in der Zelle im Winter zwang ihn, sich mit Decken und Laken zuzudecken, die nur alle drei Monate gewechselt wurden; er hatte kein Kopfkissen; er konnte keine Schuhe tragen; das Essen war immer kalt und von schlechter Qualität. Barbara Kulaszka berichtete, dass Zündel einen Knoten in der Brust hatte, der krebsartig sein könnte, aber sie hatte kein Recht auf eine Diagnose.

Am 29. Juni 2005 erhob die Staatsanwaltschaft Mannheim formell Anklage gegen ihn wegen „Volksverhetzung". In dem von der Staatsanwaltschaft vorgelegten Text heißt es, dass einige von Zündels Schriften völkermörderische Handlungen des deutschen Regimes „billigten, leugneten oder verharmlosten", die „das Andenken an die toten Juden verunglimpfen". Gedankenverbrecher können in Deutschland nicht auf „nicht schuldig" plädieren. Wenn der Anwalt des Angeklagten die Unschuld seines Angeklagten beteuert, läuft er Gefahr, wegen „Holocaust-Leugnung" oder „Hassrede" verhaftet zu werden. Auf dem Höhepunkt der Absurdität des deutschen Justizterrors für Gedankenverbrechen kann der Richter die Vorlage von Beweisen zugunsten des Angeklagten untersagen. Sylvia Stolz, Zündels Anwältin in Mannheim, wurde selbst wegen Holocaust-Leugnung während der Verteidigung ihres Mandanten zu dreieinhalb Jahren Haft und fünf Jahren Berufsverbot verurteilt. Da Sylvia Stolz ein Hauptopfer der Gedankenpolizei in Deutschland ist, werden wir die Einzelheiten des Prozesses weiter unten kommentieren, wo sie ihren eigenen Raum haben wird, denn sie litt und leidet weiterhin unter einer schändlichen Verfolgung für die ehrliche Ausübung ihres Berufs, die für jedes Justizsystem, das diesen Namen verdient, entwürdigend ist.

Zündel seinerseits bestand vor dem „Gerichtshof" darauf, dass die angebliche Ermordung von Millionen von Juden eine Geschichtsfälschung sei. In seinen letzten Worten vor dem Gericht forderte er eine unabhängige internationale Kommission zur Untersuchung des Holocausts und versprach, dass er, sollte bewiesen werden, dass Juden vergast wurden, „eine Pressekonferenz einberufen würde, um sich bei den Juden, den Israelis und der Welt zu entschuldigen". Zwei Jahre nach seiner Inhaftierung in Deutschland wurde er schließlich am 14. Februar 2007 vom Mannheimer Gericht wegen Aufstachelung zum Rassenhass und Leugnung der Shoah (Holocaust) zu fünf Jahren Haft verurteilt. In Kanada begrüßten die jüdischen Organisationen, die ihn verfolgt hatten, das Urteil des Gerichts. Bernie Farber vom Jüdischen

Kongress sagte, das Urteil sende eine starke Botschaft an die Welt und werde dazu dienen, Holocaust-Überlebende zu „trösten".

Als er am 1. März 2010, genau fünf Jahre nach seiner Deportation, aus dem Gefängnis entlassen wurde, war Ernst Zündel siebzig Jahre alt. Sein Gesicht war ein Gedicht aus unendlicher Traurigkeit und Schmerz. Ein verstörter Blick, zweifellos das Ergebnis langen Leidens, war in seinen visionären blauen Augen zu sehen, die, weit geöffnet, entrückt blickten und von einem seltsamen, beunruhigenden, an Wahnsinn grenzenden Licht erleuchtet wurden. Eine Gruppe von zwanzig Personen erwartete ihn auf der anderen Seite des eisernen Gefängnistores und machte die ersten Fotos von ihm in Freiheit. Sie begrüßten ihn mit Applaus, Blumensträußen und „Bravo"-Rufen. Seine ersten Worte waren: „Ich bin wieder frei nach sieben Jahren, drei Wochen, drei Gefängnissen und drei Ländern".

Germar Rudolf: Verfolgung und Vernichtung eines bedeutenden Wissenschaftlers

Im Zusammenhang mit der Verfolgung Germar Rudolfs und der Revisionisten im Allgemeinen sollte man wissen, dass die westdeutsche Regierung, dem Beispiel des israelischen Parlaments (Knesset) folgend, 1985 ein Gesetz verabschiedet hat, nach dem die „Leugnung der systematischen Vernichtung der Mehrheit der europäischen Juden durch Nazi-Deutschland" eine Straftat darstellt. Man kann also sagen, dass die Verfolgung von Germar Rudolf, von der wir heute wissen, wann und warum sie begann, die Geschichte einer Infamie ist, die Geschichte einer eklatanten Beleidigung der Intelligenz, die von den Behörden der Bundesrepublik Deutschland zynisch vollzogen wurde. Es gibt keine bessere Informationsquelle über das Leben, das Werk und die Verfolgung dieses Intellektuellen als die *Website von Germar Rudolf*. Dort findet der interessierte Leser alles, was er sich wünschen kann, und mehr. So enthält die Site alle wesentlichen und ergänzenden Dokumente seines Falles: Berichte, Urteile, Asylanträge, Gutachten, eidesstattliche Erklärungen, Klagen, Berufungen und andere Texte verschiedenster Art. Der größte Teil der folgenden Ausführungen ist daher dieser Quelle entnommen, aber auch den Büchern von Germar Rudolf und den Veröffentlichungen des IHR.

Bevor er das Drama seines Leidensweges schildert, denkt Rudolf über die semantischen Nuancen der Begriffe „Verfolgung" und „Verfolgung" nach. Eine Verfolgung ist legal, wenn sie in Übereinstimmung mit den international anerkannten Bürgerrechten und Freiheiten erfolgt; sie wird jedoch zur Verfolgung, wenn diese nicht respektiert werden, wie in seinem Fall. Während des Prozesses gegen Ernst Zündel ordnete ein Richter an, dass Sylvia Stolz durch einen Pflichtverteidiger ersetzt werden sollte, während sie als Anwältin für ihren Mandanten tätig war. Stolz wurde zu dreieinhalb Jahren Haft und fünf Jahren Berufsverbot verurteilt, weil sie vor Gericht den Holocaust in Frage gestellt hatte. Ein Justizsystem, das Anwälte nicht nur an der freien Berufsausübung hindert, sondern sie auch verfolgt, entspricht natürlich nicht internationalen Modellen und Maßstäben. Paragraf 130 des deutschen Strafgesetzbuches ermöglicht den Entzug der Bürgerrechte für störende Bürger, bei denen es sich in der Regel um Personen handelt, die den Holocaust in Frage stellen oder sich gegen den Multikulturalismus wenden. Diese unerwünschten Personen begehen eine Straftat, die mit einer Freiheitsstrafe von fünf Jahren geahndet werden kann.

Da wir wissen, dass Germar Rudolf beschloss, nach England zu fliehen, um dem Gefängnis zu entgehen, werden wir die Geschichte seiner Verfolgung dort wieder aufnehmen. Zunächst sei daran erinnert, dass neben der Anklageschrift, die ihn vor das Landgericht Stuttgart brachte, das ihn zu vierzehn Monaten Haft verurteilte, drei weitere Anklagen gegen ihn anhängig waren. Eine davon betraf einen Schriftwechsel mit dem Krakauer Institut für forensische Forschung, an das sich Rudolf, wie im vierten Teil des Kapitels dargelegt, gewandt hatte, um technische Fragen im Zusammenhang mit den Forschungen dieser polnischen Einrichtung in Auschwitz zu klären. Infolgedessen wurde Rudolfs Haus dreimal durchsucht, und jedes Mal wurden Bücher, Akten, Korrespondenz und Computer beschlagnahmt, was seine Arbeit und seine wissenschaftlichen Forschungen zunichte machte. Als der Bundesgerichtshof im März 1996 die Verurteilung zu vierzehn Monaten Haft bestätigte, beschloss Rudolf, mit seiner Familie Deutschland zu verlassen. Sie ließen sich zunächst in Südspanien nieder, doch ihr Aufenthalt war nur von kurzer Dauer, denn im Mai 1996 erfuhr Rudolf, dass auch die spanische Regierung ein antirevisionistisches Gesetz zu erlassen beabsichtigte. Nach Rücksprache mit seiner Frau beschloss er, sich mit seiner Familie im Südosten Englands niederzulassen, wo er hoffte, dass die Gedanken- und Redefreiheit mehr als nur ein Gerücht sein würde. Sein Kontakt war David Irving, der 2006, wie wir weiter unten sehen werden, ebenfalls in Österreich inhaftiert werden sollte.

Im Vereinigten Königreich begannen die Probleme bereits 1997: Der *Telegraph* berichtete, dass deutsche Botschaftsbeamte in London an der Auslieferung des flüchtigen Germar Rudolf arbeiteten. 1998 begann seine Frau, sich mit der neuen Situation unwohl zu fühlen: Das Leben im Exil entsprach nicht ihren Erwartungen: Sie hatte Heimweh nach ihrer Familie und ihren Freunden und konnte keine neuen Freunde finden. Neben dem Heimweh schwebte die ständige Angst vor einer Auslieferung wie ein Damoklesschwert über ihr. Sie beschloss, ihren Mann zu verlassen und mit ihren beiden Kindern nach Deutschland zurückzukehren, wo sie ein Scheidungsverfahren gegen Germar einleitete, der im Exil allein zurückblieb.

Im Juni 1999 konnte Rudolf nach einigen Momenten der Unsicherheit am Flughafen Heathrow in die Vereinigten Staaten reisen, um dort eine Reihe von Vorträgen zu halten. Bei dieser Gelegenheit muss er die Möglichkeit einer Auswanderung in Erwägung gezogen haben. Ende September unternahm er seine zweite Reise in die Vereinigten Staaten und erhielt ein Angebot von einem kleinen Verlag namens „Theses & Dissertation Press". Im Herbst 1999 begann in den britischen Medien eine Kampagne gegen den „Neonazi-Flüchtling", die zu einem Stopp der Besuche seiner Familie führte. Da ihn nichts mehr an England fesselte und um der Verfolgung in Europa zu entgehen, beschloss er schließlich, in die USA auszuwandern, obwohl er keine „Green Card" (Arbeitserlaubnis) besaß. Eines der wichtigsten Ereignisse seiner englischen Zeit war die Gründung eines bescheidenen Verlags namens „Castle Hill Publishers", der heute in revisionistischen Kreisen bekannt ist.

In den Vereinigten Staaten angekommen, wurden seine Hoffnungen auf die ersehnte Arbeitserlaubnis im Juli 2000 enttäuscht. Um Probleme mit den Einwanderungsbehörden zu vermeiden, ließ er sich vorübergehend in Rosarito, Baja California (Mexiko), nieder, wo er ein kleines Haus in der Nähe des Hauses von Bradley Smith, dem Leiter des CODOH (Committee for Open Debate on the Holocaust), mietete. Während des zehnwöchigen Aufenthalts in Rosarito entstand eine enge Freundschaft zwischen den beiden Revisionisten. Im August erfuhr Rudolf von seiner Mutter, dass seine Eltern beschlossen hatten, ihn zu Gunsten ihrer Kinder zu enterben. Zuvor hatte sein Vater ihn sterilisieren lassen, damit er nicht mehr zeugungsfähig war. Am 29. August 2000 schickte Germar Rudolf, zunehmend deprimiert, einen Notruf an mehrere Freunde. Er beschloss schließlich, über Island nach New York zu fliegen und beantragte im Oktober 2000 unter politisches Asyl in den USA. Ende des Monats erhielt er ein Schreiben der Einwanderungsbehörde, in dem ihm mitgeteilt wurde, dass sein Antrag formell angenommen worden sei und er Ende November 2000 zu einem Gespräch mit Beamten der Behörde erscheinen müsse. Die Anhörung fand am 29. November statt.

Am 4. April 2001 wurde für den 24. September 2001 ein Termin für die Verhandlung vor einem Einwanderungsgericht festgelegt. Rudolf hatte also fast ein halbes Jahr Zeit, um Unterlagen über die Verschlechterung der Bürgerrechte in Deutschland vorzubereiten und sie einem spezialisierten Anwalt zu übergeben. Wenige Tage vor dem großen Tag ereigneten sich die Anschläge vom 11. September, und der Einwanderungsrichter beschloss nach einer kurzen Diskussion, die Anhörung auf den 18. März 2002 zu verschieben. So zog sich das Asylverfahren über Jahre hin. In der Zwischenzeit heiratete Rudolf im Jahr 2004 eine US-Bürgerin namens Jennifer und beantragte die Aufwertung seines Einwanderungsstatus bzw. die Änderung seines Status in einen dauerhaften Aufenthaltsstatus. Ende 2004 teilte ihm die US-Einwanderungsbehörde mit, dass sein Antrag abgelehnt worden war, und kurz darauf wurde ihm mitgeteilt, dass er aufgrund seiner Ehe nicht berechtigt sei, einen Antrag auf Daueraufenthalt zu stellen. Daraufhin legte Germar Rudolf beim Bundesgericht in Atlanta Berufung ein. Anfang 2005 wurde er Vater eines kleinen Mädchens.

Obwohl die Einwanderungsbehörde erklärt hatte, dass er keinen Anspruch auf Daueraufenthalt habe, weil er mit einer US-Bürgerin verheiratet sei, wurde das Paar fast ein Jahr später, am 19. Oktober 2005, von der Einwanderungs- und Einbürgerungsbehörde zu einem Gespräch vorgeladen. Angeblich sollte überprüft werden, ob die Ehe „bona fide" (echt, in gutem Glauben) war. Das Ehepaar ging selbstbewusst zu dem Termin, mit dem Baby im Kinderwagen. Innerhalb von Sekunden nach der Rückgabe der Anerkennungsurkunde wurde Rudolf von zwei Beamten mitgeteilt, dass er verhaftet sei. Der Grund für diese willkürliche Entscheidung war, dass er einen Termin nicht wahrgenommen hatte, der fünf Monate zuvor hätte stattfinden sollen. Rudolfs Anwalt versuchte, die Beamten davon zu überzeugen, dass die Verhaftung ungerechtfertigt sei, und der Polizeibeamte schien bereit, die

Argumente zu akzeptieren, behauptete aber, er müsse sich mit jemandem in Washington beraten. Nach einem einstündigen Hin- und Hertelefonat kam die Anordnung aus Washington, dass die Verhaftung rechtskräftig sei und das Abschiebeverfahren nach Deutschland ohne weiteres eingeleitet werden solle. Mit Hand- und Fußfesseln wurde Rudolf in eine Kette von Kriminellen eingereiht, die in das Gefängnis von Kenosha County gebracht wurden. Dort wartete er auf seine Abschiebung. Laut dem Identifikationsarmband, das ihm im Gefängnis angelegt wurde, war er der einzige Insasse in der gesamten Einrichtung, der kein Krimineller war, eine Tatsache, die sowohl die Wärter als auch die Gefangenen überraschte.

Weder seine Heirat noch die eindeutigen Beweise für seine politische Verfolgung durch juristische Publikationen in den USA waren für das Bundesgericht in Atlanta ausreichende Erwägungen, um seine Abschiebung zu verhindern. Es sei darauf hingewiesen, dass Rudolf beim Bundesgericht in Atlanta gegen die Entscheidung, ihm das Recht auf Asyl zu verweigern, Berufung eingelegt hatte und dass die Entscheidung noch nicht ergangen und daher noch anhängig war. Obwohl der fünfte Verfassungszusatz allen Personen - nicht nur US-Bürgern -, die sich auf amerikanischem Boden aufhalten, ein ordnungsgemäßes Verfahren garantiert, lehnte das Bundesgericht den Antrag auf Aufschub der Abschiebung ab, bis eine endgültige Entscheidung über den Asylantrag ergangen ist. Der Supreme Court hat sich nicht einmal die Mühe gemacht, einen Dringlichkeitsantrag zu prüfen, der ohne Begründung abgelehnt wurde. Die Frage, die sich Germar Rudolf stellt, lautet: „Was nützt ein Antrag auf politisches Asyl, wenn die Regierung den Antragsteller abschiebt, bevor das Gericht, das den Fall prüft, entschieden hat, ob es Gründe für die Gewährung von Asyl gibt?"

Am 14. November 2005 wurde Germar Rudolf nach Deutschland abgeschoben. Er wurde sofort zur Verbüßung seiner noch ausstehenden vierzehnmonatigen Haftstrafe verhaftet und in die Justizvollzugsanstalt Stuttgart überstellt, wo ihm mitgeteilt wurde, dass gegen ihn wegen seiner Veröffentlichungen in England und den Vereinigten Staaten ein neues Verfahren eingeleitet worden sei. Es ist unverständlich, wie das deutsche Strafgesetzbuch auf Aktivitäten angewendet werden kann, die in anderen Ländern durchgeführt werden, wo sie völlig legal sind. So begann am 15. November 2006 in Mannheim der neue Prozess gegen Rudolf. Angeklagt wegen „Volksverhetzung", was theoretisch durch die Veröffentlichung seiner in dem Buch *Vorlesungen über den Holocaust* (2005) zusammengefassten historischen Forschungsergebnisse geschehen wäre, wurde Rudolf im Februar 2007 zu 30 Monaten Haft verurteilt. Laut Staatsanwaltschaft war das besagte Buch der Hauptgrund für die erneute Verurteilung, da darin alle verwerflichen Ansichten exemplarisch dargelegt wurden.

Germar Rudolf, der sich inzwischen rechtmäßig in den Vereinigten Staaten aufhält, veröffentlichte 2012 das Buch *Resistance is Obligatory*, das den Vortrag enthält, den er zu seiner Verteidigung vor dem Landgericht Mannheim hielt. Alle Anträge der Verteidigung zum Nachweis, dass die Schriften des Angeklagten wissenschaftlicher Natur und daher durch das Grundgesetz geschützt seien, wurden vom Gericht abgelehnt, das auch Akademikern, die bereit waren, über den wissenschaftlichen Charakter von Rudolfs Texten auszusagen, die Aussage untersagte. Während des Prozesses wurde den Verteidigern Rudolfs unter Androhung strafrechtlicher Verfolgung untersagt, für die Ansichten ihres Mandanten einzutreten.

Angesichts dieser kafkaesken Situation hielt Germar Rudolf eine Rede vor dem Gericht, die sieben volle Sitzungen dauerte. Tagelang brillierte Rudolf in einem perfekt strukturierten Text mit einer Dissertation darüber, was Wissenschaft ist und wie ihre Erscheinungsformen erkannt werden können. Darüber hinaus zeigte er auf, dass die deutschen Gesetze zur Unterdrückung friedlicher Dissidenten verfassungswidrig sind und gegen die Menschenrechte verstoßen, obwohl die Rechtsprechung nicht zu seinen Spezialgebieten gehört. Er erläuterte ausführlich, warum es jedermanns Pflicht ist, sich einem Staat, der friedliche Andersdenkende in den Kerker wirft, gewaltlos zu widersetzen. Das Mannheimer Gericht zuckte nicht mit der Wimper und verurteilte ihn nicht nur zu dreißig Monaten Gefängnis, sondern ordnete auch an, dass alle Exemplare der „*Vorlesungen über den Holocaust*" beschlagnahmt und unter polizeilicher Aufsicht verbrannt werden.

Wir werden nun einige schwache Einblicke in diese Verteidigungsrede von Germar Rudolf geben, deren Text den Kern des Buches „*Widerstand ist Pflicht*" bildet. Rudolf versuchte während der Verbüßung seiner Strafe, seine Dissertation vor Gericht zu veröffentlichen, was ein neues Ermittlungsverfahren der Staatsanwaltschaft zur Folge hatte. Am 10. August 2007, also bereits Monate nach dem Ende des Prozesses, erließ das Mannheimer Gericht einen Durchsuchungsbeschluss für Rudolfs Zelle, um Unterlagen zu finden, die belegen, dass er dabei war, seine Verteidigungsrede zu veröffentlichen. Am 25. September 2007 wurde er von mehreren Mannheimer Polizeibeamten aufgesucht, die alle Unterlagen, die er während des Prozesses verwendet hatte, beschlagnahmten. Begründet wurde dies damit, dass seine Pläne zur Veröffentlichung der Rede ein erneuter Beweis für seine Absicht seien, den Inhalt der *Vorlesungen über den Holocaust*, für die er eine Strafe verbüßte, zu verbreiten. Er wurde darauf aufmerksam gemacht, dass er mit Adjektiven wie „angeblich", „vorgeblich", „angeblich" oder „behauptet" die Massen aufhetzen könne.

Angesichts der Tatsache, dass nur wenige Anwälte bereit waren, seine Verteidigung zu übernehmen, weil sie fürchteten, angeklagt zu werden, und in der Überzeugung, dass diejenigen, die das Risiko auf sich nehmen würden, versuchen würden, ihn während des Prozesses zum Widerruf zu bewegen, was gleichbedeutend damit wäre, sie zu beauftragen, Zeit und Geld zu verschwenden, beschloss Germar Rudolf, den Prozess als Gelegenheit zu nutzen, um die kafkaesken rechtlichen Bedingungen in der Bundesrepublik Deutschland aufzudecken. Seine Absicht war es, nach dem Prozess ein Buch zu schreiben. In sieben Sitzungen hielt Rudolf eine lange Rede, die für die Richter, das Publikum und ihn selbst anstrengend war. Im Bewusstsein dessen schreibt Rudolf: „Ich habe diese Vorträge nicht in erster Linie für die Zuhörer vorbereitet, sondern für die Nachwelt und für die ganze Welt, für Sie, lieber Leser, der Sie das Buch jetzt in den Händen halten". Rudolf räumt ein, dass dies nur möglich war, wenn die Richter trotz ihrer Zwänge vernünftig genug waren, eine solche Verteidigung zuzulassen, was sie auch taten. Der Vortrag vor Gericht begann mit einer grundsätzlichen Klarstellung seiner Position während des gesamten Prozesses unter der Überschrift „Allgemeine Bemerkungen zu meiner Verteidigung", die wir wegen ihrer Relevanz in vollem Umfang wiedergeben:

> „(1) Erklärungen zu historischen Sachverhalten dürfen nur zu folgenden Zwecken abgegeben werden
> a. Erläutern und veranschaulichen Sie meine persönliche Entwicklung;
> b. Veranschaulichen Sie anhand von Beispielen die Kriterien der Wissenschaftlichkeit;
> c. Stellen Sie die Vorwürfe der Staatsanwaltschaft in Bezug auf meine Enthüllungen in einen breiteren Kontext.
> 2. Diese Aussagen werden nicht gemacht, um meine historischen Ansichten mit Fakten zu untermauern.
> (3) Ich werde aus den folgenden Gründen keine Vorschläge formulieren, die das Gericht dazu auffordern, meine historischen Thesen zu berücksichtigen:
> a. Grundsatz: Deutschen Gerichten ist es durch übergeordnete Anordnungen untersagt, solchen Beweisanträgen stattzugeben. Wie in Artikel 97 des deutschen Grundgesetzes festgelegt. Die Richter sind unabhängig und nur dem Gesetz unterworfen". Bitte entschuldigen Sie meinen Sarkasmus.
> b. Rechtzeitigkeit: Punkt a) hindert mich nicht daran, Vorschläge für Beweismittel einzureichen. Da sie jedoch alle abgelehnt werden würden, wäre dies eine vergebliche Mühe. Die Verschwendung von Zeit und Energie wird uns allen erspart bleiben.
> c. Von der Gegenseitigkeit: Da das geltende Recht mir das Recht verweigert, mich historisch und auf der Grundlage der Tatsachen zu verteidigen. Ich meinerseits spreche meinen Anklägern das Recht ab, mich historisch und auf der Grundlage der Tatsachen anzuklagen, gemäß der Maxime der Gleichheit und Gegenseitigkeit. Daher betrachte ich die historischen Behauptungen der Anschuldigung als nicht existent.
> d. Rechtliches: 1543 schrieb Nikolaus Kopernikus:
> Wenn es vielleicht dumme Redner geben sollte, die zusammen mit denen, die nichts von der Mathematik verstehen, es wagen sollten, Entscheidungen in Bezug auf solche Dinge zu treffen, und durch irgendeine Seite des Gesetzes, die in böser Absicht für ihre Zwecke verdreht wurde, es wagen sollten, meine Arbeit anzugreifen, verdienen sie nicht die geringste Bedeutung, so sehr, dass ich ihr Urteil als Tollkühnheit verachte.
> Kein Gericht der Welt hat das Recht oder die Kompetenz, über wissenschaftliche Fragen verbindlich zu entscheiden. Kein Parlament der Welt hat die Befugnis, mit Hilfe des Strafrechts dogmatisch Antworten auf wissenschaftliche Fragen vorzuschreiben. Es wäre daher absurd, wenn ich als Verleger von wissenschaftlichen Büchern von einem Gericht verlangen würde, die Gültigkeit meiner veröffentlichten Werke zu bestimmen. Nur die wissenschaftliche Gemeinschaft ist dafür zuständig und befugt".
>
> Germar Rudolf, Stuttgart, 4. November 2006".

Auf der Grundlage dieser Erklärung vor dem Gericht, das ihn verurteilen sollte, stellte Rudolf eine kohärente Rede zusammen, die sich um vier Achsen gruppierte: wissenschaftliche Erwägungen, rechtliche Erwägungen, spezifische Erwägungen, Widerstand gegen den Staat. Auf der ersten dieser Achsen lässt er seine akademische Ausbildung Revue passieren. Der Nachweis wissenschaftlicher und technischer Kenntnisse war beachtlich: Biochemie, Chemie in der Elektronik, Kernchemie, theoretische Chemie, Quantenmechanik, organische und anorganische Chemie, physikalische Chemie, Mathematik, waren einige der Wahlfächer, die er nicht aufgeben wollte, bis er schließlich, überlastet mit Arbeit, Kernchemie und Elektrochemie eingehend studierte. Rudolf versuchte, dem Gericht klar zu machen, wie wichtig die Neugier für jeden Wissenschaftler ist, der etwas auf sich hält. Wenn ein Staat mit allen Mitteln versucht, bestimmte Forschungen zu unterdrücken und deren Ergebnisse für illegal zu erklären, „setzt er sich automatisch dem Verdacht aus, etwas außerordentlich Interessantes und Wichtiges verbergen zu wollen", sagte er den Richtern. Dann kann kein aufrichtig leidenschaftlicher Wissenschaftler mehr widerstehen". Rudolf sagte, er sei überzeugt, dass das Bedürfnis, die Wahrheit zu erfahren, Teil der Menschenwürde sei.

Als Kontrast zum Mangel an wissenschaftlicher Strenge und dem Bestreben, die Wahrheit zu verschleiern und Lügen zu verbreiten, brachte Rudolf vor dem Mannheimer Gericht die 1993 erschienene Studie des französischen Pharmazeuten Jean-Claude Pressac über die Krematorien von Auschwitz vor, die von den Medien und den offiziellen Historikern ständig als Widerlegung der revisionistischen Thesen benutzt wurde. Er prangerte an, dass Pressac zu keinem Zeitpunkt in der Lage gewesen sei, auch nur ein einziges der revisionistischen Argumente zu konfrontieren, geschweige denn zu widerlegen. Rudolf erinnerte das Gericht daran, dass er und andere Forscher die Arbeit von Pressac in einem 1996 erschienenen Buch (*Auschwitz: Nackte Fackten*) analysiert und kritisiert hatten. Gerade weil unser Buch im Gegensatz zu Pressacs Buch der wissenschaftlichen Vorgehensweise entsprach", erinnerte Rudolf die Richter, „ordnete die deutsche Regierung an, es zu beschlagnahmen und zu vernichten und leitete ein neues Strafverfahren gegen mich ein. In seinem Eifer, die Haltung der Vernichtungstheoretiker und der Revisionisten einander gegenüberzustellen, betonte Rudolf, dass die Haltung eines jeden Wissenschaftlers, der diesen Namen verdient, darin besteht, jeden Versuch der Widerlegung zu prüfen und rational zu diskutieren, wie es die Revisionisten tun. Er bedauerte, dass die offizielle Geschichtsschreibung und die deutschen und internationalen Gerichte ihre Thesen fast ausschließlich auf Zeugenaussagen stützen, anstatt schlüssige Dokumente und Beweise vorzulegen, und bedauerte die Angriffe auf Forscher, die mehr verlangen.

Die juristischen Überlegungen in Rudolfs Darstellung nehmen ein halbes Hundert Seiten ein. Ohne Jurist zu sein, bewies er seine Fähigkeit, das deutsche Justizsystem zu studieren und zu analysieren, das er mit dem sowjetischen verglich, wobei er Zitate aus Alexander Solschenizyns *Archipel Gulag* verwendete, um zu zeigen, dass in beiden politische Gefangene wie Kriminelle behandelt werden. Er räumte jedoch ein, dass zumindest in Deutschland Gefangene nicht gefoltert werden, wofür er dankbar sei. Die Definition eines politischen Gefangenen und die fortschreitende Verschlechterung der

Bürgerrechte im deutschen Recht wurden angesprochen, indem die harte Anwendung bestimmter Artikel des Grundgesetzes der Bundesrepublik Deutschland kritisiert wurde. „Der jetzige Prozess", sagte er, „findet nur statt, weil die Staatsanwaltschaft behauptet, dass ein Konflikt zwischen meiner Wissenschafts- und Meinungsfreiheit auf der einen Seite und der Menschenwürde einer bestimmten Bevölkerungsgruppe auf der anderen Seite entstanden ist." Germar Rudolf beharrte vor Gericht darauf, dass das Gesetz anerkenne, dass es keinen Konflikt zwischen der Veröffentlichung von wissenschaftlichen Forschungsergebnissen und der Menschenwürde geben könne, so sehr man auch die Menschenwürde einer bestimmten Gruppe über die der übrigen Bürger stellen wolle. Den Vorwurf, er habe gegen das Jugendschutzgesetz verstoßen, durch das die Meinungsfreiheit in Deutschland eingeschränkt wird, ließ er natürlich nicht gelten.

Von besonderem Interesse in den juristischen Ausführungen war die Betrachtung der willkürlichen Auslegung bestimmter Begriffe, die systematisch von Richtern und Staatsanwälten in Deutschland vorgenommen wird, „eine unzulässige Taktik", sagte er, „der Immunisierung gegen Kritik". Die aus seiner eigenen Anklageschrift entnommenen Ausdrücke, die verwendet werden, um Forscher, Schriftsteller oder Publizisten anzuklagen, lauten: „Aufstachelung zum Hass", „in einer Weise, die geeignet ist, die öffentliche Ordnung zu stören". In Bezug auf die Schriften werden sie als „beleidigend", „böswillig verbreitet, um herabzusetzen", „zu verunglimpfen" und/oder „zu verächtlich zu machen" und unter anderem historische Tatsachen „zu leugnen" oder „wissentlich wahrheitswidrig" darzustellen, interpretiert. Zur letztgenannten Behauptung sagte Rudolf den Richtern wörtlich, die Behauptung, bewusst gegen die Wahrheit zu verstoßen, sei „der absurdeste Ausdruck der deutschen Rechtsprechung, die ernsthaft meint, historische Wahrheit und Erkenntnis durch Urteile bestimmen zu können. Geschichte - so fügte er hinzu - kann nicht in dieser Weise vor Gericht behandelt werden". Rudolf betonte noch einmal, dass nicht festgestellt werden könne, dass eine Schrift „beleidigend", „verächtlich", „verwerflich", „diffamierend", „verunglimpfend" oder „geistesgiftig" sei, nur weil ein Leser sie subjektiv so interpretiere. Sein Vortrag über die gefährliche Willkür der Begriffe, die von den Gerichten gegen Andersdenkende verwendet werden, schloss mit Zitaten von Juristen wie Dr. Thomas Wandres und Dr. Florian Körber, die in verschiedenen Dissertationen die Meinung vertreten hatten, dass die Bücher von Germar Rudolf den Schutz des Grundgesetzes genießen sollten, das die Meinungsfreiheit und die wissenschaftliche Forschung schützt.

Dr. Körber hatte 2003 *Rechtsradikale Propaganda im Internet - Der Fall Töben* veröffentlicht, eine Monographie über den australischen Revisionisten Dr. Töben, den die deutschen Behörden strafrechtlich verfolgen wollen (auf seine Verfolgung wird später eingegangen). Rudolf zitierte vor Gericht wortwörtlich mehrere Thesen aus Körbers Werk:

> „Der Schutz der historischen Wahrheit durch das Strafgesetzbuch birgt die Gefahr, Teile der Geschichte aus einer wesentlichen gesellschaftlichen Diskussion herauszunehmen oder zu entziehen.

> Trotz seiner neutralen Formulierung gewährt § 130 III StGB dem jüdischen Teil der deutschen Bevölkerung einen problematischen Sonderschutz durch ein 'privileium odiosum'. Es besteht die Gefahr, dass eine Gruppe in den Augen der Bevölkerung stärker geschützt erscheint als die Mehrheit, was die Wahrnehmung von Antipathie gegenüber der geschützten Gruppe verstärkt...".

Nachdem er diese und andere Thesen zitiert hatte, schloss sich Rudolf vor dem Gericht den Ansichten von Dr. Körber an, der sich für die vollständige Aufhebung des § 130 StGB aussprach und den Gedanken vertrat, dass ein „besonderer Schutz" für Juden „kontraproduktiv für sie" sein könnte, was vermieden werden sollte. Rudolf beendete diesen Teil der Rede über juristische Überlegungen mit diesen Worten:

> „Sicher ist, dass meine Schriften und die von mir veröffentlichten Schriften bei objektiver Betrachtung keine „volksverhetzenden", „verunglimpfenden" oder „beleidigenden" Inhalte haben und auch nicht als „friedensstörend" bezeichnet werden können. Dass die Anklage - mangels anderer Erklärungen - solche Begriffe verwendet, zeigt nur, was sie wirklich beabsichtigt: zu schockieren, Tabus zu schaffen und mich durch falsche Behauptungen auszugrenzen."

„Besondere Erwägungen" ist die Überschrift des dritten großen Inhaltsblocks der Verteidigungsrede vor Gericht. Darin bezog sich Rudolf auf bestimmte in der Anklageschrift enthaltene Punkte, unter anderem auf seine theoretischen Sympathien mit dem Nationalsozialismus und vor allem auf sein berühmtes Buch *„Vorlesungen über den Holocaust"*, das von allen, auch von ihm selbst, als sein Hauptwerk angesehen wird und in dem er dem Leser auf fünfhundert Seiten einen umfassenden Überblick über die revisionistische Forschung und ihre Ergebnisse in Bezug auf den Holocaust gibt. Nachdem er daran erinnert hatte, dass in der Anklageschrift die Beschlagnahme und Vernichtung des Buches gefordert wurde, und nachdem er diese Haltung mit der der Nazis selbst verglichen hatte, forderte er, dass die Mitglieder des Gerichts, bevor sie das Buch den Flammen übergeben, zumindest Kenntnis von dessen Inhalt haben sollten. Zu diesem Zweck beantragte er, das Buch während der Gerichtsverhandlung zu lesen. Das Gericht beschloss, dass die Richter das Buch unter Ausschluss der Öffentlichkeit lesen sollten, und so wurde die Verhandlung für drei Wochen unterbrochen, um den Richtern die Möglichkeit zu geben, das Buch zu lesen.

Wir werden dem vierten Block der Rede, der den Titel „Widerstand" trägt und mit Zitaten verschiedener Autoren beginnt, darunter auch Ortega y Gasset und sein Werk *La rebelión de las masas (Die Rebellion der Massen)*, noch ein paar Zeilen widmen. Ortega warnt davor, dass der Verzicht auf ein gemeinsames Leben auf der Grundlage der Kultur eine Rückkehr in den Alltag der Barbarei bedeutet. In diesem Sinne sagte Rudolf: „Dass Sie nicht versuchen, mich mit Argumenten umzustimmen, sondern im Gegenteil jede Diskussion ablehnen und versuchen, mich ins Gefängnis zu schicken, ist genau diese Rückkehr zur Barbarei". Als Hauptangriffsziel des unter anderem von Gandhi propagierten gewaltfreien Widerstands nannte er dann den deutschen Staat, weil er die Freiheit der friedlichen Bürger einschränkt, vor der er sich zu schützen vorgibt.

Rudolf erinnerte unter Berufung auf Texte maßgeblicher Intellektueller an die Kuba-Krise, den Vietnamkrieg, den Versuch der NATO, Atomraketen auf deutschem Boden zu stationieren, und die gesellschaftliche Ablehnung der Atomenergie als Beispiele für Widerstand bzw. zivilen Ungehorsam in der Bundesrepublik. „Im Falle des Revisionismus oder in meinem Fall", sagte er, „richtet sich der Ungehorsam oder Widerstand gegen ein verfassungswidriges Gesetz und besteht nur darin, dieses, und zwar ausschließlich dieses, bewusst zu ignorieren und zu verletzen." Rudolf berief sich zur Legitimation seines Widerstandsrechts auf ein Zitat aus dem Grundgesetz, konkret auf Artikel 20 Absatz 4: „Jeder Deutsche hat das Recht zum Widerstand gegen jeden, der diese Ordnung beseitigen will, wenn keine andere Abhilfe möglich ist." So erklärte der Angeklagte schließlich vor Gericht, er erfülle seine verfassungsmäßige Pflicht, indem er Widerstand leiste und dafür kämpfe, eine Situation zu ändern, in der der Staat ungerecht und totalitär agiere.

Germar Rudolf beendete diesen vierten Teil seiner Verteidigungsrede, indem er jede Art von gewaltsamem Widerstand strikt ablehnte, denn Gewalt erzeugt Gewalt. Er appellierte jedoch an die Kollektive und Institutionen, die in der Lage sind, die Situation zu verbessern. Insbesondere appellierte er an parlamentarische und juristische Initiativen, soziale Organisationen, Intellektuelle, die Medien und das deutsche Volk insgesamt, zur Verteidigung der Meinungsfreiheit zu demonstrieren. Was das letztgenannte Mittel des Protestes gegen das Unrecht betrifft, so stellte er fest, dass die Abhilfe durch öffentliche Proteste sich leider als unmöglich erweise, da im April 2006, während er auf den Beginn seines Prozesses wartete, eine Demonstration in Mannheim mit der Begründung verbotener Meinungsäußerungen im Verlauf der Demonstration verboten worden sei. „Tja, wissen Sie", kommentierte Rudolf, „wenn es nicht so tieftraurig wäre, müsste man eigentlich eine Satire darüber schreiben."

Nach sieben Tagen zermürbender Sitzungen war es für Rudolf an der Zeit, vor den Richtern seine eigene „Schlussfolgerung" zu formulieren. Zunächst erinnerte er an die Grundsätze, die er als Verleger vertreten hatte, und betonte, dass keines der von ihm veröffentlichten Bücher anderen die Menschenrechte verweigerte, dies vorschlug oder rechtfertigte, was nicht ausschloss, dass er Texte herausgegeben hatte, mit denen er nicht einverstanden war. Er behauptete, nach einer Idee gehandelt zu haben, die Voltaire zugeschrieben wird, der geschrieben hätte: „Ich verabscheue, was du sagst, aber ich werde dein Recht, es zu sagen, bis in den Tod verteidigen". Es scheint, dass die Zuschreibung des Zitats an Voltaire falsch ist, wie in einer Fußnote in *Resistance is Obligatory* eingeräumt wird. Wir wollen jedoch die Gelegenheit nutzen, um einen anderen Gedanken zu zitieren, der ebenfalls Voltaire zugeschrieben wird und den Rudolf vielleicht selbst hätte verwenden können: „Um herauszufinden, wer dich beherrscht, musst du nur herausfinden, wen du nicht kritisieren kannst „. In Bezug auf sein vitales Bedürfnis, sich in Freiheit auszudrücken, heben wir dieses Fragment der Schlussfolgerung hervor:

> „Professor Faurisson sagte einmal, er sei wie ein Vogel, dessen Natur es ist zu singen. Selbst wenn man ihn in einen Käfig sperren würde, würde er noch singen.

Und das ist auch meine Art zu sein. Es ist Teil meines Charakters, meiner Persönlichkeit, ja, es liegt mir sogar in den Genen, dass ich den Mund nicht halten kann, dass ich meine Meinung sagen muss, vor allem, wenn ich glaube, eine Ungerechtigkeit zu entdecken. In diesem Fall wird mich nichts zum Schweigen bringen. So wie ein Schwarzer nichts dafür kann, dass er schwarz ist, kann ich nichts dafür, dass ich meine Meinung sage. Dies zu bestrafen ist genauso ungerecht, wie einen Schwarzen dafür zu bestrafen, dass er schwarz ist".

An den vorsitzenden Richter Matthias Schwab gewandt, erinnerte er ihn daran, dass sein pensionierter Kollege Günther Bertram, ehemaliger Präsident des Landgerichts, in einem Artikel in der *Neuen Juristischen Wochenschrift* alle Probleme im Zusammenhang mit dem Paragraphen 130 des Strafgesetzbuches zum Ausdruck gebracht habe. Rudolf las den Text vor dem Gericht vollständig vor, da es sich um einen Artikel eines Experten handelte, der „die Verfassungswidrigkeit des Gesetzes, nach dem er verfolgt wurde, deutlich hervorhob". Er widersprach jedoch Bertrams Meinung über die Shoah, die nach Ansicht des Juristen das deutsche Tabu über Auschwitz rechtfertigte, und widersprach auch Bundesinnenminister Wolfgang Schäuble, der das Tabu nicht nur gerechtfertigt, sondern im Gegensatz zu Bertram auch dessen gerichtliche Umsetzung unterstützt hatte. Schäuble, der von April 1989 bis Oktober 1991 und von November 2005 bis Oktober 2009 zweimal Innenminister war, wurde am 28. Oktober 2009 von Angela Merkel zum Finanzminister der Bundesrepublik Deutschland ernannt, ein Amt, das er zum Zeitpunkt der Erstellung dieses Berichts immer noch innehat. Da er eine Schlüsselfigur in der Wirtschaftspolitik der Europäischen Union ist, ist es von Interesse, den Text zu kennen, den Rudolf Schäuble vor den Richtern, die ihn verurteilten, zitierte und der am 24. April 1996 in der *Frankfurter Allgemeinen Zeitung* im Rahmen eines Gesprächs mit Ignatz Bubis, dem damaligen Präsidenten des Zentralrats der Juden in Deutschland, veröffentlicht wurde:

„Zur Frage, ob die Lüge über Auschwitz eine Straftat ist, und zum Verbot nationalsozialistischer Symbole will ich nur so viel sagen: Wir könnten an einem abstrakten Ort wunderbar darüber diskutieren, ob es rechtlich gesehen Unsinn ist oder nicht, Meinungsäußerungen zu unterdrücken. Aber das muss man tun, weil wir eben nicht an einem abstrakten Ort handeln, sondern wir haben konkrete historische Erfahrungen gemacht. Ich glaube nicht, dass diese gesetzlichen Bestimmungen bis in alle Ewigkeit Bestand haben werden; aber hier und heute ist es richtig, durch Gesetze, die man aus rein juristischen Erwägungen als problematisch ansehen könnte, zu sagen: Es gibt hier Grenzen und Schranken, und da hört der Spaß auf."

Rudolf fand den Text offensichtlich inakzeptabel und bezeichnete ihn als „absurde geistige Zensur". Um den pseudologischen Charakter der Argumentation zu verdeutlichen, verwendete er einen Text aus seinem 1996 erschienenen Buch *Kardinalfragen*, den er den Richtern ebenfalls vorlas:

„Nun weiß jeder: Die Verfolgung revisionistischer Historiker findet nicht aus juristischen Gründen statt, denn Gesetze, die zur Bestrafung anspruchsvoller

Meinungen geschaffen werden, können als problematischer Unsinn bezeichnet werden. Vielmehr müssen irgendwelche angeblichen „historischen Erfahrungen" als Vorwand herhalten, um eine offene Debatte über eben diese historischen Erfahrungen zu verbieten. Oder anders formuliert:
Art. 1: Die Partei hat immer Recht.
Art. 2: Wenn die Partei nicht im Recht ist, gilt automatisch Artikel 1"'.

Nach dem Termin wandte sich Rudolf empört an das Gericht, um zu erklären, dass „die Inhaftierung dissidenter Historiker kein problematischer Unsinn, sondern ein regelrechtes Verbrechen" sei und bat die Richter, die Passagen des Strafgesetzbuches zu überprüfen, in denen von der Verfolgung Unschuldiger und rechtswidriger Inhaftierung die Rede sei. Dann erinnerte er daran, dass der Direktor des Max-Planck-Instituts, Dr. Arndt Simon, ihm am 3. Mai 1993, nach der Veröffentlichung des *Rudolf-Berichts*, in einem persönlichen Gespräch Folgendes mitteilte:

> „Jede Epoche hat ihre Tabus. Auch wir Forscher haben die Tabus unserer Zeit zu respektieren. Wir Deutschen dürfen dieses Thema (die Vernichtung der Juden) nicht anfassen, das müssen andere tun. Wir müssen akzeptieren, dass wir, die Deutschen, weniger Rechte haben als andere.

Die Parallelen zwischen seiner Situation und der von Galileo Galilei nahmen den letzten Teil seiner Rede ein. Der eine wurde 1564 geboren, der andere vierhundert Jahre später, im Jahr 1964. Keiner von beiden konnte sein Universitätsexamen ablegen. Beide hatten zwei Töchter und einen Sohn. Beide waren Wissenschaftler und Autoren. In beiden Fällen war das Hauptwerk ein 500-seitiges Buch, das aus demselben Grund verboten, beschlagnahmt und verbrannt worden war: um ein Dogma ihrer Zeit abzulehnen, das den Unfehlbarkeitsanspruch mächtiger Gruppen untergrub. Beide waren wegen der Leugnung des Dogmas angeklagt und verurteilt worden, und beide hatten ihre Freiheit verloren. Die lange Rede von Germar Rudolf endete mit den folgenden Worten:

> „Meiner Meinung nach geht es in diesem Prozess nicht wirklich um mich und meine Bücher. Dieser Prozess ist ein Wendepunkt. Hier wird sich entscheiden, ob es in Zukunft möglich sein wird, in Deutschland eine führende Position auf geistigem, kulturellem und wissenschaftlichem Niveau zu halten oder wiederzuerlangen, oder ob Deutschland auf einem zweit- oder drittklassigen Niveau bleiben wird. Die Entscheidung darüber liegt bei Ihnen. Deshalb kann ich am Ende meiner Ausführungen nur an Sie appellieren:
> Meine Herren, gebt uns die Freiheit des Denkens" (aus Schiller in *Don Carlos*)
> Und in Anlehnung an Martin Luther muss ich feststellen:
> Ich sage das alles; ich kann nichts anderes tun, so wahr mir Gott helfe!'
> Ich danke Ihnen für Ihre Aufmerksamkeit.

Nach vierundvierzig Monaten Haft wurde Germar Rudolf am 5. Juli 2009 entlassen. Als er 2011 endlich eine „Green Card" erhielt, die uneingeschränkte Erlaubnis, zu seiner Familie in die Vereinigten Staaten zu reisen, konnte Rudolf dort *„Resistance is Obligatory"* veröffentlichen.

Horst Mahler, vom radikalen Linken zum Holocaust-Leugner

Der Fall des Rechtsanwalts Horst Mahler ist, wie der von Zündel und Rudolf, an sich schon außergewöhnlich. Mahler wurde ab 2003 verfolgt, weil er die versteckte Lüge hinter den Anschlägen vom 11. September 2001 anprangerte. Jahre später, im Jahr 2006, begannen die ersten Verurteilungen wegen der Leugnung der systematischen Vernichtung der Juden. Der heute Dreiundsiebzigjährige wurde 2009 zu sechs Jahren Gefängnis verurteilt, eine Strafe, die später auf elf Jahre verlängert wurde. Während seiner Haft, wahrscheinlich im Jahr 2010, heiratete Mahler die wesentlich jüngere Anwältin und enge Freundin Sylvia Stolz, die eine Haftstrafe verbüßte, weil sie als Verteidigerin von Ernst Zündel den Holocaust in Frage gestellt hatte. Der Zustand von Horst Mahler, der an Diabetes erkrankt war, verschlechterte sich im Gefängnis aufgrund von Bewegungsmangel, schlechter Ernährung und unzureichender medizinischer Behandlung stetig, was sein Sohn in einem offenen Brief anprangerte. Am 29. Juni 2015, kurz vor seinem achtzigsten Geburtstag, wurde er aufgrund einer Septikämie, einer schweren Infektion, die sich im ganzen Körper ausbreiten kann, in einem kritischen Zustand ins Krankenhaus eingeliefert. Um das Schlimmste zu verhindern, musste sein Fuß amputiert werden.

Horst Mahler wurde 1936 als Sohn eines Zahnarztes in Haynau/Schlesien geboren. Sein Vater, ein überzeugter Nationalsozialist, beging Jahre nach seiner Entlassung aus amerikanischer Gefangenschaft Selbstmord. Nach dem Tod des Familienoberhaupts siedelte die Familie 1949 nach Berlin über, wo Mahler an der Freien Universität Jura studierte. Als es ihm gelang, sich selbständig zu machen, begann er, Angeklagte aus der linken Studentenbewegung und der Außerparlamentarischen Opposition (APO) zu verteidigen. Im Jahr 1969 verteidigte er Andreas Baader und Gudrun Ensslin, die angeklagt waren, ein Kaufhaus in Brand gesetzt zu haben. Anfang der 1970er Jahre sollte Horst Mahler zum Vater der RAF (Rote Armee Fraktion) werden, da er es offenbar war, der Baader und Ensslin überredete, eine „Guerilla" zu bilden. Im März 1970 verurteilte ihn das Landgericht West-Berlin wegen seiner Beteiligung an den Ausschreitungen vor dem Axel-Springer-Haus in Berlin zu zehn Monaten Haft. Er wurde zwar auf Bewährung freigelassen, aber im Juni zu einer Geldstrafe von 75.800 Mark verurteilt, weil er dem Axel-Springer-Verlag Schaden zugefügt hatte. Daraufhin beschloss er, mit Ulrike Meinhof, Gudrun Ensslin, dem gewaltsam aus dem Gefängnis entkommenen Andreas Baader und weiteren Sympathisanten der „Roten Armee Fraktion" (RAF) nach Jordanien zu fliehen, um sich der palästinensischen Guerilla anzuschließen. Dort wollten sie sich für den bewaffneten Kampf ausbilden lassen. Am 8. Oktober 1970 tappte Mahler in eine Falle und wurde in Berlin-Charlottenburg verhaftet. Ihm wurde vorgeworfen, den gewaltsamen Ausbruch von Andreas Baader aus dem Gefängnis geplant und sich daran beteiligt zu haben.

Es ist klar, dass Horst Mahler zu diesem Zeitpunkt seines Lebens das wahre Wesen des Kommunismus noch nicht erkannt hatte und die Fälschung von Geschichte und Realität noch nicht verstanden hatte. Im Mai 1972 konnte ihm das Gericht seine Beteiligung an der Flucht von Andreas Baader nicht nachweisen und sprach ihn frei, aber er blieb wegen anderer Verbrechen in Haft. Im Oktober desselben Jahres kam es zum Prozess, in dem er wegen Organisation und Beteiligung an einer kriminellen Vereinigung angeklagt wurde. Am 26. Februar 1973 wurde er für die Gründung der RAF, auch bekannt als Baader-Meinhof-Bande, und für seine Beteiligung an einigen ihrer Gewalttaten verurteilt. Das Urteil von zwölf Jahren Haft wurde viel diskutiert und in juristischen Kreisen als inkonsequent angesehen. Im Juli 1974 wurde Mahler die Zulassung zur Rechtsanwaltschaft entzogen.

In diese stürmischen Jahre fiel auch der Skandal um den angeblichen Selbstmord der RAF-Führer in ihren Zellen. Andreas Baader, Gudrun Ensslin, Jan-Carl Raspe und Ulrike Meinhof waren 1972 verhaftet worden. Meinhof, die im Prozess gegen Horst Mahler ausgesagt hatte, war mit sehr harten Haftbedingungen konfrontiert: Nach ihrer Verhaftung verbrachte sie 236 Tage in totaler Isolation. Nach zweijährigen Vorverhandlungen wurde sie am 29. November 1974 zu acht Jahren Haft verurteilt. Am 19. August 1975 wurden Meinhof, Baader, Ensslin und Raspe gemeinsam wegen vierfachen Mordes, vierundfünfzigfachen Mordversuchs und Bildung einer kriminellen Vereinigung angeklagt. Noch vor Ende des Prozesses, am 9. Mai 1976, wurde U. Meinhof tot in ihrer Zelle im Gefängnis Stammheim aufgefunden: Sie hatte sich angeblich erhängt. Auf Ersuchen ihres Anwalts versuchte eine internationale Untersuchungskommission 1978, Zugang zum ersten Autopsiebericht zu erhalten, was die Behörden jedoch ablehnten. Die internationale Kommission stellte in ihrem Bericht fest, dass „die anfängliche Behauptung, Meinhof habe Selbstmord begangen, jeglicher Grundlage entbehrt". Am 18. Oktober 1977 waren auch Andreas Baader und Jan-Carl Raspe mit Schussverletzungen tot in ihren Zellen aufgefunden worden, während Gudrun Ensslin sich mit einem Seil aus Lautsprecherdraht erhängt hatte.

Mit diesem Überblick über den Freundeskreis von Horst Mahler können wir uns nun dem Wandel zuwenden, der ihn zu einem hartnäckigen Holocaust-Leugner machen sollte. Im Juli 1979 wurde Mahler für den Rest seiner Strafe ein offenes Regime zugestanden, und schließlich wurde er im August 1980, nach zehn Jahren Haft, auf Bewährung entlassen, nachdem er den Terrorismus verurteilt und öffentlich erklärt hatte, dass er die Methoden der RAF ablehne. Interessanterweise war sein Anwalt Gerhard Schröder, der spätere Bundeskanzler der Bundesrepublik Deutschland. Im Jahr 1987 wurde sein Antrag auf Wiederzulassung abgelehnt, doch dank Schröders guter Arbeit wurde die Angelegenheit 1988 erneut geprüft und er erhielt seine Rechte als Rechtsanwalt zurück.

In den folgenden zehn Jahren erfuhr Horst Mahlers Denken einen tiefgreifenden Wandel. Bereits 1997 hatte sich seine politische Ideologie geändert. Einer der Menschen, die seine Entwicklung am meisten beeinflussten, war Günter Rohrmoser. Am 1. Dezember 1997 hielt Mahler auf der Feier zu Rohrmosers siebzigstem Geburtstag eine Rede, in der er anprangerte, dass Deutschland ein besetztes Land sei und sich aus der Schuldsklaverei befreien müsse, um seine nationale Identität wiederherstellen zu können. Ein Jahr später veröffentlichte er in der Wochenzeitung *Junge Freiheit* einen Artikel mit dem Titel „Zweite Steinzeit", in dem er seinen Übertritt zur völkischen Ideologie (antimaterialistischer romantischer Idealismus, der auf den Begriffen Volk, Vaterland, Blut und Tradition beruht) erklärte. Im Jahr 2000 trat er in die Nationaldemokratische Partei Deutschlands (NPD) ein, deren Anhänger er wurde.

Bereits im März 2001 wurde er mit revisionistischen Ideen in Verbindung gebracht. Ein Beweis dafür ist, dass er zu den Teilnehmern einer Konferenz mit dem Titel „Revisionismus und Zionismus" gehörte, die vom 31. März bis 3. April 2001 in Beirut stattfand. Horst Mahlers Name tauchte neben Rednern wie Robert Faurisson, Frederick Töben, Doktor der Philosophie und Direktor des Adelaide Institute in Australien, Max Weber, Direktor des IHR, Henri Roques, Autor der Doktorarbeit über Gersteins „Geständnisse", Oleg Platonov, russischer Historiker, und Roger Garaudy, französischer Philosoph, der wie Mahler aus dem marxistischen Lager stammt und 1998 von einem Pariser Gericht zu einer Geldstrafe von 45.000 Dollar für die Veröffentlichung von Gersteins „Geständnissen" verurteilt worden war, auf.45.000 Dollar für die Veröffentlichung von *„The Founding Myths of the State of Israel"*. Drei der einflussreichsten jüdischen Organisationen - der Jüdische Weltkongress, die Anti-Defamation League (ADL) und das Simon Wiesenthal Center - setzten sich mit Unterstützung der US-Regierung und einiger Kongressabgeordneter bei der libanesischen Regierung für ein Verbot des Treffens ein,. Wie vorauszusehen war, hatten die „Freunde" der Rede- und Gedankenfreiheit Erfolg und die libanesischen Behörden gaben neun Tage vor Beginn der Konferenz bekannt, dass diese abgesagt wurde.

Wie bereits erwähnt, begann Mahlers Verfolgung in Deutschland, weil er die Anschläge vom 11. September 2001 anprangerte. Im Jahr 2003 wurde er wegen „Störung der öffentlichen Ordnung" und „Volksverhetzung" angeklagt. Mahler sagte vor Gericht aus, dass es nicht wahr sei, dass Al-Qaida etwas mit den Anschlägen zu tun habe. Im Jahr 2004 wurde er wegen der Verbreitung von Videos und anderen Dokumenten, die den Holocaust leugnen, angeklagt. Im Jahr 2006 zogen die deutschen Behörden seinen Reisepass ein, um ihn an der Teilnahme an der „International Conference for the Global Review of the Holocaust" in Teheran zu hindern, auf die wir im Zusammenhang mit der Verfolgung von Professor Faurisson näher eingehen werden. Im Jahr 2007 wurden neue Anschuldigungen gegen ihn erhoben, nachdem er am 4. Oktober im Kempinski Hotel am Münchner Flughafen ein langes Interview für die Zeitschrift *Vanity Fair* gegeben hatte. Es wurde am 1. November 2007 veröffentlicht und der Autor des Interviews, Michel Friedman, ehemaliger Vizepräsident des Zentralrats der Juden in Deutschland, prangerte Mahler mit der Begründung an, er habe ihn mit erhobenem Arm in Hitler-Manier begrüßt und „Heil Hitler, Herr Friedman! Friedman stellte den Interviewten als einen verrückten Nazi dar, der die deutsche extreme Rechte mit seinen antisemitischen Theorien inspiriere und der als Anwalt der NPD deren Verbot verhindert habe. Während des Interviews sagte Mahler dem jüdischen Journalisten, dass die angebliche Vernichtung der Juden in Auschwitz eine Lüge sei. Aufgrund der

Anzeige von Friedman wurde Mahler am 23. November 2007 zu sechs Monaten Haft ohne Kaution verurteilt.

Im Februar 2009 berichtete die internationale Nachrichtenagentur Associated Press, dass Horst Mahler, ein 73-jähriger Neonazi, der 1970 die Rote Armee Fraktion ( ), eine linksextreme Terrorgruppe, gegründet hatte, zu sechs Jahren Gefängnis verurteilt worden war. Ihm wurde vorgeworfen, Holocaust-Leugnungsvideos im Internet veröffentlicht und CDs verteilt zu haben, die zu antijüdischem Hass und Gewalt aufriefen. Mahler, der aufgrund seiner Erfahrung als Anwalt wusste, dass er vom Gericht nichts zu erwarten hatte, verschwendete während des Prozesses keine Zeit damit, sich zu entschuldigen oder eine Strafmilderung anzustreben, sondern begann seine Intervention mit der Einreichung einer Klage gegen sich selbst. Als Richter Martin Rieder, der dem Gericht in München vorstand, ihn hörte, nannte er seine Worte „nationalistisches Gequäke". Laut Associated Press warf Richter Rieder ihm vor, „das Gericht zu benutzen, um seine Hassbotschaft zu verbreiten". In seiner einstündigen Rede bekräftigte Mahler, dass „der Holocaust die größte Lüge der Geschichte" sei, und fand bewundernde Worte für den englischen katholischen Bischof Richard Williamson, der kürzlich in einem Interview im schwedischen Fernsehen die Vernichtung der Juden geleugnet hatte.

Rieder war über die Arroganz und den Trotz Mahlers so empört, dass er in seinem Urteil vom 21. Februar 2009 die Strafe um ein Jahr über die gesetzliche Höchststrafe von fünf Jahren erhöhte. Zur Begründung erklärte der Richter, der Angeklagte sei „stur und nicht umerziehbar". Das Simon-Wiesenthal-Zentrum in Jerusalem erklärte zu dem Urteil: „Es unterstreicht die Botschaft, dass es keine Toleranz für Holocaust-Leugnung gibt, und erinnert die Gerichte ernsthaft daran, dass sie sich nicht von Leugnern zur Verbreitung ihrer Lügen benutzen lassen dürfen." Drei Wochen später, am 11. März 2009, verlängerte ein Potsdamer Gericht das Urteil um vier Jahre und neun Monate, was in Anbetracht von Mahlers fortgeschrittenem Alter einer lebenslangen Haftstrafe gleichkam. Erneut hatte Mahler den Holocaust geleugnet und viele der Deutschland zugeschriebenen Kriegsverbrechen in Frage gestellt.

Horst Mahler hatte sich entschlossen, vor dem Münchner Gericht Anklage gegen sich selbst zu erheben, um ein Zeichen für die sich in Deutschland formierende Bewegung des zivilen Ungehorsams zu setzen. Viele seiner Unterstützer waren sich jedoch darüber im Klaren, dass er außerhalb des Gefängnisses nützlicher wäre. „Warum tust du das?", hatten sie ihn gefragt, ohne zu verstehen, was sie missbilligten. Um ihnen zu antworten, gelang es Mahler, vor seiner Inhaftierung einen Text für die öffentliche Meinung zu schreiben. Darin, der als eine Art politisches Testament gilt, versuchte er deutlich zu machen, dass es nicht nur um das Recht auf Meinungsäußerung, sondern auch um das Recht auf Überleben geht:

> „Wenn man wie ich erkennt, dass die Religion des Holocausts die Hauptwaffe für die moralische und kulturelle Zerstörung der deutschen Nation ist, dann wird klar, dass es um nicht mehr und nicht weniger geht als um das kollektive Recht auf Selbstverteidigung, d.h. das Recht Deutschlands zu überleben. Überleben geht alle an!

Glaubt die Welt wirklich, dass wir Deutschen uns als Volk unterwürfig zerstören lassen, dass wir passiv zulassen, dass unser nationaler Geist kampflos ausgelöscht wird? Welcher Jurist kann schon behaupten, dass Selbstverteidigung eine Straftat ist? Als Volk und als kollektive Einheit haben wir eine nationale und geistige Natur. Der sicherste Weg, Deutschland als geistiges Gebilde zu vernichten, ist die Zerstörung unserer nationalen Seele und unserer Identität, so dass wir nie mehr wissen werden, wer oder was wir sind. Die Zerstörung unserer nationalen Seele ist genau das Ziel unseres Feindes, der von uns verlangt, dass wir sein Holocaust-Dogma unhinterfragt akzeptieren und aufhören zu betonen, dass sein phantastischer Holocaust nie stattgefunden hat. Dafür gibt es keine Beweise! Wenn wir erst einmal begriffen haben, dass wir von der Vernichtung bedroht sind, werden wir keinen Zweifel mehr daran haben, wer unser Feind ist: Es ist der alte Völkermörder. Wenn wir das verstanden haben, werden wir seine Lügen und Falschdarstellungen nicht mehr passiv hinnehmen."

Wie man sieht, rief Mahler entschlossen zum Widerstand als existenzielle Notwendigkeit für Deutschland auf. Ein Teil des Textes war der Erläuterung des jahrelangen bewaffneten Kampfes der Roten Armee Fraktion (RAF) gewidmet. Mahler erklärte, dass er und seine Kameraden damals gegen „das System" kämpfen wollten und dass sie glaubten, was „das System" ihnen in den Schulen über den Holocaust beigebracht hatte. Er gibt zu, dass sie sogar die von den Amerikanern verbreitete antideutsche Propaganda „gekauft" haben. Zu dieser Erkenntnis gelangte er 2001, als er als Anwalt Frank Rennicke verteidigen musste, einen patriotischen Liedermacher, der wegen Holocaust-Leugnung angeklagt und verurteilt worden war. Mit der Übernahme von Rennickes Verteidigung begann er eine Untersuchung, die ihn auf den Weg zu einem neuen Verständnis der historischen Fakten brachte. Sehen wir uns einen weiteren Auszug aus Mahlers politischem Testament an:

„Es ist klar, dass die Sieger oder der Sieger des Zweiten Weltkriegs (der einzige wirkliche Sieger war das internationale Judentum) große Anstrengungen unternommen haben, um sicherzustellen, dass die Grundlage der jüdischen Herrschaft, in erster Linie der religiöse Kult des Holocaust, rechtlich unwiderlegbar sein würde. Dies war ihr Ziel, als sie die Bundesrepublik schufen, und es ist klar, dass der Oberste Gerichtshof schon vor langer Zeit eine Rechtsprechung übernommen hat, die darauf ausgerichtet ist, den Holocaust aufrechtzuerhalten. Der Auftrag, den Holocaust zu schützen, liegt sowohl dem Grundgesetz als auch der Bundesrepublik zugrunde. Dies ist die Grundlage für die Beherrschung Deutschlands durch seine Feinde. Der deutsche Außenminister Joschka Fischer hat dies sehr deutlich gemacht, als er den Holocaust und die Unterstützung Israels als die Daseinsberechtigung der Bundesrepublik bezeichnete."

In seinen Schriften appellierte Mahler an seine Landsleute, Widerstand zu leisten und den Stolz auf das Deutschsein wiederzuerlangen. Er bekräftigte seine Überzeugung, dass das, was er getan hatte, das Beste war, was er tun konnte, und räumte ein, dass er, allein kämpfend und auf sich selbst angewiesen, nichts anderes tun konnte, als „die Wahrheit immer wieder zu wiederholen", da er im Internet ein Versprechen hinterlassen hatte, dass er „niemals aufhören würde, diese Wahrheit zu wiederholen". Was die elf Jahre Gefängnis angeht, die ihm bevorstehen, räumte er ein, dass mit seinen dreiundsiebzig Jahren alles möglich sei, was er mit einem Satz aus dem Matthäus-Evangelium begründete: „Wer nicht bereit ist, sein Kreuz auf sich zu nehmen, ist meiner nicht würdig." Mahler zeigte schließlich seine Hoffnung auf die Kraft und Stärke der Kirche. Obwohl er beklagte, dass ihre Führung von den Juden korrumpiert und unterminiert worden sei, war er zuversichtlich, dass sie „der Fels sein könnte, an dem das Schiff der großen Lüge zerschellen und untergehen könnte." Der Text endete mit der Überzeugung, dass nur die Wahrheit die Freiheit bringen werde:

> „Ich wollte ein Beispiel geben. Ich habe oft gesagt, dass unsere Revolution die einfachste ist, die je gemacht werden konnte. Wir brauchen nur ein paar tausend Menschen, die aufstehen und die Wahrheit klar aussprechen, wie Bischof Williamson es getan hat und wie ich es versucht habe, zusammen mit anderen, die verfolgt wurden, weil sie die Wahrheit gesagt und Germar Rudolfs *Vorlesungen über den Holocaust* verbreitet haben. Der Endsieg der Wahrheit ist unausweichlich, ebenso wie die Niederlage des globalen zionistischen Imperiums."

Wenn man die absolute Kontrolle von Nationen und Völkern durch die Wirtschaft, die Medien und kooptierte Politiker betrachtet und sieht, was in den Gerichten in Deutschland und anderen europäischen Ländern geschieht, erscheint die Idee einer Revolution, der „einfachsten aller Zeiten", von Tausenden von Menschen, die die Wahrheit herausschreien, nicht richtig. Man muss zugeben, dass die Gerichte eines Landes nur mit absoluter Macht gezwungen werden können, so zu verfahren, wie es in der Bundesrepublik Deutschland geschieht. Wie auch immer man es betrachtet, es ist abartig, wenn ein Angeklagter vor Gericht sagt, dass er nicht lügt, dass er Beweise dafür hat, dass er die Wahrheit sagt, dass er sie zeigen will, und wenn die Richter antworten, dass sie diese Beweise nicht sehen wollen, weil er den Holocaust geleugnet hat. Die Perversion erreicht wahnwitzige Ausmaße, wenn man bedenkt, dass der Verteidiger, wenn er versucht zu beweisen, dass sein Mandant die Wahrheit sagt, gewarnt wird, dass sein Vorgehen illegal ist, dass er entmündigt wird und dass er ins Gefängnis kommt. Der Richter, der Sylvia Stolz die Verteidigung von Ernst Zündel entzog, sagte ihr, er könne verstehen, wenn ein Angeklagter sich so verhalte, wie Zündel es getan habe, aber es sei dann die Pflicht des Anwalts, seinem Mandanten zu sagen, dass das, was er tue, illegal sei. Das ist die monströse Formel für Holocaust-Justiz.

Zwei Jahre nach der Inhaftierung von Horst Mahler organisierten Kevin Käther, ein junger deutscher Revisionist, der seinem Beispiel folgen wollte, und sein Anwalt Wolfram Nahrath eine Demonstration vor dem Gefängnis in Brandenburg, etwa achtzig Kilometer von Berlin entfernt, wo Mahler inhaftiert war. Ziel war es, seine Freilassung, die von Sylvia Stolz und die Aufhebung des Paragraphen 130 des Strafgesetzbuches zu fordern. Auch Käther hatte sich vor Gericht schuldig bekannt und war, obwohl er 2010 zu 20 Monaten Haft verurteilt worden war, überraschend auf Bewährung freigelassen worden. Am 26. März 2011 versammelten sich rund dreihundert Menschen auf dem

Gefängnisparkplatz, darunter Revisionisten, die aus Frankreich, Belgien, Großbritannien, Österreich, der Schweiz, Japan und anderen Teilen Deutschlands angereist waren.

Rechtsanwalt Nahrath wandte sich an die Demonstranten und teilte ihnen mit, dass die Veranstaltung von 12.00 bis 16.00 Uhr genehmigt sei. Anschließend verlas er einen bewegenden Text, in dem er Mahler als Idealisten, als Freiheitskämpfer bezeichnete. Wolfram Nahrath prangerte die Scheinheiligkeit der so genannten Demokratien an, die die Unterdrückung der Menschenrechte in China verurteilen, während sie ihre eigenen Dissidenten wegen Gedankenverbrechen inhaftieren. Als Beispiel für die Doppelmoral erinnerte er daran, dass der Friedensnobelpreis an den chinesischen Dissidenten Liu Xiaobo verliehen wurde, während Horst Mahler eine unmenschliche Strafe für einen Mann seines Alters verbüßte. Dr. Rigolf Hennig und Ursula Haverbeck, beide von der Europäischen Aktion, sprachen ebenfalls. Haverbeck, die kürzlich zu einer zehnmonatigen Haftstrafe verurteilt wurde, obwohl sie fast 90 Jahre alt ist, sagte mit außerordentlicher Klarheit, dass Deutschland „tief verwundet" worden sei und dass die BRD (Bundesrepublik Deutschland) „nicht der Staat des deutschen Volkes" sei. Der britische Politiker Richard Edmonds sprach im Namen einer Gruppe britischer Revisionisten und bezeichnete das, was nicht nur in Deutschland, sondern in der Europäischen Union geschehe, als „skandalös" und „zynisch". Als letzte Rednerin ergriff Lady Michèle Renouf, ein bekanntes englisches revisionistisches Model, das die Website *Jailing Opinions* betreibt, das Wort.

Im Januar 2013 hatte Horst Mahler im Gefängnis ein Buch fertiggestellt, das nie veröffentlicht werden wird, das aber auf Deutsch im PDF-Format gelesen werden kann: *Das Ende der Wanderschaft. Gedanken über Gilad Atzmon und die Judenheit"*. Das Werk entstand nach der Lektüre eines Buches, das ein Freund dem Gefängnis geschickt hatte: *The Wandering Who?*, ein 2011 veröffentlichtes Werk von Gilad Atzmon, einem antizionistischen jüdischen Dissidenten, der in London im Exil lebt[16]. Mahlers Buch bestand aus einer Reihe

---

[16] Wir könnten einen langen Artikel über Gilad Atzmon schreiben, denn er verdient es, bekannt und anerkannt zu werden. Der 1963 in Tel Aviv geborene Gilad Atzmon erlebte den Libanonkrieg 1982 als Tsahal-Soldat und wurde ein Freund des palästinensischen Volkes und ein Aktivist für dessen Sache. Im Jahr 1994 emigrierte er nach Großbritannien und nahm 2002 die britische Staatsbürgerschaft an. Nach seinem Philosophiestudium an der Universität von Essex wurde er durch seine Aktivitäten als Jazz-Saxophonist bekannt. Wegen seiner Kritik am Zionismus und seiner revisionistischen Ansichten zum Holocaust gilt er als Antisemit, und viele seiner zionistischen Gegner werfen ihm vor, „ein Jude zu sein, der sich dafür hasst, Jude zu sein". Seine Diskografie umfasst inzwischen mehr als ein Dutzend Titel, darunter die 2004 erschienene CD *Exile*, die von der BBC zum Album des Jahres gekürt wurde. Es ist ein bewegendes Werk, in dem sich fast alle Titel, darunter *Jenin, Al Quds* und *Land of Canaan*, auf das Leiden des palästinensischen Volkes beziehen. Zwei Palästinenser, der Musiker Dhafer Youssef und die Sängerin Reem Kelani, haben zusammen mit Gilad Atzmon an diesem Album gearbeitet. Bevor er *The Wandering Who* veröffentlichte, hatte Atzmon bereits zwei andere Bücher geschrieben. Das vorliegende Werk ist eine Untersuchung der zeitgenössischen jüdischen Identitätspolitik und Ideologie. Zu den zahlreichen Themen, die kritisch beleuchtet

historischer Betrachtungen zum Inhalt von Atzmons Buch, dem er im Vorwort vom 3. Januar 2013 herzlich für seine Ehrlichkeit und seinen Mut dankte: „Möge Gott ihm ein langes Leben, Gesundheit und Schaffenskraft schenken. Die Welt braucht Gilad Atzmon - und wisst: Es braucht nicht nur einen Gilad Atzmon, sondern viele Gilad Atzmons. Zwei Jahre später, am 11. Juni 2015, hat die Bundesprüfstelle für jugendgefährdende Medien das Buch von Horst Mahler auf die Liste der jugendgefährdenden Bücher gesetzt. Zu den Personen, die am 11. Juni um 11.30 Uhr vor dem Vorstand der Behörde erschienen, um dafür zu plädieren, Mahlers Werk nicht zu verbieten, gehörten der Pfarrer Friedrich Bode und Gerard Menuhin, Sohn des berühmten jüdischstämmigen Geigers Yehudi Menuhin und Autor des Buches *Tell the Truth and Shame the Devil*, in dem er den Holocaust für eine große historische Lüge hält.

Ende Juni 2015, nur wenige Tage nach dem Verbot des Buches, schrieb Horst Mahlers Sohn Axel Mahler einen Brief an den Pfarrer Friedrich Bode, um ihm mitzuteilen, dass sein Vater in einem kritischen Zustand auf der Intensivstation liege. Vier Jahre waren seit der Demonstration in Brandenburg für Horst Mahler vergangen, und die „Revolution der Tausenden, die die Wahrheit herausschreien", hatte immer noch nicht stattgefunden. Den deutschen Behörden, die auch nichts von der verzweifelten Gefängnissituation des revisionistischen Dissidenten wussten, bedeuteten ein paar Hundert offensichtlich nichts. Axel Mahler erklärte Bode in seinem Brief, dass die Zuckerkrankheit seines Vaters nicht richtig behandelt worden sei und dass er an einer schweren Infektion leide, die ihn um sein Leben fürchten lasse. Deshalb erwäge man, „rechtliche Schritte gegen die Justizbehörden wegen seiner Inhaftierung einzuleiten".

Am 4. Juli 2015 schrieb Ursula Haverbeck an Prof. Dr. Andreas Voßkuhle vom Bundesgerichtshof und forderte ihn in einem sehr strengen und kritischen Ton auf, das Leiden des Juristen und Philosophen Horst Mahler zu bedenken und sich nicht länger dem Diktat Israels zu unterwerfen, vertreten durch den „Zentralrat der Juden in Deutschland". Mit großem Mut und Risikobereitschaft bezeichnete sie den Holocaust als „die größte und hartnäckigste Lüge der Geschichte" und schrieb: „Ein Untat ohne Tatort ist keine Tatsache". Abschließend plädierte Ursula Haverbeck für schnelles Handeln, bevor es zu spät sei. Am 14. Juli 2015 meldete die Presse, dass Horst Mahler der linke Fuß amputiert worden war und dass er sich nach der Operation in einem stabilen Zustand befand. Nach der Operation blieb Mahler inhaftiert. Zunehmend verzweifelt, entschloss er sich schließlich im Oktober 2015, in einem verzweifelten Brief um Hilfe zu bitten:

> „Liebe Freunde, lange Zeit habe ich gezweifelt, ob ich um Hilfe bitten soll. Aber jetzt ist mein Leben in Gefahr. Mein linkes Bein wurde amputiert und die Ärzte versuchen, weitere Amputationen zu verhindern. Endlich hat sich ein Anwalt bereit erklärt, mich vor Gericht zu verteidigen. Da ich jedoch finanziell ruiniert bin, kann ich ihn mir nicht leisten. Außerdem muss der Vollzug meiner

---

werden, gehören der Hass jüdischer Rassisten auf Nichtjuden und die Rolle, die die Religion beim Holocaust spielte.

Bewährung finanziert werden. Sollte ich aus dem Gefängnis entlassen werden, wären einige Renovierungsarbeiten an meinem Haus erforderlich, um das Leben eines Invaliden zu ermöglichen.
Bitte helfen Sie mir, ich danke Ihnen im Voraus!
Horst Mahler".

Wenige Tage nach der Veröffentlichung dieser Petition veröffentlichten einige Medien am 6. Oktober 2015 die Nachricht, dass Horst Mahler, der kurz vor seinem achtzigsten Geburtstag stand, aus dem Brandenburger Gefängnis entlassen wurde, wo er fast sieben Jahre lang wegen eines Gedankenverbrechens inhaftiert gewesen war.

Sylvia Stolz, die kompromisslose Anwältin

Was mit der Anwältin Sylvia Stolz geschah, ist im Laufe der Schilderung der Schicksale von Zündel und Mahler deutlicher geworden. Auf jeden Fall ist das, was dieser mutigen Frau widerfahren ist, einen eigenen Platz in unserer *Outlaw History* wert. Wir beginnen ihr unglückliches „Abenteuer" im Dezember 2005, als sie als Verteidigerin im Prozess gegen Dr. Rigolf Hennig auftrat, einen Oberstarzt der Reserve, dem vorgeworfen wurde, in der von ihm selbst herausgegebenen Zeitung „*Reichsboten*" die „Bundesrepublik" verunglimpft zu haben. Hennig wurde vorgeworfen, die Legitimität der Bundesrepublik zu leugnen. Am Montag, den 12. Dezember, bedrohte Staatsanwalt Vogel in arroganter Weise die Verteidigerin Sylvia Stolz. Vogel warnte sie, dass sie, wenn sie ihre Verteidigung fortsetze, auch wegen Volksverhetzung und Verachtung der „Bundesrepublik" angeklagt werde und dass er nicht zögern werde, sie strafrechtlich zu verfolgen. Statt sich einschüchtern zu lassen, bedankte sich die Anwältin bei Vogel, denn, so sagte sie ihm, „durch seine Haltung bestärkt er seine These, dass der Prozess ein Schauprozess sei". Stolz vertrat die Ansicht, dass nicht deutsches Recht, sondern der Wille einer ausländischen Macht angewandt werde.

Im Laufe des Prozesses, der sich bis fast Ende Dezember 2005 hinzog, bewies Sylvia Stolz lobenswerte Kompetenz, indem sie Texte von jüdischen Intellektuellen wie Harold Pinter, der gerade den Nobelpreis für Literatur erhalten hatte, und Gilad Atzmon, den wir bereits vorgestellt haben, zitierte. Atzmon hatte gerade am 2. Dezember 2005 in Bochum einen Vortrag gehalten, in dem er öffentlich erklärt hatte, die Geschichte des Zweiten Weltkriegs und des Holocausts sei „eine von den Amerikanern und den Zionisten initiierte absolute Fälschung". Stolz zitierte auch Texte aus Germar Rudolfs *Vorlesungen über den Holocaust* und sagte voraus, dass dieses Werk „die Holocaust-Religion im Keim ersticken" werde. Am Ende wurde Dr. Hennig wegen Verunglimpfung der Bundesrepublik zu sechs Monaten Gefängnis verurteilt.

Fast zeitgleich mit dem Prozess gegen den Oberstabsarzt Rigolf Hennig hatte das Mannheimer Gericht, das Ernst Zündel verhandeln sollte, bereits mit den vorbereitenden Vorverhandlungen begonnen. Sylvia Stolz, deren Erfahrung und Sachkenntnis in Fragen des Nationalismus und der Verfolgung von

Revisionisten bekannt war, gehörte zu dem Team von Anwälten, das für die Verteidigung von Zündel ausgewählt worden war, zu dem auch Jürgen Rieger und der Österreicher Herbert Schaller gehörten. Sylvia Stolz wurde von dem Rechtsanwalt Horst Mahler unterstützt. Die erste Anhörung fand am Dienstag, dem 8. November 2005, statt. Mehr als dreißig Journalisten und etwa achtzig Zündel-Anhänger, darunter einige aus Kanada, Frankreich, dem Vereinigten Königreich und der Schweiz, versammelten sich im Mannheimer Gerichtsgebäude, das für seine antirevisionistische Euphorie bekannt ist.

Kaum hatte der Vorsitzende Richter Ulrich Meinerzhagen Name, Geburtsdatum, Beruf und Anschrift des Angeklagten verkündet, ging er auf die Verteidiger los. Er verlas das Urteil eines Berliner Amtsgerichts, das Horst Mahler die Ausübung seines Berufs untersagt hatte. Meinerzhagen zitierte ausführlich aus Mahlers revisionistischen Äußerungen und Kommentaren zur Judenfrage und dem Reich. Er verlangte daraufhin, ihn als Assistenten von Rechtsanwalt Stolz abzulösen, der sofort darauf hinwies, dass es dafür keinen Grund gäbe. Der Richter bestand darauf, dass er Mahlers Einfluss auf die Verteidigung als beträchtlich ansah, woraufhin Stolz entgegnete, dass es ihm überlassen sei, zu entscheiden, welche Schriften er zu seiner Verteidigung heranziehen würde, und dass dies allein in seiner Verantwortung liege. Der Richter drohte, Mahler gewaltsam zu entfernen und ihn einen Tag lang festzuhalten. Rechtsanwalt Rieger ergriff daraufhin das Wort und erklärte dem Richter, dass solche Angriffe auf die Verteidigung nicht einmal im Gulag vorkommen. Sylvia Stolz beharrte darauf, dass sie auf den Beistand von Rechtsanwalt Mahler nicht verzichten würde, doch ohne weitere Worte befahl der Richter den Polizisten, ihn abzuholen. Als Stolz sah, dass sie nichts mehr tun konnte, entschied sie sich, ihren Assistenten selbst zu entfernen, was es ihr ermöglichte, im Publikum zu sitzen, das sichtlich schockiert war. Meinerzhagen drohte daraufhin, den Saal zu räumen.

Es folgten weitere einschüchternde Warnungen für das Anwaltsteam: Der vorsitzende Richter machte deutlich, dass jede „Aufstachelung zum Hass" mit aller Härte geahndet würde, und drohte den Anwälten direkt mit der Anwendung von Paragraph 130 des Strafgesetzbuchs. Dann wies er darauf hin, dass er „pseudowissenschaftliche Ansichten nicht anhören werde, da der Holocaust eine historisch belegte Tatsache sei". Diese Aussage löste einen Aufschrei und Gelächter im Publikum aus. Damit war es aber noch nicht getan, denn Richter Meinerzhagen hatte sich gerade erst warmgelaufen. Er ging sofort wieder zum Angriff über und sagte, er sei sich nicht sicher, ob Sylvia Stolz für Zündels Verteidigung geeignet sei, da sie sich wahrscheinlich des Verstoßes gegen Paragraph 130 schuldig machen würde. Zündel machte deutlich, dass er sich von Frau Stolz vertreten lassen wolle. Das Gericht beschloss daraufhin, die Sitzung zu vertagen, um über die Angelegenheit zu beraten.

Nach eingehender Beratung hob das Gericht die Bestellung von Stolz als Zündels ersten Anwalt auf. Dr. Meinerzhagen fügte dann hinzu, dass auch Jürgen Rieger kein geeigneter Anwalt für den Angeklagten sei, da seine revisionistischen Ansichten bekannt seien und zu befürchten sei, dass er in dieser Sache unangemessen vorgehen würde. Um sicherzustellen, dass die gesamte

Verteidigung von zum Zuge kommt, wandte sich der Richter dann an Dr. Schaller, den er aufgrund seines Alters, das keine Gewähr für seine Eignung biete, ebenfalls für ungeeignet hielt. Jedem wurde klar, dass der vorsitzende Richter die Absicht hatte, das brillante Anwaltsteam von Ernst Zündel zu entfernen, um andere seiner Wahl zu ernennen. Natürlich versuchten die Anwälte, sich nicht einschüchtern zu lassen. Nachdem Sylvia Stolz als Zündels Hauptverteidigerin gerügt worden war, fragte Richter Meinerzhagen, wie der Angeklagte den Fall zu lösen gedenke. Zündel erklärte, dass er auf seinen dritten Wahlverteidiger (Ludwig Bock, der bei der Verhandlung nicht anwesend war) verzichten und Sylvia Stolz seinen Platz einnehmen würde[17]. Bei dieser Gelegenheit diente die Mittagspause als Vorwand, um die Sitzung zu unterbrechen.

Am Nachmittag verlas Rechtsanwalt Rieger einen Text, in dem er das Gericht aufforderte, die diskriminierende Haltung aufzugeben. Im Anschluss daran erklärte Sylvia Stolz, dass der Verteidigung öffentlich gedroht werde, nichts vom Gericht Verbotenes zu sagen, und dass dies eine Unverschämtheit sei, die nur das Ergebnis eines kranken Geistes sein könne. Stolz beantragte daraufhin, die Öffentlichkeit von künftigen Sitzungen auszuschließen, da das Gericht damit drohe, die Verteidigung wegen Verstoßes gegen Paragraph 130 des Strafgesetzbuches zu belangen (dieser Paragraph ist nur anwendbar, wenn die „Straftat" in der Öffentlichkeit begangen wird. Durch den Ausschluss der Öffentlichkeit wollte die Verteidigung „verbotene Gedanken" vor dem Gericht äußern können, ohne sich der Gefahr einer Strafverfolgung auszusetzen). Der Anwalt fügte hinzu, wenn das Gericht die Öffentlichkeit der Verhandlung wünsche, bestehe für die Verteidiger die große Gefahr einer Strafverfolgung. Daraufhin vertagte das Gericht die Verhandlung auf Dienstag, den 15. November 2005.

Für die objektive Presse und die Öffentlichkeit bestand kein Zweifel daran, dass der vorsitzende Richter Meinerzhagen versucht hatte, die Verteidigung von Ernst Zündel zu zerstören. Darüber hinaus hatte der Richter mit der Bedrohung der Anwälte, bevor diese überhaupt mit ihrer Verteidigung begonnen hatten, gegen grundlegende Regeln des Gerichtsverfahrens verstoßen. Sylvia Stolz hatte eine brillante Strategie entwickelt, indem sie die ganze Zeit über eine ruhige Haltung und ein korrektes Auftreten bewahrte. Sollte das Gericht entscheiden, dass der Prozess nicht öffentlich sein sollte, würden die Richter mit den Beweisen konfrontiert werden, die in Germar Rudolfs *Vorlesungen über den Holocaust* und Horst Mahlers Antrag auf „Anhörung zur Judenfrage" enthalten waren, was das Gericht belasten könnte, das erklären müsste, warum ein Geheimprozess stattfand. Im Falle einer öffentlichen

---

[17] Da wir keine Juristen sind, sind wir nicht befugt, die Funktionsweise der deutschen Gerichte zu erklären. Es scheint jedenfalls so zu sein, dass das deutsche Recht vor den Landgerichten vorschreibt, dass der Angeklagte einen Anwalt mit besonderen, vom Gericht genehmigten Befugnissen hat und drei weitere Anwälte seiner Wahl haben kann. Im Fall des Prozesses gegen Ernst Zündel war es Sylvia Stolz, die über diese besonderen rechtlichen Befugnisse verfügte, die vom vorsitzenden Richter außer Kraft gesetzt wurden.

Verhandlung drohte den Verteidigern eine Anklage unter, was das Mannheimer Gericht in den Augen der Öffentlichkeit und der Juristen der Weltöffentlichkeit blamieren würde.

Um 10.00 Uhr am 15. November 2005 hatten sich etwa hundert Anhänger von Ernst Zündel vor dem Gebäude versammelt. Es waren jedoch weniger Journalisten und nur zwei Kameras anwesend. Um 10.40 Uhr wurde der Zugang zum Saal gewährt, und er war voll besetzt. Zündels Eintritt wurde mit Applaus begrüßt. Sobald der Richter erschien, sagte er, dass er weder Beifall noch Gerüchte dulden werde und warnte, dass er die Polizei angewiesen habe, diejenigen, die gegen seine Regeln verstießen, zu entfernen und ihre Namen zu notieren. Anschließend stellte er fest, dass die Behauptung, das Gericht habe eine diskriminierende Haltung eingenommen, unbegründet sei, und erklärte, dass es für die Angeklagten keinen Grund gebe, an den Richtern zu zweifeln. Zweitens bekräftigte er seine Ablehnung von Sylvia Stolz und wiederholte die in der vorangegangenen Sitzung genannten Gründe. Meinerzhagen betonte, dass Frau Stolz nicht geeignet sei, weil sie keinen geordneten Ablauf garantieren könne, was zu Konflikten zwischen Angeklagtem und Verteidigung führen würde. Den Antrag von Frau Stolz, die Öffentlichkeit von der Verhandlung auszuschließen, lehnte der vorsitzende Richter ab. Er erklärte, dass die Öffentlichkeit nur dann ausgeschlossen werden könne, wenn sie eine Gefahr darstelle, was nicht der Fall sei. Vielmehr sei es die Verteidigung, die den Prozess gefährde, weil sie die Öffentlichkeit aufhetzen wolle. Meinerzhagen fügte hinzu, es sei zu erwarten, dass die Verteidigung bei Abwesenheit der Öffentlichkeit aufrührerische Anträge und Eingaben machen würde. Ohne eine Wahl zu treffen, kündigte der Richter als nächstes an, dass er die Verhandlung aussetzen werde, da das Gericht Frau Stolz ersetzen müsse und der neue Anwalt Zeit brauche, um sich mit dem Material vertraut zu machen. In der Zwischenzeit solle der Angeklagte im Gefängnis bleiben, was er angesichts der Schwere seines Verbrechens für gerecht halte. Zu allem Überfluss behauptete Dr. Meinerzhagen, dass der Prozess wegen der Verteidigung vertagt worden sei.

Jürgen Rieger war damit nicht einverstanden und erklärte, der Richter habe die Verteidigung nicht über seine Absicht informiert, das Verfahren auszusetzen, wozu er verpflichtet gewesen wäre. Rieger behauptete, dass die Verteidigung keine Gelegenheit gehabt habe, eine Stellungnahme zu dieser Entscheidung vorzubereiten. Der Richter erwiderte, dass die Verteidigung sehr wohl informiert worden sei, was eine eklatante Lüge war. Nach einem verfahrensrechtlichen Streit über die zu treffenden Entscheidungen fand Sylvia Stolz die Zeit, das Gericht zu bitten, ihr zu erlauben, eine Erklärung über ihre Vertretung abzugeben; Meinerzhagen erwiderte jedoch, dass dies nicht angebracht sei. Stolz erwiderte dem Richter, dass seine Haltung unangemessen und unangebracht sei. „Die Verhandlung ist vertagt", beharrte der Richter. „Ich hatte noch keine Gelegenheit, mich zu äußern", beschwerte sich der Anwalt. „Das ist mir egal! Die Verhandlung ist vertagt!"

In etwas mehr als einer Stunde hatte der vorsitzende Richter die Angelegenheit geklärt. Natürlich reagierte die Öffentlichkeit mit Empörung, und unter wurden Protest- und Missbilligungsrufe wie „das ist ein Karneval",

„Skandal" und dergleichen laut. Außerhalb des Gerichtssaals trafen sich Zündels Anwälte und enge Freunde, um die Geschehnisse zu bewerten, und kamen zu dem Schluss, dass der Prozess im Februar oder März 2006 fortgesetzt werden würde und dass der Richter die Verteidigung fortsetzen würde, sobald er sein Verfahren beginnt. Diese Ereignisse fielen mit der Ankunft von Germar Rudolf auf dem Frankfurter Flughafen zusammen, wo er verhaftet und sofort in das Stuttgarter Gefängnis gebracht wurde.

Wie von den Anwälten vorausgesagt, wurde der Prozess im Februar 2006 wieder aufgenommen. Am Donnerstag, dem 15. Februar, lehnte Ulrich Meinerzhagen drei Anträge der Verteidigung ab, sich wegen Befangenheit oder Tendenz abzulehnen. Sylvia Stolz drohte er mit einer Anklage, sollte sie den Holocaust in Frage stellen. In der Sitzung am 16. Mai kam es zu einer heftigen Konfrontation zwischen Stolz und Meinerzhagen. Der Anwalt unterbrach die Sitzung mehrmals und stellte eine Reihe von Einwänden und neuen Anträgen. Er bestritt, dass sie das Gericht beleidigt und versucht habe, den Prozess zu sabotieren, was der Richter ihr vorgeworfen hatte. Konkret sagte Meinerzhagen, sie habe den Verdacht, dass Stolz „die Absicht hatte, das Gerichtsverfahren unmöglich zu machen, indem er den Prozess zum Scheitern brachte". Er kündigte zudem an, bei der zuständigen Anwaltskammer eine Beschwerde einzureichen, um Maßnahmen gegen sie zu ergreifen. Statt sich zu fügen, antwortete Stolz, sie sei „nicht bereit, sich seinem Willen zu beugen", und beschuldigte Meinerzhagen, sie „mundtot" machen zu wollen, und wandte sich dabei an den Saal voller Zündel-Anhänger. Die Situation wurde äußerst angespannt, als die Anwältin die Aufforderung des Richters, sich zu entschuldigen, ignorierte. Meinerzhagen verurteilte drei Zündel-Anhänger zu Geldstrafen, weil sie verbotene Strophen der deutschen Nationalhymne gesungen hatten, und schickte einen weiteren wegen Beleidigung für vier Tage ins Gefängnis. Rechtsanwalt Ludwig Bock ergriff daraufhin das Wort und erklärte dem Gericht, er müsse die Urheberschaft von Dutzenden von Aussagen und Texten, die zumeist von *der Zündelseite* stammten und von der Staatsanwaltschaft vorgelegt wurden, prüfen. Der vorsitzende Richter vertagte den Prozess erneut für drei Wochen, damit die Anwälte die Veröffentlichungen in *der Zündelsite* analysieren konnten.

Am 9. März 2006 begannen die Sitzungen erneut und die Konfrontation, die Sylvia Stolz ruinieren und ihre Karriere als Anwältin beenden sollte, fand schließlich statt. Auf dem Höhepunkt ihrer Empörung erklärte Stolz das Gericht zu einem „Instrument der Fremdherrschaft" und bezeichnete Juden als „Volksfeinde". Der Richter beantragte den Rückzug von Silvya Stolz aus dem Prozess und vertagte die Verhandlung erneut. Am 31. März nahm das Oberlandesgericht Karlsruhe Sylvia Stolz aus dem Verfahren, weil sie das Verfahren rechtswidrig behindert hatte, „mit dem alleinigen Ziel, den Prozess zu sabotieren und zu einer Farce zu machen". Trotz dieses Urteils setzte sich Stolz am 5. April über das Karlsruher Urteil, das sie als nicht rechtskräftig ansah, hinweg und erschien vor dem Mannheimer Landgericht. Richter Meinerzhagen forderte sie auf, den Gerichtssaal zu verlassen, doch sie weigerte sich, dies zu tun. Zwei Polizistinnen mussten sie gewaltsam abführen, woraufhin der Anwalt rief: „Widerstand! Das deutsche Volk revoltiert!" Einige von Zündels Unterstützern verließen ebenfalls den Gerichtssaal. Zum x-ten Mal unterbrach der vorsitzende Richter den Prozess, der erst im Juni 2006 wieder aufgenommen werden sollte.

Die Verurteilung zu dreieinhalb Jahren Haft und fünf Jahren Berufsverbot erfolgte im Januar 2008. Sylvia Stolz wurde von einem Mannheimer Gericht verurteilt, das feststellte, dass sie bei der Verteidigung von Ernst Zündel zum Rassenhass aufgestachelt hatte. In dem Urteil hieß es, die Angeklagte habe den Holocaust geleugnet und erklärt, die Vernichtung der europäischen Juden während des Zweiten Weltkriegs sei „die größte Lüge der Geschichte". Sylvia Stolz verbüßte ihre Haftstrafe in drei verschiedenen Einrichtungen. Als sich am 26. März 2011 dreihundert Menschen vor dem Brandenburger Gefängnis versammelten, in dem Horst Mahler seine Strafe verbüßte, zeigten die meisten Transparente die gleiche Solidarität für Sylvia Stolz, deren baldige Freilassung damals mit Spannung erwartet wurde.

Als sie am Mittwoch, den 13. April 2011, um 9.00 Uhr das Gefängnis von Aichach in Bayern verließ, wartete eine große Gruppe von internationalen Anwälten für Meinungsfreiheit und Unterstützern aus Frankreich, Italien und Großbritannien am Haupttor auf sie, um ihre Freilassung mit Blumen und Geschenken zu feiern. Unter ihnen war auch Michèle Renouf, die erneut aus England angereist war, um sich mit der revisionistischen Anwältin zu solidarisieren. Sylvia Stolz kam unter Beifall heraus, beladen mit einer großen Anzahl schriftlicher Dokumente, die sie in den Jahren ihrer Gefangenschaft sorgfältig gesammelt und geordnet hatte. Nachdem sie das Material in einen Lieferwagen geladen hatten, fuhren alle gemeinsam zu einer nahe gelegenen Gaststätte, wo Günter Deckert den großen Saal für die Feier reserviert hatte.

Am 24. November 2012, zwanzig Monate nach ihrer Freilassung, hielt Sylvia Stolz in Chur, der Hauptstadt des Schweizer Kantons Graubünden, einen Vortrag mit dem Titel: *Sprechverbot-Beweisverbot-Verteidigunsverbot. Die Wirklichkeit der Meinungsfreiheit* (*Meinungsverbot-Beweisverbot-Verteidigungsverbot. Die Wirklichkeit der Meinungsfreiheit*). Dies war die 8. Konferenz der „Anti-Zensur-Koalition" (AZK). Der Organisator der Konferenz, Ivo Sasek, stellte Sylvia Stolz als eine Person vor, die besonders qualifiziert sei, zu diesem Thema zu sprechen, und verwies auf ihre Erfahrungen mit dem Prozess gegen Ernst Zündel, seine Verhaftung vor dem Gerichtshof und seine Verurteilung. Der Vortrag endete mit den Worten: „Willkommen Sylvia Stolz. Wenn Sie dort nicht sprechen durften, dann lassen wir Sie hier sprechen. Wir vertrauen darauf, dass Sie Ihre Grenzen kennen. Ich bin sicher, dass Sie das tun.

Nachdem er sich bei Ivo Sasek und den mehr als zweitausend Zuhörern für ihren herzlichen Empfang bedankt hatte, hielt Stolz eine gut strukturierte, ruhige Rede, die er an keiner Stelle ablas und die er mit beredten Pausen würzte. Seine Stimme, sehr warm und sanft wie die eines Kindes, behielt während seiner gesamten Rede einen ruhigen und gelassenen Tonfall bei, der in seiner juristischen Terminologie streng, äußerst vernünftig und völlig überzeugend war. Der Vortrag, der in deutscher Sprache gehalten wurde, kann auf You Tube mit englischen Untertiteln angesehen werden. Aus Platzgründen können wir ihn natürlich nicht in Gänze wiedergeben, aber wir werden einige Umrisse wiedergeben. In ihrem Vortrag gab Sylvia Stolz den Zuhörern einen sehr schönen Gedanken von Johann Gottfried von Herder mit auf den Weg, der ihrer Meinung nach das Wesen aller Menschen verkörpert: „An die Wahrheit glauben, das Schöne fühlen und das Gute lieben".

Die Grundsätze, die die Arbeitsweise eines jeden Gerichts, das diesen Namen verdient, bestimmen sollten, nahmen den ersten Teil des Vortrags ein: die Rechte des Angeklagten und die Pflichten des Gerichts, seine Wehrlosigkeit zu verhindern und die Wahrheit durch Beweise zu ermitteln. In Bezug auf die Notwendigkeit, Beweise vorzulegen, zog er einen Vergleich mit den Beweisen, die Gerichte normalerweise in Mordfällen verlangen, d.h. Ort und Zeitpunkt der Tat, die vom Täter verwendeten Waffen, mögliche Fingerabdrücke, Fundort der Leiche des Opfers, gerichtsmedizinische Untersuchungen zur Feststellung der Todesursache usw. Stolz betonte jedoch, dass in keinem der Fälle von „Holocaust-Leugnung" jemals einer dieser spezifischen Beweise nachgewiesen oder vorgelegt wurde:

> „Es gibt keine Angaben zum Tatort, zur Mordmethode, zur Anzahl der Opfer, zum Tatzeitraum, zu den Tätern und zu den Leichen. Wir haben keine physischen Spuren des Mordes. Die Zeugenaussagen enthalten keine Angaben, es gibt keine Dokumente oder ähnliche Beweise. Die Absicht, das gesamte Judentum oder einen Teil davon während des nationalsozialistischen Regimes auszurotten, ist nirgends bewiesen. Es gibt keine Dokumente, die vorherige Entscheidungen, Pläne oder Befehle belegen. Bei Prozessen gegen Holocaust-Leugner werden diese Dinge nicht erwähnt. Wir finden auch keine Hinweise auf andere Urteile, in denen diese Dinge genannt werden. Genau das ist das Problem. Solange das Gericht die Tatorte, an denen die angeblichen Massenmorde stattgefunden haben sollen, nicht festhält, solange das Gericht nicht mindestens ein bestimmtes Beweisstück fordert, solange können diese Massenmorde einfach nicht bewiesen werden."

An anderer Stelle las Sylvia Stolz den Zuhörern einen peinlichen Auszug aus dem Urteil des Frankfurter Auschwitz-Prozesses vor. Darin, so die Anwältin ironisch, könne man eine Präzisierung von Details des Holocausts erwarten. Dies sind die Worte des Gerichts:

> „Dem Gericht fehlen fast alle Beweismittel eines normalen Mordprozesses, die notwendig sind, um sich ein wahres Bild von den Tatsachen zum Zeitpunkt des Verbrechens zu machen. Es gab keine Leichen der Opfer, keine Autopsieberichte, keine Gutachten über die Todesursachen und den Todeszeitpunkt, keine Beweise zu den Mördern, keine Beweise zu den Tatwaffen usw.". Eine Verifizierung von Zeugenaussagen war nur in seltenen Fällen möglich..... Deshalb hat sich das Gericht zur Aufklärung der Verbrechen der Angeklagten fast ausschließlich auf die Aussagen von Zeugen verlassen...".

Aus eigener Erfahrung beklagte Stolz, dass im Gegensatz dazu, wenn Beweise im Namen eines Holocaust-Leugners vorgelegt werden und das Gericht feststellen soll, dass dies und jenes wahr ist, weil es durch Sachverständigengutachten bestätigt wurde, das Gericht die Beweise nicht zulässt und die Anwälte der Holocaust-Leugnung bezichtigt werden. Sylvia Stolz beklagte, dass die europäische Öffentlichkeit nichts über die Behandlung von Angeklagten wisse, über die Drohungen und Strafen, denen Anwälte ausgesetzt seien, nur weil sie ihre Arbeit machten, und über die Art und Weise, wie die Rechtspflege an deutschen Gerichten abgebrochen werde. Als Beispiel nannte er seinen eigenen Fall, als ein bayerisches Gericht beschloss, ihm die Zulassung zu entziehen:

> „Ich legte Beweise für die angebliche 'Offensichtlichkeit' des Holocausts vor. Auch hier wurden die Beweise nicht zugelassen, mit der Begründung, dass das Gericht angesichts der verfügbaren Bücher und Fotos keinen Zweifel an der 'Offensichtlichkeit' des Holocausts habe. Sowohl ich als auch mein Anwalt forderten das Gericht auf, darzulegen, welche Bücher und welche Fotos ihnen diese Gewissheit über die „Offensichtlichkeit" des Holocausts vermittelten. Diese Anträge wurden abgelehnt, weil „der Holocaust und die Gewaltverbrechen der Nationalsozialisten an den Juden offensichtlich" seien. Wir erhielten also keine Antwort auf die Frage, welche Materialien die Grundlage für die Feststellung des Gerichts bildeten. Alles, was wir erhielten, waren allgemeine Hinweise auf 'Zeitungen, Radio und Fernsehen, Enzyklopädien, Wörterbücher und Geschichtsbücher'."

Nachdem sie die enttäuschendsten Momente ihrer Erfahrung mit Richter Meinerzhagen während des Prozesses gegen Ernst Zündel in Erinnerung gerufen hatte, beendete Sylvia Stolz den Vortrag, indem sie auf den Satz von Herder zurückkam, mit dem sie ihre Rede begonnen hatte. Dies waren ihre letzten Worte:

> „Ich möchte nun auf den Satz zurückkommen, mit dem ich diesen Vortrag begonnen habe. An die Wahrheit zu glauben, das Schöne zu empfinden und das Gute zu wollen' beinhaltet die Fähigkeit, Lügen zu erkennen und zu benennen, die Fähigkeit, das Unmenschliche zu identifizieren, die Fähigkeit, Ungerechtigkeit zu erkennen und zu qualifizieren. Es geht auch um Charaktereigenschaften, was in unserem Alter von besonderer Bedeutung ist. Das Wissen um unsere Unsterblichkeit, um unsere Beständigkeit und Unbestechlichkeit. Mit diesem Charakter sollten wir in der Lage sein, eine Welt für die vielen Kinder, die heute hier waren, zu gestalten. Eine Welt, in der wir ungestraft die Wahrheit sagen dürfen."

Im Januar 2013 reichte der jüdische Rechtsanwalt Daniel Kettiger aus Bern bei der Staatsanwaltschaft Graubünden Strafanzeige gegen Sylvia Stolz ein. Kettiger warf Stolz vor, gegen Artikel 261 des Schweizerischen Strafgesetzbuches verstossen zu haben, der sich auf ein Schweizer Rassengesetz bezieht. Auch Ivo Sasek, der Organisator der AZK-Veranstaltung, wurde von diesem Anwalt, einem kompromisslosen Verfechter der Zensur, angezeigt. Die Tatsache, dass Stolz während der Konferenz gesagt hatte, der Holocaust sei vor Gericht nie bewiesen worden, weil die Beweise nie vorgelegt worden seien, war Grund genug für eine Strafanzeige gegen sie. Am 25. Februar 2015 wies ein Münchner Gericht die Argumente von Sylvia Stolz und ihrem Anwalt Wolfram Nahrath zum Recht auf freie Meinungsäußerung in der Schweiz zurück und verurteilte die Anwältin wegen des Vortrags, den sie im November 2012 in Chur gehalten hatte, zu zwanzig Monaten Haft. Zum Zeitpunkt der Erstellung dieses Artikels befindet sie sich immer noch im Gefängnis. Wir hoffen natürlich, dass diese bewundernswerte Frau die Freiheit, die ihr so ungerechtfertigt genommen wurde, ein zweites Mal zurückerhält.

Günter Deckert, ein beständiges Symbol für die Meinungsfreiheit

Der NPD-Vorsitzende Günter Deckert verlor 1988 wegen seines politischen Engagements seine Stelle als Gymnasiallehrer. Im November 1990 nahm er an einer Veranstaltung zur Vorstellung von Fred Leuchter teil, auf der er erklärte, der Holocaust sei ein Mythos, der von einer ausbeuterischen Gruppe verbreitet werde, die eine historische Lüge benutze, um Deutschland mundtot zu machen. Im Jahr 1991 saß er bei einem Vortrag in Weinheim (Deutschland) gemeinsam mit dem Historiker David Irving an einem Tisch. Dies führte zu einer Strafanzeige und 1992 wurde er zu einem Jahr Gefängnis verurteilt. Deckert war gezwungen, gegen das Urteil Berufung einzulegen, und im März 1994 ordnete das Mannheimer Gericht, das damals noch nicht das Gericht war, das wir bei der Verfolgung von Ernst Zündel und Sylvia Stolz erlebt haben, eine Wiederaufnahme des Verfahrens mit der Begründung an, dass es der Vorinstanz nicht gelungen sei, alle erforderlichen Tatsachen zu beweisen.

Im Sommer 1994 begann der Prozess erneut, in dem zwei der drei Richter des Gerichts, Wolfgang Müller und Rainer Orlet, Worte der Sympathie für Deckert fanden. Müller bezeichnete ihn als „intelligenten Menschen mit Charakter", der aus tiefer Überzeugung gehandelt habe. Richter Rainer Orlet erklärte seinerseits, Deckert habe „berechtigte Interessen" geäußert, indem er die endlosen politischen und wirtschaftlichen Ansprüche der Juden auf Deutschland fünfzig Jahre nach Ende des Zweiten Weltkriegs in Frage stellte. In einem sechsundsechzigseitigen Bericht erinnerte Orlet daran, dass in Deutschland Menschen wegen ihrer Meinungsäußerungen verfolgt wurden, während „Massenverbrecher in anderen Ländern straffrei ausgingen". Der Richter fügte hinzu, Deckert sei „kein Antisemit" und habe auf das Gericht einen guten Eindruck als „verantwortungsbewusste Person von gutem Charakter" gemacht. Dennoch befand das Gericht Deckert für schuldig und bestätigte seine einjährige Haftstrafe, die er jedoch nicht antreten musste, da ihm die Möglichkeit eingeräumt wurde, auf Bewährung zu bleiben, solange er nicht wieder rückfällig wird.

Wie üblich war das Protestgeschrei der jüdischen Lobbygruppen automatisch. Im Mittelpunkt der Kritik stand der Richter Rainer Orlet, dessen Ansichten als Holocaust-Leugner bezeichnet wurden. Justizminister Thomas Schäuble erkannte schnell an, dass die Äußerung des Richters „ein Schlag ins Gesicht der Opfer des Holocaust" sei. Der Deutsche Richterbund hingegen bezeichnete sie als „Fehlleistung". Daraufhin wurde ein Parallelverfahren eingeleitet, das zum freiwilligen Rücktritt von Richter Orlet führte, der sich damit einer zwangsweisen Entfernung aus dem Amt entzog. Am 23. Januar 1995 forderte der baden-württembergische SPD-Fraktionsvorsitzende Ulrich Maurer die Entlassung von Richter Orlet, weil er im Juni 1994 ein skandalöses Urteil über Günter Deckert geschrieben hatte. Diese Disziplinarmaßnahme war die einzige Möglichkeit, Orlet aus der 6. Großen Strafkammer des Landgerichts Mannheim zu entfernen. Minister Schäuble musste sich von der CDU den Vorwurf der Doppelmoral und der Doppelmoral anhören.

Am 9. März 1995 veröffentlichte die *Berliner Zeitung* einen Bericht, dass Richter Rainer Olmert selbst auf der Anklagebank landen könnte. Die Zeitung kommentierte, dass die Entlassung von Rainer Orlet vor dem Bundesverfassungsgericht der erste Fall der Entlassung eines Richters in der Geschichte der Bundesrepublik Deutschland sein würde. Die Kampagne führte nicht nur zum freiwilligen Rücktritt des Richters, sondern auch zur Wiederaufnahme des Verfahrens gegen Günter Deckert im April. Im Dezember 1995 wurde Deckert wegen „gefährlicher politischer Brandstiftung" zu einer Freiheitsstrafe von zwei Jahren in die Justizvollzugsanstalt Bruchsal (Baden-Württemberg) eingewiesen.

Nach Verbüßung dieser zweijährigen Haftstrafe wurde Günter Deckert erneut vor Gericht gestellt, weil er aus dem Gefängnis einen Brief an Michel Friedman, den Vizepräsidenten des Zentralrats der Juden in Deutschland, geschrieben hatte. Darin forderte er ihn angeblich auf, Deutschland zu verlassen. Dieser Brief führte zu einer neuen Anklage wegen Aufstachelung zum Rassenhass. In einem neuen Prozess in Mannheim wurde Deckert am 12. April 1997 zu einer zusätzlichen Gefängnisstrafe von zwei Jahren und drei Monaten verurteilt. Sein Anwalt Ludwig Boch wurde zu einer Geldstrafe von 9.000 Mark verurteilt, weil er in seiner Verteidigung die Auffassung vertreten hatte, der Holocaust sei eine von Juden erfundene „Legende". David Irving schrieb umgehend einen Protesttext an den *„Daily Telegraph"*, in dem er sich unter als Freund Deckerts bezeichnete und die anhaltenden Angriffe auf die Meinungsfreiheit in Deutschland anprangerte.

Nachdem er zwei Jahre hinter Gittern verbracht hatte, wurde Deckert nicht freigelassen, sondern trat am 31. Oktober 1997 seine neue Haftstrafe an. Der internationale Aufschrei war in der Öffentlichkeit kaum wahrnehmbar, obwohl bei den deutschen Botschaften in mehreren Ländern Briefe eingingen, in denen die Freilassung des politischen Gefangenen Günter Deckert gefordert wurde. Am 10. Dezember 1998 begründete beispielsweise Rainer Dobbelstein, ein hoher deutscher Beamter in London, in einem Antwortschreiben an den empörten Londoner Milton Ellis, dass das Abhören der Korrespondenz von Günter Deckert aufgrund seiner extremistischen Ansichten gesetzlich gerechtfertigt sei.

Im Oktober 2000 wurde der „gefährliche Neonazi" aus der Haftanstalt Bruchsal entlassen, in der er fast fünf Jahre verbracht hatte. Gerade als es schien, dass der revisionistische Kämpfer das Schlimmste hinter sich hat, wurde er 2012, im Alter von zweiundsiebzig Jahren, erneut zu einer Haftstrafe verurteilt. Was hatte Günter Deckert diesmal verbrochen? Im Jahr 2007 hatte er *Auschwitz* ins Deutsche übersetzt. *The First Gassings, Rumours and Reality*, ein Buch von Carlo Mattogno, das 1992 auf Italienisch und 2002 auf Englisch erschien. Im Jahr 2008 führte die Gedankenpolizei auf Anordnung des Mannheimer

Staatsanwalts Grossmann eine Hausdurchsuchung bei ihm durch. Es war der zwölfte „Sonderbesuch", wie sie einem Freund in einem Brief vom März 2012 mitteilte. Sie nahmen ihren Computer und zwei Exemplare von Mattognos Buch mit. Im Sommer 2009 akzeptierte ein Gericht in Weinheim, der Stadt, in der Deckert lebte, die Anklage. Die Anklage lautete auf „Förderung und Aufstachelung der Öffentlichkeit durch Leugnung des Holocaust und Verunglimpfung des Andenkens an die Toten". Am 28. Juli 2010 wurde Deckert ohne Anwalt vor Gericht gestellt. Ein Einzelrichter verurteilte ihn zu einer Freiheitsstrafe von vier Monaten, gewährte ihm aber eine Bewährungsfrist von drei Jahren und eine Geldstrafe von 600 Euro. Außerdem hatte er die Kosten zu tragen. Sowohl Staatsanwalt Grossmann, der sechs Monate gefordert hatte, als auch Deckert selbst legten gegen das Urteil Berufung ein. Der Fall wurde erneut vor dem berühmten Mannheimer Landgericht verhandelt. Das Wiederaufnahmeverfahren begann am 14. November 2011 und endete am 2. Februar 2012 mit einem Urteil, das Deckert zu einer sechsmonatigen Haftstrafe verurteilte. In dem oben erwähnten Brief erklärt Deckert seiner Freundin Folgendes:

> „Der Prozess dauerte so lange, weil ich meine Taktik änderte, um dem Gericht verständlich zu machen, warum ich für den Revisionismus war. Ich bot alle Argumente und Beweise an, die vor Gericht vorgebracht werden konnten, ohne erneut angeklagt zu werden. Zunächst schien es, dass Richter Roos zögerte, eine Person wegen der Veröffentlichung und Verbreitung eines Buches zu verurteilen. Aber schließlich griff er den Vorschlag von Staatsanwalt Grossmann auf, der sagte, dass die Möglichkeit, das Buch über das Internet zugänglich zu machen, die Voraussetzungen des Paragraphen 130 erfülle."

Am 2. Februar 2012 wurde das Urteil verkündet und am 6. Februar wurde die sechsmonatige Haftstrafe bekannt gegeben. Nach Erhalt des Urteils erklärte Deckert mutig: „Eine Gefängnisstrafe wird mich nicht zum Glauben zwingen." Er kündigte an, dass er Berufung beim Gericht in Karslruhe einlegen werde; die Berufung wurde jedoch abgelehnt. Am 23. November 2012 schließlich teilte ihm die Staatsanwaltschaft Mannheim mit, dass er am 17. Dezember um 15 Uhr ins Gefängnis müsse. Deckert protestierte vehement, denn er wollte Weihnachten mit seiner Familie verbringen. Ausnahmsweise zeigte man Verständnis und verschob seine Einlieferung auf den 2. Januar 2013. Dies bestätigte eine beschämende Tatsache: Kaum jemand protestierte und die Medien prangerten es nicht an, dass ein ehrlicher und anständiger Mensch in Deutschland für die Übersetzung eines Geschichtsbuchs verurteilt werden konnte. Hier sind die Worte von Günter Deckert:

> „Freunde, Kameraden und Kämpfer für die Wahrheit über die Geschichte des Zweiten Weltkriegs, die Zeit ist gekommen! Obwohl über meine Verfassungsbeschwerde noch nicht entschieden ist, muss ich bald ins Gefängnis, um meine fünfmonatige Strafe zu verbüßen. Ich muss mich am 2. Januar 2013 im Gefängnis melden. Meine Entlassung wird am 2. Juni erfolgen.... Was mich nicht umbringt, macht mich stärker! In diesem Sinne grüße ich unsere Familien und

unser Volk mit kameradschaftlicher Loyalität. Ich wünsche allen ein gutes Jahr 2013 voller Erfolg und bestmöglicher Gesundheit."

Als Sylvia Stolz am 13. April 2011 aus dem Gefängnis in Aichach entlassen wurde, hatte Günter Deckert für sie ein Festessen in einem bayerischen Wirtshaus organisiert. Im Februar 2013 wollte sich Stolz, die sicherlich wusste, dass ein jüdischer Anwalt sie wegen ihres Vortrags in der Schweiz angezeigt hatte, mit ihrer Freundin solidarisieren und veröffentlichte einen langen Artikel, dessen englische Übersetzung *El terror de opinar (Der Schrecken, eine Meinung zu äußern) lauten* könnte. Darin nahm er den Wortlaut des Urteils auseinander und wies in technischer Hinsicht alle Ungereimtheiten des Gerichtsverfahrens gegen Deckert nach, dessen Wehrlosigkeit durch die in allen Holocaust-Leugnungsprozessen üblichen Verfahrensfehler aufgedeckt wurde.

Udo Walendy, inhaftiert wegen Veröffentlichung revisionistischer Texte

Der 1927 in Berlin geborene Udo Walendy, der sich seinem 90. Geburtstag nähert, hatte noch vor Kriegsende Zeit, in der Armee seines Landes zu dienen. Nach dem Krieg studierte er Publizistik und Politikwissenschaft in Berlin, wo er an der Veröffentlichung revisionistischer Bücher beteiligt war. Im Jahr 1956 schloss er sein Studium der Politikwissenschaft ab und arbeitete eine Zeit lang als Referent beim Deutschen Roten Kreuz. Bereits 1964 veröffentlichte er sein eigenes Buch *Wahrheit für Deutschland - Die Schuldfrage des Zweiten Weltkriegs*. 1965 gründete er seinen eigenen Verlag, den „Verlag für Volkstum und Zeitgeschichsforshung". 1974, zehn Jahre nach dem Erscheinen von *„Wahrheit für Deutschland"*, gründete Udo Walendy die Zeitschrift *„Historische Tatsachen"*, eine seriöse Zeitschrift, die sich der konsequenten Aufarbeitung von Fakten über den Nationalsozialismus und das Dritte Reich widmet, die von der offiziellen Geschichtsschreibung gerne ignoriert werden. In Heft 31 der Zeitschrift untersuchte er beispielsweise die ersten sowjetischen Berichte über Auschwitz, die am 1. und 2. Februar in der *Prawda* abgedruckt wurden und in denen weder Verbrennungsgruben, Gaskammern, Schuh- und Brillenstapel, Gebisse noch Haarstapel erwähnt werden.

Die rechtlichen Probleme von Udo Walendy begannen 1979, als die Regierung sein Buch als gefährliches oder jugendgefährdendes Material auf die schwarze Liste setzte. Walendy führte einen langwierigen Rechtsstreit, der fünfzehn Jahre andauern sollte. Schließlich entschied das Bundesverfassungsgericht 1994, dass die Rechte des Autors verletzt wurden, da das Buch aus wissenschaftlicher Sicht vertretbar sei. Ein Beweis für den Wert dieses Werkes ist, dass *The Barnes Review* es 2013 neu auflegte und ein Jahr später, am 1. September 2014, Castle Hill Publishers, Germar Rudolfs Verleger im Vereinigten Königreich, einen aktualisierten und korrigierten Nachdruck des Buches, wiederum aus dem Deutschen übersetzt, veröffentlichte. Ebenfalls 1979 hielt Walendy den ersten Vortrag des 1978 gegründeten Institute for Historical Review (IHR). Ab 1980 war er Mitglied des Redaktionsbeirats des *Journal of*

Historical Review, der renommierten Publikation des Instituts. In den Vereinigten Staaten lernte er Arthur R. Butz persönlich kennen, dessen bahnbrechendes Werk er ins Deutsche übersetzte und anschließend herausgab. Das Buch wurde bald darauf von den deutschen Behörden verboten. 1988 sagte Udo Walendy in Toronto im zweiten Prozess gegen Ernst Zündel aus. Zu seinen revisionistischen Aktivitäten gehört auch seine enge Zusammenarbeit mit dem belgischen Online-Magazin *VHO* (*Vrij Historisch Onderzoek*), in dem viele der von ihm auf Deutsch veröffentlichten Bücher zu finden sind.

Die Verfolgung dieses altgedienten Publizisten und revisionistischen Historikers machte einen qualitativen Sprung nach vorn, als am 7. Februar 1996 ein Trupp von zwanzig Polizisten eine Razzia in seiner Wohnung und seiner Firma durchführte. Ohne das „Datenschutzgesetz" zu beachten, beschlagnahmten sie Dokumente, Disketten und heruntergeladene Kopien von Computerdateien und nahmen Udo Walendy zur Abnahme von Fingerabdrücken mit. Kurz darauf stellten zwei deutsche Gerichte fest, dass Artikel in der von ihm herausgegebenen Zeitschrift „*Historische Tatsachen*" zum Hass aufstachelten. Am 17. Mai 1996 verurteilte das Landgericht Bielefeld Walendy zu einer effektiven Freiheitsstrafe von fünfzehn Monaten, obwohl er nicht vorbestraft war. Das Gericht lehnte es ab, den wissenschaftlichen Wert der fraglichen Werke zu berücksichtigen. Ein halbes Jahr später, im November 1996, verurteilte ihn ein Dortmunder Gericht wegen des Besitzes von zwölf Exemplaren von *Mein Kampf* zu einer Geldstrafe von 20.000 Mark. Ohne jeden Beweis stellte das Gericht fest, dass Walendy die Verbreitung dieser Exemplare des in Deutschland verbotenen Hitler-Buches vorbereitete: „Die geplante Verbreitung der Bücher", so das Gericht, „ist Ausdruck einer extremen und damit besonders gefährlichen Gesinnung. Die Bücher sind Propaganda für die Zerschlagung der Rechts- und Verfassungsordnung der Bundesrepublik Deutschland und die Errichtung eines nationalsozialistischen Unrechtssystems.... Dies ist mit aller Schärfe zu verurteilen".

Ein Jahr später, im Mai 1997, beendete ein anderes Gericht in Herford die Arbeit und verurteilte Walendy zu einer zusätzlichen vierzehnmonatigen Freiheitsstrafe. Richter Helmut Knöner befand, Walendy habe nicht wissentlich Lügen veröffentlicht, aber auch keine alternativen Interpretationen angeboten. Das Gericht zitierte eine Passage aus einer Ausgabe der *Historischen Tatsachen*, in der Walendy zustimmend über Fred Leuchters Forschungen zu den „Gaskammern" in Auschwitz berichtete. In dem Urteil heißt es, das Zitat aus Leuchters Text „entbehrt des kritischen Sinns und wiederholt die angeblichen Erkenntnisse des 'Experten'. Der Angeklagte machte sich diese zu eigen". Das Gericht kritisierte auch, dass Walendy in der Ausgabe Nr. 66 der Zeitschrift einen am 13. Juni 1946 in den *Basler Nachrichten* erschienenen Artikel mit dem Titel „Wie hoch ist die Zahl der jüdischen Opfer" wiedergegeben hatte, der die auferlegte Zahl von sechs Millionen in Misskredit brachte. Das Herfod-Gericht wollte nicht berücksichtigen, dass es sich dabei nicht um den Standpunkt des Redakteurs, sondern um denjenigen der Verfasser der Texte handelte. Bekanntlich weisen viele Zeitungen in ihrem Meinungsteil darauf hin, dass der Redakteur nicht für die in den veröffentlichten Artikeln geäußerten Meinungen verantwortlich ist. Walendy erklärte dem Gericht, dass er, um sicherzustellen, dass die von ihm in *Historische Tatsachen* veröffentlichten Artikel nicht gegen das Gesetz verstoßen, die Texte routinemäßig der Aufsicht von vier Juristen unterstellt. Das Gericht wies die Stellungnahmen der vier Juristen als irrelevant zurück.

Bereits 1999, inmitten einer Kampagne juristischer Schikanen, wurde das Eigentum an seinem Verlag auf seine Frau übertragen. Als ob die Inhaftierung nicht schon genug wäre, wurde 2001 ein neuer Versuch unternommen, *Wahrheit für Deutschland* zu zensieren, Walendys Buch, das 1994 vom Bundesverfassungsgericht für gut befunden worden war. Da die Chancen auf eine Aufhebung des Urteils des Bundesverfassungsgerichts gering waren, gaben die Regierungsbehörden den Plan schließlich auf.

Ursula Haverbeck. Die unanständige Verurteilung einer ehrwürdigen alten Frau

Ursula Haverbeck wird in diesem Jahr 88 Jahre alt. Sie wurde 2015 zu zehn Monaten Gefängnis verurteilt, weil sie den Holocaust leugnete. Diese abwegige und beschämende Verurteilung legt die Knechtschaft und das Elend der Bundesrepublik Deutschland für jeden offen, der es sehen will. Jeder ehrliche Mensch muss diesen Missbrauch durch einen Staat, der schon lange seinen Sinn für Anstand verloren hat, verurteilen. Doch statt die empörende Verurteilung zu kritisieren, servierten die Medien ihren Lesern die Nachricht so, als sei sie logisch, da es sich um „eine Nazi-Oma" handele. In Wirklichkeit, so sagte der verurteilende Richter aus einer obszönen moralischen Überlegenheit heraus, „hat es keinen Sinn, mit jemandem zu diskutieren, der die Fakten nicht akzeptieren kann". Doch auch wenn die Richterin es aufgrund ihrer Begrenztheit und Kurzsichtigkeit nicht wahrnehmen konnte, ist Ursula Haverbeck eine große Dame und als solche unter Revisionisten anerkannt. Trotz ihres ehrwürdigen Alters drückt sie sich mit erstaunlicher Intelligenz und Klarheit aus. In ihren Texten, Reden und Interviews gibt es keine einzige Ungereimtheit, sie sind vollkommen kohärent.

Ursula Haverbeck wurde 1928 in Berlin geboren. Als der Weltkrieg 1945 endete, war sie ein siebzehnjähriger Teenager. Sie erlebte den Luftterror, die barbarischen Vergewaltigungen durch die kommunistischen Armeen, Eisenhowers Todeslager, die Pogrome und ethnischen Säuberungen an Deutschen in ganz Europa, die Hungersnot durch den Morgenthau-Plan... Ihr 1999 verstorbener Ehemann, Werner Georg Haverbeck, war Professor, Intellektueller und Historiker, der zahlreiche Werke aller Art verfasste. Er war in der Führung der NSDAP tätig gewesen und hatte als Soldat an der Ostfront gekämpft. Ursula Haverbeck war ebenfalls eine sehr gelehrte Frau, die Pädagogik, Philosophie, Geschichte und Sprachwissenschaft studierte und mehrere Universitätsabschlüsse vorweisen konnte. Die beiden gründeten 1963 das „Collegium Humanum", das eine Vorreiterrolle in der Umweltbewegung einnahm. In den letzten Jahrzehnten des 20. Jahrhunderts waren sie sehr aktiv in der Verteidigung der deutschen Sprache und Kultur und im Kampf für den Erhalt der Natur. Von 1983 bis 1989 war Ursula Haverbeck Präsidentin der deutschen Sektion des Weltverbandes zum Schutz des Lebens.

Im Jahr 2000 erhielten Ursula Haverbeck und andere Forscher, die sich bereits auf ihre revisionistischen Aktivitäten konzentriert hatten, Zugang zu Originaldokumenten der nationalsozialistischen Regierung über Auschwitz, die von der UdSSR bei Kriegsende beschlagnahmt worden waren. Diese befinden sich heute in den Händen des Instituts für Zeitgeschichte und können für 124 Euro von der Öffentlichkeit eingesehen werden. Sie und andere Historiker haben einige dieser relevanten Dokumente an verschiedene deutsche Ministerien und die Justiz weitergeleitet. Obwohl sie um eine offizielle Untersuchung gebeten haben, haben sie nie eine Antwort erhalten. Aus diesen Unterlagen geht hervor, dass Auschwitz kein Vernichtungslager, sondern ein Arbeitslager für die Rüstungsindustrie war und dass es Anordnungen gab, die Gesundheit der Häftlinge so weit wie möglich zu erhalten.

In diesen Jahren lernte sie Horst Mahler kennen und beteiligte sich am 9. November 2003 an der Gründung des „Vereins zur Rehabilitierung der wegen Bestreitens des Holocaust Verfolgten", dessen Leiterin sie war. Zündel, Faurisson, Rudolf, Töben, Stäglich, Honsik, Graf und andere prominente Revisionisten traten diesem Verein bei, der 2008 vom Innenministerium verboten wurde. Die ersten Sanktionen für ihre revisionistischen Aktivitäten erfolgten aufgrund von Artikeln, die in der *Stimme des Gewissens*, einer Publikation des Collegium Humanum, veröffentlicht wurden: 2004 wurde sie mit einer Geldstrafe von 5.400 Euro und 2005 mit einer weiteren von 6.000 Euro belegt. In beiden Fällen wurde die Publikation von den Behörden beschlagnahmt.

2008 wurde das Collegium Humanum verboten: Charlotte Knobloch, Vorsitzende des Zentralrats der Juden in Deutschland, hatte öffentlich zum Verbot des Collegium Humanum und seiner Publikation *Stimme des Gewissens* aufgerufen. Haverbeck reagierte mit einem offenen Brief, in dem er Knobloch empört aufforderte, sich nicht in Angelegenheiten einzumischen", die nicht in ihre Zuständigkeit fielen. In Anspielung auf die chasarische Abstammung der aschkenasischen Juden forderte er Knobloch auf, nach Asien zurückzukehren, wenn ihm das Leben in Deutschland nicht gefalle. Diese und ähnliche Äußerungen führten zur Erstattung einer Strafanzeige. Im Juni 2009 verurteilte das Amtsgericht Bad Öynhausen Haverbeck wegen Beleidigung von Charlotte Knobloch zu einer weiteren Geldstrafe von 2.700 Euro.

Ursula Haverbeck hat eine Initiative ergriffen, die vielleicht die Härte erklärt, mit der sie anschließend behandelt wurde. Am 20. November 2014 erstattete sie Strafanzeige gegen den Zentralrat der Juden in Deutschland, dem sie die Verfolgung Unschuldiger vorwarf, was in der Nachkriegszeit beispiellos war. Die Anzeige stützte sich auf Paragraf 344 des Strafgesetzbuchs und betraf die Strafverfolgung unschuldiger Deutscher wegen Holocaust-Revision. Der Straftatbestand der falschen Strafverfolgung wird mit bis zu zehn Jahren Haft geahndet; bereits im Dezember 2014 wurde die Klage jedoch abgewiesen und das Ermittlungsverfahren eingestellt. Dagegen prüfte die Staatsanwaltschaft die Möglichkeit, Haverbeck wegen falscher Anschuldigungen zu belangen.

Am 23. April 2015 ereignete sich das erstaunliche Ereignis, das zur Verurteilung von Ursula Haverbeck zu zehn Monaten Haft führte. Unverständlicherweise strahlte die 1950 gegründete ARD in ihrem *Panorama-Magazin* ein im März aufgezeichnetes historisches Interview mit der Grande Dame des Revisionismus aus. Die Sendung war eines der beunruhigendsten Ereignisse in Deutschland seit dem Zweiten Weltkrieg. Es sei darauf hingewiesen, dass die ARD, ein Zusammenschluss öffentlich-rechtlicher Rundfunkanstalten mit 23.000 Mitarbeitern, nach der BBC die zweitgrößte Fernsehanstalt der Welt ist. Millionen von Zuschauern waren zu Hause schockiert über die beispiellosen Äußerungen von Ursula Haverbeck. Noch nie hatte ein deutscher öffentlich-rechtlicher Sender jemandem erlaubt, die Wahrheit über den Zweiten Weltkrieg auch nur anzudeuten. Es ist klar, dass die ARD eine millionenschwere Klage riskierte, weil sie eine Sendung ausstrahlte, in der sie das Verbrechen beging, den Holocaust als eine vom Bonner Regime geförderte Lüge in den Händen der kriminellen transnationalen jüdischen Finanzbesatzung anzuprangern. Wir wissen nicht, welche Folgen die Ausstrahlung des Interviews für die *Panorama-Journalisten* und die ARD-Leitung hatte. Das interessiert uns jedenfalls weniger, denn der Inhalt der Aussagen ist von Interesse. Angela Merkel hatte im Januar 2013 erklärt, Deutschland trage „ewige Verantwortung für die Verbrechen des Nationalsozialismus, für die Opfer des Zweiten Weltkriegs und vor allem für den Holocaust." Auf der Grundlage dieser Worte kann kein halbwegs gebildeter Mensch bestreiten, dass die Deutschen seit Kriegsende dem eisernen Griff des Zionismus unterworfen sind. Das ist genau das, was die große Dame anprangerte.

Das Interview, von dem im Folgenden ein Auszug wiedergegeben wird, ist auf You Tube mit englischen Untertiteln verfügbar. Es beginnt mit den Worten: „Sie haben behauptet, der Holocaust sei die größte und hartnäckigste Lüge der Geschichte". Nachdem er die Arbeiten von Professor Faurisson zitiert hat, bekräftigt Haverbeck seine Behauptung und weist darauf hin, dass es sich um eine universelle Lüge handelt, die überall auf der Welt funktioniert. Er erwähnt dann Beweise für die Nichtexistenz von Gaskammern, dass Zyklon-B ein Desinfektionsmittel war und beharrt darauf, dass der Holocaust die größte Lüge ist, die je verbreitet wurde. Der Interviewer erinnert ihn daran, dass dies ein Schlag ins Gesicht ist, da jeder weiß, dass der Holocaust stattgefunden hat und sechs Millionen Menschen getötet wurden. „Können Sie noch einmal kurz erklären, warum der Holocaust für Sie die größte Lüge der Geschichte ist?" Haverbeck bekräftigt, dass es die hartnäckigste und diejenige ist, die den größten Einfluss hatte und immer noch hat. Er erklärt, dass man statt Antworten Verurteilungen bekommt und fügt hinzu: „Wenn man ein Gesetz braucht, das den Holocaust durchsetzt und Strafen androht, wenn jemand freiwillig nachforscht, dann gibt es ein Problem, oder? Die Wahrheit braucht kein Gesetz.

Im weiteren Verlauf des Interviews geht es um das schreckliche Leid der deutschen Generation, zu der Ursula Haverbeck gehört: Sie erinnert daran, dass fünfzehn Millionen Deutsche, darunter auch sie selbst, aus ihrer Heimat vertrieben wurden. Sie prangert die Morde, Vergewaltigungen und anderen

Verbrechen an, an die sich in Europa niemand mehr erinnert. In diesem thematischen Zusammenhang weist die große Dame die von den Behörden angegebene Zahl von 25.000 Toten in Dresden kategorisch zurück und nennt eine verifizierte Zahl von 235.000 Opfern. Sie schließt mit der Feststellung, dass nur die Wahrheit alle versöhnen kann. Der 1994 verabschiedete Paragraph 130 des Strafgesetzbuches, der mit Artikel 5 des Grundgesetzes über die Freiheit der Meinungsäußerung und die Freiheit der Untersuchung unvereinbar ist, ist das nächste Thema. Haverbeck lässt die bekannten Absurditäten Revue passieren und erwähnt die chemische Studie von Germar Rudolf, seine Verurteilung und die von Mahler: „Das muss jeden anständigen Menschen zutiefst empören", schließt sie mit wachsender Erregung.

Trotz der offensichtlichen Rührung des Achtzigjährigen besteht der Interviewer darauf: „Sie behaupten also öffentlich, dass es den Holocaust nie gegeben hat?" „Ja, natürlich, das stimmt", antwortet Haverbeck, der sich sofort daran erinnert, dass die Befehle in den Konzentrationslagern streng waren, dass die Kommandanten ihre Grenzen nicht überschreiten konnten und dass zwei von ihnen sogar hingerichtet wurden. „Ich verstehe also", unterbricht der Journalist, „dass es zwar Konzentrationslager gab, aber kein Massenvernichtungsprogramm, wie wir es heute verstehen". Haverbeck erklärt daraufhin die Bedeutung der industriellen Aktivitäten in Auschwitz und legt Beweise vor, darunter die Leuchter- und Rudolf-Berichte, die sie zu dem Schluss kommen lassen, dass es nie Gaskammern gab, denn „Auschwitz war kein Vernichtungslager, sondern ein Arbeitslager." Die alte Frau schwenkt Texte und Dokumente, die beweisen, dass sie nicht lügt, was zu einer weiteren Frage führt: „Wenn es so viele Dokumente gibt, warum sprechen Sie dann nicht darüber?" Antwort: „Das können Sie selbst beantworten. Weil es nicht erwünscht ist. „Für wen?" „Für diejenigen, die die Lüge aufgestellt haben". Es folgt ein Gespräch über die Veröffentlichung und Verheimlichung von verbotenen oder zensierten Materialien und Texten, das in der Klage gipfelt, dass die Umkehrung des Unterrichts, den die Deutschen ein halbes Jahrhundert lang in den Schulen erhalten haben, ein ernstes Problem darstellt. Haverbeck erklärt, dass es keine Ausrottung der Juden gab, sondern Verfolgung, Deportation und Umsiedlung. Das haben die Zionisten selbst gewollt", fügt er hinzu, „und deshalb haben sie sogar kollaboriert. Die Zionisten wollten einen Staat haben.... Sie hatten das gleiche Ziel: Sie wollten ihren eigenen Staat, und vor allem wollten sie die deutschen Juden, weil sie die klügsten waren. Die Fälschung des Tagebuchs von Anne Frank, die Lüge, dass Deutschland die Ursache für die beiden Weltkriege war, Eli Wiesels Schwindel über die Konzentrationslager, die Erkenntnis, dass die Leichenberge in Bergen-Belsen an Typhus, Hunger und Krankheiten gestorben waren, sind weitere Themen des 49-minütigen Gesprächs. An dieser Stelle erinnert sich Haverbeck: „Am Ende des Krieges waren wir alle am Verhungern. Meine Mutter wog nur noch 40 Kilo. Wir waren alle skelettiert..." Der Interviewer fragt: „Glauben Sie, dass Sie die Mehrheit der Deutschen davon überzeugen könnten, dass der Holocaust, wie wir ihn kennen, nicht stattgefunden hat, dass er nie stattgefunden hat?" Haverbeck antwortet, dass es jemand tun muss, „weil sie sonst ewig sinnlos leiden werden. Und leiden tun sie. Und man sagt ihnen, dass sie es tun müssen. Dieser Schuldkomplex ist tief verwurzelt. Und dann kommen noch die Forderungen hinzu: Gebt uns mehr U-Boote, gebt uns mehr von diesem, macht jenes, und so weiter und so fort. Das ist alles eine Funktion unserer Vergangenheit..."

Das Gespräch findet in der großen Bibliothek von Ursula Haverbeck statt. Das Thema Hass kommt zur Sprache. Dann erwähnt die große Dame den *Talmud* als Beispiel für den ultimativen Ausdruck des jüdischen Hasses auf Nichtjuden: „Sie müssen nur den *Talmud* lesen. Ich habe hier", sagt sie und dreht den Kopf, „alle zwölf Bände in der neuesten und maßgeblichen Übersetzung, eine Ausgabe von 2002...". Der Dialog endet mit einer Warnung: „Die Dinge, die Sie sagen und glauben, insbesondere, dass der Holocaust nicht stattgefunden hat, wie Sie behaupten, könnten Sie das Gefängnis kosten." Antwort: „Nun, wenn die Leute denken, das sei das Beste, was ich tun kann, dann ist das eben ein Risiko, das ich eingehen muss.... Das ist der Preis, den man zahlen muss. Ich denke immer an Schiller, das Feld von Waldstein: 'Steht auf, meine Kameraden, zu den Pferden, zu den Pferden!.... Und wenn ihr nicht euer Leben riskiert, werdet ihr niemals das Leben als Preis erhalten.'"

Als Folge der Äußerung der soeben zusammengefassten Ideen wurde die Grande Dame des Revisionismus im Juni 2015 verhaftet. Auf Anordnung der Staatsanwaltschaft drang das niedersächsische Landeskriminalamt in die Wohnung von Ursula Haverbeck und drei weiteren Historikerkollegen ein, um nach Beweisen für ihre Gedankenverbrechen zu suchen. Die Aktion fand nachts statt. Eine bewaffnete Gruppe politischer Polizisten trat die Tür ein und stürmte hinein. Man kann sagen, dass das Haus dem Erdboden gleichgemacht wurde, da die meisten Bücher und anderen Gegenstände bei der Suche nach Dokumenten oder anderen Beweisen, die Ursula Haverbeck wegen Aufstachelung zum Hass und Leugnung des Holocausts belasten könnten, auf dem Boden landeten. Die gleiche Szene spielte sich auch in den Wohnungen der anderen drei Revisionisten ab, deren Bücher und Dokumente von der Polizei beschlagnahmt wurden. Rätselhaft an der ganzen Angelegenheit ist, dass die ARD-Programmleitung die Ausstrahlung des Interviews zuließ, zumal der Journalist die revisionistische Historikerin darauf hinweist, dass sie für ihre Äußerungen im Gefängnis landen könnte. Die Verhaftung von Ursula Haverbeck war von Anfang an absehbar.

Am 11. November 2015 wurde sie vom Landgericht Hamburg zu zehn Monaten Haft verurteilt, weil sie die Frage gestellt hatte, ob Juden in Auschwitz vergast wurden. Die Angeklagte erschien zur Verhandlung ohne Anwalt und verteidigte sich gut gelaunt. Etwa fünfzig Personen, die sie begleiteten, versuchten, im Gerichtssaal Platz zu nehmen, aber eine Gruppe von „Aktivisten" hatte zuvor die Plätze besetzt, um Ursulas Freunde fernzuhalten, von denen viele aus Platzmangel draußen bleiben mussten. Ihr wurde vorgeworfen, dem Fernsehmagazin *Panorama* ein Interview gegeben zu haben, in dem sie erklärte, Auschwitz sei kein Vernichtungslager, sondern ein Arbeitslager gewesen und der Massenmord an Juden habe nicht stattgefunden. Haverbecks Worte an den Richter waren: „Ich stehe zu allem, was ich gesagt habe". An den Staatsanwalt gewandt fragte er: „Wie wollen Sie als Anwalt die Behauptung beweisen, dass

Auschwitz ein Vernichtungslager war?" Sein Antrag, einen revisionistischen Historiker als Zeugen zu laden, der beweisen sollte, dass in Auschwitz niemand vergast wurde, wurde von Richter Jönsson mit den Worten abgelehnt, es sei sinnlos, mit jemandem zu streiten, der die Fakten nicht akzeptiert.

Dieser Richter ignorierte in seiner Arroganz mühelos die Tatsache, dass die Nichtanerkennung der Tatsachen in die andere Richtung geht, da es die deutschen Gerichte sind, die sich systematisch weigern, sie zu prüfen und Beweise und Belege für das angeklagte Verbrechen zurückweisen. Richter Jönsson setzte die Gewissheit des Holocausts mit dem Beweis gleich, dass die Erde rund ist: „Ich muss auch nicht beweisen, dass die Welt rund ist". Nachdem er heuchlerisch sein Bedauern darüber zum Ausdruck gebracht hatte, dass die alte Frau all ihre Energie darauf verwendet hatte, „Hass zu schüren", entschied der Richter schließlich, dass „die Sache aussichtslos" sei. Die Staatsanwaltschaft vertrat die Auffassung, dass die Angeklagte ihr „fanatisches Wahndenken" nicht geändert habe, so dass sie trotz ihres fortgeschrittenen Alters zu einer effektiven Freiheitsstrafe von zehn Monaten verurteilt werden sollte. Der Richter stimmte dem zu.

Reinhold Elstner, der Revisionist, der sich bei lebendigem Leib verbrannte

In der Bundesrepublik Deutschland werden jährlich etwa zweitausend Menschen wegen Meinungsdelikten verhaftet, und niemand kümmert sich darum, weil sie nur „Neonazis" sind. Wir könnten noch weitere ehrliche Revisionisten aufzählen, die für kein anderes Verbrechen als das freie Denken hinter Gittern landeten, wie Dirk Zimmermann, der 2007 Exemplare der *Vorlesungen über den Holocaust* an drei lokale Persönlichkeiten schickte: den Oberbürgermeister von Heilbronn, einen evangelischen und einen katholischen Geistlichen. Nachdem er die Bücher verschickt hatte, reichte er Klage gegen sich selbst ein und wurde 2009 zu neun Monaten Haft verurteilt; oder Gerhard Ittner, der 2015 von einem Münchner Gericht zu achtzehn Monaten Haft verurteilt wurde. Die Aufzählung weiterer Beispiele würde unnötig lange dauern. Wir enden daher mit einem extremen, allgemein unbekannten Fall, dem von Reinhold Elstner, dem wir den letzten Platz als Höhepunkt der Verfolgung von Revisionisten in Deutschland vorbehalten haben. Am 25. April 1995 begab sich der 75-jährige pensionierte Chemiker, Ingenieur und Wehrmachtsveteran auf die Treppe der Feldhermhalle in München, übergoss sich mit einer brennbaren Flüssigkeit und zündete sich an. Die Menschen, die ihn sahen, versuchten, ihn zu retten, um sein Leben zu retten, aber zwölf Stunden später war Elstner tot. Die Gründe für diese unglückliche Tat sind in einem Text erläutert, den er vor seinem Selbstmord geschrieben hat und in dem er sein Opfer erklärt. Wir geben ihn in memoriam wieder.

„Deutsche in Deutschland, in Österreich, in der Schweiz und in der Welt, bitte wacht auf!

Fünfzig Jahre endloser Diffamierung, ständiger hasserfüllter Lügen, der Dämonisierung eines ganzen Volkes sind genug.
Fünfzig Jahre unglaubliche Beleidigungen deutscher Soldaten, permanente milliardenschwere Erpressung und „demokratischer" Hass sind mehr als man ertragen kann.
50 Jahre zionistische Rache der Justiz sind genug.
Fünfzig Jahre, in denen versucht wurde, durch die Kriminalisierung von Eltern und Großeltern eine Kluft zwischen den Generationen der Deutschen zu schaffen, sind eine zu viel.
Es ist unfassbar, dass wir in diesem Jubiläumsjahr mit einer Flut von Lügen und Verleumdungen überschwemmt werden. Da ich bereits 75 Jahre alt bin, kann ich nicht mehr viel tun; aber ich kann mir noch das Leben nehmen, indem ich mich selbst verbringe, eine letzte Aktion, die als Signal an die Deutschen dienen kann, zur Vernunft zu kommen. Sollte durch meine Tat ein einziger Deutscher aufwachen und den Weg zur Wahrheit finden, dann wäre mein Opfer nicht vergebens gewesen.
Ich fühlte, dass ich keine andere Wahl hatte, als ich feststellte, dass es jetzt, nach 50 Jahren, wenig Hoffnung gibt, dass die Vernunft siegt. Als jemand, der nach dem Krieg aus seiner Heimat vertrieben wurde, hatte ich immer eine Hoffnung, die gleiche Hoffnung, die den Israelis nach 2000 Jahren gewährt wurde, nämlich dass die vertriebenen Deutschen das Recht haben würden, in ihre Heimat zurückzukehren. Was ist aus dem Selbstbestimmungsrecht von 1919 geworden, als Millionen von Deutschen gezwungen wurden, unter fremder Herrschaft zu leben? Unter diesen Fehlern haben wir bis heute zu leiden, und ich kann sagen, dass die Deutschen dafür nicht verantwortlich gemacht werden können.
Ich bin ein deutscher Schwede, ich habe eine tschechische Großmutter und andererseits tschechische und jüdische Verwandte, von denen einige in Konzentrationslagern wie Buchenwald, Dora und Theresienstadt inhaftiert waren. Ich habe weder der Nazipartei noch einer anderen Gruppierung angehört, die auch nur im Geringsten mit dem Nationalsozialismus verbunden war. Wir hatten immer beste Beziehungen zu unseren nichtdeutschen Verwandten und haben uns, wenn nötig, gegenseitig geholfen. Während des Krieges war unser Lebensmittelgeschäft mit Bäckerei für die Verteilung von Lebensmitteln an französische Kriegsgefangene und Arbeiter aus dem Osten, die in der Stadt lebten, zuständig. Alles wurde ordnungsgemäß abgewickelt, und so war sichergestellt, dass unser Geschäft bei Kriegsende nicht geplündert wurde, denn die französischen Kriegsgefangenen bewachten es bis zu ihrer Repatriierung. Unsere Verwandten, die in den Konzentrationslagern inhaftiert waren, kehrten bereits am 10. Mai 1945 (zwei Tage nach Ende der Feindseligkeiten) nach Hause zurück und boten ihre Unterstützung an. Besonders hilfreich war unser jüdischer Onkel aus Prag, der das von den Partisanen angerichtete Blutbad an den verbliebenen Deutschen in der tschechischen Hauptstadt miterlebt hatte. Das Entsetzen über diese kaltblütigen Morde stand ihm noch in den Augen. Offensichtlich ein Grauen, das er selbst als ehemaliger Gefangener des Reiches während seiner Gefangenschaft nicht erlebt hatte.
Ich war Soldat in der Wehrmacht des großen Deutschen Reiches und kämpfte vom ersten Tag an an der Ostfront. Dazu kommen noch einige Jahre Sklavenarbeit in der UdSSR als Kriegsgefangener.
Ich erinnere mich gut an die Reichskristallnacht 1938, weil ich an diesem Tag ein weinendes jüdisches Mädchen fand, ein Mädchen, mit dem ich studiert hatte. Aber ich war noch viel schockierter, als ich in Russland sah, wie alle Kirchen entweiht wurden, wie sie als Ställe und Waffenläden benutzt wurden; ich sah

grunzende Schweine, blökende Schafe und das Klappern von Gewehren an heiligen Orten. Das Schlimmste war für mich, als ich sah, wie Kirchen in Museen des Atheismus verwandelt wurden. Und all dies geschah mit aktiver Duldung der Juden, jener kleinen Minderheit, von der so viele Mitglieder Stalins kriminelle Schergen waren. Die prominentesten von ihnen gehörten dem Kaganowitsch-Clan an, sieben Brüder und Schwestern, die solche Massenverbrecher waren, dass die angeblichen SS-Mörder im Vergleich dazu als harmlos gelten können.

Nach der Rückkehr aus den russischen Gefangenenlagern in meine „Heimat" (welch ein Hohn, gegenüber einem Gefangenen, der aus dem Land seiner Vorfahren vertrieben wurde, von „Heimat" zu sprechen!) hörte ich zum ersten Mal von den Grausamkeiten der Konzentrationslager, aber zunächst hörte ich nichts von Gaskammern oder der Ermordung von Menschen durch den Einsatz von Giftgas. Im Gegenteil, man erzählte mir, dass es in Konzentrationslagern wie Theresienstadt und Buchenwald (Dora) sogar Bordelle für die Häftlinge auf dem Gelände des Lagers gab. Anlässlich der „Auschwitz-Prozesse" erklärte dann Herr Broszat vom Institut für Zeitgeschichte, dass die berühmte Zahl von sechs Millionen nur eine symbolische Zahl ist. Obwohl Herr Broszat auch erklärte, dass es in den auf deutschem Boden errichteten Lagern keine Gaskammern zur Ermordung von Menschen gab, wurden die angeblichen Kammern jahrelang den Besuchern in Buchenwald, Dachau, Mauthausen und anderen gezeigt. Lügen, nur Lügen bis zum heutigen Tag.

Das alles wurde mir sehr klar, als ich Dutzende von Büchern las, die von Juden und so genannten Antifaschisten geschrieben wurden. Darüber hinaus konnte ich auf meine eigenen Erfahrungen in Russland zurückgreifen. Ich lebte zwei Jahre lang in der Krankenhausstadt Porchov, wo bereits im ersten Winter die Gefahr einer Typhusepidemie bestand und alle Krankenhäuser und Erstversorgungseinrichtungen mit dem entlaust wurden, was wir damals „K.Z." nannten. Gas', genauer gesagt 'Zyklon-B'. Dort lernte ich, wie gefährlich der Umgang mit diesem giftigen Gas war, auch wenn ich nicht zu den Teams gehörte, die die Gebäude ausräucherten. Jedenfalls hatte ich seitdem keine andere Wahl, als alle Werke über die Konzentrationslager zu studieren, in denen märchenhafte Geschichten über die Gaskammern erzählt werden. Das muss der wahre Grund sein, warum alle Berichte der Opfer über die Konzentrationslager von den Gerichten als Wahrheit angesehen werden und nicht bewiesen werden müssen.

Im Jahr 1988 strahlte das deutsche Fernsehen einen Bericht über Babi Yar (eine Schlucht in der Nähe von Kiew) aus, in dem berichtet wurde, dass die SS 36.000 Juden zu Tode gesteinigt hatte. Drei Jahre später schrieb eine Dame namens Kayser einen Bericht für die Münchner Zeitung *TZ*, in dem sie behauptete, diese Juden seien erschossen und ihre Leichen in tiefen Schluchten verbrannt worden. Darauf angesprochen, wies Frau Kayser auf eine Buchhandlung in Konstanz hin, die das Buch *Die Shoah von Babi Yar* verkauft. An dem Tag, an dem das Buch bei mir eintraf, zeigte das deutsche Fernsehen einen Bericht aus Kiew über die Ergebnisse einer ukrainischen Kommission: In Babi Jar lagen die Leichen von 180.000 Menschen, die alle auf Befehl Stalins (vor 1941) ermordet wurden. Die Deutschen waren in keiner Weise verantwortlich. Dennoch finden sich überall auf der Welt Gedenkstätten für Babi Yar, die die Deutschen für die Morde verantwortlich machen (Clinton besuchte Babi Yar am 10. Mai 1995 und spielte vor einer Menora auf die Deutschen als Schlächter an).

Denn, wie Herr Broszat sagte, wurden wir über die Geschehnisse in Dutzenden von Konzentrationslagern getäuscht. Ich bin nicht bereit, die Geschichten zu glauben, die über die angeblichen Geschehnisse in den Lagern in Polen erzählt werden. Ich glaube auch nicht den Nachkriegsbeschuldigungen, die die

Deutschen als besonders aggressiv darstellen. Immerhin war es Deutschland, das von 1871 bis 1914 den Frieden bewahrte, während England und Frankreich, die führenden Demokratien, den größten Teil Afrikas eroberten und ihre Kolonien in Asien ausbauten. Zur gleichen Zeit kämpften die Vereinigten Staaten in Mexiko gegen Spanien, und Russland führte Krieg gegen die Türkei und Japan. In dieser Hinsicht halte ich die US-Regierung für besonders zynisch, denn es war das Land, das in diesem Jahrhundert zweimal den Ozean überquerte, um Deutschland anzugreifen und uns zur „Demokratie" zu führen. Man muss bedenken, dass dies eine Regierung war, deren Nation die Ureinwohner ausgerottet hat und die bis heute ihre farbige Bevölkerung als Bürger zweiter Klasse behandelt.

Während meiner Jahre fand ich freundliche und hilfsbereite Juden nicht nur unter meinen Verwandten, sondern auch unter den Kriegsgefangenen in Russland. In Gorki half mir ein jüdischer Lehrer wieder auf die Beine, als ich an einer Rippenfellentzündung und schweren Augenproblemen litt. Aber ich habe auch viel Schlechtes über diese kleine Minderheit gehört: Hat Churchill nicht im *Londoner Sunday Herald* (8. Februar 1920) Folgendes geschrieben?

Von den Tagen des Spartakus Weishaupt bis hin zu Marx, Trotzki, Bela Kun, Rosa Luxemburg und Emma Goldmann gibt es eine Weltverschwörung, die darauf abzielt, unsere Zivilisation zu zerstören und unsere Gesellschaft durch Ereignisse von entsetzlicher Gier und durch die Verwirklichung des unmöglichen Traums von der Gleichheit aller zu verändern. Diese Verschwörung, die unerbittlich alle bestehenden Institutionen untergräbt, war in der Lage, eine Bande skrupelloser Menschen aus der Unterwelt der großen Städte Europas und Amerikas zu beschäftigen, um die Macht in Russland an sich zu reißen und sich zu Herren über dieses riesige Reich zu machen. Man braucht die Rolle, die diese atheistischen Juden bei der Errichtung des Bolschewismus gespielt haben, nicht zu überschätzen.

Ich glaube, ich bin berechtigt, den Träger des angesehenen Karls-Preises zu zitieren. Im 18. Jahrhundert schrieb Samuel Johnson: „Ich weiß nicht, was wir mehr fürchten sollten, eine Straße voller Soldaten, die bereit sind zu plündern, oder einen Raum voller Schriftsteller, die es gewohnt sind zu lügen".

Wenn wir unsere Erfahrungen nach 1918 und nach 1945 betrachten, wissen wir Deutschen, wen wir am meisten zu fürchten haben!

München, 25. April 1995
Reinhold Elstner".

2. DIE WICHTIGSTEN OPFER DER VERFOLGUNG IN FRANKREICH:

François Duprat, ermordet von jüdischen Terroristen

Das Gesetz, das den Holocaust-Revisionismus in Frankreich verbietet, ist das Gayssot-Gesetz, auch bekannt als Fabius-Gayssot-Gesetz, das am 13. Juli 1990 verabschiedet wurde. Zwei Juden, der kommunistische Abgeordnete Jean Claude Gayssot und der wohlhabende Sozialist Laurent Fabius, waren die Väter dieser Erfindung, die es seither ermöglicht, diejenigen strafrechtlich zu verfolgen, die die Existenz bestimmter Verbrechen gegen die Menschlichkeit in Frage stellen, nämlich diejenigen, die in der Londoner Charta definiert sind, die als Grundlage für die Verurteilung der Naziführer in den berüchtigten Nürnberger Prozessen diente. Wie üblich hat die jüdische Lobby unter dem Deckmantel der angeblichen Verteidigung der Menschenrechte erreicht, dass in Frankreich wie in Deutschland Ermittler wegen Gedankenverbrechen verfolgt und der Meinungsfreiheit beraubt werden. Bereits vor der Verabschiedung dieses Gesetzes wurden Revisionisten mit Zwangsmaßnahmen belegt. Paul Rassinier, einer der Väter des Geschichtsrevisionismus, musste seit der Veröffentlichung von „*Die Lüge des Odysseus*" bis zu seinem Tod im Jahr 1967 alle Arten von Verleumdungen und Ausgrenzungen sowie mehrere Gerichtsverfahren über sich ergehen lassen.

Ein weiterer Vorreiter des Geschichtsrevisionismus in Frankreich war François Duprat, der im Juni 1967 in der Zeitschrift *Défense de l'Occident* einen Artikel mit dem Titel „Das Geheimnis der Gaskammern" veröffentlichte. Später las Duprat das Buch „*Did Six Million Really Die?*" von Richard Harwood, dessen Veröffentlichung Ernst Zündel so viel Ärger bereiten sollte, und beteiligte sich an dessen Veröffentlichung und Vertrieb in Frankreich. François Duprat, 1941 in Ajaccio geboren, gilt als einer der Ideologen des französischen Nationalismus und der Gründung des Front National. Einer seiner Mentoren war Maurice Bardèche, der neben Paul Rassinier den Holocaust-Revisionismus propagierte. Beeinflusst von Bardèche, schlug Duprat die Auflösung des zionistischen Staates vor und unterstützte die Volksfront zur Befreiung Palästinas. Duprat förderte die Übersetzung und Veröffentlichung der wichtigsten Texte des Holocaust-Revisionismus. Dank ihm wurden Thies Christophersens „*Die Auschwitz Lüge*" und Arthur Robert Butz' „*The Hoax of the Twentieth Century*" in Frankreich in Umlauf gebracht.

Am 18. März 1978 um 8.40 Uhr tötete eine Bombe François Duprat, der im Alter von 37 Jahren der erste Mensch war, der wegen seiner Unterstützung des Holocaust-Revisionismus ermordet wurde. Seine Frau Jeanine, die ihn begleitete, wurde schwer verletzt und verlor, obwohl sie ihr Leben retten konnte, ihre Beine und war gelähmt. Duprat fuhr seine Frau zur Schule in Caudebe-en-Caux, wo sie als Lehrerin tätig war. Der Wagen hielt an einer Tankstelle, um Zeitungen zu kaufen, und die Täter nutzten die Gelegenheit, um eine Bombe im Unterboden des Wagens zu platzieren. Als sie ihre Fahrt fortsetzten, wurde das

Auto in die Luft gesprengt. Die Ermittlungen ergaben, dass es sich um einen ausgeklügelten Sprengsatz handelte, der nur von Fachleuten hergestellt worden sein konnte. Zwei Gruppen bekannten sich zu dem Anschlag, um sich gegen die „Shoah-Leugnung" zu wehren: das selbsternannte „Kommando der Erinnerung" und die „Jüdische Revolutionäre Gruppe". Die zionistischen Organisationen in Frankreich verurteilten den Mord jedoch in der Öffentlichkeit, und es wurde eine Rauschkampagne gestartet, um das Verbrechen ultralinken und/oder rivalisierenden nationalistischen Gruppen zuzuschreiben. Die Beerdigung von Duprat in der Kirche Saint-Nicolas-du Chardonnet in Paris war ein großes Ereignis.

Niemand wurde verhaftet und das Verbrechen blieb ungesühnt. Heute gibt es kaum noch Zweifel daran, dass der Mord an Duprat das Werk des Mossad war. Dank der Veröffentlichung Buches *„By Way of Deception"* des ehemaligen Agenten Victor Ostrovsky im Jahr 1990 erhielt die internationale Öffentlichkeit Zugang zu aufschlussreichen Details darüber, wie der israelische Geheimdienst so genannte „jüdische Verteidigungsgruppen" in verschiedenen Ländern ausbildet und bewaffnet. Ostrovsky erklärt in seinem umstrittenen Buch, dass junge Menschen aus anderen Ländern für verschiedene geheimdienstliche Schulungen nach Israel gebracht werden. In Europa ist der „Tagar", ein Ableger der zionistischen Betar-Bewegung, die wichtigste terroristische Gruppe. Tagar/Betar mit Sitz in Paris hat enge Verbindungen zur israelischen Regierung und wird daher bei verdeckten Operationen des Mossad eingesetzt. Es ist mehr als wahrscheinlich, dass diese Tagar mit der Ermordung von Duprat in Verbindung steht, da ihr zahlreiche kriminelle Anschläge gegen Personen zugeschrieben werden, die als „Feinde" gelten, darunter auch Holocaust-Revisionisten.

Roger Garaudy, der Philosoph, der an den Pranger gestellt wurde, weil er Israel anprangerte

Zu Beginn dieser Zeilen über den Philosophen Roger Garaudy werden wir von einigen Zweifeln geplagt. Sein Leben, ein paradigmatisches Beispiel für den Eklektizismus, war so reich und vielfältig, dass man versucht ist, denjenigen, die diesen Gelehrten, der während seines langen Lebens von fast hundert Jahren ununterbrochen geschrieben hat, nicht kennen, etwas davon zu erklären. Unsere Beschränkungen ergeben sich natürlich aus den Inhalten, mit denen wir uns befasst haben. Was uns in seinem umfangreichen Werk von mehr als fünfzig Aufsätzen im Wesentlichen interessiert, ist das, was den Geschichtsrevisionismus betrifft. Aus diesem Grund werden wir uns hauptsächlich auf das Buch konzentrieren, das die so genannte „Affaire Garaudy" auslösen sollte, *Les Mythes fondateurs de la politique israélienne*. Dieser im Dezember 1995 veröffentlichte Essay entstand wahrscheinlich aus einer moralischen Notwendigkeit heraus, als Kompromiss, da Garaudy mit der Palästinenserin Salma Farouqui verheiratet war und 1982 zum Islam übergetreten war. Aus Platzgründen werden wir dennoch einige Absätze über seinen Lebensweg schreiben,. Dies wird helfen zu verstehen, wie Garaudy dazu kam, die Perversion des zionistischen Staates anzuprangern.

Im Frühjahr 2013 besuchten wir das Museum der drei Kulturen im Calahorra-Turm, einer muslimischen Festung, deren Nutzung 1987 von der Stadtverwaltung an die Stiftung Roger Garaudy abgetreten wurde. Zehn Jahre später, im September 1997, wurde der Turm von Calahorra, der sich gegenüber der Moschee auf der anderen Seite der römischen Brücke über den Guadalquivir befindet, in das Verzeichnis der Museen der Autonomen Gemeinschaft eingetragen. Dort hatten wir die Gelegenheit, mehrere ins Spanische übersetzte Werke von Garaudy zu erwerben, darunter seine Memoiren, die er im Alter von 75 Jahren zu schreiben begann: *Mi vuelta al siglo en solitario*. Wir werden daher einige Momente des intellektuellen, ethischen und religiösen Wandels dieses synthetischen und versöhnlichen Denkers mit seiner eigenen Stimme schildern. Seine Metamorphosen führten ihn vom militanten Kommunismus über den Katholizismus zum Islam und damit vom vermeintlichen marxistischen Atheismus zu einem tiefen Glauben an Gott.

Garaudy wurde 1913 in Marseille geboren. Seine Großmutter mütterlicherseits war Spanierin, eine Menorquinerin, die 1848 nach Algier verbannt wurde. Im Vorwort zu seinen Memoiren schreibt er: „Die große Suche meines Lebens bestand gerade darin, einen Sinn darin zu finden. Und auch in der Geschichte". In seinen Zwanzigern suchte er diesen Sinn im Marxismus und trat 1933 der Kommunistischen Partei Frankreichs bei. Nachdem er in Algerien Gefangener von Vichy-Frankreich war, erlebte er 1945 die Befreiung in Paris. Er schrieb einige aufschlussreiche Worte über die Situation in Frankreich: „In einem Land, in dem die große Mehrheit sowohl die Besatzung als auch das Vichy-Regime akzeptiert hat, wird jetzt die Illusion eines einmütigen und heroischen Widerstands geschaffen. Im Jahr 1945 gab es in Frankreich mehr Widerstandskämpfer als Einwohner". Da die Kommunistische Partei im internen Widerstand vorherrschend war, wurde ihr Prestige in Macht umgewandelt. Garaudy wurde 1945 als Abgeordneter in die erste verfassungsgebende Versammlung gewählt. Danach begann er seine Karriere als Abgeordneter der PCF, gefolgt von „vierzehn verlorenen Jahren im Parlament", wie er selbst sagt. Ende Oktober 1956, nach der Verstaatlichung des Suezkanals durch Nasser, erlebte Garaudy als Vizepräsident der Versammlung die Vorkriegsstimmung und die Vorbereitungen für die anglo-französische Intervention in Ägypten.

In diesen Jahren begannen seine Zweifel und er formulierte die bedeutsame Dichotomie zwischen „verantwortungsvollen Kommunisten und verantwortungsvollen Kommunisten", die 1970 zu seinem Ausschluss aus der Partei führen sollte. Er setzt sich zunehmend für einen Dialog zwischen Christen und Marxisten ein und beruft sich dabei auf die Figur des Paläontologen und Philosophen Teilhard de Chardin. In den 1960er Jahren riefen seine Ansichten gegen den Atheismus und seine ständigen Begegnungen mit christlichen Theologen und Philosophen oft negative Reaktionen bei vielen Genossen hervor. Kein Schöpfer", schrieb er, „kann Gott leugnen. Er ist sich seiner Gegenwart bewusst. Auch wenn er es nicht sagt..." Man kann sagen, dass Garaudy der große Anreger der christlich-marxistischen Dialoge in Europa und Amerika war. Als

Antwort auf die Frage „Wer ist Christus für Sie?" schrieb er 1969 schöne Worte über Jesus und über die Christen:

> „... Ein Feuer ist entzündet worden: es ist der Beweis für den Funken oder die erste Flamme, die es entfacht hat. Dieses Feuer war vor allem ein Aufstand der Mittellosen, ohne den das 'Establishment' von Nero bis Diokletian sie nicht so hart verfolgt hätte. Für diese Menschen (die Christen) wird die Liebe zu etwas Kämpferischem, Subversivem; sonst wäre Er (Christus), der Erste, nicht gekreuzigt worden.
> Bis zu diesem Augenblick haben alle Weisheiten über das Schicksal und über die mit der Vernunft verwechselte Torheit nachgedacht. Er, das Gegenteil des Schicksals, hat dessen Torheit aufgezeigt. Er, die Freiheit, die Schöpfung, das Leben. Er ist derjenige, der die Geschichte verunstaltet hat".

Ein Jahr, bevor er diese Worte schrieb, hatte sich in seinem Leben bereits das ereignet, was er als „Wendepunkt der Träume" bezeichnete: Nach dem Fiasko vom Mai 1968 marschierten am 20. August Truppen des Warschauer Pakts unter Führung der UdSSR in die Tschechoslowakei ein und brachen den so genannten „Prager Frühling" ab. Garaudy verurteilt die Intervention vorbehaltlos, aber die Partei prangert seine „Disziplinlosigkeit" an. Am 6. Februar 1970 wurde er aus der PCF ausgeschlossen.

Die neue Phase von Roger Garaudy war geprägt von seinen Reisen um die Welt. In seinem Bestreben, die Existenz Gottes zu ergründen, musste er sehen, wie Gott im Alltag und in den künstlerischen Ausdrucksformen anderer Kulturen und Zivilisationen konzipiert ist. Zu diesem Zweck reiste er nach Indien, China und Japan. 1979 veröffentlichte er *„Appel aux vivants"*, eines seiner bekanntesten Bücher, das aus dem Französischen in sieben Sprachen übersetzt wurde, darunter Arabisch, Spanisch und Katalanisch. Die Tantiemen brachten ihm beträchtliche Gewinne und damit die Möglichkeit, die Vereinigung „Appel aux vivants" zu gründen, deren Ziel es war, eine Bewegung des gewaltlosen „Widerstands" gegen „die Besetzung der Institutionen und des Geistes durch die Ideologie des Wachstums und die Betäubung der Seelen" zu schaffen.

Am 17. Juni 1982 erschien in *Le Monde* ein Text von Garaudy, der einen Wendepunkt in seinem Leben markieren sollte. Wie er in *My Turn of the Century Alone* anprangert, wurde der Artikel dazu benutzt, „mich in den Kerker des Vergessens zu werfen". Jacques Fauvet, der Herausgeber der Zeitung, zu dem Garaudy gute Beziehungen unterhielt, erklärte sich bereit, eine bezahlte Seite zu veröffentlichen, in der er zusammen mit Pater Michel Lelong und Pfarrer Mathiot die Massaker Israels im Libanon scharf kritisierte und deren Bedeutung erklärte: „Wir haben gezeigt, dass es sich nicht um ein Versehen handelt, sondern um die innere Logik des politischen Zionismus, auf dem der Staat Israel beruht". Garaudy erklärt in seinen Memoiren die Folgen des Textes und prangert an: „In anonymen Briefen und per Telefon erhielt ich bis zu neun Morddrohungen". Die LICRA (Ligue Internationale Contre le Racisme et l'Antisémitisme) reichte Klage ein mit dem Ziel, ein Verfahren wegen „Antisemitismus und Aufforderung zur Rassendiskriminierung" zu provozieren.

Der Anwalt von Jacques Fauvet beharrte darauf, dass der Staat Israel nicht mit der jüdischen Gemeinschaft verwechselt werden könne; der Anwalt der LICRA versuchte jedoch zu beweisen, dass Garaudy ein Antisemit sei.

Glücklicherweise war dies alles nur ein Prolog zu dem, was Jahre später zur „Affaire Garaudy" werden sollte. Am 24. März 1983 entschied das Pariser Berufungsgericht, dass es sich um eine „rechtmäßige Kritik an der Politik eines Staates und der Ideologie, die ihn inspiriert, und nicht um eine rassistische Provokation" handelt. Folglich wurde die Klage der mächtigen jüdischen Lobby in Frankreich abgewiesen, und die LICRA musste die Gerichtskosten tragen. Anstatt die Angelegenheit fallen zu lassen, legte die LICRA Berufung ein, doch das Urteil der Obersten Kammer des Pariser Gerichts fiel erneut zugunsten von Garaudy und den beiden Geistlichen aus, die den Artikel mitunterzeichnet hatten. Am 11. Januar 1984 erging ein Urteil, das das Urteil der Vorinstanz bestätigte und die LICRA erneut zur Zahlung der Kosten verurteilte, die ihrerseits Kassationsbeschwerde einlegte. Dies dauerte fast vier Jahre. Schließlich, am 4. November 1987, verloren die Zionisten den Rechtsstreit. Das Gericht wies die Kassation zurück und verurteilte die Kläger zur Zahlung der Kosten. Die Niederlage der jüdischen Lobby wurde systematisch ignoriert. Selbst *Le Monde*, deren ehemaliger Herausgeber Fauvet in die Affäre verwickelt war, beschränkte sich auf eine vernachlässigbare Rezension. Neben den gerichtlichen Schikanen wurde gegen den Philosophen ein noch viel bedauernswerteres Verfahren eingeleitet:

> „Aber von diesem Moment an begannen die Medien mich zu ersticken: mein Zugang zum Fernsehen wurde blockiert und alle meine Artikel wurden abgelehnt. Bis zu diesem Zeitpunkt hatte ich vierzig Bücher in allen großen Verlagen veröffentlicht, von Gallimard bis Seuil, von Plon bis Grasset und Laffont. Sie waren in siebenundzwanzig Sprachen übersetzt worden. Von diesem Moment an waren alle Türen verschlossen: Einer meiner besten Verleger wurde von der Direktion angewiesen: „Wenn Sie ein Buch von Garaudy veröffentlichen, dürfen Sie kein amerikanisches Werk mehr übersetzen". Mich zu akzeptieren, wäre der Ruin des Hauses gewesen. Bei einem anderen Werk sagte ein anderer „Großer" (Verleger) zu seinem literarischen Direktor, der sich drei Monate lang mit Leidenschaft für das Buch eingesetzt hatte, um mir bei der Fertigstellung zu helfen: „Ich will Garaudy nicht in diesem Haus haben". Dies ist die Geschichte der Einmauerung eines Mannes".

Garaudy bezeichnet den Zeitraum 1982-1988 als „meine sechs Jahre der Wanderung in der Wüste". Der Versuch, ihn literarisch zu begraben, entspricht genau den Plänen, die Adam Weishaupt und auch die *Protokolle der Weisen von Zion* zuvor skizziert hatten. Erstere schrieben bereits Ende des 18. Jahrhunderts, dass sie die ihnen feindlich gesinnten Schriftsteller ruinieren müssten: „Wenn wir allmählich den gesamten Buchhandel in unseren Händen haben, werden wir dafür sorgen, dass sie (die feindlichen Schriftsteller) weder Verleger noch Leser haben." Im Zwölften Protokoll, in dem es um die Kontrolle der öffentlichen Meinung durch Nachrichtenagenturen, die Presse und Veröffentlichungen im Allgemeinen geht, heißt es: „Wir werden unsere Gegner sicher besiegen, weil sie infolge unserer Maßnahmen keine Zeitungen mehr zur Verfügung haben werden, in denen sie ihre Meinung kundtun können."

1982 heiratete Roger Garaudy die Palästinenserin Salma Farouqui, und zwei Wochen nach der Veröffentlichung der bezahlten Seite in Le Monde, die den Sturm ausgelöst hatte, legte er am 2. Juli „bei vollem Bewusstsein und voller Verantwortung" in Genf vor Imam Buzuzu sein Bekenntnis zum muslimischen Glauben ab: „Gott allein ist Gott und Mohammed ist sein Prophet". Die Nachricht von seiner Konversion war eine gute Nachricht für die muslimischen Gemeinschaften im Westen, die ihm eine Einladung nach der anderen zukommen ließen. In einem Vortrag in Belfort mit dem Titel „Jesus, der Prophet des Islams", bei dem, wie er in seinen Memoiren zugibt, „das Herz mehr von Jesus als von Mohammed spricht", zitiert er die Suren des Korans, in denen die Jungfräulichkeit Marias und Jesus als Prophet Gottes anerkannt werden: „Der Messias, Jesus, Sohn Marias, ist der Apostel Gottes. Er ist Sein Wort, das von Gott in Maria niedergelegt wurde. Es ist der Geist, der von ihm ausgeht". Garaudy stellt fest, dass Gott zu Mohammed sagte: „Bereue deine Sünden, vergangene und gegenwärtige", während der Koran Jesus und seine Mutter, die Jungfrau Maria, als die einzigen menschlichen Wesen betrachtet, die nie gesündigt haben.

Fast zwangsläufig sah er in Spanien das historische Beispiel für den Dialog der Zivilisationen, den er predigte, und so landete er in Cordoba, wo sich die größte Moschee der Welt befindet. Eine Stadt, so der Philosoph, „die während der muslimischen Periode der spanischen Geschichte die größte Stadt Europas war, als Paris und London nur Kleinstädte waren. Sie wurde zu einem Zentrum der kulturellen Ausstrahlung". 1987 überließ ihm die Stadtverwaltung von Córdoba den Turm von Calahorra für neunundvierzig Jahre, um dort die Erinnerung an die Blütezeit Córdobas auszustellen: „Das war für mich der Beginn", schreibt Garaudy, „des wunderbaren Abenteuers, einen Traum zu verwirklichen".

Leider lösen Träume manchmal schreckliche Albträume aus, wie den, den Garaudy 1996 erlebte, nachdem Ende 1995 in Frankreich *Les mythes fondateurs de la politique israélienne* veröffentlicht wurde. Dieses Werk, das in Spanien unter dem Titel *Los mitos fundacionales del Estado de Israel* veröffentlicht wurde, löste in Frankreich einen beispiellosen Sturm aus, denn nicht einmal die Bücher von Revisionisten wie Paul Rassinier, Arthur R. Butz oder Robert Faurisson haben in den Medien und unter der „Intelligenz" so viel Lärm verursacht. In der ersten Hälfte des Jahres 1996 reißt die Kontroverse nicht ab, und die Affäre geht als „Affaire Garaudy" in die Geschichte ein. Zuvor hatte Garaudy erlebt, wie zwei seiner Bücher über die palästinensische Frage inoffiziell mit den üblichen Mitteln jüdischer Interessengruppen zensiert wurden: Einschüchterung und Erpressung. Garaudy wurde sich zunehmend der Rolle des Holocaust als Argument bewusst, um Kritik an Israel zum Schweigen zu bringen, und nahm das Angebot von Pierre Guillaume an, der 1980 die Buchhandlung „La Vielle Taupe" als auf revisionistische Bücher spezialisierten Verlag wiederbelebt hatte.

Robert Faurisson, der mehrfach angegriffen und mit dem Tode bedroht wurde und der die Gewalt dieser Medienstürme aus erster Hand kennt, schrieb am 1. November 1996 einen langen Artikel mit dem Titel „Bilan de l'affaire Garaudy-abbé Pierre (janvier-octobre 1996)" (Bilanz der Affäre Garaudy-Vater Pierre (Januar-Oktober 1996)). Professor Faurisson erklärt, dass Pierre Guillaume, um „die Strahlen des Fabius-Gayssot-Gesetzes" zu vermeiden, das Buch von Garaudy außerhalb des Handels als „vertrauliches Bulletin, das den Freunden der Vieille Taupe vorbehalten ist", verkauft hat. Faurisson behauptet, dass, abgesehen von religiösen und politischen Erwägungen, die Seiten, die den Zorn der jüdischen Organisationen in Frankreich und einem Großteil der westlichen Welt auslösten, die revisionistisch inspirierten Seiten im Herzen des Buches waren. In ihnen wurden für den Geschmack eines akribischen und präzisen Revisionisten wie Faurisson Nürnberg, die Endlösung, die angeblichen Gaskammern und schließlich der Holocaust hastig aufgearbeitet. In einem Auszug aus dem Artikel sagte Faurisson:

> „Aber so, wie es war, mit all seinen Unzulänglichkeiten, konnte Garaudys Buch die jüdischen Organisationen nur beunruhigen, die bereits eine übertriebene Tendenz hatten, überall Revisionisten auftauchen zu sehen, und die nun einen Mann entdeckten, dessen politische Ansichten - er war ein stalinistischer Apparatschik der orthodoxesten Art gewesen - in keiner Weise als faschistisch bezeichnet werden konnten. Auch R. Garaudy war zunächst Protestant, dann Katholik, bevor er in den 1980er Jahren Muslim wurde. In seinen verschiedenen Werken hatte er sich als Gegner jeglichen Rassismus gezeigt".

Die ersten Medien, die sich darüber aufregten, waren *Le Canard enchaîné* und *Le Monde*. Dann folgten die antirassistischen Organisationen, angeführt von der LICRA, die das Blatt anprangerten. Am 11. März 1996 versuchte Pierre Guillaume, eine öffentliche Ausgabe zu drucken, wie er es im Bulletin Vieille Taupe angekündigt hatte, aber seine übliche Druckerei weigerte sich, so dass Garaudy beschloss, das umgestaltete Werk heimlich selbst zu veröffentlichen. Am 15. April schrieb Henri Grouès, genannt Pater Pierre, seinem Freund Garaudy einen langen Brief zur Unterstützung. Am 18. April gab Garaudy in Begleitung seines Anwalts Jacques Vergès eine Pressekonferenz, auf der er die Namen einiger Persönlichkeiten nannte, die sich mit ihm solidarisch gezeigt hatten, darunter neben Pater Pierre auch Pater Michel Lelong und der Schweizer Essayist Jean Ziegler.

Angesichts der Heftigkeit der Angriffe versuchten alle, auch Garaudy, sich bald mit Argumenten zu entschuldigen, die ihre Positionen zu relativieren versuchten, eine Tatsache, die Faurisson bedauert: „Es ist bedauerlich, dass Roger Garaudy und Pater Pierre nicht mehr Mut gezeigt haben. Seit dem Sturm der Medien in Frankreich sind sie auf dem Rückzug". Sowohl Professor Faurisson als auch Henri Roques, die es gewohnt sind, sich zu wehren, nahmen jedoch sofort öffentlich einen Vorschlag des Oberrabbiners Joseph Sitruk an, der am 27. April eine Debatte über die Shoah vorschlug. Am folgenden Tag zog der Rabbiner den Vorschlag zurück.

Am 29. April titelte die Zeitung *Liberation*: „Pater Pierre weigert sich, die Leugnungsthesen von Garaudy zu verurteilen". Dies war der Beginn einer allgemeinen Offensive: Die katholische Hierarchie erklärte, sie wolle nicht in die Kontroverse hineingezogen werden. Die Bischofskonferenz bedauert die Haltung von Pater Pierre, bekräftigt, dass die Vernichtung der Juden eine unbestreitbare Tatsache ist, und prangert den Skandal der Infragestellung der Shoah an. Die Angriffe wurden im Laufe des Monats Mai immer lauter. Am 9. Mai brachte Jean-Luc Allouche, einer der Starjournalisten *der Liberation*, Garaudy und Pater Pierre mit Robert Faurisson in Verbindung, was beide zu vermeiden versucht hatten, und beschuldigte die drei, nur den Staat Israel delegitimieren zu wollen. In den Vereinigten Staaten beschuldigte ein gewisser J. Sobran am selben Tag, dem 9. Mai, in *The Wanderer*, einer katholischen Wochenzeitung in Ohio, Pater Pierre, „die Göttlichkeit Christi geleugnet zu haben".

Roger Garaudy seinerseits suchte und fand Unterstützung. Am 11. Mai gab *die Tribune Juive* bekannt, dass Garaudy das Buch in den Vereinigten Staaten zu veröffentlichen beabsichtigte und dass Rabbi Elmer Berger einen Text für ihn geschrieben hatte, den er als Vorwort verwenden wollte. Am 23. Mai berichtete *Liberation* über einen Leitartikel in *Al-Ahram*, einer Zeitung, die als inoffizielles Sprachrohr des ägyptischen Regimes gilt. Die Zeitung erklärte, sie sei stolz darauf, den Autor eines in Frankreich verfolgten Buches auf ihren Seiten begrüßen zu können, und prangerte die Medienkampagne gegen ihn an. Der Leitartikel warf *Liberation* vorsich in den Dienst der zionistischen Propaganda zu stellen, und erinnerte daran, dass sie auf der anderen Seite das Recht von Salman Rushdie verteidigt hatte, den Islam anzugreifen. Am 29. Mai schließlich verkündete die Presse den Rückzug von Pater Pierre, der beschlossen hatte, sich in ein italienisches Kloster zurückzuziehen, wo er von Garaudy besucht wurde. Pater Pierre erklärte gegenüber dem *Corriere della Sera*, die französische Kirche habe interveniert, „um ihn unter dem Druck der Presse zum Schweigen zu bringen, inspiriert von einer internationalen zionistischen Lobby". Diese Worte lösten einen weltweiten Skandal aus.

Bereits im Juni veröffentlichte Garaudy eine Broschüre mit dem Titel *Derecho de respuesta. Antwort auf den medialen Lynchmord an Pater Pierre und Roger Garaudy*. Darin versuchte er, seine Ansichten über den Revisionismus zu klären und zu relativieren. Zu den Gaskammern betonte er, dass kein Gericht versucht habe, die Mordwaffe zu untersuchen, und erinnerte an die Existenz des *Leuchter-Berichts*. Er erkannte die Verfolgung der Juden an, bestritt aber, dass die Zionisten das Recht hätten, Hitlers Verbrechen zu monopolisieren, und erinnerte daran, dass während des Zweiten Weltkriegs sechzehn Millionen Slawen umgekommen seien. Mit Blick auf die Angriffe in der Presse schrieb er: „Die Journalisten sollen eines wissen: Die überwiegende Mehrheit der in die Nazilager Deportierten waren keine Juden, auch wenn alle Medien die These vertreten, dass nur Juden deportiert und vernichtet wurden.

Pater Pierre verließ im Juni Italien und ließ sich in der Schweiz nieder, von wo aus er am 18. Juni ein zwölfseitiges Fax mit dem Titel „Es lebe die Wahrheit" an einen Journalisten von *Le Monde* schickte. Zwei Tage später, am

20. Juni, erklärte Monsignore Daniel Lustiger, der jüdische Kardinal-Erzbischof von Paris, in der Wochenzeitung *Tribune Juive*, dass er „die Kontroverse als eine ungeheure Katastrophe" erlebt habe. Der Erzbischof erteilte Pater Peter eine öffentliche Rüge und sprach die Kirche von jeder Verantwortung frei. Monate später, am 26. September, erklärte der Erzbischof anlässlich einer Debatte an der Sorbonne über den Holocaust (die Shoah), dass „die Leugnung die gleiche Art von Lüge ist wie die des Mannes, der seinen Bruder tötet, um der Wahrheit zu entgehen". Sein Freund Elie Wiesel schloss sich dieser Aussage an und erklärte: „Leugner haben vielleicht keine Seele".

Die Offensive wurde schließlich im Sommer 1996 fortgesetzt. Am 16. Juli wurde die bescheidene „Librairie du Savoir" im Quartier Latin von Georges Piscoci-Danesco, einem rumänischen politischen Flüchtling, der revisionistische Werke, darunter auch die von Garaudy, verkaufte, angegriffen. Er wurde von Mitgliedern der Betar verwundet und die Buchhandlung wurde dem Erdboden gleichgemacht, wobei etwa zweitausend Bände beschädigt wurden. Der Schaden belief sich auf 250.000 Franken. Wie üblich blieben die Betar-Terroristen ungestraft, da sich die Polizei unter dem Schutz des Innenministeriums nicht einmal die Mühe machte, nach den Verbrechern zu suchen. Mehr als fünfzig von jüdischen Organisationen begangene Straftaten sind in Frankreich ungestraft geblieben. Ebenfalls im Juli zog Pater Pierre schließlich seine Aussage in einem Text zurück, der am 23. Juli in *La Croix* veröffentlicht wurde: „Ich habe beschlossen, meine Worte zurückzuziehen, indem ich mich wieder ganz auf die Meinung der kirchlichen Experten verlasse, und ich entschuldige mich bei all denen, die ich möglicherweise verletzt habe. Ich möchte Gott als einzigen Richter über die Integrität der Absichten eines jeden überlassen".

Die Hexenjagd, die von den Medien im Allgemeinen betrieben wurde, hat zahlreiche Opfer hervorgebracht, insbesondere Personen, die verdächtigt wurden, das Sakrileg begangen zu haben, Revisionisten oder Negationisten zu sein. Zu den beiden Hauptopfern. Robert Faurisson schrieb das Folgende:

> „Zwei Achtzigjährige, die glaubten, das Leben und die Menschen zu kennen, haben zu ihrer kindlichen Überraschung plötzlich entdeckt, dass ihr bisheriges Leben in Wirklichkeit einfach war. Die beiden mussten innerhalb weniger Tage eine außergewöhnliche Prüfung über sich ergehen lassen, nämlich die, die jüdische Organisationen gewöhnlich Personen auferlegen, die das Pech haben, ihren Zorn zu erregen. Es handelt sich dabei nicht um ein Komplott oder eine Verschwörung dieser Organisationen, sondern um eine Art angestammte Reaktion. Die Medien, die mit Hingabe für sie arbeiten, da es sehr teuer werden könnte, sich gegen sie zu stellen, wissen, wie man gegen „Antisemiten" mobilisiert, d.h. gegen Menschen, die, von wenigen Ausnahmen abgesehen, nicht Juden hassen, sondern von Juden gehasst werden. Der alttestamentarische Hass ist einer der furchtbarsten, die es gibt: nervös, fiebrig, rasend, grenzenlos, er erstickt seine Opfer durch die Plötzlichkeit und Dauer seiner Gewalt. Es ist ein unauslöschlicher Hass, weil diejenigen, die unter ihm leiden, es sich nicht leisten können, das wahre Motiv zu enthüllen und so ihre Wut zumindest teilweise zu mildern. So wurde Faurisson monatelang wegen seiner „verharmlosenden" Schätzung der Zahl der während des Weltkriegs getöteten Juden angegriffen. Aber das war nur ein Vorwand, das wahre Motiv lag woanders, nämlich in dem

Sakrileg, die Existenz der Gaskammern in Zweifel zu ziehen. Die Offenlegung dieses Zweifels war jedoch gleichbedeutend mit dem Risiko, in der Öffentlichkeit Zweifel zu wecken oder zu verstärken. Daher die Notwendigkeit, über etwas anderes zu sprechen...".

Die von LICRA und MRAP (Mouvement contre le Racisme et l'Amitié entre les Peuples) eingereichten Beschwerden veranlassten den französischen Staat, Roger Garaudy wegen Verstoßes gegen das Gayssot-Gesetz anzuklagen. Der Prozess begann im Januar 1998. Er wurde in der arabischen und muslimischen Welt mit Spannung verfolgt, was zweifellos darauf zurückzuführen war, dass ein muslimischer Intellektueller vor Gericht stand. Vom Persischen Golf bis zum Nil brachten Hunderte, wenn nicht Tausende von Schriftstellern, Journalisten, Anwälten und Politikern öffentlich ihre Solidarität und ihren Protest gegen das Vorgehen der französischen Justiz zum Ausdruck. Der israelische Premierminister Benjamin Netanjahu und die üblichen amerikanischen zionistischen Gruppen waren natürlich schnell dabei, darauf hinzuweisen, dass Bücher wie die von Garaudy „die größte Bedrohung für Israel" darstellen. Das mit dem Fall befasste Pariser Gericht fällte das Urteil am 27. Februar und befand den Philosophen der „Leugnung eines Verbrechens gegen die Menschlichkeit" und der „rassistischen Diffamierung" für schuldig. Die Richter stellten klar, dass der „Antisemitismus" und nicht der „Antizionismus" des Schriftstellers beurteilt wurde, und argumentierten, dass „obwohl er sich in eine politische Kritik an Israel flüchtet, in Wirklichkeit die Juden als Ganzes in Frage stellt". Das Gericht verurteilte den Angeklagten zu einer Geldstrafe von 240.000 Franken und zu einer sechsmonatigen Haftstrafe, die er nicht antrat. Es sei darauf hingewiesen, dass Roger Garaudy 1998 bereits 85 Jahre alt war, so dass es für einen angesehenen achtzigjährigen Intellektuellen ein Skandal gewesen wäre, in Frankreich wie in Deutschland wegen Gedankenverbrechen ins Gefängnis zu kommen. Am 13. Juni 2012 starb Garaudy im Alter von 99 Jahren in seinem Haus am Rande von Paris.

Robert Faurisson, die wesentliche Alma Mater des Revisionismus

Robert Faurisson ist eine der drei tragenden Säulen des Geschichtsrevisionismus, die anderen beiden sind Ernst Zündel und Germar Rudolf. Die Quantität und Qualität der Werke von Professor Faurisson stellen ihn an die Spitze der revisionistischen Autoren. Es gibt kein Thema, über das er nicht geschrieben hat, denn er kennt sie alle, ohne Ausnahme. Darüber hinaus hat ihn sein kämpferisches Engagement für die intellektuelle und politische Herausforderung, die der Revisionismus verlangt, dazu veranlasst, auf die eine oder andere Weise in zahlreichen Gerichtsverfahren zur Verteidigung anderer von der „Justiz" in verschiedenen Ländern bedrängter Forscher zu intervenieren: von besonderer Bedeutung war sein Beitrag zu den beiden Prozessen gegen Ernst Zündel in Kanada. Sein Gesamtwerk ist in vier Bänden mit insgesamt mehr als 2.200 Seiten unter dem Titel *Écrits révisionnistes* zusammengefasst. In Anwendung des Gesetzes Fabius-Gayssot vom 13. Juli 1990 darf dieses Werk nicht verbreitet werden und wurde außerhalb der kommerziellen Kreisläufe privat veröffentlicht. Sein Inhalt ist daher gesetzlich verboten, da der Holocaust (die Shoah) in Frankreich nicht in Frage gestellt werden darf. Interessierte Leser, die der französischen Sprache mächtig sind, können es über das Internet abrufen. Aus der Einleitung des ersten Bandes haben wir die Konzeption des Geschichtsrevisionismus von Professor Faurisson übersetzt:

> „Revisionismus ist eine Frage der Methode und nicht der Ideologie.
> Sie plädiert bei jeder Forschung für eine Rückkehr zum Ausgangspunkt, für eine Prüfung, auf die eine erneute Prüfung folgt, für ein erneutes Lesen und Schreiben, für eine Bewertung, auf die eine erneute Bewertung folgt, für eine Neuausrichtung, eine Überarbeitung, eine Neugestaltung; sie ist im Grunde das Gegenteil von Ideologie. Sie leugnet nicht, sondern zielt darauf ab, eine genauere Aussage zu treffen. Revisionisten sind keine „Leugner" oder „Negationisten"; sie bemühen sich zu suchen und zu finden, wo es scheinbar nichts zu suchen und zu finden gab.
> Revisionismus kann in Hunderten von Tätigkeiten des täglichen Lebens und in Hunderten von Bereichen der historischen, wissenschaftlichen oder literarischen Forschung ausgeübt werden. Er erfordert nicht notwendigerweise die Infragestellung erworbener Ideen, sondern führt oft zu deren Nuancierung. Sie zielt darauf ab, das Wahre vom Falschen zu trennen. Die Geschichte ist im Wesentlichen revisionistisch; die Ideologie ist ihr Feind. Da die Ideologie nie so stark ist wie in Kriegs- oder Konfliktzeiten und da sie dann für ihre Propaganda Unwahrheiten in Hülle und Fülle produziert, wird der Historiker unter diesen Umständen seine Wachsamkeit verdoppeln müssen: indem er die Prüfung dessen, was ihm als „Wahrheiten" untergeschoben wurde, durch das Sieb der Analyse zieht. Er wird zweifellos feststellen, dass überall dort, wo der Krieg Millionen von Opfern gefordert hat, die ersten Opfer die überprüfbare Wahrheit waren: eine Wahrheit, die er zu suchen und wiederherzustellen versuchen wird.
> Die offizielle Geschichte des Zweiten Weltkriegs enthält ein wenig Wahrheit, gepaart mit einer Menge Unwahrheiten".

Methodische Strenge und intellektuelle Redlichkeit kennzeichnen alle revisionistischen Schriften von Faurisson, was auf seine akademische Ausbildung und seine außergewöhnliche Arbeitsfähigkeit zurückzuführen ist. Geboren am 25. Januar 1929 in Shepperton (England) als Sohn einer schottischen Mutter und eines französischen Vaters, vervollständigte er nach einigen Jahren in Singapur und Japan seine Jugendausbildung in Frankreich, wo er 1972 an der Sorbonne in Literatur und Geisteswissenschaften promovierte und von 1969 bis 1974 lehrte. Von 1974 bis 1990 war Faurisson Professor für französische Literatur an der Universität von Lyon. Der Autor von vier Büchern über Literatur ist auch ein anerkannter Spezialist für die Analyse von Texten und Dokumenten, eine Fähigkeit, die es ihm erlaubt, historische Schriften mit unbestreitbarer Fachkompetenz zu erschließen.

Professor Faurisson war der erste, der wichtige revisionistische Dokumente über Auschwitz veröffentlichte. In den Archiven des Staatlichen Museums Auschwitz entdeckte er die technischen und architektonischen Zeichnungen der Leichenhallen, Krematorien und anderer Einrichtungen. Da er sich des Wertes seiner Entdeckung bewusst war, beschloss er, sie auszustellen.

Bis 1978 hatte Faurisson bereits mehrere Artikel verfasst, in denen er seine kritische Haltung zur Geschichte der Judenvernichtung zum Ausdruck brachte. Am 16. November 1978 veröffentlichte die Zeitung *Le Matin de Paris* einen Artikel über einen unbekannten Professor an der Universität Lyon namens Robert Faurisson und seine Ansichten über Auschwitz und den Holocaust. Die Tatsache, dass die Presse seine revisionistischen Ansichten aufgriff, brachte ihn ins Rampenlicht und war der Beginn der „Affaire Faurisson", die bis in alle Ewigkeit andauern sollte. Von Anfang an, so schrieb er Jahre später, „hatte ich keine Illusionen: Ich würde vor Gericht gezerrt werden, ich würde verurteilt werden, es würde zu physischen Angriffen, Pressekampagnen und Turbulenzen in meinem persönlichen, familiären und beruflichen Leben kommen".

Alles, was er sich ausgemalt hatte, sollte bald Wirklichkeit werden, denn am 20. November 1978, vier Tage nachdem er in *Le Matin de Paris* Schlagzeilen gemacht hatte, wurde Faurisson zum ersten Mal angegriffen, und zwar von Bernard Schalscha, einem jüdischen Journalisten der *Liberation* de Lyon, der über Tag, Ort und Uhrzeit der Vorlesungen von Faurisson berichtet hatte. Mitglieder der Union jüdischer Studenten, die mit dem Zug aus Paris nach Lyon gereist waren, griffen den Professor in der Universität in Anwesenheit von Dr. Marc Aron an, einem Kardiologen, der Präsident des Verbindungsausschusses der jüdischen Institutionen und Organisationen in Lyon war. Faurisson ließ sich nicht nur nicht einschüchtern, sondern trat vor: Im Dezember 1978 und Januar 1979 veröffentlichte *Le Monde* zwei Artikel von ihm, in denen er seine Skepsis gegenüber den Gaskammern in Auschwitz zum Ausdruck brachte. Die Antwort auf diese Dreistigkeit war ein erneuter Angriff an dem Tag, an dem er versuchte, seine Kurse wieder aufzunehmen. Marc Aron war an diesem Tag wieder an der Universität.

Im April 1979 nahm er an einer eindrucksvollen Debatte im Schweizer Fernsehen teil, in deren Verlauf er die Argumente auffälliger Verfechter von Vernichtungstheorien widerlegte. Der Weg war vorgezeichnet, und Robert Faurisson war entschlossen, ihn zu gehen, ohne von der markierten Route abzuweichen. In diesen Jahren hatte er auch begonnen, Beiträge für *das Journal of Historical Review*, ein Organ des Institute for Historical Review (IHR) in Kalifornien, zu schreiben, wo er im September 1983 einen Vortrag mit dem Titel „Revisionism on Trial: Events in France, 1979-1983" hielt, in dem er die Maßnahmen jüdischer Organisationen erläuterte, die Revisionisten durch Klagen und Einschüchterung zum Schweigen bringen wollten.

Professor Faurisson sah sich in diesen Jahren einer konzertierten Kampagne ausgesetzt, um ihn zum Schweigen zu bringen, und war gezwungen, sich wegen seiner Äußerungen und Schriften vor französischen Gerichten zu verteidigen. Sein Bankkonto wurde eingefroren, und Justizbeamte suchten ihn wiederholt zu Hause auf, um ihm und seiner Frau mit der Beschlagnahmung ihres Vermögens zu drohen, damit sie die durch seine Äußerungen verursachten finanziellen Belastungen tragen konnten. Als Folge dieser Kampagne wurde sein Familienleben gestört und sein Gesundheitszustand verschlechterte sich. Im Dezember 1980 sagte Robert Faurisson in einem Interview für den Radiosender „Europe 1" den berühmten Satz, der das Ergebnis seiner Forschungen in 60

Worten auf Französisch zusammenfasst. Die angeblichen Gaskammern Hitlers und der angebliche Völkermord an den Juden bilden eine einzige historische Lüge, die einen gigantischen politisch-finanziellen Schwindel ermöglicht hat, dessen Hauptnutznießer der Staat Israel und der Zionismus sind und dessen Hauptopfer das deutsche Volk - aber nicht seine Führer - und das palästinensische Volk insgesamt sind". Sechsunddreißig Jahre später ist der Professor der Ansicht, dass der Satz nicht im Geringsten geändert werden muss.

Für diese unerträglichen Worte wurde Faurisson wegen rassistischer Verleumdung und Aufstachelung zum Hass strafrechtlich verfolgt. Er wurde für schuldig befunden und im Juli 1981 zu einer dreimonatigen Gefängnisstrafe verurteilt, deren Vollstreckung jedoch zur Bewährung ausgesetzt wurde. Neben einer Geldstrafe von mehreren tausend Francs wurde er zur Zahlung von 3,6 Millionen Francs an Kosten für die Veröffentlichung des Urteils im Fernsehen und in der Presse verurteilt. In der Berufung ließ ein Gericht im Juni 1982 den Vorwurf der Aufstachelung zum Rassenhass fallen und strich die 3,6 Millionen Franken. Von diesem Zeitpunkt an war Faurisson in eine Kette von Gerichtsverfahren mit ruinösen Auswirkungen verwickelt, da er sich gezwungen sah, selbst gegen unverschämt falsche Verleumdungen vorzugehen. Er erkannte bald, dass er, wenn er sich weiterhin auf diese Weise verteidigte, mittellos dastehen würde, denn wenn er gewann, würde er einen Franken Schadenersatz erhalten, während er, wenn er verlor, der Gegenseite erhebliche Summen zahlen müsste.

Am 25. April 1983, nachdem er von jüdischen Organisationen verklagt worden war, die auf eine exemplarische Strafe gehofft hatten, hörte er ein relativ günstiges Urteil, als die Richter des Pariser Berufungsgerichts sagten: „Faurisson ist ein seriöser Forscher; wir sehen in seinen Schriften über die Gaskammern keine Leichtfertigkeit, Fahrlässigkeit, absichtliche Auslassungen oder Lügen, aber er ist vielleicht böswillig und er ist sicherlich gefährlich. Wir verurteilen ihn wegen dieser möglichen Böswilligkeit und der damit verbundenen Gefahr, aber wir verurteilen ihn nicht wegen seiner Arbeit über die Gaskammern, die seriös ist. Im Gegenteil, da diese Arbeit seriös ist, garantieren wir jedem Franzosen das Recht zu sagen, dass es die Gaskammern nicht gegeben hat, wenn er es für richtig hält." Urteile wie dieses erklären, warum der Zionist Laurent Fabius und der jüdische Kommunist Jean-Claude Gayssot 1990 das Fabius-Gayssot-Gesetz unterstützten. Das am 26. April 1983 gefällte Urteil kann somit als politischer Erfolg gewertet werden, der allerdings auf Kosten von Professor Faurisson errungen wurde, dem die Kosten für die Veröffentlichung des vollständigen Urteils auferlegt wurden, die von den Richtern auf mindestens 60.000 Franken geschätzt wurden.

Die LICRA veröffentlichte das Urteil in der Zeitschrift *History*, aber der Text war so stark verfälscht, dass Faurisson die jüdische Lobby verklagte. Das Ergebnis des Prozesses war, dass dem Professor ein Franken Schadenersatz zugesprochen wurde, er aber 20.000 Franken zahlen musste, obwohl die LICRA nie den korrekten Text des Urteils veröffentlichte. Eine weitere Klage von Professor Faurisson richtete sich gegen Jean Pierre Bloch, Präsident der LICRA und Autor eines Buches, in dem er ihn als Nazi und vor Gericht verurteilten

Fälscher darstellte. Eine dritte Klage richtete sich gegen die kommunistische Zeitung *L'Humanité*. Er verlor die Prozesse und auch die Berufungen. Die Richter erkannten an, dass er verleumdet worden war, fügten aber hinzu, dass seine Gegner dies in „gutem Glauben" getan hatten. Infolgedessen wurden die Angeklagten freigesprochen und er musste alle Prozesskosten tragen. Im Februar 1985 titelte die LICRA-Publikation *Droit de Vivre* auf einer ihrer Seiten schadenfroh: „Faurisson als Fälscher zu behandeln, heißt ihn zu diffamieren, aber 'in gutem Glauben'". Dies war eine Aufforderung, ihn als Fälscher zu betrachten, was von nun an immer „in gutem Glauben" der Fall war.

Robert Faurisson spielte bei den Prozessen gegen Ernst Zündel 1985 und 1988 in Toronto eine herausragende Rolle. Abgesehen von seiner Aussage als Zeuge der Verteidigung war seine Arbeit als Schattensachverständiger an der Seite des legendären Doug Christie, Zündels Hauptverteidiger, äußerst wichtig. Dies wurde bereits auf den Seiten über den „revisionistischen Dynamo" erörtert, doch nun ist es an der Zeit, auf seinen Beitrag zur internationalen Wiederbelebung des Revisionismus in jenen historischen Tagen einzugehen. Im Juni 1984 reiste Professor Faurisson nach Kanada, um einen seiner großen Freunde zu unterstützen. Im Januar 1985 kehrte er nach Toronto zurück, um die sieben Wochen des Prozesses mit dem Team von Zündel zu verbringen, den er seither als „eine außergewöhnliche Person" bezeichnet hat. In seinen *revisionistischen Schriften* hat Faurisson der Nachwelt viel von seinen Erfahrungen mit diesen Prozessen hinterlassen.

Den Vorsitz des Gerichts führte Richter Hugh Locke; Staatsanwalt war Peter Griffiths. Rechtsanwalt Douglas Christie wurde von Keltie Zubko unterstützt, die die Mutter seiner beiden Kinder[18] sein würde. Die Jury setzte sich aus zwölf Personen zusammen. Die Kosten wurden vom Staat, d. h. den Steuerzahlern, getragen und nicht von Sabina Citron von der Holocaust Remembrance Association, die den Fall angestrengt hatte. Faurisson verbrachte Hunderte von Stunden, manchmal bis spät in die Nacht, mit Douglas Christie, den er in allen Fragen informierte und beriet, da es zu dieser Zeit keinen größeren Experten auf diesem Gebiet gab. Gemeinsam bereiteten sie die vernichtenden

---

[18] Douglas H. Christie, der von seinen Freunden den Spitznamen „The Battling Barrister" erhielt, starb 2013 im Alter von 66 Jahren. Die Mainstream-Presse nutzte seinen Tod, um daran zu erinnern, dass er eine Reihe von „Schurken", „Neonazis" usw. usw. verteidigt hatte; es gab jedoch eine angenehme Überraschung: Zumindest eine Zeitung in Kanada, der *Times Colonist* von Victoria, in British Columbia, wo Douglas gelebt hatte, erinnerte ihre Leser daran, dass Douglas Christie ein außergewöhnlicher Anwalt war, der immer die Meinungsfreiheit verteidigt hatte. Lucien Larre, der Priester, der die Trauermesse zelebrierte, hielt eine emotionale Abschiedsrede und bezeichnete ihn als einen Kämpfer für die Meinungsfreiheit, der für die Wahrheit gekämpft habe. „Er hat sich nicht darum gekümmert", sagte Larre, „dass sein Leben bedroht war oder dass die Fenster seines Büros eingeschlagen wurden. Er stand aufrecht." Seine Frau Keltie Zubko zog es vor, ihn mit den Worten seiner Tochter zu definieren: „Ich denke, meine Tochter hat es am besten gesagt, dass jeder über sein Vermächtnis als Anwalt, als öffentlicher Redner, als inspirierender Redner spricht - eine Person, die vielen Menschen geholfen hat, die obdachlos waren und nicht zahlen konnten - aber sie sagte, dass sein wirkliches Vermächtnis das eines Vaters war."

Verhöre von Raul Hilberg und Rudolf Vrba vor, den beiden Hauptbelastungszeugen der Anklage. Wir geben nun das Wort an Professor Faurisson:

> „In Douglas Christie konnte Zündel einen Anwalt finden, der nicht nur mutig, sondern auch heldenhaft war. Aus diesem Grund habe ich mich bereit erklärt, Doug Christie tagein, tagaus bei der Vorbereitung und Ausarbeitung seiner Arbeit zu unterstützen. Ich möchte hinzufügen, dass wir ohne die Hilfe seiner Freundin Keltie Zubko nicht in der Lage gewesen wären, den Prozess von 1985 zu gewinnen, eine zermürbende Tortur, die im Rückblick wie ein Albtraum erscheint. Die Atmosphäre vor Gericht war unerträglich, vor allem wegen der Haltung des Richters Hugh Locke. Ich habe in meinem Leben schon vielen Prozessen beigewohnt, auch denen in Frankreich zur Zeit der Säuberung, der Säuberung von „Kollaborateuren" in der Nachkriegszeit. Ich habe noch nie einen Richter erlebt, der so voreingenommen, selbstherrlich und gewalttätig war wie Richter Hugh Locke. Das angelsächsische Recht bietet viel mehr Schutz als das französische, aber es braucht nur einen Mann, um das beste System zu pervertieren: Richter Locke war dieser Mann. Ich erinnere mich, wie Locke in meine Richtung rief: 'Halt die Klappe!', als er aus der Ferne, ohne ein Wort zu sagen, ein Dokument in Doug Christies Richtung schob."

Es wäre interessant, den Verhören von Hilberg und Vrba einige Seiten zu widmen, da sie völlig entlarvt waren und ihre Glaubwürdigkeit in Scherben lag. Da dies nicht möglich ist, da wir der Verfolgung von Faurisson Vorrang einräumen müssen, werden wir nur einige wenige Absätze anführen. Raul Hilberg, kam in Toronto an, ohne Bücher, ohne Notizen, ohne Dokumente, scheinbar selbstsicher und im Vertrauen auf seine Erfahrungen in anderen Prozessen, in denen er gegen angebliche Kriegsverbrecher ausgesagt hatte. „Er sagte", schreibt Faurisson, „mehrere Tage lang aus, wahrscheinlich für 150 Dollar pro Stunde". Auf die Fragen des Staatsanwalts antwortete er wie üblich, nämlich: Hitler gab den Befehl, die Juden zu vernichten, die Deutschen folgten einem Plan, sie benutzten die Gaskammern.... Hilberg definierte sich selbst folgendermaßen: „Ich würde mich selbst als Empiriker bezeichnen, der sich das Material ansieht".

Alles änderte sich mit dem Beginn des Kreuzverhörs durch Doug Christie, der auf Anraten von Professor Faurisson den renommierten jüdischen Historiker, dessen Werk als eine der Bibeln des Holocaust gilt, in die Enge trieb. Faurisson selbst erzählt die Geschichte:

> „Zum ersten Mal in seinem Leben hatte er es mit einem Angeklagten zu tun, der beschlossen hatte, sich zu verteidigen und dazu auch in der Lage war: Doug Christie, neben dem ich saß, verhörte Hilberg mehrere Tage lang hart und gnadenlos. Seine Fragen waren prägnant, präzise, unerbittlich. Bis dahin hatte ich Hilberg wegen der Quantität, nicht der Qualität, seiner Arbeit einen gewissen Respekt entgegengebracht; auf jeden Fall stand er weit über den Poliakovs, Wellers, Klarsfelds und den anderen. Als er das bezeugte, wurde meine Wertschätzung von einem Gefühl der Irritation und des Mitleids abgelöst: Irritation, weil Hilberg ständig Ausweichmanöver vollzog, und Mitleid, weil Christie fast jedes Mal ein Tor schoss. In jeder Frage, wenn man überhaupt etwas

feststellen musste, wurde deutlich, dass Hilberg keineswegs ein „Empiriker, der sich mit Materialien beschäftigt" war. Er war genau das Gegenteil; er war ein Mann, der sich in den Wolken seiner Ideen verlor, eine Art Theologe, der für sich ein geistiges Universum konstruiert hatte, in dem die physikalischen Aspekte der Fakten keinen Platz hatten."

Doug Christie kündigte dem „Empiriker, der sich das Material ansieht" an, dass er ihm eine Liste von Konzentrationslagern vorlesen werde. Als er fertig war, fragte er ihn, welche er untersucht habe und wie oft er dies getan habe. Hilberg gab zu, dass er kein einziges von ihnen untersucht hatte, weder vor der Veröffentlichung der ersten Auflage von *Die Vernichtung der europäischen Juden* im Jahr 1961 noch bei der Veröffentlichung der endgültigen Auflage im Jahr 1985. Mit anderen Worten: Der Historiker, der 1948 mit seinen Forschungen zur Geschichte des Holocaust begonnen hatte und als führende Autorität auf diesem Gebiet galt, hatte kein einziges Lager untersucht und nur einmal Auschwitz und einmal Treblinka besucht. Auf die Frage von Rechtsanwalt Christie, ob er von einem Autopsiebericht eines Häftlings wisse, der beweise, dass dieser durch Giftgas getötet worden sei, antwortete Hilberg: „Nein". Die Abschrift auf den Seiten 828-858, so erklärt Professor Faurisson, spiegelt Doug Christies langwierige Befragung zu den beiden angeblichen Befehlen wider, die Hilberg in seinem Werk für die Ausrottung der Juden von behauptet. Der jüdische Historiker wurde gefragt, wo sie seien, d.h. wo er sie gesehen habe. Er musste zugeben, dass es „keine Spur" von ihnen gab. Der Anwalt erinnerte ihn dann an eine Aussage, die er im Februar 1983 in der Avery Fisher Hall in New York gemacht hatte, wo Hilberg eine These aufstellte, die nichts mit der Existenz eines Vernichtungsbefehls zu tun hatte. Er sagte wörtlich Folgendes:

> „Was 1941 begann, war ein Zerstörungsprozess, der nicht im Voraus geplant und nicht zentral von einer Behörde organisiert wurde. Es gab weder einen Plan noch ein Budget für die Zerstörungsmaßnahmen. Sie wurden Stück für Stück, Schritt für Schritt durchgeführt. Was durchgeführt wurde, war also weniger die Ausführung eines Plans als vielmehr eine unglaubliche mentale Übereinkunft, ein Konsens - die Telepathie einer riesigen Bürokratie."

Diese verblüffende Erklärung hat eher etwas mit Parapsychologie zu tun, denn sie behauptet, dass die Vernichtung von sechs Millionen Juden - eine gigantische Operation - nicht das Ergebnis eines Plans oder zentraler Anordnungen oder eines Projekts oder eines Budgets war, sondern des mentalen Konsenses einer Bürokratie, die telepathisch kommunizierte.

Faurisson erklärt, dass er zusammen mit Rechtsanwalt Christie das Verhör von Rudolf Vrba, dem Autor von *Ich kann nicht verzeihen* und theoretischer Keim des Berichts des War Refugee Board (WRB) über Auschwitz, vorbereitet hat. Das Buch von Arthur R. Butz war eine grundlegende Quelle, die ihnen sehr nützliche Elemente zur Entlarvung des Betrügers lieferte. Die Lügen über die Gaskammern und über Himmlers Besuch in Auschwitz im Januar 1943, bei dem er ein Krematorium einweihte und Zeuge der Vergasung von 3.000 Menschen wurde, wurden aufgedeckt. Vrba erwies sich als

Schwindler, der weder die Krematorien noch die „Gaskammern" je betreten hatte. Dokumente bewiesen, dass Himmler im Juli 1942 und nicht im Januar 1943 in Auschwitz gewesen war. Die Unmöglichkeit, dass er Krematorien eröffnete, wurde ebenfalls bewiesen, da das erste der neuen Krematorien nicht im Januar, sondern erst viel später eröffnet wurde. In *Ich kann nicht verzeihen* schildert Vrba den Besuch Himmlers im Detail und berichtet sogar über seine Überlegungen und Gespräche. Vrba, ein Nervenbündel, wurde als das dargestellt, was er war: ein lügender Scharlatan, der sogar Staatsanwalt Griffiths mit seinem unsinnigen Geschwätz empörte.

Nachdem er einen wesentlichen Beitrag zu Zündels Verteidigung während des ersten Prozesses geleistet hatte, kehrte Faurisson nach Frankreich zurück, wo die Hexenjagd gegen Revisionisten weiterging. 1985 war Claude Lanzmanns *Shoah* in die Kinos gekommen. Faurisson widmete ihm eine Rezension, in der er die propagandistische Funktion des Films anprangerte. Pierre Guillaume, der revisionistische Buchverleger, hatte den Text des Professors veröffentlicht und als Titel eine Parole des Mai 68 gewählt: „Augen auf, Fernseher kaputt! Lanzmann wandte sich an France-Presse (AFP) und veranlasste die staatliche französische Agentur, eine lange Erklärung zu veröffentlichen, in der er seiner Empörung über die revisionistische Kritik an seinem Film Ausdruck verlieh. Das Recht auf freie Meinungsäußerung, das immer dann in Anspruch genommen wird, wenn man alles und jeden gnadenlos angreift, konnte in diesem Fall natürlich nicht in Anspruch genommen werden. So forderte France-Presse am 1. Juli 1987 die Justizbehörden auf, „den Machenschaften der Revisionisten sofort Einhalt zu gebieten", und zwar im Namen der „Achtung der Untersuchungsfreiheit und der Menschenrechte". Der Journalistenverband verurteilte die *Shoah-Analyse* als unsäglich. Neben anderen Beispielen für seine besondere Achtung der Meinungsfreiheit erklärte er: „Der Verband ist der Ansicht, dass Personen wie Robert Faurisson nicht ungestraft schreiben können sollten.... Einen Film wie *Shoah* zu verunglimpfen, den man nur mit entsetzlicher Ehrfurcht und unendlichem Mitgefühl betrachten kann, ist ein Angriff auf die Rechte des Menschen".

In Ermangelung des Fabius-Gayssot-Gesetzes führten die Beleidigungen und Drohungen zu zwei neuen Anschlägen. Der erste wurde von einem gewissen Nicolas Ullmann am 12. Juni 1987 verübt. Dieser schlug Faurisson im Sporting-Club in Vichy brutal zusammen. Zwei Monate später, genau am 12. September, überfiel eine Gruppe jüdischer Aktivisten den Professor an der Sorbonne. Nicht nur er wurde angegriffen, sondern auch seine Begleiter, darunter der Verleger Pierre Guillaume. Alle wurden mehr oder weniger schwer verletzt, am schwersten traf es jedoch Professor Henry Chauveau. Bei dieser Gelegenheit gelang es den Wachen der Sorbonne, einen der Angreifer festzunehmen, aber ein Polizist in Zivil ordnete seine Freilassung an und verwies Professor Faurisson von der Sorbonne, wo er gelehrt hatte.

Im Januar 1988 war Faurisson wieder in Toronto, um seinen Freund Ernst Zündel zu unterstützen. Wie wir wissen, war es seine Idee, Fred Leuchter zu beauftragen, nach Polen zu reisen und in Auschwitz zu recherchieren. Es war in der Tat ein bedeutsamer Beitrag, denn Leuchters technisches Fachwissen wurde zum *Leuchter-Bericht*, der einen Meilenstein in der Geschichte der revisionistischen Bewegung darstellen sollte. Faurisson kam zu dem Schluss, dass die Vereinigten Staaten der ideale Ort seien, um einen Experten für Gaskammern zu finden, da dort regelmäßig Gasexekutionen stattfanden. Zündels Anwälte wandten sich an William M. Armontrout, den Direktor des Missouri State Penitentiary, der in einem Brief Fred A. Leuchter als den qualifiziertesten Experten empfahl. Ich schlage vor", so heißt es in dem Brief, „dass Sie sich an Herrn Fred A. Leuchter wenden.... Herr Leuchter ist ein Ingenieur, der sich auf Gaskammern und Hinrichtungen spezialisiert hat. Er kennt sich in allen Bereichen gut aus und ist der einzige Berater in den Vereinigten Staaten, den ich kenne. Leser, die mehr über Robert Faurissons Beitrag zum zweiten Zündel-Prozess erfahren möchten, sollten das Buch von Barbara Kulaszka lesen*: Did Six Million Really Die?: Report of the Evidence in the Canadian „False News" Trial of Ernst Zündel* (Toronto, 1992).

Zwischen dem 20. November 1978 und dem 31. Mai 1993 wurde Robert Faurisson Opfer von zehn gewalttätigen Angriffen. Der schwerste davon ereignete sich am 16. September 1989, als er bereits in den Sechzigern war. Während er mit seinem Hund in einem Park in der Nähe seines Hauses in Vichy spazieren ging, wurde er von drei Männern überfallen. Nachdem sie ihm ein brennendes Gas ins Gesicht gesprüht hatten, das ihn kurzzeitig blind machte, warfen sie ihn zu Boden und schlugen ihm ins Gesicht und traten ihm in die Brust. Es scheint klar zu sein, dass die Täter, drei jüdische Schläger, die der Gruppe „fils de la mémoire juive" (Kinder des jüdischen Gedächtnisses) angehören, die Absicht hatten, ihn zu töten. Glücklicherweise griff eine Person, die die Szene sah, ein und konnte den schwer verletzten Lehrer retten. Er wurde in ein Krankenhaus gebracht und musste sich in der Notaufnahme einer langwierigen Operation unterziehen, da sein Kiefer und eine Rippe gebrochen waren und er schwere Kopfverletzungen hatte. Die jüdische Gruppe, die sich zu dem Anschlag bekannte, erklärte in einer Erklärung: „Professor Faurisson ist der erste, aber er wird nicht der letzte sein. Wir lassen diejenigen, die die Shoah leugnen, warnen". Faurisson erklärte später, er habe am Vorabend des Anschlags überrascht die Anwesenheit von Nicolas Ullmann im Park bemerkt, der ihn zwei Jahre zuvor in einem Sportverein in Vichy verprügelt hatte. Wie üblich wurde keine einzige Person verhaftet und die Angreifer blieben ungestraft.

Das Verdienst von Robert Faurisson besteht darin, dass er, wie Ernst Zündel, ein Mann ist, der nicht zurückschreckt, ein Intellektueller von großem Format, fast unwiederholbar, der alles ertragen konnte und kann, anstatt seine Überzeugungen aufzugeben. Nach einem Interview, das im September 1990 in *Le Choc du Mois* erschienen war, verhängte die 17. Kammer des Pariser Strafgerichts unter dem Vorsitz von Claude Grellier im April 1991 eine Geldstrafe von 250.000 Francs gegen Faurisson und weitere 180.000 Francs gegen den Herausgeber der Zeitschrift. Im selben Jahr gelang es der jüdischen Lobby, ihn auf der Grundlage des Fabius-Gayssot-Gesetzes von der Universität zu verweisen. Der Professor legte beim ICCPRHRC (Internationaler Pakt über bürgerliche und politische Rechte und Menschenrechtsausschuss) Berufung ein mit der Begründung, das Fabius-Gayssot-Gesetz verstoße gegen internationales

Recht; der ICCPRHRC wies die Berufung jedoch ab und erklärte, das Fabius-Gayssot-Gesetz sei notwendig, um „möglichen Antisemitismus" zu bekämpfen. Am 17. März 1992 forderte Faurisson von Stockholm aus eine grafische Darstellung der Mordwaffe und ihrer Funktionsweise. Er verlangte, dass ihm jemand eine Nazigaskammer zeigt oder zeichnet. Die Antwort war eine neue Aggression. Ein Jahr später, am 22. Mai 1993, wurde er in Stockholm zum zweiten Mal tätlich angegriffen. In beiden Fällen berichtete die schwedische Presse ausführlich über die Angriffe auf den französischen Professor.

Jahre später, im April 1996, als die „Affaire Garaudy" die Aufmerksamkeit in Frankreich zu polarisieren begann, gab Robert Faurisson eine Erklärung ab, in der er seine Solidarität mit Roger Garaudy zum Ausdruck brachte und „den Schwindel mit den Gaskammern" bestätigte. Aufgrund dieser Äußerungen wurde er am 25. September 1997 von jüdischen Organisationen zum x-ten Mal verklagt. Während des Prozesses sagte Faurisson vor Gericht: „Wir sind nur noch drei Jahre vom Jahr 2000 entfernt und Millionen von Menschen sollen an etwas glauben, das sie nie gesehen haben und von dem sie nicht einmal wissen, wie es funktioniert hat". Der Staatsanwalt forderte, Faurisson ins Gefängnis zu stecken, wenn er nicht die entsprechende Geldstrafe bezahle, worauf der Professor antwortete: „Ich werde meine Freiheit weder kaufen noch bezahlen. Niemand hat mich je gekauft und niemand wird mich je kaufen." Am 23. Oktober 1997 befand ihn das Gericht schließlich für „schuldig" und verlangte von ihm die Zahlung von 120.600 Francs, aufgeteilt in drei Teile: 50.000 Francs als Geldstrafe, 20.600 Francs für den jüdischen Ankläger und weitere 50.000 Francs für die Veröffentlichung des Urteils in zwei Zeitungen.

Nur drei Monate später, im Dezember 1997, verklagten die Juden ihn erneut. Faurisson wurde von einem Pariser Gericht wegen eines Artikels vorgeladen, den er am 16. Januar 1997 auf einer Website veröffentlicht hatte: „Les visions cornues de l'"Holocauste", in dem er eingangs feststellte, dass „der Holocaust an den Juden eine Fiktion" sei. Der Professor antwortete auf die Vorladung mit einem Brief, in dem er ankündigte, dass er sich weigere, weiterhin mit der französischen Justiz und Polizei bei der Unterdrückung des Revisionismus zusammenzuarbeiten. Die Schikanen gingen weiter: Drei Monate später, am 16. März 1998, musste er vor einem Pariser Gericht erscheinen, um wegen einer fälschlicherweise in einer Zeitung erschienenen Definition des „Revisionismus" angeklagt zu werden.

Und so geht es weiter und weiter. Am 8. April 1998 waren es die niederländischen Juden, die gegen Faurisson vorgingen. Sieben Jahre zuvor, 1991, hatte er in Zusammenarbeit mit dem belgischen Revisionisten Siegfried Verbeke auf Niederländisch Het „Dagboek" van Anne Frank veröffentlicht. Een Kritische benadering (Das „Tagebuch" der Anne Frank), eine Broschüre, in der er zu dem Schluss kam, dass das „Tagebuch" eine Fälschung sei, da die Handschrift des Originalmanuskripts nicht die eines Kindes gewesen sein könne. Das Buch wurde in den Niederlanden verboten, aber sowohl das Anne-Frank-Museum in Amsterdam als auch der Anne-Frank-Fonds in Basel waren mit der Zensur des Buches nicht zufrieden und leiteten gemeinsam rechtliche Schritte ein. Das Museum beschwerte sich darüber, dass Faurissons Arbeit es gezwungen habe, den Museumsführern „besondere Anweisungen" zu geben, und dass die Kritik des Professors die Zahl der Besucher und damit die Gewinne des Museums verringern könnte.

Die Absage des Kongresses „Historischer Revisionismus und Zionismus", der vom 31. März bis 3. April 2001 in Beirut stattfinden sollte, war ein schwerer Rückschlag für die Revisionisten aus aller Welt, die sich in der libanesischen Hauptstadt versammelt hatten. Die libanesische Regierung, die Opfer ständiger israelischer Angriffe ist, hat dem Druck der wichtigsten zionistischen Organisationen nachgegeben, die von den Vereinigten Staaten unterstützt werden. Robert Faurisson erklärte damals, dass Rafik Hariri, der libanesische Premierminister, durch die Schulden seines Landes, die sich bei vier Millionen Einwohnern auf 24.000.000.000.000 $ beliefen, so sehr in die Enge getrieben war, dass er keine andere Wahl hatte, als der Erpressung nachzugeben und den Kongress zu verbieten. Seitdem war die Abhaltung einer internationalen revisionistischen Konferenz in Frage gestellt. Als Mahmoud Ahmadinejad 2005 Präsident der Islamischen Republik Iran wurde, bot Teheran an, Revisionisten aus der ganzen Welt zu empfangen. Einhundertdreißig Forscher aus dreißig Ländern kamen in der iranischen Hauptstadt zusammen, wo schließlich am 11. und 12. Dezember 2006 die Teheraner Internationale Holocaust-Überprüfungskonferenz stattfand, die im Westen mit allerlei Disqualifikationen und Gegenreaktionen begrüßt wurde.

Am 11. Dezember 2006 hielt Professor Faurisson eine Rede auf der Grundlage eines Dokuments mit dem Titel *Die Siege des Revisionismus*, das inzwischen in mehrere Sprachen, darunter Spanisch, übersetzt und in vielen Ländern veröffentlicht wurde. In diesem Text, der Professor Mahmoud Ahmadinejad sowie Ernst Zündel, Germar Rudolf und Horst Mahler gewidmet ist, die Faurisson als „unsere Gewissensgefangenen" bezeichnet, werden bis zu zwanzig durch die revisionistische Forschung geklärte historische Tatsachen detailliert dargelegt, die von den Vernichtern explizit oder implizit anerkannt werden mussten. 1. es gab keine Gaskammern in den Lagern in Deutschland. 2. 2. es gab keinen Befehl Hitlers zur Ausrottung der Juden. 3. auf der Wannseekonferenz wurde die Vernichtung der Juden nicht beschlossen, da die Formulierung „Endlösung" die Deportation in den Osten bedeutete. 4) Die Formulierung, mit der das deutsche KZ-System vorgestellt wurde, ist zum Scheitern verurteilt. 5) Die Gaskammer von Auschwitz, die von Millionen von Touristen besucht wird, ist eine Fälschung. 6) Es wurden keine Dokumente, Spuren oder andere materielle Beweise für die Existenz der Gaskammern gefunden. Am 11. Dezember 2006 gab Robert Faurisson dem iranischen Fernsehen ein umfassendes Interview, in dem er vor Millionen von iranischen Zuschauern erklärte, dass der Holocaust eine Lüge sei. Das musste Folgen haben, denn in Frankreich warteten die üblichen Leute auf ihn.

Kaum war der Revisionistenkongress beendet, verurteilte der damalige Staatspräsident Jacques Chirac am 13. Dezember 2006 die Teilnahme Faurissons an der Teheraner Konferenz und forderte persönlich eine Untersuchung. Auf Anweisung der obersten Staatsgewalt beauftragte der Justizminister einen Pariser Staatsanwalt mit der Einleitung von Ermittlungen. Am 16. April 2007 begaben sich der Polizeileutnant Séverine Besse und ein weiterer Kollege nach Vichy, um den Professor zu befragen. Faurisson weigerte sich hartnäckig, die Fragen zu beantworten und schrieb in den offiziellen Bericht: „Ich weigere mich, mit der Polizei und der Justiz bei der Unterdrückung des Geschichtsrevisionismus zusammenzuarbeiten".

Der mit dem Fall betraute Richter Marc Sommerer lud Faurisson neun Monate später vor. Am 24. Januar 2008 um 9 Uhr morgens erschien der Professor auf der örtlichen Polizeiwache. Als er eintrat, teilten ihm drei Kriminalbeamte, die am Vortag aus Paris geschickt worden waren, darunter Séverine Besse selbst, mit, dass er in Gewahrsam sei und dass seine Wohnung während der Haft durchsucht werde. Er, ein alter Mann, der am folgenden Tag, dem 25. Januar, 79 Jahre alt geworden wäre, wurde am ganzen Körper durchsucht, und seine Brieftasche, sein Portemonnaie, sein Kugelschreiber, seine Uhr, sein Gürtel usw. wurden beschlagnahmt. Vielleicht wollte man den alten Professor einschüchtern, der sagte, dass seine Frau zu Hause krank sei, was der Polizei bekannt war, und dass sie aus ernsten medizinischen Gründen seine ständige Anwesenheit benötige. Wieder einmal blieb Faurisson stur und beantwortete keine Fragen. Dann wird ihm mitgeteilt, dass gegen ihn drei Strafverfahren laufen, gegen die Richter Sommerer Haftbefehle erlassen hat. Die ersten beiden, die ihm genannt wurden, betrafen seine Teilnahme an der Teheran-Konferenz. In einem wurde er von der Staatsanwaltschaft und einer Reihe „frommer Organisationen" nach dem Fabius-Gayssot-Gesetz wegen „Leugnung von Verbrechen gegen die Menschlichkeit" verfolgt. In einem anderen Fall hatte die LICRA ihn wegen „Verleumdung" verklagt. Die dritte Klage wurde von der Tageszeitung *Libération* aus unerfindlichen Gründen angestrengt, die wir Ihnen nicht näher erläutern wollen. Faurisson wurde daraufhin in seine Wohnung gebracht, wo die Durchsuchung sechs Stunden lang andauerte. Am 25. Juli 2012 teilte ihm schließlich ein Richter in Paris mit, dass die drei Strafanzeigen verhandelt würden.

Die Verfolgung von Robert Faurisson wegen Gedankenverbrechen dauert nun schon vierzig Jahre an. In der Nacht des 19. November 2014 tauchten zwei Polizisten aus der Nachbarstadt Clermond-Ferrand, darunter ein Major, mit einem Durchsuchungsbefehl in seiner Wohnung in Vichy auf: Sie wollten einen Computer und bestimmte Dokumente beschlagnahmen. Beides fanden sie nicht. Wieder einmal hatte die LICRA die Staatsanwaltschaft gebeten, gegen das Erscheinen eines inoffiziellen „Blogs" des Professors vorzugehen. Es besteht kein Zweifel, dass Faurisson mit einer inneren Stärke von überragender Natur ausgestattet ist. Angesichts des Ausmaßes der Angriffe und der schieren Größe des Kampfes gegen so mächtige Feinde hätte jeder normale Mensch aufgegeben, aber Faurisson, der 2014 einen Herzinfarkt erlitt, hat weder gezuckt noch aufgegeben. Er ist am 29. Januar 2016 87 Jahre alt geworden und hält immer noch mit seiner 83-jährigen Frau durch, die es geschafft hat, bei dem Professor zu bleiben, obwohl auch sie ein Herzleiden hat. Faurisson hat sich in letzter Zeit darüber beklagt, dass er ständig Drohungen erhält, sowohl telefonisch als auch schriftlich, und hat erfolglos die Polizei gebeten, sie zu schützen, da seine Frau von Tag zu Tag mehr belästigt wird und immer mehr unter ihrer Krankheit leidet.

Vincent Reynouard, „Die Herzen gehen hoch!"

Der Fall des jungen Revisionisten Vincent Reynouard ist ein weiteres Beispiel für den Willen zum Widerstand: Angesichts unendlicher Widrigkeiten hat er einen lobenswerten Mut und einen Mut, der Respekt verdient, bewiesen. Er wurde 1969 geboren, heiratete 1991 und ist heute Vater von acht Kindern. Als katholischer Traditionalist, überzeugter Nationalsozialist und Revisionist hat Reynouard alles aufs Spiel gesetzt, um die Unwahrheit der offiziellen Geschichte nicht zu verraten. Im Alter von dreiundzwanzig Jahren erlitt er mit dem Fabius-Gayssot-Gesetz seinen ersten Rückschlag. Am 8. Oktober 1992 verurteilte ihn ein Gericht in Caen zu einem Monat Haft auf Bewährung und einer Geldstrafe von 5.000 Francs, weil er vierundzwanzig seiner Studenten anonym Texte gegeben hatte, die die Gaskammermorde in Frage stellten. Der diplomierte Chemieingenieur des ISMRA (Institut für Materialien und Strahlung) arbeitete als Gymnasiallehrer für Mathematik und als freiberuflicher Historiker mit Schwerpunkt Zweiter Weltkrieg. Nachdem auf der Festplatte seines Schulcomputers revisionistische Texte gefunden worden waren, wurde er 1997 von Bildungsminister François Bayrou aus dem Schuldienst entlassen. Seitdem muss er von seinen Schriften, seinen Videos und seiner Arbeit als Forscher leben.
 Autor von einem Dutzend Essays und Broschüren zu historischen Themen. Reynouard arbeitete zusammen mit Siegfried Verbeke an *Vrij Historisch Onderzook, VHO* (*Freie Historische Forschung*), einer Website, die zur größten revisionistischen Publikationsseite in Europa wurde. Er selbst war Herausgeber der Publikation *Sans Concession*. Sein bekanntestes Buch war das Ergebnis einer Untersuchung über das Massaker von Oradour-sur-Glane. Am 10. Juni 1944, kurz nach der Landung in der Normandie, drang die Waffen-SS um 14.00 Uhr in dieses kleine, ruhige Dorf im Limousin ein, in dem Widerstandskämpfer Zuflucht gefunden hatten. Sechs Stunden später, um 20:00 Uhr, verließ die Waffen-SS das Dorf. Hinter ihnen lag eine Ruine, die mit Leichen übersät war, darunter fünfhundert verkohlte Frauen und Kinder. Die akademische Geschichtsschreibung schrieb das Massaker den Deutschen zu. Offiziell zogen sie sich durch das Dorf zurück und setzten die Kirche in Brand, in die sich Frauen und Kinder geflüchtet hatten. Genau das stellt Reynouard in seinem 450-seitigen Buch, das 1997 in Belgien veröffentlicht wurde, in Frage. In Frankreich erschien das Buch im Juni 1997, nachdem er wegen seiner revisionistischen Ansichten aus dem Schuldienst ausgeschlossen worden war. Drei Monate später, im September, ordnete Innenminister Jean-Pierre Chevènement die Beschlagnahmung des Buches an und verbot seine Verteilung und Verbreitung in ganz Frankreich.
 Zwischen 1998 und 1999 produzierte ein Team von Reynouard-Mitarbeitern eine Videokassette, die das Buch zusammenfasste und zum Kauf anregte. Der Film wurde im Jahr 2000 veröffentlicht und der Vertrieb begann im Januar 2001. Am 8. Februar 2001 erließ der Präfekt des zentralfranzösischen Departements Haute-Vienne einen Erlass, der die Kassette im gesamten Departement verbot. Am 27. September 2001, vier Jahre nach dem Verbot des

Buches, verbot das Innenministerium das Video in ganz Frankreich. Das Verfahren gegen Vincent Reynouard führte zu einem Prozess, der in erster Instanz am 18. November 2003 stattfand. Reynouard wurde wegen „Entschuldigung eines Kriegsverbrechens" zu einem Jahr Gefängnis, einer Geldstrafe von 10.000 Euro und der Beschlagnahmung aller seiner beschlagnahmten Akten verurteilt. Die Berufungsverhandlung fand am 14. April 2004 statt. Reynouard wurde zu einer zweijährigen Haftstrafe verurteilt, von der sechs Monate zur Bewährung ausgesetzt wurden, die Geldstrafe von 10.000 Euro wurde jedoch in 3.000 Euro geändert. Außerdem musste er die drei Zivilparteien entschädigen, die in dem Fall aufgetreten waren, darunter die unausweichliche LICRA.

Dennoch verfolgte Reynouard weiterhin revisionistische Ideen und verfasste 2005 ein sechzehnseitiges Pamphlet mit dem Titel *Holocaust? Was sie vor uns verbergen*", in dem er die offizielle Geschichtsschreibung offen in Frage stellte und eine völlig gegenteilige Sichtweise vertrat. Die französische Justiz hat sich schnell auf ihn gestürzt. Das Wiederaufnahmeverfahren fand am 8. November 2007 in Saverne statt, wo ein Gericht ihn wegen „Infragestellung von Verbrechen gegen die Menschlichkeit" durch die genannte Broschüre zu einem Jahr Gefängnis und einer Geldstrafe von 10.000 Euro verurteilte. Außerdem wurde er zu einer Zahlung von 3.000 Euro an die LICRA verurteilt. Gegen das Urteil wurde Berufung eingelegt, aber am 25. Juni 2008 bestätigte das Berufungsgericht in Colmar das Urteil und verhängte eine neue Geldstrafe von 60.000 Euro. Gleichzeitig hatte das Brüsseler Berufungsgericht am 19. Juni 2008, sechs Tage zuvor, Reynouard und Siegfried Verbeke zu einem Jahr Gefängnis und einer Geldstrafe von 25.000 Euro verurteilt, weil sie Texte verfasst und veröffentlicht hatten, die den Holocaust leugnen und Verbrechen gegen die Menschlichkeit in Frage stellen.

Da Reynouard seinen Wohnsitz in Belgien hatte, stellten die französischen Behörden einen Europäischen Haftbefehl aus, damit die Belgier ihn ausliefern konnten, da Reynouard gemäß der Bestätigung des Urteils durch das Berufungsgericht Colmar auch in Frankreich eine einjährige Haftstrafe zu verbüßen hatte. Am 9. Juli 2010 wurde er im Forest-Gefängnis (Brüssel) inhaftiert. Am 23. Juli 2010 erklärten die Brüsseler Richterkammern den von Frankreich ausgestellten Haftbefehl gegen Reynouard für gültig, so dass er am 19. August 2010 ausgeliefert und im Gefängnis von Valenciennes inhaftiert wurde. Während er auf seine Auslieferung wartete, erklärte er: „Wenn man kein anderes Argument als das Gefängnis hat, um sich von einem dialektischen Gegner zu befreien, dann liegt das daran, dass man keine Argumente hat".

Paul-Eric Blanrue, Gründungshistoriker der Forschungsgruppe Cercle Zététique und Autor des Buches *Sarkozy, Israël, et les juifs*, veröffentliche eine Pressemitteilung, in der er das Gayssot-Gesetz anprangerte, zur Solidarität mit Vincent Reynouard aufrief und eine Unterschriftensammlung zur Verteidigung der Meinungsfreiheit und zur Forderung nach Reynouards Freilassung startete. Blanrue prangerte nicht nur das verdächtige Schweigen der französischen und internationalen Medien an, sondern wies auch darauf hin, dass es ungewöhnlich sei, dass keine einzige NRO ein Wort zur Verteidigung von Reynouards Meinungsfreiheit und Gedankenfreiheit gesagt habe.

Am frühen Dienstagmorgen, dem 5. April 2011, verließ der 42-jährige Revisionist das Gefängnis von Valenciennes. Seine Frau Marina, sein Sohn Pierre und eine Gruppe von Freunden, darunter Siegfried Verbeke, seine Frau Edna und eine Gruppe von belgischen und deutschen Revisionisten, warteten vor dem Tor auf ihn. Die sieben anderen Kinder von Reynouard warteten in einem Café in der Nähe des Gefängnisses und fertigten Zeichnungen an, die sie ihrem Vater schenken wollten. Nach einem gemeinsamen Essen in fröhlicher Atmosphäre musste sich die Familie Reynouard wieder trennen, da Marina und die Kinder nach Brüssel zurückkehren mussten. Vincent konnte nicht mit ihnen gehen, da er unter richterlicher Aufsicht stand und Frankreich nicht verlassen durfte. Am nächsten Tag, dem 6. April, wurde er von einem Untersuchungsrichter in Amiens in einer anderen Angelegenheit vorgeladen: Er wurde verdächtigt, im Jahr 2009 revisionistische CDs an 120 Gymnasien in Frankreich verschickt zu haben.

Am Tag seiner Freilassung gab Reynouard einem Journalisten der Zeitschrift *Rivarol* ein Interview. Seine ersten Worte galten seiner Frau, der er für ihre Haltung dankte und zu ihrem Heldentum gratulierte. Außerdem dankte er Paul-Eric Blanrue für seinen Mut und all jenen, die ihn finanziell unterstützt und ihm geschrieben hatten. Er bekundete seine Absicht, ein Buch mit Zeugnissen zu schreiben und die Veröffentlichung der Zeitschrift *San Concessions* wieder aufzunehmen, die seit seiner Verhaftung unterbrochen war, da alle seine Mitarbeiter ihren Posten treu geblieben waren. Die letzten Worte des Gesprächs waren Worte der Ermutigung: „Trotz aller Widrigkeiten und aller Fallen geht der Kampf weiter. Lasst eure Herzen aufgehen!"

Im Februar 2015 verurteilte ein Gericht in erster Instanz in Coutances (Basse-Normandie) Vincent Reynouard erneut zu zwei Jahren Gefängnis, weil er ein Video veröffentlicht hatte, in dem er die politische Manipulation und die Gehirnwäsche anprangerte, die der Jugend seines Landes angetan wurde, und die Theorie von der systematischen Vernichtung der europäischen Juden während des Zweiten Weltkriegs widerlegte. Außerdem wurde er zu einer Geldstrafe von 35.000 Euro verurteilt. Angesichts der Härte des Urteils, denn das Gayssot-Gesetz sieht für „Holocaust-Leugnung" eine Höchststrafe von einem Jahr Gefängnis vor, legte der Staatsanwalt selbst Berufung beim Berufungsgericht in Caen, der Hauptstadt der Region, ein. In einem im Internet veröffentlichten Video hatte Reynouard angekündigt, dass er keinen einzigen Cent zu zahlen gedenke. Am 17. Juni 2015 reduzierte das Gericht in Caen die vom Gericht in Coutances verhängte Strafe auf ein Jahr und hob die Geldstrafe auf, da die Beweise dafür, dass die Strafe „rechtswidrig" war. Reynouard erschien nicht vor dem Gericht in Caen, zwei Monate zuvor, am 25. April 2015, hatte er in einem Video angekündigt, unterzutauchen, um vor der politischen Verfolgung in Frankreich zu fliehen: „Also", sagte er in dem Video, „kann man sagen, dass ich auf der Flucht bin. Dieses Mal habe ich alles verloren, oder fast alles. Ich bin hier ohne Haus, mit meinem Rucksack. Ich habe nur ein paar Fragmente von Dateien retten können, um zu versuchen, die versprochenen

Videos zu machen". Zum Zeitpunkt der Erstellung dieses Artikels wissen wir nicht, was aus Reynouard geworden ist, da wir nichts Neues über ihn herausfinden konnten.

3. DIE WICHTIGSTEN OPFER DER VERFOLGUNG IN VERFOLGUNG IN ÖSTERREICH:

Gerd Honsik, Opfer der Kapitulation der PSOE vor dem Zionismus

Hans Strobl, Präsident des Burgenländischen Kulturbundes, schrieb 1988 im Nachwort von *Eine Lösung für Hitler?*, dass die österreichische Staatspolizei Gerd Honsik 1978 mit der Einweisung in eine psychiatrische Klinik gedroht habe. Er erklärt jedoch nicht, warum Honsik so stark eingeschüchtert wurde und statt in einer Irrenanstalt im Gefängnis landete. Im Gefängnis schrieb er zwei Gedichtbände. Das erste, *Lüge, wo ist dein Sieg?* ( ), wurde 1981 veröffentlicht, das zweite, *Fürchtet euch nicht!* 1983. Beide Manuskripte wurden mit Hilfe von Gefängniswärtern aus dem Gefängnis geschmuggelt, die mit dem Dichter sympathisierten, dem das Schreiben verboten worden war. Das erste Buch, das in klassischen Versen verfasst war, wurde schließlich beschlagnahmt und kostete Honsik eine Geldstrafe von 41.000 Schilling (damals österreichische Währung). Der Präsident des Obersten Gerichtshofs, offenbar ein Experte für Literaturkritik, urteilte, dass es „keine Kunst" sei. Auch das letztgenannte Werk wurde strafrechtlich verfolgt und verboten.

1986 wurde Honsik aus politischen Gründen von seinem Arbeitsplatz entlassen, an dem er fünfzehn Jahre lang tätig gewesen war. Die Verfolgung betraf auch seine schulpflichtigen Kinder, die unter anderem von einigen Lehrern unter Druck gesetzt wurden. Zwischen 1987 und 1988 musste Honsik achtzehn Mal vor Gericht gehen: Er musste 140.000 Schilling an Gerichts- und Anwaltskosten aufwenden. Das Schlimmste kam 1988 mit der Veröffentlichung von *„Freispruch für Hitler"*, einem Buch, das angeblich ein Buch der Versöhnung war. Gerd Honsik wandte sich an einen katholischen Pfarrer, Robert Viktor Knirsch, um herauszufinden, ob der Priester moralische Bedenken hatte. Der Pfarrer schrieb ihm einen Brief, in dem er ihn als römisch-katholischer Priester ermutigte, mit dem Buch fortzufahren:

> „...Die Wahrheit gehört zum Gefolge des Guten. Jeder, der nach der Wahrheit sucht, hat das Recht zu zweifeln, zu forschen und abzuwägen. Und wo von den Menschen verlangt wird, blind zu glauben, herrscht eine Überheblichkeit, die so viel Blasphemie enthält, dass sie uns nachdenklich stimmt. Während nun diejenigen, deren Thesen ihr in Frage stellt, die Vernunft auf ihrer Seite haben, werden sie alle Fragen ruhig annehmen, sie werden ihre Antworten mit aller Geduld geben. Und sie werden ihre Beweise und Aufzeichnungen nicht mehr verheimlichen. Wenn sie aber lügen, werden sie vor dem Richter aufschreien. So wird man sie erkennen. Die Wahrheit ist immer ruhig; aber die Lüge ist immer in einem Kampf um einen irdischen Prozess!

Mit freundlichen Grüßen sende ich Ihnen meine besten Wünsche.
Priester Robert Viktor Knirsch
Kahlenbergerdorf, 2/6/1988".

Nachdem er diese Worte an Honsik geschrieben hatte, die der Dichter in seinem Werk wiedergab, wurde der Pfarrer in eine psychiatrische Klinik eingewiesen, wo er bald erkrankte. Er starb am Montag, dem 26. Juni 1989. Vor seinem Tod äußerte er den Wunsch, dass bei seiner Beerdigung die deutsche Hymne gespielt werden solle. Am 30. Juni fand um 9.30 Uhr in Kahlenbergerdorf ein Trauergottesdienst statt, nach dem Knirsch auf dem Pfarrfriedhof beigesetzt wurde. An der Beerdigung nahmen etwa siebenhundert Personen teil, darunter Erzbischof Krätztl und Propst Koberger, aber auch zahlreiche Geheimagenten und eine Polizeihundestaffel. Als Honsik am Ende der Zeremonie darum bat, die letzten Wünsche des Priesters zu erfüllen, griff die Polizei ein und forderte die Anwesenden auf, sich auszuweisen. Gerd Honsik wurde kurzzeitig festgenommen und beschuldigt, das Abspielen der deutschen Nationalhymne gefordert zu haben, obwohl dies verboten war.

Die Folgen der Veröffentlichung des Buches zogen sich über Jahre hin und führten sogar zur Schaffung eines Gesetzes, das sich ausschließlich mit diesem Fall befasste. Im Januar 1992 verließ Honsik das Land, nachdem er im Fernsehen öffentlich diffamiert worden war, als Dr. Neugebauer, der Leiter des Österreichischen Widerstandsarchivs, ihn in Anwesenheit des Innenministers beschuldigte, einen Staatsstreich zu planen. Als sich herausstellte, dass es sich um Verleumdungen und Unwahrheiten handelte, kehrte Honsik nach Österreich zurück, um dem mehrwöchigen Prozess beizuwohnen. Gerd Honsik wurde am 5. Mai 1992 wegen „Wiederbelebung nationalsozialistischer Umtriebe" zu einer achtzehnmonatigen Haftstrafe verurteilt. Der österreichische Oberste Gerichtshof wies die Berufung ab. Um einer weiteren Inhaftierung zu entgehen, floh er nach Spanien, wo er bereits als achtjähriger Junge ein Jahr lang gelebt hatte. Im Jahr 1949 überquerte er mit tausend schwer unterernährten österreichischen Kindern in einem Sonderzug die Pyrenäen auf der Flucht vor den ethnischen Säuberungen, die zwischen 1945 und 1948 in Europa am deutschen Volk verübt wurden, dem perfekt dokumentierten und verschwiegenen Völkermord.

1993 veröffentlichte Honsik ein weiteres Buch, für das er später angeklagt wurde, *Schelm und Scheusal*, in dem Simon Wiesenthal anprangerte, der seine Genugtuung über die Briefbombe zum Ausdruck gebracht hatte, die von Österreich aus an den ehemaligen SS-Mann Alois Brunner geschickt wurde, der ein Auge und acht Finger verloren hatte. Brunner, ein enger Mitarbeiter von Adolf Eichmann, lebte in Damaskus, wo zionistische Attentäter mehrmals versucht hatten, ihn zu töten. Wiesenthal war über die Einzelheiten des Bombenanschlags informiert und bezeichnete das Opfer als seinen „meistgesuchten Judenmörder". Im August 1988 hatte Gerd Honsik ihn jedoch in der syrischen Hauptstadt besucht, und auf die Frage „Wann haben Sie von den Gaskammern erfahren?", antwortete Brunner: „Nach dem Krieg, durch die Zeitungen."

Am 7. Oktober 1993 reiste der spanische Premierminister Felipe González nach Wien. Dort nutzte der Bundeskanzler der Republik Österreich, Franz Vranitzky, die Gelegenheit, um ihn um die Auslieferung von Honsik zu bitten. Dies zeigt deutlich, wie mächtig die jüdischen Lobbys sind, die in der Lage sind, einen hochrangigen europäischen Staatschef dazu zu bringen, einen anderen zu bitten, einen politischen Flüchtling wegen der Veröffentlichung eines Buches auszuliefern. Gerd Honsik war sich dessen bewusst und richtete einen offenen Brief an das spanische Parlament, in dem er um politische Zuflucht in Spanien bat. In dem Text erinnerte er daran, dass Spanien ihn in der Nachkriegszeit als Kind aufgenommen hatte und dass er bereits Spanisch gelernt hatte. Der Brief endete mit folgenden Worten: „Ich wende mich an die spanischen Parlamentarier, sowohl von der Rechten als auch von der Linken, und an das spanische Volk und bitte sie, angesichts des internationalen Drucks, der meine Auslieferung fordert, standhaft zu bleiben. Damals fand ich in Spanien Zuflucht vor dem Hunger. Heute suche ich in Spanien Zuflucht vor dem Gefängnis". Die österreichischen Behörden ersuchten die spanische Regierung, ihn auszuliefern, doch die Audiencia Nacional lehnte dies am 7. November 1995 ab. Die Staatsanwaltschaft erhob Einspruch und vertrat die Auffassung, dass es sich um ein „politisches Verbrechen handele und daher von der Auslieferung ausgeschlossen sei", wie die Verteidigung erklärte. In der Begründung der Audiencia Nacional hieß es, es sei „nicht möglich, ein solches Verhalten als Provokation zum Verbrechen des Völkermordes zu werten, da dies die Absicht voraussetzt, eine religiöse Gruppe ganz oder teilweise zu zerstören", eine Absicht, die „aufgrund der Fakten (Verfassen und Veröffentlichung von *Eine Lösung für Hitler?*), für die der Angeklagte verurteilt wurde, nicht bejaht werden kann...". Sowohl der Richter als auch der Staatsanwalt der Audiencia waren der Meinung, dass Honsiks Buch nicht gegen spanisches Recht verstößt. Daher lebte Gerd Honsik fast fünfzehn Jahre lang in Málaga, ohne von den spanischen Behörden belästigt zu werden.

Ein vom Wiener Gericht ausgestellter europäischer Haftbefehl wurde schließlich von den spanischen Behörden zugestellt: Am 23. August 2007 nahm die Polizei Honsik in Malaga fest. Im September 2007 erklärte der Präsident der Israelitischen Kultusgemeinde Österreichs, Tycoon Ariel Muzicant, ein in Haifa geborener Israeli, gegenüber der Zeitung „*Die Gemeinde*", dass sich die jüdische Gemeinde für eine einheitliche europäische Gesetzgebung gegen Neonazis und Holocaust-Revisionisten einsetze. Er kommentierte die Verhaftung Honsiks in Spanien mit den Worten:

> „Gerd Honsik wurde nach fünfzehn Jahren Aufenthalt in Spanien verhaftet und wird an Österreich ausgeliefert. Das freut mich persönlich sehr, denn es zeigt einmal mehr, dass meine Gespräche mit dem spanischen Ministerpräsidenten, dem Außenminister und dem Justizminister im Januar dieses Jahres dazu beigetragen haben, dass die spanische Regierung eine entsprechende Haltung eingenommen

Ohne eine Spur von Verstellung, im Gegenteil, prahlte Muzicant schamlos mit seiner Macht und erntete die Lorbeeren dafür, dass er die spanische sozialistische Regierung dazu gebracht hatte, das Richtige zu tun, d.h. das, was der Zionismus wollte. Im Januar 2007 gab es in Spanien eine PSOE-Regierung unter der Führung von José Luis Rodríguez Zapatero. Außenminister war der unbeschreibliche Miguel Ángel Moratinos und Justizminister war Juan Fernando López Aguilar. Der Richter, der die Auslieferung genehmigte, war Baltasar Garzón, der vier Jahre später durch einstimmigen Beschluss der Mitglieder der Strafkammer des Obersten Gerichtshofs zu elf Jahren Berufsverbot verurteilt und aus der Justiz ausgeschlossen werden sollte. Dieser skrupellose Richter, der leider von vielen Sektierern der spanischen Linken verteidigt wurde, stellte sich in den Dienst der Zionisten, ohne zu bedenken, dass Spanien zweimal die Auslieferung verweigert hatte und dass die Audiencia Nacional in einer Entscheidung von 1995 entschieden hatte, dass Honsiks „ein politisches Verbrechen und daher von der Auslieferung ausgeschlossen" sei. Gerd Honsiks Auslieferung an Österreich fand am 4. Oktober 2007 statt. Die österreichische Justizministerin, die Sozialistin Maria Berger, sprach dem Richter Baltasar Garzón in einer Pressemitteilung des Justizministeriums vom 5. Oktober öffentlich ihren besonderen Dank aus.

Vier Jahre später, am 26. Januar 2012, erstattete Göran Holming, ein pensionierter schwedischer Armeekommandant und Mitglied von European Action, einer Bewegung für ein freies Europa, Strafanzeige gegen Baltasar Garzón, Ministerpräsident Rodríguez Zapatero und die genannten Minister bei der Audiencia Nacional. In dem Schreiben wurden das Treffen mit Ariel Muzicant und die bei diesem Treffen im Januar 2007 getroffenen politischen Vereinbarungen angeprangert. In dem Schreiben wird ausführlich auf die falschen Vorwände eingegangen, die für die Bewilligung der Auslieferung angeführt wurden, und Richter Garzón wird insbesondere der Ausflucht und des Verstoßes gegen das Gesetz und die spanische Verfassung beschuldigt, die eine Auslieferung wegen politischer Straftaten untersagt, es sei denn, es liegen „terroristische Handlungen" vor. Hier ist der Wortlaut des Antrags:

> „Ich möchte den Staatsanwalt bitten, zu prüfen, ob der ehemalige Ministerpräsident José Luis Rodríguez Zapatero und seine ehemaligen Justiz- und Außenminister in Zusammenarbeit mit dem Richter Baltasar Garzón für die Auslieferung des österreichischen Dichters und Schriftstellers Gerd Honsik verantwortlich sind, die durch eine Verschwörung mit dem Ausländer Ariel Muzicant und Frau Maria Berger gefördert und mit dem Ziel durchgeführt wurde, eine unmenschliche und ungerechte politische Verfolgung in Österreich durchzuführen, und ob die genannten Personen kumulativ Folgendes begangen haben Maria Berger und zum Zwecke der unmenschlichen und ungerechten politischen Verfolgung in Österreich begangen haben und ob die vorgenannten Personen kumulativ begangen haben:
>
> I) Ein Verbrechen gegen die Menschlichkeit,
> II) den Straftatbestand des Machtmissbrauchs,
> III) wegen Fälschung des EU-Haftbefehls,
> IV) wegen Verschwörung in einem Abkommen gegen die spanische Verfassung.

Ich beantrage hiermit, die oben genannten Personen wegen der oben genannten Straftaten vor das zuständige Gericht zu stellen.

Mit freundlichen Grüßen
Göran Holming, pensionierter Kommandeur der schwedischen Armee".

Kehren wir nun zum Fall G. Honsik zurück. Am 3. Dezember 2007 fand die Berufungsverhandlung, die 1992 wegen „Nichterscheinens des Betroffenen" abgesagt worden war, in Wien statt. Die Berufung wurde verworfen und die Verurteilung zu einer unbedingten Freiheitsstrafe von achtzehn Monaten wurde bestätigt. Im Mai 2008 erhob die Staatsanwaltschaft Wien erneut Anklage gegen Honsik wegen „Wiederbelebung nationalsozialistischer Umtriebe". Am 20. April 2009 begann der Prozess vor dem Wiener Landesgericht und am 27. April wurde Honsik wegen seiner Ansichten über die Existenz der Gaskammern in den nationalsozialistischen Arbeitslagern zu fünf Jahren Haft verurteilt. Das Urteil wurde vom Obersten Gerichtshof bestätigt; am 1. März 2010 wurde die Strafe jedoch vom Berufungsgericht Wien auf vier Jahre reduziert.

Noch am 20. Juli 2010 wurde ein neuer Prozess gegen Honsik wegen der Veröffentlichung von zwei Büchern, eines davon *Schelm und Scheusal* und das andere *Rassismus Legal?* Dabei handelte es sich um ein „3g-Verfahren", d.h. ein Verfahren nach § 3g des österreichischen Verbotsgesetzes von 1947, das das „Wiederaufleben nationalsozialistischer Gesinnung" streng unterdrückt. Richter Andreas Böhm, der Honsik im April 2009 zu fünf Jahren verurteilt hatte, hatte Staatsanwalt Stefan Apostol angewiesen, die inkriminierten Bücher auszuschließen, um anschließend ein neues Verfahren zu eröffnen, das eine zusätzliche Verurteilung ermöglicht. Bei der Verhandlung wurden die Bücher getrennt betrachtet. Honsik ließ sich trotz oder vielleicht gerade wegen seiner Haftstrafe nicht abschrecken und schlug auf Simon Wiesenthal ein. Die Informationen, die wir über die Verhandlungssitzungen haben, stammen aus der österreichischen Presse, die den jüdischen Lobbys hörig ist. Kurz gesagt, Honsik wiederholte, dass es eine anerkannte Tatsache sei, dass es keine einzige Gaskammer auf deutschem oder österreichischem Boden gab und dass nicht er, sondern Wiesenthal der Lügner sei. Der Richter versuchte, Honsiks Anwalt, Dr. Herbert Schaller, dazu zu bringen, die Existenz der Gaskammern zu bestreiten. Wiederholt fragte ihn, ob auch er behaupte, dass es keine Gaskammern gegeben habe; aber der Anwalt vermied es stets, Fragen zu beantworten, die in Deutschland gestellt werden, um die Anwälte der Angeklagten zu belasten.

Theoretisch sollte Honsik erst 2013 freigelassen werden, aber eine Berufung beim Wiener Gericht erreichte schließlich das Ziel eines günstigen Urteils, das die Länge seiner Strafe um achtzehn Monate reduzierte. Berichten zufolge wurden sein hohes Alter (70 Jahre) und seine „erfolgreiche soziale Integration" in Spanien berücksichtigt, wohin er nach seiner Freilassung Ende 2011 zurückkehrte, um sich wieder in Malaga niederzulassen, wo er 2007 verhaftet worden war. Gerd Honsik wurde im Laufe seines Lebens fast sechs Jahre lang inhaftiert, weil er Ideen geäußert hat, die als Gedankenverbrechen gelten.

David Irving zu drei Jahren Haft in Wien verurteilt

Der zweite Prozess gegen Ernst Zündel in Toronto war ein Meilenstein in der Entwicklung des revisionistischen Denkens von David Irving, der zusammen mit Robert Faurisson als Berater des Anwalts Doug Christie fungierte und in dem Prozess als Zeuge der Verteidigung aussagte. Offenbar war es Irving, der mit Bill Armontrout Kontakt aufnahm, und als dieser Fred Leuchter empfahl, flog er in Begleitung von Faurisson nach Boston, um sich mit dem Gaskammerexperten zu treffen und ihn zu überzeugen, das technische Gutachten zu erstellen. Der *Leuchter-Bericht* zerstreute alle Zweifel Irvings an der angeblichen Ausrottung des europäischen Judentums, falls er überhaupt noch welche hatte. Nach seiner Rückkehr nach London nach dem Prozess veröffentlichte Irving den Bericht des amerikanischen Ingenieurs im Vereinigten Königreich unter dem Titel *Auschwitz the End of the Line: The Leuchter Report* und schrieb das Vorwort. Beides gefiel dem politischen Establishment nicht, und so wurden Irving und Leuchter am 20. Juni 1989 in einem im Unterhaus eingebrachten Antrag verurteilt. Darin wurde David Irving als „Nazi-Propagandist und Hitler-Apologet" bezeichnet. Der veröffentlichte Text wurde als „faschistische Publikation" bezeichnet. Irving reagierte mit einer vernichtenden Presseerklärung auf den Antrag des Unterhauses. Am 23. Juni 1989 veröffentlichte Irving einen Text, in dem er unmissverständlich erklärte, dass die Gaskammern von Auschwitz eine „Fabel" seien.

Am 6. November 1989 hielt David Irving im Park Hotel in Wien einen Vortrag, der ihm sechzehn Jahre später eine dreijährige Haftstrafe einbringen sollte. Jüdische Organisationen und verschiedene kommunistische und linksextreme Gruppen brachten fünftausend Demonstranten auf die Straße, um die Veranstaltung zu verhindern. Etwa fünfhundert Bereitschaftspolizisten mussten einen Schutzkordon bilden, um die Exaltiertesten daran zu hindern, das Gebäude zu stürmen. Aufgrund des Inhalts der beiden in Österreich gehaltenen Vorträge erließ die Regierung einen Haftbefehl gegen Irving und erließ ein Einreiseverbot.

Im Januar 1990 hielt David Irving einen Vortrag in Moers, Deutschland, in dem er auf den alliierten Luftterror anspielte und behauptete, dass zwischen 1940 und 1945 in Auschwitz ebenso viele Menschen starben wie bei allen verbrecherischen Bombenangriffen auf deutsche Städte. Am 21. April 1990 wiederholte Irving dieselbe Rede in München, was ein Gericht in der bayerischen Landeshauptstadt dazu veranlasste, ihn am 11. Juli 1991 wegen Holocaust-Leugnung zu einer Geldstrafe von 7.000 DM zu verurteilen. Irving legte Berufung ein und während der Verhandlung am 5. Mai 1992 die Anwesenden im Münchner Gerichtssaal auf, für das deutsche Volk zu kämpfen, um „der blutigen Lüge vom Holocaust, die fünfzig Jahre lang gegen das Land gesponnen wurde, ein Ende zu setzen". Irving bezeichnete Auschwitz als „eine Touristenattraktion". Neben einer Geldstrafe von 10.000 Mark wurde ihm die Einreise nach Deutschland untersagt.

Andere Länder folgten diesem Beispiel, und das Veto gegen Irving begann sich zu verbreiten. In Kanada wurde er im November 1992 verhaftet und in das Vereinigte Königreich abgeschoben. Auch nach Italien und Australien wurde ihm die Einreise verweigert. Am 27. April 1993 wurde er vor einem französischen Gericht wegen des Gayssot-Gesetzes angeklagt. Da dieses Gesetz keine Auslieferung vorsieht, weigerte sich der Historiker, nach Frankreich zu reisen und erschien nicht. 1994 wurde er im Vereinigten Königreich wegen Missachtung des Gerichts in einem Rechtsstreit über die Veröffentlichungsrechte zu einer dreimonatigen Haftstrafe verurteilt. Schließlich wurde er für zehn Tage im Londoner Pentonville-Gefängnis eingesperrt.

Die juristische Konfrontation zwischen David Irving und der in revisionistischen Kreisen bekannten jüdischen Historikerin Deborah Lipstadt war ein Wendepunkt, der den britischen Historiker geprägt hat. Es handelte sich um einen langen Prozess im Vereinigten Königreich, von dem wir nur die wesentlichen Fakten festhalten wollen, da Irving auf diesen Seiten als Opfer der Verfolgung in Österreich erscheint und wir nicht von unserem Ziel abweichen dürfen. Für Leser, die mit dem Thema nicht vertraut sind: Die Kontroverse zwischen Deborah Lipstadt, Professorin für modernes Judentum und Holocaust-Studien an der Emory University (USA), und David Irving begann 1993, als Lipstadt Irving in *„Denying the Holocaust: The Growing Assault on Truth and Memory"* disqualifizierte. In dem Buch bezeichnete Lipstadt den britischen Historiker als „Antisemiten, der aus ideologischen Gründen Dokumente fälscht" und kam zu dem Schluss, dass er „ein gefährlicher Sprecher der Holocaust-Leugner" sei. 1996 beschloss Irving, Lipstadt und seinen britischen Verlag Penguin Books Ltd. wegen Verleumdung zu verklagen, da sein Ruf als Historiker geschädigt worden sei. Der Prozess begann am 11. Januar 2000 und endete am 11. April mit einem Urteil des Richters Charles Gray zugunsten von Lipstadt und Penguin Books. Gray stellte fest, dass Irving „aus seinen eigenen ideologischen Gründen die historischen Beweise beharrlich und absichtlich falsch dargestellt und manipuliert hat". Trotz der Tatsache, dass David Irving, wie Germar Rudolf enthüllte, jüdischer Abstammung ist, argumentierte Richter Gray in seinem Urteil, dass Irving ein „aktiver Holocaust-Leugner" sei, dass er „antisemitisch und rassistisch" sei und dass er „mit Rechtsradikalen zusammenarbeitet, um den Neonazismus zu fördern". Der Prozess und das Urteil gingen um die Welt.

Am 11. November 2005 wurde David Irving zum berüchtigtsten Opfer der Verfolgung von Revisionisten in Österreich. Er selbst erzählte die ganze Geschichte später in einem Artikel, der in der *American Free Press* veröffentlicht wurde. Seiner Darstellung zufolge war er in das Land gereist, um vor einer Studentenverbindung, der Studentenverbindung „Olympia", zu sprechen. Thema des Vortrags, der bereits in dieser Arbeit behandelt wurde, waren die Verhandlungen von Joel Brand in Ungarn mit Adolf Eichmann über die Befreiung der ungarischen Juden im Austausch gegen Lastwagen. Irving wollte erklären, dass der britische Geheimdienst die Kommunikationscodes geknackt hatte und wusste, was zwischen den Zionisten und den Nazis besprochen worden war. Da gegen ihn seit November 1989 ein Haftbefehl des Wiener Landesgerichts wegen Holocaust-Leugnung vorlag, wollte Irving nicht riskieren, per Direktflug nach Österreich einzureisen, und entschied sich für die Anreise mit dem Auto von Zürich aus. Nach einer Fahrt durch die Nacht kam er um 8:00 Uhr morgens nach 900 Kilometern in Wien an.

Nachdem er sich ausgeruht hatte, rief er von einem Bahnhof aus den Studenten Christopher V. an, der ihn eingeladen hatte: „Rendezvous A", sagte Irving, ohne sich auszuweisen, „in einer Stunde. Sicherheitsvorkehrungen waren notwendig, und alles war sechs Monate im Voraus arrangiert worden. Christopher, ein junger Mann in den Zwanzigern, holte ihn in der Bahnhofshalle ab und fuhr ihn zu dem Ort, wo angeblich über zweihundert Studenten auf ihn warteten. Der Beginn der Veranstaltung war für 18:00 Uhr angesetzt. Nachdem das Auto geparkt war, näherten sie sich dem Gebäude zu Fuß. Als sie sich an die Wand lehnten, sahen sie „drei stämmige Türsteher". Sobald er erkannte, dass es sich um die Stapo handelte, übergab der junge Mann Irving die Autoschlüssel und sie trennten sich. Als er zu seinem Ford Focus zurückging, erzählt Irving, „folgte mir einer der Türsteher etwa achtzig Meter hinterher; die beiden anderen verfolgten Christopher." Aus Gewohnheit stieg er von rechts in den Wagen ein, als ob es sich um ein englisches Fahrzeug handelte; das Lenkrad war jedoch auf der anderen Seite. Der Mann begann zu rennen. Als er schließlich losfuhr, war der Polizist nur noch etwa zehn Meter entfernt. Im Rückspiegel sah er ihn, wie er die Daten des Wagens auf einem Notizblock notierte. Der Plan war, zu versuchen, nach Basel zu kommen, wo er am nächsten Tag ein Flugzeug nehmen sollte. Etwa 250 Kilometer vor Wien zwangen ihn zwei Polizeiautos zum Anhalten: „Acht uniformierte Polizisten sprangen plötzlich heraus und kamen hysterisch schreiend auf mich zu". Dies ist die knappe Zusammenfassung dessen, wie Irving seine Verhaftung erlebte.

Ein Sprecher des österreichischen Innenministeriums, Rudolf Gollia, teilte mit, dass der britische Historiker am 11. November von Beamten der Autobahnpolizei in der Nähe der Stadt Johann in der Heide in der Steiermark verhaftet worden sei. Die internationale Presse berichtete, dass er verhaftet worden war, weil er 16 Jahre zuvor in einem Vortrag im Jahr 1989 den Holocaust geleugnet hatte. Ein Sprecher der Staatsanwaltschaft wurde in den Medien mit den Worten zitiert, dass er im Falle einer Verurteilung zu einer Freiheitsstrafe zwischen einem und zehn Jahren verurteilt werden könne.

Nach dreimonatiger Untersuchungshaft wurde er am 20. Februar 2006 vom Landesgericht Wien zu einer Freiheitsstrafe von drei Jahren verurteilt. In der Anklageschrift führte der Staatsanwalt aus, dass Irving in den beiden öffentlichen Reden im Jahr 1989 gesagt habe, dass „Hitler tatsächlich seine schützende Hand über die Juden gehalten" und die Existenz der Gaskammern geleugnet habe. Der Staatsanwaltschaft zufolge hatte Irving 1989 auch behauptet, dass die Kristallnacht nicht von den Nazis, sondern von als Nazis getarnten Personen verübt wurde.

Fairerweise muss man sagen, dass Irvings Zugeständnisse vor dem Wiener Gericht einige Revisionisten zutiefst enttäuscht haben, die sich eine würdevollere, stoischere Haltung gewünscht hätten. Irving erklärte, er habe seine Meinung über den Holocaust geändert, weil er auf einer Reise nach Argentinien neues Material über Adolf Eichmann gefunden habe. Er erklärte sich bereit, einige seiner Behauptungen zu widerrufen und räumte sogar die Existenz von Gaskammern ein, womit er sich der Geschichtsfälschung schuldig machte. Es scheint, dass er mit dieser Strategie auf einen Freispruch hoffte. Er war so zuversichtlich, dass er sogar im Voraus ein Flugticket zurück nach London gekauft hatte. Die acht Geschworenen waren sich jedoch einig, und in der Urteilsbegründung sagte der Richter Peter Liebetreu: „Das frühere Geständnis erschien uns nicht als Akt der Reue und wurde daher bei der Bemessung des Strafmaßes nicht berücksichtigt". Der Richter fragte ihn, ob er das Urteil verstanden habe. „Da bin ich mir nicht sicher", antwortete er verblüfft. Als er aus dem Gerichtssaal geführt wurde, erklärte er, er sei schockiert über die Härte des Urteils.

Das Berufungsgericht unter dem Vorsitz von Richter Ernest Maurer ließ eine Berufung zu. Am 20. Dezember 2006 stimmte Richter Maurer zu, die ursprüngliche Strafe auf ein Jahr Freiheitsentzug und zwei Jahre Bewährung zu reduzieren. Da Irving bereits dreizehn Monate im Gefängnis verbracht hatte, konnte er entlassen werden. Allerdings blieb ihm die Wiedereinreise nach Österreich verwehrt. Das Urteil löste den Zorn der jüdischen Gemeinde Wiens und des Historischen Dokumentationszentrums des Widerstands aus. Brigitte Bailer, Leiterin des Zentrums, zeigte sich empört. Das Urteil sei „besorgniserregend, weil es ein Zeichen dafür ist, dass es in der österreichischen Justiz Bereiche gibt, die das Verbrechen der Holocaust-Leugnung verharmlosen". Bailer warf Richter Maurer vor, ein Sympathisant der rechtsextremen Partei FPÖ zu sein. Sobald er in England war, bekräftigte Irving seine revisionistischen Positionen und erklärte, dass es „keine Notwendigkeit mehr gäbe, Reue zu zeigen".

So nahm David Irving seine Aktivitäten wieder auf und hielt revisionistische Vorträge in Europa und Amerika. Im Dezember 2007 versuchte die Regierung der Generalitat von Katalonien, eine der geplanten Veranstaltungen in Spanien zu verbieten. Die Mossos d'Esquadra (katalanische Regionalpolizei) durchsuchten und filmten nicht nur die Teilnehmer, um sie einzuschüchtern, sondern beschlagnahmten auch einige Bücher. Der Redner wurde gewarnt, dass er verhaftet werden würde, wenn es Hinweise auf ein Meinungsdelikt gäbe. Angesichts dieser Situation wurde beschlossen, die Konferenz abzubrechen, und David Irving hielt eine Pressekonferenz ab, bei der er ein Alibi für seine Meinungsfreiheit erhielt.

Wir machen in Spanien weiter. Anlässlich des siebzigsten Jahrestags des Ausbruchs des Zweiten Weltkriegs bereitete die Zeitung *El Mundo* 2009 eine Sonderausgabe mit Interviews mit Spezialisten verschiedener Richtungen vor, darunter auch Irving. Der israelische Botschafter in Spanien, Raphael Schutz, forderte in einem Protestschreiben an die Zeitung die Zensur von Irvings Beiträgen. In seiner üblichen Opferhaltung behauptete Schutz, es reiche nicht aus, sich auf das Recht auf „freie Meinungsäußerung" zu berufen. Die Zeitung nannte den Botschafter „unnachgiebig" und erwiderte, dass die Zeitung *El Mundo* den Holocaust nicht leugne, ganz im Gegenteil.

Lassen Sie uns mit einer Anekdote schließen. Im März 2013 wurde David Irvings Einreiseverbot für Deutschland, das bis 2022 gelten sollte, aufgehoben.

Im Juli desselben Jahres versuchte er, ein Zimmer in Berlin zu buchen, weil am 10. September eine Konferenz in der deutschen Hauptstadt stattfinden sollte, bei der die Teilnehmer 119 Dollar Eintritt zahlen mussten. Volker Beck von den Grünen wandte sich an den deutschen Hotelierverband, um Irving zu boykottieren. Auf diese Weise erreichte er, dass sich die führenden Berliner Hotels weigerten, den britischen Revisionisten zu beherbergen, der eigentlich eine andere Unterkunft hätte finden sollen.

Wolfgang Fröhlich, der „Kanarienvogel" singt noch im Käfig

Wolfgang Fröhlich ist auf dem besten Weg, alle Rekorde zu brechen. Er hat bereits neun Jahre seines Lebens im Gefängnis verbracht und verbüßt derzeit weitere fünf Jahre, was vierzehn Jahre Haft für Gedankenverbrechen bedeutet. In einem Artikel, der im Oktober 2015 im *Smith's Report* veröffentlicht wurde, setzte Roberto Hernández Fröhlich mit jenem Kanarienvogel gleich, auf den Professor Faurisson mit seinem bekannten Satz anspielte: „Einen Kanarienvogel in einen Käfig zu sperren, kann ihn nicht davon abhalten, seine Lieder zu singen." Wolfgang Fröhlich ist ein österreichischer Chemieingenieur, der davon überzeugt ist, dass die These von der Vernichtung der Deportierten in Gaskammern wissenschaftlich absurd ist. Fröhlich, unser Käfigkanarienvogel, ist ein Spezialist für Desinfektionsverfahren und den Bau von Gaskammern zur Schädlingsbekämpfung und Beseitigung von Mikroben.

Es wurde bereits erwähnt, dass die freie Meinungsäußerung und die Freiheit insgesamt in Österreich durch ein Gesetz aus dem Jahr 1947, das „Verbotsgesetz", verhindert wird, dessen ursprüngliches Ziel es war, die Existenz von allem zu verhindern, das mit dem Nationalsozialismus in Verbindung gebracht werden könnte. Im Jahr 1992 wurde dieses Gesetz geändert, um die Leugnung des Holocaust und jeden Versuch, die Gräueltaten der Nazis zu verharmlosen, unter Strafe zu stellen. Trotz der neuen Umsetzung des Verbotsgesetzes verschickte Fröhlich in den 1990er Jahren Hunderte von Texten an Anwälte, Richter, Parlamentarier, Journalisten usw., in denen er die angeblichen Gaskammern der Nazis als Lüge anprangerte. Im Jahr 1998 nahm er als Sachverständiger der Verteidigung am Prozess in der Schweiz gegen Jürgen Graf und seinen Verleger Gerhard Förster teil, auf den wir später zurückkommen werden. Nun muss man sagen, dass dem Gericht seine Aussage über die technische Unmöglichkeit von Massenvergasungen gar nicht gefiel, so dass der Staatsanwalt Dominik Aufdenblatten drohte, ihn anzuklagen. Die Passage aus dem Verhör lautet wie folgt:

> „Aufdenblatten: Waren Ihrer Meinung nach Massenvergasungen mit Zyklon B technisch möglich?
> Fröhlich: Nein.
> Aufdenblatten: Warum nicht?
> Fröhlich: Das Pestizid Zyklon B ist Blausäure in Granulatform. Sie wird bei Kontakt mit Luft freigesetzt. Der Siedepunkt von Blausäure liegt bei 25,7 Grad (Celsius), je höher die Temperatur, desto schneller die Verdampfungsrate. Die Entlausungskammern, in denen Zyklon B in den Lagern und anderswo verwendet

wurde, waren auf 30 Grad und mehr aufgeheizt, so dass die Blausäure schnell aus ihren Körnern freigesetzt wurde. In den halb unterirdischen Leichenhallen der Krematorien von Auschwitz-Birkenau, in denen nach Zeugenaussagen Massenvernichtungen mit Zyklon B durchgeführt wurden, waren die Temperaturen jedoch viel niedriger. Wenn man davon ausgeht, dass die Räume durch die Körper der Häftlinge beheizt wurden, hätte die Temperatur selbst im Sommer 15 Grad Celsius nicht überschritten. Folglich hätte es viele Stunden gedauert, bis sich die Blausäure verflüchtigt hätte. Nach Zeugenberichten starben die Opfer schnell. Die Zeugen sprechen von Zeitspannen zwischen „sofort" und „15 Minuten". Um die Häftlinge in so kurzer Zeit zu töten, hätten die Deutschen enorme Mengen von Zyklon B verwenden müssen - ich schätze zwischen 40 und 50 Kilo pro Vergasung. Dies hätte jegliche Arbeit in der Gaskammer völlig unmöglich gemacht. Das Sonderkommando, das nach Zeugenaussagen die Kammern von Leichen befreite, wäre beim Betreten sofort zusammengebrochen, selbst wenn es Gasmasken getragen hätte. Es wären riesige Mengen Blausäure ausgetreten und das ganze Lager wäre vergiftet worden".

Fröhlichs Aussage wurde mit Applaus bedacht, doch Staatsanwalt Aufdenblatten reagierte empört und sagte: „Für diese Aussage bitte ich das Gericht, Sie gemäss nach Artikel 261 wegen Rassendiskriminierung anzuklagen, sonst werde ich es selbst tun." Nach diesen Worten stand Försters Anwalt Jürg Stehrenberger auf und teilte dem Gericht mit, dass er sich angesichts der unerträglichen Einschüchterung des Zeugen aus dem Verfahren zurückziehe. In Begleitung von Grafs Verteidiger verliess er für einige Minuten den Gerichtssaal. Als sie zurückkehrten, äußerten beide ihren vehementen Einwand gegen das Verhalten des Staatsanwalts, kündigten aber an, dass sie ihre Aufgaben als Verteidiger dennoch weiter wahrnehmen würden.

Im Jahr 2001 veröffentlichte Wolfgang Fröhlich *„Die Gaskammer Lüge"*, ein Buch von fast 400 Seiten, das ihm einen Haftbefehl einbrachte und ihn zwang, irgendwo in Österreich unterzutauchen, um nicht gefasst zu werden. In seinem Versteck entwickelte er das Projekt, CDs mit dem Titel *„Gaskammerschwiendel"* zu verschicken, in denen er seine Forschungsergebnisse detailliert darlegte und den Betrug als „psychologischen Terrorismus" bezeichnete. Am 30. Mai 2003 schrieb er in einem Brief, dass es ihm gut gehe und er sein Projekt, CDs an Menschen aus dem gesamten Spektrum der österreichischen Gesellschaft zu verschicken, eifrig fortsetzen werde. Bislang habe er rund 800 CDs verschickt, in der Hoffnung, mit seiner Aktion das Ende der „Holocaust-Geschichte von der Vergasung von Millionen von Juden" zu beschleunigen. Fröhlich sah darin einen beispiellosen historischen Betrug an einem ganzen Volk („Volksbetrug"). Am Samstag, den 21. Juni 2003, wurde Fröhlich schließlich verhaftet und in Wien inhaftiert. Anfang 2004 wurde er wegen Verstoßes gegen das Verbotsgesetz zu einer dreijährigen Haftstrafe verurteilt, von der er zwei Jahre auf Bewährung verbrachte. Als er am 9. Juni 2004 aus der Haft entlassen wurde, fand er sich arbeitslos und ohne Mittel wieder.

Während er auf Bewährung war, wurde im Juni 2005 eine neue Anklage gegen ihn erhoben, weil er die 800 CDs herausgegeben hatte, die die absolute Unmöglichkeit der Vergasungen bewiesen. Er musste ins Gefängnis zurückkehren, wo er auf seine erneute Verhandlung wartete. Am 29. August 2005 verurteilte Richterin Claudia Bandion-Ortner Frölich zu zwei Jahren Haft und hob die Aussetzung der vorherigen Strafe auf, so dass Frölich insgesamt vier Jahre inhaftiert war. Glücklicherweise war seine Berufung vor dem Obersten Gerichtshof erfolgreich, so dass seine Strafe um 29 Monate herabgesetzt wurde und er erneut vorläufig entlassen wurde. Im Dezember 2006, gerade aus dem Gefängnis entlassen, nahm Wolfgang Fröhlich an der Internationalen Holocaust-Konferenz in Teheran teil, hielt aber keine Rede, so dass er trotz der Anschuldigungen und des Drucks auf die österreichischen Behörden nicht wegen seiner Reise in den Iran angeklagt wurde.

Während seiner Bewährung forderte der unermüdliche Wolfgang Fröhlich einen Abgeordneten und die Landeshauptleute auf, das Verbotsgesetz abzuschaffen. Aus diesem Grund wurde er Ende Juli/Anfang August 2007 erneut verhaftet und in die Haftanstalt zurückgebracht, wo er bis zu einer neuen Verhandlung blieb. Richterin Martina Spreitzer-Kropiunik vom Landesgericht Wien sprach ihn am 14. Jänner 2008 schuldig und verurteilte ihn zu einer Freiheitsstrafe von vier Jahren, die zu den vom Obersten Gerichtshof aufgehobenen 29 Monaten hinzukommt. Er wurde somit wegen einfacher Meinungsdelikte zu einer Gesamtfreiheitsstrafe von sechs Jahren und vier Monaten verurteilt.

Als politischer Gefangener inhaftiert, schrieb Fröhlich, der „Kanarienvogel", der nicht aufhören kann zu singen, an Barbara Prammer vom SPÖ-Nationalrat, Kardinal Chistoph Schönborn und andere, um seine These zu erläutern, dass die Vernichtung von Millionen von Juden in den Gaskammern technisch unmöglich ist und dass der Tod von sechs Millionen Juden „die grausamste Lüge in der Geschichte der Menschheit" ist. Wolfgang Fröhlichs unbändiger Gesang führte zu einer neuen Anklage gegen ihn: Am 4. Oktober 2010 wurde er zu zwei weiteren Jahren Gefängnis verurteilt. Und so geht es weiter und weiter. Ein halbes Jahr vor seiner Entlassung, am 9. Juli 2015, verurteilte ihn das Bezirksgericht Krems unter Vorsitz von Richter Dr. Gerhard Wittmann zu einer weiteren dreijährigen Haftstrafe. Diesmal hatte Staatsanwältin Elisabeth Sebek Anklage gegen ihn erhoben, weil er Briefe an den österreichischen Bundeskanzler Werner Faymann, einen katholischen Sozialdemokraten, das Nachrichtenmagazin *Profil* und andere einflussreiche Personen geschickt hatte. In diesen Briefen hatte er sich erneut zum Holocaust geäußert.

Das letzte, was wir von Wolfgang Fröhlich gehört haben, ist, dass er am 25. November 2015 ein Aufforderungsschreiben an den Menschenrechtsausschuss der Vereinten Nationen und die Europäische Menschenrechtskonvention geschickt hat. Da sowohl Robert Faurisson als auch Ernst Zündel sich erfolglos an internationale Gremien gewandt haben, der erste, um das Gayssot-Gesetz anzuprangern, und der zweite, um die Verletzung seiner Rechte anzuprangern, ist es unwahrscheinlich, dass Fröhlich irgendeinen Schutz erhalten wird. Die verborgene Tyrannei der globalen Macht erlaubt nicht das geringste Zugeständnis, wenn es um Revisionisten geht, die versuchen, den Betrug zu entlarven. In jedem Fall werden wir den Text als eine Hommage an diesen ehrlichen österreichischen Ingenieur aufnehmen, der alles versucht und alles verloren hat:

„Meine Damen und Herren,
Ich formuliere hiermit eine
ANFORDERUNG
damit meine Menschenrechtsbeschwerde Nr. 56264/09 gegen die Republik Österreich, die durch die Kriminalisierung meiner Meinung meine Grundrechte, insbesondere die Freiheit der wissenschaftlichen Forschung, angreift, erneut geprüft wird und der Gerechtigkeit Genüge getan wird!
Ich hatte mich bereits als Beschwerdeführer gegen mehrere Verurteilungen durch das Strafgericht Wien an den EGMR gewandt, nur weil ich von meiner Meinungsfreiheit Gebrauch gemacht hatte. Mit Schreiben vom 15. Mai 2012 (GZ ECHR LGer11.2R), wurde diese Beschwerde als unzulässig abgewiesen!
Aus der Presse habe ich kürzlich erfahren, dass der EGMR seine Rechtsauffassung bezüglich der menschenrechtlichen Garantien für die Meinungsfreiheit inzwischen geändert hat. Im Oktober 2015 wurde ein türkischer Politiker, der in der Schweiz wegen seiner öffentlichen Meinungsäußerung verurteilt worden war, vom EGMR letztlich von allen Vorwürfen freigesprochen und die Schweiz wegen Menschenrechtsverletzungen verurteilt. Auf diese Angelegenheit beziehe ich mich in meinem Schreiben vom 13. Juli 2015 an den Ministerrat der Republik Österreich, das Sie in Anlage Nr. 1 finden.
Um meine Frage zusammenzufassen: Ich bin in Österreich seit mehr als zehn Jahren für ein und dasselbe „Verbrechen" inhaftiert! Am 9. Juli 2015 wurde ich vom Gericht in Krems zu weiteren drei Jahren Gefängnis verurteilt, weil ich das Grundrecht auf freie Meinungsäußerung beharrlich verteidige! Ich beziehe mich auf diese Angelegenheit in einem Brief vom 13. Juli 2015 an den österreichischen Justizminister, Herrn Wolfgang Brandstetter, den Sie im beigefügten Dokument Nr. 2 finden.
Da die Republik Österreich in Bezug auf die Menschenrechte an dieselben Rechtsnormen (UNO-KRK und EMRK) gebunden ist wie die Schweiz, beantrage ich, dass mein Antrag Nr. 56264/09 geprüft wird.

Mit herzlichen Grüßen,

Wolfgang Fröhlich".

4. Hauptopfer der Verfolgung in der Verfolgung in der Schweiz:

Jürgen Graf und Gerhard Förster für das Schreiben und Veröffentlichen von Büchern verurteilt

Der 1951 geborene Jürgen Graf, der zunächst mit der palästinensischen Sache sympathisierte und folglich den Zionismus wegen seiner Verbrechen ablehnte, hatte bis 1991 keinen Zweifel daran, dass die Nazis die Juden in Gaskammern vernichtet hatten. Dann lernte er Arthur Vogt (1917-2003) kennen, der als erster Schweizer Revisionist gilt und ihm eine Reihe von Büchern zur Verfügung stellte, die ihm die Augen öffneten und seine Gedanken klärten. Von da an „beschloss ich, mein Leben dem Kampf gegen den ungeheuerlichsten Betrug zu widmen, der je von menschlichen Köpfen ersonnen wurde", bekennt Graf. Die Lektüre der revisionistischen Texte wirkte so tiefgreifend, dass er im März 1992 Professor Robert Faurisson in Vichy besuchte, der sein Anfang 1993 erschienenes Buch *Der Holocaust auf dem Prüfstand* korrigierte.

Jürgen Graf, der französische, englische und skandinavische Philologie studiert hat, spricht mehr als zehn Sprachen. Aufgrund seiner ersten revisionistischen Publikation wurde er im März 1993 als Lehrer für Latein und Französisch entlassen, die Sprachen, die er an einem Gymnasium in Therwill, einer Stadt bei Basel, unterrichtete. Einen Monat später lernte er den Verleger Gerhard Förster kennen, dessen Vater, ein gebürtiger Schlesier, bei der brutalen ethnischen Säuberung von Millionen von Ostdeutschen ums Leben gekommen war. Im September 1993 besuchte Graf den in der Nähe von Rom lebenden Carlo Mattogno, der ihm wertvolles Material in polnischer Sprache zur Verfügung stellte, das er seit einem Jahrzehnt studierte und erforschte. Von diesem ersten Besuch an begann eine enge Zusammenarbeit und eine tiefe Freundschaft zwischen den beiden, da Graf zum Übersetzer zahlreicher Schriften des italienischen Revisionisten wurde. In der Folgezeit unternahmen sie ein halbes Dutzend gemeinsamer Forschungsreisen (Polen, Russland, Litauen, Belgien, Holland), aus denen mehrere Bücher hervorgingen, die sie schließlich gemeinsam unterzeichneten. Im September 1994 flog Graf nach Kalifornien, um an einer vom Institute for Historical Review organisierten revisionistischen Konferenz teilzunehmen. Dort traf er Mark Weber, den Direktor des IHR, Ernst Zündel, Bradley Smith und andere Revisionisten. Im Oktober 1994 erhielt er eine neue Stelle als Deutschlehrer in Basel; er wurde jedoch 1998 entlassen, nach dem Prozess in Baden, auf den nach dieser kurzen Einführung in den folgenden Zeilen eingegangen werden soll.

Da wir Jürgen Graf in dieser Arbeit durchgehend als Quelle zitiert haben, sollte uns sein Name inzwischen bekannt sein. Die Zusammenarbeit mit dem italienischen Revisionisten Carlo Mattogno führte, wie sagte, zu wichtigen Arbeiten über die Durchgangslager in Ostpolen, die durch die Propaganda zu Vernichtungslagern gemacht wurden. *Treblinka: Vernichtungslager oder Durchgangslager?* ist eine unserer Hauptquellen bei der Untersuchung der

Lager der so genannten „Aktion Reinhard" gewesen. Als Graf 1998 verurteilt wurde, geschah dies jedoch wegen seiner frühen Werke, von denen wir *El Holocausto bajo la Lupa*, eine englische Ausgabe von *Der Holocaust auf dem Prüfstand*, eines der vier Bücher, die zu seiner Verurteilung führten, verwendet haben. Das fünfköpfige Gericht stand unter dem Vorsitz von Richterin Andrea Staubli, die in ihrer Urteilsbegründung die Argumente der Angeklagten bezüglich des wissenschaftlichen Inhalts der Bücher zurückwies, die das Gericht als „zynisch und unmenschlich" bezeichnete.

Jürgen Graf ist, gemessen an der Bedeutung seiner Arbeiten und Forschungen sowie an der Zahl der von ihm veröffentlichten Bücher, der wichtigste in der Schweiz verurteilte Revisionist. Er und sein Verleger Gerhard Förster wurden am 21. Juli 1998 zu fünfzehn bzw. zwölf Monaten Gefängnis verurteilt, weil sie ein angeblich antijüdisches Buch geschrieben und das andere veröffentlicht hatten, das zur „Rassendiskriminierung" aufrief. Das „Antirassismusgesetz", das die Strafverfolgung ermöglichte, war am 1. Januar 1995 auf Antrag der jüdischen Gemeinde in der Schweiz erlassen worden. Es verbot nicht näher bezeichnete Straftaten wie die „Leugnung oder Verharmlosung von Völkermord oder anderen Verbrechen gegen die Menschlichkeit". Gerhard Förster wurde für schuldig befunden, die Schriften von Graf und zwei weiteren Autoren veröffentlicht zu haben. Jürgen Graf wurde außerdem für schuldig befunden, „rassistische" CDs für Ahmed Rami nach Schweden und für Ernst Zündel nach Kanada geschickt zu haben, die dieser über das Internet verbreitete. Das Gericht in der nordschweizerischen Stadt Baden verurteilte die beiden zu einer Geldstrafe von je 8.000 CHF und ordnete die Rückgabe der 55.000 CHF an, die sie mit dem Verkauf der Bücher verdient hatten, wovon 45.000 CHF an Förster und 10.000 CHF an Graf gingen.

Das Journal of Hisorical Review veröffentlichte in seiner Ausgabe Juli/August 1998 eine ausführliche Zusammenfassung des Prozesses, der am 16. Juli begann. Dieser Quelle zufolge waren alle sechzig Plätze im Gerichtssaal mit Graf- und Förster-Sympathisanten besetzt. Zu Beginn verweigerte das Gericht Robert Faurisson, dessen Gelehrsamkeit bereits überall gefürchtet war, die Teilnahme an der Verhandlung. Stattdessen akzeptierte es die Aussage des weniger bekannten Wolfgang Fröhlich, die wir oben in Auszügen wiedergegeben haben. Jürgen Grafs Zeugenaussage dauerte etwa zwei Stunden und war durch eine energische Verteidigung der Ansichten und Argumente seiner Bücher gekennzeichnet. Es ist von Interesse, einige der Fragen und Antworten aus dem Kreuzverhör zu zitieren. Auf die Frage von Richter Staubli, ob es einen Holocaust gegeben habe oder nicht, antwortete Graf:

> „Es ist eine Frage der Definition. Wenn mit Holocaust eine brutale Verfolgung von Juden, Massendeportationen in Lager und der Tod vieler Juden durch Krankheit, Erschöpfung und Unterernährung gemeint ist, dann ist er natürlich eine historische Tatsache. Aber der griechische Begriff 'Holocaust' bedeutet 'völlig verbrannt' oder 'Feueropfer' und wird von orthodoxen Historikern für die angebliche Massenvergasung und Verbrennung von Juden in 'Vernichtungslagern' verwendet. Das ist ein Mythos."

Die Richterin versuchte daraufhin, Graf zur Tatsache zu befragen, dass er kein qualifizierter Historiker sei. Sie warf ihm dann vor, dass er sich nicht darum kümmere, Juden mit seinen Büchern zu beleidigen. In seiner Erwiderung führte Graf Beispiele von Straftaten gegen Schweizer an, ohne dass sich jemand daran gestört hätte. „Warum werden immer nur die Gefühle von Juden berücksichtigt und nie die Gefühle von Nicht-Juden? Der Richter erinnerte ihn daran, dass das Antirassismusgesetz in einer demokratischen Volksabstimmung verabschiedet wurde. „Sollten Sie das nicht respektieren?". Antwort:

> „Damals wurde den Menschen vorgegaukelt, das Gesetz diene dem Schutz von Ausländern vor rassistischer Gewalt. In Wirklichkeit dient es ausschließlich dazu, Juden vor jeglicher Kritik zu schützen. Dies ist in der Broschüre 'Abschied von Rechtsstaat', zu der ich zwei kurze Aufsätze beigesteuert habe, unwiderlegbar nachgewiesen. Bis heute wurde kein einziger Schweizer Bürger angeklagt, weil er einen Schwarzen, einen Araber oder einen Türken kritisiert hat. Nur Personen, die Juden kritisiert haben, wurden angeklagt und verurteilt".

Die Staatsanwaltschaft, vertreten durch Staatsanwalt Aufdenblatten, war in ihren Schlussfolgerungen sehr hart und verwendete Ausdrücke wie „pseudowissenschaftlich", „antisemitische Hetze" und „rassistische Propaganda", um auf die „kriminellen Bücher" hinzuweisen. Er kam zu dem Schluss, dass Grafs Schriften die Flammen des Antisemitismus und des Hasses schürten und nicht die Wahrheit suchten, sondern sie verzerrten. Der Staatsanwalt betonte, dass Graf keine Reue zeige, dass er seine revisionistischen Ansichten bekräftige und dass es unwahrscheinlich sei, dass er sie ändern werde. Er forderte daher das Gericht auf, weder für Graf noch für Förster eine Bewährungsstrafe in Betracht zu ziehen, da dieser ebenso unvernünftig sei wie sein Kollege. Der schlechte Gesundheitszustand des Publizisten sei kein Grund für Nachsicht, da nicht das Gericht, sondern die Ärzte zu entscheiden hätten, ob er zu krank sei, um ins Gefängnis zu gehen. Gerhard Förster starb im September 1998, neun Wochen nach dem Prozess.

Nach den letzten Wortmeldungen von Jürg Stehrenberger und Urs Oswald, den Anwälten von Förster und Graf, gab Richter Staubli Graf zehn Minuten Zeit für eine abschließende Erklärung, sofern diese sich auf relevante Fragen im Zusammenhang mit dem Prozess beschränken würde. Nachdem er sich für diese Geste bedankt hatte, betonte Jürgen Graf, dass die Revisionisten nach der Wahrheit suchten: „Wir versuchen, der historischen Wahrheit so nahe wie möglich zu kommen. Dass wir auf unsere Fehler hingewiesen werden, das wollen wir. Es gibt in der Tat Fehler in meinen Büchern, aber wissen Sie, wer sie mir aufgezeigt hat? Andere Revisionisten! Auf der anderen Seite hat die nur mit Beleidigungen, Verleumdungen, Drohungen, rechtlichen Schritten und Klagen reagiert." Was seine mögliche Verurteilung betrifft, so teilte er dem Gericht mit, dass seit Anfang des 19. Jahrhunderts in der Schweiz niemand mehr für die gewaltfreie Äußerung seiner Meinung inhaftiert worden sei.

> Wollen Sie, meine Damen und Herren Richter", appellierte er an die Richter, „diese Tradition an der Schwelle zum 21. Und wenn Sie darauf bestehen, einen

von uns ins Gefängnis zu stecken, dann schauen Sie bitte auf mich und nicht auf Herrn Förster, der sterbenskrank ist! Indem Sie mich ins Gefängnis stecken, werden Sie mich nicht demütigen. Wenn Sie das tun, demütigen Sie das ganze Land, die Schweiz. Eine Schweiz, in der das Recht auf freie Meinungsäußerung abgeschafft worden ist. Eine Schweiz, in der eine Minderheit von 0,6 Prozent der Bevölkerung bestimmen darf, was man schreiben, lesen, sagen oder denken darf, ist eine tote Schweiz."

Die Tatsache, dass einige der Bücher, für die Graf und Förster angeklagt waren, vor dem Inkrafttreten des Gesetzes von 1995 veröffentlicht worden waren, wurde nicht als mildernder Umstand gewertet. Das Urteil wurde natürlich von Dr. Urs Oswald, Grafs Anwalt, angefochten. Am 23. Juni 1999 bestätigte das Aargauer Kantonsgericht das Urteil, woraufhin eine Berufung an eine höhere Instanz, das Bundesgericht in Lausanne, eingelegt wurde. Die Schweizer Organisation „Verité et Justice", die von René-Louis Berclaz, Philippe Brennenstuhl und Graf selbst geleitet wird und sich für die Wiederherstellung der geistigen Freiheit in der Schweiz einsetzt, veröffentlichte die Dokumentation des Prozesses unter dem Titel *Ein politischer Prozess gegen Escaner. Der Fall Jürgen Graf*, ein Bericht, der in mehrere Sprachen übersetzt wurde. Im April 2000 erfuhr Graf, dass seine Berufung abgelehnt worden war und er am 2. Oktober ins Gefängnis kommen sollte.

Zu dieser Zeit war er bereits mit Olga Stepanowa, einer weißrussischen Historikerin aus Minsk, verlobt. Die beiden beschlossen, dass sie nicht so lange getrennt sein wollten, und Graf entschied sich für das Exil. Am 15. August 2000, seinem 49. Geburtstag, wanderte er in den Iran aus, wo er bis April 2001 lebte. Für einen Polyglotten wie ihn war das Farsi-Studium während der Monate in Teheran ein Zeitvertreib. Von dort zog er schließlich nach Russland, wo er sich nach seiner Heirat mit Olga niederließ. Seit 2002 leben Graf und seine Frau in Russland, wo er seinen Lebensunterhalt mit der Übersetzung von Texten aus dem Englischen, Russischen und anderen europäischen Sprachen ins Deutsche verdient. Neben seinen Bemühungen, die Holocaust-Religion, die Lüge, die die Welt vergiftet, anzuprangern, veröffentlicht er weiterhin Bücher: *Sobibor. Holocaust-Propaganda und Wirklichkeit*, erschienen im Castle Hill Publisher, dem Verlag von Germar Rudolf, ist eines der jüngsten Bücher.

Gaston-Armand Amaudruz, ein Jahr Gefängnis für einen Achtzigjährigen

Der in Lausanne geborene Gaston-Armand Amaudruz gründete und veröffentlichte 1946 den *Courrier du Continent*, ein in französischer Sprache verfasstes Mitteilungsblatt. Amaudruz war erst 28 Jahre alt, als er in seinem Buch *Ubu Justicier au Premier Procés de Nuremberg* (1949) die Behauptungen über die mörderischen Gaskammern anzweifelte. Er kann daher als einer der ersten Revisionisten bezeichnet werden. Amaudruz schrieb, dass „der Nürnberger Prozess ihn erkennen ließ, dass der Sieg der Alliierten der Sieg der Dekadenz war". Amaudruz, der 1951 in der Schweiz die „Neue Europäische Ordnung", eine nationalistische, antikapitalistische und antikommunistische

Organisation, gründete, sympathisierte mit prominenten Schweizern wie dem in Lausanne geborenen François Genoud, dem Schweizer Finanzier, der sein Leben lang überzeugter Nationalsozialist gewesen war. Als engagierter Verfechter der palästinensischen Sache und großer Förderer der PLO gründete Genoud 1958 die Arabische Handelsbank in Genf. Nicht umsonst war er unter den Arabern als „Scheich François" bekannt[19]. Genoud beschrieb Gaston-Armand Amaudruz als „einen integren, rassistischen, uneigennützigen Mann, einen Mann der Vergangenheit".

Gaston-Armand Amaudruz wurde wegen zweier Artikel denunziert, die 1995 im *Courrier du Continent* veröffentlicht wurden. In einem dieser Artikel hatte er geschrieben: „Ich für meinen Teil bleibe bei meinem Standpunkt. Ich glaube nicht an die Gaskammern. Lassen Sie die Vernichter den Beweis vorlegen, und ich werde an sie glauben. Aber da ich seit Jahrzehnten auf diesen Beweis warte, glaube ich nicht, dass ich ihn in nächster Zeit sehen werde." Der Prozess gegen ihn folgte demjenigen gegen Jürgen Graf, der mit Amaudruz persönlich befreundet war und die ihm von Richter Staubli zugestandenen zehn Minuten nutzte, um am Ende seiner Rede die Figur seines Freundes vor dem Gericht in Baden zu rechtfertigen:

> „Ich möchte meine Ausführungen mit dem Zitat eines Westschweizer Freundes, Gaston-Armand Amaudruz, schließen, **gegen** den in Lausanne ein ähnlicher Prozess wie hier gegen Förster und mich vorbereitet wird. In, Nummer 371 seines Bulletins *Courrier du Continent*, schreibt Amaudruz: „Wie in den alten historischen Zeiten ist der Versuch, ein Dogma mit Gewalt durchzusetzen, ein Zeichen von Schwäche. Die Ausrottungstherapeuten können durch Gesetze, die die Meinungsfreiheit einschränken, Prozesse gewinnen. Aber sie werden das endgültige Urteil vor dem Gericht der künftigen Generationen verlieren.

Kurz vor Beginn seines Prozesses, im April 2000, schrieb Amaudruz in der Ausgabe 418 seines Bulletins einen absichtlich provokativen Artikel mit dem Titel „Es lebe der Revisionismus! Darin prangerte er erneut das unantastbare Dogma vom Holocaust an, das der Menschheit aufgezwungen wurde, erklärte, er sei bereit, sich einem Amtsenthebungsverfahren zu stellen, und verkündete:

---

[19] Es gibt nur wenige Menschen, die so außergewöhnlich und so wenig bekannt sind wie François Genoud. Die Biographien, die über ihn geschrieben wurden, stellen ihn nicht angemessen dar, weil ihre Autoren wenig Mut und/oder zu viel Sorge um politische Korrektheit zeigen. Genoud war nicht nur Bankier und Publizist, sondern auch ein bedeutender internationaler Stratege, der sich mit aller Kraft gegen die Neue Weltordnung stellte. Nach dem Krieg spielte er eine wichtige Rolle bei der Rettung antikommunistischer und nationalistischer Flüchtlinge, die vor der Rache der Judäokommunisten flohen, die halb Europa übernommen hatten. Bereits 1936 schloss François Genoud eine lebenslange Freundschaft mit dem Großmufti von Jerusalem, dem geistlichen Oberhaupt der Muslime in Palästina. Mit der Gründung der Arabischen Handelsbank stellte er sich in den finanziellen Dienst der arabischen Nationalisten, die sich um ihre Unabhängigkeit vom Finanzimperium der Rothschilds bemühten. Dieser außergewöhnliche Mann mit privilegierter Intelligenz kämpfte bis zum Schluss gegen den internationalen Zionismus und das globale Imperium.

„Ich gehorche lieber meinem Gewissen als einem unmoralischen und kriminellen Gesetz. Ich stehe zu meinen Überzeugungen. Es lebe der Revisionismus!" Nach den langen Ermittlungen begann der Prozess am 8. April 2000, und das Urteil wurde am 10. April 2000 verkündet. Das Gericht verurteilte den Angeklagten zu einem Jahr Gefängnis, weil er die Existenz von Gaskammern in deutschen Konzentrationslagern während des Zweiten Weltkriegs „geleugnet" hatte. Der 79-jährige pensionierte Publizist und Professor wurde für schuldig befunden, gegen das Antirassismusgesetz verstoßen zu haben, das es unter Strafe stellt, „Völkermord oder andere Verbrechen gegen die Menschlichkeit zu leugnen, grob zu verharmlosen oder zu versuchen, sie zu rechtfertigen". Zusätzlich zu der einjährigen Haftstrafe verurteilte das Lausanner Gericht Amaudruz zur Zahlung von je 1000 Schweizer Franken an den Schweizerischen Israelitischen Gemeindebund, die LICRA in Paris, die Vereinigung der Söhne und Töchter jüdischer Deportierter in Frankreich und einen jüdischen KZ-Überlebenden. Die Kosten des Prozesses und die Veröffentlichung des Urteils in drei Zeitungen und einem Amtsblatt gingen ebenfalls zu Lasten des Verurteilten.

Nach dem Prozess schilderte Gaston-Armand Amaudruz seine gerichtlichen Erfahrungen in einem Buch, das auch die Berichte der Angeklagten enthält. Im September 2000 veröffentlichte die Zeitschrift „Verité et Justice" den Text in der dritten Ausgabe ihres Bulletins unter dem Titel *Der Amaudruz-Prozess. Eine juristische Farce*. Auf diese Weise trug die Organisation dazu bei, die Grausamkeiten des Prozesses gegen einen 79-jährigen Dissidenten publik zu machen. Die Behörden sahen darin einen erneuten Verstoß gegen das Antirassismusgesetz und verklagten Amaudruz sowie René-Louis Berclaz und Philippe Georges Brennenstuhl, die zusammen mit Jürgen Graf die Organisation „Verité et Justice" gegründet hatten. Im März 2002 wurde „Verité et Justice" per Gerichtsbeschluss aufgelöst. Am 22. Mai 2002 verurteilte das Strafgericht Veveyse im Kanton Freiburg Amaudruz und Brennenstuhl zu drei Monaten Haft und Berclaz zu acht Monaten Haft.

In der Zwischenzeit hatte ein Berufungsgericht das Urteil vom April 2000 gegen Gaston-Armand Amaudruz, der im Januar 2003 im Alter von 82 Jahren und bei bereits sehr schlechtem Gesundheitszustand in das Gefängnis von Plaine de l'Orbe im Kanton Waadt eingeliefert wurde, um die von der Schweizer Justiz verhängte Strafe zu verbüßen, auf drei Monate reduziert.

5. Hauptopfer der Verfolgung in Verfolgung in Belgien und den Niederlanden:

Siegfried Verbeke, hartnäckiger Kämpfer für das Recht auf freie Meinungsäußerung

Der Belgier flämischer Abstammung Siegfried Verbeke ist einer der bekanntesten Revisionisten in Europa. Er und sein Bruder Herbert gründeten 1983 den bereits erwähnten *Vrij Historisch Onderzook (Freie Historische Forschung)*, bekannt unter dem Kürzel VHO, der sich im Laufe der Jahre zu Europas führendem Zentrum für die Veröffentlichung von Texten entwickelte, die die offizielle Geschichtsschreibung und das Holocaust-Dogma kritisieren. Eine ganze Reihe von Büchern, Broschüren, Faltblättern und Artikeln in englischer, niederländischer, französischer und deutscher Sprache wurden von der VHO veröffentlicht, die eine Zeit lang auch einen Newsletter herausgab. Seit 1991, als Verbeke und Faurisson eine 125-seitige Broschüre über das gefälschte Tagebuch der Anne Frank veröffentlichten, wurde eine Verfolgung entfesselt, die im Laufe der Zeit immer mehr zunahm. Staatliche Institutionen haben mit der üblichen Unterstützung der üblichen zionistischen Organisationen Verbecke unerbittlich schikaniert, der immer wieder zu Gefängnisstrafen und Geldstrafen verurteilt wurde, weil er politisch anders dachte und sich stets friedlich äußerte. Darüber hinaus haben die belgischen Behörden über Jahre hinweg tonnenweise Bücher und andere von Verbeke verfasste Texte beschlagnahmt und systematisch vernichtet.

Die erste Strafe, die ein belgisches Gericht gegen Siegfried Verbeke verhängte, stammt aus dem Jahr 1992: Wegen der Verbreitung von Schriften, die den Holocaust in Frage stellen, wurde er zu einem Jahr Gefängnis verurteilt. Glücklicherweise wurde seine Haftstrafe zur Bewährung ausgesetzt, aber er verlor für zehn Jahre seine Bürgerrechte und sein Wahlrecht. Dennoch setzten jüdische Lobbys die Schikanen fort, und 1992 schlossen sich die Freimaurerloge B'nai B'rith, das Israelische Informations- und Dokumentationszentrum und die Anne-Frank-Stiftung dem Nationalen Amt für Rassismusbekämpfung an und reichten eine Zivilklage gegen Verbeke wegen der Veröffentlichung von Materialien, darunter auch des *Leuchter-Berichts*, ein. Ende des Jahres verurteilte ein niederländisches Gericht Verbeke zur Zahlung von 10.000 Gulden für jeden der Texte. 1993 verklagten die Anne-Frank-Stiftung in den Niederlanden und der Anne-Frank-Fonds in der Schweiz Verbeke, Faurisson und einen Kollegen von ihnen bei der VHO wegen der Veröffentlichung der Broschüre über das Tagebuch von Anne Frank. In der Anklageschrift wurde darauf hingewiesen, dass „Anne Frank jahrelang ein Symbol für die jüdischen Opfer des Holocausts war und ihr Name und ihr Tagebuch daher einen zusätzlichen Wert erhalten hatten".

Während die Schweiz 1995 das Antirassismusgesetz verabschiedete, gab das belgische Parlament im selben Jahr grünes Licht für ein neues antirevisionistisches Gesetz, das die Infragestellung der offiziellen Version des

Holocausts unter Strafe stellte. Nach dem neuen Gesetz wurde das Leugnen, Verharmlosen oder der Versuch, den Völkermord des nationalsozialistischen Regimes zu rechtfertigen, mit bis zu einem Jahr Haft und einer Geldstrafe geahndet. Es handelte sich um ein Gesetz gegen die freie Meinungsäußerung, das den bereits in Frankreich und Österreich geltenden Gesetzen sehr ähnlich war. Dies zeigte, dass die Offensive gegen den Revisionismus hinter den Kulissen von den verborgenen Kräften vorangetrieben wurde, die die nach dem Weltkrieg geborenen Marionetten-"Demokratien" in ihrem Bann halten. Tatsächlich hatte der *Jewish Chronicle* (London) bereits am 23. April 1982 berichtet, dass das Institute of Jewish Affairs in London, ein Zweig des Jüdischen Weltkongresses, eine Kampagne ankündigte, um Druck auf die Regierungen auszuüben und sie zu überzeugen, die „Holocaust-Leugnung" zu verbieten. Die in mehreren europäischen Ländern eingeführten Gesetze gegen revisionistische Gedankenverbrechen spiegeln den Erfolg dieser Initiative wider.

1996 begann Siegfried Verbeke, mit einem deutschen revisionistischen Publizisten zusammenzuarbeiten, um eine deutschsprachige Abteilung der *VHO* zu gründen, die von Germar Rudolf geleitet wurde. Im September 1997 stellte Germar Rudolf die Website vho.org ins Internet, die sich zur größten revisionistischen Website der Welt entwickelte. Am 6. November 1997 verteilte Verbeke im Rahmen einer Diskussionsrunde in Antwerpen (Belgien) Hunderte von Exemplaren einer von ihm, *Goldhagen und Spielberg Lies* verfassten revisionistischen Broschüre, die sehr gut aufgenommen wurde, an das Publikum[20]. Diese Aktion, die auf die Veröffentlichung von *VHO* im Internet folgte, war der Tropfen, der das Fass zum Überlaufen brachte. In einem Artikel aus dem Jahr 2004 wies Germar Rudolf selbst auf „den bekannten belgischen Hexenjäger Johan Leman" hin, der angeblich im Publikum in Antwerpen saß, als die Person, die Druck auf die belgische Regierung ausübte, um gegen Verbeke vorzugehen. Am 21. und 29. November 1997 sowie am 7. Januar 1998 fanden eine Reihe von Durchsuchungen in vier seiner Geschäftsräume statt. Dabei wurden große Mengen an Büchern und Dokumenten beschlagnahmt und die Lagerhäuser versiegelt. Auf der Grundlage dieser Erfahrungen wurde die deutsche Abteilung der *VHO* Anfang 1998 unabhängig. Um der Strafverfolgung zu entgehen, übernahm Castle Hill Publishers, Germar Rudolfs Verlag in England, die Herausgabe der deutschen Texte. 1998 erstattete die Frankfurter Staatsanwaltschaft Strafanzeige gegen Siegfried Verbeke. Die Initiative dazu war von Ignatz Bubis, dem Vorsitzenden des Zentralrats der Juden in Deutschland, ausgegangen. Anlass war die Verteilung von Zehntausenden von Exemplaren der deutschen Fassung von *Goldhagens und Spielbergs Lügen* an deutsche Haushalte. Die Broschüre wurde auf Anordnung eines Münchner Gerichts beschlagnahmt und vernichtet. Das Gerichtsverfahren dauerte zwei Jahre.

---

[20] Daniel Goldhagen, dessen Vater einer der zahllosen „Holocaust"-Überlebenden war, hatte 1996 *Hitlers Willing Executioners* veröffentlicht, ein Werk, in dem er alle Deutschen kriminalisiert, die nach Ansicht dieses amerikanischen Juden nicht nur von der Ausrottung wussten, sondern sie auch unterstützten. Zu Steven Spielberg und seiner „*Schindler's List*" bedarf es unseres keines Kommentars.

Am 27. April 2000 verbot das Amsterdamer Berufungsgericht *der VHO* schließlich, die Broschüre von Verbeke und Faurisson, in der die Echtheit des angeblichen Tagebuchs von Anne Frank in Frage gestellt wurde, weiterhin zu veröffentlichen und zu vertreiben. Im Mai 2001 ordnete das belgische Kulturministerium an, dass alle belgischen Buchhandlungen die Werke von Verbeke aus ihren Regalen entfernen müssen. So wurden alle revisionistischen Texte aus den Geschäften entfernt und diskret vernichtet. Mit diesem unsäglichen Frevel an der Meinungsfreiheit erreichte das Epos dieses unsäglichen Publizisten seinen Höhepunkt.

Im Laufe des Jahres 2002 wurde das Haus von Verbeke wiederholt von der belgischen Polizei durchsucht. Am 12. Februar 2002 wurde *Vrij Historisch Onderzook* von den belgischen Behörden offiziell verboten und sein Postfach vorübergehend beschlagnahmt. Die Räumlichkeiten des Verlegers wurden erneut durchsucht und er wurde während der vierundzwanzig Stunden, die er unter Arrest stand, intensiven Verhören unterzogen. In den folgenden Monaten wurden die Lagerräume, in denen Verbeke seine Materialien aufbewahrte, ständig von der Polizei aufgesucht. Infolgedessen beschloss Siegfried Verbeke, sich neu zu organisieren. Nachdem er neue Postfächer übernommen hatte, benannte er seine Stiftung in *Vogelvrij Historisch Onderzook* (*Verbotene Historische Forschung*) um. Die französische Sektion oder Abteilung wurde unabhängig und hieß nun *Vision Historique Objective*. Monate später wurde die Beschlagnahmung des ehemaligen Postfachs aufgehoben, und die Organisation von Siegfried Verbeke erhielt ihren ursprünglichen Namen und ihre Adressen zurück.

Am 9. September 2003 verurteilte ein Gericht in Antwerpen die beiden Verbeke-Brüder zu einer einjährigen Haftstrafe und zur Zahlung von 2.500 Euro. Beide wurden auf Bewährung freigelassen, und Siegfried Verbeke wurden zum zweiten Mal die bürgerlichen Ehrenrechte für einen Zeitraum von zehn Jahren entzogen. Grund für die Verurteilung war die Verbreitung von Materialien, die „den nationalsozialistischen Völkermord an den Juden verharmlosen". Nur drei Wochen später, Ende September desselben Jahres, führte die belgische Polizei zum x-ten Mal eine Razzia in den Räumlichkeiten des Verlags durch, um nach Beweisen dafür zu suchen, dass revisionistisches Material, das Verbekes Namen und Adresse trug, von ihm verbreitet worden war.

Ein Jahr später, am 27. November 2004, wurde Verbeke aufgrund eines von den deutschen Behörden ausgestellten Haftbefehls in ihrer Wohnung in Kortrijk in Flandern festgenommen. Der Europäische Haftbefehl, der angeblich unter dem Vorwand der Terrorismusbekämpfung eingeführt wurde, ist eine von einem Mitgliedstaat der Union erlassene rechtliche Entscheidung, die seit dem 1. Januar 2004 in den meisten Ländern angewandt wird,. Derartige Anordnungen werden in der Regel diskret und ohne rechtliche Hindernisse vollstreckt. Deutschland beantragte sofort die Auslieferung an Belgien, aber überraschenderweise lehnte ein Richter den Antrag mit der Begründung ab, dass Verbeke bereits im September 2003 in Belgien wegen der gleichen Straftaten verurteilt worden war. Nach belgischem Recht kann eine Person nicht zweimal für dieselbe Tat angeklagt oder verurteilt werden.[21]

Die Schikanen gegen Siegfried Verbeke hörten jedoch nicht auf. Am 4. April 2005 verurteilte ihn ein belgisches Gericht erneut zu einem Jahr Gefängnis und einer Geldstrafe von 2.500 Euro, weil er den Völkermord an den Juden während des Zweiten Weltkriegs geleugnet hatte. Da er gegen das Urteil Berufung einlegte, wurde seine Inhaftierung erneut aufgeschoben. Unter Ausnutzung ihrer Freiheit versuchte Verbeke, mit ihrer philippinischen Freundin nach Manila zu reisen. Als er am 4. August 2005 auf dem Flughafen Schiphol bei Amsterdam in das Flugzeug steigen wollte, wurde er von der niederländischen Polizei verhaftet, da der Europäische Haftbefehl in den Niederlanden noch gültig war. Es ist klar, dass Verbeke, wie sein Anwalt bedauerte, einen schweren Fehler begangen hat, denn wenn er von Brüssel aus hätte reisen wollen, wäre er wahrscheinlich nicht verhaftet worden, da der Auslieferungsantrag von einem belgischen Richter abgelehnt worden war.

Nach dreimonatiger Haft in den Niederlanden wurde er schließlich an Deutschland ausgeliefert. Die niederländischen Behörden ignorierten die Tatsache, dass Verbeke die belgische Staatsangehörigkeit besaß und dass ein belgischer Richter einen triftigen Grund angegeben hatte, warum er ihn nicht an Deutschland ausliefern wollte. Natürlich kämpfte Verbeke gegen die Hochstapler der Geschichte und war weitaus gefährlicher als jeder Terrorist, der von der spanischen Polizei wegen angeblicher Beteiligung an der Ermordung von etwa 200 Menschen gesucht wurde. In Deutschland, wo dem deutschen Verdächtigen syrischer Herkunft gerade die Auslieferung nach Spanien verweigert worden war, wurde Verbeke ein halbes Jahr lang in Einzelhaft im Heildelberger Gefängnis festgehalten. Plötzlich, wir wissen nicht warum, wurde er auf Kaution freigelassen. Insgesamt war Siegfried Verbeke, ohne dass er in den Niederlanden oder in Deutschland verurteilt worden war, neun Monate lang als gefährlicher Revisionist inhaftiert.

Zurück in Flandern wurde er im November 2006 in seinem Haus in Kortrijk erneut verhaftet. Der Grund für die erneute Verhaftung scheint die Vollstreckung eines früheren Urteils eines belgischen Gerichts gewesen zu sein. Diesmal wurde er in Belgien inhaftiert. Verbeke teilte Freunden mit, dass er hoffe, im Juli 2007 seine Freiheit wiederzuerlangen. Die letzte Verurteilung von Verbeke, die bekannt ist, erfolgte am 19. Juni 2008. Wir haben bereits auf den Seiten über Vincent Reynouard gesehen, dass das Brüsseler Berufungsgericht beide wegen der Veröffentlichung von Leugnungstexten, die Verbrechen gegen die Menschlichkeit in Frage stellen, zu einem Jahr Gefängnis und einer Geldstrafe von 25.000 Euro verurteilt hat. Da keiner von ihnen erschien, stellten

---

[21] Skandalöserweise entschied das deutsche Verfassungsgericht im Juli 2005 als Antwort auf ein spanisches Ersuchen um die Auslieferung eines Deutschen syrischer Herkunft, der verdächtigt wurde, an dem brutalen Bombenanschlag vom 11. März 2004 in Madrid beteiligt gewesen zu sein, dass der Europäische Haftbefehl in Deutschland ungültig sei. Das deutsche Bundesverfassungsgericht argumentierte, dass ein deutscher Staatsbürger ein Recht auf ein Urteil vor deutschen Gerichten hat. Daher ließen die deutschen Behörden den mutmaßlichen Terroristen frei.

die belgischen Behörden einen nationalen Haftbefehl aus und bereiteten den Europäischen Haftbefehl vor.

Während wir diese Seiten über Siegfried Verbeke abschließen, haben wir erfahren, dass die flämische *Zeitung De Morgen* am Samstag, den 9. Januar 2016, in ihrer Beilage *Zeno* ein ausführliches dreiseitiges Interview mit dem belgischen Revisionisten veröffentlicht hat. Darin beharrt Verbeke ungerührt darauf, dass die einzigen Gaskammern in Auschwitz diejenigen waren, die zur Desinfektion der Kleidung der Häftlinge benutzt wurden. Die Antwerpener Monatszeitschrift *Joods Actueel* (*Jüdische Nachrichten*), die eine kämpferische Haltung gegen alles einnimmt, was sich gegen Israel richtet, hat *De Morgen* dafür gerügt, dass sie einen „Stinker" wie Verbeke auf ihren Seiten willkommen heißt. Nach Berichten in der belgischen Presse sind diese Zionisten bereit, die flämische Zeitung zu verklagen. Michael Freilich, Herausgeber und Eigentümer der jüdischen Zeitung, erklärte gegenüber der *Jewish Telegraphic Agency*, er habe bei der ICKG (Interföderales Zentrum für Chancengleichheit und Rassismusbekämpfung) eine Beschwerde gegen *De Morgen* und Verbeke eingereicht. Freilich erklärte, dass „*De Morgen* in jeder Hinsicht ein Komplize bei dieser Straftat ist und für seine Handlungen zur Rechenschaft gezogen werden sollte". Laut Freilich haben ihm Beamte der staatlichen Behörde versichert, dass sie rechtliche Schritte in Erwägung ziehen. Der Bürgermeister von Antwerpen, Bart de Wever, unterstützte die Initiative umgehend.

6. HAUPTOPFER DER VERFOLGUNG
IN VERFOLGUNG IN SPANIEN

In Spanien sind die eklatantesten Fälle von politischer Verfolgung von Revisionisten und Unterwerfung unter den Zionismus vor den Gerichten in Katalonien zu finden. Dort stellt sich zum Beispiel Pilar Rahola, die von Antonio Baños, einem Abgeordneten der CUP im katalanischen Parlament nach den Autonomiewahlen 2015 als „zionistischer Abschaum" bezeichnet wurde, schamlos und mit absoluter Schamlosigkeit in den zahlreichen Medien zur Schau, die ihr tagtäglich ihre Kulissen und Mikrofone zur Verfügung stellen. Als langjährige Vorsitzende der Equerra Republicana de Catalunya, einer Partei mit einer tiefen freimaurerischen Tradition in ihrer Geschichte, gab Rahola in einem Interview mit einem digitalen Pro-Unabhängigkeitsmedium ihre Kontakte zu Israel zu. Der Journalist fragte sie, ob sie als Verbindungsperson zwischen dem Präsidenten der Generalitat, Artur Mas, und der zionistischen Regierung arbeite. Seine Antwort war: „Die beste Antwort, die ich Ihnen geben kann, ist, dass ich sie nicht geben werde. Erlauben Sie mir, diese Dinge vertraulich zu behandeln. Wir werden nicht alle Karten aufdecken. Als der Journalist erwiderte: „Ich verstehe, dass wir arbeiten", bestätigte Rahola: „Es gibt Informationen, die zu sensibel sind, um sie herauszugeben.... Wir arbeiten viel und reden wenig". Es steht also außer Frage, dass der Zionismus in Katalonien über ein gut gedeihendes Terrain verfügt, auf dem er sich dank der Duldung und der beschämenden Unterwürfigkeit der Medien und der Komplizenschaft einiger unabhängigkeitsorientierter Politiker mit Arroganz bewegt.

In Spanien wurde der eklatanteste Fall, die blutigste Ungerechtigkeit, gegen einen Buchhändler und Verleger aus Barcelona, Pedro Varela, begangen, dessen würdevoller und ehrlicher Kampf in allen internationalen revisionistischen Kreisen bekannt ist. Sein Fall ist jedoch nicht der einzige; auch andere Buchhändler und Verleger aus Katalonien sind Opfer von Schikanen geworden. Ramón Bau, Óscar Panadero, Carlos García und Juan Antonio Llopart sind weitere Namen, die in diesem Abschnitt auftauchen sollten, da sie verfolgt wurden, weil sie revisionistische Bücher veröffentlicht oder ihre Meinung zu politischen Fragen geäußert haben, die mit dem Revisionismus zu tun haben. Wir werden daher den ersten Abschnitt über die Verfolgung in Spanien Pedro Varela widmen und dann den zweiten Fall vorstellen.

Pedro Varela, ein ehrlicher Buchhändler, der Opfer von Hass und sektiererischer Intoleranz wurde

Über Pedro Varela werden wir in angemessener Weise schreiben. Da unsere Arbeit in Spanien entstanden ist, kennen wir die Härten des Landes sehr gut, wir hatten Zugang zu ausreichenden Informationen und können den Fall so erklären, wie es verdient. Sein Name ist mit dem CEDADE (Círculo Español de Amigos de Europa) verbunden, einer Organisation mit nationalsozialistischer

Ideologie, die 1966 in Barcelona gegründet wurde. Der erste Kongress dieser Gruppe fand 1969 statt, und Jorge Mota war ihr erster Präsident und gleichzeitig Direktor der Zeitschrift *CEDADE*. In diesen ersten Jahren wuchs die Militanz, und die Organisation breitete sich mit fünfzig Zweigstellen auf alle Regionen Spaniens aus. Die Gruppen in Katalonien trugen während der Franco-Jahre sogar die katalanische „Senyera". Pedro Varela wurde 1978 Präsident von CEDADE und Herausgeber der Zeitschrift.

Nach und nach werden die revisionistischen Ideen zur grundlegenden Basis von Varelas Vorstellungen und der Organisation, der er vorsteht. Er nahm Kontakt zu Robert Faurisson auf und sorgte für die Veröffentlichung eines Auszugs aus dem grundlegenden Buch von Arthur R. Butz. Auch andere Autoren, die dem Institute for Historical Review nahestehen, sowie Publikationen und Texte des IHR wurden dank CEDADE übersetzt und in Spanien bekannt gemacht. So veröffentlichte CEDADE 1989 in Spanien den brisanten *Leuchter-Report* mit einem Vorwort von David Irving. Eine der letzten Veranstaltungen von CEDADE fand 1992 in Madrid statt, wo sich eine Reihe revisionistischer Persönlichkeiten versammelten, um das unveräußerliche Recht auf freie Meinungsäußerung zu fordern. An diesem Treffen nahmen Gerd Honsik, Thies Christophersen und andere teil, die in ihren Ländern wegen ihrer freien Meinungsäußerung verfolgt wurden. Es sei darauf hingewiesen, dass zu diesem Zeitpunkt die beiden Prozesse gegen Ernst Zündel in Toronto bereits stattgefunden hatten und dass sich die Lage in Deutschland immer weiter verschlechterte. Schließlich wurde auch in Spanien ein neuer Rechtsrahmen geschaffen, der dem in Europa ähnelte, so dass Pedro Varela seinen Rücktritt als Präsident von CEDADE ankündigte und die Organisation im Oktober 1993 endgültig aufgelöst wurde.

In den 1980er Jahren engagierte sich Pedro Varela zunehmend für den Geschichtsrevisionismus, und 1988 reiste er nach Kanada, um dem zweiten Zündel-Prozess in Toronto beizuwohnen. Dort traf er Faurisson, Irving, Zündel und andere Revisionisten und hatte die Gelegenheit, Fred Leuchter persönlich zu treffen. Etwa zur gleichen Zeit veranstaltete er zusammen mit David Irving eine Protestkundgebung in Berlin vor der deutschen Fernsehzentrale. Mit Plakaten mit der Aufschrift „Deutsche Historiker, Lügner und Feiglinge" forderten Varela und Irving an der Spitze einer kleinen Gruppe von Demonstranten ein Ende der Geschichtsfälschung. Es waren die Jahre, in denen der Revisionismus mit dem Auschwitz-Gutachten des Ingenieurs Leuchter den entscheidenden Erfolg erzielt hatte. Gleichzeitig radikalisierten sich die Feinde der Revisionisten und der historischen Wahrheit: 1989 wurde Robert Faurisson bekanntlich Opfer eines feigen Anschlags jüdischer Terroristen, die ihn zu Tode prügelten.

Im März 1991 sprach Pedro Varela in deutscher Sprache auf dem „Leuchter-Kongress", einem Open-Air-Treffen in München, das von Ernst Zündel organisiert worden war. Am 25. September 1992, 35 Jahre alt, mit Idealen, festen Überzeugungen und viel Hoffnung im Gepäck, wurde er in Österreich verhaftet, einem Land, das er im Rahmen einer Europareise besuchte. Der Grund für seine Verhaftung war, dass er bei einem früheren Besuch eine

Rede gehalten hatte, in der er die Politik Hitlers lobte. Er wurde der Polizei vorgeführt und im Gefängnis von Steyr, einem ehemaligen Zisterzienserkloster, wegen des Verbrechens der Verbreitung des Nationalsozialismus inhaftiert. Seine Korrespondenz wurde überwacht. Bevor ihm die Briefe ausgehändigt wurden, wurden sie ins Deutsche übersetzt, um sie den Prozessakten beizufügen, falls sie als belastendes Beweismaterial verwendet werden könnten. Er verbrachte drei Monate hinter Gittern, bevor er am Mittwoch, dem 16. Dezember 1992, vor einem Gericht mit drei Richtern und acht Geschworenen angeklagt wurde. Am Ende wurde er überraschend freigesprochen, da man zu dem Schluss kam, dass der Angeklagte das österreichische Recht nicht kannte und daher nicht wissen konnte, dass er eine Straftat beging, als er seine Meinung über eine historische Figur äußerte.

Im Vergleich zu Österreich oder Deutschland blieb Spanien eine Oase der freien Meinungsäußerung in einem Europa, das sich gegenüber jüdischen Lobbys zunehmend herablassend verhielt. Im Jahr 1995, dem Jahr, in dem die Schweiz und Belgien antirassistische Gesetze zur Bekämpfung von „Hass" und „Holocaust-Leugnung" verabschiedeten, schlug Spanien schließlich den gleichen Weg ein. Am 11. Mai 1995 verabschiedete das Parlament eine Änderung des Strafgesetzbuches, um die spanische Gesetzgebung mit der einiger europäischer Länder in Einklang zu bringen. In der Präambel rechtfertigt sich das Gesetz wie folgt: „Die Zunahme rassistischer und antisemitischer Gewalttaten in mehreren europäischen Ländern, die unter den Flaggen und Symbolen der Nazi-Ideologie verübt werden, zwingt die demokratischen Staaten, entschlossen dagegen vorzugehen...". Wir haben bereits festgestellt, dass die Gesetze gegen „Hass" und „Holocaust-Leugnung" in Europa nicht die Folge spontaner Äußerungen oder berechtigter Empörung der Bevölkerung waren, sondern das Ergebnis einer vorgefertigten und gut organisierten Kampagne im Dienste des Zionismus. Drei Jahre später, im Juni 1998, forderte die Internationale Vereinigung Jüdischer Anwälte und Juristen erneut neue und schärfere Gesetze gegen den Holocaust-Revisionismus.

1991, vier Jahre bevor Spanien sich dem Druck von außen beugte und seine Gesetzgebung änderte, eröffnete Pedro Varela die Librería Europa in der Calle Séneca Nr. 12. Von dort aus versuchte er, auf ehrliche Art und Weise Bücher zu verkaufen; aber der Fanatismus und die Intoleranz der Verfechter der „Meinungsfreiheit" ließen dies nicht zu: Beleidigende Graffiti an den Wänden und Fenstern des Ladens sind seither eine Konstante, und der Laden wurde mehrmals angegriffen. Alles begann damit, dass im Mai 1995, demselben Monat, in dem das spanische Parlament die Änderung des Strafgesetzbuches verabschiedete, eine selbsternannte „Bürgerplattform Anne Frank" versuchte, den Namen der Senecastraße in den Namen des unglücklichen jüdischen Mädchens zu ändern, das in Bergen starb - Belsen. Interessanterweise hatte sich der Stadtrat von Bergen zuvor geweigert, eine Schule nach Anne Frank zu benennen, und sich später auch geweigert, die Straße, die zur KZ-Gedenkstätte führt, nach ihr zu benennen.

Zwischen dem 12. Mai 1995 und dem Herbst 1996 sammelte diese Bürgerplattform unter falschem Namen Unterschriften und warb bei den zweihundertdreißig Familien, die in der Senecastraße wohnen, um Unterstützung für die Umbenennung der Straße. Die Organisatoren machten keinen Hehl daraus, dass das Ziel der Kampagne darin bestand, „die Aktivitäten der Europa-Buchhandlung zu boykottieren". Ein gutes Beispiel für den Respekt vor der Meinungsfreiheit (natürlich der eigenen). Die bürgerlichen und natürlich auch die demokratischen Gruppen, die Teil der Plattform waren, waren die üblichen Linken und die extreme Linke. Die Seneca-Straße verlor ihre Ruhe und das Viertel musste Demonstrationen demokratischer Gewalt und Intoleranz ertragen, d. h. beleidigende Graffiti, Steine, Molotow-Cocktails usw. Pedro Varela veröffentlichte in Form eines Rundschreibens einen Text, den er während seines Studiums der Zeitgeschichte an der Universität verfasst hatte, um den Anwohnern und der öffentlichen Meinung Informationen zu bieten, die im Gegensatz zu denen der Befürworter der Straßenumbenennung standen. Es handelte sich um einen Text, der einen rigorosen Überblick oder eine Synthese der Arbeiten von Faurisson, Verbeke, Felderer und Irving über die fruchtbarste und profitabelste literarische Fälschung des zwanzigsten Jahrhunderts bot. In diesem Text, dem einzigen von Varela verfassten Text unter all denjenigen, die von den Mossos d'Esquadra und der Staatsanwaltschaft gegen ihn vorgelegt wurden, findet sich kein Hinweis auf Hass gegen irgendjemanden.

Am 12. Dezember 1996 führte die katalanische Polizei eine Razzia in der Librería Europa durch. Pedros Schwester Varela arbeitete in dem Laden und seine Tochter spielte im Hinterhof. Die Mossos beschlagnahmten etwa 20.000 Bücher sowie Zeitschriften, Magazine, Poster, Videos.... Varela wurde anschließend in seinem Elternhaus verhaftet. Die Operation, die laut *El País* drei Monate lang vorbereitet worden war, wurde auf Veranlassung von José María Mena angeordnet, der 1996 zum Chefankläger der Staatsanwaltschaft des Obersten Gerichtshofs von Katalonien ernannt worden war. Dieser „fortschrittliche" Jurist, der in den 1970er Jahren ein Aktivist der PSUC (katalanische Kommunisten) gewesen war, war der Meinung, dass Varela „Hass und keine Ideologie verfolgte".

Die Informationen, die am 13. Dezember 1996 in der den spanischen Sozialisten nahestehenden Zeitung *El País* erschienen, waren ein Beispiel für mangelnde Objektivität: Nachdem die Zeitung die Mossos d'Esquadra dafür gelobt hatte, dass sie „die erste Polizeieinheit in Spanien war, die eine Person wegen Völkermord-Apologetik verhaftet hat", hieß es, die Librería Europa sei ein „Zentrum für den Verkauf und die Verbreitung von in südamerikanischen Ländern veröffentlichten Nazi-Büchern". Weiter hieß es, dass die Bewohner des Viertels Gracia die Verhaftung begrüßten und dass die Stadtverwaltung erwäge, in dem Fall als Privatankläger aufzutreten. Abschließend bestätigte er, dass die Plataforma Cívica Ana Frank, das schwul-lesbische Koordinationskomitee, die Asociación Amical Mauthausen und SOS Racismo sehr zufrieden seien, weil sie „eine neonazistische Verschwörung, die die Buchhandlung als Deckmantel nutzte", zerschlagen hätten.

Das Verfahren verzögerte sich um fast zwei Jahre, weil viele der beschlagnahmten Bücher in englischer, deutscher und französischer Sprache verfasst waren, so dass die Staatsanwaltschaft darauf bestand, sie zu übersetzen, um herauszufinden, welcher Teil ihres Inhalts gegen das Gesetz verstieß. Schließlich setzte der Leiter des Strafgerichts von Barcelona Nr. 3, Santiago Vidal, Freitag, den 16. Oktober 1998, als Beginn des ersten Prozesses in Spanien wegen Befürwortung von Völkermord und Aufstachelung zum Rassenhass fest. Sobald der Termin bekannt wurde, riefen die Anne-Frank-Unterstützer, jetzt eine Bürgerplattform gegen die Verbreitung von Hass, zu einer Kundgebung gegen Pedro Varela vor dem Gerichtsgebäude auf. Unterstützt wurde die Demonstration von der B'nai B'rith-Loge, der Comunidad Israelita de Barcelona, der Baruch-Spinoza-Stiftung, der Anti-Defamation League, Maccabi Barcelona, Asociación Judía Atid de Cataluña, Asociación de Relaciones Culturales Cataluña-Israel, Amical Mauthausen, Coordinadora Gai-Lesbiana, Sos Racismo und Unión Romaní. Die Teilnehmer trugen Pappsärge und Kerzen zum Gedenken an die Opfer. Mit der Inszenierung eines Straßenspektakels sollte offensichtlich sozialer und politischer Druck ausgeübt werden.

Die beiden Verhandlungstermine fanden am 16. und 17. Oktober statt. Shimon Samuel, Präsident des Wiesenthal-Zentrums Europa, nahm als Beobachter teil, begleitet von Polizeibeamten und israelischen Fernsehkameras. „Dieser Prozess", sagte er, „ist eine historische Gelegenheit für Spanien, sich der europäischen Rechtsprechung anzuschließen und den spanischen Paten des Neonazismus zu verurteilen." Der Staatsanwalt führte etwa dreißig in der Europa-Buchhandlung verkaufte Werke an, die das Dritte Reich und seine Politik lobten oder revisionistische Argumente zum Thema Holocaust vorbrachten. In dem Verfahren gegen Varela hatten die Comunitat Jueva Atid (future) de Catalunya, SOS Racismo und die Israelische Gemeinde von Barcelona eine Popularklage eingereicht. Die beiden Anwälte von Varela machten von Anfang an deutlich, dass das Gesetz, nach dem ihr Mandant verurteilt wurde, verfassungswidrig ist, und beantragten daher die Aussetzung und Aufhebung des Verfahrens. Der Buchhändler wurde mehr als vier Stunden lang befragt und wies die Vorwürfe zurück: „Ich habe niemals Rassenhass provoziert", sagte er dem Gericht und fügte hinzu, dass er als Historiker „die moralische Verpflichtung habe, die Wahrheit zu sagen". Zum Thema Revisionismus sagte er: „Meiner Meinung nach ist die Revision der Geschichte notwendig, weil sie ein offenes Thema ist und alles einer Revision unterliegt. Historiker müssen allem gegenüber skeptisch sein, und sie müssen auch das bisher Gesagte revidieren. In Bezug auf die Bücher in seiner Buchhandlung erklärte er, dass er den Inhalt der 232 Titel, die er in seinem Geschäft habe, nicht kennen könne und auch nicht dazu verpflichtet sei. Er wies darauf hin, dass er in seinem Laden Bücher verschiedener Ideologien verkaufe, und nannte unter den Autoren den baskischen Nationalisten Sabino Arana, Francisco de Quevedo und auch *das Kapital* von Marx. Was den Text über Anne Frank betrifft, so räumte er seine Urheberschaft ein. In seiner abschließenden Erklärung sagte er: „Es ist mir zugefallen, die Rolle des Bösewichts in diesem Film zu spielen, als Sündenbock für einen absichtlich geschaffenen 'sozialen Alarm' (Ausdruck der Staatsanwaltschaft). Ich verurteile, verdamme und attackiere jede Form von Völkermord. Ich bin weder ein Völkermörder, noch habe ich jemanden ermordet. Ich habe nie den Völkermord an irgendjemandem oder die Ermordung einer ethnischen oder religiösen Minderheit gewünscht".

Die Staatsanwaltschaft, die daran erinnerte, dass der Sachverhalt ein Verbrechen in der Europäischen Union darstellt, beantragte zwei Jahre Haft für die Befürwortung von Völkermord und zwei Jahre Haft für die Aufstachelung zum Rassenhass. Dies, obwohl der zweite Absatz von Artikel 607 des neuen Strafgesetzbuches vorsieht, dass die in diesem Artikel genannten Straftaten „mit einer Freiheitsstrafe von einem oder zwei Jahren" geahndet werden. Jordi Galdeano, Anwalt von SOS Racismo und der Comunitat Jueva Atid de Catalunya, forderte seinerseits eine exemplarische Strafe von acht Jahren Gefängnis. „Was ein Verbrechen ist und eine Gefahr für die Demokratie darstellt", sagte er, „ist die Verbreitung einer Ideologie, die bestimmte Gruppen verächtlich macht." Am 16. November 1998 befand das Gericht Varela der Aufstachelung zum Rassenhass und der Leugnung oder Rechtfertigung des Völkermordes für schuldig. Der Richter Santiago Vidal[22], der Varela in seinem

---

[22] Der Richter Santiago Vidal, der der „progressiven" Vereinigung „Richter für Demokratie" angehörte, ist heute eine bekannte Persönlichkeit in Spanien. Seine Beziehungen zu SOS Racismo wurden aufgedeckt, als der Generalrat der Justiz ihm im September 2013 die Zusammenarbeit mit dieser NRO untersagte, da sie mit seinen Pflichten als Richter unvereinbar sei. Im April 2014 wurde bekannt, dass Vidal, der sich stark für den katalanischen Separatismus einsetzt, eine Verfassung für Katalonien ausarbeitete, was gegen die spanische Verfassung verstößt, da Katalonien eine Gemeinschaft mit Autonomiestatut ist. Der Generalrat der Justiz hat ihn erneut vorgeladen, um ihn an die Grenzen seiner gerichtlichen Tätigkeit zu erinnern. Vidal gab eine Erklärung ab, in der er versicherte, dass seine Arbeit „aus eigener, uneigennütziger Initiative und ohne offiziellen Auftrag einer öffentlichen oder privaten Institution" erfolgte. Er bestritt „politische Absichten" und beteuerte seine Unabhängigkeit und Unparteilichkeit. Im Oktober 2014 leitete die Justiz ein Disziplinarverfahren gegen ihn ein und wies auf eine vorsorgliche Suspendierung hin, „angesichts der extremen Relevanz des Sachverhalts und der offensichtlichen öffentlichen und sozialen Projektion". Im Januar 2015 präsentierte dieser wahnhafte Richter den Entwurf der katalanischen Verfassung und erklärte wörtlich: „Ich habe einen Traum: die Geburt der katalanischen Republik als Richter mitzuerleben", nachdem er erklärt hatte, er handele unabhängig, unparteiisch und ohne „politische Absichten". Im Februar 2015 suspendierte ihn der Generalrat der Justiz für drei Jahre, eine Sanktion, die den Verlust seines Sitzes im Gericht von Barcelona zur Folge hatte. Nachdem er zum Märtyrer für die Sezessionisten geworden war, wurde im März 2015 bekannt, dass Präsident Artur Mas ihn in der Regierung der Generalitat aufgenommen hatte, um die staatlichen Strukturen im Bereich der Justiz zu „planen" und zu „gestalten". Vidal machte sich dann, natürlich ohne politische Absichten, an die Rekrutierung der 250 Richter, die in einem unabhängigen Katalonien ihren Dienst antreten sollten, was den Obersten Gerichtshof Kataloniens dazu veranlasste, die Generalitat aufzufordern, gegen Vidal vorzugehen, da er „das kollektive Vertrauen in die Justiz untergrub". Es stellte sich heraus, dass die Justizabteilung der Generalitat einen Dreijahresvertrag mit Vidal als Zeitarbeiter abgeschlossen hatte. Schließlich kündigte Vidal den Vertrag, um als Vorsitzender der Liste Esquerra Republicana de Catalunya für den Senat zu kandidieren. Als Senator enthüllte er im Januar 2017, dass die Generalitat illegal die Steuerdaten der Katalanen beschafft hatte, dass die separatistischen Behörden bereits über eine Auswahl sympathischer Richter verfügten, um Gegner auszuschalten, und dass ein außereuropäisches Land (Israel) eine

Urteil als „Universitätsabsolvent mit einem brillanten akademischen Werdegang und Experte in Sachen Geschichtsrevisionismus" bezeichnete, verurteilte ihn zu fünf Jahren Haft und einer Geldstrafe von 720.000 Pesetas. Außerdem ordnete es an, dass Varela seinen Reisepass abgeben und jeden Monat vor Gericht erscheinen muss. Was die 20.000 Bücher betrifft, so wurde deren Verbrennung angeordnet, obwohl nur dreißig der fast zweihundert beschlagnahmten Werke gegen das Gesetz verstoßen hatten. Das sehr harte Urteil ging über die Bestimmungen von Artikel 607.2 des Strafgesetzbuches hinaus, was Galdeano dazu veranlasste, seine „tiefe Zufriedenheit" auszudrücken. Pedro Varela erklärte seinerseits, dass es sich um ein „politisches Urteil und eine enorme Ungerechtigkeit" handele und erinnerte daran, dass von der polizeilichen Durchsuchung seiner Buchhandlung bis zum Prozess zwei Jahre lang ein furchtbarer Druck ausgeübt worden sei. Am 10. Dezember 1998 legten die Anwälte von Pedro Varela Berufung gegen das Urteil und die Verurteilung ein, und er konnte eine Haftstrafe bis zur Entscheidung des Berufungsgerichts vermeiden.

Als ob die Buchhandlung und ihre kommerzielle Tätigkeit nicht schon seit zwei Jahren genug Schaden genommen hätten, wurde für Samstag, den 16. Januar 1999, zu einer Demonstration unter den Slogans: „Schließen wir die Buchhandlung Europa, Jugendliche und Arbeiter im Kampf gegen den Faschismus" aufgerufen. „Gegen Faschismus: Schließen wir die Nazibuchhandlung". Zwei Tage zuvor, am Donnerstag, den 14. Januar, warnte Maite Varela, Pedros Schwester, die in dem Laden arbeitete, die Nationale Polizei vor den Vorbereitungen und dem Risiko eines Anschlags. Am selben Tag, gegen 13:15 Uhr, wurde die Regionalpolizei angerufen und die Situation bei der Beschwerdestelle erläutert. Um 20:00 Uhr am Samstag, den 16., meldeten Freunde oder Bekannte der Librería Europa dem Notruf 091, dass sich die Demonstration in Richtung der Calle Séneca bewegte. Um 20:30 Uhr wurde die Buchhandlung angegriffen. Um in das Geschäft einzudringen und es zu zerstören, mussten die Fensterläden am Eingang aufgebrochen werden. Einige der Demonstranten vermummten sich, betraten das Geschäft und begannen mit der Zerstörung: Fenster, Vitrinen, Auslagen, Türen, Regale, Kopierer, Telefon, Feuerlöscher, Treppen und sogar einige Fliesen. Alles wurde dem Erdboden gleichgemacht. Nachdem die Möbel umgestürzt waren, stapelten sie die Bücher auf dem Boden, um sie im Inneren zu verbrennen. Schließlich entschlossen sie sich, etwa 300 Bände auf die Straße zu werfen und auf dem Asphalt in Brand zu setzen. Natürlich setzten einige Nachbarn, die durch die Gewaltszenen verängstigt waren, weitere Hilferufe ab, aber es erschien keine Polizei. Die Guardia Urbana, die die Demonstranten eskortierte, zog sich zurück, als der Angriff auf die Buchhandlung begann.

El País, die von Anfang an den öffentlichen Lynchmord an einem Mann unterstützte, der sich allein gegen fast alle verteidigt hatte, berichtete die Nachricht mit dieser Schlagzeile: „Demonstration von 1.600 Jugendlichen, die

---

Einheit der Mossos in Spionageabwehrtaktiken ausbildete. Der ERC zwang ihn zum Rücktritt.

die Schließung der Europa-Buchhandlung fordern". Im Hauptteil der Meldung heißt es: „Die Demonstration verlief friedlich, aber bei der Ankunft in der Buchhandlung verbrannte eine Gruppe von Demonstranten einige Bücher, die sie aus dem Laden mitgenommen hatten, der dadurch leicht beschädigt wurde". Natürlich wurde die Meldung nicht mit Fotos illustriert, denn ein einziges hätte ausgereicht, um zu sehen, wie die Buchhandlung nach der „leichten Beschädigung" verlassen wurde. In einem bekannten Ausdruck bezeichnete Lenin diejenigen als „nützliche Narren", die als Instrumente für eine bestimmte Sache oder Politik benutzt werden. Es scheint klar zu sein, dass es sich bei den Personen, die sich vermummten und die Buchhandlung dem Erdboden gleichmachten, um politische Terroristen handelte, die wahrscheinlich bezahlt wurden und zu den „nützlichen Idioten" gehörten, die als „friedliche Demonstranten" im Dienste der wahren Macht getarnt waren.

Um das schändliche Vorgehen der Ordnungskräfte zu vervollständigen, wies das Gericht die Klage mit der Begründung ab, die Schuldigen seien nicht bekannt. Fernsehkameras filmten jedoch die Angreifer, und der Stadtverwaltung lagen die Namen der zwei Dutzend Gruppen vor, die an der Demonstration teilnahmen: Assemblea d'Okupes de Terrassa, Assamblea Llibertària del Vallés Oriental, Associació d'Estudiants Progressistes, Departament de Joves de CC.OO., Esquerra Unida i Alternativa, Federació d'Associacions d'Associacions de Veïns de Barcelona, Joves Comunistes, Joves Socialistes de Catalunya, Maulets, Partido Obrero Revolucionario, Partits dels Comunistes de Catalunya, PSUC viu, Amical de Mauthausen... In der von Pedro Varela am 10. Februar 1999 bei einem ordentlichen Gericht eingereichten Klage wurden 23 Vereinigungen aufgeführt. Die Klage enthielt eine Auflistung der festgestellten Schäden und deren geschätzten Wert, der sich auf 2.815.682 Peseten an „geringem Schadenersatz" belief.

Am 30. April 1999 erhielt Pedro Varela schließlich eine erfreuliche Nachricht: Die drei Richter der Dritten Abteilung des Provinzgerichts von Barcelona unter dem Vorsitz von Richterin Ana Ingelmo gaben der Berufung des Anwalts José María Ruiz Puerta einstimmig statt und stellten das Urteil von Richter Santiago Vidal in Frage. Da sie der Ansicht waren, dass das Urteil gegen das Recht auf freie Meinungsäußerung verstößt, erwägten sie, den Fall an das Verfassungsgericht in Madrid zu verweisen. Die drei Richter vertraten die Auffassung, dass das Anzweifeln des Holocausts nach der spanischen Verfassung nicht als Verbrechen angesehen werden kann. Anstatt über die Verurteilung zu entscheiden, gaben sie in ihrem Urteilsschriftsatz alle Zweifel an der Verfassungsmäßigkeit von Artikel 607.2 des neuen Strafgesetzbuchs wieder. Die Richter des Provinzgerichts argumentierten, dass der Artikel, wegen dem Varela verurteilt worden war, im Widerspruch zu Artikel 20 der Verfassung stehe, der das Recht auf freie Äußerung und Verbreitung von Gedanken, Ideen und Meinungen in Wort, Schrift oder durch andere Mittel der Reproduktion schützt. Wie zu erwarten war, reagierten die Ankläger verärgert. Der unerschrockene Jordi Galdeano ließ sich nicht beirren und bezeichnete die Entscheidung des Gerichts als „Angriff auf das demokratische System". Mit anderen Worten: Wenn sie es statt mitfühlender Richter und Staatsanwälte mit wirklich unabhängigen Richtern zu tun haben, werden sie beschuldigt, die Freiheiten zu gefährden. Der Anwalt von Amical Mauthausen, Mateu Seguí Parpal, bezeichnete das Gericht, das die Strafbarkeit von Pedro Varela anzweifelte, als „undarstellbar".

Bevor das Verfassungsgericht jedoch die von den Richtern der Dritten Sektion des Obersten Gerichtshofs aufgeworfene Frage der Verfassungsmäßigkeit zuließ, verlangte es als formale Voraussetzung, dass das Oberste Gericht von Barcelona zunächst über die Berufung gegen die Verurteilung verhandelt, und so setzte die Kammer der Dritten Sektion den 9. März 2000 als Termin für die Verhandlung der Berufung fest. Eine Woche zuvor war die Richterin, Ana Ingelmo, von SOS Racismo angegriffen worden, die sie bei der Staatsanwaltschaft wegen Ausflüchten anzeigte und beantragte, dass sie sich in dem Fall der Stimme enthalten solle. Die Kammer gab der Ablehnung statt und stimmte einem Wechsel des Berichterstatters zu. Sie ordnete daher die Aussetzung der mündlichen Verhandlung an und behandelte die Ablehnung in einem gesonderten Stück. Am 19. Juni 2000 wies die Siebte Kammer des Landgerichts von Barcelona die Ablehnung zurück.

Die Anhörung wurde schließlich für den 13. Juli angesetzt. Varela war nicht anwesend, da er sich in Österreich aufhielt. Sein Anwalt bezeichnete die fünfjährige Haftstrafe als „skandalös". Die Staatsanwältin Ana Crespo und die Privatanwälte forderten die Audiencia auf, die gegen den Eigentümer der Librería Europa verhängte Strafe zu bestätigen. Mit Beschluss vom 14. September 2000 warf die Dritte Kammer des Landgerichts schließlich erneut die Frage der Verfassungswidrigkeit auf. Pedro Varela blieb auf Bewährung, und die Entscheidung des Verfassungsgerichts über den Fall stand noch aus. Verfechter der Meinungsfreiheit und Revisionisten auf der ganzen Welt waren der Ansicht, dass in Spanien zumindest vorübergehend ein Sieg errungen worden war, und warteten auf die Entscheidung des Obersten Gerichtshofs, der sieben Jahre brauchen sollte, um das lang erwartete Urteil zu fällen.

Während dieser Übergangszeit setzte Pedro Varela seine Tätigkeit als Buchhändler und Verleger mit der Asociación Cultural Editorial Ojeda fort, die er Anfang 1998 gegründet hatte. Die Librería Europa begann auch, in ihren Räumen Konferenzen zu veranstalten, die häufig von revisionistischen Autoren aus dem Ausland gehalten wurden. Am Montag, dem 10. April 2006, stürmte die katalanische Autonomiepolizei plötzlich und unerwartet die Räumlichkeiten der Librería Europa. Um 9:30 Uhr morgens begannen etwa fünfzehn maskierte Polizisten mit einer Durchsuchung, die bis fünf Uhr nachmittags dauerte. Etwa sechstausend Bücher im Wert von mehr als 120.000 Euro wurden beschlagnahmt. Darüber hinaus nahmen die Beamten der politischen Polizei der Generalitat acht große Kisten voller Unterlagen, Hunderte von Ordnern und Tausende von Fotos und Dias, versandfertige Kataloge und dreizehntausend Konferenzprogramme mit. Die sechs Computer von, auf denen sich Dutzende von Büchern befanden, die korrigiert, getippt und für die Veröffentlichung vorbereitet waren, wurden beschlagnahmt. Diese Computer enthielten auch alle Informationen über Kunden und Freunde des Verlags und der Buchhandlung. Festplatten, Sicherungskopien, Sparbücher, Bankkonten, die Scheckbücher der

Buchhandlung, persönliche und geschäftliche Verträge wurden ebenfalls beschlagnahmt. Damit nicht genug, nahmen die „Mossos" gerahmte Fotos mit, die an Ereignisse aus der CEDADE-Ära erinnerten, und sogar die Flaggen der autonomen Gemeinschaften, die zusammen mit der katalanischen Flagge den Konferenzraum schmückten.

Pedro Varela wurde verhaftet. Auf der Polizeiwache wurde er gezwungen, sich nackt auszuziehen, um die Durchsuchung zu überstehen, und dann in eine Zelle gesperrt. Anschließend musste er „Klavier spielen", was im Gefängnisjargon bedeutet, dass seine Finger eingefärbt werden, um Fingerabdrücke zu nehmen, und wurde mit Gesicht und Profil fotografiert, wobei die Nummer des Täters angegeben wurde. Bei dieser Gelegenheit wurde ihm gesagt, dass der Grund für seine Verhaftung darin bestehe, dass Editorial Ojeda Bücher veröffentliche, die „im Widerspruch zur internationalen Gemeinschaft" stünden, Bücher, die „gegen die öffentlichen Freiheiten und Grundrechte" seien. Mit anderen Worten: In einer „Demokratie", in der die Freiheit der Meinungsäußerung, der Verbreitung und der Kommunikation unantastbare Zeichen der Identität sind, wurde die Veröffentlichung und der Verkauf von Büchern zu einer kriminellen Aktivität, weil die in den Texten enthaltenen Ideen „im Widerspruch zur internationalen Gemeinschaft" stehen. Wenn das nicht so ernst und erbärmlich wäre, könnte man darüber lachen.

Zwei Tage nach seiner Verhaftung wurde Varela unter Anklage freigelassen. Ihm wurden Verbrechen gegen die internationale Gemeinschaft, gegen die Ausübung der Grundrechte und gegen die öffentlichen Freiheiten zur Verteidigung des Völkermordes vorgeworfen. Juan Carlos Molinero, stellvertretender Leiter der Allgemeinen Kriminalpolizei, erklärte gegenüber den Medien, dass sich die Operation nicht gegen die Buchhandlung gerichtet habe, gegen die bereits in den 1990er Jahren ermittelt worden sei, sondern gegen Editorial Ojeda, weshalb weder die Buchhandlung noch ihre Website geschlossen worden seien. In Wirklichkeit handelte es sich um eine „legale" List, um erneut gegen Varela vorgehen zu können.

Wenn wir die Ereignisse um Pedro Varela, das Opfer des größten Angriffs auf die Meinungs- und Publikationsfreiheit im „demokratischen" Spanien, in die Geschichte eingehen lassen, ist es angebracht, darauf hinzuweisen, dass die Macht in Katalonien im April 2006 in den Händen einer so genannten dreigliedrigen Regierung lag, die nach der Unterzeichnung des so genannten Pakts von Tinell gebildet wurde. Unter dem Vorsitz des Sozialisten Pasqual Maragall gehörten ihr folgende Parteien an: die Partit dels Socialistes de Catalunya (PSC), die Iniciativa per Catalunya Verds-Esquerra Unida i Alternativa (Ableger der Kommunisten der „PSUC") und die Esquerra Republicana de Catalunya (deren Emblem nach Angaben ihrer Führer ein freimaurerisches Dreieck ist). Diese Regierung war somit politisch verantwortlich für die Verfolgung eines Geschäftsmannes in Spanien wegen der Veröffentlichung von Büchern, die „im Widerspruch zur internationalen Gemeinschaft" stehen, von denen die meisten fast überall in Europa problemlos veröffentlicht wurden.

Wenn es darum geht, einen Führer zu kriminalisieren, der sich irgendwo auf der Welt den Plänen der kooptierten Marionetten an der Spitze der mächtigen Länder, die Kriege entfesseln, widersetzt, behaupten diese bekanntlich, die „internationale Gemeinschaft" zu vertreten. Der Staat oder die Nation, die sich nicht unterwirft, wird dann beschuldigt, sich „der internationalen Gemeinschaft zu widersetzen". In dem beispiellosen Fall, den wir soeben beschrieben haben, würden wir verstehen, dass es einen Index von verbotenen Büchern geben würde, deren Inhalt eine unvorstellbare Abstraktion namens internationale Gemeinschaft bedroht.

Am 7. November 2007 erließ der Verfassungsgerichtshof schließlich das Urteil STC 235/2007 zur Frage der Verfassungswidrigkeit von Artikel 607 Absatz 2 des Strafgesetzbuchs, die von der Dritten Sektion des Provinzgerichts aufgeworfen wurde. Berichterstatterin war Richterin Eugeni Gay Montalvo. Nach einer ausführlichen Darlegung der rechtlichen Gründe lautete das Urteil wie folgt:

> „In Anbetracht der vorstehenden Ausführungen hat der Verfassungsgerichtshof aufgrund der ihm von der spanischen Verfassung übertragenen Befugnisse beschlossen, die vorliegende Frage der Verfassungswidrigkeit teilweise zu bestätigen, was zur Folge hat:
> 1° Die Aufnahme des Ausdrucks „leugnen oder" in Artikel 607 Absatz 2 des Strafgesetzbuchs für verfassungswidrig und nichtig zu erklären.
> 2. festzustellen, dass Art. 607 Abs. 2 Satz 1 des Strafgesetzbuches, der die Verbreitung von Ideen oder Lehren unter Strafe stellt, die das Verbrechen des Völkermordes rechtfertigen sollen, nicht verfassungswidrig ist, wenn er im Sinne des Rechtsgrundes 9 des vorliegenden Urteils ausgelegt wird.
> 3. im Übrigen wird die Verfassungsbeschwerde zurückgewiesen.
> Dieses Urteil wird im Boletín Oficial del Estado veröffentlicht.
> Gegeben zu Madrid, am siebten November zweitausendsieben.

Mit anderen Worten, seit dem STC 235/2007 kann das Glaubensdogma des Holocausts in Spanien geleugnet werden, genauso wie beispielsweise das Dogma der unbefleckten Empfängnis, die Existenz Gottes oder jedes andere Dogma der Kirche geleugnet werden kann. Das Verfassungsgericht vertrat die Auffassung, dass eine solche Leugnung „auf einer Stufe vor derjenigen bleibt, die ein Eingreifen des Strafrechts rechtfertigt, da sie nicht einmal eine potenzielle Gefahr für die durch die betreffende Norm geschützten Rechtsgüter darstellt, so dass ihre Aufnahme in das Gebot eine Verletzung des Rechts auf freie Meinungsäußerung nach sich zieht". In dem Urteil heißt es, dass „die bloße Leugnung der Straftat grundsätzlich unsinnig ist". Der Gerichtshof hat hingegen die Verbreitung von Ideen, die den Völkermord rechtfertigen, „mit allen Mitteln" als Verbrechen angesehen. Dies gilt jedoch nicht für die Revisionisten, die auf diesen Seiten zu Wort kommen: Keiner von ihnen rechtfertigt oder hat jemals einen Völkermord gerechtfertigt. Pedro Varela versicherte in seiner Aussage vor dem Richter, der ihn zu fünf Jahren verurteilte, immer wieder, dass er dies missbillige.

Zwei Monate nach dem Urteil des Verfassungsgerichts hat das Provinzgericht am 10. Januar 2008, neun Jahre nach der Verurteilung von Pedro

Varela zu fünf Jahren Haft, die Berufung gegen das Urteil verhandelt. Die Verteidigung von Pedro Varela hatte um mehr Vorbereitungszeit gebeten, da das Urteil des Verfassungsgerichts wichtig genug sei, um seine rechtlichen Auswirkungen gründlich zu prüfen; die Kammer lehnte diesen Antrag jedoch ab. Sowohl die Staatsanwaltschaft als auch die Verteidigung wiederholten ihre Anträge. Am 6. März verkündeten die Richter des Provinzgerichts schließlich das Urteil, wobei sie der Berufung teilweise stattgaben und die Strafe auf sieben Monate Haft herabsetzten. Sie waren der Ansicht, dass Varela durch seine Arbeit, die Verbreitung völkermörderischer Lehren durch den Verkauf von Büchern, eine Entschuldigung für den Völkermord abgegeben hatte, dass er aber keine direkte persönliche Diskriminierung begangen hatte, und wurden daher vom Straftatbestand der Aufstachelung zum Rassenhass freigesprochen. Pedro Varela musste nicht ins Gefängnis gehen und kündigte an, dass er eine Berufung in Erwägung ziehen würde.

Die Schikanen gegen Varela waren auf jeden Fall auf dem Höhepunkt, denn nach seiner Verhaftung im April 2006 befand er sich noch immer auf freiem Fuß und wartete auf ein neues Verfahren. Am 29. Januar 2010 fand die Anhörung vor dem 11. Strafgericht von Barcelona statt. Der Buchhändler und Verleger wurde beschuldigt, Ideen zu verbreiten, die den Völkermord rechtfertigen und zum Rassenhass aufstacheln, obwohl er immer aktiv und passiv erklärt hatte, dass er jede Form von Gewalt gegen ethnische Minderheiten und natürlich jeden Völkermord verurteilt. Staatsanwalt Miguel Angel Aguilar sagte, dass es nicht um die Beurteilung von Ideen gehe, „sondern um die Verbreitung der Doktrin des Hasses". Aus den ausgewählten Büchern zitierte der Staatsanwalt Fragmente, um seine wackelige These zu untermauern. Pedros Anwalt Varela prangerte an, dass die vom Staatsanwalt aus mehr als einem Dutzend in der Europa-Buchhandlung verkauften Büchern entnommenen Absätze „aus dem Zusammenhang gerissen" seien und erinnerte daran, dass einige der ausgewählten Bücher, wie Hitlers *Mein Kampf*, auch in Kaufhäusern gekauft werden könnten.

Am 5. März 2010 verkündete Estela María Pérez Franco, eine Ersatzrichterin ohne Gegenkandidaten, die nach freiem Ermessen an das Strafgericht Nr. 11 berufen wurde, ihr Urteil, das am 8. März bekannt wurde. In dem Abschnitt über die bewiesenen Tatsachen widmete die Richterin fünfzehn Seiten der Kommentierung von Texten der siebzehn Bücher, deren Vernichtung sie anordnete. Hier sind einige Beispiele. Aus *Mi lucha (*36 beschlagnahmte Exemplare) bestand sie darauf, Fragmente zu zitieren, die auf die Ethnie anspielen. Es scheint klar zu sein, dass diese Richterin nicht wusste, dass die Rassenfrage schon immer die Daseinsberechtigung des jüdischen Volkes war. Es genügt, eine peinliche Äußerung von Golda Meir, der verehrten zionistischen Führerin und ehemaligen Ministerpräsidentin Israels, zu zitieren:, dass „Mischehen schlimmer sind als der Holocaust". Diese Rassistin sagte in Anspielung auf die Palästinenser in ihrem Moment: „So etwas wie das palästinensische Volk gibt es nicht. Es existiert nicht. Würde der Richter der Ansicht sein, dass Golda Meir die Palästinenser hasste? Aus Joaquín Bochacas *Los crímenes de los buenos (*2 Exemplare angezapft) zitierte der Richter den Satz

„Nicht die Araber, sondern die Guten, die Juden, haben den Terrorismus in Palästina eingeführt". Wenn man diese Behauptung für falsch hält, könnte man sich fragen, ob der Richter zum Zeitpunkt der Verurteilung von Pedro Varela auch nur im Entferntesten wusste, wie der zionistische Staat entstanden ist. Die Aufnahme von *Yusufs Grüner Regen (*222 beschlagnahmte Exemplare), einem Werk des jüdischen Autors Israel Adam Shamir, in die Liste der zu vernichtenden Bücher ist bemerkenswert. In dem Urteil zitiert die Richterin unter anderem folgende Aussage von Shamir: „S. 35, Zeilen 3-6, 'Die Weltpresse, von New York bis Moskau, über Paris und London, wird von den jüdischen Supremacisten perfekt kontrolliert; kein Zähneknirschen ist ohne ihre vorherige Genehmigung zu hören'". Hält Estela Maria Perez Franco Shamir für einen Lügner und Antisemiten? Die Zionisten könnten ihr erklären, dass sie Juden, die es wagen, sie zu kritisieren, nicht als Antisemiten, sondern als „Juden, die sich selbst hassen, weil sie Juden sind" betrachten. Israel Shamir, der für sein Engagement für die palästinensische Sache bekannt ist, ist der Autor einer Trilogie, die neben dem oben erwähnten Werk auch *The Spirit of James* and *Pardes. A Study of the Kabbalah,* die beide in der Europa-Buchhandlung verkauft wurden. Zwei Monate vor dem Prozess hatte Shamir auf Einladung von Pedro Varela an einer Vortragsreihe der Librería Europa teilgenommen: am Sonntag, den 8. November 2009 in Madrid und am Montag, den 9. November 2009 in San Sebastián. Der Titel seines Vortrags lautete *„Die Schlacht des Diskurses: Das Joch von Zion".*

Mit der Analyse der ausgewählten Zitate aus dem Urteil könnten wir mindestens fünfzehn Seiten schreiben, die gleichen wie die von Estela María Pérez; aber es ist jetzt an der Zeit, das Urteil zu betrachten, in dem der Richter Pedro Varela Geiss zu einem Jahr und drei Monaten Gefängnis „als strafrechtlich Verantwortlicher für ein Verbrechen der Verbreitung völkermörderischer Ideen" und zu einem Jahr und sechs Monaten Gefängnis wegen „eines Verbrechens, das unter Verletzung der von der Verfassung garantierten Grundrechte und öffentlichen Freiheiten begangen wurde", verurteilt hat. Es ist ein unerträglicher Sarkasmus, eine offensichtliche Ungerechtigkeit, dass Varela wegen eines Verbrechens gegen die Grundrechte und verfassungsmäßigen Freiheiten verurteilt wurde, wo er doch gerade das Opfer der Verletzung dieser Rechte und Freiheiten in seiner Person war. Es wurde auch vereinbart, „alle in den nachgewiesenen Tatsachen beschriebenen Bücher zu beschlagnahmen... und ihre Vernichtung vorzunehmen, sobald das Urteil rechtskräftig ist".

Das Urteil wurde erst Ende Oktober 2010 rechtskräftig. Zuvor, im Mai 2010, hatte das Provinzgericht über die Berufung entschieden. Dieses Gericht der Audiencia bewahrte zumindest den Anstand, den es sich als Gericht schuldig ist, und sprach Pedro Varela vom zweiten Delikt frei, für das er zu einem Jahr und sechs Monaten Haft verurteilt worden war; das erste Delikt, die „Verbreitung völkermörderischen Gedankenguts", für das zu einem Jahr und drei Monaten Haft verurteilt worden war, blieb jedoch bestehen. Eine andere Richterin in Barcelona, die Leiterin des Strafgerichts Nr. 15, lehnte es ab, Pedro Varela die von ihm beantragte Bewährungsstrafe zu gewähren. Die Richterin erklärte in ihrem Urteil, dass sie bei der Verhängung der Haftstrafe des

Buchhändlers die Tatsache berücksichtigt habe, dass er 2008 zu einer weiteren siebenmonatigen Haftstrafe verurteilt worden war, was aus strafrechtlicher Sicht „ein Vorstrafenregister zeigt, das seine Gefährlichkeit belegt".

Pedro Varela kam am Sonntag, dem 12. Dezember 2010, ins Gefängnis. Es war ein heller Wintermorgen, wolkenlos, so wie Pedro frei von Verbrechen war. Er kam in einer kleinen Autokarawane an, begleitet von einer großen Gruppe von Freunden und Unterstützern, die ihn umringten und bis zum letzten Moment anfeuerten. Auf einem großen Transparent, das von mehreren Personen getragen wurde, stand: „Für das Recht auf Information. Keine Redakteure mehr im Gefängnis". Ein anderer Begleiter trug ein einzelnes Transparent mit der Aufschrift „Bücher sind verboten und Verleger sind eingesperrt". Mit bewundernswerter Tapferkeit und Würde und in dem Bewusstsein, ein Beispiel für Tapferkeit geben zu müssen, forderte Varela seine Freunde auf, nicht den Mut zu verlieren. Er erinnerte an die Inhaftierung Quevedos in den Kerkern von San Marcos de León und meinte, dass es an der Zeit sei, sich der Inhaftierung zu stellen. Er forderte alle auf, die Welt daran zu erinnern, dass Bücher gejagt und Verleger ins Gefängnis gesteckt werden. Wir können dafür sorgen", sagte er, „dass niemand mehr aus diesem Grund inhaftiert wird". Mit Umarmungen und Küssen verabschiedete er sich, nachdem er sich bedankt hatte, und durchquerte das Tor. Unter Beifall und begeisterten Rufen wie „Komm, Pedro!", „Bravo!" und „Wir werden dich nicht vergessen, Pedro!" ging er in Richtung der Zugangskontrollbüros. Glücklicherweise wurde ihm das Schreiben nicht verboten, so dass er in der Zelle 88 des Strafvollzugszentrums Can Brians 1, wo er seine Strafe verbüßte, eine Reihe von Briefen schreiben konnte. Diese Texte wurden später unter dem Titel *Cartas desde prisión* veröffentlicht. *Gedanken und Überlegungen eines Dissidenten.*

Am 8. März 2011 erließ Isabel Gallardo Hernández, eine weitere Ersatzrichterin am 15. Strafgerichtshof von Barcelona, einen Beschluss, in dem sie die Vernichtung der Bücher anordnete, wie im Urteil vom 5. März 2010 angeordnet. Wir zitieren einen Auszug aus dem Tenor des Beschlusses, um einen Überblick über den Index der verbotenen Bücher in Spanien zu geben, einem Land, in dem theoretisch Meinungsfreiheit herrscht und in dem es folglich keine verbotenen Bücher gibt.

„Ich beschließe, die Vernichtung aller Exemplare der Bücher mit den folgenden Titeln anzuordnen:
1. Mein Kampf. 2. Selbstporträt von Leon Degrelle, einem Faschisten. 3. Hitler und seine Philosophen. 4. Hitler, Reden aus den Jahren 1933/1934/1935. Gesamtwerk (Band 1). 5. Die Verbrechen der „Gutmenschen". 6. Grundlagen der Biopolitik: Vergessen und Übertreiben des Rassenfaktors. 7. ethnische Herkunft, Intelligenz und Bildung. 8. nobilitas. 9. der neue Mensch. 10. Revolutionäre Ethik. 11. Eiserne Garde. Der rumänische Faschismus. 12. Die Protokolle der Weisen von Zion. 13° Ökumene auf drei Seiten: Juden, Christen und Muslime. 14° Der grüne Regen von Yusuf. 15° Das Wagnersche Denken. 16° Die Geschichte der Besiegten (der Selbstmord des Westens). Band II. 17° Das Handbuch des Häuptlings. Von der Eisernen Garde.

Die Hitlerbüste, das eiserne Hakenkreuz, die Militärhelme sowie die Fotos und Plakate mit nationalsozialistischen Motiven, die entfernt wurden, sollten ebenfalls vernichtet werden.
Geben Sie dem Gefangenen die Fahnen und das Briefpapier zurück".

Die Feststellung, dass alles im Namen von Demokratie, Freiheit und Grundrechten geschieht, ist äußerst bedauerlich. Es stellt sich die Frage, warum Büsten historischer Figuren, Hakenkreuze, Militärhelme, Fotos oder Plakate zerstört werden sollten. Wenn uns gesagt wird, dass Hitler das absolut Böse verkörpert, müssen wir argumentieren, dass der Kommunismus die schlimmsten Verbrecher der Geschichte hervorgebracht hat. Soweit uns bekannt ist, gibt es keine Rechtsprechung, die die Zerstörung von Büsten von Lenin, Trotzki, Kaganóvich, Beria oder Stalin in Privathäusern vorschreibt. Es ist etwas anderes, dass Statuen an öffentlichen Plätzen in einigen Ländern entfernt, wenn nicht sogar von der empörten Bevölkerung nach Jahren des kommunistischen Totalitarismus abgerissen wurden.

Was die Bücher anbelangt, was kann man über die Zerstörung von Werken sagen, die in der ganzen Welt gelesen werden und in spanischen Bibliotheken frei zugänglich sind. Wie kann man das Verbot von Texten in Spanien akzeptieren, nur weil ein Gericht in Barcelona es als erwiesen ansieht, dass „der Inhalt der besetzten Bücher Verachtung für das jüdische Volk und andere Minderheiten widerspiegelt". Es ist ein beleidigender Sarkasmus, dass judenkritische Werke vernichtet werden müssen, während in Israel Rassenhass die Grundlage der Bildung ist. Die Talmudisten, die Christen abgrundtief hassen, lehren in „Abhodah Zarah", dass „sogar die besten Gojim (Nichtjuden oder Nichtjuden) getötet werden müssen". Verströmt diese Lehre nicht Rassenhass und Bigotterie der schlimmsten Art? Maurice Samuel (1895-1972), ein zionistischer Intellektueller, schreibt in Kapitel XIV seines Werkes *Ihr Nichtjuden* mit dem Titel „Wir, die Zerstörer" folgende Worte an die Nichtjuden: „Wir Juden sind die Zerstörer und werden es bleiben. Nichts, was ihr tun könnt, wird unseren Ansprüchen und Bedürfnissen genügen. Wir werden ewig zerstören, weil wir die Welt für uns haben wollen. Ist das nicht krimineller Rassismus?

Es ist davon auszugehen, dass Richterin Pérez Franco keine Ausflüchte gemacht hat und dass sie, wenn sie in den Themen, über die sie urteilte, hinreichend bewandert gewesen wäre, nicht die Verbrennung beispielsweise des Werks *Wagnerian Thought (*von dem 12 Exemplare beschlagnahmt wurden) des britischen Denkers Houston Stewart Chamberlain angeordnet hätte, weil der Autor auf Seite 83 zu schreiben wagte, dass „der Einfluss des Judentums das Fortschreiten der Degeneration beschleunigt und begünstigt, indem er den Menschen in einen ungezügelten Wirbelsturm treibt, der ihm keine Zeit lässt, sich selbst zu erkennen oder sich dieser beklagenswerten Dekadenz bewusst zu werden..."..." Das Zitat stammt aus dem Abschnitt „Bewiesene Tatsachen" in dem erschütternden Urteil vom 5. März 2010.

„Aus der Schule des Krieges des Lebens. - Was mich nicht umbringt, macht mich stärker". Dieser Satz aus Nietzsches „*Götterdämmerung"* ist ideal, um die Geisteshaltung zu erklären, mit der Pedro Varela am 8. März 2012 das

Gefängnis von Can Brians verließ. „Von nun an werde ich meine Anstrengungen verdoppeln", erklärte er, nachdem er seine Entschlossenheit bekundet hatte, die Arbeit in seiner Buchhandlung wieder aufzunehmen und weiter gegen die Repression zu kämpfen. Ein Jahr später, am 5. März 2013, verurteilte der Europäische Gerichtshof für Menschenrechte in Straßburg Spanien zur Zahlung von 13.000 Euro an Varela, da er der Ansicht war, dass das Provinzgericht von Barcelona ihm nach dem Urteil des Verfassungsgerichts von 2007 mehr Zeit für die Vorbereitung und Ausübung seiner Verteidigung hätte einräumen müssen. Es war ein moralischer Sieg, denn der Buchhändler hatte 125.000 Euro als Entschädigung gefordert. Die Richter des Straßburger Gerichts waren einstimmig der Ansicht, dass er „erst spät von der Änderung der Qualifikation" der Straftat, für die er zu sieben Monaten Gefängnis verurteilt wurde, erfahren durfte.

Die Tatsache, dass die Librería Europa und ihr Eigentümer die Vortragsreihe fortsetzen und ihre kommerziellen und kulturellen Aktivitäten wieder reorganisieren konnten, gefiel ihren Feinden nicht. Ein Dutzend vermummter Schergen wurde am 11. März 2014 in die Seneca-Straße geschickt. Diese mutigen Männer tauchten gegen halb elf Uhr morgens in der Buchhandlung auf und begannen am helllichten Tag mit der Unverfrorenheit derer, die wissen, dass sie ungestraft bleiben, mit dem Angriff: Von der Straße aus schlugen sie mit stumpfen Gegenständen die Scheiben der Schaufenster ein und warfen dann Farbdosen auf Bücher und Möbel. Glücklicherweise wurden die Mitarbeiter der Buchhandlung nicht angegriffen. Augenzeugen zufolge bestand die Gruppe aus etwa zwanzig Personen, aber nur die vermummten Männer verhielten sich gewalttätig. Pedro Varela erstattete Anzeige bei den Mossos d'Esquadra, wenn auch mit wenig Hoffnung, dass jemand verhaftet werden würde, da es zuvor noch nie zu Verhaftungen gekommen war.

Deutschland, der Staat, der seinen eigenen Schatten verfolgt, konnte nicht abseits stehen, ohne sich an den Schikanen gegen den spanischen Buchhändler und Verleger zu beteiligen. Sein Auftritt in der Verfolgung fand im Februar 2009 statt, als das deutsche Generalkonsulat in Barcelona eine Anzeige gegen Pedro Varela einreichte, weil er „*Mein Kampf*" ohne Genehmigung des Staates Bayern vertrieben hatte. Die Veröffentlichung des Werks in Deutschland war bis zum 30. April 2015 strafbar, als das Buch siebzig Jahre nach Hitlers Tod gemeinfrei wurde. Unter diesem Vorwand erhob der unermüdliche Miguel Ángel Aguilar, ein „fortschrittlicher" Jurist aus den Reihen von Baltasar Garzón, Santiago Vidal, José María Mena und ähnlichen, der als Staatsanwalt des Hasses bekannt ist, da er den Dienst gegen Hass- und Diskriminierungsverbrechen der Staatsanwaltschaft Barcelona leitet, im September 2015 Anklage gegen Pedro Varela wegen eines Verbrechens gegen das geistige Eigentum, ein Verbrechen, das im Übrigen nichts mit Hass und Diskriminierung zu tun hat. Der Hass-Staatsanwalt forderte unterwürfig zwei Jahre Haft für Varela, drei Jahre Berufsverbot für als Verleger und Gewerbetreibender sowie eine Geldstrafe in Höhe von 10.800 Euro, weil er das Buch ohne Genehmigung oder Lizenz veröffentlicht hatte, obwohl er wusste, dass die Rechte an dem Werk aufgrund eines Urteils der Justizkammer München dem deutschen Bundesland Bayern gehörten. Darüber hinaus forderte er vom Freistaat Bayern eine weitere Geldstrafe in Höhe von 216.000 Euro und eine Entschädigung von 67.637 Euro.

Was die Rechte an Hitlers Werken betrifft, so wissen wir, dass Paula Hitler, die Schwester des „Führers", François Genoud, „Scheich François" (siehe Anmerkung 19), mit der redaktionellen Betreuung zahlreicher Texte ihres Bruders betraut hatte, darunter *Mein Kampf*. Der Schweizer Bankier arbeitete mit ihr an einem globalen Abkommen zum Erwerb der Rechte an allen Werken Adolf Hitlers, doch Paula starb 1960. Schon damals waren die bayerischen Behörden, die den Vertrag zwischen Hitler und dem NSDAP-Verlag (Franz Eher Verlag) beschlagnahmt hatten, bestrebt, die Rechte für den Freistaat Bayern einzufordern.

Wie dem auch sei, der Hass von Pedro Varela sollte zu den bewiesenen Tatsachen gehören, da *Mein Kampf* in der ganzen Welt verkauft wurde und wird. In Indien zum Beispiel ist Hitler ein Kultautor. Sein berühmtes Werk ist zu einem Klassiker geworden und war lange Zeit ein Bestseller. Man kann es an Straßenständen kaufen und von Zeit zu Zeit landet es in den Top Ten der Bestsellerliste. Der Anwalt von Pedro Varela, Fernando Oriente, wies zu seiner Verteidigung zurück, dass der Freistaat Bayern und die Bundesrepublik Deutschland die Rechte hätten oder gehabt hätten, und argumentierte, dass der deutsche Konsul „keine Legitimität" besitze. Der Anwalt erinnerte daran, dass die erste Ausgabe des Buches in Spanien aus dem Jahr 1935 stammt und dass das Urheberrecht einer Person, die vor dem 7. Dezember 1987 verstorben ist, frei ist, wie in einem königlichen Erlass zum Gesetz über geistiges Eigentum von 1996 festgelegt. Der Anwalt von Varela bedauerte, dass Bayern die Absicht habe, „als Zensor des Denkens zu agieren und die freie Verbreitung von Ideen zu verhindern, die in der Verfassung verankert sind".

Wir wollten gerade zum Schluss kommen, als wir in der Ausgabe vom 28. Januar 2016 von *El País* in Katalonien folgende Schlagzeile lasen: „Staatsanwalt untersucht die Tat eines Neonazis in der Europa-Buchhandlung". In der Nachricht heißt es: „Der historische rechtsextreme Führer Ernesto Milá wird dort (in der Europa-Buchhandlung) sein neues Buch *El tiempo del despertar* vorstellen, das den Aufstieg des Nazismus preist". Mit anderen Worten: Der Staatsanwalt des Hasses versteht, dass die Präsentation eines Buches eine kriminelle Handlung sein kann. Nachdem mehr als hundert Millionen Opfer des Kommunismus in der ganzen Welt zu Grabe getragen wurden, nachdem diese totalitäre Ideologie fünfzig Jahre lang halb Europa unterdrückt hat, ist ein Vortrag über die kommunistischen Meister immer noch „fortschrittlich"; aber wenn der Vortragende „ein Neonazi" ist, haben wir es mit dem absolut Bösen zu tun, mit der Entschuldigung des nationalen Sozialismus, des Rassenhasses, des Antisemitismus.

Leider sind Revanchismus, Ressentiments und Hass heute in Spanien an der Tagesordnung, aber sie nisten sich in der Brust der immer so demokratischen „Antifaschisten" ein. Achtzig Jahre nach dem Bürgerkrieg, geschützt durch ein Gesetz des historischen Gedenkens, das sektiererisch genutzt wird, um nur an die Verbrechen einer der Seiten im Bruderkrieg zu erinnern, widmen sich die Parteien der so genannten „fortschrittlichen Linken", die in den großen

Rathäusern dank Pakten aller gegen einen an die Macht gekommen sind, der Zerstörung von Denkmälern, der Entfernung von Gedenktafeln für erschossene religiöse Menschen, der Änderung von Straßennamen... Bewaffnet mit Vernunft und moralischer Überlegenheit legen sie wie üblich eine Intoleranz und einen Fanatismus an den Tag, die die Harmonie und Versöhnung unter den Spaniern bedrohen, die dank der Verfassung von 1978 gesichert zu sein schienen. Aus diesem Grund kann man in Anbetracht der herrschenden Atmosphäre vermuten, dass die Verfolgung von Pedro Varela nicht aufhören wird.

Post Scriptum

Leider hat sich unser Verdacht Monate, nachdem wir den letzten Satz geschrieben haben, bewahrheitet: Nachdem wir diese *verbotene Geschichte* bereits abgeschlossen haben, haben wir erfahren, dass am 7. Juli 2016 eine neue Klage der Staatsanwaltschaft gegen die Asociación Cultural Editorial Ojeda als juristische Person und gegen ihren Vizepräsidenten Pedro Varela beim Juzgado de Guardia (Juzgado de Instrucción Nummer 18 von Barcelona) eingegangen ist. Die Klage richtete sich auch gegen Carlos Sanagustín García, Antonio de Zuloaga Canet, Viorica Minzararu und Nicoleta Aurelia Damian, Personen, die mit der Vereinigung und der Librería Europa verbunden sind. Die Richterin Carmen García Martínez ordnete sofort „dringende Vorsichtsmaßnahmen" an, darunter die Einstellung der Aktivitäten von Editorial Ojeda, die Schließung von Librería Europa und die Sperrung der beiden Websites der Buchhandlung. Absurderweise berief sich die Staatsanwaltschaft von Barcelona auf Artikel 510.1 a der spanischen Verfassung, der sich auf die Grundrechte und öffentlichen Freiheiten bezieht, um ihre rücksichtslosen Schikanen gegen Varela fortzusetzen.

Am Freitag, den 8. Juli, verhafteten die Mossos d'Esquadra die beiden Verkäuferinnen der Librería Europa, beide rumänischer Herkunft, und die beiden Mitglieder der Asociación Cultural Editorial Ojeda in ihren Wohnungen. Pedro Varela war nicht in der Stadt, da er mit seiner jüngsten Tochter verreist war und irgendwo in den Bergen Spaniens zeltete. Bei der Durchsuchung der Buchhandlung wurden fünfzehntausend Bücher und Computerausrüstung beschlagnahmt. Die Europa-Buchhandlung wurde versiegelt. Um 7.00 Uhr desselben Morgens führte die katalanische Polizei auch eine Razzia in der Wohnung von Pedro Varela durch. Neben den Computern beschlagnahmten die Beamten auch das gesamte Bargeld, das er in seinem Haus aufbewahrte.

Nachdem er erfahren hatte, dass ein Haftbefehl ausgestellt worden war, gab Pedro Varela eine Erklärung ab, in der er ankündigte, vor Gericht zu erscheinen, was er am 15. Juli auch tat. In Begleitung seiner Anwälte erschien der Buchhändler und Verleger vor dem Juzgado de Instrucción Nummer neun, der den Haftbefehl ausgestellt hatte. Er verweigerte die Aussage. Der Staatsanwalt, Miguel Ángel Aguilar, beantragte Untersuchungshaft mit der Begründung, dass bei ihm Fluchtgefahr bestehe und er wiederholt straffällig geworden sei. Der Richter ordnete die Untersuchungshaft gegen eine Kaution von 30.000 Euro an, die Varela nicht zahlen konnte. Die Anwälte Luis Gómez und Javier Berzosa versuchten, eine Reduzierung der Kaution zu erreichen. Sie argumentierten, dass ihr Mandant kein reicher Mann sei und dass er das von den Mossos d'Esquadra bei ihm zu Hause beschlagnahmte Geld nicht zur Zahlung der Kaution verwenden könne. Was er hat", so Berzosa, „wurde bei der Durchsuchung seines Hauses sichergestellt. Varela wurde daraufhin in das Modelo-Gefängnis in Barcelona eingeliefert. Glücklicherweise zahlte ein Freund die Kaution noch am selben Tag, so dass Pedro am Abend seine Freiheit wiedererlangen konnte.

Die anderen Personen wurden nach 24 Stunden Haft mit dem Vorwurf der Förderung von Hass und Diskriminierung freigelassen, weil sie an der „Organisation von Konferenzen in der Buchhandlung teilgenommen hatten, in denen der nationalsozialistische Völkermord verherrlicht und gerechtfertigt und der jüdische Holocaust geleugnet wurde". Die Staatsanwaltschaft wollte die beiden Männer, den Vorsitzenden und den Schatzmeister der Asociación Cultural Editorial Ojeda, inhaftieren, doch der Richter ließ sie frei. Wenige Tage nach der Versiegelung der Librería Europa erschien vor der mit einem Reißverschluss versehenen Tür ein prächtiger Kranz, der auf einer hölzernen Staffelei niedergelegt war und folgende Inschrift trug: „Von der Kultur und der Freiheit zur Librería Europa".

Am 18. Juli reichte Esteban Ibarra, ein angeblicher Verfechter der Toleranz und Vorsitzender der Bewegung gegen Intoleranz, einer Nichtregierungsorganisation, die seit 1995 öffentliche Zuschüsse in Höhe von fast sieben Millionen Euro erhalten hat, eine Klage gegen Pedro Varela und die anderen Leiter der Buchhandlung und des Verlags ein. Ibarra kündigte eine Volksklage an und rechnete mit der Beteiligung des Verbands der jüdischen Gemeinden Spaniens, der Internationalen Liga gegen Rassismus (LICRA), der jüdischen Gemeinde Bet Shalom von Barcelona usw. usw... Um den öffentlichen Lynchmord an einem einzelnen Mann zu beenden, verkündete der Stadtrat von Barcelona über den stellvertretenden Bürgermeister Jaume Asens, der in der Podemos-Partei für Menschenrechte zuständig ist, dass der Stadtrat als Staatsanwalt in dem Fall auftreten werde, „weil er die ganze Stadt beleidigt hat". Jaume Asens, ein zum Separatisten gewordener „Systemgegner", erklärte, dass „die Librería Europa ein Hauptquartier der extremen Rechten in der Stadt" sei.

Während des Franco-Regimes gab es eine Zensur, die dem Schutz der Buchhändler diente, da sie wussten, welche Werke sie nicht verkaufen konnten. Heute gibt es in Spanien keine Zensur mehr, und theoretisch müsste kein Buchhändler etwas befürchten. Doch ein Geschäftsmann, der mit dem Verkauf von Büchern „eine ganze Stadt beleidigen" kann, wird bösartig verfolgt. Wir befürchten, dass die Feinde von Pedro Varela diesmal entschlossen sind, ihn für immer in ein Gefängnis des Schweigens zu sperren. Nach mehr als zwanzig Jahren der Verfolgung ist Varela zu einem legendären Dissidenten in Spanien und einem der hartnäckigsten in Europa geworden. Seine Überzeugungen und seine Würde als Mensch werden durch seine vorbildliche Haltung des friedlichen Widerstands unterstrichen. Sein Kampf für die Meinungs- und Gedankenfreiheit verdient die Anerkennung nicht nur derjenigen unter uns, die seine revisionistischen Ansichten teilen, sondern aller, die wirklich an die Freiheit glauben.

Weitere in Katalonien verfolgte Buchhändler und Verleger

Der folgende Fall bestätigt die Ungerechtigkeit, die Pedro Varela widerfahren ist. Es handelt sich um den Fall Librería Kalki, bei dem vier Buchhändler und Verleger vom Obersten Gerichtshof freigesprochen wurden, während Varela, ebenfalls Buchhändler und Verleger, wegen der gleichen Tat eine Haftstrafe verbüßte. Daraus ließen sich zahlreiche und vielfältige Schlussfolgerungen ziehen, die wir aber nicht weiter ausführen. Im Folgenden beschränken wir uns auf eine knappe Darstellung des Sachverhalts, nachdem wir die Protagonisten skizziert haben: Óscar Panadero, Ramón Bau, Juan Antonio Llopart und Carlos García, die vom Provinzgericht Barcelona in einem Urteil vom 28. September 2009 wegen der Verbreitung völkermörderischer Ideen verurteilt wurden.

Der erste, Óscar Panadero, Sohn eines Führers der PSUC, Neffe von Anarchisten und Enkel von Falangisten, wurde als Kind in den Diskussionen der drei ideologischen Bekenntnisse erzogen und entschied sich schließlich für den Nationalsozialismus. Er wurde 1977 in Barcelona geboren, brach die Schule mit hervorragenden Noten ab und entschied sich für eine autodidaktische Ausbildung. Weder die Lehrer noch seine Eltern konnten den jungen Teenager überzeugen, der bestätigte, dass er nicht die Absicht hatte, sich einer Schule zu unterwerfen, die Unwahrheiten lehrte. Über Vereinigungen wie Alternativa Europea und Movimiento Social Republicano gelangte er schließlich zum Círculo de Estudios Indoeuropeos (CEI), dessen Präsident Ramón Bau war. Nach dem Verkauf seines Anwesens und der Aufgabe eines guten Arbeitsplatzes eröffnete er im Januar 2003 die Buchhandlung Kalki, deren Inhaber und Leiter er war. Nur ein halbes Jahr später begann seine politische Verfolgung: Am 8. Juli 2003 und am 25. Mai 2004 führte die Regionalpolizei Razzien in der Buchhandlung durch und beschlagnahmte, wie im Fall der Buchhandlung Europa, Tausende von Büchern und Zeitschriften sowie Kataloge, Broschüren usw.

Der zweite, Ramón Bau, ebenfalls aus Barcelona, beteiligte sich im Alter von siebzehn Jahren an der Gründung des Círculo Español de Amigos de Europa und arbeitete mit Pedro Varela in dessen Verlagsaktivitäten. Bau arbeitete eng mit Varela zusammen und wurde Generalsekretär von CEDADE. Im Jahr 1984 gründete er Ediciones Bau, Bausp y Wotton und gab mehr als hundert Zeitschriften heraus. Im Juni 1998 gründete er den Círculo de Estudios Indoeuropeos. Bau, ein Intellektueller mit großem Wissensschatz, ist überzeugter Nationalsozialist und bekennender Wagnerianer.

Juan Antonio Llopart, der dritte der verfolgten Katalanen, wurde in Molins de Rei in eine falangistische Familie geboren. Er war der Gründer von Ediciones Nueva República und die treibende Kraft hinter der Zeitschrift *Nihil Obstat*. Von Ediciones Nueva República aus förderte und organisierte Llopart eine Reihe von Konferenzen, Disidencia, an denen mehrere Jahre lang internationale Persönlichkeiten teilnahmen, die im Bereich der Kultur gegen den Strom schwammen. Er ist Autor mehrerer Werke und hat an verschiedenen Veröffentlichungen mitgewirkt.

Der vierte, Carlos García, Mitglied der CEI und ebenfalls aus der Tradition der Falangisten, behauptet, ein Schüler des Nationalsozialismus zu sein. Als Sekretär von Óscar Panadero erzählte er eine bezeichnende Anekdote über seine Verhaftung: Als zehn Polizisten 2004 nachts in sein Haus eindrangen, trug derjenige, der den Befehl gab, Zivilkleidung und einen roten kommunistischen Stern am Revers. García glaubt, dass dies eine Art war, ihn wissen zu lassen, wer hinter ihm her war.

Nun, nach ihrer erniedrigenden Verhaftung und mehrtägiger Haft in den Kerkern wurde gegen sie ein Verfahren vor dem Juzgado de Instrucción n° 4 de Sant Feliu de Llobregat (Amtsgericht Sant Feliu de Llobregat Nr. 4) eröffnet. Nach dem Beschluss über die Eröffnung der mündlichen Verhandlung wurde der Fall an das Provinzgericht von Barcelona verwiesen, das am 28. September 2009 sein Urteil verkündete. Die vier wurden zu Haftstrafen von bis zu dreieinhalb Jahren wegen Verbreitung von völkermörderischem Gedankengut, Verbrechen gegen die Grundrechte und -freiheiten und unerlaubter Vereinigung verurteilt. Ramón Bau, Präsident der CEI, und Óscar Panadero, Inhaber der Librería Kalki, erhielten dreieinhalb Jahre; Carlos García drei Jahre; Juan Antonio Llopart, Verwalter von Ediciones Nueva República, wurde nicht wegen unerlaubter Vereinigung verurteilt und erhielt daher zweieinhalb Jahre Haft.

Die Anwälte legten vor dem Obersten Gerichtshof Kassationsbeschwerde wegen Verstoßes gegen das Gesetz und die verfassungsrechtlichen Vorschriften sowie wegen Formverstoßes ein. Am 12. April 2011 erließ der Oberste Gerichtshof das Urteil 259/2011, dessen Berichterstatter der Richter Miguel Colmenero Menéndez de Luarca war. In dem Urteil wurde festgestellt, dass die Kassationsbeschwerden wegen Verletzung des Gesetzes und des Verfassungsgebots sowie wegen Formverstoßes zulässig sind. Infolgedessen wurden die Angeklagten von den Straftaten, für die sie verurteilt worden waren, freigesprochen und alle Urteile des Obersten Gerichtshofs wurden für nichtig erklärt. Das Urteil umfasste 218 Seiten. Im Abschnitt „Fundamentos de Derecho" (Rechtsgrundlagen) wurden dieselben Argumente angeführt, die von der Verteidigung von Pedro Varela vorgebracht und von den katalanischen Gerichten, die ihn angeklagt und verurteilt hatten, zurückgewiesen worden waren. Im Folgenden wird ein Auszug zitiert:

> „Daher stellt im Falle von Verlegern oder Buchhändlern der Besitz einiger Exemplare solcher Werke in mehr oder weniger großer Zahl mit dem Ziel, sie zu verkaufen oder zu verbreiten, wie dies bei vielen anderen möglichen Werken mit ähnlicher oder sogar gegenteiliger Thematik in ihrem zutiefst diskriminierenden und ausgrenzenden Sinn der Fall wäre, an sich keinen Akt der Verbreitung von Ideen dar, der über die bloße Tatsache hinausgeht, dass sie ihre dokumentarischen Träger potenziellen Nutzern zur Verfügung stellen, und daher nichts anderes als das, was von ihrem beruflichen Engagement zu erwarten ist, selbst wenn sie in irgendeiner Form eine Rechtfertigung des Völkermords enthalten, stellen sie weder eine unmittelbare Aufforderung zum Hass, zur Diskriminierung oder zur Gewalt gegen diese Gruppen noch eine mittelbare Aufforderung zur Begehung

von Handlungen dar, die einen Völkermord darstellen, und selbst wenn diese Werke Konzepte, Ideen oder Doktrinen enthalten, die diskriminierend oder beleidigend für Gruppen von Menschen sind, kann nicht davon ausgegangen werden, dass diese Verbreitungshandlungen allein ein Klima der Feindseligkeit schaffen, das eine gewisse Gefahr birgt, sich in konkreten Gewalttaten gegen sie zu materialisieren.

Der bewiesene Sachverhalt enthält keine für die Anwendung des Straftatbestands erforderliche Beschreibung einer den Angeklagten zugeschriebenen Handlung der Förderung, Werbung, öffentlichen Verteidigung, Empfehlung, des Lobes oder der Aufstachelung oder ähnlicher Handlungen, die sich auf die Güte der Ideen oder Lehren, die in den von ihnen veröffentlichten, vertriebenen oder verkauften Büchern enthalten sind, aufgrund ihres philhonazistischen Inhalts bezogen, diskriminierenden, völkermordgefährdenden oder völkermordbegründenden Inhalts oder auf die Erwünschtheit ihres Erwerbs für die Kenntnis und Entwicklung dieser Ideen oder Lehren hinwiesen oder in irgendeiner Weise ihre Umsetzung befürworteten, die als Verbreitungshandlungen angesehen werden könnten, die eine größere Tragweite haben und sich von der Tatsache unterscheiden, dass bestimmte Werke veröffentlicht oder Kopien an potenzielle Kunden abgegeben werden.

Die in der Sachverhaltsdarstellung behaupteten Handlungen können auch nicht als Verherrlichung der nationalsozialistischen Führer aufgrund ihrer diskriminierenden oder völkermörderischen Handlungen angesehen werden und können daher, unbeschadet der Meinung, die diese Personen möglicherweise verdienen, in Bezug auf das bisher Gesagte nicht als indirekte Aufstachelung zum Völkermord oder als eine Tätigkeit angesehen werden, die darauf abzielt, ein feindseliges Klima zu schaffen, aus dem konkrete Handlungen gegen die beleidigten Personen oder gegen die Gruppen, denen sie angehören, abgeleitet werden könnten".

Im Klartext bedeutet die Tatsache, dass Buchhändler oder Verleger in Ausübung ihrer beruflichen Tätigkeit bestimmte Bücher verkaufen oder veröffentlichen, nicht, dass sie Völkermord, Hass oder Gewalt gegen irgendjemanden rechtfertigen. Der Oberste Gerichtshof, und dies gilt auch für den Fall Pedro Varela, war nicht der Ansicht, dass die „nachgewiesenen Tatsachen" etwas mit Handlungen zur Förderung oder Rechtfertigung der Ausübung der in den veröffentlichten oder vertriebenen Büchern enthaltenen Ideen zu tun haben. Er war auch nicht der Ansicht, dass den Verurteilten auf der Grundlage der in der Sachverhaltsdarstellung behaupteten Handlungen eine Aufstachelung zum Völkermord angelastet werden kann. In Bezug auf die Behauptung, dass die Angeklagten Teil einer rechtswidrigen Vereinigung waren, erklärte der Oberste Gerichtshof in seinem Urteil, dass „es nicht ausreicht, die Ideologie der Gruppe oder ihrer Mitglieder zu beweisen", und vertrat die Auffassung, dass die verfügbaren Daten nicht zeigten, dass die Gruppe „eine strukturierte Organisation mit den Mitteln zur Umsetzung der ideologischen Ausrichtung in die Förderung der Diskriminierung" war.

Das Urteil STC 235 vom 7. November 2007 und das Urteil Nr. 259 vom 12. April 2011 der Strafkammer des Obersten Gerichtshofs schützen die Rechte auf ideologische Freiheit und Meinungsfreiheit, so dass jede Idee verteidigt und verbreitet werden kann. Anstatt sich jedoch zu zwei Urteilen zu beglückwünschen, die die Freiheiten aller schützen, zerrissen einige „fortschrittliche" Medien, die stets der Stimme ihrer Herren untergeordnet sind, ihre Kleider und betrachteten die Urteile als einen Rückschritt. Mit anderen Worten: Wenn Richter und Staatsanwälte in Übereinstimmung mit bestimmten Interessen handeln, auch wenn sie die Grundrechte einschränken, handelt es sich um vorbildliche Urteile; andernfalls sind die Richter konservativ und abscheulich. In ihrem Sektierertum ignorieren diese Medien und die hinter ihnen stehenden Gruppen die Tatsache, dass die Verfassung keine Ideologien verbietet, unabhängig davon, ob sie am einen oder am anderen Ende des politischen Spektrums stehen. Nach Ansicht der Richter des Obersten Gerichtshofs verbietet die Verfassung „keine Ideologien", so dass „Ideen als solche nicht strafrechtlich verfolgt werden sollten". Der Oberste Gerichtshof betonte, dass die Toleranz gegenüber allen Arten von Ideen auch die Akzeptanz von Ideen zulässt, die die Verfassung selbst in Frage stellen, „wie verwerflich sie auch sein mögen". Kurzum, der Oberste Gerichtshof stützte sich auf die Rechtsprechung des Verfassungsgerichts, wonach „im Rahmen des Schutzes der Meinungsfreiheit Platz für jede Meinung ist, so falsch oder gefährlich sie dem Leser auch erscheinen mag, selbst für solche, die das demokratische System selbst angreifen. Die Verfassung schützt auch diejenigen, die sie leugnen".

Das Urteil des Obersten Gerichtshofs war ein Rückschlag, ein Rückschlag für den Obersten Gerichtshof von Barcelona. Zu diesem Zeitpunkt befand sich Pedro Varela noch im Gefängnis von Can Brians. Im Juni 2011, ein halbes Jahr nach seiner freiwilligen Einweisung, verweigerte ihm der Behandlungsausschuss des Gefängnisses die Erlaubnis, seine Frau und seine kleine Tochter zu sehen, die er seitdem nicht mehr gesehen hatte. Da die Befugnisse des Strafvollzugs auf die Generalitat de Catalunya übertragen wurden, ist es klar, dass die Gefängnisbeamten politische Anweisungen der katalanischen Regierung befolgten. Pedro Varela hatte einen Antrag auf den dritten Grad gestellt, der abgelehnt worden war. Am 3. März 2011 legte er Einspruch gegen die Ablehnung ein. Wäre der Gerechtigkeit Genüge getan worden, hätte das zuständige Strafvollzugsgericht nach Bekanntwerden des Urteils des Obersten Gerichtshofs, mit dem die vier wegen derselben Straftaten verurteilten Buchhändler und Verleger freigesprochen wurden, über den Einspruch gegen die Ablehnung des dritten Grades entscheiden und automatisch die bedingte Entlassung des Gefangenen anordnen müssen. Obwohl die Rechtsprechung des Obersten Gerichtshofs den Sachverhalt, wegen dem er inhaftiert war, nicht als Verbrechen ansieht, hat Varela seine Strafe in vollem Umfang verbüßt. Damit wurde einmal mehr deutlich, dass sein Fall politisch motiviert war und nichts mit Fairness und Gerechtigkeit zu tun hatte.

7. HAUPTOPFER DER VERFOLGUNG IN VERFOLGUNG IN SCHWEDEN:

Ditlieb Felderer, der spöttische Jude mit ätzender Satire

Dieser Revisionist, der in Schweden angeklagt, verfolgt, verurteilt und inhaftiert wurde, unterhält derzeit eine respektlose Website, *Ditliebradio*, auf der er mit sardonischem Humor Betrügereien anprangert. Auf sarkastische und makabre Weise macht er sich mit allerlei ironischen, auch pornografischen Fotos über die Lügen des Holocaust, die Verbrechen des Zionismus, die Dogmentreue der katholischen Kirche, die Zeugen Jehovas und all das andere lustig. Manchmal verwendet er kühne und raffinierte Fotomontagen, um seine Anprangerungen besser zu illustrieren. Für all dies ist Felderer als exzentrischer Revisionist bekannt. Sein bizarrer Sinn für Humor wurde von den Vernichtungsgegnern und Propagandisten benutzt, um ihn zu diskreditieren. Er scheint sich wenig darum zu scheren, da er der Meinung ist, dass die „Sensibilität" von Geschichtsfälschern und zwanghaften Lügnern überhaupt nicht respektiert werden sollte.

Nach Angaben von Elliot Y. Neaman, Doktor der Geschichte an der Universität von Kalifornien in Berkeley und Professor an der Universität von San Francisco, ist Ditlieb Felderer Jude, ebenso wie seine Mutter, die aus einer Familie von Zeugen Jehovas stammte. Er wurde 1942 in Innsbruck geboren und floh mit seiner Familie vor den Nazis: Sie gingen nach Italien und emigrierten von dort schließlich nach Schweden, wo er seine Ausbildung erhielt. Er besitzt daher die schwedische Staatsbürgerschaft. 1976 begann er als Mitarbeiter einer Zeitschrift der Zeugen Jehovas, in die Lager zu reisen. Jahre später, zwischen 1978 und 1980, unternahm er eine zweite Besuchsrunde in den theoretischen Vernichtungslagern. Er war einer der ersten Forscher, die in Auschwitz nach Beweisen suchten. Bei diesen Reisen machte er fast 30.000 Fotos und hielt selbst die kleinsten Details der Einrichtungen fest. Viele davon sind in seine Fotomontagen eingeflossen. In Auschwitz fotografierte Felderer das Schwimmbad, das moderne Krankenhaus mit seiner gynäkologischen Abteilung, das Theater, die Bibliothek, die Unterrichtsräume, in denen Bildhauerkurse stattfanden, die Küche, die zu den größten Einrichtungen des Lagers gehörte. Er hatte Zugang zu Archiven, für die eine Sondergenehmigung erforderlich war, und entdeckte darin die Partitur eines Stücks mit dem Titel „Auschwitz-Walzer", das angeblich vom Lagerorchester aufgeführt wurde.

Einer seiner wichtigsten Beiträge als Revisionist war die Entdeckung der Rolle, die die Zeugen Jehovas in den Lagern spielten, die mit der SS-Verwaltung zusammenarbeiteten. Wir haben bereits erwähnt, dass er als prominenter Zeuge Jehovas aus der Sekte ausgeschlossen wurde, als er anprangerte, dass die Behauptung, die Deutschen hätten 60.000 Mitglieder vernichtet, falsch sei, da er nach seinen Recherchen feststellte, dass nur 203 von ihnen gestorben waren (siehe Anmerkung 15). Während dieser Auseinandersetzung mit der Sektenleitung fiel ihm das Buch von Richard Verrall (Richard Harwood) in die

Hände, das er 1977 in einer schwedischen Ausgabe veröffentlichte und in einer Auflage von 10.000 Exemplaren vertrieb. Seitdem ist sein Engagement für den Geschichtsrevisionismus von Dauer. Nachdem er 1978 die Zeitschrift *Bibelforscher* gegründet hatte, veröffentlichte er 1979, dem Jahr seiner Begegnung mit Ernst Zündel, unter dem Pseudonym Abraham Cohen das Buch *Auschwitz Exit*. Als Ergebnis seiner Recherchen erschien im selben Jahr sein *Tagebuch der Anne Frank - eine Fälschung?*

Schon Felderer hatte eine Vorliebe für gewisse Exzentrizitäten, von denen einige Zündel störten, weil er sie für kontraproduktiv hielt. Eine davon kostete ihn schliesslich die Gefängnisstrafe. Da im Museum Auschwitz Haare von angeblichen Opfern ausgestellt sind, die in den Gaskammern ermordet wurden, kam Felderer auf die Idee, sich in einem weit verbreiteten Flugblatt darüber lustig zu machen: „Bitte nehmen Sie dieses Haar eines vergasten Opfers an". Das Flugblatt wurde an die Verantwortlichen des Auschwitz-Museums gesandt. In den Text des Flugblatts wurden Zeichnungen und Witze eingestreut, die sich über die Beamten des Museums und die Vernichter lustig machten. Auf der ersten Zeichnung hält eine lächelnde Frau ein eingepacktes Geschenk mit der Aufschrift: „Bitte schicken Sie uns Ihren ganzen Müll. Wir brauchen ihn für unsere authentischen Exponate und Dokumentationen". Der zweite Scherz war ein Clown, der sagte: „Ich bin ein Experte für Vernichtungsaktionen. Schicken Sie uns großzügig Ihre Dokumente an alle unsere Adressen. Man wird sich an Sie erinnern. Die dritte Illustration war ein Mann, der Krokodilstränen weint, der Text darunter lautete: „Ich wurde sechsmal vergast! Nein! Zehnmal, nein!... und es gibt 5.999.999 andere wie mich in Neu Jork! Die sechs Millionen vergasten Juden sind ein Schwindel!". Während Zündels erstem Prozess wurde er befragt und erklärte, dass seiner Meinung nach Satire notwendig sei, um einen Schwindel anzuprangern, der von mächtigen Staaten und der Macht des Geldes unterstützt werde.

1980 verhaftete die schwedische Polizei Ditlieb Felderer wegen der Veröffentlichung des Pamphlets. Bei dieser ersten Verhaftung verbrachte er drei Wochen im Gefängnis. 1982 wurde er ein zweites Mal wegen des umstrittenen Pamphlets verhaftet. Diesmal wurde er wegen Volksverhetzung angeklagt, und ein Stockholmer Gericht verurteilte ihn zu sechs Monaten Gefängnis. Felderer gab an, dass er während dieser Haftzeit unmenschlich behandelt wurde. Er habe nicht gewusst, ob es Tag oder Nacht sei, und die meiste Zeit damit verbracht, die Wand eines zwei mal drei Meter großen Betonbunkers anzustarren, da er kaum nach draußen gehen durfte, um frische Luft zu atmen. Die Zelle verfügte über keine Toilette, und wenn er sich erleichtern musste, wurde er in einen Waschraum eskortiert und eingesperrt. Aus Protest gegen seine Situation und weil er nicht schreiben durfte, trat er dreimal in den Hungerstreik, bis man ihm schließlich erlaubte, sich zu bewegen und mit Papier und Bleistift versorgte. Felderer berichtete, dass er mehrfach geschlagen und beschimpft worden sei.

1988, bei Zündels zweitem Prozess, zeigte er 300 Flugblätter, die er bei seinen Besuchen in den Lagern aufgenommen hatte, und forderte Schutz für den Revisionismus und Redefreiheit statt Verfolgung. Die Staatsanwaltschaft überreichte ihm mehrere seiner Flugblätter. Sie bat ihn, eines mit dem Titel „Drei jüdische Beiträge zur westlichen Zivilisation" zu lesen. Die Beiträge bezogen sich auf die Atombombe, die von Robert Oppenheimer entwickelt wurde, auf die Wasserstoffbombe, deren Vater Edward Teller war, und auf die Neutronenbombe von Samuel Cohen. Alle drei waren Juden. Felderer sagte aus, sein Flugblatt spreche Bände über bestimmte Personen, die diese schrecklichen Vernichtungswaffen entwickelt hätten. Ein weiteres Flugblatt, das ihm gezeigt wurde, bezog sich auf seine Einweisung in eine psychiatrische Klinik während seines Prozesses: Er beklagte sich darüber, dass in Schweden Kritiker interniert würden, und verglich diese Praxis mit der in der Sowjetunion angewandten. Die Staatsanwaltschaft entgegnete Felderer, dass sie nicht akzeptieren könne, dass die schwedischen Behörden ihn für krank und hilfsbedürftig hielten, doch er beharrte darauf, dass die Untersuchungen, denen er sich unterzogen hatte, zeigten, dass er völlig gesund sei.

Es scheint, dass er nach seiner Aussage im Prozess von Toronto dachte, er hätte alles getan, was er konnte, und seine Forschungen eingestellt hatte. Ernst Zündel hat Felderers hervorragende Arbeit über die Lager und das Tagebuch von Anne Frank stets anerkannt, war aber der Ansicht, dass Satire kein geeignetes Genre für einen Historiker sei, weil sie die Ernsthaftigkeit der übrigen Arbeit in Frage stellen könne. Zündel bedauerte, dass Felderer mit seinem Spott in Form von Pamphleten und Zeichnungen zu weit gegangen war. Trotz seines Verschwindens von der Bildfläche hat Felderer immer wieder von Belästigungen und Beleidigungen berichtet. Nicht umsonst gilt er als einer der wegweisenden Forscher des Revisionismus.

Wie in Fußnote 15 erwähnt, beschuldigte Ditlieb Felderer zuletzt im November 2013 den jüdischen Richter Johan Hirschfeldt, hinter „terroristischen Aktionen" gegen ihn und seine philippinische Frau zu stecken. Auf seiner Website *Ditliebradio* bezog sich Felderer auf geheime Dokumente des schwedischen Außenministeriums, um sehr schwere Anschuldigungen gegen Hirschfeldt zu erheben, den er beschuldigte, im Auftrag der ADL (Anti-Defamation League) Schläger zu Angriffen gegen sie angestiftet zu haben. Bei einem dieser Anschläge, die Felderer als Staatsterrorismus bezeichnet, hätte seine Frau fast ihr Leben verloren. Laut Felderer könnte der damalige Außenminister Carl Bildt für seine Untätigkeit verantwortlich gemacht werden. Felderer warf Richter Hirschfeldt auch vor, den mehrfach angegriffenen marokkanischen Revisionisten Ahmed Rami, der seit vielen Jahren die Website *Radio Islam* betreibt, mit falschen Anschuldigungen zu belästigen.

Ahmed Rahmi, der Architekt von *Radio Islam* und führender muslimischer Revisionist

Der Marokkaner berberischer Abstammung war Offizier der königlichen marokkanischen Armee, als er am 16. August 1972 an einem gescheiterten Staatsstreich gegen König Hassan II. teilnahm, den er für eine Marionette der jüdischen Macht hielt. Nachdem er in den Untergrund gegangen war, ging Ahmed Rami nach Paris und von dort nach Schweden, wo er 1973 politisches Asyl beantragte und erhielt. Seitdem lebt er in Stockholm, wo er fünf Bücher auf

Schwedisch veröffentlicht hat. Sein Erscheinen auf diesen Seiten ist auf seine revisionistischen Aktivitäten zurückzuführen, die ihm in dem Land, das ihn aufgenommen hatte, schließlich eine Gefängnisstrafe einbrachten.

1987 gründete und leitete er einen Radiosender namens *Radio Islam*, der es ihm ermöglichte, mit den Schweden und den etwa achtzigtausend im Land lebenden Muslimen zu kommunizieren. Sein Slogan lautete „Radio Islam - The Freedom Fighter - Join the fight against Jewish domination and racism! In seinen Radiosendungen begann er, revisionistische Inhalte zu verbreiten, insbesondere die Werke von Robert Faurisson. Im Jahr 1988 berichtete der Sender über den Ernst-Zündel-Prozess in Toronto. Als überzeugter Verfechter der palästinensischen Sache brachte Rami den Holocaust von Anfang an mit der zionistischen Usurpation Palästinas in Verbindung und verknüpfte folglich die Befreiung des palästinensischen Volkes mit der Entlarvung der vom Zionismus auferlegten Lügen. Diese Offenheit führte dazu, dass der Radiosender als antisemitisch gebrandmarkt wurde, und 1989 erstattete der Justizminister auf Druck der jüdischen Lobby Anzeige wegen Aufstachelung zum Rassenhass.

Ein Prozess gegen Ahmed Rami begann im September 1989 und dauerte bis November. Der Prozess begann am 15. September vor dem Stockholmer Bezirksgericht. Von Anfang an wies Ramis Verteidigung die Vorwürfe der Beleidigung und Diffamierung einer ethnischen Gruppe zurück und führte das Argument an, dass die Meinungsfreiheit nicht eingeschränkt werden könne, weil sich jemand beleidigt fühle. Darüber hinaus beharrte Rechtsanwalt Ingemar Folke darauf, dass Rami lediglich Passagen aus der Bibel zitiert habe, in denen Juden als Erpresser, gierig, sadistisch, ausbeuterisch und kriminell dargestellt würden. Die Tatsache, dass die Texte aus dem Pentateuch stammten, veranlasste die schwedische Presse zu der Annahme, dass das Gericht letztlich beurteilen sollte, ob sie rassistische oder verächtliche Äußerungen gegenüber anderen ethnischen Gruppen enthielten. Staatsanwalt Hakan Bondestam rief den Rabbiner Morton Narrowe und den ehemaligen lutherischen Bischof von Stockholm, Krister Stendahl, einen Ehrenprofessor der Harvard-Universität, auf, die aus den USA einflogen, um gegen den marokkanischen Revisionisten auszusagen. Stendahl erklärte, Luthers *Die Juden und ihre Lügen* sei nicht christlich und Luther sei ein Antisemit. Rami seinerseits präsentierte als Zeugen Jan Hjärpe, einen renommierten Professor für Islam an der Universität Lund, und Jan Bergman, einen Professor für Religion an der Universität Uppsala. Beide sagten aus, dass ihrer Meinung nach das Recht auf freie Meinungsäußerung auf Schweden angegriffen wurde, als es darum ging, Kritik an Israel und die palästinensische Frage zum Schweigen zu bringen. Rechtsanwalt Folke bestand darauf, dass zwischen Antisemitismus und Antizionismus unterschieden werden müsse und betonte, dass sein Mandant die Rechte des palästinensischen Volkes verteidigen wolle und dass Kritik an der Politik eines Staates nicht als Rassenhass betrachtet werden könne. Die Tageszeitung *Expressen* vertrat in ihrer Ausgabe vom 23. Oktober 1989 die Ansicht, dass es „praktisch unmöglich ist, Antisemitismus und Antizionismus voneinander zu trennen", und zeigte damit ihre heimtückische Bösgläubigkeit.

Bei den anderen Themen wurde Rami der Holocaust-Leugnung bezichtigt. Er behauptete teilnahmslos, der angebliche Völkermord an sechs Millionen Juden sei „ein riesiger Propagandaschwindel". Einige Zeitungen griffen Ramis Zitate aus den *Protokollen der Weisen von Zion* und seine Behauptung, die Juden seien nicht in den Gaskammern vernichtet worden, empört auf. Der Hauptverteidiger von Rami und den Professoren Hjärpe und Bergman in der schwedischen Presse war Jan Myrdal, der Sohn des Nobelpreisträgers Gunner Myrdal. Im Laufe des Prozesses erkannte Staatsanwalt Bondestam, dass eine Verlängerung des Prozesses kontraproduktiv war, da Rami den Prozess dazu nutzte, „seine antisemitische Propaganda während des Prozesses fortzusetzen". Am 14. November wurde das Urteil verkündet und Ahmed Rami wurde für schuldig befunden. Bei der Urteilsverkündung wurde er wegen „Aufwiegelung gegen eine ethnische Gruppe" zu einer sechsmonatigen Haftstrafe verurteilt, für die er im Februar 1990 zu einer Gefängnisstrafe verurteilt wurde. Seine Lizenz für *Radio Islam* wurde ihm für ein Jahr entzogen. Robert Faurisson berichtete anschließend über die Aktivitäten seines revisionistischen Kollegen im Gefängnis. Dem Professor zufolge gelang es Rami, seine Ansichten nicht nur den Gefangenen, sondern auch den Wärtern zu erklären, weshalb die Behörden ihn in eine andere, kleinere Einrichtung verlegten, wo das Ergebnis dasselbe war.

Nach dem Entzug der Rundfunkgenehmigung erlaubte der Stockholmer Rundfunkrat dem Sender, bis zum 28. November 1990 weiter zu senden. Als der Sender 1991 seine Tätigkeit wieder aufnahm, geschah dies unter der Leitung von David Janzon, einem schwedischen Nationalisten und Mitglied des „Sveriges Nationella Förbund" (Schwedischer Nationalbund), der 1993 wegen desselben Delikts verurteilt wurde. Der Radiosender blieb daher zwischen 1993 und 1995 inaktiv. Unter der Leitung von Ahmed Rami wurde der Sendebetrieb 1996 wieder aufgenommen, als er auch seine berühmte Website ins Leben rief, die den Namen *Radio Islam* beibehielt. Anfänglich war diese Website sehr aktiv in ihrer Kritik am jüdischen Rassismus und der zionistischen Weltherrschaft. Darüber hinaus erschienen sehr interessante revisionistische Texte in bis zu 23 Sprachen. Heute und schon seit einigen Jahren wird die Website, die von einer Gruppe selbsternannter „Freiheitskämpfer" aus verschiedenen Ländern, die Ahmed Rami unterstützen, betrieben wird, nur noch selten aktualisiert. Wir wissen nicht, was der Grund für diesen Mangel an Aktivität ist, obwohl es wahrscheinlich auf die Schikanen gegen Rami zurückzuführen ist.

In seinen *Écrits révisionnistes* berichtet Robert Faurisson, dass er zwischen dem 17. und 21. März 1992 auf Einladung seines marokkanischen Freundes nach Stockholm reiste. Am Nachmittag/Abend desselben Tages seiner Ankunft wurden Rami, zwei junge Schweden und Professor Faurisson von mit Stöcken, Messern und Tränengasbomben bewaffneten Personen angegriffen und beinahe gelyncht. Die Anführer der Angreifer waren die Leiter eines jüdischen Studentenclubs. Dank dieser Drohungen gelang es der jüdischen Gemeinde in Stockholm, alle Vorträge, die Ahmed Rami für Professor Faurisson organisiert hatte, abzusagen; er konnte jedoch nicht daran gehindert werden, sich frei und ausführlich im *Radio Islam* zu äußern. Der zweite Aufenthalt des Professors in

Stockholm fand zwischen dem 3. und 6. Dezember desselben Jahres statt. Am Flughafen wurde der „Nazi-Prophet", wie ihn einige Medien bezeichneten, von Rami, einigen arabischen Freunden und einem Somalier empfangen. Paradoxerweise hielten zwei jüdische Demonstranten ein Transparent mit der Aufschrift „Nieder mit dem Rassismus! Faurisson übernachtete im Haus seines Gastgebers und berichtet in den *Écrits* von zwei nächtlichen Angriffen auf das Haus von Rami.

Im Oktober 2000 wurde Rami erneut wegen „Aufstachelung zum Rassenhass" verurteilt. Das schwedische Gericht, das ihn in Abwesenheit verurteilte, verurteilte ihn zu einer Geldstrafe von 25.000 Dollar. Sowohl in Frankreich als auch in Schweden wurde gegen ihn wegen „Hassverbrechen" ermittelt, weil er an der Unterhaltung von *Radio Islam* beteiligt war. In Schweden wurden die Ermittlungen 2004 eingestellt, da die Staatsanwaltschaft keine Beweise dafür vorlegen konnte, dass Ahmed Rami für die auf der Website veröffentlichten Inhalte verantwortlich war. Die *Radio Islam-Affäre* erreichte im November 2005 das schwedische Parlament. Anlass für die Debatte war die große Zahl von Klagen jüdischer Organisationen, die forderten, Ahmed Rami in Schweden strafrechtlich zu verfolgen oder vor ein internationales Gericht zu stellen. Diese Idee war in Marokko von Robert Assaraf, dem Vorsitzenden der marokkanischen jüdischen Gemeinde, vorgeschlagen worden, der im März 2000 in einer Erklärung gegenüber der Zeitschrift *Jeune Afrique* rhetorisch fragte: „Sollten sich die marokkanischen Juden, die in der ganzen Welt verstreut sind, nicht mobilisieren, um Ahmed Rami vor Gericht zu stellen?"

Die Debatte im schwedischen Parlament fand am 10. November 2005 statt. Jüdische Mitglieder der Kammer kritisierten die Regierung dafür, dass sie Ahmed Rami und seinen antijüdischen Aktivitäten in Schweden nachgegeben habe. Justiz- und Innenminister Thomas Bodström verteidigte sich mit folgenden Worten: „In einem Rechtsstaat steht es weder mir noch den Mitgliedern des Parlaments zu, Ahmed Rami anzuklagen oder zu verurteilen. Dies ist Sache der Staatsanwaltschaft. Die Staatsanwaltschaft hat jedoch keine Beweise dafür gefunden, dass Ahmed Rami gegen schwedisches Recht verstoßen hat". Zum Unbehagen einiger Abgeordneter erinnerte der Minister: „Das schwedische Recht verbietet es nicht, den Holocaust in Frage zu stellen oder zu leugnen". Minister Bodström erinnerte daran, dass man sich in Schweden darauf geeinigt habe, dass die Bürger nicht gezwungen werden können, an den Holocaust zu glauben, und dass es nicht möglich sei, die Infragestellung seines historischen Wahrheitsgehalts zu verbieten. Er schlug jedoch die Möglichkeit vor, „im Parlament einen gewissen Einfluss auszuüben, indem man ein Gesetz vorschlägt und natürlich einen Beitrag zur Arbeit in der Europäischen Union leistet".

Das Neueste, was wir über Ahmed Rami und *Radio Islam* wissen, ist, dass die italienische Polizei im Dezember 2015 eine Untersuchung eingeleitet hat. Anlass war die Veröffentlichung einer Liste einflussreicher Juden, die im Land tätig sind, auf der Website in italienischer Sprache. Aufgeführt waren die Namen von Journalisten, Geschäftsleuten, Schauspielern und verschiedenen Persönlichkeiten, die als „jüdisch-nazistische Mafia" bezeichnet wurden. Vertreter der jüdischen Gemeinde sahen darin eine Aufstachelung zu sektiererischer Gewalt und benutzten Adjektive wie „inakzeptabel" oder „verabscheuungswürdig", um auf diese Angelegenheit hinzuweisen. Der Vorsitzende der jüdischen Gemeinde Roms erklärte gegenüber dem *Corriere della Sera*, dass es sich um eine „unerträgliche Darstellung antisemitischen Hasses" handele. Einige Anwälte forderten die sofortige Schließung der Website. Giuseppe Giulietti und Raffaele Lorusso, Präsident und Generalsekretär des italienischen Presseverbandes, bezeichneten die Veröffentlichung der Liste als einen „erbärmlichen, rassistischen und unerträglichen Akt". In einer Pressemitteilung schrieben sie: „Sie beleidigt vor allem die Muslime, die den Weg des Dialogs und des Respekts gewählt haben. Diese Liste beschwört die dunklen Zeiten und die Mauern herauf, die wir alle gemeinsam niederreißen sollten".

Diese beiden Heuchler meinten natürlich alle Mauern außer der acht Meter hohen Mauer, die von den Zionisten in Palästina errichtet wurde. Was „Dialog und Respekt" angeht, so schließt dies natürlich nicht das palästinensische Volk ein, geschweige denn die 1,5 Millionen Gazaner, die unter unmenschlichen Bedingungen in ihrem Freiluftgefängnis leben. Bekanntlich wurden im Juli/August 2014 etwa zweitausend Menschen, ein Viertel davon Kinder, getötet und neuntausend schwer verwundet, wenn nicht sogar schwer verstümmelt. Natürlich war dies keine „erbärmliche, rassistische und unerträgliche Tat". Zwei Jahre nach der „erträglichen" Bombardierung der palästinensischen Zivilbevölkerung liegt der Gazastreifen dank „Dialog und Respekt" immer noch in Trümmern und seine Bewohner sind weiterhin mittellos.

8. HAUPTOPFER DER VERFOLGUNG IN AUSTRALIEN
VERFOLGUNG IN AUSTRALIEN:

Frederick Töben, inhaftiert in Deutschland, England und Australien

Dr. Fredrick Töben ist eines der bekanntesten und mutigsten Opfer der revisionistischen Bewegung. Der in Deutschland geborene Australier hätte auch in Deutschland zu den Opfern gezählt werden können, da die „Bundesrepublik" das Land ist, in dem die Verfolgung am brutalsten war. Wir haben uns jedoch entschieden, ihm einen eigenen Platz zu widmen und ihn in Australien zu verorten, da er dort 1994 das Adelaide Institute gründete, eine Einrichtung, die sich der historischen Forschung widmet und in Australien das Äquivalent zum Institute for Historical Review in Kalifornien darstellt.

Die jüdischen Lobbys in Australien haben unerbittlich versucht, die Website des Adelaide Institute zu schließen. Im Jahr 1996 unternahm die mächtige jüdische Lobby „Executive Council of Australian Jewry" (ECAJ) die ersten rechtlichen Schritte zur Schließung der Website des Instituts. Dr. Töben, Autor zahlreicher historischer, pädagogischer und politischer Werke, hat über die meisten der heute noch existierenden Konzentrationslager geforscht: Buchenwald, Dachau, Oranienburg, Sachsenhausen, Auschwitz-Birkenau, um nur einige zu nennen. In letzterem besichtigte er im April 1997 die angebliche Gaskammer und drehte ein sehr empfehlenswertes Video, das Teil des Dokumentarfilms *Judea Declares War on Germany* ist, der von der IHR in Los Angeles veröffentlicht wurde.

1999 reiste er nach Europa, um in mehreren Ländern zu recherchieren, darunter Polen, die Ukraine, Ungarn, die Tschechische Republik und Deutschland. Im Büro des für seine Arbeit gegen Leugner bekannten deutschen Staatsanwalts Hans-Heiko Klein, mit dem er angeblich über die deutsche Gesetzgebung diskutierte, die es verbietet, von der offiziellen Version des Zweiten Weltkriegs abzuweichen, wurde er am 9. April 1999 verhaftet, weil er revisionistische Texte des Adelaide Institute veröffentlicht oder nach Deutschland weitergeleitet hatte. Im Haftbefehl hieß es: „Seit April 1996 und zuletzt zwischen Januar und April 1999 hat er von Adelaide (Australien) aus u.a. einen monatlichen Newsletter des Adelaide-Instituts, dessen verantwortlicher Redakteur er ist, an Empfänger in der Bundesrepublik Deutschland versandt". Zweifellos eine Straftat, die, wie es im Haftbefehl heißt, seine Untersuchungshaft rechtfertigt.

Diese Untersuchungshaft wurde schändlicherweise um sieben Monate verlängert. Am 3. Mai bestätigte die Staatsanwaltschaft des Landgerichts Mannheim sie in einem neuen Haftbefehl. Die Anklage lautete neben dem Versand des Rundschreibens, dass sie „zu den führenden Revisionisten" gehöre und spezifizierte einige der unzulässigen Inhalte des Rundschreibens, wie z.B. die Aussage, dass „die Vernichtung eine von den Juden erfundene Legende sei, um das deutsche Volk zu unterjochen". In diesem zweiten Haftbefehl wurden ihm Aufstachelung zum Hass, Angriffe auf die Würde anderer und Verunglimpfung des Andenkens an tote Juden vorgeworfen, die den öffentlichen Frieden störten. Sobald in Australien die Nachricht von der Verhaftung des Direktors des Adelaide-Instituts bekannt wurde, machten Bürgerrechtsgruppen mobil, um die Verhaftung von Fredrick Töben in Deutschland aufgrund „drakonischer Gesetze zur freien Meinungsäußerung" zu verurteilen. John Bennett, ein bekannter australischer Revisionist und Aktivist, der den Vorsitz der Australian Civil Liberties Union innehat, rief die Menschen dazu auf, zu den deutschen Botschaften und anderen Einrichtungen zu gehen und zu protestieren. Bennett organisierte einen Fonds, um Töbens Rechtsverteidigung und seine Freilassung zu sichern. Eine andere Gruppe, Electronic Frontiers Australia (EFA), eine unabhängige Gruppe, die sich für das Recht auf freie Meinungsäußerung im Internet einsetzt, sprach sich ebenfalls gegen die Verhaftung aus und zeigte sich verärgert darüber, dass die deutschen Behörden das auf einer australischen Website veröffentlichte Material so behandelten, als sei es in Deutschland veröffentlicht worden. Die Vorsitzende der EFA, die Rechtsanwältin Kimberley Heitman, warf der deutschen Regierung vor, sie versuche, in der Praxis Gesetze für die ganze Welt zu erlassen. Mark Weber, Direktor der IHR, protestierte ebenfalls empört gegen die Verhaftung und Inhaftierung seines australischen Kollegen, doch an Töbens Situation in Deutschland änderte sich nichts.

Nach sieben Monaten Haft ohne Kaution musste er sich am 8. November 1999 vor dem Landgericht Mannheim unter dem Vorsitz von Richter Klaus Kern verantworten. Am ersten Verhandlungstag kündigte Töben an, dass er sich nicht gegen die gegen ihn erhobenen Vorwürfe verteidigen werde, da dies nur dazu dienen würde, neue Anklagen gegen ihn wegen weiterer Verstöße gegen die deutschen Gesetze über „Holocaust-Leugnung" und „Aufstachelung zum Hass" zu erheben. Er wies jedoch die Behauptung der deutschen Behörden zurück, die Revisionisten seien gefährliche Neonazis oder Antisemiten. Auch sein Anwalt, Ludwig Bock, kündigte an, dass er Dr. Töben nicht verteidigen werde, da er Gefahr laufe, ebenfalls angeklagt zu werden. Er beschränkte sich daher darauf, dem Gericht eine Erklärung zu verlesen, in der er die Verfolgung von Töben und anderen „Holocaust-Leugnern" mit den Hexenprozessen des Mittelalters verglich. Er behauptete, dass die deutschen Gesetze gegen Revisionismus den Grundsatz der Meinungsfreiheit ernsthaft verletzen. Gegenüber einem Journalisten rechtfertigte er seine Entscheidung und die seines Mandanten: „Wenn ich etwas sage, komme ich selbst ins Gefängnis, und wenn er etwas sagt, setzt er sich einem weiteren Prozess aus.

Staatsanwalt Klein bestätigte später, dass diese Befürchtungen völlig berechtigt waren: „Wenn sie vor Gericht illegale Dinge wiederholt hätten, hätte ich neue Anklage erhoben". Wie bereits dargelegt, macht das Rechtssystem in Deutschland Angeklagte und Zeugen wehrlos und hindert Rechtsanwälte an der freien Ausübung ihres Berufs. So wartete Ludwig Bock im November 1999 auf das Ergebnis seines Berufungsverfahrens, da er als Verteidiger von Günter Deckert zu einer Geldstrafe von 9.000 DM verurteilt worden war, weil er sich darüber beschwert hatte, dass Politiker und Richter in seinem Land die Diskussion über den Holocaust verbieten.

Der Prozess endete am 10. November 1999. Das Gericht befand Töben der Aufstachelung zum Rassenhass, der Beleidigung des Andenkens der Toten und der öffentlichen Leugnung des Völkermordes für schuldig, weil er in seinen an Menschen in Deutschland gerichteten Schreiben die Beweise für die Vernichtung des Holocaust in Frage gestellt hatte. Der vorsitzende Richter Klaus Kern erklärte, es bestehe kein Zweifel, dass Töben sich der „Holocaust-Leugnung" schuldig gemacht habe, und da er keine Anzeichen für eine Besserung seines Verhaltens zeige, müsse er zu einer Gefängnisstrafe verurteilt werden. Er wurde daher zu zehn Monaten Gefängnis verurteilt. Glücklicherweise berücksichtigte Richter Kern, dass der Angeklagte bereits sieben Monate im Gefängnis verbracht hatte, und erklärte sich bereit, anstelle der verbleibenden drei Monate seiner Strafe eine Geldstrafe von 6.000 DM zu zahlen. Frederick Töbens deutsche Freunde sammelten das Geld sofort ein, und innerhalb von 24 Stunden nach dem Urteilsspruch wurde er freigelassen.

Besonders wichtig bei dem Urteil war die Entscheidung über das Internet, da die Folgen weitreichend sein könnten. Das Mannheimer Gericht erklärte, dass das deutsche Recht für die Schriften und Online-Veröffentlichungen von Dr. Töben nicht zuständig sei, und lehnte es daher ab, auf die von der Staatsanwaltschaft vorgelegten Beweise in Bezug auf die Website des Adelaide-Instituts einzugehen. Richter Kern argumentierte, dass das Gericht nur Material berücksichtigen könne, das Töben per E-Mail verschickt oder physisch in Deutschland verbreitet habe. Unmittelbar nach seiner Freilassung erklärte Töben dies zu einem Sieg für die Meinungsfreiheit: „Wir haben das Internet gerettet", sagte er, „als einen Ort, an dem wir die Wahrheit sagen können, ohne dafür bestraft zu werden". Auch Staatsanwalt Hans-Heiko Klein war sich bewusst, dass das Urteil des Gerichts einen gefährlichen Präzedenzfall schaffen könnte, und legte sofort Berufung ein. Dies ist das erste Mal", sagte er, „dass ein deutsches Gericht entschieden hat, dass bestimmte Dinge, die in Deutschland im Internet geäußert werden, nicht unter deutsches Recht fallen. Das ist eine sehr schlechte Sache. Es wird unsere Gesetzgebung schwächen, die sehr wichtig ist, um sicherzustellen, dass sich die Geschichte in Deutschland nicht wiederholt."

Zurück in Australien ging der Kampf mit einer neuen Schlacht weiter. Wie wir eingangs erwähnten, hatte der ECAJ (Executive Council of Australian Jewry), die mächtigste jüdische Lobby Australiens, 1996 eine Klage eingereicht, um die Website des Adelaide Institute aus dem Internet zu verbannen. Ein Jahr nachdem Töben vor dem deutschen Gericht einen Sieg für die Internetfreiheit errungen hatte, erließ die Kommission für Menschenrechte und Chancengleichheit (HREOC) am 10. Oktober 2000 auf Druck des australischen Judentums eine einstweilige Verfügung gegen das Adelaide Institute. Kathleen McEvoy, HREOC-Kommissarin, behauptete, das Institut habe gegen Abschnitt 18C des Rassendiskriminierungsgesetzes von 1975 verstoßen, indem es Material veröffentlicht habe, dessen Hauptzweck die Verunglimpfung von Juden sei. McEvoy erklärte, dass solche Materialien, „von denen keines ein ausreichendes historisches, intellektuelles oder wissenschaftliches Niveau aufweist", verboten werden sollten, da sie „einschüchternd, beleidigend und anstößig" seien. Jeremy Jones, Vizepräsident des ECAJ, bekräftigte, dass Töbens Holocaust-Leugnung beleidigend und beleidigend und, wie von HREOC bestätigt, illegal sei. Jones fügte hinzu, dass die Kommissarin gezeigt habe, dass sie die Notwendigkeit der Durchsetzung von Gesetzen, die das Internet einschließen, verstanden habe und die Ansicht anderer Gerichtsbarkeiten bestätigt habe, dass Antisemitismus, der sich als Pseudogeschichte tarnt, ebenso schädlich sei wie die schlimmste Form des Rassenhasses. Peter Wertheim, Rechtsbeistand der ECAJ in dem Verfahren und Leiter einer jüdischen Gemeinde, bezeichnete den Fall als „Meilenstein", weil er „zum ersten Mal in Australien und wahrscheinlich weltweit mit Hass im Internet zu tun hat".

Dr. Töben reagierte trotzig: Er behauptete, er habe nicht die Absicht, die Anordnung der HREOC (Kommission für Menschenrechte und Chancengleichheit) zu befolgen, und sagte, er habe nicht die Absicht, sich für die Veröffentlichung von „objektiv korrektem Material" zu entschuldigen. Töben warf der HREOC vor, nur die Interessen von Juden zu berücksichtigen und bezeichnete ihr Vorgehen als unmoralisch. Er sagte, er habe „nicht die Absicht, irgendetwas zu tun", da die Wahrheit für niemanden eine Beleidigung darstellen könne. Anfang November 2000 schloss sich der Australia/Israel & Jewish Affairs Council dem ECAJ an und beantragte beim Bundesgericht des Landes die Durchsetzung der Zensurverfügung des HREOC gegen Töben und das Adelaide Institute.

Der Versuch, das Adelaide Institute zu zensieren, ist ein beschämender Präzedenzfall für ein Land mit einer langen Tradition der Achtung der bürgerlichen Freiheiten und der freien Rede. Terry Lane, ein altgedienter Kolumnist und Fernsehkommentator, fragte Kommissarin McEvoy, ob sie „jedem aufrichtigen Menschen, der die eine oder andere Gruppe ablehnt, befehlen werde, dies zu unterlassen und sich zu entschuldigen." Dieser Journalist ging sogar so weit zu sagen, dass Töbens Behauptungen über die Gaskammern „durch die Beweise bewiesen oder widerlegt werden können", so dass es keinen Grund gibt, sie vorher zu zensieren. Wenn Töben die Wahrheit sagt", fügte Lane hinzu, „dann kann ihn nichts aufhalten. Wenn er ein böswilliger Autor ist, wird er ignoriert werden. Wir sollten seine Behauptungen überprüfen, nicht verbieten". Ein anderer Autor, der Bürgerrechtler Nigel Jackson, bezeichnete das HREOC als „pseudojuristisches" Gremium und nannte dessen Anordnung „einen Sieg von Interessen über Prinzipien". Am 17. September 2002 bestätigte das Bundesgericht auf den Antrag der jüdischen Lobby hin die Anwendung der Gesetze gegen Rassenhass auf die Website des Adelaide Institute. Im Jahr 2003 erließ das Gericht in der Rechtssache Töben gegen Jones das erste Urteil Australiens in Bezug auf Rassenhass gegen religiöse Gruppen. Töben versäumte es, die fraglichen Materialien zu entfernen, und weigerte sich auch, sich zu entschuldigen.

Im Jahr 2004 erließ ein Mannheimer Gericht einen Europäischen Haftbefehl gegen Frederick Töben, dem vorgeworfen wurde, antisemitisches und/oder revisionistisches Material in Australien, Deutschland und anderen Ländern online veröffentlicht zu haben. Trotz der Existenz des Europäischen

Haftbefehls reiste Dr. Töben ohne Probleme durch die Welt. Im Jahr 2005 gab er dem iranischen Staatsfernsehen ein Interview, in dem er den Staat Israel anprangerte, „gegründet auf der Lüge des Holocaust". Im Dezember 2006 nahm er zusammen mit seinen revisionistischen Kollegen an der Teheraner Konferenz teil. In seinem Heimatland gab es jedoch weiterhin Probleme, weil er sich weigerte, die zensierten Texte von der Website des Instituts zu entfernen, was zu einer Konfrontation mit dem Bundesgerichtshof führte.

Jeremy Jones vom Executive Council of Australian Jewry (ECAJ) setzte unterdessen seine unerbittliche Verfolgung vor Gericht fort. Ende Februar 2008 erhob Dr. Töben vor dem Bundesgericht in Sydney schwere Vorwürfe gegen zwei jüdische Richter des High Court, Alan Goldberg und Stephen Rothman, denen er vorwarf, „den jüdischen Holocaust zu propagieren", um „eine historische Lüge zu schützen". Am 7. August 2008 berichtete die australische Zeitung *The Advertiser*, dass „der Holocaust-Revisionist Frederick Töben wegen strafbarer Missachtung des Bundesgerichts ins Gefängnis kommen könnte, wenn er nicht zu einer Geldstrafe verurteilt wird". Ihm wurde vorgeworfen, weiterhin rassistische Texte auf der Website des Adelaide Institute zu veröffentlichen, trotz einer Anordnung des Bundesgerichts im September 2002 und einer weiteren Verfügung im Jahr 2007.

Zwei Monate später, am 1. Oktober 2008, war Töben auf dem Weg von den Vereinigten Staaten nach Dubai. Als sein Flugzeug auf dem Flughafen Heathrow für eine technische Zwischenlandung landete. Die britische Polizei betrat das Flugzeug und nahm den australischen Revisionisten in Anwendung des Europäischen Haftbefehls von 2004 an Bord fest. Er wurde am 3. Mai vor ein Bezirksgericht in Westminster gebracht, und die britischen Richter beschlossen, ihn bis zur Entscheidung über seinen Auslieferungsantrag im Londoner Wandsworth-Gefängnis festzuhalten. Töben erklärte, er stehe unter dem Schutz des Schengener Abkommens und werde seine Auslieferung nicht akzeptieren, aber die Anhörung wurde für den 17. Oktober angesetzt.

Britische Revisionisten mobilisierten gegen den Skandal, der ihrem australischen Kollegen angetan wurde. Eine Gruppe von Anhängern, darunter David Irving, demonstrierte vor dem Gericht. Die Presse widmete der Affäre große Aufmerksamkeit. *Der Telegraph* berichtete angemessen über den Fall Töben und nannte die Verhaftung „einen eklatanten Angriff auf die Redefreiheit". In einem Leitartikel warnte sie: „Die Verhaftung von Dr. Frederick Töben sollte uns alle alarmieren". Im Parlament erinnerte der Sprecher der Liberaldemokraten, Chris Huhne, daran, dass „Holocaust-Leugnung" in Großbritannien kein Verbrechen sei, und forderte die britischen Gerichte auf, Töbens Auslieferung abzulehnen. Gleichzeitig begrüßte der Staatsanwalt des Mannheimer Landgerichts, Andreas Grossmann, die Verhaftung und sagte, dass er trotz der Versuche, die Auslieferung an Deutschland zu verhindern, hoffe, Töben im nächsten Jahr vor Gericht zu stellen. Grossmann warnte in Erklärungen gegenüber australischen Medien, dass die Sturheit und Hartnäckigkeit des Angeklagten ihn in Deutschland fünf Jahre Gefängnis kosten könnte.

Am 17. Oktober 2008 war die Vorfreude groß. Journalisten mit Kameras und Mikrofonen versammelten sich vor dem City of Westminster Magistrates Court. Kevin Lowry-Mullins, Töbens Anwalt, erklärte vor dem Einlass, dass sie um jeden Punkt kämpfen würden. Auch Lady Michèle Renouf, das in Australien geborene britische revisionistische Model, das die Website *Jailing Opinions* betreibt, die Töben unterstützt, seit sie von seiner Verhaftung erfahren hat, sprach zu den Journalisten. Als überzeugte Verfechterin der Forschungs-, Meinungs- und Gedankenfreiheit betonte Renouf die Bedeutung der Gerichtsentscheidung für die Freiheitsrechte im Vereinigten Königreich. Die Anhörung wurde jedoch auf den 29. Oktober verschoben. Lowry-Mullins erläuterte auf dem Hinweg die Tragweite des Urteils, da es um die Frage ging, ob ein Staat die Auslieferung einer beliebigen Person an das Vereinigte Königreich beantragen kann, auch wenn das angeklagte Verbrechen im Vereinigten Königreich nicht strafbar ist.

Am 29. Oktober kam schließlich der Sieg, auf den Töben, Lady Renouf und so viele Revisionisten in aller Welt gewartet hatten. Daphne Wickham, die Richterin am Westminster Magistrates' Court, entschied vor einem vollbesetzten Gerichtssaal mit Töben-Anhängern, dass der Europäische Haftbefehl ungültig sei, weil er die Straftaten nicht ausreichend spezifiziert habe: Er nannte weder den Namen der Website noch den Ort oder den Zeitpunkt der Veröffentlichung der Materialien, sondern sprach nur von Veröffentlichungen im Internet in der ganzen Welt. Melanie Cumberland, die Anwältin, die die deutschen Behörden vertrat, argumentierte, dass die geforderten Informationen zur Verfügung gestellt werden könnten, aber der Bezirksrichter sagte: „Meiner Ansicht nach kann die Anforderung nicht mit einer punktuellen Information nach und nach durch die Behörde des ausstellenden Landes erfüllt werden. Ich bin der Ansicht, dass die Einzelheiten vage und ungenau sind. Ich bin der Ansicht, dass die Anordnung ungültig ist, und disqualifiziere daher den Beklagten." Mit anderen Worten: Ohne überhaupt darauf einzugehen, ob es sich bei den angeblichen Meinungsdelikten um auslieferungsfähige Straftaten handelte, ließ der Richter die Anklage gegen Dr. Töben wegen formaler Mängel des Haftbefehls fallen. Cumberland kündigte an, dass er vor dem Obersten Gerichtshof Berufung einlegen wolle. In Erwartung einer solchen Berufung ließ Richter Wickham Töben, nachdem er ihm untersagt hatte, sich gegenüber der Presse zu äußern, gegen eine Kaution von 100.000 £ vorläufig frei, unter der Bedingung, dass er eine anerkannte Adresse angibt, die die von Lady Renouf sein sollte.

Michèle Renouf erklärte auf dem Weg nach draußen, dass sie keine Angst davor hätten, vor dem Obersten Gerichtshof zu landen, da dies dem Fall von Dr. Töben eine größere internationale Wirkung verleihen würde. Vielleicht in der Erwägung, dass die Einlegung der Berufung den Interessen der Holocaust-Lobby schaden könnte, wurden Töbens Anwälte am 18. November darüber informiert, dass die deutschen Behörden auf die Berufung verzichten. Am Abend des 19. November, während das britische Parlament den Zionisten Shimon Peres mit dem St.-Michael-Orden und dem St.-Georgs-Orden ehrte, feierte Fredrick Töben mit seinen Freunden die Freiheit. Am 21. November teilte Kevin Lowry-Mullins mit, dass ihm sein Pass zurückgegeben worden sei und er sich darauf vorbereite, Großbritannien zu verlassen. Der Anwalt bedauerte, dass sein Mandant keine Entschädigung für die fast zwei Monate, die er gegen seinen Willen in London festgehalten worden war, erhalten hatte.

Am 3. Dezember 2008 kehrte Töben nach Australien zurück, doch weit davon entfernt, sich zu erholen, sah er sich mit der Fortsetzung der Verfolgung konfrontiert, die der Exekutivrat des australischen Judentums 1996 begonnen hatte. Im April 2009 wurde Töben verurteilt, weil er eine Anordnung des Bundesgerichts ignoriert hatte, Material von der Website des Adelaide Institute zu entfernen. Er wurde zu einer dreimonatigen Haftstrafe verurteilt und argumentierte, dass er nicht das Geld habe, um eine Geldstrafe zu zahlen, um eine Haftstrafe zu vermeiden, ganz zu schweigen von den Anwaltskosten für ein so langwieriges Gerichtsverfahren, wie sie von Jeremy Jones gefordert wurden, der den Fall im Namen jüdischer Organisationen vorgebracht hatte. Töben legte im Juni Berufung gegen das Urteil ein.

Die Berufungsverhandlung fand am 13. August 2009 statt. Der Anwalt David Perkins erklärte dem Gericht, dass die auf der Website des Adelaide Institute veröffentlichten Texte nur „ein Tropfen auf den heißen Stein" seien, verglichen mit der Menge an revisionistischem Material, das online verfügbar ist. Die Richter betonten, dass es in diesem Fall nicht um den Holocaust, die Gaskammern oder die Hinrichtung von Juden während des Zweiten Weltkriegs gehe, sondern um die Nichtbefolgung von Anordnungen des Bundesgerichts. Offensichtlich handelte es sich dabei um eine Spitzfindigkeit, d.h. um ein falsches Argument, das so geschickt vorgebracht wurde, dass es als wahr erschien. Das Bundesgericht hätte die Entfernung des Materials im Jahr 2002 nicht angeordnet, wenn nicht jüdische Lobbys Druck ausgeübt hätten, um Texte zu verbieten, die die offizielle Version der Geschichte in Frage stellen. Die drei Richter des australischen Bundesgerichts lehnten daher die Berufung ab und bestätigten die Einweisung ins Gefängnis. „Sie befolgen Befehle blind, meine Herren", sagte Töben zu den Richtern, als er den Gerichtssaal verließ.

Frederick Töben wurde damit zum ersten Gewissensgefangenen in der australischen Rechtsgeschichte. Er verbrachte zunächst eine Woche in einem Hochsicherheitstrakt des Yatala-Gefängnisses in den nördlichen Vororten von Adelaide, einem Gefängnis, in dem die schlimmsten Verbrecher festgehalten werden. Anschließend wurde er in eine weit weniger strenge Haftanstalt in Cadell, etwa 200 Kilometer nordöstlich von Adelaide, verlegt, wo er von seinen Freunden, die ihn immer wieder besuchten, unterstützt wurde. Das Adelaide Institute wurde von Peter Hartung geleitet, einem Geschäftsmann und politischen Berater mit einem Geist der Unverwüstlichkeit, der seines Vorgängers und Freundes würdig ist.

Die Kosten des Verfahrens hatte Dr. Töben zu tragen. Am 25. Juni 2010 reichte Jeremy Jones, der sich wie ein Jagdhund verhielt, der seine Beute nicht loslässt, eine Kostenaufstellung in Höhe von 104.412 Dollar ein. Am 30. Juni beschloss das Bundesgericht, 56.435 Dollar als Rückstellung anzufordern und stellte am 15. September 2010 eine Schätzungsbescheinigung aus, in der es feststellte, dass der vom Gericht geforderte Betrag korrekt war. Damit begann ein weiterer komplizierter Rechtsstreit zwischen Jeremy Jones und Fredrick

Töben, der sich über mehr als zwei Jahre hinzog und bei dem der geforderte Betrag immer weiter anstieg. Am 27. Februar 2012 beantragte Jeremy Jones eine neue Kostenfestsetzung. Am 10. April reichte Dr. Töben einen Antrag auf einstweilige Verfügung ein, in dem er unter anderem beantragte, die Kostenfestsetzung aufzuheben oder auszuschließen. Am 3. Mai 2012 wies Richter Mansfield Töbens Antrag zurück, und Töben musste auch die Kosten für den Antrag auf einstweilige Verfügung tragen. Am 18. Mai 2012 richtete Fredrick Töben ein Schreiben an Jeremy Jones mit folgendem Wortlaut

> „Ihre Forderung gegen mich in Bezug auf Kosten in Höhe von mehr als 175.000 $ ist ungerecht und unzulässig. Ich habe mein Haus, in dem ich siebenundzwanzig Jahre lang gelebt habe, den einzigen Vermögenswert, den ich besaß, verkauft, um Ihre früheren Forderungen zu erfüllen. Ich verfüge über keine weiteren Gelder oder Wertpapiere und werde keinen Pfennig zahlen können. Falls nötig, können Sie einen Antrag auf Insolvenz stellen. Ich habe zu jeder Zeit von meinem Recht auf freie Meinungsäußerung Gebrauch gemacht. Um das Unrecht, das Sie mir angetan haben, aufzuzeigen, erhebe ich beim Bundesgerichtshof eine Gegenklage gegen Sie, in der ich Schadensersatz wegen Verletzung der Paragraphen 18 (1) und 20 (1) des Paragraphen 2 des Wettbewerbs- und Verbraucherschutzgesetzes (wir werden es nicht wagen, den Titel dieses Gesetzes zu übersetzen) fordere. Außerdem beabsichtige ich, eine Klage wegen Verleumdung zu erheben. Die Gründe für diese Klage gehen auf Ihren Artikel vom 31. August 2009 („Das letzte Wort: Verachtung der Wahrheit") zurück, den Sie im Internet veröffentlicht haben und der immer noch dort zu finden ist. Wenn die von mir vorgeschlagenen Klagen vom Gericht zugelassen werden, rechne ich mit einem erheblichen Schadensersatz, der ausreicht, um Ihre Kostenforderungen zu erfüllen. Ich bin jedoch bereit, auf mein Recht zu verzichten, Sie wegen der oben genannten Handlungen zu verklagen, vorausgesetzt, Sie verzichten auf Ihre Kostenforderung.
> Ich freue mich auf Ihren Rat".

Diese Zeilen, die dem Dokumentationsarchiv des Adelaide Institute entnommen sind, das die Texte der Gerichtsverhandlungen enthält, spiegeln den ungleichen Kampf eines bescheidenen, mittellosen Mannes gegen die australischen jüdischen Lobbys wider, deren Reichtum praktisch unbegrenzt ist. Fredrick Töben, der in Deutschland, England und Australien inhaftiert war, hatte seinen gesamten materiellen Besitz verloren und war ruiniert, aber seine Überzeugung und seine Größe waren beispielhaft und machen ihn heute zu einem Vorbild für alle, die sich auf die eine oder andere Weise dafür einsetzen, dass künftige Generationen junger Menschen eine wahre Weltgeschichte studieren, in der die Hochstapler entlarvt werden.

Ohne Platz für weitere Details zu lassen, fügen wir hinzu, dass Dr. Fredrick Töben nach siebzehn Jahren juristischer Verfolgung durch Vertreter der jüdischen Gemeinde Australiens am 24. September 2012 von den Richtern des Bundesgerichts von Sydney für zahlungsunfähig erklärt wurde. Nachdem die Rechtsmittelfrist abgelaufen war, berichtete *The Australian jewishnews* Ende Oktober mit der Schlagzeile „Töben tied up" darüber. Nach australischem Recht hatte die Insolvenzerklärung die Beschlagnahmung seines Passes zur Folge, um die Kontrolle seines Vermögens und seiner Einkünfte zu erleichtern. So

„gefesselt" war er dazu verurteilt, als Strafe für seine „Verbrechen" für den Rest seines Lebens als Bettler zu leben.

9. Andere Opfer von Verfolgung wegen Gedankenverbrechen:

Alle gegen den katholischen Bischof Richard Williamson

Der Fall des englischen katholischen Bischofs Richard Nelson Williamson ist wegen der Auswirkungen seiner Äußerungen über den Holocaust international bekannt. Monsignore Williamson gehörte der Bruderschaft St. Pius X. an und wurde 1988 von Johannes Paul II. exkommuniziert. Im November 2008 zeichnete das schwedische Fernsehen ein Interview mit ihm in Regensburg (Deutschland) auf, das am 21. Januar 2009 ausgestrahlt wurde, wenige Tage bevor Papst Benedikt XVI. ein Dekret zur Aufhebung der Exkommunikation von ihm und drei anderen abtrünnigen Bischöfen erließ. Die Äußerungen des Bischofs lösten einen Medienskandal aus, der von zionistischen Organisationen ausgelöst wurde und die Beziehungen des Vatikans zu jüdischen Religionsführern gefährdete. Das Interview beginnt wie folgt:

> P. „Williamson, sind das Ihre Worte: 'Nicht ein einziger Jude wurde in den Gaskammern getötet. Das sind nichts als Lügen, Lügen, Lügen'. Sind das Ihre Worte?
> R. - Ich glaube, Sie zitieren mich aus Kanada, ja, das ist viele Jahre her. Ich denke, die historischen Beweise sprechen eindeutig dagegen, dass sechs Millionen Juden in Gaskammern ermordet wurden, was auf eine bewusste Politik von Adolf Hitler zurückzuführen ist.
> P. - Aber Sie haben gesagt, dass kein einziger Jude getötet wurde.
> R. - In Gaskammern.
> P. - Es gab also keine Gaskammern.
> R. - Ich glaube, es gab keine Gaskammern, ja".

Das Glaubensdogma des Holocausts war gerade von einem katholischen Bischof öffentlich geleugnet worden. Anathema! Im weiteren Verlauf des Interviews wandte sich Williamson den Revisionisten zu und sagte, dass ihrer Meinung nach zwischen 200.000 und 300.000 Juden in Konzentrationslagern gestorben seien, aber keiner von ihnen in Gaskammern. Auf die Frage des Interviewers, ob er vom *Leuchter-Bericht* gehört habe, antwortete Monsignore Williamson dem Journalisten, dass er ihn nicht kenne: die Untersuchungen in Auschwitz, die Bedingungen in einer Gaskammer, die Eigenschaften von Zyklon B seien die Themen, die der Priester erläuterte. Der Interviewer reagierte mit einer Frage: „Wenn das kein Antisemitismus ist, was ist dann Antisemitismus?" Die Antwort lautete, dass die historische Wahrheit kein Antisemitismus sein könne.

Die Kritik an einem solch abscheulichen Gedankenverbrechen war heftig und die Forderungen kamen sofort. Bereits im Januar gab der Regensburger Staatsanwalt Günter Ruckdaeschel bekannt, dass ein Ermittlungsverfahren gegen Williamson eingeleitet wurde. Die Kritik richtete sich auch gegen Papst Benedikt XVI. für die Aufhebung seiner Exkommunizierung. Ein Sprecher des

Vatikans wies sofort darauf hin, dass die Ansichten des Bischofs inakzeptabel seien und gegen die kirchliche Lehre verstießen. In einem Artikel auf der Titelseite bekräftigte die Vatikanzeitung *L'Osservatore Romano*, dass der Papst jede Form von Antisemitismus missbillige und dass alle Katholiken dasselbe tun sollten. Rabbiner David Rosen vom American Jewish Committee, Rabbiner Marvin Hier vom Simon Wiesenthal Center und die Jewish Agency, praktisch das Sprachrohr der israelischen Regierung, verurteilten den Vatikan für die Begnadigung eines Holocaust-Leugners.

Bischof Williamson, der sich nun wieder in seinem Hauptquartier in La Reja in der Provinz Buenos Aires befindet, dankte dem Papst für seine Entscheidung, die er als „einen Schritt nach vorne für die Kirche" bezeichnete. Am 26. Januar 2009 verteidigte der Vorsitzende der Italienischen Bischofskonferenz, Kardinal Angelo Bagnasco, die Entscheidung des Papstes, Williamson zu rehabilitieren, kritisierte aber dessen Ansichten als „unbegründet und ungerechtfertigt". Der Vorsitzende der deutschen Bischofskonferenz, Heinrich Mussinghoff, verurteilte ebenfalls „die ausdrückliche Leugnung des Holocausts aufs Schärfste". Monsignore Williamson entschuldigte sich in einer Erklärung beim Papst dafür, dass er ihm wegen seiner Ansichten über den Holocaust, die er selbst als „unvorsichtig" bezeichnete, „Kummer und Ärger" bereitet habe.

Der Aufschrei und der Druck der jüdischen Organisationen nahmen zu und machten deutlich, dass der Vatikan nicht in der Lage war, anders als gehorsam und fügsam zu reagieren. Charlotte Knobloch, Präsidentin des Zentralrats der Juden in Deutschland, kündigte an, dass sie unter diesen Umständen ihre Dialoge mit katholischen Führern aussetzen würde. Am 3. Februar 2009 brach das Oberrabbinat Israels offiziell die Beziehungen zum Vatikan ab und sagte ein für den 2. und 4. März geplantes Treffen mit der Kommission des Heiligen Stuhls für die Beziehungen zu den Juden ab. Oded Weiner, Generaldirektor des Rabbinats, richtete einen Brief an Kardinal Walter Casper, in dem er erklärte: „Ohne eine öffentliche Entschuldigung und einen Rückzug wird es schwierig sein, den Dialog fortzusetzen".

Am selben Tag, dem 3. Februar, verlangte Angela Merkel, getreu der Stimme ihrer Herren, dass Papst Benedikt XVI. die Position der Kirche klarstellt: „Der Papst und der Vatikan", sagte sie, „müssen unmissverständlich klarstellen, dass es keine Leugnung geben kann. In Deutschland lief die ganze Maschinerie zum Schüren des „Skandal"-Feuers auf Hochtouren: Die *Bild-Zeitung* warnte den Papst, dass „die Vernichtung von sechs Millionen Juden nicht ohne Reaktion geleugnet werden" könne. *Die Süddeutsche Zeitung* applaudierte der Warnung der Kanzlerin und erinnerte daran, dass ein deutscher Papst „keinen Holocaust-Leugner unterstützen" könne, ohne die jüdische Gemeinschaft zu beleidigen. Die *Berliner Zeitung* schrieb, Williamson habe nicht nur privat gemurmelt, sondern öffentlich gesprochen und den Papst aufgefordert, ihn erneut zu exkommunizieren. Auf versuchte Benedikt XVI. die Kritik einzudämmen und forderte Richard Williamson am 4. Februar auf, „öffentlich und unmissverständlich" zu widerrufen.

Der Bischof hatte fünf Jahre lang in Argentinien gelebt, doch am 19. Februar wurde er zur „Persona non grata" erklärt. Das argentinische Innenministerium forderte den britischen Bischof über die Nationale Direktion für Migration auf, das Land innerhalb von zehn Tagen zu verlassen. In dem Vermerk hieß es, dass die öffentliche Bekanntheit des Bischofs aufgrund seiner antisemitischen Äußerungen gegenüber schwedischen Medien, in denen er bezweifelte, dass das jüdische Volk Opfer des Holocausts war, berücksichtigt wurde. Die argentinische Regierung fügte in der Note hinzu, dass Williamsons Äußerungen „das jüdische Volk und die Menschheit zutiefst beleidigen".

Monsignore Williamson, der nach England reiste, widerstand jedoch jedem Druck und sagte in einem Interview mit dem *Spiegel*, dass er immer die Wahrheit gesucht habe und deshalb zum Katholizismus konvertiert sei. Er erklärte, er sei überzeugt von dem, was er gesagt habe: „Heute sage ich dasselbe, was ich in dem Interview mit dem schwedischen Fernsehen gesagt habe: Historische Beweise müssen überwiegen und nicht Emotionen. Und wenn ich weitere gegenteilige Beweise finde, werde ich es zurücknehmen, aber das wird seine Zeit brauchen". Der Bischof hat eine schriftliche Entschuldigung verfasst, aber Federico Lombardi, Sprecher des Vatikans, sagte, dass er „die Bedingungen für eine Wiederaufnahme in die Kirche nicht erfüllt" habe. Die jüdische Gemeinde lehnte dies natürlich ebenfalls ab. Marvin Hier vom Simon-Wiesenthal-Zentrum forderte: „Wenn er sich entschuldigen will, muss er den Holocaust bejahen".

Brigitte Zypries, die deutsche Justizministerin, verwarf schließlich die Möglichkeit, einen Europäischen Haftbefehl für die britischen Behörden auszustellen, um den Bischof festzunehmen und nach Deutschland auszuliefern. Im April 2010 fand schließlich ein Prozess in Regensburg statt, zu dem Williamson nicht erschien. Auch die drei schwedischen Journalisten, die an dem Interview teilgenommen hatten, kamen nicht, um auszusagen. Rechtsanwalt Matthias Lossmann beantragte vergeblich einen Freispruch. Monsignore Williamson wurde wegen „Aufstachelung zum Rassenhass" zu einer Geldstrafe von 10.000 Euro verurteilt. Nach einem Einspruch wurde Williamson im Juli 2011, wiederum in Abwesenheit, in zweiter Instanz zur Zahlung von 6.500 Euro verurteilt, doch aufgrund von Verfahrensmängeln wurde eine Wiederaufnahme des Verfahrens erzwungen. Am 24. Februar 2012 wurde er freigesprochen. Das Gericht stellte fest, dass die Anklage nicht korrekt erhoben worden war, weil die Staatsanwaltschaft die Art der Straftat nicht hinreichend präzisiert hatte. Das Urteil wurde daher aufgrund von Verfahrensfehlern aufgehoben. Da die Möglichkeit einer neuen Anklage offen blieb, wurde er am 16. Januar 2013 zum dritten Mal in Abwesenheit verurteilt. Diesmal wurde die Geldstrafe auf 1.600 Euro reduziert. Williamson weigerte sich zu zahlen und legte erneut Berufung ein.

Wie man sieht, ging es in diesem Fall um den gewaltigen Aufruhr, die unerbittlichen Schikanen, die unverhältnismäßigen Reaktionen gegen einen katholischen Priester, nur weil er es wagte, seine Meinung zu sagen. Unserer Meinung nach waren nicht die üblichen Verurteilungen und Drohungen der internationalen jüdischen Organisationen oder die Forderungen der deutschen

Presse und der Bundeskanzlerin Merkel, Tochter eines polnischen Juden und wieder verheiratet mit einem jüdischen Professor, an den Papst, sondern die Kapitulation des Vatikans und der Kirche wirklich bedauerlich. „Ich bin in die Welt gekommen, um für die Wahrheit Zeugnis abzulegen", antwortete Jesus dem Pilatus, als er ihm überstellt werden sollte. „Ihr werdet die Wahrheit erkennen, und die Wahrheit wird euch frei machen", lehrte er seine Jünger. Leider hat die katholische Hierarchie schon lange aufgegeben, die Wahrheit zu sagen, wie Jesus Christus sie lehrte. Sowohl der Vatikan als auch das Rote Kreuz wissen sehr wohl, was die Wahrheit über die so genannten Vernichtungslager ist; aber ihre derzeitigen Führer haben kapituliert und ziehen es vor, zu lügen und schmerzhaft an dem Glaubensdogma des Holocaust festzuhalten.

Am 25. März 2016, dem Karfreitag, leitete der Heilige Vater Franziskus den Kreuzweg im Kolosseum in Rom. Das Ereignis wurde von zahlreichen Fernsehsendern an Hunderte von Millionen Menschen in der ganzen Welt übertragen. Der Papst beauftragte Kardinal Gualtiero Basseti, die Meditationen zu schreiben. Für die dritte Station, Jesus fällt zum ersten Mal, nahm Basseti Bezug auf die Leiden der heutigen Welt. An der ersten Stelle der Meditation schrieb er: „....Es gibt Leiden, die die Liebe Gottes zu leugnen scheinen. Wo ist Gott in den Vernichtungslagern? Und etwas später, bevor er das Vaterunser betet: „...Wir bitten dich, Herr, für die Juden, die in den Vernichtungslagern gestorben sind...". Es liegt auf der Hand, dass es nicht nötig war, unter den heutigen Tragödien und mit Stolz ein Leiden von vor siebzig Jahren zu erwähnen. Nur die Knechtschaft rechtfertigt diese Erwähnung von Kardinal Basseti, der natürlich vergessen hat, ein einziges Wort für das unglückliche palästinensische Volk zu schreiben. Ja, wie Monsignore Williamson weiß auch die Kirche, dass es die Vernichtungslager nicht gegeben hat. Sie kennt die Wahrheit, aber sie bekräftigt die Lüge aus Feigheit, weil sie der Täuschung unterworfen ist und die Worte Christi ignoriert: „Ihr werdet die Wahrheit erkennen, und die Wahrheit wird euch frei machen".

Haviv Schieber, der Jude, der sich die Pulsadern aufschnitt, um der Abschiebung nach Israel zu entgehen

In *On the Wrong Side of Just About Everything But Right About It All* erzählt Dale Crowley Jr. von der Beerdigung Haviv Schiebers mit seinen engen Freunden in einem Schneesturm - eine passende Kulisse für das gequälte und mutige Leben dieses revisionistischen Juden. Dale Crowley zitiert diesen Satz von Schieber: „Meine jüdischen Brüder lieben es zu hassen. Sie wissen nicht, wie man verzeiht. Sie sind krank und brauchen den Arzt, Jesus, und die Medizin, die Bibel." Schieber war also Christ, und in seinen Artikeln, Interviews und Erklärungen brachte er stets seinen Wunsch nach Wahrheit und Gerechtigkeit zum Ausdruck. „Der Nationalsozialismus", sagte er einmal, „hat mir Angst gemacht, weil ich Jude bin. Beim Zionismus schäme ich mich, ein Jude zu sein". Auf die Frage, ob die Protokolle der Protokolle der Weisen von Zion authentisch seien, antwortete er stets: „Wie auch immer. Es ist alles wahr geworden."

Ernst Zündel lernte viel von Haviv Schieber, mit dem er eine gute Freundschaft pflegte. Zündel hielt ihn für einen äußerst intelligenten Menschen. Von ihm erhielt er Informationen aus erster Hand über den Zionismus, denn Schieber erklärte ihm die Realität des Staates Israel. Schieber war ein leidenschaftlicher Zionist, der 1932 aus seiner Heimat Polen auswanderte, um im britischen Mandatsgebiet Palästina zu leben. Er hatte palästinensische Freunde, mit denen er lebte und Geschäfte machte, bis er 1936, desillusioniert von der Realität, beschloss, nach Polen zurückzukehren. Dort sah er, wie die zionistischen Organisationen, anstatt den bedürftigsten Juden zu helfen, nur junge Sozialisten auswählten, die ihnen bei ihren Plänen für den künftigen Staat nützlich sein konnten. Als die Nazis 1939 in Polen einmarschierten, kehrte er nach Palästina zurück, wo er heiratete, eine Familie gründete und jüdischer Bürgermeister von Beerscheba wurde. Seine endgültige Enttäuschung über den Zionismus kam, als er während des Eroberungskrieges 1948-1949 dessen wahre Natur entdeckte. Genervt von Mord und Ungerechtigkeit flog er am 18. März 1959 von Israel in die Vereinigten Staaten.

Die Zionisten begannen daraufhin ihre Verfolgung und setzten die US-Behörden unter Druck, ihn auszuweisen. Der Rechtsstreit um politisches Asyl dauerte mehr als fünfzehn Jahre. Zunächst wurde ihm ein Aufenthalt bis zum 1. Februar 1960 gewährt. Am 4. April 1961 ordnete ein Gericht seine Abschiebung an, aber seine Behauptungen, dass er in Israel physisch verfolgt werden würde, wurden erfüllt und aufgeschoben. Schließlich wurde er am 5. August 1964 aufgefordert, das Land als Alternative zur Abschiebung freiwillig zu verlassen, wurde aber gewarnt, dass er abgeschoben würde, wenn er die Vereinigten Staaten nicht verließ. Das Asylverfahren zog sich bis in die frühen 1970er Jahre hin. Erst am 23. Juni 1970 verweigerte ihm ein Berufungsgericht den unbefristeten Status eines politischen Flüchtlings. Als der zionistische Druck kurz vor dem Erfolg stand, schlitzte sich Haviv Schieber auf dem Flughafen von Washington D.C. die Pulsadern auf, um nicht in ein Flugzeug nach Israel gesetzt zu werden.

In den Vereinigten Staaten wurde Schieber zum bewunderten Quijote einer Gruppe von Amerikanern, Juden und Christen, die in ihm einen unbeugsamen Idealisten sahen. Schieber setzte sich für die Rechte des palästinensischen Volkes ein und prangerte die Verlogenheit des Zionismus an. Haviv Schieber starb 1987. In seinen letzten Lebensjahren setzte er trotz zweier schwerer Operationen im Jahr 1985 seine Arbeit an der Spitze seines „Komitees für den Staat des Heiligen Landes" fort, das sich für einen Staat einsetzt, in dem Juden, Araber und Christen in Frieden leben können.

Hans Schmidt, der Amerikaner, der wegen vier Worten inhaftiert wurde

Hans Schmidt wanderte 1949 in die Vereinigten Staaten aus und nahm 1955 die Staatsbürgerschaft an. Er heiratete und bekam zwei Kinder, wurde Geschäftsmann im Gaststättengewerbe, gründete und leitete aber auch das German-American National Political Action Committee (GANPAC), eine

Organisation, die sich für die Rechte und Interessen der größten ethnischen Minderheit des Landes einsetzt. 1985 wurden seine Büros in Santa Monica (Kalifornien) angegriffen und teilweise beschädigt. Schmidt, der mit der IHR in Kontakt stand und an einigen IHR-Konferenzen teilgenommen hatte, redigierte und veröffentlichte zwei knallharte Newsletter, den englischsprachigen *GANPAC Brief* und den deutschsprachigen *USA-Bericht*. Als Bürgerrechtler vertrat er unverblümt seine revisionistischen Ansichten und Meinungen und prangerte unter anderem die Geschichtsfälschung und die Holocaust-Kampagne an. Auch der Verrat und die Kapitulation der deutschen politischen Führung wurden von ihm schonungslos angeprangert.

Am 9. August 1995 wurde er auf dem Frankfurter Flughafen verhaftet. Er war 68 Jahre alt und im Ruhestand. Er war nach Deutschland gereist, um seine betagte Mutter zu besuchen, und wollte gerade nach Florida zurückfliegen. Schmidt wurde auf der Grundlage eines Haftbefehls verhaftet, der am 28. März 1995 von einem Richter in Schwerin erlassen und durch einen zweiten Haftbefehl vom 5. Oktober ersetzt worden war. Das „Verbrechen" bestand darin, dass er ein Exemplar seines Mitteilungsblattes *USA-Bericht* an die Wohnung des Bundesratsmitglieds Rudi Geil geschickt hatte. Das Rundschreiben enthielt einen offenen Brief, den er als Antwort auf einen in der *„Zeit"* erschienenen Artikel geschrieben hatte. Beleidigt durch das, was er las, reichte Geil die Beschwerde ein, die zum Haftbefehl führte. Der beleidigende Absatz, der zur Verhaftung führte, bezog sich auf „die Linken, die Anarchisten, die Juden und die Freimaurer, die das politische System zusammen mit der kontrollierten Presse verseuchen". Dem Haftbefehl zufolge richteten sich die Ausdrücke „der Judenbefall" und „der Freimaurerbefall" gegen diese beiden Bevölkerungsgruppen in Deutschland. Die Anklage gegen ihn bezog sich auf den berühmten Paragraphen 130 (I, 2) und war die übliche.

Zum ersten Mal wurde ein amerikanischer Staatsbürger wegen etwas verhaftet, das er in einer aus den Vereinigten Staaten versandten E-Mail geschrieben hatte, weil er eine Meinung geäußert hatte, die in seinem Land völlig legal war. Die politischen Führer der USA, die so schnell bereit sind, Verletzungen der Menschenrechte und der Meinungsfreiheit zu verurteilen, wenn es in ihrem Interesse ist, schwiegen. Wenn sie befragt wurden, taten sie die Angelegenheit mit dem bekannten „innenpolitischen Problem" ab. Proteste kamen von amerikanischen Bürgerrechtsaktivisten, die eine Flut von Briefen an deutsche Beamte und Journalisten schickten und Zeitungsanzeigen schalteten, in denen sie Schmidts Behandlung anprangerten. Am 22. August zum Beispiel stand eine Gruppe von Bürgern vor dem deutschen Konsulat in New York und hielt ein großes Transparent mit der Aufschrift „Travelers Alert" (Reisewarnung) hoch, auf dem Amerikaner, die nach Deutschland reisen wollten, gewarnt wurden, dass ihnen eine Inhaftierung drohe, wenn sie „unkorrekte politische Ansichten" äußerten.

Während seiner Haft beschuldigte Schmidt die US-Botschaft, falsche Informationen an Deutschland weitergegeben zu haben, um seine Strafverfolgung zu erleichtern. Aufgrund seines angeschlagenen Gesundheitszustands gelang es seinen Anwälten, seine Freilassung auf Kaution im Januar 1996 zu erreichen. So gelang es ihm, nach fünfmonatiger Haft in die Vereinigten Staaten zurückzukehren und eine weitere Strafverfolgung zu vermeiden. Dort schrieb er ein Buch über seine Erfahrungen mit dem Titel *Jailed in Democratic" Germany*, das 1997 veröffentlicht wurde. Bis zu seinem Tod im Jahr 2010 kämpfte er weiter gegen die Macht der jüdischen Lobbys und deren Einfluss in den Vereinigten Staaten und auf der ganzen Welt.

Arthur Topham, in Kanada wegen „Judenhasses" verurteilt

Arthur Topham ist ein langjähriger revisionistischer Kämpfer, der im November 2015 in Kanada wegen des Verbrechens des „Hasses" verurteilt wurde. Topham unterhält die Website *The Radical Press*. Seit acht Jahren wehrt er sich nun schon gegen die Schikanen der Feinde der Meinungsfreiheit, sein Kampf war also lang und heroisch. Die Website wurde bereits mehrfach sabotiert. Der erste Angriff auf die auf der Website veröffentlichten Materialien fand 2007 statt. Gegen Topham wurde auf der Grundlage des kanadischen Menschenrechtsgesetzes Anklage erhoben. Seine erste Verhaftung und Inhaftierung am 16. Mai 2012 fiel mit weiteren Sabotageakten gegen die Website zusammen. Er wurde wegen „vorsätzlicher Förderung des Hasses gegen Menschen jüdischer Ethnie oder Religion" angeklagt. Die beiden Personen, die ihn verklagten, handelten bekanntlich auf Geheiß der jüdischen Freimaurerloge B'nai B'rith of Canada.

Topham selbst hat enthüllt, dass der Text, der am meisten zur Einreichung der Klage beigetragen hat, ein satirischer Artikel mit dem Titel *Israel Must Perish* war, der im Mai 2011 geschrieben wurde und in dem Arthur Topham Theodore N. Kaufmans berühmtes, 1941 veröffentlichtes *Werk Germany Must Perish* parodierte. Er hatte einfach die Namen in den Sätzen ersetzt, die den größten Hass auf Deutschland ausstrahlten. Das heißt, wo in Kaufmans Buch „Nazis" stand, hatte Topham „Juden" geschrieben; statt „Deutschland" hatte er „Israel" geschrieben; statt „Hitler" hatte er „Netanjahu" geschrieben. Damit wollte er die Heuchelei von Juden entlarven, die andere des Hasses beschuldigen. Am 15. April 2014 verbot ein Richter des Provinzgerichts mit dem Nachnamen Morgan in Anlehnung an die Praktiken der Inquisition die Veröffentlichung der Namen der beiden Personen, die die Strafanzeige gegen Arthur Topham, den Herausgeber von *The Radical Press*, wegen „Hassverbrechen" eingereicht hatten.

Der Prozess gegen Topham begann am 26. Oktober 2015 und endete am 12. November mit einem Schuldspruch für Topham. Zum Zeitpunkt der Erstellung dieses Berichts ist das Strafmaß, das zwei Jahre minus einen Tag betragen könnte, noch nicht bekannt. Leser, die an weiteren Einzelheiten über den Prozess interessiert sind, können die Website *The Radical Press* besuchen, die eine vollständige Abschrift der Archive aller Sitzungen des Prozesses enthält. Der Jazzmusiker und jüdische Revisionist Gilad Atzmon hat sich in den Prozess eingeschaltet und am 8. November 2015 ebenfalls einen Auszug veröffentlicht. Darin wird erklärt, dass die Krone unter den Experten für Judentum und Antisemitismus Len Rudner präsentierte, einen „jüdischen Fachmann", der fünfzehn Jahre lang für den Jewish Congress of Canada und dessen Nachfolgeorganisation, das Center for Israel and Jewish Affairs (CIJA), gearbeitet hatte. Vor Beginn des Prozesses hatte er versucht, den Internetprovider zu zwingen, die Website abzuschalten. Rudner selbst hat Zivilklagen gegen Topham eingereicht. Wie in den Fällen von Pedro Varela und Librería Europa oder Fredrick Töben und der Website des Adelaide Institute sind die meisten der von Rudner aufgeführten Bücher und Texte im Internet erhältlich oder können bei Amazon und im Buchhandel frei erworben werden.

Gilad Atzmon (siehe Anmerkung 16), der nicht nur Musiker, sondern auch Philosoph und Autor mehrerer Bücher ist, war der Experte für jüdische Fragen, der von Arthur Topham und seinem Anwalt Barcley Johnson als Gegenargument zu Rudners Argumenten angeführt wurde. Atzmons Kompetenz in „jüdischer Identitätspolitik" wurde vom Gericht anerkannt. Die Geschworenen lauschten fasziniert den präzisen und komplexen Erklärungen dieses einzigartigen Juden, der behauptete, dass viele der offensichtlich antisemitischen Schriften von frühen Zionisten verfasst wurden. Atzmon, ein ehemaliger Soldat, hat die perverse Ideologie des Zionismus und die Stammesmechanismen, die in Israel fanatisch angewendet werden, aus erster Hand erfahren.

Wie wir erfahren haben, erschien Arthur Topham am Freitag, den 20. November 2015, nachdem er in dem vorangegangenen Verfahren für schuldig befunden worden war, vor dem Obersten Gerichtshof in Quesnel zu einer Anhörung im Zusammenhang mit der Frage der Kaution und weiteren Forderungen im Zusammenhang mit der Veröffentlichung eines Fotos des Geschworenen vor dem Gerichtsgebäude in *der Radical Press*. Jennifer Johnson, die Staatsanwältin der Krone, beantragte eine Reihe von äußerst strengen Auflagen. Während Topham und Johnson persönlich erschienen, meldeten sich Bruce Butler, der Richter des Obersten Gerichtshofs, und Verteidiger Barcley Johnson per Telefon von Vancouver bzw. Victoria aus. Der Richter entschied, dass die Veröffentlichung des Fotos der Geschworenen, die im Schnee standen und aus einer Entfernung fotografiert wurden, in der ihre Gesichter nicht klar zu erkennen waren, keine Gefahr für ihre Sicherheit darstellen konnte. In jedem Fall forderte er die Rücknahme des Fotos.

10. ANHANG ÜBER DIE RÜCKSICHTSLOSE VERFOLGUNG VON RÜCKSICHTSLOSE VERFOLGUNG VON NICHT-AGEARIANS

Die Verfolgten, die in diesem letzten Abschnitt, den wir als Anhang schreiben, aufgeführt sind, sind keine Revisionisten mehr und haben auch keine Gedankenverbrechen begangen. Es sind Menschen, die normalerweise nie in Geschichtsbüchern auftauchen würden. Sie würden vielleicht zu dem gehören, was Miguel de Unamuno als Binnengeschichte bezeichnet. Ihre Namen tauchen für ein oder zwei Tage in den Schlagzeilen auf und verschwinden dann für immer. Genau aus diesem Grund, damit sie nicht in Vergessenheit geraten, haben wir uns entschlossen, sie in unsere Arbeit aufzunehmen, wenn auch in aller Kürze. Es handelt sich um nicht mehr ganz junge Männer, die Opfer einer unsäglichen Verfolgung wurden, nur weil sie während des Zweiten Weltkriegs in der Armee gedient haben. Normalerweise sollten diese älteren Männer, die ihrem Land als Jugendliche gedient haben, geehrt und anerkannt werden, doch sie werden wie Kriminelle behandelt.

Der berühmte Fall von John Demjanjuk, der ausgeliefert, angeklagt, vor Gericht gestellt und zum Tode verurteilt wurde, ist bereits erwähnt worden. Ein weiterer bekannter Fall ist der von Frank Walus, dem Zeugen von Zündel im Prozess von 1985. Er wurde von dem Nazi-Jäger Wiesenthal fälschlicherweise beschuldigt, der „Schlächter von Kielce" zu sein, und musste eine bösartige Kampagne in den US-Medien über sich ergehen lassen, die zu seiner öffentlichen Verprügelung führte. Der in Deutschland geborene amerikanische Mechaniker wurde sieben Mal von jüdischen Schergen angegriffen, die ihn bei einem Säureanschlag fast getötet hätten. Um seine Verteidigung zu finanzieren, verkaufte er sein Haus und war ruiniert. Außerdem verlor er seine US-Staatsbürgerschaft. Nach einem langen und kostspieligen Berufungsverfahren gewann er, aber sein Gesundheitszustand war bereits sehr schlecht und er starb nach mehreren Herzinfarkten. Es gibt noch mehr solcher Fälle, die aufgezählt werden könnten, aber wir ziehen es vor, den anonymen Ex-Soldaten Raum zu geben, von denen wir nur einige wenige Beispiele vorstellen wollen.

Im April 2013 wurde in Deutschland bekannt, dass Staatsanwälte beschlossen hatten, eine „letzte Anstrengung" zu unternehmen, um Nazi-Verbrecher zu finden. Zu diesem Zweck wurde eine Liste mit den Namen von 50 noch lebenden Auschwitz- und anderen Lageraufsehern erstellt, gegen die ermittelt werden sollte, um den Überlebenden des Holocaust Genugtuung zu verschaffen. „Wir sind es den Opfern schuldig", sagte Kurt Schrimm, Leiter der Zentralstelle der Justizbehörden für die Aufklärung nationalsozialistischer Verbrechen, der berichtete, dass das Auschwitz-Museum die Liste mit den Namen ehemaliger Wachleute an sie weitergeleitet habe.

Efrain Zuroff, ein wütender Nazi-Jäger, Direktor des Simon-Wiesenthal-Zentrums in Jerusalem und einer der Vordenker der „Operation Letzte Chance", erklärte, dass die Tatsache, dass die meisten Namen auf der Liste Achtzigjährige oder Nicht-Jahrhundertjährige sind, kein Grund ist, warum der „Gerechtigkeit" nicht Genüge getan werden sollte. In seinem Buch *Operation Last Chance: One Man's Quest to (Operation Letzte Chance: Die Suche eines Mannes, um Naziverbrecher vor Gericht zu bringen)* erklärt der Rächer: „Schauen Sie sich diese Männer nicht an und sagen Sie, dass sie schwach und gebrechlich aussehen. Stellen Sie sich jemanden vor, der auf dem Höhepunkt seiner Kraft seine Energie dem Mord an Männern, Frauen und Kindern gewidmet hat. Der Lauf der Zeit mindert in keiner Weise die Schuld der Mörder. Das Alter sollte sie nicht schützen". Die berühmte Deborah Lipstadt, Professorin an der Emory University, vertrat die Auffassung, dass es keine Altersgrenze für die Verfolgung von Verbrechern gibt.

Laszlo Csatary

Es ist der erste Name, der auf der von deutschen Staatsanwälten und dem SWC (Simon Wiesenthal Center) geführten Liste erscheint. Im Juli 2012, kurz nach der Ankunft des Zionisten Laurent Fabius im Außenministerium, fand in Frankreich ein Treffen zwischen Fabius, den Nazijägern und jüdischen Gemeindegruppen statt. Als Ergebnis dieses Treffens forderte Frankreich Ungarn auf, Laszlo Csatary, der unter seinem eigenen Namen in Budapest lebte, zu verhaften. Ein Sprecher des Ministeriums erklärte, dass es „keine Immunität" für diejenigen geben könne, die den Holocaust begangen hätten. Am 18. Juli 2102 meldete der SWC, dass Csatary verhaftet worden sei. Sein Anwalt Gabor Horwath erklärte, er sei drei Stunden lang hinter verschlossenen Türen von einem Budapester Staatsanwalt verhört worden, der ihn des Antisemitismus beschuldigte. Es wurde keine Anklage gegen ihn erhoben, aber er wurde unter Hausarrest gestellt. Seinen Verfolgern zufolge war er an der Deportation von mehr als 15 000 Juden nach Auschwitz im Jahr 1944 beteiligt. Csatary bestritt, ein Antisemit zu sein, und führte Beispiele für Beziehungen zu Juden in seiner Familie und seinem Freundeskreis an. Er bestritt auch, Kommandant des Ghettos Kosice im mit Deutschland verbündeten Ungarn gewesen zu sein. Horwath sagte, dass er „leicht mit jemand anderem hätte verwechselt werden können". Um Druck auszuüben, organisierten Mahnwachen Demonstrationen vor dem Haus mit Schildern, auf denen „Letzte Chance für Gerechtigkeit" stand. Eine Gruppe der Europäischen Union Jüdischer Studenten mit empörten Gesichtern bildete eine Kette mit gefesselten Händen. Zwei „Aktivisten" kletterten auf den Boden und klebten durchgestrichene Hakenkreuze und ein Transparent mit dem Slogan „Wir vergessen nie" an die Tür. Im August 2013 starb Laszlo Csatary im Alter von 98 Jahren, während er auf seinen Prozess wartete. In seiner Todesanzeige erinnerte der Anwalt daran, dass Csatary nur ein Vermittler zwischen ungarischen und deutschen Beamten gewesen sei und an keinem Verbrechen beteiligt gewesen sei.

Samuel Kunz

Am 21. Dezember 2010 teilte Christoph Göke, Sprecher der Staatsanwaltschaft Dortmund, mit, dass ein 90-jähriger Mann, Samuel Kunz, ein ehemaliger Wachmann in Sobibor, der an der Vernichtung von 430.000 Juden beteiligt war, angeklagt worden sei. Presseberichten zufolge hat Kunz zugegeben, dass er 1942-43 im „Vernichtungslager" Belzec gearbeitet hat. Bei der Durchsuchung seiner Wohnung durch die Polizei bestritt der alte Mann, persönlich an einem Verbrechen beteiligt gewesen zu sein. Die Nachrichten berichteten von einer „Flut von Verhaftungen" bei Menschen in den Neunzigern, und die Nazi-Jäger freuten sich über den Eifer der Polizei. Neben dem Aderlass an Menschen ging auch der wirtschaftliche Aderlass weiter: Wenige Tage vor Kunz' Verhaftung, am 9. Dezember 2010, erklärte Rüdiger Grube, Vorstandsvorsitzender der Deutschen Bahn, dass das Leid der NS-Opfer nicht vergessen sei und die Bahn 6,6 Millionen Euro für Projekte für Überlebende an die EVZ (Stiftung für Erinnerung, Verantwortung und Zukunft) spendet.

Johan Breyer

Aufgrund eines von Deutschland ausgestellten Haftbefehls wurde im Juli 2014 Johan Breyer, ein 89-jähriger Mann, der 1952 in die Vereinigten Staaten ausgewandert war, in seinem Haus in Philadelphia, Pennsylvania, verhaftet und beschuldigt, an der Ermordung von Hunderttausenden von Juden beteiligt gewesen zu sein. Breyer gab zu, dass er in Auschwitz als Wachmann gearbeitet hatte, sagte aber, er habe in Übersee gedient und nichts mit den Morden zu tun gehabt. Obwohl sein Anwalt, Dennis Boyle, darauf hinwies, dass sein Mandant gesundheitlich zu schwach sei, um inhaftiert zu werden, während er auf eine Auslieferungsanhörung warte, sagte der Richter, dass das Haftzentrum in der Lage sei, für ihn zu sorgen, und lehnte eine Kaution ab. Die Associated Press berichtete über Aussagen des Nazi-Jägers Efraim Zuroff in Jerusalem, der die amerikanische Öffentlichkeit daran erinnerte, dass die deutschen Behörden 2013 in einigen Städten Plakate mit dem Slogan „Spät, aber nicht zu spät" aufgehängt hatten, dass der altersschwache Breyer ausgeliefert werden sollte. Zuroff fügte hinzu, Deutschland verdiene „Anerkennung" dafür, dass es „einen letzten Versuch unternommen hat, die Strafverfolgung der für den Holocaust Verantwortlichen zu maximieren".

Oskar Gröning

Die beschämende Plakatkampagne verdient einen Kommentar, denn Oskar Gröning war einer der dreißig Auschwitz-Wächter, die im Rahmen der Aktion „Spät, aber nicht zu spät" angegriffen wurden. Sie zeigten in Schwarz-Weiß die Hauptfassade von Auschwitz im Hintergrund und die Eisenbahnschienen auf dem verschneiten Boden, die vor dem Eingang des Lagers zusammenliefen. Am unteren Rand befand sich ein roter Streifen mit der oben genannten Aufschrift. Das SWC setzte eine Belohnung von 25.000 Euro für diejenigen aus, die die Großeltern denunzieren. Das Wiesenthal-Zentrum teilte mit, dass sechs Fälle in Baden-Würtenberg, sieben in Bayern, zwei in Sachsen-Anhalt, vier in Nordrhein-Westfalen, vier in Niedersachsen, zwei in Hessen und je einer in Rheinland-Pfalz, Hamburg, Schleswig-Holstein, Sachsen und Mecklenburg-Vorpommern zu finden sind. Alle von ihnen waren ehemalige Wachleute.

Einer der vier Angeklagten in Niedersachsen war Oskar Gröning, der im März 2014 verhaftet wurde. Als er im September 2014 formell angeklagt wurde, war Gröning, der als „Auschwitz-Buchhalter" bekannt ist, 93 Jahre alt und wurde wegen Mittäterschaft an der Ermordung von mindestens 300.000 Menschen angeklagt. „Oskar Gröning hat niemanden mit seinen Händen getötet, aber er war Teil der Vernichtungsmaschinerie", sagte die Überlebende Judy Lysy dem pensionierten Richter Thomas Walter, der gegen Gröning in Toronto und Montreal ermittelte. Der Prozess begann im April 2015 und musste aufgrund des schlechten Gesundheitszustands von Gröning für einige Tage unterbrochen werden. Das Urteil wurde am 15. Juli verkündet. Obwohl die Staatsanwaltschaft dreieinhalb Jahre Haft gefordert hatte, verurteilte das Lüneburger Gericht Gröning zu vier Jahren, ohne zu berücksichtigen, dass er bereits 94 Jahre alt war und niemanden getötet hatte. Justizminister Heiko Maas, ein Sozialdemokrat, sagte, der Prozess habe dazu beigetragen, das „große Versagen" der deutschen Justiz zu mildern, der es nur gelungen sei, etwa 50 der 6.500 SS-Angehörigen in Auschwitz, die den Krieg überlebt hatten, vor Gericht zu bringen.

Reinhold Hanning

Im Sommer 2015 wartete das Gericht, das Reinhold Hanning, einem 93-jährigen ehemaligen Auschwitz-Wächter, der der Mittäterschaft an der Ermordung von 170.000 Menschen angeklagt war, den Prozess machen sollte, auf ein medizinisches Gutachten, um festzustellen, ob der nicht mehr ganz so junge Mann geistig fit war, um vor Gericht zu stehen. Anke Grudda, eine Sprecherin des Gerichts im nordwestfälischen Detmold, sagte der Associated Press, dass der Prozess nicht beginnen könne, bevor das neurologische Gutachten vorliege. Die britische Zeitung *Daily Mail* berichtete, dass es keine ausreichenden Beweise dafür gebe, ob Hanning selbst Entscheidungen getroffen oder lediglich anderen bei der Arbeit geholfen habe. Der Fall wurde durch Aussagen eines angeblichen Enkels der Opfer, Tommy Lamm, 69, ergänzt, der in Jerusalem die Geschichte seiner Großeltern erzählte, die kurz nach ihrer Ankunft in Auschwitz rasiert und vergast wurden, und Hanning mit ihrem Tod in Verbindung brachte. Lamm sagte, er sei bereit, nach Deutschland zu reisen, um ihn eigenhändig zu hängen. Im November 2015 kamen schließlich Neurologen zu dem Schluss, dass Reinhold Hanning täglich zweistündigen Gerichtssitzungen standhalten könnte.

Siert Bruins

Siert Bruins, ein 92-jähriger ehemaliger Wachmann niederländischer Herkunft, wurde im September 2013 in Deutschland angeklagt, ein Mitglied des Widerstands während des Weltkriegs getötet zu haben. Die Staatsanwaltschaft forderte eine lebenslange Freiheitsstrafe, obwohl er nicht mehr im Rentenalter war. Die Staatsanwaltschaft argumentierte, Bruins habe Aldert Klaas Dijkema getötet, der im September 1944 für den Widerstand gegen die deutsche Besatzung der Niederlande tätig war. Überraschenderweise befand der Richter, dass es keine ausreichenden Beweise dafür gab, dass der Angeklagte die Tat begangen hatte, die siebzig Jahre zurücklag. Detlef Hartmann, der Anwalt der Schwester von Aldert Klaas, die angeblich auf Rache aus war, sagte, sein Mandant sei über die Entscheidung des Gerichts verärgert. Siert Bruins seinerseits verließ den Gerichtssaal mit einer Gehhilfe und war nicht in der Lage, sich zu äußern.

Eine 91-jährige Frau

Viele der Inhaftierten waren in der Regel krank, da es unmöglich ist, ein Alter von neunzig Jahren zu erreichen, ohne dass es zu einem schweren körperlichen und vor allem geistigen Verfall kommt. In den meisten Fällen wurden die vollständigen Namen dieser älteren Menschen nicht einmal der Presse mitgeteilt. Wir haben es also mit einem anonymen Opfer zu tun, das als Symbol für so viele unbekannte Menschen steht, die unter dem unstillbaren Hass gelitten haben und immer noch leiden, der auch achtzig Jahre später noch von den ewigen „Opfern" zur Schau gestellt wird; aber auch als Symbol für die moralische und politische Misere der Bundesrepublik Deutschland, deren Bundeskanzlerin Angela Merkel zynisch erklärt, dass ihr Land „ewig" für den Holocaust bezahlen müsse. Ein Staat, der alte Männer verfolgt, die ihrem Vaterland gedient und die Befehle ihrer Vorgesetzten ausgeführt haben, ist weder glaubwürdig noch würdig.

Am 22. September 2015 brachte *Fox News* folgende Meldung: „German woman, 91, charged in 260,000 Auschwitz deaths". Im Hauptteil der Meldung wurde berichtet, dass eine nicht identifizierte 91-jährige Frau von deutschen Staatsanwälten angeklagt wurde, an der Tötung von 260.000 Juden in Auschwitz beteiligt gewesen zu sein. *Die Times of Israel*, eine der Quellen von *Fox News*, gab an, dass die Frau, ein Mitglied der SS, im Juli 1944 als Funkerin unter dem Lagerkommandanten tätig war. Heinz Döllel, ein Sprecher der Staatsanwaltschaft, sagte, es habe nicht den Anschein, dass die Frau verhandlungsunfähig sei, obwohl das Gericht erst im nächsten Jahr entscheiden werde, ob es den Fall weiterverfolge. Es ist sehr wahrscheinlich, dass das Gericht, das die Tätigkeit als Funkerin als abscheuliches Verbrechen ansieht, sie schließlich vor Gericht stellen wird.

KAPITEL XIII

DIE ERSTE GROßE LÜGE DES 21. JAHRHUNDERTS: DIE ANSCHLÄGE VOM 11. SEPTEMBER 2001

Nur wenige halbwegs informierte Personen halten sich heute noch an die offizielle Version der Anschläge vom 11. September 2001. Überall auf der Welt sind Bewegungen entstanden, die die Wahrheit fordern, denn die Beweise dafür, dass eine große Lüge erfunden wurde, sind unwiderlegbar. Das Hauptproblem, um herauszufinden, was wirklich geschehen ist, ist wie üblich die Unterwerfung durch die Massenmedien, die eine falsche Interpretation der Ereignisse aufrechterhalten und die Beweise durch ihre Informationsverarbeitung verschleiern, was einer kriminellen Zusammenarbeit in Form einer Vertuschung gleichkommt. In den Vereinigten Staaten haben sich zahlreiche Verbände für die Wahrheit über 9/11 eingesetzt: Piloten, Architekten und Ingenieure, Wissenschaftler, Feuerwehrleute, Militärs, Schauspieler und Künstler, Mediziner, Anwälte, Sportler... fordern die Aufklärung der Fakten. Die meisten dieser Organisationen haben sich der so genannten „9/11 Truth Movement" angeschlossen, die 2004 gegründet wurde. Das Hauptproblem der 9/11-Wahrheitsbewegung ist heute, dass sie stark unterwandert ist. Diejenigen, die daran arbeiten, sie zu zersplittern und ihre Glaubwürdigkeit zu untergraben, bedienen sich einer Technik, die als „Verwirrung stiften" bekannt ist und darin besteht, Informationen aller Art, von den fantastischsten bis hin zu den realsten, zu vermischen, um Verwirrung zu stiften und den Zusammenhalt und die Stärke der Bewegung zu brechen.

Die Zwillingstürme in New York stürzten nicht durch den Aufprall von Flugzeugen oder Paraffinbrände ein, sondern durch kontrollierte, im Voraus vorbereitete Sprengungen. American Airlines Flug 77 ist nicht in das Pentagon gestürzt. Es ist absolut unglaublich, dass irgendjemand immer noch diese Unwahrheit behauptet: Der Einschlag wurde durch eine Rakete verursacht, und es gibt mehr als genug anschauliche Beweise dafür: Videos und Fotos zeigen die runden Löcher in jedem der Ringe des Gebäudes, die von dem Gerät durchdrungen wurden. Außerdem wurde das Wrack des Flugzeugs nie gefunden, wohl aber Teile der Rakete. United-Ailines-Flug 93 ist nicht in Shanksville abgestürzt, sondern wurde abgeschossen. Die offizielle Geschichte, dass sich heldenhafte Passagiere geopfert haben, um andere Leben zu retten, ist eine Erfindung. Für all dies werden wir auf den folgenden Seiten genügend Argumente und Beweise anführen.

Wenige Tage nach den verbrecherischen Anschlägen erklärte George W. Bush, dass die Vereinigten Staaten einen Krieg gegen den Terrorismus beginnen würden, der vierzehn Jahre dauern würde. Das war die Zeit, die die Strategen des 11. Septembers für die Umstrukturierung des Nahen Ostens durch die von ihnen geplanten Kriege veranschlagt hatten. Im Jahr 2016, fünfzehn Jahre später, scheint der Albtraum für die Völker der Region endlos zu sein. Die Destabilisierung ist weit verbreitet: Auf die von den USA entfesselten Kriege in Afghanistan und im Irak folgten katastrophale Bürgerkriege in beiden Ländern und in anderen Ländern der Region, die von außen angefacht wurden. Besonders gravierend ist die totale Zerstörung Syriens durch terroristische Gruppen, die vom Westen, Israel und den arabischen Monarchien der Region finanziert und bewaffnet werden. Auch im Jemen wird ein Bürgerkrieg geführt, in den Saudi-Arabien direkt eingreift. Nur der Iran, Israels Hauptziel, hält seine territoriale Integrität aufrecht. Heute bilden die Intervention Russlands, des Irans und der Hisbollah in Syrien, die Rolle der Türkei in diesem Krieg und die eruptive Situation in Bahrain, im Libanon, in Ägypten und in Libyen einen explosiven Cocktail, der in einem allgemeinen Konflikt enden könnte, wie es ihn seit dem Zweiten Weltkrieg nicht mehr gab. All dies hat seinen Ursprung in den Anschlägen vom 11. September 2001.

Ein neues Pearl Harbour oder die Lüge, die nötig war, um den Krieg zu beginnen

In der November/Dezember-Ausgabe 1998 der Zeitschrift *Foreign Affairs* erschien ein Artikel mit dem Titel „Catastrophic Terrorism: Tackling the New Danger". Der Artikel, der von einem zionistischen Juden namens Philip Zelikow verfasst wurde, kündigte einen katastrophalen Angriff an, der „einen noch nie dagewesenen Verlust an Menschenleben und Eigentum in Friedenszeiten nach sich ziehen und Amerikas grundlegendes Sicherheitsgefühl untergraben könnte, wie es der sowjetische Atomtest 1949 tat". Die Vereinigten Staaten, so Zelikow weiter, sollten mit drakonischen Maßnahmen reagieren, die bürgerlichen Freiheiten beschneiden, eine stärkere Überwachung der Bürger, die Inhaftierung von Verdächtigen und den Einsatz tödlicher Gewalt erlauben. Es könnte zu mehr Gewalt kommen, zu mehr Terroranschlägen oder Gegenangriffen der Vereinigten Staaten....". Dieser moderne Prophet kündigte nicht nur die Anschläge vom 11. September 2001 und andere Ersatzmaßnahmen an, sondern auch den Patriot Act.

Nach den Anschlägen wurde dieser Zionist zum Exekutivdirektor der 9/11-Kommission ernannt, die das als *9/11 Commission Report* bekannte Märchen veröffentlichte. Dieser Text, eine Beleidigung für die Intelligenz, beantwortete keine der einschlägigen Fragen, die von der Öffentlichkeit und der 9/11-Wahrheitsbewegung gestellt wurden. Die von Zelikow geleitete Kommission wurde bei ihrer Mission, die Wahrheit zu vertuschen, durch die unschätzbare Hilfe des NIST (National Institute of Standards and Technology) unterstützt, dessen leitender Ermittler ein weiterer Zionist namens Stephen Cauffman war. Dieser Jude war der Hauptautor eines unsinnigen Berichts mit demütigender und beschämender Argumentation, der den Einsturz der drei Gebäude (WTC 1, WTC 2 und WTC 7) auf die Brände zurückführte. Aber gehen wir Schritt für Schritt vor.

Im Mittelpunkt der Pläne der Verschwörer stand das PNAC (Project for New American Century), das 1997 von zwei extremistischen Zionisten, William Kristol und Robert Kagan, gegründet wurde und sich schnell zu einer einflussreichen und aggressiven Denkfabrik entwickelte, die den Ton für die Außenpolitik der USA angab. Vor den Anschlägen forderte PNAC „ein katastrophales und katalytisches Ereignis, wie ein neues Pearl Harbour". Wir wissen, dass Pearl Harbour der Angriff war, den Roosevelt, der dreitausend Soldaten opferte, um die USA in den Zweiten Weltkrieg zu führen, herbeigeführt hatte. Das PNAC setzte sich aus Mitgliedern der so genannten „Neocons" zusammen, deren intellektueller Guru oder Ideologe der jüdische Philosoph Leo Strauss war, der vor seinem Tod 1973 die Doktorarbeit seines Schützlings Abram Shulsky geleitet hatte.

Zusammen mit Paul Wolfowitz, dem stellvertretenden Verteidigungsminister und späteren Präsidenten der Weltbank, war Shulsky Direktor des Office of Special Plans, das 2003 die Invasion des Irak vorbereitete. Shulsky und Wolfowitz, beide Juden, verfassten gemeinsam ein Forschungspapier mit dem Titel *Leo Strauss and the World of Intelligence*, in dem die Idee vertreten wurde, dass „ein gewisses Maß an Täuschung beim Regieren unerlässlich ist". Strauss argumentierte für die Wirksamkeit der Manipulation in der Politik, die Nützlichkeit der Lüge und ihre Eignung zur Führung der Massen. Ein weiterer jüdischer Schüler von Leo Strauss war Samuel Huntington, Autor des berühmten Buches *The Clash of Civilisations and the Reshaping of the World Order*, in dem er seine Theorie von einer Welt, in der die Zivilisationen aufeinanderprallen, darlegte. Huntington wies offensichtlich auf den neuen muslimischen Feind hin und sagte ein Zeitalter der Konfrontation voraus.

Bezeichnenderweise waren die führenden Mitglieder der Neocon/PNAC-Clique zionistische Juden. Zu ihnen gehörten: Richard Perle, Paul Wolfowitz, Elliot Cohen, Douglas Feith, Kenneth Adelman, Dov Zakheim, Elliot Abrams, Lewis „Scooter" Libby, David Wurmser, Daniel Pipes und Stephen Bryen. Über ihnen allen standen drei Nichtjuden: George Bush, die Marionette, die im November 2000 nach der Wahlfälschung in Florida, wo sein Bruder Jeb Bush Gouverneur war, in das Amt des US-Präsidenten eingesetzt wurde, Vizepräsident Dick Cheney und Verteidigungsminister Donald Rumsfeld, die zwar keine Juden waren, aber ebenfalls Zionisten in dem Sinne, dass sie eine Verteidigungspolitik vertraten, die mit den Interessen Israels übereinstimmte, und dafür eintraten, die USA in einen langwierigen Krieg im Nahen Osten zu stürzen. Der Planentwurf für die globale Hegemonie der USA, der vom PNAC ausgearbeitet wurde, trug den Titel „Rebuilding America's Defenses" (Wiederaufbau der amerikanischen Verteidigung) und sein Hauptautor war Dov Zakheim.

Im Mai 2001 ernannte Donald Rumsfeld einen dieser Zionisten, vielleicht den fanatischsten, Rabbi Dov Zakheim, der nicht nur die US-amerikanische, sondern auch die israelische Staatsbürgerschaft besaß, zum Rechnungsprüfer des Pentagon. Mit anderen Worten: Ein Amt von höchster Bedeutung lag in den Händen eines Zionisten, der einen israelischen Pass besaß. Eine Person, deren

Großvater ein russischer Rabbiner war, der mit einer Frau aus Karls Familie verheiratet war Marx. Das Referenzbuch, um die Manöver dieser Kabale von Verschwörern zu ergründen, ist Michael Collins Pipers *The High Priests of War*[23]. Zakheims Vater war Mitglied der der Irgun nahestehenden terroristischen Organisation Betar. Dov Zakheim, der in den Lehren des *Talmud* erzogen wurde, Kolumnist der *Jerusalem Post* und Mitglied der Redaktion von *Israeli Affairs* war, schaffte es 1981 unter Präsident Ronald Reagan, ins Verteidigungsministerium einzudringen. Von da an bewegte sich dieser Insider wie ein Fisch im Wasser und infiltrierte die nationalen Sicherheitsagenturen des Ministeriums. Dov Zakheim, Berater von Bush während seiner Amtszeit als Gouverneur von Texas und sein außenpolitischer Chefberater im Präsidentschaftswahlkampf 2000, ist nicht nur Mitglied des PNAC, sondern auch anderer Denkfabriken wie dem CFR (Council on Foreign Relations), der Heritage Foundation und dem Center for International and Strategic Studies.

Bereits im Juni 2003 wurde in Deutschland ein Buch veröffentlicht, das überdeutlich macht, dass der 11. September das Ergebnis einer gigantischen Verschwörung war. Wir haben die spanische Ausgabe, die 2006 unter dem Titel *La CIA y el 11 de septiembre. El terrorismo internacional y el papel de los servicios secretos*. Ihr Autor, Andreas von Büllow, ein Experte für die kriminellen Machenschaften der Geheimdienste, war fünfundzwanzig Jahre lang Mitglied des Bundestages, wo er an Untersuchungsausschüssen über die „Dienste" teilnahm. Nach seiner Tätigkeit als Generalsekretär des Verteidigungsministers im Bundestag war er von 1980 bis 1982 Minister für Forschung und Technologie.

Diese Arbeit von Büllow war 2003 bahnbrechend, aber heute gibt es Hunderte von Büchern, in denen behauptet wird, dass 9/11 ein „Insider-Job" war. Viele von ihnen wurden von bezahlten Lakaien geschrieben, um „das Wasser zu trüben" und die Dinge aufzuwühlen. Auf diese Weise sollen sie „Verschwörungstheorien" diskreditieren, eine abwertende Bezeichnung für Behauptungen von „aufgewärmten Köpfen", die die offizielle Version bestimmter Ereignisse oder der Geschichte im Allgemeinen in Frage stellen. Bezeichnenderweise sagte George Bush zwei Monate nach den Anschlägen, am 10. November 2001, ich zitiere: „Wir werden keine ungeheuerlichen Verschwörungstheorien über die Anschläge vom 11. September dulden, keine bösartigen Lügen, die darauf abzielen, die Terroristen, die wahren Schuldigen, von ihrer Schuld freizusprechen". Kurz darauf formulierte er eine weitere

---

[23] Das Buch von Michael Collins Piper enthüllt, dass sie zwar „Neokonservative" genannt werden, aber Hardcore-Kommunisten und Trotzkisten sind. Nach Collins Piper sind diese „Neokonservativen" eine geheime Kabale zionistischer Juden, die hinter den Kulissen arbeiten. Unterstützt und an die Macht gebracht von den Bankern, kontrollierten sie am 11. September 2001 das Weiße Haus, die CIA und das Pentagon. Collins Piper liefert eine Fülle wichtiger Informationen, die zeigen, dass das ultimative Ziel der Verschwörer darin besteht, die Vereinigten Staaten als Spielball zu benutzen, um die Drecksarbeit der Globalisten zu erledigen, die ein internationales Imperium mit einer von ihnen kontrollierten Zentralregierung aufbauen wollen.

strategische Idee: „Entweder ihr seid mit uns oder ihr seid mit den Terroristen". Später legte er mit der „Achse des Bösen" nach, um auf die Länder hinzuweisen, die er in seinem „Krieg gegen den Terror" ins Visier nahm.

Es ist daher von Interesse zu wissen, wie das neue Pearl Harbour vorbereitet wurde, wer die Anschläge vom 11. September organisiert haben könnte und wer sie ausgeführt hat. Zu den wichtigsten beteiligten Stellen gehören die National Security Agency (NSA), die CIA und der Mossad, aber es gab noch mehr. Es ist klar, dass die wahren Schuldigen in der Lage waren, das Pentagon zu kontrollieren, in das nach offizieller Version der Flug 77 der American Airlines eingeschlagen ist. Was die fehlende Kontrolle des amerikanischen Luftraums angeht, der theoretisch der am strengsten bewachte und damit der sicherste der Welt ist, ist es unmöglich, dass die Flugzeuge nicht von der Luftwaffe abgefangen wurden. Um dieses Abfangen zu vermeiden, mussten die üblichen Aktionsprotokolle außer Kraft gesetzt werden. Es war Donald Rumsfeld, der die Anweisung J-3 CJCSI 3610.01A an den Vorsitzenden der gemeinsamen Stabschefs, General Richard Myers, weitergab. Victor Thorn erklärt in *9-11 Exposed*, dass die Anweisung gemäß DOD 3025.15 (DOD steht für Department of Defense) einer Entlassung gleichkam. Was das Weiße Haus betrifft, das evakuiert wurde, war es Vizepräsident Dick Cheney, der das Kommando über das Presidential Emergency Operations Center (PEOC) übernahm.

Relevante Ereignisse vor den Anschlägen

Der World Trade Center (WTC)-Komplex war die Idee der Brüder Rockefeller, David und Nelson. Letzterer, der 1979 starb, war fünfzehn Jahre lang Gouverneur von New York und später zusammen mit Gerald Ford Vizepräsident der Vereinigten Staaten. Beide sind als prominente Förderer der Neuen Weltordnung (NWO) und Zionisten bekannt. Am 24. Juli 2001 mietete Larry Silverstein, ehemaliger Präsident des United Jewish Appeal of New York, den World Trade Center-Komplex für neunundneunzig Jahre an die Hafenbehörde. Der Preis für die Pacht betrug 100 Millionen Dollar pro Jahr. Dieser Jude, der der UJA (United Jewish Agency), einer angeblich philanthropischen zionistischen Organisation, vorstand, war einer der Kriminellen, die an den Bombenanschlägen in New York beteiligt waren und die größten Gewinne erzielten. Anstatt dass gegen ihn ermittelt und er vor Gericht gestellt wird, ist er immer noch auf freiem Fuß, nachdem er sich durch Entschädigungszahlungen bereichert hat.

Politisch dem Likud verbunden, war Silverstein ein enger Freund von Ariel Sharon und Benjamin Netanyahu. Mit letzterem war und ist er eng befreundet: Vor dem 11. September telefonierten sie jeden Sonntagnachmittag miteinander. Es sei daran erinnert, dass es Netanjahu war, der den Begriff „Krieg gegen den Terror" prägte, ein Slogan, der seither in aller Munde ist. Mehrere Berichte bringen Larry Silvertstein mit Heroinhandel und Geldwäsche in Verbindung. Der Verhandlungsführer der Operation mit der Hafenbehörde war ein anderer zionistischer Jude, Saul Eisenberg, der Mitglied der UJA und der

United Jewish Federation war. Eisenberg war auch Vizepräsident des AIPAC (American Israel Public Affairs Committee), der mächtigsten jüdischen Lobby in den Vereinigten Staaten, deren Unterstützung unerlässlich ist, um Präsident der Vereinigten Staaten zu werden.

Da das World Trade Center in den Händen von Larry Silverstein lag, konnte die Frage der Sicherheit in dem Komplex mit einiger Leichtigkeit kontrolliert werden, vor allem, wenn man bedenkt, dass sie in den Händen von Präsident Bushs eigenem jüngeren Bruder, Marvin Bush, lag, der in leitender Funktion bei Securacom tätig war, dem Unternehmen, das die Sicherheit im WTC, bei United Airlines und auf dem etwa 40 km von Washington entfernten Dulles International Airport überwachte. Der Flug 77 der American Airlines, der nach der offiziellen Version in das Pentagon stürzte, startete vom Flughafen Dulles. Marvin Bush war auch Mitglied des Verwaltungsrats von KuwAm (Kuwait-American Coporation), einem Unternehmen, das ein Hauptaktionär von Securacom war. Ein weiteres Mitglied der Bush-Familie, Wirt D. Walker III, ein Cousin der Bush-Brüder, war von 1999 bis 2002 Geschäftsführer von Securacom.

Aber es gibt noch mehr. Ein privates Sicherheitsunternehmen, „International Consultants on Targeted Security" (ICTS), sorgte für die Sicherheit der einzelnen Terminals, an denen die Entführungen stattfanden. ICTS ist ein israelisches Unternehmen, das 1982 von Mitgliedern des Shin Bet gegründet wurde. Das Sicherheitssystem dieser israelischen Behörde in Bezug auf Passagiere besteht darin, deren Risikograd anhand einer Reihe von Kriterien wie Alter, Name, Herkunft usw. zu bewerten. Die vom ICTS entwickelte Methode wird als Advanced Passenger Screening (APS) bezeichnet. Ezra Harel und Menachem Atzmon sind die Vorsitzenden des Unternehmens, und viele seiner Mitarbeiter waren und sind ehemalige Mitglieder der israelischen Verteidigungskräfte (IDF), d. h. des Shin Bet. Daher hatte dieses israelische Unternehmen am Morgen des 11. September Zugang zu wichtigen Flughäfen. Es ist sehr wahrscheinlich, dass es sich bei den US-Mitarbeitern um „Sayanim" handelte, d. h. im Ausland lebende Juden, die ihre Staatsangehörigkeit ausnutzen, um dem Mossad oder der israelischen Regierung Informationen zu liefern.

Wir können nun zu den Aktivitäten von Larry Silverstein und seinen Kollegen in den Tagen vor dem 11. September zurückkehren. Nach einem neunundneunzigjährigen Mietvertrag für das WTC schloss der unaussprechliche Silverstein eine Versicherungspolice in Höhe von 3,2 Milliarden Dollar ab, die zum ersten Mal die Terroranschläge von abdeckte. Natürlich war Silverstein, Netanjahus enger Freund, ein langjähriger Insider, aber er war nicht der Einzige: Viele weitere Insider waren es, wie die Börsenspekulationen in den Wochen vor dem 11. September zeigen. Merryl Lynch, Goldman Sachs und Morgan Stanley, Investmentfirmen, die in jedem der Zwillingstürme zweiundzwanzig Stockwerke belegten, hielten Anteile an den beiden Fluggesellschaften und verkauften sie vor den Anschlägen.

Andreas von Bülow erklärt in dem oben erwähnten Buch, dass das „Israeli Herzliya International Policy Institute for Counterterrorism" zehn Tage nach dem Anschlag eine Reihe von Geschäften zusammengestellt hatte, die mit den 9/11-Infiltratoren in Verbindung standen. So lag die Zahl der täglich zum Verkauf angebotenen United-Airlines-Aktien bei 4.744 gegenüber dem üblichen Durchschnitt von 396 Aktien; die Zahl der täglich zum Verkauf angebotenen American-Airlines-Aktien betrug 4.515 gegenüber einem Durchschnitt von 748. Beide Transaktionen", schreibt von Bülow, „waren also elf- bzw. sechsmal so groß wie üblich". Merryll Linch zum Beispiel verkaufte vier Tage vor dem 11. September 12.215 Aktien gegenüber 252 am Tag zuvor. Die Zim American Israeli Company hatte Räume im sechzehnten und siebzehnten Stock des WTC Tower 1 gemietet. Um den zum Jahresende auslaufenden Mietvertrag schnell aufzulösen, musste sie eine Strafe von 50.000 Dollar zahlen. Eine Woche vor dem 11. September räumte das Unternehmen seine Büros. Die Muttergesellschaft des Unternehmens ist die „Zim Israel Navigation Company", die zur Hälfte dem Staat Israel und zur Hälfte der „Israel Corporation" des israelischen Geschäftsmanns Frank Lowy gehört.

Scott Forbes, ein Computerexperte, der als Computeranalytiker für den WTC Fiduciary Trust tätig war, sagte aus, dass es am Wochenende vor dem 11. September zu einer noch nie dagewesenen Serie von Stromausfällen kam und die Elektrizität völlig zusammenbrach. Folglich gab es keine Kameras, Abriegelungen oder andere Sicherheitsprotokolle. In dem Video *9-11 Marvin Bush, Leiter von Securacom im WTCS*, werden Forbes' Aussagen in einem Interview mit Victor Thorn in *9-11 Exposed* wiedergegeben: „Der Zugang war frei, es sei denn, man schloss die Türen mit manuellen Schlüsseln ab. Es war ungewöhnlich, so viele Fremde zu sehen, die nicht im WTC arbeiteten. Es gab Männer in weißen Overalls mit Plastikbrillen, die an diesem Wochenende Drahtrollen aus Kisten zogen und durch die Gebäude liefen." Keiner wusste, wer diese Männer waren und was sie taten. Die Aussagen von Scott Forbes wurden auch von William Rodriguez, einem der bekanntesten Zeugen des 11. Septembers, bekräftigt. Beide ahnten, was geschehen war, als sie den Einsturz der Türme beobachteten. Scott Forbes informierte zahlreiche Behörden, darunter auch die 9/11-Kommission, wurde aber ignoriert. Ben Fountain, ein Finanzanalyst, erinnert sich in dem Video an die wiederholten ungewöhnlichen Evakuierungen, die in den Türmen vor dem Angriff stattfanden. Er prangert die unerklärliche Vernachlässigung der Sicherheitsmaßnahmen an und bemerkt, dass sogar die Sprengstoffspürhunde fehlten.

Sowohl Victor Thorn in *9-11 Evil* als auch Andreas von Bülow in *The CIA and 9/11* weisen auf die überraschende Tatsache hin, dass vier in Israel ansässige Telekommunikationsunternehmen fast vollständigen Zugang zur US-Telekommunikation haben. Diese Unternehmen sind: Amdocs, Converse Infosys, Odigo und Checkpoint Systems. Ersteres wurde bis zum 6. September 2011 von Dov Baharav geleitet, dann wurde er durch Eli Gelman ersetzt. Amdocs kontrolliert die Aufzeichnungen praktisch aller Anrufe der fünfundzwanzig größten Unternehmen in den Vereinigten Staaten und ist auch für die Rechnungsstellung und den Telefonsupport für 90 % der Unternehmen zuständig. Das Hauptcomputersystem des Unternehmens befindet sich in Israel. Andreas von Bülow drückt es mit diesen Worten weise aus:

„90 % der internen Telefongespräche und wahrscheinlich auch ein großer Teil der transatlantischen Gespräche zwischen den verschiedenen Telefongesellschaften und ihren jeweiligen Netzen laufen über ein einziges Abrechnungsunternehmen, das die abzurechnenden Daten sammelt und zur Verfügung stellt. Dieses Unternehmen, Amdocs, befindet sich in israelischer Hand. Die Software stammt von israelischen Softwarehäusern. Der Hauptrechner des Unternehmens befindet sich nicht in den USA, sondern in Israel.

So wie es ganz natürlich ist, dass im Rahmen der internationalen Arbeitsteilung ein israelisches Unternehmen bei der Vergabe an den Bestbieter den Zuschlag für die Erfassung und Abrechnung fast des gesamten Telefondienstes in einem so großen Land wie den USA erhält, so ist es auch offensichtlich, dass die Geheimdienste genau diesen Kanal nutzen, um sich Zugang zu einem großen Teil der nationalen und internationalen Telefonate, Faxe, E-Mails und Computerverbindungen zu verschaffen. Dieses Organigramm ist alles andere als zufällig. Wenn diese Kanäle genutzt wurden, kann man die Abhörspezialisten des Mossad nur beglückwünschen. Dieses Vorgehen muss der Öffentlichkeit und der US-Politik klar gemacht werden. Da aber sowohl die US-Politik als auch die US-Medien dazu schweigen, können die Verantwortlichen auch darüber schweigen".

Es könnte nicht deutlicher sein. Dieses Unternehmen kann Telekommunikation analysieren und bestimmen, und der Mossad hat dadurch Zugang zu sensiblen Informationen in den Vereinigten Staaten, aber niemand macht den Mund auf, um dies anzuprangern. Folglich konnten die Israelis in den Monaten und Wochen vor dem 11. September von der Kommunikation im Zusammenhang mit den Anschlägen erfahren, aber nicht nur über Amdocs, sondern auch über die anderen Unternehmen.

Das zweite israelische Telekommunikationsunternehmen ist Converse Infosys, das Abhörtechnik an die Geheimdienste und die Polizei verkauft. Converse Infosys war auch der Lieferant von Computerausrüstung für die Federal Reserve. Dieses israelische Unternehmen ist für die Installation der automatischen Abhöranlagen verantwortlich. Unter dem Vorwand, es sei nur für die Wartung der Anlagen notwendig, ist Converse über direkte Serviceleitungen mit allen Abhöranlagen des Bundes und der meisten Staaten verbunden. Über diese Firma wird also das Abhören und Abhören durchgeführt. Die sexuellen Gespräche zwischen Bill Clinton und Monica Lewinsky, die zur Erpressung des Präsidenten benutzt wurden, wurden von Converse aufgezeichnet. Von Bülow erklärt, dass US-Beamte den Verdacht hegen, „dass sie strafrechtliche Ermittlungen in Sachen Spionage und Drogenhandel abgebrochen haben, indem sie abgehörten Telefonaten nachgingen". Tatsächlich wurden sowohl Amdocs als auch Converse Infosys beschuldigt, ihre Telefonaufzeichnungen heimlich zu verkaufen. Im Zusammenhang mit den Anschlägen hatte Israel also einmal mehr die Möglichkeit, nach eigenem Ermessen jedes Telefongespräch in den USA abzuhören, und das Abhören konnte nicht entdeckt werden, weil es automatisch in das Telekommunikationssystem selbst integriert war.

Die israelische Tageszeitung *H'aaretz* veröffentlichte eine aufschlussreiche Geschichte über Odigo, das dritte Unternehmen in israelischem Besitz. Der Zeitung zufolge alarmierte das in Herzliya ansässige Unternehmen

Odigo, das sich auf die Übertragung von SMS-Daten spezialisiert hat, zwei Stunden vor dem Einschlag des American-Airlines-Fluges 11 in den Nordturm des World Trade Centers die Mitarbeiter seines New Yorker Hauptsitzes zwei Blocks von den Zwillingstürmen entfernt über den bevorstehenden Angriff. Das Unternehmen ist führend bei der Überwachung von Instant Messaging auf Heimcomputern. Checkpoint Systems schließlich, ebenfalls mit Hauptsitz in Israel,, war für einen sehr hohen Prozentsatz der Computer-Zugangskontrollleisten der Bundesregierung und großer US-Unternehmen verantwortlich.

Kurz gesagt: Vier israelische Unternehmen kontrollierten fast das gesamte US-Kommunikationsnetz. Sie konnten also als „Big Brother" agieren. Natürlich konnten sie die Legende von den neunzehn arabischen Flugzeugentführern schaffen, indem sie nur deren Telefongespräche abhörten. Es waren also diese israelischen Unternehmen, die die Gespräche zwischen den angeblichen Terroristen, die unter ständiger Beobachtung standen, sammelten. Die ganze Frage der angeblichen Telefongespräche der Verwandten der Entführer oder der Stimmen im Inneren der Flugzeuge muss auch im Hinblick auf die Mechanismen der israelischen Unternehmen verstanden werden.

Die Angriffe

Dass die mutmaßlichen Entführer nicht einmal ein Leichtflugzeug fliegen konnten, ist eine Tatsache, die von ihren Fluglehrern bestätigt wurde. Bruno Cardeñosa, Journalist und Autor von *9/11: Historia de una infamia* und *11-M Claves de una conspiración*, berichtet in seiner Untersuchung über die Piloten, dass er die Person interviewt hat, die die meiste Zeit mit Mohamed Atta verbracht hat, seinen Fluglehrer, den Spanier Iván Chirivella, der auch Marwan Al-Shehhi, dem anderen mutmaßlichen Selbstmordpiloten, das Fliegen beibrachte. Chirivella erklärte Cardeñosa, dass er in den Monaten September und Oktober 2000 jeden Morgen stundenlang mit den beiden Arabern im Flugzeug saß: „Obwohl die Regeln der Schule es verbieten", so Chirivella, „sind sie immer zusammen geflogen. Es war eine Ausnahme, aber wer zahlt, hat bekanntlich Recht". Hier ein kurzer Auszug aus dem Interview:

> „Wenn Sie eine Schätzung abgeben müssten, für wie viele Schüler waren Sie in der Schule verantwortlich?
> - Etwa fünfzig.
> - Wenn Sie sie nach ihrer Kategorie als Fahrer einstufen würden, wo würden Al-Shehhi und Atta unter den fünfzig Studenten, die Sie hatten, stehen?
> - Die 49. und die 50.", antwortete Iwan ohne zu überlegen."

Der spanische Ausbilder kanarischer Herkunft, der nach vierzehn Jahren in den Vereinigten Staaten mit einem Berufsverbot belegt wurde, bestätigte, dass Mohamed Atta der schlechteste Schüler war, den er je hatte. Es ist daher absolut unmöglich, dass diese beiden Schüler aus Chirivella die ihnen zugeschriebenen, sehr komplizierten Manöver hätten ausführen können. Andere Fluglehrer bestätigten die Inkompetenz der Selbstmordpiloten, deren Englischkenntnisse schlecht waren. Hani Hanjour, der Bombenleger, der angeblich in Bodennähe flog, um das Pentagon zu treffen, war nach 600 Flugstunden nicht bereit, die Pilotenprüfung abzulegen. Im August 2001 wurde ihm die Anmietung eines Cessna-Leichtflugzeugs auf dem Flughafen Bowie in Maryland verweigert, weil die Ausbilder der Meinung waren, er sei nicht kompetent genug, um es zu fliegen.

Zu den Flugzeugentführungen mit Plastikmessern erklärt von Büllow, dass das Übersehen von gefährlichen Waffen bei der Gepäck- und Passagierkontrolle „eine Lawine von Schadensersatzansprüchen in astronomischer Höhe nach US-Recht" ausgelöst hätte. Eine weitere Tatsache ist, dass die Fluggesellschaften auf ihren Passagierlisten keinen einzigen Namen der Entführer nennen. Nach Angaben der Fluggesellschaften hat keiner von ihnen eingecheckt. Nachforschungen britischer Journalisten ergaben, dass sieben der neunzehn unter genannten Selbstmordattentäter nach dem Anschlag noch am Leben waren. Zwei Zeitungen, *The Independent* und *The Daily Mirror*, sowie die BBC konnten sie ausfindig machen und interviewen, und die Bilder sind im Internet veröffentlicht.

Die Geschichte von den neunzehn Selbstmordpiloten ist zweifellos ein Ablenkungsmanöver, aber weder das FBI noch die amerikanischen oder europäischen Medien, die so anspruchsvoll sind, wenn es ihren Chefs passt, waren auch nur im Geringsten besorgt über die zweifelhafte Glaubwürdigkeit der Liste der Attentäter, die innerhalb von Stunden wie von Geisterhand aufgetischt wurde. Die Krönung des Beweises, der den schlechtesten Hollywood-Filmen würdig ist, kam Tage später, als der Pass von Mohamed Atta unversehrt in den Trümmern gefunden wurde. Mit anderen Worten: Alles war zu Staub zerfallen, bis auf den Pass eines der Selbstmordpiloten, den ultimativen Beweis dafür, dass er den American Airlines Flug 11 steuerte. Die dumme Leichtgläubigkeit der Presse und der Öffentlichkeit besteht darin, zu weinen oder in Gelächter auszubrechen. Wie wir auf den folgenden Seiten sehen werden, wurden die Flugzeuge mit ziemlicher Sicherheit vom Gebäude Nr. 7 aus ferngesteuert, das am Nachmittag gesprengt wurde. Was den Einsturz der Zwillingstürme angeht, so besteht kein Zweifel, dass er durch kontrollierte Sprengungen erfolgte.

Über die Untätigkeit der Luftabwehr und die Rolle von General Richard Myers, der den Generalstab leitete, könnte man viel schreiben. Andreas von Bülow erklärt, dass der Fluglotse feststellte, dass die Boeing AA 11 um 8:14 Uhr den automatischen Transponder ausgeschaltet hatte und noch Zeit hatte, um 8:23 Uhr die Meldung der Entführer zu hören, dass sie einige Flugzeuge in ihrem Besitz hätten und im Begriff seien, zum Flughafen Boston-Logan zurückzukehren. Von Bülow schreibt: „Nach dem Abschalten des Transponders hatte die Flugsicherung am Boden noch 31 Minuten Zeit, und nach dem Abhören des Gesprächs an Bord blieben ihr noch 22 Minuten, um vor der Kollision im Nordturm zu handeln. Sie konnten den Kurs des Flugzeugs verfolgen und waren verpflichtet, die militärische Luftraumüberwachung sofort zu informieren". Am 13. September 2001 sagte General Richard Myers vor dem Streitkräfteausschuss des Senats aus, dass die Kampfflugzeuge erst nach der Kollision im Pentagon, d.h. eine Stunde nach dem Angriff auf den Nordturm, gestartet seien. Dies war eine unannehmbare und gefährliche Erklärung, die Senatoren und Kongressabgeordnete verblüffte. Sie wurde kurz darauf durch die Version von NORAD (North American Aerospace Defense Command) ersetzt, wonach die Kampfflugzeuge zwar gestartet, aber zu spät angekommen waren.

Was den Einsturz der Zwillingstürme anbelangt, so steht außer Frage, dass sie durch kontrollierte Sprengungen eingestürzt sind. Die technischen Studien zahlreicher Ingenieure und Architekten über die Stahlkonstruktionen sind schlüssig. Die Höchsttemperatur, die brennendes Paraffin erreichen kann, liegt bei etwa 375°. Stahl schmilzt erst bei Temperaturen über 1.300° und verliert seine Stabilität bei 800°. Die Wärmeleitfähigkeit einer Stahlkonstruktion leitet die punktuelle Hitze sofort in alle Richtungen ab und so sinkt die Temperatur am Brandherd ohne Verzögerung. Die Theorie, dass die hohe Temperatur die Ursache für den Einsturz der Türme war, ist nicht haltbar.

Die Gebäude stürzten ein, weil an strategischen Punkten Sprengladungen angebracht waren. Mehr als hundert Ersthelfer berichteten, sie hätten die Explosionen gehört. Der Name des verwendeten Sprengstoffs ist Thermit oder Nano-Thermit. Die Sprengladungen waren an den Stahlpfeilern und an strategischen Punkten des Gebäudes angebracht. Die Explosion wurde vermutlich von einem Computer ausgelöst. Die elektronischen Befehle wurden wahrscheinlich programmiert und in aufeinanderfolgenden Sekundenbruchteilen per Fernzündung übertragen. Die Trümmermassen fielen im freien Fall. Die Geschwindigkeit, mit der sie fielen, entspricht genau der Fallgeschwindigkeit der Schwerkraft, wobei die Geschwindigkeit der fallenden Massen von 9,81 Metern in der ersten Sekunde auf weitere 9,81 Meter in jeder folgenden Sekunde zunimmt. Daher stürzten sie in 9 bzw. 11 Sekunden ein, ein beispielloser Einsturz bei Wolkenkratzern mit Stahlkonstruktion. Die Zerstörung erfolgte extrem schnell. Unter den Trümmern wurden tonnenweise geschmolzener Stahl gefunden, obwohl einige Teile 200 Meter weit weggeschleudert wurden. 80.000 Tonnen Beton, Träger und Metallplatten wurden in der Luft pulverisiert, und es entstanden gewaltige Mengen an ausladenden pyroklastischen Wolken. Spuren von Thermit wurden im geschmolzenen Stahl und im Staub des WTC gefunden.

Das Gebäude Nr. 7 verdient eine besondere Erwähnung. Es befand sich seit 1987 im Besitz von Larry Silverstein. Die Hypothek lag in den Händen der Blackstone Group, deren CEO ein zionistischer Jude namens Stephen A. Schwartzman war. Der Vorsitzende des Unternehmens war ein anderer Jude, Peter G. Peterson, der bis 2004 gleichzeitig Vorsitzender der Federal Reserve Bank of New York war und zusammen mit seinem Partner Schwartzman auch Mitglied des Verwaltungsrats des CFR war. Peterson war von 1973 bis 1977 Vorsitzender von Lehman Brothers gewesen. Das Gebäude beherbergte Büros der CIA, des Verteidigungsministeriums, der Wertpapier- und Börsenaufsichtsbehörde, des US-Geheimdienstes, des Amtes für Notfallmanagement, vier oder fünf Banken und ebenso viele Versicherungsgesellschaften. Es gab Millionen von Unterlagen über laufende Ermittlungen gegen die Mafia, Banken, den internationalen Drogenhandel, Geldwäsche und Terrorismus.

Das World Trade Center Gebäude 7 (WTC 7), das sich etwa 100 Meter vom Nordturm entfernt befindet, wurde von keinem Flugzeug getroffen, dennoch stürzten seine 47 Stockwerke mit Stahlrahmen am Nachmittag des 11. September um 17:20 Uhr ein. Der Einsturz erfolgte, wie bei den Türmen, symmetrisch in 6,5 Sekunden. Der Einsturz dieses Gebäudes wurde von BBC News 23 Minuten vor dem Einsturz angekündigt. In der Fernsehsendung sagt die Journalistin Jane Standley, dass das Gebäude von Salomon Brothers (WTC 7) eingestürzt ist, ohne zu wissen, dass es dahinter sichtbar ist. Es war also im Voraus bekannt, dass das Gebäude einstürzen würde. Die Feuerwehr war zwischen 16:00 und 17:00 Uhr damit beschäftigt, die Menschen aus der Umgebung zu vertreiben. Die Bilder zeigen, dass es sich um einen konventionellen Abriss handelt, da das Gebäude vom Erdgeschoss aus eingestürzt ist. Es stürzte von innen ein, und die äußere Struktur klappte nach innen. Anders als bei den Türmen entstanden die Staubwolken am Boden und nicht in den oberen Stockwerken.

Unglaublicherweise wird im Bericht der 9-11-Kommission, der am 22. Juli 2004 veröffentlicht wurde, das Gebäude Nummer 7 nicht einmal erwähnt. In einem Fernsehinterview im Jahr 2004 erklärte Larry Silverstein Folgendes:

„Ich erinnere mich an einen Anruf des Feuerwehrchefs. Er sagte mir, sie seien sich nicht sicher, ob sie das Feuer eindämmen könnten, und ich sagte: 'Wir haben so viele Menschenleben verloren, vielleicht ist es das Klügste, es abzureißen'. Und sie entschieden sich, es abzureißen, und dann sahen wir zu, wie das Gebäude zusammenbrach." Mit der üblichen Unverfrorenheit (Chutzpah) lügt Silverstein, ohne auch nur zu bedenken, dass der Abriss impliziert, dass die Sprengladungen zuvor angebracht worden waren. Trotz dieses öffentlichen Eingeständnisses von Silverstein untersuchte das NIST („National Institute of Standards and Technology") im Jahr 2007 immer noch, warum das Gebäude einstürzte. In einem Bericht, der das NIST diskreditierte und in Misskredit brachte, schlossen sie die Möglichkeit von Sprengstoff aus und bestanden darauf, dass das Gebäude aufgrund der Brände einstürzte.

In diesem Gebäude wurde notwendigerweise die Fernsteuerungszentrale installiert, die es ermöglichte, die Flugzeuge gegen die Zwillingstürme zu steuern. Zwischen 9.00 und 10.00 Uhr, vor dem Einsturz der Zwillingstürme, wurde WTC 7 geräumt. Da keine Angestellten mehr da waren, stand den wahren Tätern von 9/11 das gesamte Gebäude zur Verfügung. Um 16:00 Uhr hatte sich der durch den Einsturz der Türme aufgewirbelte Staub gelegt, und das kriminelle Team, das die Fernsteuerung bedient hatte, konnte das Gebäude verlassen. Gegen 16:10 Uhr meldete CNN, dass WTC 7 in Flammen stand. Zu diesem Zeitpunkt brannte es zwar nur im siebten und zwölften Stockwerk, aber die Feuerwehrleute zogen bereits Menschen aus der Umgebung ab, unter dem Vorwand, dass das Gebäude durch die Brände einstürzen könnte.

Bereits in den 1950er Jahren hatten die Briten die Technik entwickelt, Militärflugzeuge ohne Piloten zu fliegen. In den 1970er Jahren wurde diese Technik, das so genannte „Flugkontrollsystem", von der DARPA (Defense Advanced Projects Agency) perfektioniert, einer Verteidigungsagentur des Pentagons, die für die Anpassung von Militärtechnologie für zivile Zwecke zuständig ist, um entführte Flugzeuge aus der Ferne landen zu können. Die Fernsteuerung kann dem Piloten sogar die Kontrolle über sein Flugzeug entziehen und es bei schlechten Sichtverhältnissen automatisch landen. Andres von Bülow schreibt zum Thema elektronisches Leitsystem folgendes:

> „Am 11. September sollen sich die 19 Entführer der vier Boeing 757 und 767 bemächtigt und die Besatzung und die Piloten, von denen einige eine militärische Ausbildung hatten, nur mit ein paar groben Messern konfrontiert haben. Die Piloten und Besatzungen der vier Flugzeuge waren für Entführungen ausgebildet und vorbereitet. Gemäß den Vorschriften hätten sie sowohl im Cockpit als auch an anderen Stellen des Flugzeugs die 7700-Nummern eingeben müssen, um die Flugsicherung am Boden über die Vorgänge an Bord zu informieren. Keines der vier Flugzeuge gab jedoch das Signal ab. Die vier Flugzeuge flogen mehr als eine halbe Stunde lang, ohne eine Verbindung zum Boden herzustellen, bevor sie zu ihren Zielen geflogen wurden.

Victor Thorn ergänzt diese Informationen in *9-11 Evil*. Thorn erklärt, dass Rabbi Dov Zakheim mit seiner doppelten Staatsbürgerschaft seit mehr als zwanzig Jahren in den Korridoren der Regierung lauerte. Zwischen 1981 und

1985 arbeitete er im Verteidigungsministerium. Von 1985 bis 1987 war er stellvertretender stellvertretender Verteidigungsminister für Planung und Ressourcen. Im Jahr 1997 wurde er Mitglied der Task Force für die Verteidigungsreform. Wie wir wissen, wurde er 2001 von Donald Rumsfeld zum Auditor des Pentagon ernannt. Thorn bezeichnet ihn als einen hochrangigen Agenten der zionistischen Bankiers-Kabale, deren führender Vertreter die Rothschild-Dynastie ist. Diesem Autor zufolge hat Zakheim als Pentagon-Revisor die Vergabe von mehr als zwei Billionen Dollar orchestriert. Für die Frage der Fernsteuerung von Flugzeugen ist jedoch vor allem von Bedeutung, dass Zakheim früher CEO und Corporate Vice President der Systems Planning Corporation war, eines auf elektronische Kriegsführungstechnologien und Fernsteuerungssysteme für Flugzeuge spezialisierten Rüstungsunternehmens. Die Radar Physics Group, eine der Niederlassungen der Corporation, produzierte die fortschrittliche Technologie namens Flight Termination System, mit der alle Arten von Flugzeugen, einschließlich Passagierjets, ferngesteuert werden konnten. Dieses System konnte bis zu zehn verschiedene Flüge gleichzeitig abwickeln und auch deren Missionen beenden. Das war genau das, was man für eine Operation wie die vom 11. September 2001 brauchte, die jahrelang vorbereitet worden war. Wir geben nun das Wort an Victor Thorn (die Klammern im Zitat sind seine eigenen):

> Dieses Argument gewinnt noch mehr an Gewicht, wenn man bedenkt, dass während seiner Amtszeit als Prüfer im Pentagon dem Militär 56 Kampfjets, 32 Panzer und 36 Javelin-Raketenabschussvorrichtungen „abhanden" kamen. Schließlich handelte Zackheim einen Vertrag aus, durch den 32 Boeing-Flugzeuge als Teil eines Leasingvertrags für an den Luftwaffenstützpunkt MacDill in Florida geschickt wurden. Könnten diese Flugzeuge, die fehlenden Gelder und die fehlende militärische Ausrüstung Teil einer Operation gewesen sein, mit der einige Flugzeuge mit Fernsteuerungstechnologie für den Einsatz am Morgen des 11. Septembers nachgerüstet wurden? Wenn jemand in der Lage war, dies zu tun, dann war es Rabbi Dov Zakheim.
> Seine Rolle als Drahtzieher des 11.9. ist jedoch noch nicht abgeschlossen. Eine der Tochtergesellschaften seines Unternehmens - die Systems Planning Corporation - war ein Unternehmen, das als Tridata Corporation bekannt ist. Warum ist das relevant? Raten Sie mal, wer nach dem Bombenanschlag auf das WTC 1993 (der u. a. von infiltrierten Elementen im FBI organisiert wurde) mit der Untersuchung des Verbrechens betraut wurde? Die Tridata Corporation. Dov Zakheim hatte also Zugang zu allen Plänen des World Trade Centers und war mit seiner strukturellen Stabilität vertraut. Was glauben Sie, warum der „gescheiterte" Bombenanschlag von 1993 stattgefunden hat? Genau, um den Prozess einzuleiten, der zu 9/11 führt."

Eric Hufschmid, Autor von *Painful Questions: An Analysis on the September 11th Attack* und einer Videoergänzung zum Buch mit dem Titel *Painful Deceptions*, behauptet, dass sich der Bunker, der als Kommandozentrale für die Zerstörung des WTC diente, im 23. Stock des Gebäudes Nr. 7 befand. Andreas von Büllow liefert weitere interessante Informationen. Dieses Gebäude", schreibt er, „enthielt einen Hohlraum von mehr als fünf Stockwerken, in dem zwei Umspannwerke mit zehn Transformatoren untergebracht waren, von denen jeder zehn Meter hoch und zwölf Meter breit war". Das Gebäude wurde auf diesen Transformatoren errichtet. Darüber hinaus gab es 20-Megawatt-Notstromaggregate und Dieseltanks. Über den Generatoren und den Tanks für die Notstromaggregate „befand sich", so der Autor weiter, „das Anti-Terror-Hauptquartier der CIA, aber auch die Spionageabteilung gegen die Delegationen aller UN-Länder in New York". Der folgende Auszug verdient das vollständige Zitat:

> „Ende der 1990er Jahre wurde auf Veranlassung von Jerry Hauer, dem Manager des World Trade Centers, zwischen dem 23. und 25. Stockwerk von Gebäude 7 ein alternativer Notbunker für den ersten Bürgermeister von New York gebaut, der im Falle eines Terroranschlags als Kommandozentrale zur Verfügung stehen sollte. Bereits in den 1990er Jahren gab es Befürchtungen, Saddam Hussein wolle die USA mit der chemischen Waffe Anthrax angreifen. Aus diesem Grund wurde die Kommandozentrale nicht nur für Angriffe mit konventionellen Waffen, sondern auch mit biologischen Waffen konzipiert. Die Kommandozentrale mit ihren 4.640 Quadratmetern Bürofläche verfügte über eine eigene Luftzufuhr und einen Wasservorrat von mehr als 40.000 Litern. Das Gebäude hielt Stürmen von mehr als 260 Stundenkilometern stand. Die Notstromaggregate wurden mit 22.000 Litern Dieselkraftstoff betrieben, der ebenfalls in der Nähe des Erdgeschosses gelagert wurde."

Wie immer, wenn wir herausfinden, wer Jerome (Jerry) Hauer ist, stellen wir fest, dass er ein weiterer zionistischer Jude ist, angeblich ein Experte für Bioterrorismus. Warum dieses Notfallzentrum für das Büro des Bürgermeisters über fünf Stockwerke hohen Transformatoren mit 130.000 Volt und Dieseltanks mit einem Fassungsvermögen von 159.000 Litern installiert ist, ist ein Rätsel. Auf jeden Fall war dieser Bunker wahrscheinlich die Einsatzzentrale, von der aus die Flugzeuge per Fernsteuerung gelenkt wurden. Dort muss auch die gesamte Vorrichtung zur Zündung der Sprengladungen, die die Türme zum Einsturz brachten, konzentriert gewesen sein.

Was den Angriff auf das Pentagon anbelangt, so gibt es keine Spur von dem Flugzeug. Man muss bedenken, dass eine leere Boeing 757 60 Tonnen Metall, Plastik und Glas enthält. Dann wären da noch die Menschen und das Gepäck. Was mit American Airlines Flug 77 und den vierundsechzig Menschen, die sich angeblich an Bord befanden, geschah, ist ein weiteres Rätsel, ein weiteres Rätsel. Das Einzige, was sicher ist, ist, dass kein Flugzeug das Gebäude getroffen hat. Es genügt zu wissen, dass Bilder von den Türmen fast ununterbrochen, immer und immer wieder, bis zum Überdruss abgespielt wurden, aber es gibt kein einziges Bildmaterial vom Pentagon. Die Sicherheitskameras des Pentagon selbst, der CITGO-Tankstelle, des Sheraton-Hotels und des Verkehrsministeriums von Virginia haben Berichten zufolge spektakuläre Aufnahmen von einem Flugzeug gemacht, das im Tiefflug über den Boden fliegt. Das von den Kameras an diesen Orten aufgezeichnete Filmmaterial wurde beschlagnahmt. Nur wenige Ermittler bestreiten heute, dass es sich um einen Marschflugkörper handelte, der ein rundes Loch in eine kürzlich renovierte Seite des Pentagons sprengte. Es wurde noch nicht routinemäßig daran gearbeitet, weshalb nur sehr wenige Menschen von der Explosion betroffen waren. Die wenigen Trümmerteile, die gefunden wurden, waren der Rumpf einer Rakete. Bilder des Einschlags sind im Internet zu sehen, da das Verteidigungsministerium auf Anfrage der Organisation „Judicial Watch" zwei Videos zur Verfügung gestellt hat, die den Einschlag der Rakete kurz vor der Explosion zeigen.

American Airlines Flug 77 ist jedoch tatsächlich gestartet. Sowohl das militärische als auch das zivile Bodenradar verfolgten das Flugzeug auf seiner Reise, so dass es irgendwo gelandet sein muss. Die Boeing befand sich auf dem Flug vom internationalen Flughafen Washington Dulles nach Ohio. Über Ohio wurde der Funkverkehr unterbrochen und der Transponder sendete keine Signale mehr an das Bodenradar. Das letzte Gespräch mit den Fluglotsen fand um 8:50 Uhr statt. Sechs Minuten später gab es einen weiteren erfolglosen Versuch der Fluglotsen. Es wird angenommen, dass dieses Flugzeug seine Route verließ und umkehrte, um Hunderte von Meilen zurück nach Washington zu fliegen. Da die Bodenlotsen bereits wussten, was in New York geschehen war, versuchten sie immer wieder vergeblich, die Verbindung herzustellen. Nach der offiziellen Version flog die Maschine auf das Weiße Haus zu, überflog dann das Pentagon und stürzte in dieses hinein. Da dies nicht stimmt, stellt sich die Frage: Wo ist Flug 77 gelandet?

Bei dem Selbstmordpiloten handelte es sich um Hani Hanjour, dem einen Monat zuvor die Startgenehmigung für eines der Flugzeuge auf dem Flughafen Bowie in Maryland verweigert worden war. Wenn man der offiziellen Version Glauben schenkt, ging dieses Luftfahrt-Ass aus einer Höhe von 2.100 Metern mit einer Geschwindigkeit von 800 Kilometern pro Stunde in den Sinkflug über. Dabei machte er eine 270-Grad-Drehung, die es ihm ermöglichte, das Flugzeug nur wenige Meter über dem Boden zu platzieren. Nachdem er Telefondrähte demontiert und in der Nähe einer Tankstelle vorbeigeflogen war, rammte er die Boeing 757 in den Südwestflügel des Pentagon, ohne den Rasen zu beschädigen. Es war ein verblüffendes Manöver, das einem unerfahrenen Piloten zugeschrieben wurde, der nicht in der Lage war, ein Leichtflugzeug vom Typ Cessna allein zu fliegen. Luftwaffenexperten auf der ganzen Welt sind sich einig, dass es eines Piloten mit außergewöhnlichen Fähigkeiten bedarf, um ein solches Manöver durchzuführen. Hani Hanjour konnte eindeutig kein solcher Pilot sein.

Über den United-Airlines-Flug 93, der von Nevark (New Jersey) nach San Francisco mit sechsundvierzig Menschen an Bord flog, ist viel geschrieben worden, und natürlich wurde er 2006 von Hollywood genutzt, um den gesetzlich vorgeschriebenen Propagandafilm *Flight 93* zur Unterstützung der offiziellen Version des 11. Septembers zu präsentieren. Alles lud dazu ein, eine Mediengeschichte über amerikanische Helden zu fabrizieren, nach der die Passagiere von ihren Mobiltelefonen erfuhren, dass drei andere Flugzeuge entführt worden waren, so dass sie beschlossen, selbstlos zu handeln und sich zu opfern, um unbekannte Menschen zu retten, die von den Selbstmordattentätern ins Visier genommen werden sollten. So stürmten sie das Cockpit, kämpften mit dem Bombenleger, der das Flugzeug steuerte, und brachten das Flugzeug zum Absturz. In Wirklichkeit ist es unwahrscheinlich, dass Mobiltelefone mit einer

Leistung von drei bis fünf Watt in einem Flugzeug, das mit 800 km/h über eine ländliche Gegend fliegt, eine Verbindung herstellen und aufrechterhalten können. Andererseits ist bekannt, dass Mobiltelefone oberhalb einer Flughöhe von 700 Metern keine Verbindung mehr herstellen können und oberhalb von 2.000 Metern ausnahmslos versagen. Unter den zahlreichen Anrufen, die von der Presse ausgestrahlt wurden, stellte man schließlich fest, dass die Entführer iranischer Herkunft sein könnten und rote Stirnbänder und rote Schärpen um die Hüften trugen (wie sie im Film zu sehen sind). Einer von ihnen trug eine Tasche bei sich, in der theoretisch die Bombe im Flugzeug platziert wurde, nachdem sie alle Kontrollen passiert hatte. Da wir bereits erörtert haben, welche Unternehmen über Telekommunikationsmittel verfügten und wem sie gehörten, lassen wir das Thema Mobiltelefone hier beiseite.

Lisa Guliani und Victor Thorn haben in ihrem Buch „*Phantom Flight 93*" eine gemeinsame Studie veröffentlicht, die besagt, dass Flug 93 nicht in Shanksville, Pennsylvania, abgestürzt ist, sondern vom Militär abgeschossen wurde und in der Nähe eines Dorfes in New Baltimore landete, sieben Meilen von dem Ort entfernt, den die Regierung beabsichtigte. Um die Aufmerksamkeit vom tatsächlichen Ort des Wracks abzulenken, wurde ein Ablenkungsmanöver durchgeführt: Eine Rakete wurde auf einen verlassenen Landstreifen in Shanksville abgefeuert, wodurch ein großer Atompilz entstand und ein großer Krater hinterlassen wurde. Während die Aufmerksamkeit der Medien auf diesen Ort gelenkt wurde, wurden die Wrackteile von Flug 93 heimlich von dem Ort in New Baltimore entfernt, der sofort von FBI-Agenten und der örtlichen Staatspolizei abgesperrt wurde.

Bedeutende Ereignisse nach den Anschlägen

Die Beseitigung von Beweisen war eklatant. Die Metallstrukturen wurden sofort entfernt und zum Recycling eingeschmolzen, bevor die Experten Zeit hatten, etwas zu unternehmen. Dies wurde später von einigen Mitgliedern des Untersuchungsausschusses des Repräsentantenhauses beanstandet. Am 6. März 2002 beschwerte sich Professor Astaneh-Asl von der Universität Berkeley auf einer Sitzung, die zur Anhörung der Sachverständigen einberufen worden war, dass die Stücke eingeschmolzen worden waren, bevor er die Struktur untersuchen und weitere Metallteile sammeln konnte. In ihrem Bericht kam die Kommission zu dem Schluss, dass die Untersuchung vor Ort behindert worden war und dass „einige wichtige Metallteile verschwunden waren, bevor der erste Ermittler vor Ort eintraf". In dem Bericht wurde festgestellt, dass die Ermittler die Metallteile nicht einmal behalten durften, bevor sie zum Recycling gebracht wurden, so dass „wichtige Beweise verloren gegangen sind". Professor Corbett vom John Jay College of Criminal Justice beschwerte sich bei der Kommission darüber, dass die Ingenieure, die die Untersuchung durchführten, in Teilzeit und zu einem Hungerlohn arbeiteten.

Das Büro des Bürgermeisters weigerte sich drei Tage lang, mündliche und schriftliche Fragen darüber zu beantworten, wer die Entscheidung getroffen hatte, das Metall der Türme zum Recycling zu schicken. Der Bürgermeister von

New York war Michael Bloomberg, ein bekennender Zionist und enger Freund von Benjamin Netanyahu. Bloomberg war Partner der Bankiers Salomon Brothers und machte sein Vermögen mit einem Finanzinformationsunternehmen: „Bloomberg Limited Partnership". Im Februar 2009 zählte ihn das Magazin *Forbes* zu den zwanzig mächtigsten Menschen der Welt. Im Jahr 2013 erhielt er den Genesis-Preis, der als „jüdischer Nobelpreis" gilt. Die Weigerung, die illegale und unverantwortliche Beseitigung von Beweismaterial zu erklären, empörte die Familien der Opfer, die von den Ingenieuren unterstützt wurden, die glaubten, dass eine Untersuchung der Metallstützen es ermöglicht hätte, die Ursache des Einsturzes zu ermitteln. Bloomberg erklärte einige Monate später, dass es bessere Erklärungen für die Tragödie von 9/11 gäbe. Wenn man ein Gefühl für Konstruktionsmethoden und Design bekommen will", sagte er, „dann sollte man sich heute und in der heutigen Zeit an den Computer wenden.... Wenn man sich nur ein Stück Metall genau ansieht, sagt einem das normalerweise nichts. In den Wochen nach den Anschlägen wurde den Experten kein Zugang zu den Bauplänen gewährt.

Zu den Gehältern der Ingenieure, die in Teilzeit arbeiteten, erklärt Andreas von Bülow, sie seien so gering gewesen, dass die Wissenschaftler an ihren freien Wochenenden gearbeitet hätten, ohne dafür bezahlt zu werden. Er erwähnt, dass Kritiker beklagten, dass die „astronomische" Summe von 600.000 Dollar für die Untersuchung der Anschläge ausgegeben worden sei. Zum Vergleich: Die damalige republikanische Mehrheit im Kongress stellte 40 Millionen Dollar für die Untersuchung des Falls Monica Lewinsky und ihrer sexuellen Beziehung zu Bill Clinton zur Verfügung. Während das FBI-Labor die Spuren des Spermas des Präsidenten auf dem Kleid der Praktikantin analysierte, war das NIST nicht einmal daran interessiert, die Überreste von WTC 7 zu untersuchen. Auf die Frage, warum das Gebäude Nr. 7 eingestürzt ist, antwortete der Bericht der FEMA (Federal Emergency Management Agency) beschämend, dass die Einzelheiten des Brandes im WTC 7 und die Art und Weise, wie das Gebäude eingestürzt ist, unbekannt seien.

Mehr als sechzig Israelis wurden nach dem 11. September verhaftet. Beweise, die einige von ihnen mit den Anschlägen in Verbindung bringen, gelten als geheime Informationen. Besonders skandalös ist der Fall der so genannten „israelischen Kunststudenten", in Wirklichkeit Mossad-Agenten, die Mohamed Atta und den anderen Terroristen stets nahe standen. Sie lebten nämlich in denselben Städten, in denen sich die neunzehn mutmaßlichen Selbstmordattentäter aufhielten. Viele von ihnen wohnten sogar in demselben Wohnblock in Florida, in dem auch Mohamed Atta und einige der mutmaßlichen Flugzeugentführer untergebracht waren. Bereits im Frühjahr 2001 waren sie von der Sicherheitsabteilung der Drug Enforcement Administration (DEA) und dem FBI entdeckt worden, die andere Behörden auf diese Personen aufmerksam machten. Das DEA-Büro in Orlando wies die Verbindung dieser Gruppe von Israelis zum Drogenhandel nach. Die Telefonnummern eines der „Studenten" brachten ihn mit laufenden „Ecstasy"-Ermittlungen in Florida, Kalifornien, Texas und New York in Verbindung.

Aus einer Untersuchung des Journalisten Carl Cameron ging hervor, dass in den Wochen vor den Anschlägen mehr als 200 Israelis unter dem Verdacht verhaftet worden waren, für ausländische Geheimdienste zu arbeiten. Nach dem 11. September sagten die US-Ermittler, sie gingen davon aus, dass die Verhafteten Informationen über die Anschläge gesammelt und nicht weitergegeben hätten. „Die Beweise, die die Israelis mit 9/11 in Verbindung bringen, sind geheim", sagte ein hoher Beamter in einem Interview mit Cameron. Eine solche Verhaftung hatte Anfang März 2001 stattgefunden, nämlich die von Peer Segalovitz, der einem Verhör unterzogen wurde. Laut einem DEA-Bericht, der von Justin Raimondo in seinem im Oktober 2002 veröffentlichten Artikel „9/11: What did Israel know?" veröffentlicht wurde, gab Segalovitz zu, dass er einer von dreißig israelischen Kunststudenten war, die zu dieser Zeit in Florida lebten. Er wollte den Grund für seinen Aufenthalt nicht preisgeben, gab aber zu, dass nichtlegitime Ziele verfolgte. Der 27-jährige „Student" gab zu, Offizier (Fähnrich) einer auf den Golanhöhen stationierten israelischen Einheit mit der Kennnummer 5087989 zu sein und sich auf Sprengungen spezialisiert zu haben.

Nach den Anschlägen waren fünf dieser Israelis, die so genannten „tanzenden Israelis", die ersten Personen, die festgenommen wurden. Bei mehreren Strafverfolgungsbehörden gingen Anrufe ein, in denen von Personen berichtet wurde, die die Ereignisse nicht nur aufgenommen hatten, sondern auch noch fröhlich feierten. Die Männer waren im Liberty Park in New Jersey in der Nähe von New York gesichtet worden und befanden sich in einem Lastwagen der Umzugsfirma „Urban Moving Systems". Hier einige Aussagen der Personen, die sie gemeldet haben: „Sie haben das Unglück mit Freudenschreien und Spott aufgenommen". „Sie sprangen nach dem ersten Aufprall vor Freude. „Es sah aus, als würden sie einen Film drehen. Sie waren glücklich, wissen Sie... Sie sahen für mich nicht schockiert aus. Ich fand es seltsam. „Es sah so aus, als ob sie mit der Sache zu tun hätten. Es sah so aus, als ob sie wussten, was passieren würde, wenn sie im Park waren." Es gibt noch mehr, aber alle Zeugen sind sich einig: Die Mitglieder der Gruppe feierten, klatschten, freuten sich über die Zerstörung.

Bei ihren Verhören gaben sie an, an der Bezalel Academy of Art and Design eingeschrieben zu sein. Auf Nachfrage bestritt Pina Calpen, eine Vertreterin der Bezalel-Akademie in Israel, dass einer von ihnen in den letzten zehn Jahren dort studiert habe. Sie hatten in der Tat für den Shin Bet gearbeitet und waren auf das Abfangen elektronischer Signale spezialisiert. Diese Israelis wurden zwei Monate lang festgehalten und von mehreren FBI-Spionageabwehragenten verhört, die zu dem Schluss kamen, dass ihre Aktivitäten Teil einer Operation des israelischen Geheimdienstes waren. Es gab noch mehr „Studenten", die mit Lastwagen von Urban Moving Systems unterwegs waren: zwei weitere wurden in der Nähe der George Washington Bridge in New York festgenommen. Das Fahrzeug war offenbar mit Sprengstoff präpariert, da es nach der Verhaftung der Verdächtigen in die Luft gesprengt wurde. Dieses bizarre Ereignis bleibt ein Rätsel, da es keine Ermittlungen gab und nur diese ersten Berichte bekannt sind.

Das Umzugsunternehmen Urban Moving Systems gehörte einem Israeli namens Dominik Otto Suter. Die meisten Ermittler meiden diesen Namen und zögern, ihn weiter zu verfolgen, weil sie wissen, dass er zu direkten Verwicklungen mit dem Mossad führt. Die verhafteten jüdischen Agenten waren Silvan Kurzberg, Paul Kurzberg, Yaron Shmuel, Oded Ellner und Omer Marmari. Alle fünf wussten, was zu tun war, und bewegten sich in einem großen Mossad-Van, in dem arabische Kleidung, Sprengstoffreste und Schneidewerkzeuge gefunden wurden. Dominik Otto Suter stand auf einer Liste von FBI-Verdächtigen und war sogar schon einmal verhört worden. Als man ihn wieder besuchen wollte, war die Wohnung bereits geräumt und Suter bereits nach Israel geflogen. Im März 2002 berichtete die jüdische Zeitung *The Forward*, dass die amerikanischen Geheimdienste herausgefunden hätten, dass Urban Moving Systems als Fassade für den Mossad fungiere.

Zur Überraschung der DEA und des FBI genehmigte ein Richter zwei Wochen nach ihrer Verhaftung die Abschiebung der Israelis. Es gab Empörung und zahlreiche Proteste, die schließlich auch Wirkung zeigten. So wurden die jüdischen Agenten weitere zehn Wochen lang festgehalten, davon sechs Wochen in Einzelhaft. Schließlich kam ihnen ein hohes Tier im Justizministerium, der stellvertretende Generalstaatsanwalt Michael Chertoff, ein israelischer Staatsbürger mit doppelter Staatsbürgerschaft, zu Hilfe. Seine Mutter war eine Gründungsagentin des Mossad gewesen, und sowohl sein Vater als auch sein Großvater waren talmudische Rabbiner. Chertoff, ein überzeugter Zionist, der später zum Staatssekretär für nationale Sicherheit ernannt wurde, schickte im November 2001 Mossad-Agenten zurück nach Israel. Dieser talmudische Jude wurde später der Hauptverfasser des Patriot Act, der die Rechte und Freiheiten der Amerikaner im Namen der Terrorismusbekämpfung beschnitt.

Michael Chertoff und Michael Mukasey, ein weiterer talmudischer Jude, der 2007 von Bush zum Generalstaatsanwalt der USA ernannt wurde, waren die beiden Hauptverantwortlichen für die Nichtuntersuchung des Massakers vom 11. September. Es ist offensichtlich, dass keiner von ihnen auch nur die geringste Loyalität gegenüber den Vereinigten Staaten hatte. Sie sind in der Tat zwei Verräter, die ins Gefängnis gehören. Es gibt noch mehr über Mukasey zu sagen, der dafür verantwortlich war, dass sein Kollege Silverstein 4,6 Milliarden Dollar von den Versicherungsgesellschaften kassierte. Michael Mukasey und Alvin Hellerstein, ein weiterer talmudischer Jude, sind die Richter, die die wichtigsten Rechtsstreitigkeiten im Zusammenhang mit dem 11. September bearbeitet haben. Ein Sohn der Hellersteins, Joseph Z. Hellerstein, wanderte 2001 nach Israel aus und lebt in einer jüdischen Siedlung im besetzten Westjordanland, wo er Mitglied einer der führenden Anwaltskanzleien Israels ist. Trotz der Tatsache, dass Silverstein eine Police über 3,2 Milliarden Dollar abgeschlossen hatte, akzeptierte Mukasey Silversteins Behauptungen und betrachtete die Türme als zwei separate Ziele und nicht als einen einzigen Anschlag.

Der unersättliche Larry Silverstein, der den Spitznamen „Lucky Larry" trägt, verklagte 2004 in einem Akt äußerster Schamlosigkeit American Airlines und United Airlines und forderte 8 Milliarden Dollar Schadenersatz. Silverstein beschuldigte die Fluggesellschaften, für die Sicherheitsverstöße verantwortlich zu sein, die die Zerstörung des WTC ermöglichten. Die Unverfrorenheit war inzwischen so groß, dass nicht einmal Richter Alvin Hellerstein es wagte, diesmal gegen die Fluggesellschaften zu entscheiden. Im Jahr 2013 entschied Hellerstein schließlich, dass „Lucky Larry" bereits für den Verlust seines Eigentums entschädigt worden war. Hellerstein begründete das Urteil damit, dass Silverstein nicht zweimal für denselben Schaden entschädigt werden könne, da dies nach New Yorker Recht verboten sei. Ein Sprecher von Silverstein erklärte jedoch im August 2013, dass sie gegen Hellersteins Entscheidung Berufung einlegen würden.

Über Osama bin Laden, Al Qaida und die falsche arabisch-muslimische Spur

Während Hunderte von Millionen Menschen in aller Welt noch an ihren Fernsehgeräten klebten, tauchten unerwartet Bilder aus Palästina auf: eine arabische Frau und eine Gruppe von Kindern, die sie umringen, wurden gezeigt, als würden sie die Ereignisse in New York feiern. Im Gegensatz zu dem Schmerz und der Angst der Menschen, die vor dem Terror fliehen, wurden diese Live-Bilder aus Jerusalem wiederholt in allen Nachrichtensendungen gezeigt. Tage später stellte sich heraus, dass die Palästinenser in den Aufnahmen glücklich waren und die Kinder vor Freude hüpften, weil sie viele Süßigkeiten bekommen hatten. Ein Artikel in der *Jerusalem Times* vom 14. September 2001 bestätigte, dass das israelische Verteidigungsministerium für die Aufnahmen verantwortlich war. Sie kauften offenbar Bonbons und Süßigkeiten im Wert von 200 Schekel und verteilten sie an Passanten und Kinder in Ostjerusalem.

Nachdem die Bilder aufgenommen worden waren, wurden sie über Reuters in London an CNN weitergeleitet. Es ist klar, dass das Band dann absichtlich an Fernsehredaktionen und Nachrichtenagenturen weitergegeben wurde, um die internationale öffentliche Meinung gegen das palästinensische Volk zu beeinflussen. Von Bülow prangert die Bösartigkeit und Unterwürfigkeit der Medien in seinem Land an: „Die deutschen Medien haben in ihren Schlagzeilen die Bilder der eingestürzten Türme zusammen mit denen der jubelnden Palästinenser wiedergegeben". Einige Tage später brachte Ariel Sharon Präsident Arafat und sein ganzes Volk direkt mit den Ereignissen in Amerika in Verbindung. Sharon erklärte, Jassir Arafat und die Palästinenser seien die Hauptterroristen im Nahen Osten und Komplizen von Osama bin Laden.

Die Zuschreibung der Anschläge an Osama bin Laden erfolgte fast augenblicklich: Bereits um 16.00 Uhr am Nachmittag des 11. September wies CNN auf ihn als möglichen Urheber der Anschläge gegen die Vereinigten Staaten hin. Diese Manipulationsmedien zitierten offizielle Quellen und schrieben die Anschläge auf die US-Botschaften in Kenia und Tansania 1998 sowie auf das Kriegsschiff MSS Cole im Jahr 2000 dem in Saudi-Arabien geborenen Terroristen zu. Bereits am nächsten Tag brachten die Medien bin Laden mit Al-Qaida in Verbindung und bezeichneten ihn als Anführer eines internationalen Netzwerks muslimischer Terroristen. Auch der erste Anschlag auf das World Trade Center im Jahr 1993 wurde ihm zugeschrieben. Zwei Tage später veröffentlichte das Justizministerium die Namen der neunzehn Flugzeugentführer, und das Außenministerium drohte allen Ländern, die Terroristen unterstützen oder ihnen Unterschlupf gewähren. Sowohl Vizepräsident Cheney als auch Verteidigungsminister Rumsfeld sprachen von etwa sechzig Ländern und kündigten einen Krieg an, der lange dauern würde.

Die offizielle Version, die auf einer falschen Spur beruhte, stand bereits nach wenigen Tagen fest und musste gefestigt werden. Mit anderen Worten: Die These, dass sich neunzehn muslimische Terroristen unter dem Kommando des Superterroristen Osama bin Laden der zivilen und militärischen Überwachung des mächtigsten Landes der Welt entziehen konnten, musste immer wieder in der Welt verbreitet werden. Diese Männer hatten unter Missachtung aller Verteidigungsmaßnahmen ungehindert vier Passagierflugzeuge mit Plastikmessern gekapert und mit nur oberflächlichen Kenntnissen in der Steuerung von Leichtflugzeugen mit mathematischer Präzision auf lebenswichtige Ziele in den bestgeschützten Städten der Welt gelenkt. Um ihre Kompetenz als Terroristen zu demonstrieren, hinterließen sie außerdem überall Fingerabdrücke: Gepäckstücke in Autos, Testamente, Pässe, Hotelrechnungen.... Die offiziellen Erklärungen stießen zunächst auf Skepsis, doch im Laufe der Tage, Wochen und Monate zeigten die wiederholten Botschaften Wirkung und der Krieg gegen den internationalen Terrorismus war voll und ganz gerechtfertigt.

Ein wichtiger Teil der Propaganda- und Manipulationskampagne waren die Aufnahmen, die bin Laden hoch zu Ross, mit einer Kalaschnikow in der Hand, mit einem Gewehr auf dem Rücken sitzend, im Gespräch mit seinem Sohn, in seinem Versteck in den Bergen von Tora Bora und in Begleitung des ägyptischen Arztes Aymán al-Zawahirí, seinem Stellvertreter und Nachfolger an der Spitze von Al Qaida, zeigen.... Obwohl eine pakistanische Zeitung zunächst ein Interview mit bin Laden veröffentlichte, in dem er seine Beteiligung an den Anschlägen leugnete, verbreiteten die Massenmedien in aller Welt bald eine neue Version, in der der Al-Qaida-Führer stolz auf die Anschläge in New York und Washington war und ihnen Beifall zollte. Nachdem er seinen Hass auf die Amerikaner zum Ausdruck gebracht hatte, kündigte er weitere Terroranschläge gegen die Vereinigten Staaten und ihre westlichen Freunde an. Al-Jazeera, das aus einem BBC-Sender in Katar hervorgegangen ist, spielte eine Schlüsselrolle dabei, den Videos in der arabisch-muslimischen Welt eine Aura der Authentizität zu verleihen. In einer von Al-Jazeera ausgestrahlten Aufnahme sagt Bin Laden diese Worte:

> „Der allmächtige Gott hat Amerika an seiner verwundbarsten Stelle erreicht. Er hat seine bedeutendsten Gebäude zerstört. Allah sei Dank. Hier haben wir die Vereinigten Staaten. Vom Norden bis zum Süden und vom Osten bis zum Westen sind sie verängstigt. Gepriesen sei Allah... Aber wenn jetzt, nach achtzig Jahren, das Schwert auf die Vereinigten Staaten fällt, wird Heuchelei geweckt, indem man den Tod dieser Mörder beklagt, die das Blut, die Ehre und die heiligen Stätten der Muslime befleckt haben.... Als Gott, der Allmächtige, wollte, dass die Mission einer Gruppe von Muslimen, den Rächern des Islams, erfolgreich sein

würde, erlaubte er ihnen, die Vereinigten Staaten zu zerstören. Ich bitte Gott, den Allmächtigen, sie zu verherrlichen und sie am Paradies teilhaben zu lassen".

Das war der bin Laden, den die Propaganda populär machte, der Staatsfeind Nummer eins, der Terrorist, dessen Bild auf Toilettenpapierrollen gedruckt war, die sich in den USA wie warme Semmeln verkauften. Die Realität sah jedoch anders aus. Osama bin Laden war ein Doppel- oder Dreifachagent. Seine Dienste für die CIA und den ISI (pakistanischer Geheimdienst) waren von entscheidender Bedeutung. Bin Laden rekrutierte für die CIA fundamentalistische muslimische Söldner in mehr als vierzig Ländern, um gegen die sowjetischen Truppen zu kämpfen, die Anfang der 1980er Jahre in Afghanistan einmarschiert waren. Diese „Freiheitskämpfer", wie sie von Präsident Reagan definiert wurden, waren in einer Datenbank der CIA verzeichnet, die Millionen von Dollar für ihre Bezahlung ausgab. Al Qaeda bedeutet so viel wie „die Basis". Bin Laden hat wahrscheinlich auch für Saudi-Arabien gearbeitet, denn er war ein enger Freund des Chefs des saudischen Geheimdienstes. Diese muslimischen Söldner, die so genannten „Afghanis", wurden in Lagern ausgebildet, die von Osama bin Ladens Baufirma mit Hilfe der Amerikaner in den Bergen Afghanistans errichtet worden waren, zum Teil aber auch in US-Militäreinrichtungen. Diese „Afghanis" wurden heimlich von der CIA bewaffnet, und die Ausbilder kamen aus Großbritannien, Pakistan und den Vereinigten Staaten. Es ist bekannt, dass sich der vermeintliche Organisator des 11. Septembers zwei Monate vor den Anschlägen, im Juli, wegen eines Nierenleidens mehr als eine Woche lang in einem amerikanischen Krankenhaus in Dubai behandeln ließ. Verschiedene Medien, darunter *Le Figaro* in seiner Ausgabe vom 11. Oktober 2001 und *Global Free Press*, berichteten, dass der CIA-Delegierte Larry Mitchel ihn am 12. Juli in Begleitung eines saudischen Prinzen besuchte, der Chef der Geheimdienste war. Alles deutet also darauf hin, dass kurz vor dem 11. September die Beziehungen zwischen dem Terroristenchef und der CIA noch stabil waren.

Osama bin Laden wurde mehrmals getötet und ist wieder auferstanden. Das letzte Mal wurde er am 2. Mai 2011 in Abbottabad (Pakistan) getötet. Im Dezember 2012, weniger als zwei Jahre nach der „brillanten Operation" der „Navy Seals", der besten Spezialeinheit der Navy, wurde der Film *Zero Dark Thirty* veröffentlicht. Es ist bekannt, dass Hollywood keine Zeit verschwendet und jede Gelegenheit nutzt, um mit Propagandafilmen Geld zu verdienen, die auf allen fünf Kontinenten verkauft werden. Im August 2015 wurde jedoch ein exklusives Interview mit Edward Snowden an die *Moscow Tribune* veröffentlicht, in dem der ehemalige Auftragnehmer der National Security Agency (NSA) behauptete, Osama Bin Laden sei noch am Leben und halte sich auf den Bahamas auf.

Die Tatsache, dass Medien auf der ganzen Welt alles getan haben, um diese Informationen von Snowden zu diskreditieren, ist mit ziemlicher Sicherheit ein Zeichen dafür, dass er die Wahrheit sagt. Snowden ist vielleicht einer der wertvollsten Kämpfer, die seit langem aufgetaucht sind. Sein Mut und seine Intelligenz sind zu bewundern. Hier sind seine Worte: „Ich habe Dokumente", sagte er, „die zeigen, dass bin Laden Geld von der CIA erhält. Er erhält mehr als 100.000 Dollar pro Monat, die auf sein persönliches Konto in Nassau überwiesen werden. Snowden sagte, die CIA habe die falsche Nachricht von seinem Tod verbreitet, damit die Sicherheitsbehörden und Terrorismusbekämpfer der Welt aufhören würden, nach ihm zu suchen, und er in Frieden leben könne. Offenbar hatte man die Möglichkeit in Betracht gezogen, ihn zu töten, aber Snowden sagte: „Osama bin Laden war einer der besten Agenten der CIA... Was für einen Eindruck würden die USA hinterlassen? Welchen Eindruck würden die USA bei ihren anderen Agenten hinterlassen, wenn sie die SEALs entsenden würden, um bin Laden zu töten? Snowden sagte, der pakistanische Geheimdienst ISI habe mit der CIA zusammengearbeitet, um die Welt glauben zu machen, dass der ehemalige Al-Qaida-Führer in Abbottabad gestorben sei, und kündigte an, dass er in seinem demnächst erscheinenden neuen Buch Dokumente vorlegen werde, die bestätigen, dass bin Laden noch am Leben ist.

Die Wahrheit ist bekannt, aber alle schweigen und gehorchen.

Die Anschläge vom 11. September 2001 wurden in den Vereinigten Staaten als „Inside Job" bezeichnet, als ein ausgeklügelter Plan des Staatsterrorismus, der von Verrätern ausgeheckt wurde, die das Außenministerium, das Pentagon und das Weiße Haus infiltrierten und von denen viele die doppelte Staatsbürgerschaft besaßen. Sie bedienten sich einer Vielzahl von Computer- und Elektronikexperten, Auftragnehmern und Sprengstofftechnikern, die auf ihre Anweisung hin handelten. Bei der Täuschung der internationalen Öffentlichkeit spielten die vom jüdischen Kapitalismus kontrollierten Medien wie üblich eine entscheidende Rolle. Die Massen sind darauf programmiert, das zu akzeptieren, was ihnen vorgesetzt wird, und sind nicht in der Lage, hinter den dicken Nebelschleier zu blicken, der die Realität verbirgt. Die bereits bestehende Neue Weltordnung, die auf Fälschungen und Lügen beruht, setzt voraus, dass die Menschen nicht in der Lage sind, zwischen dem Wahren und dem Falschen zu unterscheiden.

Der unmittelbare Zweck der Angriffe war die Rechtfertigung eines Krieges zur Kontrolle des Nahen Ostens, der sich von Anfang an gegen Staaten richtete, die als Feinde Israels gelten. Während der beiden Amtszeiten von George Bush übernahm eine große Gruppe von Neokonservativen im Dienste des Zionismus und der ihn unterstützenden okkulten Macht das Verteidigungsministerium und insbesondere das Defense Policy Board Advisory Committee (DPBAC oder DPB), ein Verteidigungsgremium, das am Morgen des 11. September und während der ersten Jahre der Bush-Regierung von Richard Perle geleitet wurde, der den Spitznamen „Fürst der Finsternis" trägt und ein Zionist ist, der bereits 1986 von der *Washington Post* als „der mächtigste Mann im Pentagon" bezeichnet wurde. Es war dieses Gremium von Verteidigungsberatern, das die Kriege in Gang setzte. Ari Shavit, ein jüdischer Journalist für *The Forward*, veröffentlichte am 9. April 2003 einen Bericht, in dem er sagte: „Der Irak-Krieg wurde von fünfundzwanzig neokonservativen Intellektuellen, die meisten von ihnen Juden, konzipiert".

Der Hauptarchitekt des Krieges gegen den Irak war Paul Wolfowitz, der das OSP („Office of Special Plans") schuf, das von dem bereits erwähnten Abram Shulsky, einem Schüler von Leo Strauss, geleitet wurde. Dieses Office of Special Plans war so mächtig, dass es zwei Jahre lang sogar das Defence Intelligence Board (DIA) verdrängte. Nach der Operation Enduring Freedom in Afghanistan starteten Wolfowitz und Shulsky am 20. März 2003 die Operation Iraqi Freedom. Als Belohnung für die geleisteten Dienste wurde Paul Wolfowitz 2005 zum Präsidenten der Weltbank ernannt, eine Position, die er bis 2007 innehatte.

Am 30. November 2007 machte der ehemalige italienische Staatspräsident Francesco Cossiga gegenüber dem angesehenen *Corriere della Sera* brisante Aussagen. Cossiga sagte, alle westlichen Machthaber und alle Geheimdienste wüssten, dass die Anschläge vom 11. September 2001 von US-amerikanischen und israelischen Geheimdiensten verübt wurden. Francesco Cossiga, der von 1983 bis zu seiner Wahl zum Präsidenten der Republik dem Senat vorstand, galt als ehrlicher und unbestechlicher Politiker, der in der italienischen Bevölkerung hohes Ansehen genoss. Nachdem er die „Operation Gladio" und die Rolle der Geheimdienste der USA und der NATO, die sich hinter Operationen unter „falscher Flagge" verbargen und zahlreiche zivile Opfer forderten, angeprangert hatte, musste er zurücktreten. Cossiga erklärte: „Man hat uns glauben gemacht, Osama bin Laden habe sich zu dem Anschlag vom 11. September 2001 auf die beiden Türme in New York bekannt, während die amerikanischen und europäischen Geheimdienste sehr wohl wissen, dass dieser verheerende Anschlag von der CIA und dem Mossad geplant wurde, um die arabischen Länder des Terrorismus zu beschuldigen, damit sie den Irak und Afghanistan angreifen können".

Das ist die schmerzlichste Wahrheit. Die westlichen und internationalen Führer und Machthaber kennen die Wahrheit, aber sie wagen es nicht, sie öffentlich zu enthüllen, wie es Cossiga tat. Obwohl sie die Perversion der verborgenen Macht kennen, die Völker und Nationen auf der ganzen Welt unterjocht hat, ziehen sie es vor, sich ihr zu unterwerfen, denn es ist ihnen nicht entgangen, dass diejenigen, die sich ihr widersetzt haben, unfehlbar vernichtet wurden. Die Medien, die Parteilichkeit, die kooptierten Politiker, die wirtschaftliche Erpressung, die Bestechung, der Mord sind die grundlegenden Mittel, um Angst zu verbreiten. Wie im Falle des Holocausts ziehen es alle, auch die katholische Kirche, vor, die Geschichte zu übernehmen, um schmerzhafte Schläge wie den zu vermeiden, den wir Spanier am 11. März 2004 erlitten haben. Ja, die spanischen Geheimdienste und Machthaber wissen heute, dass das Blutbad in Madrid wie der 11. September eine Operation unter falscher Flagge war, die der Al-Qaida zugeschrieben und von ausländischen Geheimdiensten organisiert wurde, ein abscheuliches Verbrechen mit politischen Zielen, das fast zweihundert unschuldige Menschen auf dem Weg zur Arbeit das Leben kostete. Sie wissen es, aber sie können nur schweigen. Wir könnten auf ausführlich über den 11. März 2004 in Madrid schreiben, aber es ist an der Zeit, damit aufzuhören.

Literaturverzeichnis

ADLER, Cyrus, *Jacob H. Schiff: His Life and Letters*, Hrsg. William Heinemann, London, 1929.

ALGER, John Goldworth, *Paris in 1789 to 1794*, Hrsg. AMS Press, New York, 1970.

ALLISON PEERS, Edgar, *The Spanish Tragedy 1930-1936*, Hrsg. Methuen & Co. London, 1936.

ALLISON PEERS, Edgar, *Catalonia Infelix*, Hrsg. Methuen & Co, London 1937.

ALLEN, Gary und ABRAHAM, Larry, *Nadie se atreve a llamarlo conspiración*, Ojeda, Barcelona, 1998.

ANTELMAN, S. Marvin, *To Eliminate the Opiate* (Bd. 1), Hrsg. Zahavia Ltd. New York-Tel Aviv, 1974.

ANTELMAN, S. Marvin, *To Eliminate the Opiate* (Bd. 2), Rabbi Marvin S. Antelman, gedruckt in Israel, 2002.

ANTI-KOMINTERN, *Das Rotbuch über Spanien*, Hrsg. Nibelungen Verlag GmbH, Berlin-Leipzig, 1937.

ARAD, Yitzhak, *Belzec, Sobibor, Treblinka: The Operation Reinhard Death Camps*, ed. Indiana University Press. USA, 1999.

ARMSTRONG, George, *Rothschild Money Trust*, Hrsg. Bridger House Publishers, USA.

ARMSTRONG, Hamilton Fish, *Titus und Goliath*, hrsg. von Victor Gollancz Ltd, London, 1951.

AVTORKHANOV, Adburahman, *Staline Assassiné. Le complot de Béria*, Hrsg. Presses de la Renaissance, Paris, 1980.

AZAÑA, Manuel, *Memorias políticas y de guerra*, ed. Oasis, Mexico DF, 1968.

BACQUE, James, *Andere Verluste*, Hrsg. Macdonald und Co., London, 1990.

BAKONY, Itsvan, *El comunismo chino y los judíos chinos*, ed. Udecan, Mexiko, 1968.

BARNES, Harry Elmer, *Auf der Suche nach Wahrheit und Gerechtigkeit*, Hrsg. National Historical Society, Chicago, 1928.

BAR-ZOHAR, Michel, *Les vengeurs*, Hrsg. J'ai Lu, Paris, 1968.

BERBEROVA, Nina, *Histoire de la baronne Boudberg*, Hrsg. Actes Sud, Arles, 1988.

BETHELL, Nicholas, *Das letzte Geheimnis*, Basic Books, Inc., Verlag, New York, 1974.

BIEBERSTEIN, Johannes Rogalla von, *Antisemitismo, bolchevismo y Judaísmo*, La Editorial Virtual (elektronische Ausgabe), Argentinien, 2011.

BIRD, Kai und LIFSCHULTZ, Lawrence, *Hiroshimas Schatten*, Hrsg. The Pamphleteer's Press, Stony Creek, Connecticut, 1998.

BLACK, Edwin, *The Transfer Agreement: The Untold Story of the Secret Pact Between the Third Reich & Jewish Palestine*, Hrsg. Macmillan Publishing Co., New York, 1984.

BLANC, Olivier, *Les hommes de Londres, histoire secrète de la terreur*, ed. Albin Michel, Paris, 1989.

BLUMENSON, Martin, *The Patton Papers*, Hrsg. Houghton Mifflin Co., Boston, 1972.

BOCHACA, Joaquín, *Los crímenes de los „buenos"*, ed. Ojeda, Barcelona, 2005.

BOLLOTEN, Burnett, *La Guerra Civil española: Revolución y contrarrevolución*, ed. Alianza, Madrid, 1989.

BOLLOTEN, Burnett, *El gran engaño. Las izquierdas y su lucha por el poder en la zona republicana*, ed. Luis Caralt, Barcelona 1975.

BORKENAU, Franz, *El reñidero español*, Hrsg. Ruedo ibérico, Paris, 1971.

BRASOL, Boris, *The World at the Cross Roads*, Hrsg. Christian Book Club of America, Palmdale, Kalifornien, 1970.

BRASOL, Boris, *Die Bilanz des Sowjetismus*, Hrsg. Duffield and Co., New York, 1922.

BRENAN, Gerald, *El laberinto español*, Hrsg. Círculo de Lectores, Barcelona, 1988.

BRENNER, Lenni, *51 Documents: Zionist Collaboration with the Nazis*, Hrsg. Barricade Books, Fort Lee (New Jersey), 2002.

BRITON, Frank L., *Behind Communism*, Hrsg. Criminal Politics Book Club, Cincinnati, 2003.

BRONDER, Dietrich, *Bevor Hitler kam*, Hrsg. Hans Pfeiffer Verlag, Hannover, 1964.

BROUÉ, Pierre, *Les Procès de Moscou*, Hrsg. René Juliard, Frankreich, 1964.

BROUÉ, Pierre, *Trotsky y la guerra civil española*, ed. Jorge Álvarez, Buenos Aires, 1966.

BROUÉ, P. und TÉMINE, E., *La revolución y la guerra en España* (2 Bde.), Hrsg. Fondo de Cultura Económica, Madrid, 1977.

BUBER-NEUMANN, Margarete, *Under two dictators: Prisoner of Stalin and Hitler*, Hrsg. Pimlico, London, 2008.

BUCHAN John, *Oliver Cromwell*, Hrsg. Reprint Society, London, 1941.

BUECHNER, Howard A., *Dachau: The Hour of the Avenger*, Hrsg. Thunderbird Press, Metairie, Louisiana, 1986.

BULLÓN DE MENDOZA, Alfonso, *José Calvo Sotelo*, Hrsg. Ariel, Barcelona, 2004.

BÜLLOW, Andreas von, *La CIA y el 11 de septiembre*. Ellago, ed. Ellago, Castellón, 2006.

BUTZ, Arthur Robert, *The Hoax of the Twentieth Century*, Hrsg. Theses & Dissertations Press, Chicago, 2003.

CAMPOAMOR, Clara, *La revolución española vista por una republicana*, ed. Espuela de Plata, Sevilla, 2005.

CARDEÑOSA, Bruno, *11-M Claves de una conspiración*, ed. Espejo de Tinta, Madrid, 2004.

CARDEÑOSA, Bruno *11-S: Historia de una infamia*, Hrsg. Corona Borealis, Málaga, 2003.

CARDOZO, Harold, *The March of a Nation*, Hrsg. The „Right" Book Club, London, 1937.

CARR, E. H., *La Revolución Bolchevique 1917-1923*, ed. Alianza, Madrid, 1979.

CASADO, Segismundo, *Así cayó Madrid*, Hrsg. Guadiana, Madrid, 1968.

CERESOLE, Norberto, *La falsificación de la realidad*, Ediciones Libertarias, Madrid, 1998.

CHEREP-SPIRIDOVICH, Arthur, *The Secret World Government or „The Hidden Hand"*, Hrsg. The Book Tree, Escondido (Kalifornien), 2000.

CHOMSKY, Noam, *El triángulo fatal: Estados Unidos, Israel y Palestina*, Popular, Madrid, 2004.

COCHRAN, M. H., *Germany Not Guilty in 1914*, Hrsg. Ralph Myles, Verlag, Colorado Springs, 1972.

COHEN, Avner, *Israel und die Bombe*, Hrsg. Columbia University Press, New York, 1998.

COLEMAN, John, *The Conspirator's Hierarchy: The Committee of 300*, Hrsg. Global Review Publications Inc. Las Vegas (Nevada),

COLEMAN, John, *The Rothschil Dynasty*, Hrsg. Global Review Publications Inc. 2006, Las Vegas (Nevada).

COLLINS PIPER, Michael, *Das neue Babylon. Those Who Reign Supreme*, Hrsg. American Free Press, Washington D.C., 2009.

COLLINS PIPER, Michael, *The High Priests of War*, Hrsg. American Free Press, Washington, DC, 2003.

COLLINS PIPER, Michael, *Der Golem*, Hrsg. American Free Press, Washington, DC, 2007.

CONQUEST, Robert, *Stalin and the Kirov Murder*, Hrsg. Hutchinson, London, 1989.

CONQUEST, Robert, *Stalin - Breaker of Nations*, Hrsg. Penguin Books USA Inc. 1991.

CONQUEST, Robert, *The Great Terror. A Reassessment*, Hrsg. Hutchinson, London, 1990.

CONQUEST, Robert, *The Harvest of Sorrow Soviet Collectivization and the Terror Famine*, Hrsg. Oxford University Press, New York, 1986.

CORTI, Egon Caesar, *The Rise of the House of Rothschild*, Hrsg. Victor Gollancz Ltd. London, 1928.

CORTI, Egon Caesar, *The Reign of the House of Rothschild*, Hrsg. Cosmopolitan Book Corporation, New York, 1928.

COSTON, Henri, *Les causes cachées de la Deuxième Guerre mondiale*, ed. Lectures Françaises, Paris, 1975.

COSTON, Henri, *L'Europe des banquiers*, ed. Documents et témoignages, Paris, 1963.

COURTOIS, Stéphane, WERTH, Nicolas, PANNÉ, Jean-Louis und andere, *El libro negro del comunismo*, ediciones B, Barcelona, 2010.

CUFFI, Canadell José -Oriol, *Der Schatten von Bela Kun*, Hrsg. Kat. Casals, Barcelona, 1950.

CUNNINGHAM, Cushman, *The Secret Empire*, Hrsg. Leela Publishing, North Fort Myers (Florida), 2001.

DAVIDSON Eugene, *The Making of Adolf Hitler*, Hrsg. Macdonald and Jane's Publishers Ltd, London, 1978.

DAVIES, Joseph E., *Mission to Moscow*, Hrsg. Victor Gollancz Limited, London, 1942.

DAVIES, Raymond Arthur, *Odyssee durch die Hölle*, Hrsg. L. B. Fischer, New York, 1946.

DEUTSCHE INFORMATIONSSTELLE, *Dokumente polnischer Grausamkeit*, Hrsg. Volk und Reich, Berlin, 1940.

DILLON, George F., *The War of Antichrist with the Church and Christian Civilization: Lectures delivered in Edinburg in October 1884*, Hrsg. BiblioLife, Vereinigte Staaten, 2009.

DISRAELI, Benjamin, *Coningsby*, Hrsg. Everyman's Library, London 1911.

DJILAS, Milovan, *Gespräche mit Stalin*, Hrsg. Harcourt, Brace and World, New York, 1962.

DOLLINGER, Hans, *Die letzten hundert Tage*, Hrsg. Plaza & Janes, Barcelona, 1967.

DOUSSINAGUE, José María, *España tenía razón 1939-1945*, ed. Espasa-Calpe, Madrid, 1950.

DWINGER, Edwin Erich, *Der Tod in Polen: Die volksdeustsche Passion*, Hrsg. Eugen-Diederichs, Jena, 1940.

DZIAK, John J., *Chekisty: A History of the KGB*, Lexington Books, Lexington, 1987.

ECKEHART, Dietrich, *Cuatro años de gobierno de Hitler*, Hrsg. Zig-Zag, Santiago de Chile, 1937.

ENAULT, Louis, *Paris brulé par la Comunne*, Hrsg. Plon Henri, Paris 1871.

ESSER, Heinz, *Die Hölle von Lamsdorf. Dokumentation über ein polnisches Vernichtungslager*, Hrsg. A. Laumannsche, Dülmen, 1973.

EVANS, M. Stanton, *Auf der schwarzen Liste der Geschichte. The Untold Story of Senator Joe McCarthy*, Hrsg. Crown Forum, New York, 2007.

FAY, Bernard, *La guerra de los tres locos*, Hrsg. Organización Sala, Madrid, 1974.

FAHEY, Denis, *The Rulers of Russia*, Hrsg. Browne & Nolan, Dublin, 1939.

FAURISSON, Robert, *Las Victorias del revisionismo*, ed. Ojeda, Barcelona, 2008.

FAURISSON, Robert, *Écrits révisionnistes (1974-1998)*, PDF Sax.overblog.com

FERGUSON, Niall, *The House of Rothschild Money's Prophets 1798-1848* (Bd. 1), Hrsg. Penguin Books, New York, 1999.

FERGUSON, Niall, *The House of Rothschild The World's Banker 1849-1999* (Bd. 2), Hrsg. Penguin Books, New York, 2000.

FERRER, Benimeli J. A., *La Masonería en la españa del Siglo XX*, ed. Universidad de Castilla la Mancha, 1996.

FERRER, Joan, *Geschichte der jiddischen Sprache*, Universitat de Girona, 2005.

FINK, Carole, *Marc Bloch. Una vida para la Historia*, Hrsg. Universitat de València, Valencia, 2004.

FINKELSTEIN, Israel, *The Archaeology of the Israelite Settlement*, Hrsg. Israel Exploration Society, Jerualem, 1988.

FINKELSTEIN, Israel, *From Nomadism to Monarchy: Archaeological and Historical Aspects of Early Israel*, ed. Biblical Archaeological Society, Washington D.C., 1994.

FLYNN, John T., *El mito de Roosevelt*, Hrsg. Mateu, Barcelona, 1962.

FORD, Henry, *Der internationale Jude. Un problema del mundo*, ed. Orbis, Barcelona, 1942.

FORRESTAL, James, *The Forrestal Diaries*, Hrsg. The Viking Press, New York, 1951.

FOSS, William und GERAHTY, Cecil, *The Spanish Arena*, The Right Book Club, London, 1938.

FRANKEL, Jonathan, *Die Damaskus-Affäre. „Ritualmord", Politics and the Jewis in 1840*, Hrsg. Cambridge University Press, New York, 1997.

FREEDMAN, Benjamin, *Fakten sind Fakten*, (Brief an Dr. David Goldstein), New York,1954.

FREEDMAN, Benjamin, *The Hidden Tyranny*, Hrsg. Liberty Bell Publications.

FRY, Leslie, *Waters Flowing Eastward: The War Against The Kingship of Christ*, Hrsg. Britons Publishing House, London, 1953.

GARAUDY, Roger, *Los mitos fundacionales del Estado de Israel*, Ed. Ojeda, Barcelona, 2008.

GARAUDY, Roger, *Mi vuelta al siglo en solitario*, Hrsg. Plaza & Janés, Barcelona, 1996.

GEORGE, Konstantin, *The U.S.-Russian Entente that Saved the Union. The Campaigner*, Juli 1978, Hrsg. Campaigenr Publications, New York.

GIBSON, Ian, *Paracuellos: cómo fue*, Hrsg. Arcos Vergara, Barcelona, 1983.

GIBSON, Ian, *Granada, 1936. El asesinato de García Lorca*, Círculo de Lectores, Barcelona, 1986.

GIL-WHITE, Francisco, *Der Zusammenbruch des Westens: The Next Holocaust and its Consequences* (10 Bände), Hrsg. F.A.C.C.E. S, Mexiko, 2013.

GILBERT, Martin, *Churchill und die Juden. Eine lebenslange Freundschaft*, Hrsg. Henry Holt and Company, New York, 2007.

GILLIARD, Pierre, *Le tragique destin de Nicolas II et de sa famille*, ed. Payot, Paris, 1928.

GOLLANCZ, Victor, *In Darkest Germany*, Hrsg. Victor Gollancz Ltd., London, 1947.

GOLDSTEIN, Paul, *B'nai B'rith, British Weapon Against America. The Campaigner* (Vol. 11 no. 10), Dezember 1978, Hrsg. Campaigner Publications, New York.

GOODRICH, Thomas, *Hellstorm: The Death of Nazi Germany, 1944-1947*, Hrsg. Aberdeen Books, Sheridan, 2010.

GOULÉVITCH, Arsene de, *Tsarisme et Révolution*, Hrsg. Alexis Redier (Editions de la Revue Française), Paris, 1931.

GRAF, Jürgen, *El Holocausto bajo la lupa*, ed. Ojeda, Barcelona, 2007.

GRAF, Jürgen, KUES Thomas und MATTOGNO Carlo, *Sobibor: Holocaust Propaganda and Reality*, ed. The Barnes Review, Washington D. C., 2010.

GRAF, Kessler Harry, *Walter Rathenau. Sein Leben und sein Werk*, Hrsg. Rheinische Verlags-Anstalt, Wiesbaden, 1962.

GRENFELL, Russell, *Unconditional Hatred. Culpabilidad de guerra alemana y el futuro de Europa*, ed. Espasa-Calpe, Madrid, 1955.

GRIFFIN, Des, *Fourth Reich of the Rich*, Hrsg. Emissary Publications, South Pasadena, 1981.

GRUSD, Edward E., *B'nai B'rith The story of a covenant*, Hrsg. Appleton Century, New York, 1966.

GUNTHER, John, *Behind Europe's Curtain*, Hrsg. Hamish Hamilton, London, 1949.

GUY CARR, William, *Pawns in the Game*, St. George Press, Glendale, Kalifornien, 1979.

GUY CARR, William, *Satan, Fürst dieser Welt*, Hrsg. Omini Publications, Palmadale, 1997.

HAGEN, Walter, *Le Front Secret*, Hrsg. Les Iles d'Or, Paris, 1952.

HALLETT, Greg, *Hitler war ein britischer Agent*, Hrsg. FNZ Inc., Auckland, Neuseeland, 2006.

HALLIDAY, E. M., *Russland in der Revolution*, Hrsg. American Heritage Publishing Co, New York, 1967.

HART, Alan, *Arafat. Biografía política*, ed. Iepala, Madrid, 1989.

HARWOOD, Richard, *¿Murieron realmente seis millones?*, Ausgabe gesponsert von CEDADE, Barcelona, 1986.

HERMANN, Greife, *Jewish-Run Concentration Camps in the Soviet Union*, Hrsg. Truth at Last, Marietta (Georgia), 1999.

HERNÁNDEZ, Jesús, *Yo fui un ministro de Stalin*, Hrsg. Gregorio del Toro, Madrid, 1974.

HERREN, Ricardo, *La Biblia, sólo leyenda y religión*, in La aventura de la Historia, Nr. 36, ed. Arlanza, Madrid, 2001.

HERZEN, Alexander, *Meine Vergangenheit und meine Gedanken*, Hrsg. University of California Press, Berkeley, 1982.

HESS, Moses, *Rom und Jerusalem*, Hrsg. Philosophical Library, New York, 1958.

HILBERG, Raúl, *La destrucción de los judíos europeos*, ed. Akal, Madrid, 2005.

HITLER, Bridget, *The Memoirs of Bridget Hitler*, Hrsg. Duckworth, London, 1979.

HOBSON, John Atkinson, *Imperialismus: Eine Studie*, Hrsg. Cosimo Classics, New York, 2005.

HOGGAN, David L., *The Myth of the Six Million: Examining the Nazi Extermination Plot*, Hrsg. The Barnes Review, Washington, D. C., 2006.

HOGGAN, David L., *Der Erzwungene Krieg*, Hrsg. Verlag der deutschen Hochschullehrer-Zeitung, Tübingen, 1963.

HOGGAN, David L., *The Forced War: When Peaceful Revision Failed*, Hrsg. Institute for Historical Review, Los Angeles, 1989.

HOGGAN, David L., *The Myth of the 'New History': Technics and Tactics of the New Mythologists of American History*, Hrsg. Institute for Historical Review, Torrance, California, 1985.

HONSIK, Gerd, *Eine Lösung für Hitler*, Hrsg. Bright-Rainbow, Barcelona, 1993.

HOWSON, Gerald, *Weapons for Spain: The Untold Story of the Spanish Civil War*, Península, Barcelona, 2000.

HUFSCHMID, Eric, *Painful Questions: An Analysis of the September 11th Attack*, Hrsg. Endpoint Softward, Goleta (Kalifornien), 2002.

HUGHES, Emrys, *Winston Churchill: British Bulldog*, Hrsg. Exposition Press, New York, 1955.

IRVING, David, *Die Zerstörung von Dresden*, Hrsg. Ojeda, Barcelona, 2009.

IRVING, David, *La guerra de Hitler*, ed. Planeta, Barcelona, 1988.

JACKSON, Gabriel, *Juan Negrín*, Hrsg. Crítica, Barcelona, 2008.

JASNY, Naum, *The Socialized Agriculture of the USSR. Plans and Performance*, Hrsg. Standford University Press, Standford, 1949.

JEFFRIES, J. M. N., *Palästina: Die Wirklichkeit*, hrsg. von Longmans, Green & Co, London, 1939.

JENSEN, B., *Die Palästina-Verschwörung*, Hrsg. Omni Publications, Hawthorne (Kalifornien) 1987.

JORDAN, George Racey, *Aus den Tagebüchern von Major Jordan*, Hrsg. Harcourt, Brace & Co, New York, 1952.

JOSEPHSON, Emanuel M., *Roosevelt's Communist Manifesto*, Hrsg. Chedney Press, New York, 1955.

KAHAN, Stuart, *The Wolf of the Kremlin*, Hrsg. Datanet, S. A., Barcelona, 1988.

KAPLAN, Fred, *The Wizards of Armageddon*, Hrsg. Simon & Schuster, New York, 1984-

KARDEL, Hennecke, *Adolf Hitler, Gründer von Israel. Israel im Krieg mit den Juden*, Hrsg. Marva, Schweiz, 1974.

KARL, Mauricio, *Jalta* (2 Bde.), Hrsg. AHR, Barcelona, 1955.

KARL, Mauricio, *Técnica del Komintern en España*, ed. Gráfica Corporativa, Badajoz, 1937.

KARL, Mauricio, *Pearl Harbour, traición de Roosevelt*, NOS, Madrid, 1954.

KARL, Mauricio, *Malenkov*, NOS, Madrid, 1954.

KASTEIN, Josef, *History and Destiny of the Jews*, Simon Publications, New York, 2001.

KAUFMAN, Theodore N., *Deutschland muss untergehen*, Hrsg. Liberty Bell Publications, West Virginia, 1980.

KENNAN, George F., *Memoiren eines Diplomaten*, hrsg. von Luis de Caralt, Barcelona, 1972.

KHADER, Bichara, *Los hijos de Agenor*, Hrsg. Bellaterra, Barcelona, 1998.

KNOBLAUGH, Edward, *Corresponsal en España*, Hrsg. Fermín Uriarte, Madrid, 1967.

KOCH, Paul H. *Illuminati*, ed. Planeta, Barcelona, 2004.

KOESTLER, Arthur, *The Thirteenth Tribe*, Random House, New York, 1976.

KOGON, Eugen, *Sociología de los campos de concentración*, Hrsg. Taurus, Madrid, 1965.

KOLENDIC, Anton, *Les derniers jours. De la mort de Staline à celle de Béria (mars-decembre 1953)*, Fayard, Paris, 1982.

KOLTSOV, Mikhail, *Tagebuch des spanischen Krieges*, Ruedo Ibérico, Paris, 1963.

KRIVITSKY, Walter, *Yo, jefe del Servicio Secreto Militar Soviético*, NOS, Madrid, 1945.

KÜHNL, Reinhard, *La República de Weimar*, Hrsg. Alfons el Magnàmim, IVEI, Valencia, 1991.

KULISHER, Eugene M., *The Displacement of Population in Europe*, Hrsg. Inland Press Ltd., Montreal, 1943.

LAMM, Hans, *Walter Rathenau. Denker und Staatsmann*, Hrsg. Landeszentrale für politische Bildung, Hannover, 1968.

LANDOWSKY, José, *Sinfonía en rojo mayor*, Hrsg. Latino Americana S. A., Mexiko, 1971.

LASKE, Karl, *Le banquier noir François Genoud*, Hrsg. Du Seuil, Paris, 1996.

LAUGHLIN, John C. *La arqueología y la Biblia*, ed. Crítica, Barcelona, 2001.

LAZARE, Bernard, *L'antisemitisme, son histoire et ses causes*, Kareline, 2010.

LEESE, Arnold Spencer, *My Irrelevant Defence: Meditations inside Gaol and Out on Jewish Ritual Murder*, ed. The Patriot Press, Henderson (Nevada), 2004.

LENOE, Matthew E. *The Kirov Murder and Soviet History*, Yale University Press, 2010.

LEUCHTER, Alfred, *Leuchter Report*, von CEDADE geförderte Ausgabe, Barcelona, 1989.

LEUCHTER, Fred A., FAURISSON, Robert, RUDOLF, Germar, *The Leuchter Reports*, Hrsg. Theses & Dissertations Press, Chicago, 2005.

LIDDELL, HART B. H., *The Other Side of the Hill*, Hrsg. Pan Books, London, 1999.

LIDDELL, HART B. H., *The Revolution in Warfare*, Hrsg. Faber & Faber, London, 1946.

LILIENTHAL, Alfred, *What Price Israel?* H. Regnery Co., Chicago, 1953.

LINA, Jüri, *Im Zeichen des Skopions*, Hrsg. Referent Publishing, Stockholm, 2002.

LIVINGSTONE, David, *Terrorismus und die Illuminaten*, Hrsg. BookSurge LLC, USA 2007.

LOCKHART, R. H. Bruce, *Memoirs of a British Agent*, Hrsg. Pan Books, London, 2002.

LOCKHART, Robin Bruce, *Reilly Ace of Spies*, Hrsg. Futura Publications, London, 1983.

LOMBARD, Jean, *La cara oculta de la Historia Moderna* (Vier Bände), Hrsg. Fuerza Nueva, Madrid, 1976-1980.

LOOMIS, Stanley, *Paris im Terror Juni 1793 - Juli 1794*, Hrsg. J. B. Lippincott Company, Philadelphia, 1964.

LUTTIKHUIZEN, Gerard P., *La pluriformidad del cristianismo primitivo*, ed. El Almendro, Córdoba, 2007.

MACDONOGH, Giles, *Nach dem Reich*, Hrsg. Galaxia Gutenberg, Barcelona, 2010.

MADELIN, Louis, *Fouché*, Hrsg. Espasa-Calpe, Madrid, 1972.

MADARIAGA, Salvador de, *España. Ensayo de historia contenporánea*, ed. Espasa Calpe, Madrid, 1978.

MANDEL, Arthur, *Le Messie Militant ou La Fuite du Ghetto*, Archè, Mailand, 1989.

MANDELL HOUSE, Edward, *Philip Dru: Administrator*, Hrsg. Robert Welch University Press, Appleton (Wisconsin), 1998.

MARGIOTTA, Domenico, *Souvenirs d'un trente-troisième: Adriano Lemmi, chef suprême des francs-maçons*, ed. Facsimile Publisher, London, 2013.

MARSCHALKO, Louis, *The World Conquerors*, Hrsg. Joseph Sueli Publications, London, 1958.

MARX, Karl, *Las luchas de clases en Francia (1848 a 1850)*, ed. Ayuso, Madrid, 1975.

MATA, Santiago, *El tren de la muerte*, Hrsg. La Esfera de los Libros, Madrid, 2011.

MATTOGNO, Carlo, *Belzec in Propaganda, Zeugnissen, archäologischer Forschung und Geschichte*, Hrsg. The Barnes Review, Washington D. C., 2011.

MATTOGNO, Carlo und GRAF, Jürgen, *Treblinka: Exterminationslager oder Durchgangslager?*, Hrsg. The Barnes Review, Washington D. C., 2010.

McCORMICK, Donald, *The Mask of Merlin: A Critical Study of David Lloyd George*, Hrsg. MacDonald and Co., London, 1963.

McFADDEN, Louis T., *Federal Reserve Exposed. Collective Speeches of Congressman Louis T. McFadden*, Hrsg. Omni Publications, 1970.

McMEEKIN, Sean, *History's Greatest Heist. The Looting of Russia by the Bolshevics*, Yale University Press, New Haven und London, 2009.

MELGUNOV, Sergei P., *The Red Terror in Russia*, Hrsg. Hyperion Press, Connecticut, 1975.

MELGUNOV, Sergei P., *The Bolshevik Seizure of Power*, Hrsg. ABC-Clio Inc. Santa Barbara (Kalifornien), 1972.

MILES, Jonathan, *The Nine Lives of Otto Katz*, Hrsg. Bantam Books, London, 2010.

MOCH, Jules, *Yougoslavie terre d'expérience*, Hrsg. Du Rocher, Monaco, 1953.

MOCK, James R. LARSON, Cedric, *Words that Won the War: The Story of the Committee on Public Information 1917-1919*, Hrsg. Cobden Press, Meriden (Connecticut), 1984.

MOLA, Emilio, *Memorias de mi paso por mi paso por la Dirección General de Seguridad* (3 Bde.), Hrsg. Librería Bergua, Madrid, 1932.

MULLINS, Eustace, *This Difficult Individual, Ezra Pound*, Hrsg. Angriff Press, Hollywood, Kalifornien, 1961.

MULLINS, Eustace, *The Secrets of the Federal Reserve*, Hrsg. Bridger House Publishers, Carson City (Nevada) 1991.

MULLINS, Eustace, *Der Fluch von Kanaan*, Hrsg. Revelation Books, Staunton, Virginia, 1987.

MULLINS, Eustace, *Mullins' New History of the Jews*, Hrsg. The International Institute of Jewish Studies, Staunton (Virginia), 1968.

MULLINS, Eustace, *Die geheime Geschichte der Atombombe*, 1998.

NEILSON, Francis, *The Makers of War*, Hrsg. C. C. Neelson Publishing Co., Appleton, Visconsin, 1950.

NETCHVOLODOW, Alexandre, *L'empereur Nicolas II et les Juifs*, ed. Etienne Chiron, Paris, 1924.

NOSSACK, Hans Erich, *Der Untergang. Hamburgo, 1943*, Hrsg. La Uña Rota, Segovia, 2010.

NUNBERG, Ralph, *The Fighting Jew*, Hrsg. Creative Age Press, New York, 1945.

ORDÓÑEZ MÁRQUEZ, Juan, *La apostasía de las masas y la persecución religiosa en la provincia de Huelva 1931-1936*, C.S.I.C., Madrid, 1968.

ORLOV, Alexander, *Historia secreta de los crímenes de Stalin* Hrsg. Destino, Barcelona, 1955.

OSIPOVA, Irina, *Si el mundo os odia*, ed. Encuentro, Madrid, 1998.

OSTROVSKY, Victor und HOY, Claire, *By Way of Deception*, Hrsg. St. Martin's Press, New York, 1990.

PAPPÉ, Ilan, *La limpieza étnica de Palestina*, ed. Crítica, Barcelona, 2008.

PATKIN, A. L. *The Origins of the Russian Jewish-Labour Movement*, F. W. Cheshire, Melbourne, 1947.

PAYNE, Stanley G., *Falange. Historia del fascismo español*, ed. Sarpe, Madrid, 1985.

PEREA CAPULINO, Juan, *Los culpables: Recuerdos de la guerra/1936-1939*, ed. Flor de Viento, Barcelona, 2007.

PERRY, Roland, *Der Fünfte Mann*, Hrsg. Pan Books, London, 1995.

PINAY, Maurice, *Complot contra la Iglesia* (drei Bände), Mundo Libre, Mexiko, 1985.

PIPES, Richard, *A Concise History of the Russian Revolution*, Hrsg. Harvill Press, London, 1995.

PONCINS, Léon de *Histoire secrète de la révolution espagnole*, ed. Gabriel Beauchesne et ses fils, Paris, 1938.

PONCINS, Léon de, *Staatsgeheimnisse*, Hrsg. Britons Publishing Company, Devon, 1975.

PONCINS, Léon de, *Freimaurerei und Judasismus - Geheime Mächte hinter der Revolution*, A&B Publishers Group, Brooklyn, New York, 2002.

PONCINS, Léon de, *Société des Nations, super-état maçonnique*, ed. Gabriel Beauchesne et ses fils, Paris, 1936.

POOL, Ithiel de Sola, *Satellite Generals: Study of Military Elites in the Soviet Sphere*, Hrsg. Greenwood Press, London, 1976.

POUGET de SAINT-ANDRÉ, Henri, *Les auteurs cachés de la Révolution Française*, ed. Perrin & Cie Libraires-Éditeurs, Paris, 1923.

POUND, Ezra, *Hier die Stimme Europas. Alocuciones desde Radio Roma*, ed. Nueva República, Barcelona, 2006.

PUNTILA, L. A., *Histoire politique de la Finlande de 1809 à 1955*, Éditions de la Baconnière, Neuchâtel, 1966.

QUIGLEY, Carroll, *Tragödie und Hoffnung*, The Macmillan Company, New York, 1974.

RADOSH, Ronald, HABECK, Mary R und SEVOSTIANOV, Grigorij, *Spain Betrayed. The Soviet Union in the Spanish Civil War*, Hrsg. Yale University Press, New Haven und London, 2001.

RAPHAEL, Marc Lee, *Jews and Judaism in the United States: A Documentary History*, Hrsg. Behrman House, INC., New York, 1983.

RASSINIER, Paul, *Las mentira de Ulises*, Hrsg. Ojeda, Barcelona, 2006.

RASSINIER, Paul, *Les responsables de la Seconde Guerre Mondiale*, ed. Nouvelles Editions Latines, Paris, 1967.

RAYFIELD, Donald, *Stalin y los verdugos*, Hrsg. Taurus, Madrid, 2003.

REED, Douglas, *The Controversy of Zion*, Durban, Dolphin Press, 1978.

REED, Douglas, *Insanity Fair*, Hrsg. Jonathan Cape Ltd., London, 1938.

REED, John, *Diez días que estremecieron al mundo*, ed. Akal, Madrid, 1974.

REEVES, John, *The Rothschilds: The Financials Rulers of Nations*, Hrsg. Gordon Press, New York, 1975.

REITLINGER, Gerald, *La solución final*, Hrsg. Grijalbo, Barcelona, 1973.

RENIER, G. J., *Robespierre*, Hrsg. Peter Davies, London, 1936.

RICCIOTTI, Giuseppe, *Historia de Israel. De los orígenes a la cautividad* (Bd. 1), ed. Luis Miracle, Barcelona, 1945.

RICCIOTTI, Giuseppe, *Historia de Israel. Desde la cautividad hasta el año 135 después de Jesucristo* (vol. 2), ed. Luis Miracle, Barcelona, 1947.

ROBISON, John, *Proofs of a Conspiracy Against All Religions and Governments of Europe Carried on in the Secret Meetings of Freemasons, Illuminati and Reading Societies*, ed. Forgotten Books, London, 2008.

ROMERSTEIN, Herbert und BREINDEL, Eric, *Die Venona-Geheimnisse*, Hrsg. Regnery Publishing, Inc., Washington, D.C., 2000.

ROSENSTEIN, Neil, *The Unbroken Chain: Biographical Sketches and the Genealogy of Illustratious Jewish Families from the 15th-20th Century (Die ungebrochene Kette: Biographische Skizzen und die Genealogie illustrer jüdischer Familien aus dem 15. bis 20. Jahrhundert)*, Shengold Publishers, Inc. 1976, New York.

ROSS, Marjorie, *El secreto encanto de la KGB: Las cinco vidas de Iosif Grigulievich*, ed. Grupo Editorial Norma, USA, 2006.

ROTH, Cecil, *Los judíos secretos. Historia de los marranos*, Altalena editores, Madrid, 1979.

ROTHMAN, Stanley, LICHTER, S. Robert, *Roots of Radicalism*, Hrsg. Oxford University Press, New York, 1982.

RUDOLF, Germar, *Dissecting the Holocaust*, Hrsg. Theses & Dissertations Press, Illinois (Chicago), 2003.

RUDOLF, Germar, *Widerstand ist Pflicht*, Hrsg. Castle Hill Publishers, Uckfield (UK) 2012.

RUDOLF, Germar, *Vorlesungen über den Holocaust*, Hrsg. Theses & Dissertations Press, Illinois (Chicago), 2004.

RUMMEL, Jack, *Robert Oppenheimer Dark Prince*, Hrsg. Facts On File, New York, 1992.

SACHAR, Howard, *Israel and Europe: An Appraisal in history*, Random House, Inc. New York, 1999.

SACK, John, *Auge um Auge*, Hrsg. Basic Books, New York, 1993.

SAINT-AULAIRE, Count de, *La Renaissance de l'Espagne*, Plon, Paris, 1938.

SALLUSTE, *Les origines secrètes du bolchevisme Henri Heine et Karl Marx*, ed. Jules Tallandier, Paris, 1930.

SÁNCHEZ ALBORNOZ, Claudio, *Origenes de la Nacion Española. El Reino de Asturias*, Madrid, Ed. Sarpe, 1985.

SAROLEA, Charles, *Impressions of Soviet Russia*, hrsg. von Eveleigh Nash & Grayson, Ltd, London, 1924.

SAYERS, Michael und KAHN, Albert E., *The Great Conspiracy Against Russia*, Hrsg. Current Books Distributors, Sydney, 1949.

SCHACHT, Hjalmar, *Lebenserinnerungen*, Hrsg. AHR, Barcelona, 1954.

SCHLAYER, Félix, *Diplomático en el Madrid rojo*, ed. Espuela de Plata, Sevilla, 2008.

SCHOLEM, Gershom, *Le messianisme juif*, Calman-Lévy, 1974.

SCHOLEM, Gershom, *Las grandes tendencias de la mística judía*, ed. Fondo de Cultura Económica, Mexico 1996.

SCHÖNMAN, Ralph, *Die verborgene Geschichte des Zionismus*, Hrsg. Veritas Press, Santa Barbara, 1988.

SERGE, Víctor, *Memorias de mundos desaparecidos (1901-1941)*, Hrsg. Siglo XXI, Mexiko, 2003.

SETON-WATSON, Robert William, *German, Slav, and Magyar: a Study in the Origins of the Great War*, ed. Williams and Norgate, London, 1916.

SEYMOUR, Charles, *The Intimate Papers of Colonel House* (2 Bde.), Hrsg. Ernest Benn, London, 1926.

SHAHAK, Israel, *Historia judía, religión judía*, Madrid, Antonio Machado Libros, 2003.

SHAHAK, Israel, *Open Secrets: Israel Nuclear and Foreign Policies*, ed. Pluto Press, London, 1997.

SHERWOOD, Robert E., *Roosevelt und Hopkins. Eine intime Geschichte* (2 Bde.), Hrsg. Los Libros de Nuestro Tiempo, Barcelona, 1950.

SKOUSEN, W. Cleon, *Der nackte Kapitalist*, Hrsg. W. Cleon Skousen, Salt Lake City, Utah, 1971.

SLEZKINE, Yuri, *The Jewish Century*, Hrsg. Princeton University Press, New Jersey, 2004.

SOLOMON, Georg, *Unter den Roten Machthabern*, Hrsg. Verlag für Kulturpolitik, Berlin, 1930.

SOLZHENITSYN, Alexandr, *Archipiélago Gulag* (drei Bände), Hrsg. Tusquets (Tiempo de Memoria), Barcelona, 2005 (Bände I und II), 2007 (Band III).

SOMBART, Werner, *The Jews and Modern Capitalism*, Hrsg. Transaction Publishers, Vereinigte Staaten, 1982.

SPRINGMEIER, Fritz, *Bloodlines of the Illuminati*, Hrsg. Ambassador House, Westminster, 1999.

STARR MILLER, Edith (Lady Queenborough), *Occult Theocracy*, Hrsg. Christian Book Club of America, Palmdale (Kalifornien), 1980.

STEINHAUSER, Karl, *EG -Die Super-UdSSR von Morgen*, ed. Gruber, Wien, 1992.

STOLYPINE, Alexandra, *L'homme du dernier tsar*. Alexis Redier (Editions de la Revue Française), Paris, 1931.

SUTTON, Antony C., *Wall Street and the Rise of Hitler*, Hrsg. GSG& Associates, San Pedro (Kalifornien), 2002.

SUTTON, Antony C., *Wall Street and the Bolshevik Revolution (Wall Street und die bolschewistische Revolution)*, Veritas Publishing Co, Morley (Australien), 1981.

SUTTON, Antony C., *Wall Street und FDR*, Hrsg. Arlington House Publishers, New York, 1975.

SZEMBEK, Jean, *Tagebuch, 1933-1939*, Plon, Paris 1952.

TANSILL, Charles Callan, *America Goes to War*, Hrsg. Little, Brown and Co. Boston, 1938.

TAYLOR, Alan J. P., *The Origins of the Second World War*, Penguin Books, London, 1964.

THOMPSON, Thomas L., *The Mythic Past: Biblical Archaeology and Myth of Israel*, ed. The Perseus Books Group, USA, 2000.

THORN, Victor, *9-11 Exposed*, Hrsg. Sisyphus Press, State College, Pennsylvania, 2004.

THORN, Victor, *9-11 Evil*, Hrsg. Sisyphus Press, State College, Pennsylvania, 2006.

TROTSKY, León, *Mi vida. Ensayo autobiográfico*, ed. Cénit, Madrid, 1930.

UTLEY, Freda, *The China Story*, Hrsg. Henry Regnery Co., Chicago, 1951.

VALTIN, Jan, *La noche quedó atrás*, Hrsg. Luis de Caralt, Barcelona 1966.

VEALE, F. J. P., *Vorstoß in die Barbarei*, Hrsg. C. C. Nelson Publishing Co., Appleton, Wisconsin, 1953.

VEGA, Lope de, *El niño inocente de la Guardia*, herausgegeben von Marcelino Menéndez Pelayo in Atlas, Madrid, 1965.

VELARDE FUERTES, Juan, *Política económica de la Dictadura*, ed. Guadiana de Publicaciones, Madrid, 1968.

VIDARTE, Juan-Simeón, *No queríamos al Rey: testimonio de un socialista español*, ed. Grijalbo, Barcelona, 1977.

VIDARTE, Juan-Simeón, *Todos fuimos culpables: testimonio de un socialista español*, ed. Grijalbo, Barcelona, 1978.

VORA, Erika, *Silent No More*, Hrsg. Xlibris Corporation, Vereinigte Staaten, 2012.

VRIES DE HEEKELINGEN, Herman de, *Israël. Son passé. Son avenir*, ed. Librairie Académique Perrin, Paris, 1937.

WALSH, William Thomas, *Isabella von Spanien*, Hrsg. Sheed & Ward, New York, 1931.

WARBURG, Sidney, *El dinero de Hitler*, ed. NOS, Madrid, 1955.

WARD, John, *Mit den „Die-Hards" in Sibirien*, London, Cassell, 1920.

WASSERSTEIN, Bernard, *The Secret Lives of Trebitsch Lincoln*, Hrsg. Yale University Press, New Haven, 1988.

WEBSTER, Nesta, *Revolución mundial*, ediciones de „El libro bueno", Mexiko, 1935

WECKERT, Ingrid, *Flashpoint: Kristallnacht 1938: Anstifter, Opfer und Nutznießer*, Institute for Historical Review, Kalifornien, 1991.

WEDEMEYER, Albert, *Wedemeyer Reports*, Henry Holt & Co, New York, 1958.

WEINTRAUB, Ben, *The Holocaust Dogma of Judaism: Keystone of the New World Order*, ed. Robert L. Brook, Washington, D. C. 1995.

WEIZMANN, Chaim, *Versuch und Irrtum. Die Autobiographie von Chaim Weizmann*, Hrsg. Hamish Hamilton, London, 1949.

WEXLER, Paul, *Two-Tiered relexification in Yiddish. Juden, Sorben, Chasaren und der kiev-polessische Dialekt*, Berlin, Mouton de Gruyter, 2002.

WHALEN, William J., *Christianity and American Freemasonry*, Hrsg. The Bruce Publishing Company, Milwaukee, 1961.

WILCOX, Robert T., *Target Patton: The Plot to Assassinate General George S. Patton*, ed. Regnery Publishing, Washington D. C., 2008.

WILTON, Robert, *The Last Days of the Romanov*, Hrsg. Christian Book Club of America, Hawthorne (Kalifornien), 1969.

WITTLIN, Thaddeus, *Kommissar Beria*, Euros, Barcelona, 1975.

ZAYAS, Alfred M. de, *Nemesis at Potsdam. Die Vertreibung der Deutschen aus dem Osten*, Hrsg. University of Nebraska Press, Lincoln, 1989.

ZENTNER, Christian, *Las guerras de la posguerra*, Hrsg. Bruguera, Barcelona, 1975.

ZETTERBERG, Seppo, *La Finlande apres 1917*, Editions Otava S.A. Helsinki, 1991.

ZWEIG, Stefan, *Joseph Fouché: The Portrait of a Politician*, Hrsg. Cassell, London 1934.

ANDERE BÜCHER

DER HOLOCAUST, EIN NEUES GLAUBENSDOGMA FÜR DIE MENSCHHEIT